MW01482239

ENCICLOPEDIA DE LA

SALUD ALTERNATIVA

BLOTTA&BLOTTA
COMUNICATION GROUP S.A. / DIVISION LIBROS

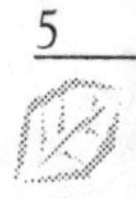

LA ENCICLOPEDIA DE LA
SALUD ALTERNATIVA ESTA EDITADA POR

BLOTTA&BLOTTA
COMUNICATION GROUP S.A. / DIVISION LIBROS

Necochea 1122 (C.P.1158), Bs. As., Argentina
Teléfono: (5411)4300-7546
E-mail: blotta@speedy.com.ar

Salud Alternativa es marca registrada de

EDITORA S.A./ARGENTINA

Derechos para libros cedidos a
Blotta&Blotta.

Inscripción en la Dirección
Nacional del Derecho de Autor (en trámite).
I.S.B.N. N° 987-21097-9-6

Impreso en Poligráfica del Plata S.A.
Algarrobo 879, CP (1293), Buenos Aires

Impreso en Argentina. Printed in Argentina.
Editor Responsable: Oscar Blotta (padre)
Buenos Aires, 2004. Primera edición.

Para adquirir esta obra u obtener más información,
54 –11- 6343- 5810, www.globalbooknet.com.

Cómo

y cuándo

deben ser usadas

las terapias

alternativas

ENCICLOPEDIA DE LA SALUD ALTERNATIVA

LA GUIA DEFINITIVA

INDICE

DE CONTENIDOS

SECCION 1: CURACIONES NATURALES

INTRODUCCION....23
CAPITULO 1: AROMATERAPIA 25
CAPITULO 2: COLORTERAPIA....33
CAPITULO 3: CHAMANISMO....41
CAPITULO 4: FLORES DE BACH....49
CAPITULO 5: FLORES DE CALIFORNIA....55
CAPITULO 6: GEMOTERAPIA....61
CAPITULO 7: FITOTERAPIA....69
CAPITULO 8: IRIDIOLOGÍA....75
CAPITULO 9: MAGNETOTERAPIA....79
CAPITULO 10: MEDICINA ANTROPOSÓFICA....87
CAPITULO 11: TERAPIA DE POLARIDAD....95

SECCION 2: TERAPIAS Y MEDICINAS ORIENTALES

INTRODUCCION....99
CAPITULO 1: MEDICINA CHINA....103
CAPITULO 2: ACUPUNTURA....119
CAPITULO 3: AURICULOTERAPIA....125
CAPITULO 4: DIGITOPUNTURA....131
CAPITULO 5: FENG SHUI....141
CAPITULO 6: MOXIBUSTIÓN....147

CAPITULO 7: TAI CHI CHUAN....155
CAPITULO 8: TUEI NA....159
CAPITULO 9: AYURVEDA....163
CAPITULO 10: YOGA....171
CAPITULO 11: MEDICINA TIBETANA....185

SECCION 3: DIETA Y NUTRICION

INTRODUCCION....191
CAPITULO 1: AYUNO....201
CAPITULO 2: COLONTERAPIA....207
CAPITULO 3: JUGOTERAPIA....213
CAPITULO 4: TERAPIAS CON DIETAS....219
CAPITULO 5: LA ALIMENTACIÓN MACROBIÓTICA....235
CAPITULO 6: LA DIETA VEGETARIANA
Y OVOLACTOVEGETARIANA....241

SECCION 4: LOS BENEFICIOS DEL EJERCICIO

INTRODUCCION....251
CAPITULO 1: DANZATERAPIA....255
CAPITULO 2: BIODANZA....261
CAPITULO 3: BIOFEEDBACK....269
CAPITULO 4: EUTONÍA....275
CAPITULO 5: KINESIOLOGÍA APLICADA....283
CAPITULO 6: MÉTODO BATES....287
CAPITULO 7: MÉTODO FELDENKRAIS....289
CAPITULO 8: NUADBO RARN....297
CAPITULO 9: OSTEOPATÍA....303
CAPITULO 10: REFLEXOLOGÍA....311
CAPITULO 11: ROLFING....315
CAPITULO 12: SHANTALA....321
CAPITULO 13: TÉCNICA DE ALEXANDER....331

CAPITULO 14: TENSEGRIDAD....337
CAPITULO 15: TERAPIA DEL DELEITE....345
CAPITULO 16: LIAN GONG....353
CAPITULO 17: QI GONG....357
CAPITULO 18: MASAJEADORES DE MADERA....365
CAPITULO 19: QUIROPRAXIA....373
CAPITULO 20: DRENAJE LINFÁTICO....379

SECCION 5: LA MENTE Y LA SALUD FISICA

INTRODUCCION....387
CAPITULO 1: MEDITACIÓN....389
CAPITULO 2: MEDITACIÓN TRASCENDENTAL....395
CAPITULO 3: MEDITACIÓN ZEN....401
CAPITULO 4: MEDITACIONES OSHO....409
CAPITULO 5: BIOENERGÉTICA....415
CAPITULO 6: HIPNOSIS....423
CAPITULO 7: MUSICOTERAPIA....429
CAPITULO 8: NEUROLINGÜÍSTICA....435
CAPITULO 9: ORACIÓN....445
CAPITULO 10: REBIRTHING....449
CAPITULO 11: TERAPIA GESTALT....455
CAPITULO 12: TERAPIA DE VIDAS PASADAS....463
CAPITULO 13: VISUALIZACIÓN....471

SECCION 6: TRATAMIENTOS NATURALES PARA LA BELLEZA DEL CUERPO

INTRODUCCION....475
CAPITULO 1: ALGAS....477
CAPITULO 2: ARCILLA....481
CAPITULO 3: FANGOTERAPIA....489
CAPITULO 4: HIDROTERAPIA....493

CAPITULO 5: TALASOTERAPIA....503
CAPITULO 6: VAPORTERAPIA....511

SECCION 7: HOMEOPATIA

INTRODUCCION....519
CAPITULO 1: LAS BASES DE LA HOMEOPATÍA....523
CAPITULO 2: TEORÍA Y PRÁCTICA....531
CAPITULO 3: LOS REMEDIOS HOMEOPÁTICOS....537
CAPITULO 4: VIDA SANA Y EQUILIBRADA....541
CAPITULO 5: LOS TIPOS CONSTITUTIVOS....545
CAPITULO 6: LOS TIPOS CONSTITUTIVOS Y SUS REMEDIOS....549
CAPITULO 7: GUÍA PRÁCTICA DE PRIMEROS AUXILIOS....581
CAPITULO 8: LOS PRINCIPALES MEDICAMENTOS HOMEOPÁTICOS....595
CAPITULO 9: TABLA COMPLETA DE LOS REMEDIOS MENORES....603

DICCIONARIO ALTERNATIVO

(GUÍA PRÁCTICA DE SÍNTOMAS)....613

PROLOGO

Miguel Grinberg

UNA NUEVA MIRADA DE LA SALUD HUMANA

Ante nosotros, una obra que reúne un amplio caudal de recursos referidos a la salud humana. Su objetivo no es reemplazar al médico ni fomentar rivalidades improductivas. Todo lo contrario: está concebida como una herramienta de divulgación, indagación y descubrimiento. En este momento particular de la vida "civilizada" de millones de personas en todas partes se abren –como nunca antes– incógnitas urgentes, no apenas sobre el equilibrio vital de las personas, sino también sobre el modo de responder al ataque de una amplia gama de males inéditos y de otros que se creían controlados y recrudecen de manera avasalladora. La tuberculosis, el cólera y la hepatitis reaparecen de manera récord, los microbios se han vuelto más y más resistentes al uso de antibióticos, la diarreas matan anualmente a millones de niños. Y solamente en Estados Unidos, la nación más avanzada de este ciclo histórico, se verifican cada año 600 mil nuevos casos de cáncer.

Este libro constituye una mirada panorámica hacia las llamadas Medicinas Alternativas, y resume opciones que, encaminadas por practicantes responsables y asumidas por individuos esclarecidos, abren caminos optativos ante la farmacología industrial y métodos de alta sofisticación tecnológica que no están al alcance de millones de seres carentes de recursos económicos. Basta consignar, como dato estadístico, que una poderosa epidemia de la gripe llamada "influenza" se abatió sobre Gran Bretaña a comienzos del siglo XX: en los hospitales de Londres regidos por la medicina convencional (alopática) la mortalidad fue del 55 por ciento, mientras que en los hospitales homeopáticos osciló alrededor del 5 por ciento.

RAÍCES SANADORAS

EN EE.UU, EL USO DE TRATAMIENTOS HOLISTICOS DURANTE LOS ULTIMOS TREINTA AÑOS SE EXPANDIO HASTA ALCANZAR CASI A LA MITAD DE LA POBLACION.

Desde tiempos inmemoriales y en todas las culturas del planeta, el hombre desarrolló recursos para enfrentar el acoso de las enfermedades y para curar las heridas producidas por enemigos o animales salvajes. Fue descubriendo el poder sanador de muchas hierbas y minerales (así como el potencial venenoso de otras) y ese conocimiento se acumuló para ser pasado de generación a generación. Los pioneros saberes médicos del antiguo Egipto y la civilización babilónica llegaron a Grecia, donde Hipócrates sentó las bases de lo que hoy configura la llamada ciencia médica occidental, mientras que entre los pueblos de los demás continentes del globo se practicaba una llamada etno-medicina. Era el mundo de los chamanes, los hechiceros, los brujos, el "medicine man" de los aborígenes estadounidenses, el "pajé" de las tribus amazónicas, el "curandero" de los nativos indoamericanos, el "machi" de los indios paragónicos. Durante generaciones, antes de que existiera el establishment médico contemporáneo, se sanaba y se curaba eficazmente con recursos eminentemente naturales. Yuyos, raíces, hojas maceradas, otros fluidos y elementos del mundo material constituyeron el basamento de aquella sabiduría ligada a rituales, ceremonias e invocaciones. Obviamente ello se modificó de modo radical en Occidente, con el advenimiento de la medicina "científica" de base microbiológica y con la invención de remedios sintéticos basados en los principios originariamente descubiertos por pueblos considerados "primitivos". Las tradiciones de la etnomedicina fueron marginadas porque sus seguidores consideraban que las causas de la enfermedad se debían a siete causales imponderables:

- ✔ *Deidades vengativas que castigaban a los transgresores.*
- ✔ *Antecesores y otros fantasmas que se sentían desatendidos.*
- ✔ *Magos y brujas contratados para obras de venganza.*
- ✔ *Pérdida del alma.*
- ✔ *Posesión por parte de un espíritu o invasión del cuerpo.*
- ✔ *Malignidad ocular (el mentado "mal de ojo").*
- ✔ *Pérdida del proceso básico de equilibrio.*

Pero lo mágico y supernatural de muchos pueblos tribales no lo eran todo, y así se desarrollaron a distancia de lo que luego fueron las tendencias occidentales, y con sumo rigor científico, diversas escuelas de profundas concepciones: el Ayurveda de la India, la medicina clásica china, la medicina tibetana y el Unani de los pueblos árabes.

DEFINICIÓN DEL CONCEPTO MODERNO DE SALUD

LA SALUD SE REDEFINE COMO UN ESTADO DE BIENESTAR FISICO, DE ALERTA MENTAL, DE EQUILIBRIO SOCIAL Y DE DESARROLLO ESPIRITUAL.

En su acta constitutiva, la Organización Mundial de la Salud (OMS), entidad rectora en todo lo referido a la medicina para los 191 países miembros de Naciones Unidas, define así el concepto de "salud":

"Es un estado de completo bienestar físico, mental y social, y no meramente la ausencia de dolencia o enfermedad".

La OMS ha producido una amplia cantidad de literatura para esclarecer, ante los Ministerios de Salud del planeta y el público en general, los significados variados del concepto de medicina.

En cuanto a la diferenciación entre la "salud" y el "bienestar", el concepto que diferencia entre ser un discapacitado y gozar de salud es relativamente nuevo. Hasta hace poco, la discapacidad se vinculaba con la enfermedad, y traía todas las asociaciones con la dependencia, la falta de productividad, y la inactividad física y sexual pertinentes a la noción de enfermedad. En la actualidad, hay un creciente reconocimiento de la posibilidad y la importancia de vivir bien, aún cuando se padece una discapacidad. Existe una infinidad de modelos de bienestar que proponen un sentido de armonía, equilibrio y coherencia entre los variados componentes o vectores de la propia vida.

¿QUÉ ES LA MEDICINA ALTERNATIVA SEGÚN LA OMS?

Literalmente la entidad considera que significa una "alternativa" ante "otra cosa". Esta "otra cosa" es identificada alternadamente como Medicina Occidental, Alopatía o Medicina Ortodoxa. La OMS destaca que el término "medicina alternativa" se ha utilizado ampliamente para abarcar todas las otras formas de medicina, distintas de la Alopatía. Y dice:

"En 1973, la Facultad de Medicina de la Universidad de Roma convocó al Primer Congreso Mundial de Medicinas Alternativas, y el programa provisional contenía no menos de 135 terapias. Asimismo, los expertos de la OMS también habían identificado y listado 100 tipos de prácticas que clasificaron como Medicina Tradicional".

Estas formas llamadas "medicina tradicional" por la OMS (la mayoría de ellas practicadas desde los albores de la humanidad) existen a la par de otras modalidades:

✔ La Medicina Complementaria (que en muchos casos difiere de la Medicina Alopática, pero que suplementan numerosos tratamientos de la medicina ortodoxa).

✔ La Medicina Holística (que considera al cuerpo humano como una unidad indisoluble de dimensiones física, mental, social y espiritual).

✔ La Etnomedicina (de antiguas raíces tribales y ligada a culturas específicas).

✔ La Medicina Natural (tratamientos basados en las leyes de la Naturaleza).

TERAPIAS ALTERNATIVAS ACEPTADAS POR LA OMS

El doctor Xiaorui Zhang, coordinador en la OMS en el área de sistemas de medicina tradicional, remarca que si bien la Medicina Alternativa -como puede apreciarse en esta Enciclopedia- incluye muchos sistemas de sanación "y cada uno de ellos posee su propios caracteres y méritos", hay algunos rasgos que la diferencian de la medicina moderna:

1) Considera la salud de una persona, así como su bienestar, en sus planos físico, mental, social y espiritual, en tanto la medicina moderna trata al cuerpo como una máquina, es de-

cir, el énfasis principal se pone en los aspectos físicos de la vida. Actualmente, se ha establecido que existe cierto lazo entre las variadas dimensiones de la vida. El campo mental, social y espiritual juega un papel definido en el cuerpo humano físico. En consecuencia, al alcanzar una cura permanente y para mantener una buena salud uno tiene que reajustar también los demás aspectos de la vida humana. Se redefine entonces la salud como un estado de bienestar físico, de alerta mental, de equilibrio social y de desarrollo espiritual.

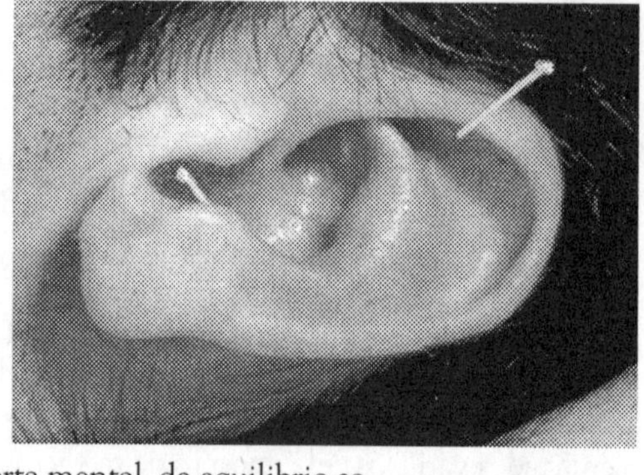

EN LA ACTUALIDAD, GRACIAS A LAS MEDICINAS HOLISTICAS, HAY UN CRECIENTE RECONOCIMIENTO DE LA POSIBILIDAD Y LA IMPORTANCIA DE VIVIR BIEN, AUN CUANDO SE PADECE UNA DISCAPACIDAD.

2) La mayoría de los sistemas de la Medicina Alternativa destacan la preservación de la salud mediante el seguimiento de estilos saludables de vida, o sea, actitudes positivas, un ambiente limpio, valores morales y espirituales, etcétera. Así, los aspectos preventivos y promotores de la salud reciben su debida importancia. Se hace que la persona tome conciencia del mantenimiento de su salud total.

3) La simplicidad de las prácticas evita la ingesta de drogas potentes y complejas, y el ejercicio de una innecesaria interferencia diagnóstica y quirúgica. Cada sistema de Medicina Alternativa posee su propia filosofía única y métodos nada onerosos de diagnosis y tratamiento.

4) Posee pocos efectos colaterales, o ninguno.

5) Los sistemas tradicionales de medicina, probados a través del tiempo, tienen razonables alternativas y respuestas para la mayoría de las enfermedades que no obtienen respuestas fundadas del tratamiento médico moderno, tales como el desorden de los colágenos, los males degenerativos, las enfermedades de los huesos y las articulaciones, y los desórdenes psicosomáticos donde los factores de conducta, emocionales y espirituales tienen un papel central.

6) Finalmente, la fe. La suma total de los razonamientos precedentes -concluye el doctor Zhang- han producido una fe positiva hacia la Medicina Alternativa por parte de la gente. Es un hecho bien conocido por los doctores que a menudo la fe cura donde la medicina no consigue hacerlo. En consecuencia, “más y más personas se vuelcan hacia otros sistemas en los que la fe de sus corazones y una plegaria en sus labios logran un potencial mágico que puede mover montañas”.

Entre las medicinas alternativas perfiladas por la OMS se encuentran: Ayurveda, Homeopatía, Unani, Siddha, Naturopatía, terapia Yoga, Acupuntura, Magnetoterapia, Shiatsu, Herbalismo -Fitoterapia-, Meditación, Aromaterapia, Flores de Bach, Terapia con Gemas, Cromoterapia, Hidroterapia, Terapias de Dietas y muchas más que aparecen expresamente detalladas en esta Enciclopedia.

¿Y QUE ES LA ALOPATIA?

Paradójicamente, se trata de un término inventado por el médico alemán Samuel Hahnemann (1755-1843), reconocido como el padre de la Homeopatía. Empalmó la palabra “allos” (opuesto) con “pathos” (sufrimiento) para referirse a las severas prácticas médicas de su época, que incluían las sangrías, las purgas extremas, el vómito y la administración de drogas altamente tóxicas. Estas rutinas se basaban en la antigua teoría humoral de los griegos, que atribuía las enfermedades al desequilibrio de cuatro “humores” (la sangre, la flema, y la bilis negra y amarilla) y de cuatro condiciones corporales (caliente, frío, mojado y seco). Los médicos de la tradición hipocrática intentaban equilibrar esos humores tratando los síntomas con "opuestos". Por ejemplo, se suponía que la fiebre ("calentura") se debía al exceso de sangre, ya que los pacientes enrojecían, de modo que se los desangraba para "enfriarlos". Fue así que Hahnemann trató de reemplazar la alopatía con la homeopatía (ley de los similares), una idea pre-científica que había localizado mediante el estudio de fuentes muy antiguas, como un método más efectivo y más humano que trata de imitar los síntomas con substancias de origen natural, para estimular así una respuesta afirmativa de la fisiología corporal. Muchos diccionarios definen a la alopatía como un "sistema de medicina que combate las dolencias por medios contrarios a ellas, procurando conocer su etiología para combatir sus causas".

HAHNEMANN, EL PADRE DE LA HOMEOPATIA, FUE TAMBIEN QUIEN ACUÑO EL TERMINO ALOPATIA.

PERSPECTIVA DE LOS INSTITUTOS NACIONALES DE SALUD DE LOS EE.UU

El Centro Nacional de Medicina Complementaria y Alternativa (NCCAM, en inglés) de los Institutos Nacionales de Salud de Estados Unidos, sostiene que la Medicina Complementaria es diferente de la Medicina Alternativa.

Expresa que la Medicina Complementaria se utiliza conjuntamente con la Medicina Convencional. Un ejemplo de terapia complementaria es el uso de la Aromaterapia para ayudar a mitigar la incomodidad del paciente después de una cirugía. La Medicina Alternativa, para el NCCAM, se utiliza en lugar de la Medicina Convencional. Un ejemplo sería el uso de dietas especiales para el tratamiento del cáncer, "en lugar de la cirugía, la radiación o la quimioterapia recomendados por un médico convencional".

Asimismo, la entidad señala que la Medicina Integrativa combina terapias médicas formales y terapias de la Medicina Complementaria y Alternativa, "para las cuales existen datos contundentes y científicos de alta calidad sobre su seguridad y eficacia".

El NCCAM es el organismo líder del Gobierno Federal estadounidense para la investigación de la Medicina Complementaria y Alternativa. Su misión consiste en explorar prácticas para la curación complementaria y alternativa en el contexto de la ciencia rigurosa, capacitar a investigadores en medicina complementaria y alternativa, e informar al público en general y a los profesionales sanitarios sobre los resultados de estudios de investigación en tales rubros.

Clasifica a dichas terapias en cinco categorías o dominios:

1) Sistemas médicos alternativos.
2) Enfoques sobre la mente y el cuerpo.
3) Terapias biológicas.
4) Métodos de manipulación y basados en el cuerpo.
5) Terapias sobre la base de la energía.

La lista de lo que la entidad denomina Medicina Complementaria y Alternativa cambia continuamente, ya que una vez que se comprueba que una terapia determinada es eficaz e inocua, ésta se incorpora a los tratamientos convencionales de la salud igual que cuando surgen enfoques nuevos para la atención sanitaria.

EXPANSION DE LOS TRATAMIENTOS COMPLEMENTARIOS, HOLISTICOS Y LA ETNOMEDICINA

Las autoridades sanitarias de los Estados Unidos consignan que durante los últimos treinta años el uso de los tratamientos holísticos y tradicionales, su difusión y sus productos se expandió hasta alcanzar casi a la mitad de la población de ese país. Como síntesis de una creciente tendencia, suele citarse un trabajo publicado por una revista de inmensa influencia, *The New England Journal of Medicine*, que en 1998 estableció que "No puede haber dos clases de medicina (la convencional y la alternativa). Hay una sola medicina que ha sido adecuadamente probada y una medicina que no lo ha sido, una medicina que funciona y una medicina que puede funcionar o no. Una vez que un tratamiento ha sido rigurosamente verificado, ya no interesa si en sus orígenes era considerado como alternativo. Si se halla que es razonablemente seguro y efectivo, será aceptado. Pero esto presume la necesidad de que haya fondos disponibles para su riguroso testeo". En la actualidad, unas 125 facultades de medicina de EE.UU. incluyen como cursos requeridos a las terapias de carácter alternativo.

Sólo durante el año 2002, los estadounidenses gastaron 50 mil millones de dólares en Medicina Complementaria y Alternativa. Cuatro de cada diez adultos de esa nación admiten que han usado algún tipo de tratamiento no convencional para una enfermedad o condición anómala. Un punto en el que no se ha logrado avanzar todavía, es en su reconocimiento por parte de los sistemas de medicina pre-paga, a la hora de efectuar reintegros por gastos de pacientes en consultorios de médicos alternativos. Otro rubro que todavía desata controversias es el de los suplementos dietarios, en los cuales durante el año 2000, 158 millones de estadounidenses gastaron unos 17 mil millones de dólares, si bien muchos de ellos no han atravesado la rigurosa verificación científica por la que pasan los medicamentos convencionales. El problema surge de la venta (por correo y por internet) de muchos productos sospechosos de ser fraudulentos.

Los defensores de un mercado abierto sostienen que "la medicina pertenece a las manos de quienes entienden las necesidades de los pacientes, y no a las exigencias de las corporaciones farmacéuticas multinacionales", que en la actualidad comienzan a ser indagadas parlamentariamente por su marcha hacia la creación acelerada de medicamentos de base genética centrados en la manipulación del código genético (ADN) de los seres humanos. Obviamente, ello mueve intereses multimillonarios ligados al régimen de patentes de la propiedad industrial.

EL SINCRETISMO DE LA MEDICINA INTEGRATIVA

En una vorágine de acontecimientos que consideran esencial la diferenciación entre lo seguro y lo inseguro, y lo efectivo de lo ineficaz, se pone mucho énfasis en la educación, la capacitación y la diseminación de información. En mayo de 2002, la OMS puso en órbita la primera estrategia global de Medicina Tradicional y Alternativa, que se expande en los países del Norte industrializado, mientras constituye el 80 por ciento de las actividades sanitarias practicadas en las naciones del Sur en vías de desarrollo, donde forman parte de los sistemas de atención primaria de la salud. En los países ricos, crece el número de pacientes basados en las Medicinas Integrativas con fines terapéuticos o preventivos. En Francia, el 75 por ciento de la población ha usado una Medicina Alternativa al menos una vez. En Alemania, el 77 por ciento de las clínicas dedicadas al tratamiento del dolor recurren a la acupuntura. Entretanto, en el Reino Unido, los gastos en Medicina Complementaria y Alternativa suman alrededor de 2.300 millones de dólares anuales.

El doctor Hasuhiro Suzuki, director del departamento de Tecnología de la Salud y Productos Farmacéuticos de la OMS, comenta que "la medicina tradicional o complementaria es víctima a la vez de entusiastas acríticos y de escépticos desinformados. Nuestra estrategia consistirá en desentrañar su potencial real para la salud y el bienestar de la gente, a la vez que se minimizan los riesgos de remedios no probados o usados de modo erróneo". Mientras la Medicina Tradicional se ha visto plenamente integrada a los sistemas de salud de países como China, Corea del Sur y del Norte, y Vietnam, muchos otros países no han abordado todavía la recolección de evidencias verificadas y clasificadas para este tipo de cuidado de la salud. El mercado mundial de las Terapias Tradicionales (muchas de las cuales son consideradas Alternativas e Integrativas) excede los 60 millones de dólares anuales y crece incesantemente. La OMS calcula que el 25 por ciento de las medicinas modernas descienden de plantas que primero se usaron tradicionalmente. El uso de la acupuntura para neutralizar problemas de dolores profundos y náuseas ha sido perfectamente comprobado. Del mismo modo hay evidencias convincentes de que muchas técnicas de relajación e hipnosis pueden aliviar problemas de ansiedad, ataques de pánico e insomnio. Se usa el Yoga para reducir ataques de asma, en tanto las técnicas del Tai Chi Chuan ayudan a mucha gente a superar ataques de vértigo. Un remedio herbal chino, la Artemisia annua, usado durante dos mil años, se ha probado recientemente como un efectivo recurso contra la malaria resistente, y a la vez esta planta logra incrementar la energía, el apetito y la masa corporal en personas afectadas por el HIV.

LIDERES Y GOBERNANTES A FAVOR DE LAS TERAPIAS ALTERNATIVAS

TANTO BILL CLINTON COMO EL PRINCIPE CARLOS PROMOVIERON LA INVESTIGACION Y LA PRACTICA DE LAS MEDICINAS COMPLEMENTARIAS.

En marzo de 2000, el entonces presidente estadounidense Bill Clinton emitió su Orden Ejecutiva N° 13147 que creó la Comisión de la Casa Blanca sobre Políticas de Medicina Alternativa y Complementaria. Formada por veinte especialistas de primera magnitud dedicó dos años a la realización de audiencias públicas en todos los ámbitos de EE.UU en un diálogo intensivo con médicos clínicos, investigadores, educadores médicos, funcionarios reguladores, diseñadores de políticas sanitarias, practicantes reconocidos y otros especialistas. Completada la tarea, el resultado fue la enunciación de diez principios que hoy guían la incorporación de sus hallazgos positivos en el marco de la Secretaría de Salud y Servicios Humanos, máximo organismo oficial en la materia. Cabe resaltar tres de ellos: la capacidad sanadora de la persona en lo referido a la recuperación y la autocuración, el respeto por la individualidad de los pacientes ("cada persona es única y tiene derecho a un cuidado sanitario acorde a su idiosincrasia") y el derecho a elegir tratamientos entre profesionales calificados.

En Gran Bretaña, el Príncipe Carlos de Gales es un paladín de la Medicina Alternativa, desde que en 1982 asumió la presidencia de la British Medical Association. Ha dicho: "Necesitamos un sistema para el cuidado de la salud en donde todo el conocimiento, la experiencia y la sabiduría acumulados de maneras diferentes en épocas distintas y en culturas variadas, sea efectivamente utilizado para prevenir o aliviar el sufrimiento humano". En 1977 se embarcó en una travesía de descubrimiento vivencial por la zona silvestre del norte de Kenya en Africa, guiado

GRACIAS AL NATURALISTA LAURENS VAN DER POST, EL PRINCIPE DE GALES ABSORBIO CONOCIMIENTOS PROFUNDOS DE LA NATURALEZA Y EL ESPIRITU.

por quien se convertiría en su mentor espiritual, el naturalista Laurens van der Post. De él, el príncipe Carlos absorbió el interés por las ideas de Carl Gustav Jung, psicólogo suizo que también dedicó tiempo a vivir entre pueblos tribales primitivos. Jung promovió la idea del "inconsciente colectivo", que consideraba como unificador de todas las gentes de la tierra y como fuerza espiritual común a través de la cual "Dios" existe en diferentes experiencias religiosas de personas del mundo entero.

Carlos de Inglaterra es un firme promotor de la acupuntura y la homeopatía, y a fin de intensificar sus convicciones en el seno de la sociedad británica creó la Fundación de Salud Integrada, que en mayo de 2003 puso en marcha un plan quinquenal para mejorar el acceso a las terapias alternativas. Se estima que uno de cada cinco adultos del Reino Unido ha recurrido a alguna forma de medicina complementaria. En la introducción a su Plan, Carlos expresaba que "el desafío principal durante los cinco años venideros reside en expandir el mensaje del abordaje integrado del cuidado de la salud hacia la comunidad y en brindarle a todos –pacientes y profesionales a la vez– los medios para tomar el tipo de decisiones informadas que les brindará acceso a las mejores opciones posibles".

COROLARIO

La Organización Mundial de la Salud ha establecido el año 2010 como meta para convertir en realidad el objetivo denominado "salud para todos". El conocimiento compilado por esta Enciclopedia constituye un punto de abordaje abierto a todas las tendencias y todas las sensibilidades. Fiel a una puntualización irrevocable de la OMS: "Durante demasiado tiempo, el sistema de medicina tradicional y la medicina moderna han seguido caminos de antipatía mutua. ¿Acaso sus objetivos no son idénticos incrementar la salud de la humanidad y por consiguiente su calidad de vida? Sólo una mente enceguecida podría sostener que cada una de ellas no tiene nada que aprender de la otra".

Buenos Aires, Argentina, 2004

Miguel Grinberg

Escritor argentino especializado en temas espirituales, ecológicos y educativos. Formado en meditación tibetana en 1977, creó el sistema Holodinamia para el desarrollo natural de los potenciales creativos del ser humano, y actualmente coordina grupos de dinaminación espiritual en Argentina y Brasil. Editó varias revistas de vanguardia y durante 1982/86 orientó la Multiversidad de Buenos Aires, una experiencia pedagógica transformacional sin precedentes en América Latina. Fue la principal figura no gubernamental del proceso que produjo una célebre cumbre ambiental de la ONU en Rio de Janeiro, la ECO 92. Ha escrito cuatro libros sobre ecología y otros veinte sobre la obra de Thomas Merton, Mahatma Gandhi, William Blake, Padma Sambava, Dalai Lama, Rumi, el Cacique Seattle, la Beat Generation y Witold Gombrowicz, entre otros, y en especial sobre El Poder de la Oración. Es practicante de Reiki. Enseña Cultura Ambiental en el posgrado de la Universidad Nacional de General San Martín. Por su obra ha recibido numerosos premios, entre ellos, el Premio Global 500 del Programa Ambiental Naciones Unidas, el premio Dr. Mikao Usui de la Asociación Argentina de Reiki (para la cual tradujo seis libros cruciales) y el premio Louie de la International Thomas Merton Society, por la amplia traducción y difusión de la obra de ese trascendental monje trapense. Es colaborador de las revistas Salud Alternativa y Actualidad para Médicos.

ADVERTENCIA

Los editores de este libro no se responsabilizan en modo alguno de cualquier tipo de lesión que pudiera sobrevenir como consecuencia de la lectura o aplicación de las instrucciones incluidas en el mismo. Las actividades, físicas o de cualquier otra índole, descritas en esta publicación podrían ser demasiado agotadoras o peligrosas para algunas personas; se recomienda a los lectores que consulten con su médico antes de ponerlas en práctica.

Sección 1

Introducción

CURACIONES NATURALES

En esta sección desarrollaremos distintas alternativas de curación que hacen foco en un concepto no invasivo para diagnosticar y resolver problemas de salud.

Todas ellas se basan en elementos de la naturaleza, y apuntan a devolver al organismo su estado natural de comunión con el entorno.

Por hablar sólo de algunas de ellas: la Colorterapia ha sido practicada desde tiempos remotos, toda vez que las culturas antiguas reconocieron las propiedades sanadoras del color; la Iridiología es un método de diagnóstico para determinar enfermedades; la Terapia de Polaridad es un detallado programa de salud que incorpora técnicas corporales, dietas y ejercicios.

La disciplina arquetípica de esta sección sería la Homeopatía, completo e intrincado sistema de salud por el cual minúsculas cantidades de substancias naturales son usadas para estimular las defensas normales del organismo y recuperar al paciente en un sentido global. Por esta misma complejidad y extrema importancia, hemos decidido no incluir la Homeopatía en una sección sino dedicarle un espacio especial, de considerable extensión, que el lector hallará en las últimas páginas del libro.

"LA LIBERTAD Y LA
SALUD SE ASEMEJAN:
SU VERDADERO VALOR
SE CONOCE CUANDO
NOS FALTA."

Henri Becque

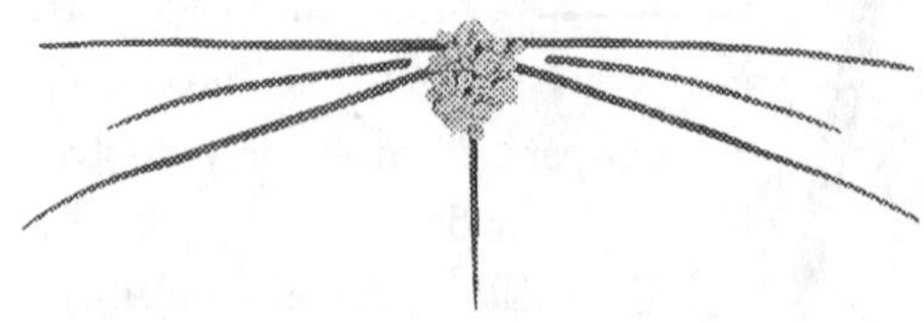

CAPITULO I

Aromaterapia

BASADA EN LA FUNCION QUE CUMPLE EL OLFATO, LA AROMATERAPIA ES UNA CIENCIA QUE HA LOGRADO ESTABLECER UNA ESENCIA PARA CADA NECESIDAD Y PERSONALIDAD.

Esta técnica consiste en el uso de aceites esenciales para promover la salud. Las esencias concentradas de plantas son usualmente extractadas de las plantas: hojas, flores, raíces, cáscara de frutos, etcétera mediante un proceso conocido como destilación, en el cual los materiales de las plantas son calentados con agua para que sus aceites aromáticos se suelten, se evaporen y suban. Esta volatilización y las emanaciones son trasladadas a un tubo de condensación, donde se enfriarán para retornar al estado líquido. El fluido resultante contendrá partes líquidas solubles de la planta y micromoléculas de aceite esencial.

La aromaterapia combina otras ciencias como la química, la botánica y la fisiología con el uso de los aceites esenciales para impulsar la armonía y el equilibrio en lo físico, lo mental y lo emocional.

Los efectos curativos de los componentes químicos orgánicos se logran a través de la inhalación o la aplicación directa de los aceites esenciales. Los temas centrales de la práctica aromaterapéutica son:

- La conexión entre la mente y el cuerpo.
- Los poderosos efectos de los remedios botánicos en la salud humana.

UN POCO DE HISTORIA

El término Aromaterapia fue acuñado por el químico francés René Maurice Gattefossé en un libro publicado en 1937, que trataba acerca de las propiedades aromáticas de las plantas y su uso para la salud y el bienestar, lo que databa de siglos. Luego de haber perfeccionado los distintos métodos de destilación, las hierbas aromáticas pudieron quemarse en forma de incienso, beberse como tés y usarse externamente como ungüentos y linimentos.

Durante la Primera Guerra Mundial, René Maurice Gattefossé experimentó con el uso de aceites esenciales para el tratamiento de heridas de guerra. En 1910, sus manos se quemaron en la explosión de su laboratorio. Luego de frotarlas con hierbas para extinguir las llamas, las heridas gangrenosas comenzaron a aparecer. Gattefossé se aplicó aceite de lavanda en las quemaduras y pudo documentar una abrupta disminución de la gasificación de los tejidos y la rápida curación de las heridas.

Hacia finales de 1950, Margueritte Maury, esposa de un médico homeópata francés, trabajó con aceites esenciales para propósitos médicos y cosméticos, y la Aromaterapia fue introducida en Gran Bretaña a través de las prácticas de esteticistas y masajistas. Desde entonces las esencias se usan cada vez más, tanto en aromaterapia como en otros métodos de curación.

EL PODER DE LOS AROMAS SE CONOCE DESDE LA ANTIGÜEDAD, PERO COBRO AUGE EN LOS SIGLOS XVIII Y XIX.

PROPIEDADES TERAPEUTICAS

La composición química de los aceites esenciales presenta una serie de sustancias benéficas, a saber:

Alcoholes: como el linóleo, son fuertes bactericidas, antiinfecciosos, antivirales, estimulantes y descongestivos.

Fenoles: tienen fuerte efecto como antisépticos y bactericidas. Se piensa que estimulan el sistema nervioso e inmunológico y pueden ayudar a la piel irritada.

Aldeídos: como los cítricos que se encuentran en el aceite de li-

món, pueden tender a ser irritantes de la piel y deben ser usados con discreción. Son antiinflamatorios, antiinfecciosos, tónicos, hipotensivos, reducen la temperatura y calman el sistema nervioso.

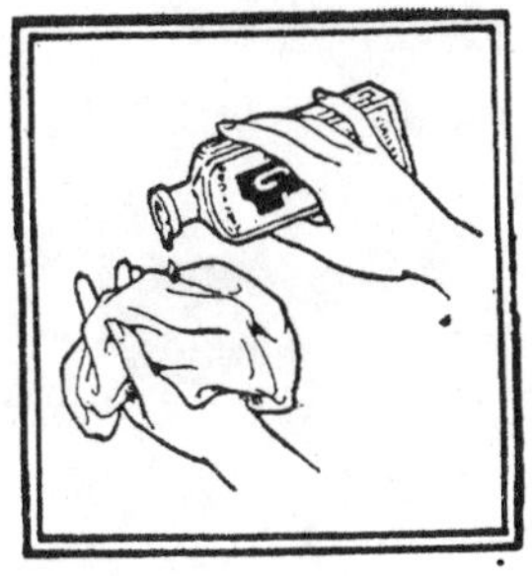

Ketones: son bastante ásperos, quizá neurotóxicos, y no se hallan en la mayoría de los aceites esenciales. Aquellos que contienen ketones son usados ocasionalmente en fórmulas de alta disolución por sus propiedades calmantes y sedantes y su virtud para cortar rápidamente la mucosidad. Pueden ser también digestivos, analgésicos, estimulantes y expectorantes. Un ejemplo es el Carvone, el aceite esencial de alcaravea.

RECOMENDACIONES

- ✔ ADQUIRIR LAS ESENCIAS EN SITIOS RECONOCIDOS Y COMPRAR SOLO LOS QUE VIENEN EN FRASCOS DE VIDRIO OSCURO.
- ✔ CERRAR BIEN LOS FRASCOS.
- ✔ GUARDARLOS EN LUGARES FRESCOS.
- ✔ NO USARLOS EN LA ZONA DE LOS OJOS.

EFECTOS DE LOS ACEITES ESENCIALES

Los aromaterapeutas deben tener un amplio conocimiento del cuerpo humano y sus sistemas interrelacionados. Los aceites esenciales y las soluciones acuosas son utilizados a través de inhalación o aplicación, y en ambas formas, afectan de numerosas maneras a la persona tratada.

Los aceites esenciales son sustancias volátiles, lo que significa que se evaporan fácilmente y sus moléculas se sueltan en el aire en forma de vapor. Cuando un vapor de fuertes componentes químicos es inhalado, las moléculas son absorbidas por el torrente sanguíneo a través de la nariz y los pulmones. Tras la inhalación viaja inmediatamente hacia el sistema límbico del cerebro, que es el responsable de la integración y expresión de los sentimientos, del aprendizaje, de la memoria, de las emociones y del sistema motor.

Aplicados en forma externa, los aceites esenciales se usan, entre otras cosas, para equilibrar las condiciones de la piel. Se aplican sumamente diluidos en otra sustancia como un aceite vegetal o una loción. El aceite esencial es absorbido por la piel y se transporta al tejido muscular, las articulaciones y los órganos. Las moléculas de la esencia viajan a través del sistema a riñones, hígado, piel, pulmones hasta su excreción. La familiaridad con la fisiología humana provee al profesional la información necesaria para saber elegir la esencia adecuada para tratar cada condición de un paciente.

AUTOCUIDADO Y AUTOCURACION

No todo el que experimenta con el uso de los aceites esenciales desea convertirse en un aromaterapeuta profesional, incorporando conocimientos de química, botánica, fisiología y otras disciplinas para dedicarse a este arte curativo. Es posible usar los aceites esenciales para el autocuidado. Pueden usarse para resfríos, gripe, estrés, primeros auxilios, trastornos femeninos, desbalances emocionales, dolores musculares, belleza, cuidado del cuerpo y otras necesidades. Los que tienen propiedades antibióticas, antibacteriales y tónicas pueden usarse para prevenir muchas enfermedades.

EL USO DE LOS ACEITES

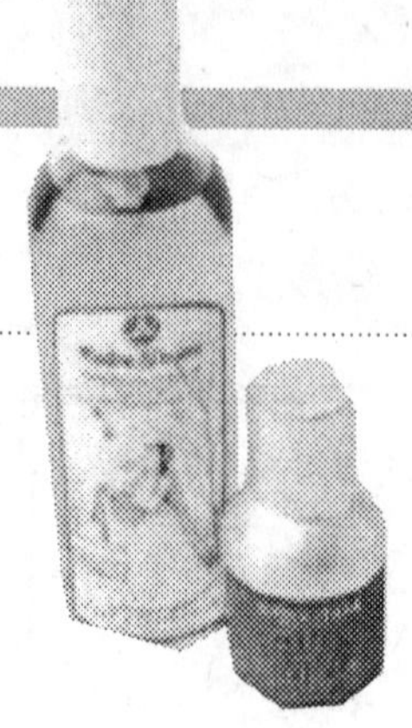

Para lograr los efectos deseados, es conveniente elegir las esencias naturales, ya que las químicas carecen de propiedades terapéuticas. Las formas de uso más comunes son:

✔ **Inhaladores**: *se cree que esta forma de uso afecta positivamente la mente, las emociones y el sistema respiratorio. Para el uso personal, puede ser inhalado un pañuelo, o difumar su aroma en una habitación.*

✔ **Difusores:** *son dispositivos usados para impregnar una habitación con aceites esenciales, maximizando los beneficios terapéuticos de la inhalación. Algunos usan el calor como un medio para evaporar la esencia y esparcir las pequeñas moléculas por toda la habitación. Los portavelas y los anillos cerámicos son formas comunes de esta clase de difusores.*

✔ **Otros difusores:** *pueden ser eléctricos, y consisten en una pequeña bomba eléctrica de aire y un recipiente de vidrio que contiene el aceite. El aire pasa a través de un tubo conectado al vidrio que contiene el aceite volátil, el cual es separado en poquísimas gotas que se esparcen con la corriente de aire por toda la habitación.*

✔ **Soluciones acuosas:** *son usadas como spray para arrojar en el aire o sobre el rostro y cuerpo, para ser inhaladas con profundas y relajadas respiraciones.*

✔ **Baños:** *deben agregarse alrededor de 15 gotas de aceite esencial a la bañera llena de agua caliente. Mover el agua con la mano para mezclar bien. Sumergirse por unos 15 a 20 minutos.*

✔ **Lociones corporales:** *incorporar 1 cucharada de té de aceite esencial en un frasco mediano de loción para el cuerpo o aceite botánico como, por ejemplo, el de oliva.*

✔ **Velas:** *encienda una vela y espere a que la cera comience a derretirse. Agregue a la cera derretida 2 gotas del aceite que haya elegido, cuidando de no usar ninguna variante inflamable.*

✔ **Uso culinario:** *utilice una gota de aceite esencial cada cuatro porciones de ensaladas, salsas, postres o bebidas.*

✔ **Agua Facial:** *agregue 8 gotas de aceite de lavanda, rosa o naranja por cada 200 mililitros de agua pura, y refresque su rostro con ella.*

✔ **Masajes:** *use 15 gotas de aceite esencial por cada 200 mililitros de aceite base para masajes.*

✔ **Perfumería:** *muchos aceites esenciales se hallan demasiado concentrados para aplicarlos directamente a la piel. Para hacer su propio perfume: mezcle una parte de aceite esencial por cada tres partes de alcohol o vodka. Para su propia agua de colonia: mezcle 15 gotas de aceite esencial, 50 gotas de alcohol etílico o 60 por ciento de vodka, y balancee la fórmula completando con agua destilada; estacione dos semanas y agítela antes de cada aplicación.*

EL TERMINO AROMATERAPIA FUE ACUÑADO POR EL QUIMICO FRANCES RENE MAURI

LAS RESPUESTAS EMOCIONALES

Al ser inhaladas, las moléculas viajan a través de los conductos nasales hacia el sistema límbico del cerebro, que es el asiento de las emociones y la memoria. De este modo: se activan, y así estimulan una respuesta del sistema entero. Por ejemplo: el aroma de las naranjas puede traer reminiscencias de los veranos de la infancia, por lo que la inhalación de aceite esencial de naranja puede evocar sentimientos de amplia relajación, alegría fresca y placer. Esta respuesta emocional, activada por asociación mental, puede crear una respuesta renovada del cuerpo. Asimismo, por su composición química, muchos aceites esenciales producen un estado de relax, estimulación o alivio, aún cuando no haya una memoria emotiva asociada a este estado.

LOS ACEITES ESENCIALES SON "EL ALMA DE LA PLANTA", Y EL MEDIO POR EL CUAL SE TRANSMITEN SUS PROPIEDADES.

LOS EFECTOS FISICOS

Otra manera en que la inhalación de los aceites esenciales afecta a quien los usa es físicamente. El de eucalipto, por ejemplo, cuando es inhalado a través de nariz y boca, limpia los conductos nasales internos y puede ayudar mucho en el tratamiento de anginas, resfríos y gripe. Las distintas variedades pueden ser inhaladas por infinidad de motivos: para reducir el apetito contribuyendo a una buena dieta y a la pérdida de peso; como asistencias respiratorias; incrementando la atención mental y ayudando en muchas situaciones emocionales como la depresión, la pena y la ansiedad; son usados por muchas personas como afrodisíacos. Inhalando estas esencias, ellas atravesarán el torrente sanguíneo y usualmente potenciarán la armonía de todos los sistemas del organismo.

COMO CURARSE CON AROMATERAPIA

Problemas Comunes	Aceites Esenciales	Tratamiento Aromaterapeutico
ACNÉ	*Bergamota, manzanilla, geranio, lavanda, limón.*	*Masaje facial o compresa fría.*
DOLOR DE ESPALDA	*Manzanilla, eucalipto, lavanda, melisa, rosa.*	*Masaje corporal.*
CATARRO Y SINUSITIS	*Eucalipto, lavanda, menta.*	*Inhalación, generoso masaje facial.*
RESFRÍOS Y TOS	*Bergamota, ciprés, eucalipto, lavanda, orégano, menta, sándalo, rosa.*	*Inhalación, agregar el aceite al baño de inmersión, masajes en el cuello.*

Problemas Comunes	Aceites Esenciales	Ttratamiento Aromaterapéutico
INFECCIONES EN EL PECHO	*Ciprés, eucalipto, lavanda, orégano, menta, sándalo.*	*Amplios masajes en el pecho, inhalación, aceite en el baño de inmersión.*
CONSTIPACIÓN	*Pimienta negra, limón, mejorana, naranja, rosa.*	*Masajes abdominales, aceite en el baño de inmersión.*
CASPA	*Ciprés, lavanda, junípero.*	*En champú, y masajes al cuero cabelludo.*
DEPRESIÓN	*Geranio, lavanda, melisa, naranja.*	*Masajes en cuerpo y pies, aceite en el baño de inmersión.*
ECZEMAS	*Ciprés, geranio, lavanda, sándalo.*	*En el baño de inmersión y en parches.*
DOLORES DE CABEZA	*Manzanilla, orégano, menta, rosa, geranio, lavanda.*	*Masajes en los hombros, cuello, cuero cabelludo y rostro.*
INSOMNIO	*Lavanda, mejorana, neroli.*	*Amplios masajes en la espalda, agregar aceite a la almohada.*
DOLOR MUSCULAR	*Eucalipto, junípero, lavanda, mejorana, rosa.*	*Masajes en el área afectada, compresas calientes y luego frías.*
NAUSEA	*Lavanda, naranja, menta.*	*Inhalación: 3 gotas en un pañuelo.*
ESGUINCES, TENSIONES	*Manzanilla, ciprés, junípero, lavanda, rosa.*	*Masajes, compresas frías.*
ESTRÉS	*Bergamota, geranio, jazmín, limón, neroli, naranja.*	*Masajes de cuerpo, cuello, hombros, rostro.*
VENAS VARICOSAS	*Ciprés, geranio.*	*Masajes en la zona afectada, compresas frías.*

COMO DILUIR ACEITES ESENCIALES

Los aceites de Aromaterapia deben ser diluidos en un aceite excipiente en caso de que se los quiera usar para realizar masajes.

Los mejores aceites de base son los vegetales prensados en frío. Entre ellos, los más recomendables son:

- *Almendra dulce*
- *Pepita de uva*
- *Girasol*
- *Melocotón o durazno*
- *Albaricoque o damasco*
- *Cártamo*
- El aceite de coco es uno de los más ligeros de todos, y por ello resulta especialmente adecuado para usar con aceites esenciales de flores más finas.
- Los aceites de oliva o de germen de trigo deben diluirse con otra variedad más suave, ya que su olor es demasiado fuerte.

Hay que tener en cuenta que con el paso del tiempo los aceites se oxidan. Entonces, en caso de que mezcle aceites en mayor cantidad de la que utilizará en el momento, deberá guardarlos en un frasco de vidrio de color oscuro con tapa hermética, el cual ubicará en un lugar seco y fresco, fuera del alcance de la luz solar. Puede guardarlos en heladera.

Unas gotas de aceite de germen de trigo agregadas a cualquier mezcla retardan bastante el proceso de oxidación.

COMO MEZCLAR ACEITES ESENCIALES

✔ *Para usarlo directamente sobre el rostro, hay que mezclar 10 gotas de aceite esencial por cada 50 mililitros de aceite excipiente.*

LOS ACEITES ESECIALES Y SUS USOS

Aceites Esenciales	Aplicaciones
Aguamiel	*Náuseas.*
Ajedrea	*Problemas de oído.*
Albahaca	*Trastornos auditivos.*
Benzoina	*Tos, dolor de garganta.*
Bergamota	*Herpes, depresión, problemas de la menopausia, síntomas en la piel.*
Canela	*Resfríos.*
Cayeputi	*Inflamación de oído.*
Cedro	*Tos seca.*
Ciprés	*Acné, varices, problemas urinarios e intestinales.*
Clavo	*Dolor de muelas, náuseas, vómitos.*
Enebro	*Dolor de muelas.*
Espliego	*Dolor de cabeza, problemas de oídos, ardor, eczema, pie de atleta, tiña, mordeduras, insomnio, picaduras, ansiedad, pánico, depresión, problemas de circulación, herpes, dolor de oídos.*
Eucalipto	*Dolor de cabeza, síntomas de resfrío, herpes, tos, fiebre del heno.*
Geranio	*Diarrea, eczema, acné, tiña, pánico, ansiedad, depresión.*
Germen de trigo	*Quemaduras solares.*
Hinojo	*Encías, intestinos.*
Ilang-ilang	*Ansiedad, depresión, pánico.*
Incienso	*Falta de aliento.*
Jazmín	*Problemas de menopausia, depresión.*
Jengibre	*Tos seca, malestar al levantarse, dolor de garganta.*
Limón	*Pie de atleta, acné, cistitis, depresión, síntomas gripales, dolor de garganta, hemorragia nasal.*

LOS ACEITES ESENCIALES Y SUS USOS

Aceites Esenciales	Aplicaciones
Manzanilla	Problemas en los oídos, encías, tos seca, insomnio, eczema, problemas menstruales, problemas en los tejidos blandos.
Mejorana	Dolor de cabeza, artritis, problemas circulatorios o menstruales.
Mejorana Cultivada	Insomnio.
Menta piperita	Dolor de muelas, de cabeza, gripe, resfrío, diarrea, náuseas, desmayos, vómitos.
Mirra	Fortalecimiento de encías.
Naranja	Depresión.
Naranjo Amargo	Desmayos.
Neroli	Ansiedad, pánico, insomnio, depresión, síntomas en la piel, impotencia.
Pachuli	Pánico, ansiedad.
Pimienta negra	Dolor de muelas, de cabeza, problemas circulatorios.
Pino	Fiebre del heno, incontinencia, sinusitis.
Pomelo	Resfrío, gripe.
Romero	Piojos, artritis, migrañas, problemas intestinales y circulatorios.
Salvia	Dolor de muelas, problemas de encías.
Salvia Romana	Insomnio, ansiedad, pánico.
Sándalo	Ansiedad, pánico, cistitis, dolor de garganta, impotencia.
Te	Dolor de garganta, resfrío, tiña, herpes, pie de atleta, piojos, problemas de piel, picaduras, mordeduras.
Tomillo	Dolor de garganta, sinusitis, tos.
Toronjil	Dolor de cabeza, problemas menstruales.

✔ *Para quemar aceites esenciales hay que verter 5 gotas de la esencia elegida en el recipiente adecuado y llenar con agua.*

✔ *En cualquier utilización con niños, la cantidad de gotas de aceite esencial se debe reducir a la mitad.* ***Por ejemplo:*** *para el rostro serían 5 gotas cada 50 mililitros, en lugar de 10.*

✔ *Para utilizarlos en el baño, simplemente vierta 5 gotas del aceite en el agua.*

✔ *Para utilizarlos directamente sobre el cuerpo, hay que mezclar 20 gotas de aceite esencial en 50 mililitros de aceite excipiente.*

ALGUNAS PRECAUCIONES

Ciertos aceites esenciales, como algunos derivados del hisopo y la salvia, pueden causar una reacción tóxica si son utilizados en forma interna. Esta toxicidad es muchísimo menor si se los aplica externamente.

Otros aceites esenciales contienen un desinfectante fenólico -como por ejemplo el orégano-, y en este caso no deben ser usados en forma interna por períodos prolongados, que excedan los veintiún días de tratamiento. El clavo de olor y la canela deben usarse con precaución porque se los reconoce como alergénicos; aproximadamente un 5 por ciento de la población muestra reacciones alérgicas a su aplicación.

De todos modos, casi todas las consecuencias externas del uso de óleos –alergias o irritaciones- desaparecen en forma inmediata cuando se discontinúa su uso.

COMO PARTE DE LA NATURALEZA, LOS ACEITES ESENCIALES SON HERRAMIENTAS DEL ARTE DE CURAR, Y SUS COMPONENTES QUÍMICOS SON PARTE DE LA CIENCIA MÉDICA.

CAPITULO 2

Colorterapia

CURARSE CON COLORES ES UNA PRACTICA QUE TIENE SIGLOS DE ANTIGÜEDAD Y SE LA UTILIZA COMO COMPLEMENTO EN LOS TRATAMIENTOS DE PROBLEMAS FISICOS, MENTALES Y EMOCIONALES.

Imaginemos que la dorada luz del sol entra a través de las blancas cortinas de la ventana y cae sobre las flores rojas y violetas del jarrón, y ese reflejo multicolor nos despierta, abriendo nuestro corazón a un día nuevo y haciéndonos sentir completamente vivos.

Imaginemos que al asomarnos por esa ventana lo que vemos es el amarillo del sol tornando a anaranjado su reflejo sobre las aguas verdeazuladas del mar que rompen sobre la playa en blanca y brillante espuma.

Colores. La vida está llena de ellos. Y ellos tienen muchas respuestas para dar a la persona necesitada de armonía y salud.

Los terapeutas del color asocian el espectro de colores (rojo, na amarillo, verde, azul, añil y violeta) con un campo o aura que rodea el c po. Cuando nos sentimos mal, uno o más de nuestros campos de ene gía pueden estar desequilibrados. Los terapeutas utilizan el colo adecuado para la zona afectada a fin de ayudar a restaurar el equilibrio y el bienestar.

El color puede presentarse en varias formas, como llevar ropa del tono adecuado, emplear técnicas de visualización durante la meditación o comer alimentos de un determinado color.

UNA OPCION MUY EFECTIVA

La Colorterapia se usa hoy como medicina complementaria par tar dolencias espirituales, mentales, emocionales y físicas. La clave es devolver al cuerpo el balance armónico; para esto el color es una herramienta muy válida cuando se la usa en combinación con otras terapias, como la acupuntura, la digitopuntura, el trabajo con esencias y hierbas y las visualizaciones.

LA COLORTERAPIA FUE UTILIZADA EN EGIPTO, IRAN, INDIA Y CHINA

Un buen profesional de la Colorterapia lo escuchará con mucho cuidado, y lo observará con su mente y corazón abiertos. Usando las herramientas de diagnóstico de que dispone, le brindará un diagnóstico y sugerirá un curso a seguir para disolver los bloqueos que pueda haber y devolver a su energía orgánica el balance dinámico perdido.

La Colorterapia usa una variedad de recursos para diagnosticar y tratar. Algunos profesionales leerán el campo de su aura para ver el estado del balance del color en su cuerpo. Otros leerán este estado en la espina, a través de los chakras y, a partir de esa lectura, programarán una táctica para rebalancear los desequilibrios.

EL COLOR, DESDE SIEMPRE

Curarse con colores es una práctica que tiene siglos de antigüedad. Todas las culturas usaron alguna forma de Colorterapia: Egipto, Irán, India, China... En todo lugar las personas reconocieron las propiedades curativas del color y las utilizaron de diversas maneras.

En los templos egipcios, algunas salas eran diseñadas especialmente para que los rayos del sol, al penetrar, se rompieran en los siete colores del espectro lumínico. En Irán, se utilizaban en la arquitectura de las mezquitas azulejos de cerámica de distintos colores y formas geométricas para propiciar la limpieza de los espíritus y la enseñanza de las leyes naturales de la conciencia. Muchas otras culturas utilizaron, en distinto grado, el poder del color en los estilos de construcción, el brillo cromático de las luces a través de cristales o la luz y colores de las gemas, así como pigmentos naturales hechos con vegetales y minerales para la ornamentación corporal.

Sin ir tan lejos en el tiempo, podemos hablar del muy documentado efecto de la falta prolongada de luz solar (y la consiguiente disminución del espectro cromático) en los inviernos polares, que causa un trastorno conocido como "Desorden afectivo estacional", clara demostración de la influencia del color sobre la vida humana.

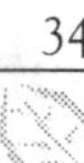

LOS COLORES Y EL CUERPO HUMANO

En la antigua Grecia, hacia los siglos IV y V antes de Cristo, se hablaba de los cuatro colores primarios: blanco, negro, rojo y amarillo. En siglos posteriores se estableció el espectro visible como integrado por siete colores: rojo, naranja, amarillo, verde, azul, índigo y violeta. Estos colores concuerdan con los siete chakras del cuerpo humano (ver recuadro). Hoy en día, se agregan al espectro de curación los colores magenta y turquesa, y muchos especialistas hablan de ocho chakras principales en lugar de siete. Este espectro simboliza la evolución de la conciencia humana, y los colores tienen la propiedad de aumentar nuestras habilidades de percepción de esa evolución.

LOS CHAKRAS

Son centros de energía que se alinean a lo largo de la espina dorsal, apenas afuera del cuerpo físico, en lo que se conoce como área etérica. Son reconocidos como los principales componentes del sistema energético humano, y actúan en complementación con el aura para mantenernos en equilibrio y salud. Cada chakra corresponde a un color, según el siguiente detalle:

Chakra	Color	Función
BASE	*Rojo*	*Conecta con la energía vital, la sexualidad y el poder creativo.*
SACRO	*Anaranjado*	*Conecta con el movimiento físico y las emociones.*
PLEXO SOLAR	*Amarillo*	*Conecta con los sentimientos de autoestima.*
CORAZÓN	*Verde*	*Centro del amor y la armonía.*
TIMO	*Turquesa*	*El "Alto Corazón": generosidad, compasión.*
GARGANTA	*Azul*	*Centro de la expresión creativa a través del sonido.*
CEJAS	*Violeta*	*El "Tercer Ojo", centro de la visualización y la intuición.*
CORONA	*Magenta*	*El ser eterno y espiritual.*

EL AURA HUMANA

Cada persona tiene su particular y única aura, q tación de su ser más íntimo y de sus sentimientos m

El aura consiste en capas luminosas que rodean no, cada una de ellas de un color determinado. Tod forman lo que se llama el campo áurico, que podría se como el arco iris personal del cuerpo.

Cuando estamos sanos, los ocho colores en el camp co se pueden percibir claros y luminosos. Cuando nuest mo está desequilibrado de alguna manera, algunos colores en particular pueden aparecer oscurecidos, atenuados, con menos sustancia.

Para experimentar la calidad de su color áurico, puede realizar la siguiente experiencia:

* Tome un cuadrado de papel turquesa luminoso (puede ser el papel abrillantado que se usa en las manualidades escolares) y mírelo fijamente durante tres o cuatro minutos.

* Entonces inmediatamente cambie su mirada a una hoja limpia de papel blanco que había dejado cerca de usted.

* Por unos momentos usted verá en el papel blanco un cuadrado de color resplandeciente. Este color resplandeciente es similar a la calidad de su color áurico. Cuanto mayor sea la intensidad del fulgor que vea, mayor será la calidad de su aura en ese momento.

LOS CHAKRAS SON CENTROS DE ENERGIA QUE TIENEN COMO FINALIDAD MANTENER EL EQUILIBRIO Y LA SALUD.

LOS COLORES EN LA TERAPIA

El violeta está relacionado con la coronilla y parte superior de la cabeza, aporta energía a la glándula pituitaria y estimula la parte superior del cerebro y el sistema nervioso. Es relajante y antiinflamatorio con cualidades que promueven la meditación y la visualización, alivian la congestión en los senos del cráneo y los dolores de cabeza, y pueden ser de ayuda en afecciones como la esclerosis múltiple. El violeta debe evitarse como terapia en los enfermos mentales y cuando se tengan problemas con alcohol y drogas.

El azul corresponde a la glándula tiroides, a la garganta y a la base del cráneo. Como antiinflamatorio, el azul puede calmar los nervios y generar tranquilidad, aliviar quemaduras por el sol o heridas y suavizar los problemas de garganta, voz y cuello. Debe evitar un exceso de azul si intenta mantenerse caliente o si se padece una deficiencia de tiroides.

El amarillo relacionado con las zonas de las glándulas adrenales, con el plexo solar y con los aparatos digestivo y circulatorio. Aumentar la cantidad del amarillo a nuestro alrededor alivia la fatiga mental, ayuda a la digestión, relaja los músculos y combate el nerviosismo. Hay que evitarlo si se padece hiperactividad, dolor de estómago o si se es propenso al comportamiento agresivo.

El rojo corresponde a la parte inferior del cuerpo, desde la base de la

columna y las caderas hasta los pies, e incluye a los órganos reproductores. Se lo puede utilizar para aumentar la resistencia física, aliviar el dolor en la parte inferior de la espalda y mejorar la circulación. Hay que evitar el rojo si se tiene la presión sanguínea alta, problemas de corazón o cuando se busque la relajación.

El añil (azul oscuro) estimula la imaginación y la intuición, calma los nervios, ayuda en situaciones de insomnio y suaviza la migraña. No debe utilizarse en caso de enfermedad mental, cuando se padezcan trastornos en la alimentación o cuando se hayan prescripto sedantes.

El verde corresponde a la glándula tímica, al corazón, a los pulmones y al sistema inmunológico. Aporta armonía y tranquilidad, alivia los problemas respiratorios y calma la ansiedad. Debe evitarse cuando se padezcan problemas autoinmunes y sea necesario un análisis.

El naranja es un color energético que cubre la sección media del cuerpo, incluyendo los riñones, el abdomen y la parte inferior de la espalda. Con el naranja puede conseguirse un aumento de la vitalidad, un alivio de los problemas menstruales y urinarios, y mejora del apetito. Debe evitarse si estamos irritables, si padecemos problemas intestinales o si queremos relajarnos.

COMO INTEGRAR LOS COLORES A LA VIDA DIARIA

Para estimular los aspectos débiles o minimizados de su vida, puede consultar la ilustración anterior y tomar estas actitudes:

- *Póngase prendas de color* ***rojo****, coma tomates, frutillas y cerezas, y utilice aceites como la mirra y el pachuli.*
- *Póngase ropa de color* ***naranja****, coma mandarinas, zanahorias y ginseng, y visualice el naranja.*
- *Medite utilizando el* ***amarillo*** *como foco, utilice aceites de citronela y limón y coma plátanos, maíz, huevos y especias amarillas como la cúrcuma.*
- *Llene su casa con el* ***verde*** *de las plantas, pase más tiempo en el jardín, coma espinacas y ensaladas, y utilice aceites de pino y bergamota.*
- *Tenga como foco el* ***azul*** *del cielo y del mar al meditar, utilice aceite de lavanda, y coma arándanos, ciruelas y uvas.*
- *Lleve más ropa de color* ***añil*** *y* ***azul*** *oscuro, focalice su meditación en piedras de este color y coma berenjenas, raíz de remolacha y ciruelas.*
- *Medite utilizando como foco flores y piedras de color* ***púrpura****, utilice aceite de espliego y coma col de Bruselas, uvas e higos.*

LOS ALIMENTOS TAMBIEN FORMAN PARTE DE LA TERAPIA DEL COLOR.

EJERCICIOS PRACTICOS DE COLORTERAPIA

Para practicar los siguientes ejercicios, destinados a la armonización mediante el color, recuerde que la Naturaleza ama los balances, las armonías. Por eso, cuando se usa un color para trabajar, se deberá usar también su complementario. Un cuerpo sano contiene colores complementarios en igual proporción, sin que ninguno prime sobre otro.

MEDITACION DEL COLOR

CADA COLOR SE CORRESPONDE CON UNA PARTE DEL ORGANISMO

- Piense en algún sitio natural que le resulte agradable. Un lugar donde usted se pueda relajar, se sienta contenido y cómodo.
- Acuéstese sobre su espalda de manera confortable, y entonces comience a respirar naturalmente, sin forzar en nada su respiración. Colóquese mentalmente, en el lugar que eligió.
- Recuerde algún momento en el que fue muy feliz y se sintió libre. Si no viene a su mente un lugar o un tiempo de esas características, simplemente imagine una historia con usted mismo en ese lugar feliz y relajado.
- Visualícese a sí mismo caminando relajadamente por ese lugar, echándose cómodo sobre la tierra, o sentado pacíficamente en una reposera.
- Registre en su mente todos los colores que ve alrededor. Tómese su tiempo, repare conscientemente en ellos, no se apresure.
- Respire todos esos colores, en toda su riqueza tal como los ha visto con los ojos de su mente (el brillante azul del cielo, la verde hierba toda a su alrededor, el celeste del lago a la distancia, los naranjas, rojos, amarillos y violetas de las flores repartidas generosamente por todo el lugar). Respire todos esos colores. Deje crecer esa variada riqueza en su mente.
- Haga esto durante unos diez minutos. Luego regrese suavemente al presente, refrescado y relajado.

RESPIRACION DEL COLOR

- Siéntese o acuéstese confortablemente sobre su espalda muy relajada.
- Cierre los ojos.
- Respire con toda naturalidad, sin forzar la entrada o salida del aire de su cuerpo.
- En cada respiración puede elegir un color para visualizar, o bien dedicar una serie de respiraciones a un color determinado.

Usted encontrará que practicando esta técnica tan simple, sentirá crecer la fuerza y el equilibrio en todo su sistema energético.

Lo que sigue es una guía de posibilidades para que usted varíe el ejercicio:

✔ **Para trabajar la vitalidad:** Inspire en rojo. Espire en turquesa.
✔ **Para trabajar la alegría:** Inspire en anaranjado. Espire en azul.
✔ **Para incrementar sus poderes intelectuales objetivos:** Inspire en amarillo. Espire en violeta.
✔ **Para limpieza y equilibrio internos:** Inspire en verde.

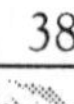

Espire en magenta.

- **Para fortalecer su Sistema Inmunológico:** Inspire en turquesa. Espire en rojo.
- **Para obtener paz y relax:** Inspire en azul. Espire en anaranjado.
- **Para incrementar su Autoestima y conectarse con los sentimientos de belleza y dignidad:** Inspire en violeta. Espire en amarillo.
- **Para alejar imágenes o pensamientos obsesivos:** Inspire en magenta. Espire en verde.

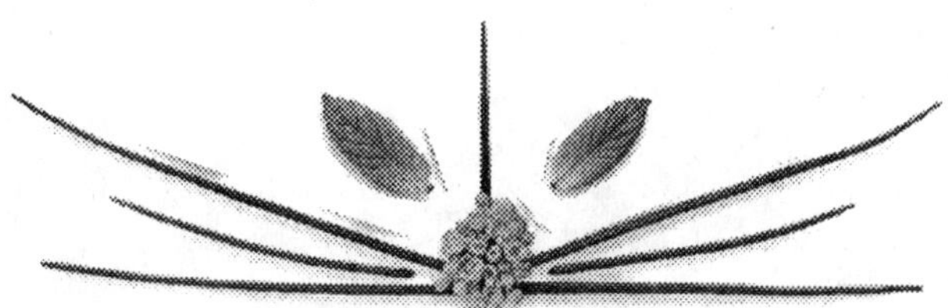

NO IMPORTA CUÁNTO
DURA LA VIDA, NI CUÁN RÁPIDO
PASA.
LO TRASCENDENTE ES LO QUE
HACEMOS CON ELLA.

"TRAS EL VIVIR

Y EL SOÑAR ESTA

LO QUE MAS IMPORTA:

DESPERTAR."

Antonio Machado

CAPITULO 3

Chamanismo

UNA PRACTICA MILENARIA CREADA POR LOS INDIOS QUE SE FUE MODIFICANDO Y ADAPTANDO DE ACUERDO CON LA EPOCA Y EL PRACTICANTE.

En todas las épocas y culturas, desde hace miles de años, existieron chamanes. En Africa, en Siberia, en China y en tantos otros lugares. La palabra "chamán" viene de Siberia, y quiere decir *"el que ve"*, y se refiere al que ve más allá de la percepción habitual.

El chamanismo es una ciencia que está viva. Mucha gente piensa que si no se hacen ahora los rituales que hicieron los indios hace miles de años, entonces no es chamanismo. No es así. Los rituales se modifican de acuerdo con la cultura, con la época y con el practicante. Los que habitualmente se denominan "espíritus malignos", tienen que ver con ciertas religiones en las que se habla de espíritus buenos y espíritus malos. El chamanismo inmerso en esa cultura toma esa terminología para referirse a algo que no debe estar allí, una energía que le está haciendo daño a la persona. Y que hay que extirpar.

Herederos de una tradición milenaria en el arte de curar, su poder reside en los dones de la naturaleza. Son los chamanes, los médicos de la tierra, capaces de realizar milagros con los secretos curativos de sus antepasados indios.

Desde que Carlos Castaneda -experto en fenómenos sobrenaturales y autor de gran cantidad de bibliografía sobre el tema- contó en sus libros las enseñanzas mágicas que le había transmitido en sus viajes a Méjico el brujo Don Juan, un indio yaqui, tolteca de Méjico, el interés por el chamanismo fue creciendo en un gran número de personas interesadas por las cuestiones del crecimiento espiritual y de la búsqueda de una vida más integrada entre el hombre y la naturaleza.

¿Estamos hablando de magia, religión, curanderismo o medicina? El chamanismo, una antigua técnica de curación empleada por pueblos primitivos de todas las regiones del mundo, guarda conocimientos que durante mucho tiempo fueron ignorados por la ciencia occidental. Hoy en día, sin embargo, muchos médicos e investigadores se interesan por comprender los secretos ancestrales que guardan estas comunidades que han logrado sobrevivir a la colonización. El estudio y el intercambio con chamanes de distintas comunidades indígenas ha crecido durante los últimos veinte años aunque, por el momento son pocos los científicos que aceptan sin sospechas la validez de las curas chamánicas. Veamos de qué se trata y si es cierto que puede ayudarnos.

QUE ES EL CHAMANISMO

A principios de siglo los antropólogos adoptaron la costumbre de emplear indistintamente los términos "chamán", "hombre-médico", "hechicero" o "mago", para designar a determinados individuos dotados de poderes mágico-religiosos y reconocidos en toda sociedad primitiva.

LAS CURAS CHAMANICAS SE BASAN EN MEDITACIONES, DANZAS E INGESTAS DE PREPARADOS DE HIERBAS

Se habla de chamanismo hindú, iraní, germánico, chino, americano y hasta babilonio. En todos los casos, a pesar de las diferencias culturales de cada uno de estos pueblos, el chamanismo puede definirse como la técnica del éxtasis.

Efectivamente, todos los chamanes, al cumplir sus funciones de médico, de maestro, de sacerdote o de mago, realizan ciertos rituales cuya técnica principal es llegar a un estado de éxtasis o trance que le permita disponerse a un estado espiritual para realizar con éxito su misión. Se cree que el chamán es el especialista de trances durante los cuales su alma abandona el cuerpo para emprender ascensiones al Cielo o descensos al Infierno, o bien para conectarse con el espíritu de la Naturaleza.

En el sur de la Argentina aún se encuentran comunidades de indios autóctonos de la región, los mapuches, que practican la medicina chamánica. Sus machis (mujeres chamanas) y chamanes son convocados

para comandar las fiestas rituales al comenzar las cosechas, o para dirigir los rituales de iniciación cuando las mujeres son declaradas aptas para el matrimonio. Según los mapuches, el chamán y la machi conocen todos los secretos de la naturaleza, saben cómo manejarla, cómo dirigirse a las fuerzas espirituales y como poder pedirle favores.

En la región se hizo famoso el caso de un matrimonio venezolano que llegó hace cuatro años en busca de una machi que pudiese curar una enfermedad terminal del marido.

Un día la pareja llegó hasta un centro municipal de divulgación de la cultura mapuche, localizado en el centro de la ciudad de Esquel, provincia de Neuquén, a preguntar a la encargada cómo podían hacer para consultar a un curador. La encargada contestó que no sabía pero podía averiguarlo para el día siguiente. Cuando el matrimonio regresó dijo que aún no había conseguido la información y que debían regresar al otro día. La misma escena ocurrió durante siete días y al octavo, la mujer proporcionó el dato: debían ir a Trebelín donde había un asentamiento mapuche y preguntar por la machi de la comunidad. "Por curiosidad le pregunté por qué había hecho eso con la pareja, si ella sabía desde el principio que la machi estaba ahí en esa comunidad mapuche", cuenta Carlos Schlieman, sanador, quien en ese momento se encontraba en el lugar y convivía con los mapuches. "Me dijo que ella quería ver si este hombre tenía la suficiente fuerza de voluntad para curarse. Ese realmente es un concepto chamánico, ver si la persona ya está preparada y lista para curarse."

Carlos Schlieman, estudioso de los métodos chamánicos, participó de la sanación de aquel hombre, que durante veintiún días permaneció en el asentamiento. La primera semana simplemente hicieron sesiones de meditación. Los otros siete días le dieron a beber unas preparaciones con yuyos del lugar. Los últimos siete días realizó trabajos en la chacra.

El hombre recuperó sus ganas de vivir, algo de peso, y su buen ánimo; y vuelve cada verano a trabajar en la chacra.

EL RITUAL DE LA CURACION

✔ *¿Cómo es una sesión chamánica?*

Cuando llega el paciente, debe tomar asiento frente al chamán. Durante unas dos horas de trance o meditación profunda los curadores tratan de captar qué le ocurre al individuo.

Si el diagnóstico es difícil de realizar entonces se recurre a la imposición de manos o a una especie de masaje, para captar a través de la mano cuál es la parte del cuerpo, de la mente o del espíritu del enfermo que está funcionando mal.

A la noche se prende un fuego y se le tiran hierbas aromáticas. *"Todo esto es muy antiguo. Los métodos utilizados por el hinduismo y los lamas del Tibet coinciden muchísimo con los rituales mapuches."* Ahumar el ambiente es una ceremonia de purificación en la India, donde se utilizan los sahumerios, y en la iglesia, donde se quema incienso.

El siguiente paso en la sesión chamánica es ingerir ciertos brebajes que ayudan al chamán a entrar en contacto con las fuerzas espirituales. Los mapuches preparan té de ruda, de ajenjo y de milenrama, hierbas consideradas tóxicas cuando no están preparadas en las dosis adecuadas. El té, el humo que impregna el ambiente de la choza y el trance ayudan al curador a lograr un estado de bienestar y plenitud que le permite captar qué es lo que debe hacer con el enfermo para curarlo. Finalmente el chamán o la machi resuelven cuál es la mejor terapia para la persona afectada.

LOS REMEDIOS MAPUCHES

Dentro de las técnicas de curación más utilizadas están las hierbas consideradas mágicas: ruda, ajenjo, maqui, anís, michay (una fruta del sur) que se utilizan en distintos preparados.

Cuatro veces por año se practican rituales para que las fuerzas espirituales indiquen a toda la comunidad cómo va a ser la cosecha del año, qué es lo que tienen que hacer, cómo se deben proteger, y anuncien si habrá heladas tardías.

Los rituales chamánicos consisten en danzar y en beber ancú, una bebida alcohólica que se prepara con maíz fermentado y ruda.

Toda la noche permanecen despiertos danzando hasta que terminan extenuados en un estado de éxtasis, en el cual los chamanes captan los mensajes de las fuerzas espirituales. En ese momento se siente que se está hablando con ángeles. Algo similar ocurre en los trabajos de meditación en los que uno entra en cierto estado que los hindúes llaman nirvana. Pero cuando se entra en éxtasis uno se conecta con las fuerzas espirituales, pregunta y recibe respuestas.

Las curas chamánicas realizadas en lugares donde es posible el contacto directo con la naturaleza se consideran más poderosas que aquellas que se realizan en las zonas urbanas, por lo que en caso de enfermedades graves se recomienda al enfermo que se traslade a un lugar donde el sanador pueda invocar al poder de las fuerzas espirituales.

COMO SE USAN LAS HIERBAS MAGICAS

El chamanismo enseña que todos tenemos un poder de autocuración y que debemos aprender a utilizar todos los recursos que la naturaleza nos brinda. El espectro de hierbas utilizado en casos de malestares simples es amplio y depende de lo que se encuentre en cada región. Para que estas conserven su fuerza vital, no deben tener más de un año de antigüedad y deben haber sido secadas en forma natural, no en horno. Los remedios más utilizados por los mapuches son:

EXISTE EL CHAMANISMO HINDU, IRANI, GERMANICO, CHINO, AMERICANO Y HASTA BABILONIO

Infusión "Tres M":

Efecto: ayuda a contrarrestar los efectos de la vida agitada, por lo que se la recomienda para restablecer la armonía general física y emocional de la persona. Es ideal para prevenir el estrés y el nerviosismo que ataca a los habitantes de las grandes ciudades.

Forma de uso: hacer un té combinado de manzanilla, menta piperita y melisa.

Tintura de ambay:
Efecto: cura el catarro y prevenir los resfríos.
Forma de uso: se prepara colocando en un frasco: tres cuartas partes de agua, una cuarta parte de coñac de buena calidad, y llenando con hojas de ambay. Se deja macerar durante quince días y se cuela para retirar las hojas. El líquido obtenido se puede usar para beber -entre diez y quince gotas en un vaso de agua- o como loción para friccionar el pecho.

Té de consuelda:
Efecto: reduce las várices.
Forma de uso: se realizan compresas embebiendo un trapo limpio en té tibio de consuelda y aplicándolo sobre la zona varicosa durante veinte minutos diarios.

Té de bolsa de pastor:
Efecto: combate la tensión premenstrual.
Forma de uso: beberlo unos días antes del comienzo del ciclo.

RITUALES CHAMANICOS PARA EL BIENESTAR

LA VERSION DEL SALUDO AL SOL CHAMANICO BRINDA MULTIPLES BENEFICIOS PARA LA SALUD.

Saludo al sol

Al amanecer se recibe la salida del sol y se dan las gracias por comenzar un nuevo día. Párese mirando hacia el este con los brazos extendidos en cruz. Cuando estos comiencen a pesarle y sienta que no resiste puede soltar los sonidos que le salgan naturalmente o bien pronunciar el "om" -un mantra sagrado universal de la India-. La forma correcta de realizarlo es con los pies desnudos sobre la hierba para cargarse con la energía de la tierra, pero también puede realizarlo en su balcón. Recuerde que es fundamental mirar hacia el este, es decir hacia el sol, la fuente de la vida.

Búsqueda de respuestas a problemas difíciles

Sentarse en silencio, cerrar los ojos y dejar pasar los pensamientos sin quedar aferrado a ellos. Cuando al cabo de un tiempo sienta que su mente está en calma, puede formular una pregunta a la fuerza espiritual en la que usted crea -Dios, Jesuscristo, los ángeles, su animal protector-. La respuesta puede aparecer mediante una voz que le hable o bien como señales a descifrar en cualquier otro momento.

Purificación del ambiente

Encienda sahumerios, hierva plantas aromáticas que inunden la casa con su olor y coloque una ruda macho en el sector izquierdo de su casa para renovar permanentemente las energías que circulan en su hábitat. Eliminar las energías negativas de un lugar ayuda a mantener la armonía de las personas que lo habitan .

LA DEPRESION SEGUN EL CHAMANISMO

Según la visión chamánica, una persona puede estar deprimida por distintas causas. Puede haber depresiones por causas físicas, por mala alimentación y hasta por problemas ambientales. Por ejemplo, hay gente que vive frente a cables de alta tensión y se enferma mucho porque su organismo no resiste ese nivel de electricidad y los afecta profundamente. En ese caso, el tratamiento sería modificar el entorno.

Hay gente que no puede enfrentar el estrés de presentar un informe en dos días; y esto no quiere decir que no tenga poder -vitalidad-, sino que no lo tiene disponible para ese trabajo. Eso puede producir una pequeña depresión, una pequeña frustración.

Pero la pérdida total de poder según los chamanes se produce por lo que hoy en día llamamos "traumas", que no son necesariamente hechos graves, sino cualquier suceso que nos toque vivir que no podamos sobrellevar porque no nos sentimos en condiciones de afrontarlo. Eso puede producir una gran depresión.

Hay otra causa que es muy importante y es la falta de confianza o autoestima, que está vinculada con la falta de poder.

El chamanismo habitualmente usa la palabra "poder" para definir a la energía y a la capacidad de utilizar esa energía con un propósito definido. Tiene que ver con la forma de construir la voluntad. A alguien deprimido le puede parecer difícil pensar en generar ganas, por eso la palabra "voluntad" puede ser más apropiada en estos casos.

AYUDATE QUE TE AYUDARE

Cuando la persona está muy deprimida como para ayudarse a sí misma, se recurre a un sostén comunitario, que puede ser de la familia o de la comunidad. Hoy en día, lamentablemente, no tenemos la fuerza sostenedora de la comunidad, pero tenemos a la familia.

Depende del tipo de depresión que sea. Si hay alguna posibilidad de que esa persona empiece a hacer algunas pequeñas cosas, eso siempre contribuirá a la sanación. Ejemplos:

✔ ***Concentrarse en la respiración.***

La respiración es uno de los medios para recuperar su energía y su poder. Hay muchas respiraciones y cualquier técnica es adecuada al principio, porque lo más importante es aumentar el oxígeno en la sangre.

✔ ***Rodearse de cosas agradables.***

Algunos chamanes lo llaman "rodearse de energías positivas". Por ahí haciendo una leve modificación en el hogar, si hay algo que nos molesta por su ubicación, podremos producir un cambio interesante. También todo lo que pensamos, imaginamos, vemos y escuchamos hace impresión en nuestro sistema; y el cuerpo, junto a las emociones, registra todo lo que sucede dentro y fuera de la persona. El inconsciente, cuando está escuchando la noticia en un noticiero que dice que murieron 400 personas en un accidente, hace que el cuerpo se coloque en una si-

UN RITUAL PUEDE SER CUALQUIER ACCION QUE A UNO LE RECUERDE EL OBJETIVO DE SU VIDA Y LE SIGNIFIQUE SU CONCRECION

tuación de malestar, aunque sea algo que no le esté sucediendo a uno. Otro ejemplo: si alguien cierra los ojos e imagina una cuchara llena de puro jugo de limón entrando en su boca, a los pocos segundos empezará a segregar saliva. Hasta sentirá ciertas sensaciones en la boca. Esta es la forma en que los estímulos impactan en el cuerpo. El limón, que es un elemento externo y ajeno a nosotros, impacta en la mente. Este es el sistema con el que trabajan, en principio, los chamanes.

✔ ***Concentrarse en "palabras de poder".***

Cualquier palabra o frase puede ser buena. Lo importante es que sea personal. Es más parecido a la invocación que al mantra oriental. El mantra ayuda con un ritmo monótono a cambiar el estado de conciencia. Aquí no se trata de cambiar el estado de conciencia, sino de evocar un estado. Se piensa en la palabra que trae el poder, entonces en el organismo y en la mente se empieza a generar la vitalidad. Es la persona la que da el poder a las palabras. Puede ser una palabra o una frase, por ejemplo: "Me esperan cosas buenas en la vida", esa puede ser una *frase de poder*. O "recupero mi confianza" o "recupero mi vitalidad" o "cada paso que doy es un paso de poder" o "cada paso que doy me acerco más a mi objetivo". Cualquier cosa que para el individuo sea significativa, y que se la repita infinitamente para recordar su propósito. Lo primero que debe hacer una persona que está mal, es recordar su propósito. ¿Cuál es mi finalidad?: "mi objetivo es tener una relación", "mi propósito es sentirme mejor físicamente", "mi finalidad es poder trabajar", "mi objetivo es cambiar de trabajo". Es muy importante recordar la intención, el propósito, el deseo u objetivo. Es importante definirlo en términos positivos. "Yo no quiero estar deprimida", está bien como primer paso. Pero después hay que enfocar qué es lo que uno quiere, de manera afirmativa. Una vez que alguien tiene su propósito, empieza a construir su "poder".

✔ ***Generar sentimientos.***

No se le puede pedir a alguien deprimido que genere un sentimiento de felicidad, pero sí un sentimiento -aunque sea pequeño- de comodidad o que se regale una satisfacción. Una pequeña confianza, eso es suficiente para empezar. La persona deprimida tiende a pensar en términos de "todo o nada". Entonces es bueno que aprenda a valorar las pequeñas cositas que obtiene.

✔ ***Edificar "el poder" con el canto.***

Una persona puede poner en su casa la música que más le guste y cantarla. También puede inventar su propia danza. Cualquier baile o canto que le guste, eso construye el poder energético poco a poco.

✔ ***Construir un ritual propio.***

El ritual en sí no tiene poder. El poder se lo da uno con el significado que le da. Por ejemplo, la señora que está obligada a limpiar su casa todos los días, puede hacerlo de una manera diferente en cada oportunidad. Cambiando el orden de sus actividades, cantando... Los monjes zen hacen de cada acto de su vida una meditación, entonces ellos pueden hacer las tareas de limpieza del templo como un acto sagrado.

Toda depresión, en principio, puede estar vinculada con una visión pesimista de la vida o del futuro. También la sensación de que el presente no tiene sentido. Uno se quedó como fijado a algún acontecimiento del pasado donde perdió "el poder" y no hay una esperanza de lograr recuperarlo. Lo que se pide no es que la gente crea, sino que suspenda el descreimiento. Es distinto. Que realice estas prácticas aunque no crea que le puedan hacer bien. Porque una persona deprimida, no va a tener la confianza para emprender nada. Esa confianza brotará a pesar de todo, indiferente al instinto de destrucción que le impone ese espíritu maligno que se apoderó de ella y que los especialistas llaman "depresión".

RITUALES

Un ritual puede ser cualquier acción que a uno le recuerde aquel gran objetivo de su vida y le signifique la concreción del mismo. Por ejemplo, si una persona desea construir su poder (su cuerpo de vitalidad) empieza a respirar y a tener como frase de poder: "Cada paso que doy aumenta mi energía".

Entonces puede empezar a construir un ritual basado en eso. Cuando se levanta, al mediodía o antes de acostarse, va entrelazando la palabra o la frase de poder con acciones concretas en el cuerpo. Entonces prende una vela, que es una forma muy clásica de decir: "ahora va a ocurrir algo muy particular en mi vida". Es un momento para hacer algo especial y por eso se convoca al espíritu del fuego. Pero si uno se siente más conectado con el agua, puede poner frente suyo un recipiente con agua, o si no, un poco de tierra o una piedra, que son objetos que uno usa para tener un espacio y un tiempo especial .

Se puede hacer una danza, o practicar ciertos pasos que le recuerden un "caminar con poder". También la persona puede hacerse una ofrenda a sí misma o a los "espíritus de ayuda" (animales, astros, una montaña, etcétera).

Otra alternativa es efectuar alguna bendición: decir "bendigo tal cosa". "Bendigo" es "Bien decir", "hablar bien de algo o de alguien". Las bendiciones aumentan muchísimo el poder o la energía vital. De esta manera, la persona deprimida comenzará a salir progresivamente de su angustiante mundo de tinieblas.

EL CHAMANISMO USA LA PALABRA "PODER" PARA DEFINIR A LA ENERGIA Y A LA CAPACIDAD DE UTILIZAR ESA ENERGIA CON UN PROPOSITO

LA NATURALEZA JAMÁS DICE UNA COSA Y LA SABIDURÍA, OTRA.

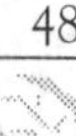

CAPITULO 4

Flores de Bach

COMPLETAMENTE NATURALES E INOCUAS, ESTAS FLORES SON CAPACES DE RECOMPONER EL EQUILIBRIO EMOCIONAL SIN DAÑAR LA SALUD.

Este sencillo, natural y sumamente efectivo medio de curación lleva este nombre en homenaje a su descubridor, impulsor y principal mentor, el famoso médico bacteriólogo Edward Bach, que durante más de veinte años ejerció su profesión en la ciudad de Londres. Pero hacia 1919, Bach quedó muy impresionado por el trabajo y las ideas del fundador de la Homeopatía, Samuel Christian Hahnemann.

Tanto fue así, que en 1930 Bach abandonó la tranquilidad profesional y la seguridad económica de su carrera médica y se trasladó a Gales para dedicarse enteramente al estudio de las plantas curativas.

FILOSOFIA DE UNA NUEVA TERAPIA

El Dr. Edward Bach deseaba conocer la verdadera causa de la enfermedad, por este motivo estudió medicina, con especial interés en la inmunología y la bacteriología; sin embargo, aún con estos estudios e investigaciones, no encontraba respuesta a su búsqueda.

En 1917 fallece su esposa a causa de la difteria y él entra en una profunda depresión. Dos meses después entra en un estado de coma profundo, producto de una hemorragia. Diagnostican que tiene un tumor en el bazo y le dan tres meses de vida. Al enterarse de la noticia trabaja día y noche para encontrar las respuestas que tanto anhela descubrir. Se retira al campo para trabajar mejor y en armonía con la naturaleza.

Describe los 37 elixires florales más un agua de manantial. Estos ayudan a liberar sentimientos tales como la ira, la angustia, la depresión, el miedo. El doctor Bach así describió distintos estados emocionales en las personas, estados que impiden a la personalidad desenvolverse naturalmente.

LAS PLANTAS SELECCIONADAS POR BACH SON 38 Y ESTAN AGRUPADAS DE ACUERDO CON LOS ESTADOS DE ANIMO ALTERADOS

Creía que las enfermedades del corazón y la mente han de ser el centro de atención de un sanador, porque las enfermedades físicas son síntomas. Por lo tanto, uno debe buscar la causa de ese síntoma. Basándose en ello, Bach postula varios principios:

Primero: que para entender la naturaleza de la enfermedad se necesita aceptar ciertas verdades fundamentales, como el Alma, un Ser Divino y todo Poderoso; nuestro cuerpo es el templo terrenal de esa Alma, nuestro Ser Divino nos da vida y si nosotros permitimos que nos guíe, nos impulsará al bienestar completo de la personalidad y del Alma. Él, nuestro Ser supremo es nuestra chispa de vida y luz.

Segundo: que nosotros somos personalidades y estamos en esta tierra para obtener conocimiento y experiencia, para desarrollar las virtudes que nos faltan y para enmendar lo malo de nosotros mismos.

Tercero: tenemos que aceptar que la vida de un ser humano es breve y que es un paso más dentro de nuestra evolución. El Alma, el auténtico ser, es inmortal y nuestros cuerpos, del cual tenemos conciencia, son temporales.

Cuarto: que mientras nuestra Alma y nuestra personalidad estén en armonía, el ser se desenvolverá naturalmente en su medio, o sea, en paz consigo mismo. Cuando no existe armonía entre ambos, la personalidad se desvía de su camino trasado por el alma, hay conflicto, que es el causal de la enfermedad y de la infelicidad.

Quinto: la comprensión de que todas las cosas son parte de la unidad. Así cualquier acción en contra de nosotros mismos o el resto atenta contra la unidad primordial.

Los errores fundamentales son: dejar de escuchar los dictados de nuestra alma y actuar en contra de la unidad por medio de nuestros defectos: orgullo, crueldad, odio, ignorancia, codicia, inseguridad, rencor, etc.

Si la personalidad escuchara a su alma, se sintonizaría con la virtud de sus propios defectos, encontrando las respuestas y guías para su vida, entraría en un estado de armonía.

Lamentablemente en un mundo tan materialista pasamos por la vida sin darnos cuenta de nosotros mismos ni de nuestro entorno.

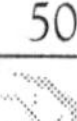

Los elixires rescatarán la virtud del defecto de nuestra personalidad, trabajando en niveles mentales, emocionales y en el más denso, el físico, aportando estabilidad y armonía a nuestra vida.

NACE UNA TERAPIA NATURAL

Bach se centró en la experimentación directa, pero también dedicó mucha atención a los dictados de su intuición. Así fue como llegó a la profunda convicción de que, si bien era cierto que muchísimas plantas tenían la propiedad de aliviar distintos síntomas o enfermedades, eran relativamente pocas las que en verdad podían curar.

Bach apuntó todos sus esfuerzos a intentar descubrir cuáles eran estas pocas plantas totalmente curativas, capaces de restablecer la salud del cuerpo y de la mente. Trabajó con la premisa de que tenían que tratarse de plantas comunes, que no fueran dañinas ni tóxicas en ningún sentido.

LOS REMEDIOS FLORALES SON INOCUOS Y SE PUEDEN USAR JUNTOS O POR SEPARADO

Así fue que desarrolló lo que él consideró un método ideal para extraer lo esencial de cada planta. La manera era colocando los pétalos de la flor, perfectamente formados, en la superficie del agua fresca, al sol.

Trabajó arduamente durante meses y meses, hasta llegar a reducir su selección a 38 plantas, las que agrupó de acuerdo con sus funciones respecto de determinado estado alterado de salud, para el cual esas plantas resultaban benéficas.

CLASIFICACIÓN PRIMARIA DE BACH

Los remedios básicos según el estado de salud:

- **Indecisión:** sclerantus, ceratro, genciana, aulaga, evena silvestre y ojaranzo.
- **Falta de interés por las circunstancias presentes:** madreselva, clemátide, olivo, castaño blanco, rosa silvestre, brote de castaño y mostaza.
- **Preocupación excesiva por el bienestar de los demás:** verbena, vid, achicoria, agua de roca, haya.
- **Miedo:** castaño de Indias, álamo, ciruelo cerasífero, jara y mímulus.
- **Hipersensibildiad a las influencias e ideas:** centaura, nogal, acebo y agrimonia.
- **Soledad:** balsamina, violeta de agua y brezo.
- **Desaliento o desesperación:** olmo, castaño común, roble, manzano silvestre, alerce, pino, leche de gallina y sauce.

Dentro de cada grupo existen numerosísimas variaciones, por lo cual para realizar una apropiada prescripción de un remedio para determinada enfermedad es necesario consultar el pequeño libro del doctor Bach titulado *Los Doce Sanadores y Otros Remedios*. Esto dará la certeza de que el remedio elegido apunta en forma directa hacia ese estado mental concreto que quiere tratarse.

En cuanto a los remedios florales de Bach, se pueden comprar indistintamente juntos o por separado. Todos ellos son completamente benignos y su utilización no representa peligro alguno. El más conocido es el *Rescue Remedy*, que se emplea para tratar emergencias cotidianas. Es una mezcla de cinco de los remedios florales.

La intención de Bach era que cualquiera de sus remedios pudiera ser prescripto con total seguridad y utilizado por cualquier persona.

El tema es que para llegar a saber prescribirlo y utilizarlo en uno mismo y los demás, es necesario aprender a estar muy atento y reconocer los distintos estados de ánimo y actitudes mentales. Por eso, en principio, es más sencillo acudir a alguien especializado en esta medicina para comenzar un entrenamiento en los mismos.

Todas las esencias se conservan durante un cierto tiempo. Quien no sea sensible al alcohol, puede prolongar bastante la duración de cada uno de estos remedios conservándolo con cognac.

LISTA DE REMEDIOS FLORALES DE BACH Y SU UTILIZACIÓN

Remedio	Prescripción
ACEBO	*Mitiga las emociones negativas de envidia y celos*
ACHICORIA	*Ayuda a quien es demasiado posesivo*
AGRIMONIA	*Anima a expresar sus ansiedades a quienes esconden sus preocupaciones detrás de una apariencia de alegría.*
AGUA DE ROCA	*Ayuda a ser más permisivos a quienes son demasiado estrictos consigo mismos*
ÁLAMO	*Alivia los sentimientos de miedo que no responden a causas conocidas*
AULAGA	*Ante la desesperación, restablece el sentimiento de esperanza*
AVENA SILVESTRE	*Aclara confusiones e incentiva las decisiones*
BALSAMINA	*Aumenta la tolerancia y la paciencia*
BREZO	*Desarrolla la compasión, en especial en quienes viven obsesionados consigo mismos*
BROTE DE CASTAÑO	*Ayuda a aprender de los errores a quienes los cometen en forma repetida*
CASTAÑO BLANCO	*Desvanece pensamientos no deseados, devuelve la paz mental*

EL CASTAÑO DE INDIAS AYUDA A RACIONALIZAR LOS TEMORES

Remedio	Prescripción
CASTAÑO COMÚN	*Da esperanza a los profundamente desesperados*
CASTAÑO DE INDIAS	*Ayuda a racionalizar sus temores a quienes se preocupan demasiado por los demás*
CENTAURA	*Ayuda a conseguir sus objetivos a quienes tienen un temperamento débil*
CIRUELO CERASÍFERO	*Tranquiliza a quienes se sienten al borde del colapso*
CLEMÁTIDE	*Centra la mente e impulsa la concentración*
GENCIANA	*Renueva la fe en la vida de quienes están deprimidos*
HAYA	*Incita a la tolerancia a los individuos excesivamente críticos*
JARA	*Calma la alarma y da coraje a quienes sienten miedo*
LECHE DE GALLINA	*Tranquiliza luego de una conmoción*
MADRESELVA	*Ayuda a vivir el presente a quienes sienten nostalgia por el pasado*
MANZANO	*Ayuda a ver las cosas con más perspectiva a quienes tienen sentimientos negativos y se sienten a disgusto consigo mismos. Se lo conoce como "el limpiador".*
MÍMULUS	*Ayuda a tratar con sus miedos y fobias a quienes sufren temores acerca de cosas específicas*
MOSTAZA	*Inyecta optimismo a quienes se sienten desesperados*
NOGAL	*Protege a quienes están pasando períodos de cambios*
OJARANZO	*Devuelve la energía. Se lo llama "el remedio del lunes por la mañana"*
OLIVO	*Regenera la paz y el equilibrio tras pasar por algún infortunio*
OLMO	*Restablece la confianza a quienes se sienten abrumados*
PINO	*Ayuda a perdonarse a sí mismos a quienes sienten culpabilidad*
ROBLE	*Devuelve la resistencia y la fuerza a quienes normalmente son incansables pero ya no pueden aguantar*
ROSA SILVESTRE	*Hace desaparecer la apatía y brinda motivación*
SAUCE	*Incentiva lo positivo en quienes padecen amargura*

EL OLIVO SE UTILIZA PARA RECUPERAR EL EQUILIBRIO DESPUES DE PASAR POR UN MAL MOMENTO

Remedio	Prescripción
SCLERANTUS	*Ayuda en la duda y la indecisión*
VERBENA	*Devuelve el equilibrio a quienes tienen tendencia a fanatismo*
VID	*Ayuda a ser comprensivos con los demás a quienes tienen tendencias autoritarias*
VIOLETA DE AGUA	*Ayuda a abrirse a los demás a quienes son cerrados y reservados*
RESCUE REMEDY	*Reconforta y da calma en momentos de emergencia y estrés. Está formado por cinco remedios: leche de gallina, jara, balsamina, cerasífero y clemátide*

"LAS EMOCIONES NEGATIVAS SON LA PRINCIPAL CAUSA DE LAS ENFERMEDADES. POR ESO MODIFICARLAS AYUDA A RESTAURAR LA ARMONÍA EN LA MENTE Y EL CUERPO."

Edward Bach

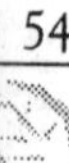

CAPITULO 5

Flores de California

SON ESENCIAS ORIGINARIAS DE ESTADOS UNIDOS QUE, SIGUIENDO LOS PASOS DEL DR. BACH, AUMENTAN LOS NIVELES DE CONCIENCIA DE QUIEN LAS TOMA DEVOLVIÉNDOLES SU EQUILIBRIO.

En el norte de California, Estados Unidos, está Sierra Nevada, en unas colinas donde hace veinte años nacieron las Flores de California como alternativa terapéutica. Fue por iniciativa de Richard Katz y Patricia Kaminski, quienes fundaron la Flower Essence Society. El equipo de trabajo, muy influenciado por sus conocimientos de aromaterapia, macrobiótica, fitoterapia, meditación y medicinas energéticas, se basó, principalmente, en la teoría de la terapia floral creada por el prestigioso doctor Edward Bach. Estos investigadores norteamericanos obtuvieron esencias de especies florales nativas de California con amplios poderes curativos, que sólo son ofrecidas luego de un riguroso trabajo de evaluación clínica. En la actualidad, las Flores de California se utilizan en más de cincuenta países. ¿Por qué cada vez más personas las eligen para tratar sus problemas de salud? Veamos...

ABC DE LAS ESENCIAS FLORALES CALIFORNIANAS

Cada flor, un poder curativo diferente.

Las esencias florales son preparados líquidos que contienen en su estructura un patrón energético de naturaleza etérica, propio de cada flor.

Cómo combaten la enfermedad.

Aumentan los niveles de conciencia de quien las toma, le revelan información olvidada o reprimida, y hacen aflorar sus potencialidades dormidas. Se trata, pues, de una herramienta terapéutica que, además, promueve el autoconocimiento.

Efectos a nivel vibratorio.

Las Flores de California son remedios vibracionales, o sea que no trabajan por medio de una acción bioquímica, biológica ni física. La Medicina Floral es una terapia no farmacológica que tiene como objetivo, además de aliviar el dolor y la curación, el cambio del estilo de vida y la ayuda en el proceso de autoconocimiento del paciente. Los remedios actúan sobre la totalidad del organismo -nunca sobre un órgano determinado-, produciendo variaciones en la conducta y la enfermedad.

Recomendaciones higiénicas.

Es aconsejable elegir envases sin usar para las nuevas fórmulas, para evitar contaminaciones. También se debe descartar el uso de envases de plástico, así como goteros del mismo material, porque afectan las cualidades sutiles del preparado. Una vez mezclado en agua, el remedio tiene una duración -energéticamente hablando- de entre 21 a 30 días. Si tiene que viajar, las fórmulas pueden prepararse en conservantes y agregar el agua mineral en el instante en que se vayan a usar. Los preparados no deben dejarse cerca de aparatos electrónicos, ya que pueden alterar su estructura energética. Salvo que se esté frente a una emergencia, no es bueno tomar el remedio hasta pasados treinta minutos después de preparada.

Cómo se ingieren.

Las esencias son tomadas en forma oral. La efectividad del medicamento no se incrementa tomando más cantidad de gotas cada vez que se consume, sino aplicándolo con más frecuencia. Los momentos más apropiados para la ingesta de las gotas son al levantarse, al acostarse y antes de las comidas.

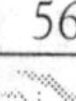

Qué cantidad tomar.

La dosis recomendada es cuatro gotas bajo la lengua, entre cuatro y

seis veces por día. De todos modos, frente a situaciones de emergencia o shock, puede ingerirse cada cinco o diez minutos hasta la desaparición de la crisis.

COMO SE PREPARAN LAS ESENCIAS FLORALES

BASADA EN LA TERAPIA FLORAL DEL DR. BACH, ESTAS ESENCIAS TIENEN SU ORIGEN EN CALIFORNIA, ESTADOS UNIDOS

- La esencia madre se hace mediante la recolección de capullos frescos, que deben ponerse en recipientes llenos de agua mineral en su hábitat natural. Luego se dejan al aire libre debajo del sol durante varias horas.
- Después se retiran los capullos, se preserva la esencia madre agregándole un poco de brandy y potenciándola rítmicamente (se sacude para activar sus efectos más sutiles).
- La esencia madre se presenta en un set de tres cajas, cada una, contiene veinticuatro frascos en las medidas de 74 o 30 cc. A este set se le suele agregar una caja adicional de diez esencias más, lo que conforma un total de 82 esencias florales autorizadas para su uso.
- El frasco de dilución es el preparado para el consumo personal del paciente. Se elabora utilizando un frasco de vidrio de 30 cc, color ámbar, con gotero también de vidrio, agua mineral y unas gotas de cognac, brandy o algún conservante natural, como el vinagre de manzana. A esta preparación se le agregan dos gotas de cada esencia floral madre recetada por el especialista, según el diagnóstico realizado al paciente.

ES UNA TERAPIA QUE ADEMAS DE CURAR, AYUDA EN EL PROCESO DE AUTOCONOCIMIENTO

LAS 12 FLORES DE CALIFORNIA

Esta guía lo orientará sobre qué especie puede ser más efectiva en su caso, además de darle un panorama general de cómo cada flor atesora un poder curativo específico. De todos modos, recuerde que las siguientes esencias florales deben ser prescriptas por el especialista en terapias florales, de acuerdo con el diagnóstico personalizado que realice.

1 Salvia

• **Es efectiva...** para quienes no pueden aprender de las experiencias de la vida y repiten errores. Contra la dificultad para la introspección, la testarudez, problemas de aprendizaje, estados depresivos, calambres, indigestión, exceso de ingenuidad, estrés extremo, trastornos de visión y constipación.

• **Gracias a ella...** aprendemos de la experiencia, nos reímos más, relajamos las tensiones físicas, aumentamos la capacidad de reflexión y fortalecemos la convicción.

2 Vara de oro

• **Es efectiva...** para quienes son incapaces de ser realmente ellos mismos y desarrollan una falsa personalidad social; para las personas muy

sensibles a la presión de los otros, que buscan con desesperación la aprobación de los demás. También enfrenta la inseguridad, los comportamientos antisociales, la agresión, la deshonestidad, la inseguridad, la tendencia a ser influenciados, desórdenes en la alimentación (específicamente, sobrepeso). En adolescentes, es efectiva contra problemas de conducta debido a las "malas compañías"; casos de jóvenes que integran grupos marginales, en los que se refugian por ser muy inseguros (hippies, punks, etcétera).

• **Gracias a ella...** fortalecemos la individualidad, hallamos valores propios independientemente del grupo que conformamos y aprendemos a conectarnos con las demás personas desde lo que en verdad somos.

LAS ESENCIAS SE TOMAN EN FORMA ORAL AL LEVANTARSE, AL ACOSTARSE Y ANTES DE LAS COMIDAS

3 Albahaca

• **Es efectiva...** para quienes no pueden relacionar lo emocional con lo sexual y con lo espiritual. También contra la timidez, el temor encubierto a la sexualidad, la falsa moralidad, la obsesión, la constipación, el ardor de las vías urinarias, y los problemas sexuales de la pareja. Es recomendable para embarazadas que tienen el deseo sexual inhibido, y hombres que interrumpen las relaciones frente al embarazo.

• **Gracias a ella...** podemos establecer un puente entre los más profundos valores del ser humano y la sexualidad.

4 Rosa silvestre de California

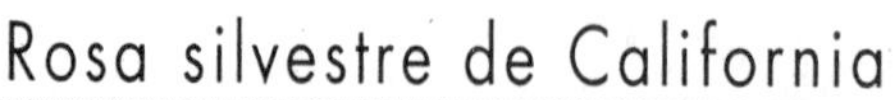

• **Es efectiva...** para quienes son indiferentes, carecen de motivaciones, son pasivos y nada de lo que ocurre a su alrededor les despierta interés. Es recomendable contra el pesimismo, la apatía, la resignación, el cinismo, la falta de compromiso, de interés por los alimentos, y los comportamientos suicidas.

• **Gracias a ella...** obtenemos interés y ganas de vivir, fuerzas para avanzar hacia un objetivo, autoafirmación y aceptación de las circunstancias tal como son.

5 Lavanda

• **Es efectiva...** para quienes están desarmonizados por la sobreestimulación. También contra los desequilibrios afectivos, la inquietud, la irritabilidad, el estrés, las adicciones, los dolores por torceduras y reumatismos, la depresión, la retención de líquidos, jaquecas, cefaleas, migrañas, disfunciones sexuales relacionadas con la insatisfacción. Además, ayuda a tranquilizar a las madres sobreexigidas.

• **Gracias a ella...** nos armonizamos, equilibramos las emociones, avanzamos en las prácticas espirituales, nos relajamos más y clarificamos nuestra mente.

EXISTE UN SET DE 82 ESENCIAS FLORALES

LAS ESENCIAS FLORALES SON PREPARADOS LIQUIDOS QUE CONTIENEN UN PATRON ENERGETICO, EL PROPIO DE CADA FLOR

6 Manzanilla

• **Es efectiva...** para quienes no aceptan el mundo terrenal y el cuerpo, a los que definen como "impuros"; demandan mucho afecto y atención; tienen tendencia a ir del extremo agresivo a la timidez; se caracterizan por no saber cómo expresar sus sentimientos. Además, es recomendable contra las tensiones que producen tartamudeos, contra las congestiones pulmonares y contra la anemia. También favorece la asimilación de las vitaminas B, K, hierro y zinc. ¿En adolescentes? Contra desórdenes alimentarios, anorexia, bulimia y abandono corporal. ¿En embarazadas? Contra los sentimientos de torpeza y fealdad.

• **Gracias a ella...** aumentamos el aprecio por lo material, ponemos "los pies sobre la tierra", nos equilibramos y aceptamos nuestro propio cuerpo.

7 Mimulo púrpura

• **Es efectiva...** para quienes no pueden enfrentar expresiones violentas de odio, temen el descontrol y la desaprobación ajena. Otorga, además, buenos resultados contra las explosiones de violencia contenida, contra las adicciones que ocultan sentimientos destructivos, contra los comportamientos compulsivos y contra la falta de vitalidad.

• **Gracias a ella...** podemos hacer catarsis de emociones escondidas, tenemos más valentía para enfrentar exaltaciones intensas, contactamos con aspectos personales nuestros que permanecen en la sombra y moderamos la violencia que, a veces, brota de nuestro interior.

8 Menta

• **Es efectiva...** para las personas con tendencia a la pesadez a causa de una sobreactividad mental. También contra el embotamiento de la actividad creativa en intelectuales y estudiantes, la somnolencia, la desatención general y la confusión en quienes tienen trabajos rutinarios.

• **Gracias a ella...** estamos más alertas, más creativos, con claridad y agilidad mental.

LOS REMEDIOS DURAN ENTRE 21 Y 30 DIAS

9 Ajo

• **Es efectiva...** para quienes son muy vulnerables, con tendencia a las infecciones, que se paralizan frente a los otros, especialmente en exámenes o cuando tienen que hablar en público. Además es bueno contra la tensión, el desgaste de la vitalidad, el temor, la paranoia, las fobias, los trastornos metabólicos e inmunológicos de origen psicosomático, la tendencia a ser víctimas del "vampirismo psíquico" (los demás los manipulan y les quitan sus fuerzas). También ayuda a distenderse ante situaciones de gran estrés (por ejemplo, operaciones), fortifica el hígado, purifica y tonifica la sangre -especialmente los glóbulos rojos-, protege contra infecciones y debilidad general.

• **Gracias a ella...** desarrollamos más resistencia, coraje y fortaleza para enfrentar circunstancias que producen pánico.

10 Romero

• **Es efectiva...** para quienes son cerrados, huraños y ermitaños, tienen memoria deficiente, mala circulación, poca voluntad. Además es aconsejable contra la somnolencia, las extremidades frías, los calambres, la mala digestión, las menstruaciones irregulares, reumatismos articulares, esguinces, golpes, eczemas y llagas. Se usa mucho en personas de la tercera edad.

• **Gracias a ella....** nos estimulamos, obtenemos paz interior, nos comunicamos más con los demás y dejamos de aislarnos.

LA DOSIS IDEAL ES CUATRO GOTAS ENTRE CUATRO Y SEIS VECES AL DIA

11 Aloe vera

• **Es efectiva...** para quienes necesitan restituir su energía vital, consumida por la tensión, el exceso de trabajo o la competencia agresiva; para personas que se sienten apagadas o vacías. También es aconsejable contra obsesiones, dolores de estómago, indigestiones, enfermedades de la piel -especialmente heridas y quemaduras-, problemas de riñones, artritis, enfermedades crónicas, cansancio postparto y deportivo.

• **Gracias a ella...** restauramos nuestra energía vital y recobramos la fuerza de voluntad.

12 Gloria de la mañana (o Don Pedro)

• **Es efectiva...** para quienes están dominados por hábitos destructivos, llevan una vida desordenada y necesitan consumir drogas para crear o producir. Es, además, aconsejable contra la irritabilidad, la falta de dinamismo y moderación, la dificultad para levantarse por la mañana y estar vitales durante el día, adicciones de todo tipo, trastornos nerviosos, insomnio, verborragia (hablar demasiado y sin parar) e inquietud antes de ir a dormir.

• **Gracias a ella...** equilibramos nuestros ritmos biológicos, nos liberamos de las adicciones, nos desintoxicamos, recuperamos rigor, empezamos a vivir con moderación y creatividad.

"CADA UNO SIGUE EL ORDEN DE SU NATURALEZA".

Propercio

CAPITULO 6

Gemoterapia

TANTO LOS CRISTALES, LAS PIEDRAS COMO LAS GEMAS SE PUEDEN UTILIZAR PARA CURAR PROBLEMAS FÍSICOS Y MENTALES.

Desde tiempos inmemoriales los cristales y gemas han sido parte de nuestras vidas, siendo utilizados por la humanidad en un modo místico, misterioso, curativo y decorativo.

Comenzando por la prehistoria nadie duda de que los cristales tienen "alma femenina", ya que la tierra es considerada como hacedora de vida , como Madre.

Los astrólogos y magos de la Edad Media decían: "Las montañas no hacen piedras, sino que las piedras hacen montañas".

UN POCO DE HISTORIA

El camino recorrido por el hombre para comprender los profundos silencios llenos de sabiduría y enseñanzas comienza con la vida misma. Tres siglos antes de Cristo, Aristóteles escribió un tratado de litología en el cual describió alrededor de 700 piedras, como así también su relación con la mente - cuerpo - alma.

Aristarco enriqueció el tratado con sus observaciones en las que comparó las influencias astrológicas con las de las diferentes piedras.

Los griegos y romanos conocían el uso terapéutico de las sustancias extraídas de la Corteza Terrestre.

Utilizaban las aguas termales con grandes beneficios, tenían diversas técnicas de aplicaciones: baños, compresas, pulverizaciones, lavativas, gárgaras, buches, etc..

En el Oriente encontramos varias farmacopeas (chinas, coreanas y japonesas), en las que el uso de Minerales y Piedras era la forma implementada para curar los problemas del cuerpo y del alma. Ejemplo: la hematite se usaba para problemas de hígado y riñón.

El jesuita schagien describe cómo los pobladores autóctonos de América interactuaban con ellas, considerándolas un elemento fundamental en sus vidas (como medicamentos, utensilios de complejidad, armas y elementos de culto). La jaidita se utilizaba para prevenir litiasis urinarias, dolores y cólicos nefríticos. Los mexicanos trataban todo tipo de úlceras con obsidiana. Los incas tenían el cobre para el tratamiento de la sífilis.

En la Edad Media los alquimistas profundizaron el uso de las piedras vinculadas con el mundo cósmico y su relación con nuestras vidas.

En los siglos XIX y XX la medicina antroposófica comienza a utilizar alrededor de 80 variedades de piedras, minerales y metales para la realización de medicamentos.

En nuestros días, vamos descubriendo cada vez más el valor incalculable que tienen las gemas en nuestra existencia, y cómo podemos interrelacionarnos con ellas para aprender sus valiosos secretos.

DOLORES, COLICO Y ULCERAS SON SOLO ALGUNOS DE LOS PROBLEMAS QUE SE PUEDEN TRATAR

QUE SON LOS CRISTALES

Son sustancias químicas de composición uniforme, producidas de manera natural y de consistencia sólida.

Los cristales forman cuerpos regulares que están delimitados por superficies lisas. Las unidades regulares remiten a cuerpos geométricos espaciales, cuyas caras son polígonos.

Su formación se ve influida por intervención de fuerzas atractivas entre los átomos, las moléculas y los iones que componen la materia, y se ordenan en el espacio.

"Piedra" es el nombre habitual que le damos a todo componente de la corteza terrestre.

"Gema" está relacionado con el valor que le damos a las piedras.

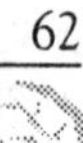

QUÉ ES LA GEMOTERAPIA

Sabemos que los cristales son transmisores, amplificadores y focalizadores tremendamente exactos de todos los tipos de energías que afectan a nuestras vidas; tienen la capacidad de ser constantes y coherentes en la propagación, vibraciones u oscilaciones de la energía.

Por tales motivos son poderosas herramientas en el campo de la medicina complementaria.

Las gemas trabajan básicamente sobre el cuerpo etérico para restablecer la armonía y el equilibrio. Su capacidad para resonar en el sistema energético humano está dada por su color y estructura cristalina.

A través de estas cualidades, las gemas emiten vibraciones consistentes y repetitivas. La respuesta es una afirmación a estas vibraciones, y de esta forma se restablece el equilibrio natural.

FORMA

Las rocas pertenecientes a cada uno de los siete sistemas de cristalización (cúbico - tetragonal – hexagonal - rómbico - tricinico - monoclinico - trigonal) poseen propiedades energéticas sutiles asociadas con planos de la realidad y con los diferentes vórtices. Un vórtice no es otra cosa que una estructura de carácter energético capaz de poner en comunicación diferentes planos de la realidad.

COLOR

Los colores son una impresión óptica que captamos de la emisión de energía de mayor o menor densidad. Cuanto menos densa sea la vibración de una onda energética, más cerca estará del blanco y simbolizará un aspecto espiritual. Cuanto más densa sea, estará más cerca del negro y del aspecto material. Como orientación, damos la siguiente clave: la graduación siempre sigue a la del arco iris.

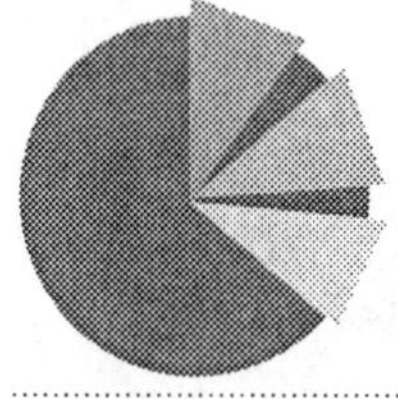

SIMBOLOGIA DE LOS COLORES

BAÑOS, COMPRESAS, GARGARAS Y BUCHES SON LAS FORMAS MAS COMUNES DE TRATAMIENTO

Rojo

VOLUNTAD - CORAJE - ENERGIA SEXUAL

- *Actúa sobre el torrente sanguíneo, circulatorio, órganos reproductores.*
- *Es útil para depresiones, falta de energía corporal y espiritual y problemas de piel.*
- *Debilidad post parto, mala circulación, anemias.*

Naranja

PRODUCTIVIDAD - VOLUNTAD DE ACCION

- *Actúa sobre el estómago, intestinos, bazo, páncreas.*
- *Es útil para problemas intestinales y de riñón, problemas mentales. Alergias emocionales, inhibiciones y timidez.*

Amarillo

LUCIDEZ - LUMINOSIDAD

- *Actúa sobre el sistema muscular y respiratorio*
- *Es útil para las dificultades digestivas, alimentarias, mantener el ritmo cardíaco y estimular la mente y el habla.*

Verde

AMOR - COMPASION

- *Actúa sobre la región respiratoria y el corazón.*
- *Es útil para mantener el ritmo respiratorio y el equilibrio de la salud.*
- *Actúa ante cualquier problemática psicofísica.*

Azul

VERDAD - CLARIDAD - COMUNICACION

- *Actúa sobre el sistema nervioso, tiroides, garganta.*
- *Es útil para el hipertiroidismo, problemas de garganta y oído, inflamaciones, quemaduras, irritaciones de la piel.*

Indigo

VISION - INTUICION

- *Actúa como calmante ante todo tipo de situaciones.*
- *Estimula la intuición y la exploración de la mente.*

Violeta

CRECIMIENTO - UNIDAD ESPIRITUAL

- *Actúa en la glándula pineal.*
- *Ayuda a la transformación y al crecimiento espiritual, colabora con la renovación y la superación.*

DESCRIPCION Y ACCION DE ALGUNAS PIEDRAS

Amatista

- *Transformación de la energía. Protección. Purificación y claridad de pensamientos. Trabaja sobre las glándulas pineal y pituitaria,*

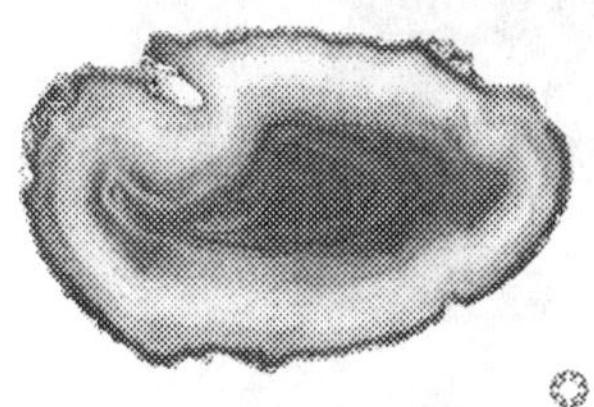

el cerebro, los ojos, nariz y oídos. Protege la garganta y el sistema respiratorio.
- Es de color violeta, rojo violáceo. Influye sobre los signos de Virgo, Sagitario, Capricornio y Piscis.

CUANTO MENOS DENSA SEA LA VIBRACION DE UNA ONDA ENERGETICA, MAS CERCA ESTARA DEL BLANCO Y SIMBOLIZARA UN ASPECTO ESPIRITUAL, CUANTO MAS DENSA SEA, ESTARA MAS CERCA DEL NEGRO Y DEL ASPECTO MATERIAL

AGUAMARINA

- *Pacifica y tranquiliza. Alivia la ansiedad. Brinda paz mental. Trabaja sobre la garganta, oídos, tiroides, sistema nervioso, tensión muscular; ojos, nariz, cerebro y el timo.*
- Es de color azul, azul claro, azul verdoso. Influye sobre los signos de Piscis, Sagitario, Tauro, Virgo.

AVENTURINA

- *Ayuda a la meditación y a la visualización.*
- Es de color verde. Influye sobre lo signos de Virgo, Leo, Escorpio.

AGATA

- *Inspiración y benevolencia. Cooperación. Aceptación. Transformación hacia la armonía y el amor. Trabaja fortaleciendo el sistema inmunológico, tonifica el corazón.*
- Es de color rosa, azul, naranja, marrón. Influye sobre los signos de Aries, Sagitario, Leo, Escorpio, Géminis, Libra.

CITRINO

- *Clarificación de patrones de pensamiento para manifestar lo que se desea sintonizar con la fuerza de la luz creadora. Trabaja sobre la piel, glándulas mamarias, ovarios, riñones. Aparato respiratorio y digestivo, páncreas e hígado.*
- Es de color naranja. Influye sobre el signo de Leo.

ESMERALDA

- *Aumenta la sabiduría y proyecta el amor. Honestidad. Trabaja sobre el corazón, sistema inmunológico, los ganglios linfáticos, huesos y dientes.*
- Es de color verde oscuro, verde claro, verde amarillento Influye sobre los signos de Tauro, Virgo.

LAS GEMAS EMITEN VIBRACIONES CONSISTENTES Y REPETITIVAS

GRANATE

- *Purifica los pensamientos. Despierta amor y compasión. Trabaja sobre la memoria, la sangre, y la columna vertebral.*
- Es de color rojo, rojo violáceo. Influye sobre los signos de Acuario, Escorpio, Tauro, Sagitario, Géminis.

TURMALINA

- *Elimina las toxinas mentales y emocionales Trabaja sobre el sistema nervioso, tracto intestinal, órganos genitales, ganglios linfáticos.*
- Es de color negro, verde, rosa, azul, amarillo. Influye sobre los

signos de Géminis, Capricornio, Sagitario, Escorpio.

LA GRADUACION DEL COLOR SIEMPRE SIGUE A LA DEL ARCO IRIS

Malaquita

- *Refleja y es reflejo de lo que está en el interior. Paciencia. Trabaja sobre el páncreas y la vesícula. Ordenador menstrual, antiespasmódico. Fortifica los dientes.*
- Es de color verde. Influye sobre los signos de Virgo, Aries, Capricornio.

Obsidiana

- *Manifestación de las cualidades espirituales. Trabaja sobre la cervical; artrosis de columna cervical.*
- Es de color negro. Influye sobre los signos de Virgo, Aries, Capricornio.

Onix

- *Absorción y transformación de las vibraciones.*
- Trabaja sobre los dientes y huesos; influye sobre el signo de Capricornio.

Topazio

- *Alegría, amor, optimismo. Trabaja sobre el aparato digestivo, respiratorio, estómago, páncreas, hígado. Equilibrio hormonal.*
- Es incolora, naranja, dorada, amarilla, roja, marrón azul clara, rosada, verde pálido. Influye sobre los signos de Leo, Géminis.

Rodonita

- *Ayuda a la fluidez del diálogo. Trabaja sobre el corazón, ganglios linfáticos. Regulador neuro-vegetativo.*
- Es de color rosa con blanco.

Ojo de gato

- *Ver y aceptar la diversidad en la totalidad. Concentración. Trabaja sobre el bulbo raquídeo. Alivia el dolor de cabeza.*
- Es de color marrón, marrón negro Influye sobre los signos de Virgo, Géminis, Tauro.

Jaspe

- *Equilibra la energía corporal. Ayuda a la insuficiencia biliar. Trabaja sobre la tonificación muscular.*
- Es de color marrón rojizo. Influye sobre los signos Tauro, Aries.

Hematita

- *Aumenta el flujo de la meditación. Trabaja sobre todo tipo de anemias.*
- Es de color negro.

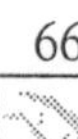

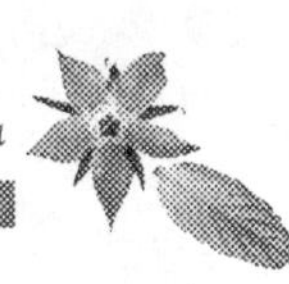

Sodalita

- *Conexión con lo astral. Trabaja sobre el cerebro, oído, ojos, nariz y sistema nervioso.*
- Es de color azul con pintitas blancas. Influye sobre el signo de Sagitario.

LAS GEMAS TRABAJAN SOBRE EL CUERPO ETERICO PARA RESTABLECER LA ARMONIA Y EL EQUILIBRIO

Cuarzo Cristal

- *Amplifica las ideas y sentimientos, ayuda a la retención de información. Trabaja sobre la garganta, oídos, cerebro, sistema nervioso.*
- Es de color transparente. Influye sobre los signos de Virgo, Acuario.

Cuarzo Rosa o Verde

- *Realización de los propios deseos, paz interior. Trabaja sobre el corazón, sistema inmunológico, glándulas linfática y timo.*
- Es de color rosa o verde. Influye sobre los signos de Libra, Tauro, Cáncer.

Cuarzo Ahumado

- *Purifica las formas de pensamiento que carecen de lucidez. Trabaja sobre la sangre, columna, sistema nervioso, órganos genitales y ano.*
- Es de color pardo ahumado. Influye sobre los signos de Escorpio, Sagitario.

Cuarzo Lechoso

- *Ayuda a la unión de lo visible con lo invisible.*
- Es de color lechoso, rosado, amarillo ahumado.

Cuarzo Naranja

- *Canaliza la agresividad Trabaja sobre la piel, glándulas mamarias, ovarios, sistema inmunológico.*
- Es de color naranja. Influye sobre los signos de Escorpio Tauro, Sagitario.

Rubi

- *Alivia el miedo y la ansiedad. Voluntad de vivir. Trabaja sobre la sangre, la columna vertebral, sistema nervioso, órganos sexuales.*
- Es de color rojo. Influye sobre los signos de Aries y Tauro.

"PARTE DE LA CURACIÓN ESTÁ EN LA VOLUNTAD DE SANAR".
Séneca

"HAY UNA PUERTA POR LA QUE PUEDEN ENTRAR LA BUENA Y LA MALA FORTUNA, PERO TU TIENES LA LLAVE."

Proverbio japonés

CAPITULO 7

Fitoterapia

LA HERBOTERAPIA TIENE HOY EL AVAL DE LA CIENCIA LA CUAL HA VUELTO A SU ORIGEN RECONOCIENDO MUCHAS DE LAS SUSTANCIAS NATURALES CUYOS PRINCIPIOS QUÍMICOS ACTIVOS PUEDEN CURAR AL ORGANISMO.

Podemos decir que es una ciencia sanadora que tiene al menos cuarenta siglos de existencia. Desde tiempos remotos y hasta hoy en día –quizá incluso con más fuerza cada vez– la medicina herbal se practica en todos los rincones del mundo, en todas las culturas, en todos los niveles sociales.

La mayoría de los fármacos modernos son nada más que derivados de plantas que la herboterapia utilizó por milenios. A pesar de ello, la corriente "cientificista" de nuestra moderna sociedad pretende relegar la Herboterapia a un segundo plano de importancia o "seriedad". De todos modos, en los últimos años se ha ido verificando un notorio cambio en esa tendencia. De hecho, los investigadores farmacológicos suelen viajar a los lugares más lejanos del mundo en busca de remedios autóctonos para investigarlos y utilizarlos.

Por suerte, al margen de ésto, cientos de miles de personas siguen beneficiándose día a día con la efectiva acción de la Herboterapia. Prácticamente no existe síntoma o enfermedad para el cual la herboterapia no tenga un alivio, mejora o cura.

UNA TERAPIA SIEMPRE A MANO

Una de las características más interesantes de esta terapia es que se basa en simples plantas, que cualquiera puede comprar en herboristerías y viveros de cualquier parte del mundo o, en infinidad de casos, directamente cultivar en su propio hogar, incluso en espacios reducidos como el alféizar de una ventana o una maceta.

De hecho, es sumamente recomendable desarrollar la práctica del cultivo casero de plantas. Todas las hierbas que se usan en herboterapia son simples y poseen cualidades beneficiosas para los seres humanos.

Por supuesto que se requiere buena información. Se debe adoptar una norma rígida: nunca utilizar cualquier planta del campo o incluso de su propio jardín que no haya identificado previamente en forma fehaciente.

CULTIVAR EN CASA

Si usted cultiva sus propias plantas medicinales, para su uso posterior deberá secarlas. Para ello puede seguir los siguiente pasos:

- Córtelas por la mañana.
- Espárzalas en un exterior formando una capa delgada sobre una superficie limpia, o bien:
- Cuélguelas en ramilletes en un lugar aireado, manipulándolas lo menos posible.
- Déjelas allí hasta que se sequen.

Luego las plantas deben ser almacenadas. Para ello, utilice frascos herméticos de vidrio oscuro, o bien latas, también herméticas. Deben ser conservadas en lugares frescos y secos; durante un tiempo no superior a un año. Mientras pasa este período, usted habrá podido volver a sembrar y recolectar su provisión de hierbas frescas. Hay muchas de ellas que también pueden congelarse.

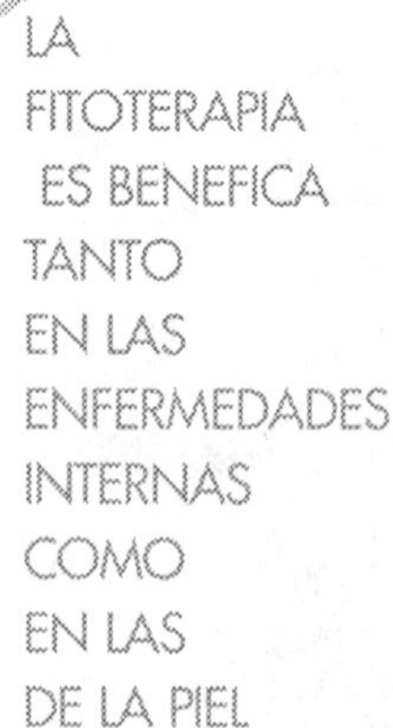

LA FITOTERAPIA ES BENEFICA TANTO EN LAS ENFERMEDADES INTERNAS COMO EN LAS DE LA PIEL

COMO PREPARARLAS

Hay distintas formas de preparar las hierbas. En forma de ungüento puede conservarse indefinidamente, así como los que contengan alcohol. Las formas de uso más habitual de las hierbas son las siguientes:

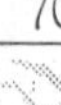

INFUSIÓN

- Preparar algo similar a un té con una planta medicinal es una de las posibilidades más comunes. Las partes más usadas para esto son las hojas y las flores, aunque también se realizan infusiones de tallos y raíces.

- Para cada dosis se deben colocar aproximadamente dos cucharaditas de la hierba o mezcla de hierbas en una tetera precalentada, y agregar dos tazas de agua hirviendo.

- Luego hay que dejar reposar en infusión durante al menos diez minutos, removiendo de tanto en tanto.

- Por fin se cuela en una taza. Se puede endulzar con un poco de miel. Estas infusiones se beben calientes, frías o incluso muy frías.

LA TERAPIA CON HIERBAS TIENE LA MISMA SERIEDAD QUE UNA CONVENCIONAL. POR ESO SE DEBE CONSULTAR AL ESPECIALISTA ANTES DE INICIARLO

DECOCCIÓN

- Es un proceso muy similar a la infusión, pero se utiliza habitualmente para tratar las raíces, cortezas y semillas de las plantas. Deben cocinase y hervirse a fuego lento, procedimiento que les extraerá la esencia necesaria para que tenga efecto.

- La proporción adecuada es de alrededor de 30 gramos de hierba o mezcla de hierbas por cada medio litro de agua. Nunca utilice un recipiente de aluminio, porque ese metal se impregnará en la decocción dejando restos tóxicos.

- Luego de haber hervido al menos 10 minutos, se retira, se deja enfriar y se cuela, exprimiendo las hierbas para extraer todo su jugo.

EMPLASTO O CATAPLASMA

- Las partes desmenuzadas de la hierba se mezclan con harina de trigo o de maíz y agua tibia. Otra posibilidad es hacerlo con una mezcla de pan y leche tibia. Así se consigue una pasta caliente que se aplica sobre la parte afectada del cuerpo.

- Luego se cubre con un paño húmedo, al cual se mantiene mojado añadiendo un poco de agua tibia cada tanto.

- Las hierbas solas mezcladas con un poco de agua tibia pueden aplicarse directamente procediendo de la manera anteriormente descripta.

TINTURA

- En este caso, las hierbas se mezclan con alcohol (que es un excelente disolvente de la mayoría de las sustancias activas de la hierba).

- Se prepara con hierbas secas reducidas a polvo, en una solución de agua y alcohol en partes iguales.

- Macerar durante dos semanas, agitando una vez al día vigorosamente.

- Colar y traspasar a una botella de vidrio.

- Se utiliza agregando una cucharada de tintura a una taza de té o agua caliente.

JUGO

- Se realiza con plantas frescas, las cuales deben trabajarse con mortero para que suelten sus jugos y partes solubles.
- Luego se diluyen con un poco de agua, logrando un preparado que mantiene todos los minerales y vitaminas de una planta.

POLVO

- Las plantas secas se muelen con mortero hasta convertirlas en polvo.
- Se puede usar de distintos modos: disuelto en algún líquido –agua, té, cognac-, esparcido en alguna comida, en cápsulas, etc.

JARABE

- Las hierbas en polvo se mezclan en agua con miel o con azúcar negra.
- Se ponen a hervir, y se cuelan cuando empiezan a espesarse.

COMPRESA

- Se prepara una infusión, se deja enfriar, y entonces se moja un paño en la misma y se aplica en la zona afectada.

UNGÜENTO

- Para obtenerlo, se debe mezclar hierba en polvo con gelatina de petróleo caliente.

HIERBAS MEDICINALES MÁS COMUNES

Planta o hierba	Utilización
Ajo	*Infecciones, colesterol alto, dolor de cabeza, diarrea*
Albahaca	*Depresión*
Alcaravea	*Halitosis*
Alhova	*Síntomas de diabetes*
Aloe vera	*Tos*
Árnica	*Dolores*
Astrágalo	*Trastornos inmunológicos, fatiga*
Bayas de enebro	*Estimulación del apetito*
Belcho	*Falta de aliento*
Belladona	*Dolores abdominales*
Canela	*Dolores abdominales*

LA MAYORIA DE LOS FARMACOS MODERNOS SON DERIVADOS DE PLANTAS QUE LA HERBOTERAPIA UTILIZO POR MILENIOS

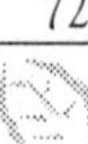

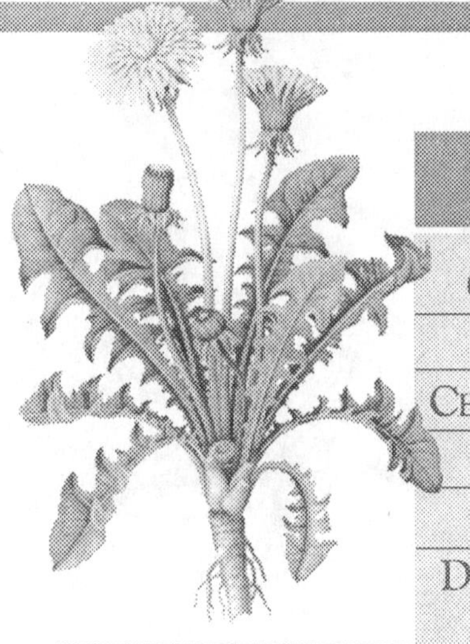

EL DIENTE DE LEON TIENE UN EFECTO DIURETICO, QUE FACILITA LA ELIMINACION DE LAS TOXINAS

LOS TRATAMIENTOS PUEDEN REALIZARSE CON PLANTAS COMPRADAS O PLANTADAS EN FORMA CASERA

Planta o hierba	Utilización
Cardamomo	*Indigestión*
Cardiaca	*Problemas menstruales*
Centaura menor	*Estimulación del apetito*
Clavo	*Dolor de muelas*
Consuelda	*Trastornos de la piel*
Diente de león	*Indigestión, problemas en los ojos, trastornos menstruales*
Eneldo	*Halitosis, indigestión*
Equinácea	*Problemas de garganta y oído, infecciones, trastornos inmunológicos, dolor de cabeza*
Espino	*Hipertensión, mareos*
Espliego	*Dolor de cabeza, calambres, mareos*
Eufrasia roja	*Problemas en los ojos*
Flor de saúco	*Problemas en los ojos, resfríos, trastornos de piel*
Flor de tilo	*Depresión, insomnio*
Geranio	*Problemas anales y genitales*
Ginseng	*Fatiga*
Guggula	*Colesterol alto*
Hidrastis	*Dolor de cabeza, pérdida de apetito, indigestión*
Hierba centella	*Dolores de garganta, problemas menstruales, trastornos oculares*
Hierba de San Juan	*Dolores crónicos, dolor de espalda, anorexia, depresión*
Hierba gatera	*Dolor de cabeza*
Hinojo	*Indigestión, dolor abdominal, sinusitis, bronquitis*
Hisopo	*Tos*
Jengibre	*Dolores crónicos, indigestión*
Manzanilla	*Problemas en los ojos, insomnio, problemas abdominales*
Maravilla	*Problemas abdominales e intestinales*
Matricaria	*Migraña, dolores articulares*
Menta piperita	*Indigestión, mareos, náuseas, diarrea, dolor abdominal, resfríos*

Planta o hierba	Utilización
MILENRAMA	*Dolor de cabeza, resfríos*
OLMO AMERICANO	*Dolores articulares, indigestión, problemas de garganta y oído*
ORTIGA	*Estimulación del apetito, trastornos menstruales*
PAMPLINA	*Problemas de ojos, trastornos de piel*
PASIONARIA	*Insomnio*
PEPINO	*Problemas de los ojos*
PEREJIL	*Trastornos menstruales*
PIMIENTA DE CAYENA	*Dolores articulares*
REGALIZ	*Bronquitis*
REINA DE LOS PRADOS	*Diarrea, fiebre, dolores crónicos*
ROMERO	*Ictericia, indigestión*
RUDA	*Mareos, dolores de cabeza*
RUSCO	*Problemas anales y genitales*
SALVIA	*Mareos*
SALVIA ROJA	*Dolor de garganta*
SÁNDALO	*Problemas urinarios, fiebre*
SAUCE	*Problemas de garganta y oído*
TANACETO	*Problemas de garganta y oído*
TOMILLO	*Tos*
TORONJIL	*Insomnio, dolor abdominal*
TUSILAGO	*Diarrea, tos*
VALERIANA	*Dolor de espalda*

LA MEJOR FORMA DE CONSERVAR LAS PLANTAS ES HACERLO EN FRASCOS HERMETICOS DE VIDRIO OSCURO

"LA NATURALEZA NO HACE NADA SUPERFLUO, NADA INÚTIL, Y SABE SACAR MÚLTIPLES EFECTOS DE UNA SOLA CAUSA".

Copérnico

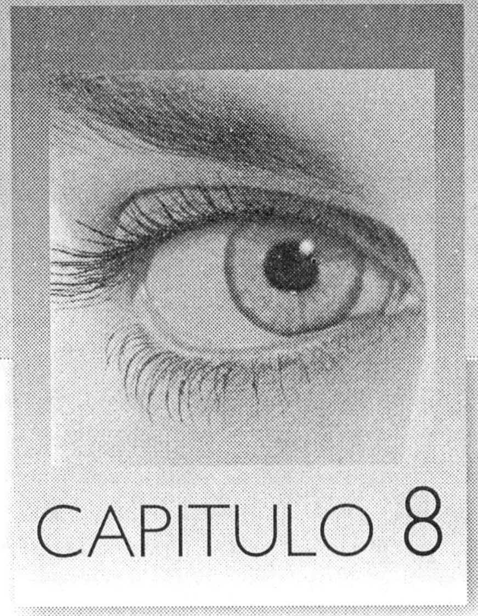

CAPITULO 8

Iridiología

LOS OJOS NO SOLO REVELAN ESTADOS DE ANIMO, TAMBIEN MUESTRAN TODAS NUESTRAS DEBILIDADES FÍSICAS PARA TRATARLAS ANTICIPADAMENTE.

Es un método de diagnóstico que se basa en el estudio del iris -la parte coloreada del ojo-, en la que pueden verse cerca de 28.000 terminales nerviosas, todas ellas conectadas al cerebro mediante el hipotálamo.

Bajo una visión aumentada, las anormalidades en el iris se leen mejor que un mapa, y constituyen un verdadero microchip repleto de información.

Un análisis del iris revela las potencialidades o debilidades hereditarias, muestra si hay zonas irritadas o congestionadas en el organismo, o la interacción entre los distintos sistemas orgánicos desde el sistema digestivo hasta el hormonal o el neurológico.

LA CONSTITUCION DEL IRIS

La Iridiología es un método inocuo, barato y no invasivo de análisis en el cual se integran perfectamente las medicinas ortodoxa y alternativa. Mediante la cual se pueden supervisar los movimientos que hace un organismo hacia los estados de la enfermedad y hacia la salud. Cuando se inflaman los tejidos corporales o hay alguna clase de intoxicación, inflamaciones blanquecinas o decoloraciones congestivas, éstas se hacen presentes en las zonas pertinentes del iris.

EN EL IRIS SE PUEDEN VER DEBILIDADES HEREDITARIAS, ZONAS IRRITADAS DEL ORGANISMO

Hay tres tipos principales de color de iris:

- *Azul*
- *Marrón*
- *Gris*

Hay, además de estos básicos, una excepción conocida como "tipo mezcla" o biliar, que es en parte azul y en parte marrón. Este tipo es una combinación de factores o tendencias que se encuentran en ambos colores básicos.

Estos colores representan cada uno una constitución orgánica típica, que indica tendencias que pueden desarrollarse o no, de acuerdo con factores como abusos, malas dietas o falta de cuidados.

AZUL
CONSTITUCIÓN LINFÁTICA

Se denomina así debido a su inclinación genética a la sobreproducción de células linfáticas, que reaccionan a las irritaciones, inflamaciones y a un aumento de excesos mucosos y de catarro en el sistema. Esto hace a esta constitución proclive a las inflamaciones articulares, a las alergias, a alteraciones respiratorias y a desórdenes de la piel.

La presencia de fibras onduladas en un iris azul o azul grisáceo indican una constitución linfática pura. Esto habla de una tendencia a la irritación de adenoides, glándulas linfáticas hinchadas, irritación de apéndice, eczemas, acné, piel seca, bronquitis, asma, sinusitis, diarrea, irritación ocular, retención de líquidos, artritis y caspa, entre otras alteraciones.

MARRÓN
CONSTITUCIÓN HEMATOGÉNICA

Este tipo es propenso a la anemia y a otros problemas relacionados con la sangre como la hepatitis, ictericia, desórdenes digestivos relacionados a menudo con la baja producción enzimática (que pueden manifestarse frecuentemente como intolerancia a la leche de vaca, entre otras cosas), también constipación, úlceras, mal funcionamiento de hígado, páncreas y vesícula, diabetes, desórdenes circulatorios e intoxicaciones.

GRIS
CONSTITUCIÓN NEUROGÉNICA

Como su nombre sugiere, pone énfasis en el sistema nervioso. Hay dos tipos de constituciones neurogénicas:

*a) **Neurogénica sensible***

*b) **Neurogénica robusta***

La robusta tiene las fibras del iris más toscas, y este tipo generalmente revela personalidades con nervios de acero y una actitud atrevida. Suele tener tendencias similares a la constitución linfática, principalmente catarros e inflamaciones (tuberculosis, pleuritis, pericarditis, colitis, peritonitis e inflamaciones articulares).

En tanto, la constitución neurogénica sensible, con sus fibras del iris delgadas, como de seda, reflejan una marcada sensibilidad del sistema nervioso central. Son, por lo tanto, personas tendientes a los desórdenes nerviosos, mentalmente hiperactivos y autoexigentes. Pueden desarrollar múltiples desórdenes funcionales de los órganos vitales, como ataques cardíacos, problemas circulatorios, úlceras estomacales, problemas digestivos e intestinales y desórdenes hormonales.

Alrededor de estos dos principales, se estructuran alrededor de 25 variaciones. Un profesional hábil y entrenado puede, a través del análisis de la constitución de una persona, proveer precisos detalles de sus tendencias y estructuras de salud y enfermedad.

LA IRIDIOLOGIA ES UN METODO INOCUO Y NO INVASIVO DE DIAGNOSTICO

EL ANALISIS DEL IRIS

La mayoría de la gente que acude a un análisis del iris ya ha realizado distintos estudios patológicos sin haber hallado la causa de su problema. Como el análisis del iris revela muchas condiciones no patológicas, puede brindar una información más amplia de las actividades y la interacción de los sistemas orgánicos. Esto acerca mucho a la clave de la raíz de los problemas, sin importar qué síntomas se hayan manifestado ya o cuáles, aún no. También sirve, por lo tanto, como una forma de medicina preventiva, ayudando a corregir los hábitos de vida. A través de la Iridiología se puede trabajar mucho más efectivamente en las necesidades individuales, en un esfuerzo para evitar las repercusiones de continuados desequilibrios y estados de enfermedad.

Hay que aclarar que no es práctico intentar un análisis de iris a fondo en chicos menores de seis años, en parte porque hasta esa edad los detalles del iris no están del todo definidos y, en parte, porque no es posible hacerles mantener los ojos quietos durante el tiempo suficiente.

COMO TRABAJA EL PROFESIONAL

Un profesional de la Iridiología no da un diagnóstico en términos alopáticos, es decir, en términos de la medicina tradicional. De hecho, en el muy estricto Código de Ética establecido por la Guild of Naturophatic Iridologist International se dice que el "practicante complementario" (así denominan a quien realiza el análisis, sea médico alopático o no) deberá evaluar el caso desde un criterio diferente, y no deberá describir su diagnóstico complementario en términos alopáticos tradicionales a menos que esté calificado para ello.

El profesional toma alrededor de una hora para realizar su análisis del iris. Comienza por estudiar los detalles del iris usando una serie de aparatos que guardan similitud con los de un oculista. Luego debe analizar los resultados de su observación, ya que no se guiará solamente por los síntomas que manifiesta el paciente. Antes de sugerir siquiera un diagnóstico, realizará este examen global, completo, porque, como ya mencionamos, el iris revela traumas anteriores y condiciones previas, así como estados que pueden no haberse manifestado todavía.

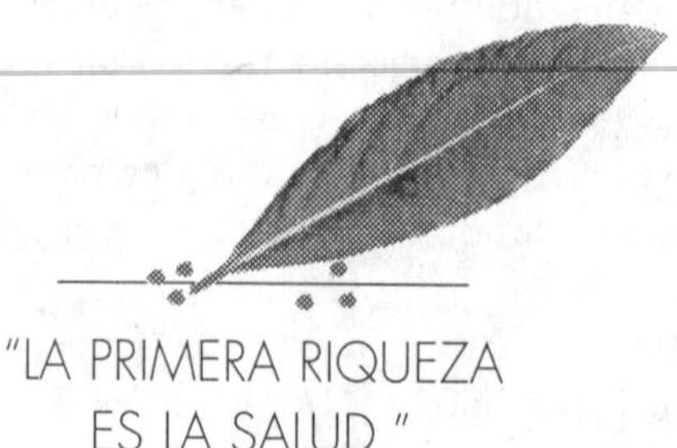

"LA PRIMERA RIQUEZA
ES LA SALUD."
Ralph Emerson

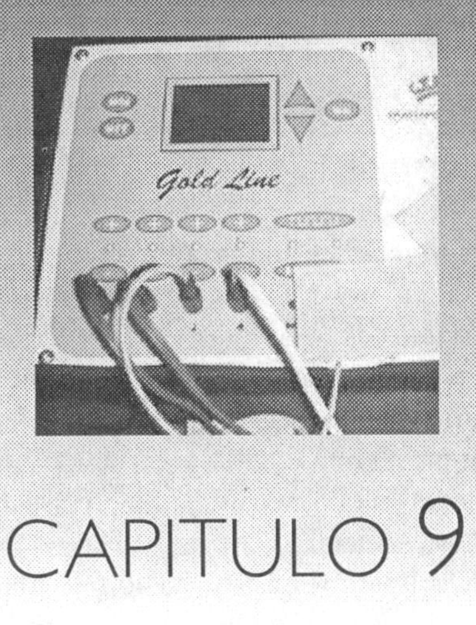

CAPITULO 9

Magnetoterapia

UN TRATAMIENTO IDEAL PARA COMBATIR EL DOLOR FISICO, QUE DA MUY BUENOS RESULTADOS Y NO POSEE CONTRAINDICACIONES.

La terapia basada en imanes, basada en la acción de los campos magnéticos terrestres sobre los seres humanos puede servir para corregir y solucionar una gran cantidad de dolencias.

Desde el año 1974, en que el profesor Kyoichi Nakagawa desarrolló el concepto de "Síndrome de Carencia del Campo Magnético Terrestre", como causa de un sinnúmero de patologías de la vida actual, comenzó a gestarse una corriente dentro de la medicina que se basó en la utilización del poder de los campos magnéticos para curar ciertos males.

Según los científicos que trabajan en la investigación de este síndrome, las alteraciones son producidas por el universo de hierro, acero y hormigón que nos priva del campo magnético terrestre. Asimismo, los automóviles, los trenes y los barcos actúan como pantallas que reducen la acción beneficiosa del campo magnético terrestre. Esta ausencia de acción benéfica puede ser la causante de ciertos síntomas como rigidez en los hombros, en la espalda y en la nuca; lumbago sin evidencia radiográfica, dolores en el tórax sin causa precisa, cefaleas, vértigos, insomnios, constipación, etcétera.

De acuerdo con ciertas investigaciones, la aplicación de imanes hace desaparecer o atenúa estos trastornos en un gran número de personas, por lo que la hipótesis de la carencia de campo magnético tendería a confirmarse.

Hoy en día se sabe que nuestro cuerpo se compone de células que son, a su vez, imanes minúsculos. Estas células, con su campo magnético, son los elementos fundamentales de todos los órganos del cuerpo, y cada una produce su propio campo magnético.

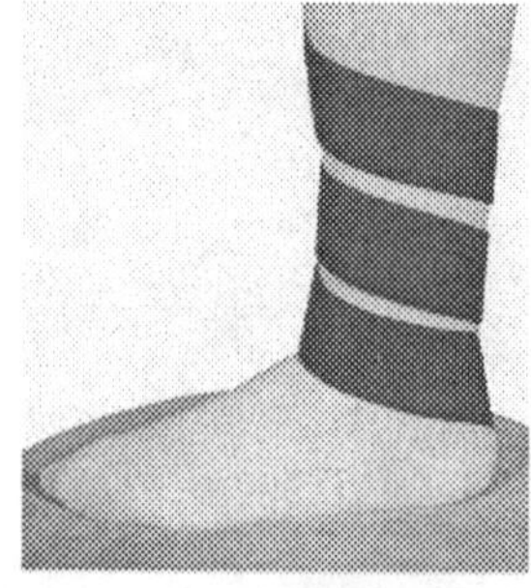

La estructura humana es un complejo sistema de equilibrios: químicos, físicos y ambientales. Uno de los más importantes es el de la proporción de iones, tanto positivos como negativos, expresados en sodio y potasio, que están dentro de cada célula y logran que ésta continúe viva. El organismo por sí sólo es capaz de regular esta armonía entre cargas positivas y negativas, manteniendo un desarrollo celular perfecto que favorece la nutrición, la reproducción, el crecimiento, y todas las funciones adjudicadas a cada célula. Siguiendo esta teoría, cuando existe un trastorno local o general -un proceso físico de vasoconstricción, inflamación, vasodilatación, una infección o un cambio metabólico, como en el caso de la anorexia nerviosa-, se produce un desequilibrio entre las cargas positivas y negativas.

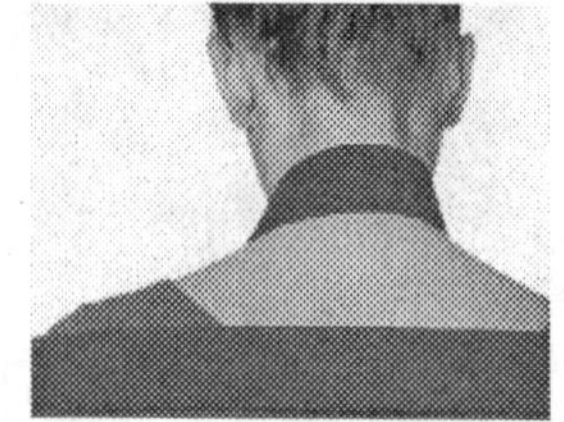

La magnetoterapia busca reequilibrar y modular la conducción nerviosa de ese orden. Veamos de qué manera esta disciplina cumple con sus objetivos:

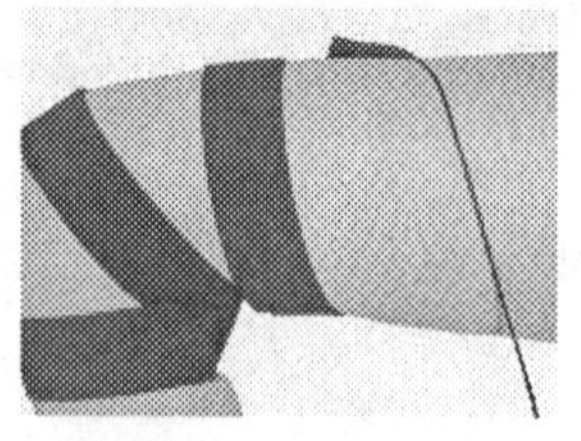

IMANES TRANQUILIZANTES

Uno de los campos privilegiados de acción de la magnetoterapia es la sedación, es decir, la supresión o disminución del dolor.

Los científicos proponen la siguiente explicación: las células de los tejidos y de la sangre tienen una carga exterior negativa de sodio, y una carga interior positiva de potasio.

Las fibras exteriores que recubren los nervios tienen una carga exterior de sodio positiva, y una carga interior de potasio negativa. Es, por lo tanto, exactamente lo contrario de las cargas que existen en los demás tejidos y en la sangre.

Cuando las terminaciones nerviosas se ven afectadas por una situación anormal, como la presión, una infección, una quemadura, etcétera, informan al cerebro sobre el peligro. Si se aplica la energía magnética negativa (la procedente del Polo Norte), se produce una disminución del potencial positivo exterior que recubre la fibra nerviosa, lo cual pro-

LA PRINCIPAL FUNCION DE LAS PASTILLAS MAGNETICAS ES ALIVIAR LAS ZONAS DOLORIDAS DEL CUERPO

duce una acción sedante generada por la disminución del potencial sensitivo de los iones positivos.

De una manera general, entonces, la aplicación del potencial magnético negativo (Norte) disminuye la sensibilidad nerviosa y, de este modo, actúa directamente sobre el dolor al mismo tiempo que ayuda al potencial de auto-circulación.

LOS DIFERENTES TIPOS DE IMANES QUE SE USAN PARA CURAR

Los elementos más importantes en lo que concierne al uso terapéutico de los imanes son:

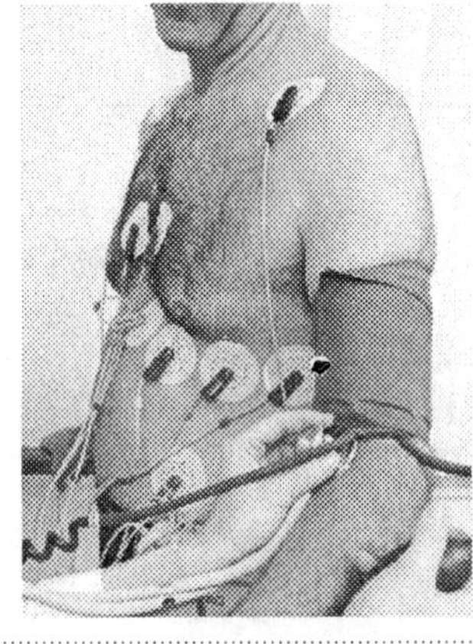

- ✔ *la potencia (medida en Gauss)*
- ✔ *la relación de la potencia con la masa.*
- ✔ *la resistencia a la desimantación.*

Actualmente, ya no se utilizan los imanes de hierro por la débil relación potencia-masa. Para obtener energía suficiente sería preciso utilizar imanes muy voluminosos y, por lo tanto, incómodos, pesados y poco prácticos. Por otro lado, estos imanes presentan el inconveniente adicional de que se desimantan con relativa rapidez.

GUIA PRACTICA DE MAGNETOTERAPIA

EL TRATAMIENTO DEBE SER LOCALIZADO JUSTO EN EL PUNTO DEL DOLOR

El uso de las pastillas magnéticas para calmar las zonas más doloridas del cuerpo es la función más común que suele dárseles. Los dolores que se consideran aquí pueden tener varios orígenes:

• **Origen traumático:** esguince, tirones de ligamentos, desgarro muscular, tendinitis y ciertas fracturas que se curan sin yeso.

• **Origen reumático:** lumbago, reumatismo de la cadera, artrosis de la columna cervical y todos los dolores articulares. En general, las pastillas magnéticas son particularmente eficaces para las inflamaciones reumáticas crónicas, pero no son más que un débil soporte en el caso de los reumatismos infecciosos o de las inflamaciones agudas.

Además de existir estas dos grandes causas, pueden presentarse dolores originados por diversos motivos, que alcanzan a los sistemas musculares, tendones o articulaciones. Este es el caso de los dolores producidos por las perturbaciones climáticas (golpes de frío, humedad, viento, etcétera); por los desequilibrios metabólicos producidos por la nutrición (exceso de carne o de alimentos); por las malas posturas corporales; por las repercusiones musculares por medio del sistema nervioso autónomo; y por los desequilibrios de los órganos internos que reaccionan sobre las zonas externas.

COMO SE COLOCAN LAS PASTILLAS

En todos los casos hay que detectar los puntos más tensos y los más dolorosos de la región. El mejor método es el de pasar el pulgar sobre la zona dolorosa, ejerciendo una presión media. Los puntos que aparecen más duros, más resistentes, y los puntos que provocan un dolor más fuerte que los demás circundantes, son los que deben tratarse, y donde debe colocarse una pastilla.

Para los dolores locales, por lo general, no suele ser necesario colocar pastillas a cada lado del cuerpo, pero sí lo es en los puntos próximos a las regiones medias. Por último, muchos de los dolores descriptos son crónicos, y no debe dudarse de utilizar las pastillas magnéticas regular y repetidamente, dejando, no obstante, un cierto tiempo de reposo entre las dos sesiones sucesivas de pastillas en un mismo punto, durante dos o tres días. Veamos cómo hay que colocar las pastillas para aliviar cada tipo de dolor:

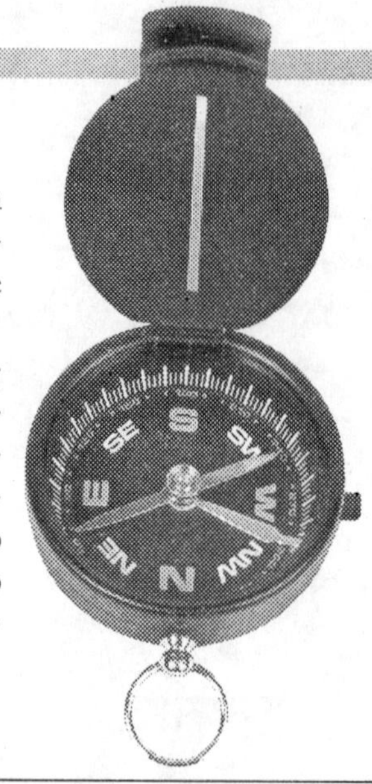

LOS IMANES TIENEN UN CAMPO MAGNETICO QUE SE REPRESENTA MEDIANTE LINEAS QUE VAN DEL POLO SUR AL POLO NORTE. SEGUN LOS MEDICOS EL NORTE TIENE CUALIDADES ANALGESICAS Y EL SUR TRÓFICAS

Dolor de tobillo

Se trata esencialmente de esguinces cuyos puntos, de acuerdo con su origen, serán más dolorosos en la cara interna o externa del tobillo.

Dolor de rodillas

En general se trata de dolores crónicos y el tratamiento puede repetirse. Los dolores de la rodilla a menudo están en relación con la región sacro-lumbar y, por lo tanto, hay que comprobar los puntos de esta región (del mismo lado, o del lado inverso de la rodilla con dolor) para determinar si hay dolor ante la presión; en el caso que así sea, hay que tratarlos.

Dolor de nuca

Se trata principalmente de tortícolis o de dolores provocados por la artrosis cervical que afectan a la nuca. No obstante, podemos encontrar también la presencia de tensiones en esta zona causadas por problemas digestivos (hígado, vesícula biliar), o por problemas posturales de la cabeza.En este caso se deben buscar bien los puntos a lo largo de la columna cervical, colocando las pastillas magnéticas entre las vértebras; o bien en la base del cráneo y en el cuello, en la cara externa o en la cara anterior.

Dolor de espalda

Los puntos dolorosos se encuentran, por lo general, a cada lado de la columna, y son los puntos del meridiano de la vesícula los que se corresponden con los órganos internos. En este caso las pastillas magnéticas pueden colocarse también en la juntura de dos vértebras, cuando el dolor se manifiesta a ese nivel o cuando la apófisis de una vértebra no está alineada con las otras. Las pastillas corrigen el tono muscular de los músculos paravertebrales permitiendo, así, que la columna encuentre una estática mejor.

Dolor de hombro

Los puntos que hay que tratar se encuentran en la misma cara (anterior o posterior) que la del dolor. Hay que tener en cuenta cuál es la pos-

tura que agrava aún más este dolor, por ejemplo, si es el movimiento del brazo hacia adelante, entonces hay que colocar una pastilla magnética en la cara anterior. También hay que buscar puntos dolorosos en la nuca, a lo largo de la columna dorsal alta, y en los brazos, incluso hasta debajo de los codos. De esta manera, algunos puntos que aparecen en el dibujo lejos del hombro, pueden resultar ser dolorosos y, en este caso, deben tratarse.

Dolor de cadera

Los puntos a tratar se encuentran principalmente cerca de la articulación de la cadera (cara externa o posterior) en la región glútea, así como a lo largo de la pantorrilla. Es importante localizar en esta última parte zonas tensas que con frecuencia afectan al meridiano de la vesícula biliar en su cara exterior, y al meridiano de la vejiga por su cara posterior, y, aunque es más raro aún, al meridiano del estómago en su cara anterior.

Dolor de la mano y la muñeca

Se procede como en las demás regiones buscando los puntos dolorosos, pero como es difícil colocar las pastillas magnéticas en los dedos, se tratará según su sensibilidad.

Dolor lumbar

Dentro de este término, dolor de región lumbar, incluimos el de los lumbagos, los dolores de riñones y demás molestias menos importantes. Estos malestares aparecen, generalmente, en una situación de artrosis preexistente, y se desencadenan con un falso movimiento o a consecuencia de una influencia climatológica (frío, humedad).

Los puntos a tratar se encontrarán sobre todo en la región de la columna lumbar y del sacro, ya que los dolores intervienen, habitualmente, cuando el disco de la articulación entre la última vértebra lumbar y el sacro está en mal estado.

LOS PRINCIPIOS DE LA MAGNETOTERAPIA

Los imanes que utilizamos en esta guía práctica son los denominados pastillas magnéticas, que son de fabricación japonesa y se presentan en distintos formatos de acuerdo con su potencia y grosor. Sus generalidades son:

- **Duración:** en general, las pastillas deben conservarse de tres a cinco días. Dejarlas colocadas demasiado tiempo puede provocar una pequeña irritación. El lapso de utilización también puede ser mucho más corto, y deben retirarse las pastillas una vez que se ha obtenido el efecto deseado.

- **Cantidad:** el número de pastillas que debe utilizarse es muy variable: siguiendo la indicación de un terapeuta pueden utilizarse hasta diez o quince, y si no, es mejor limitarse a un número de entre dos y ocho.

Reparto: Además de colocar las pastillas en las zonas doloridas (por ejemplo: un esguince en el tobillo), se las puede poner en el punto simétrico del otro lado del cuerpo.

Reutilización: Aunque las pastillas estén magnetizadas aún después de su uso, no deben utilizarse dos veces seguidas y conviene tirarlas. Todavía no existe una explicación racional para este hecho, pero se constató que después ya no tienen la misma eficacia terapéutica.

Reacción local: Aunque suelen ser infrecuentes, pueden aparecer pequeñas ronchas o erupciones en el circuito de la pastilla. Conviene, entonces, dejar la piel desnuda y, si ello fuera necesario, desinfectar ligeramente con alcohol iodado.

Contraindicaciones: Hay que tomar ciertas precauciones cuando existen problemas en la piel:

- *Evitar las pastillas en caso de enfermedades con erupciones: la piel se modifica con demasiada rapidez como para prever los lugares donde aparecen los granos.*

- *No colocar las pastillas en aquellos lugares del cuerpo donde la piel se encuentra en mal estado. No obstante, y cuando se colocan en los puntos adecuados, las pastillas tienen un efecto benéfico en las enfermedades de la piel.*

- *No se deben colocar sobre zonas irradiadas (tratadas con radioterapia, por ejemplo), o cerca de prótesis metálicas. En este último caso pueden producirse empeoramientos muy serios. También debe evitarse la proximidad de los aparatos intra o extra corporales con acción electromagnética (prótesis auditivas, pilas cardíacas).*

TODAS LAS RESPUESTAS A SUS DUDAS SOBRE MAGNETOTERAPIA

¿Los electrodomésticos pueden tener efectos negativos sobre la salud?

Es verdad que algunos investigadores afirman que los campos electromagnéticos derivados de las conducciones de corriente eléctrica y del uso de electrodomésticos pueden perjudicar la salud. De todos modos, debemos indicar que el empleo de imanes para el tratamiento no tiene ningún parecido con el efecto de aquellos campos electromagnéticos, ya que se trata de imanes fijos -no son de corriente variable- y se utilizan durante un período de tiempo corto -días o semanas- en vez de los años que se suponen necesarios para inducir efectos nocivos.

¿Cuáles son, específicamente, las propiedades de los imanes?

Los imanes tienen un campo magnético, esto es, una fuerza de propiedades especiales, que se representa mediante líneas que van del polo sur al polo norte. Desde el punto de vista médico, el polo norte tiene cualidades antiinflamatorias y analgésicas, mientras que el sur las tiene tróficas.

¿Pueden tener efectos secundarios?

Son prácticamente inexistentes. En raras ocasiones puede aparecer un enrojecimiento local debido a la irritación de la piel por el contacto con el material que envuelve al imán.

¿Cuáles son los factores que pueden anular los efectos de los imanes?

De acuerdo con las creencias individuales, esta terapia puede tener efectos más rápidos sobre algunas personas que sobre otras. Pero, fuera de la cuestión personal, no existen factores que puedan interferir negativamente en la Magnetoterapia.

IDEAS MÁS IMPORTANTES

LAS PASTILLAS DEBEN COLOCARSE DE TRES A CINCO DIAS PARA QUE NO PROVOQUEN UNA IRRITACION

- La Magnetoterapia es una forma de energía natural que permite curar las distintas zonas del cuerpo.
- Esta teoría se basa en que el "Síndrome de Carencia del Campo Magnético Terrestre", producida por la influencia del hierro, el acero y el hormigón, causa la mayoría de las enfermedades de la actualidad.
- Su mayor efecto es la sedación, es decir, la supresión o la disminución del dolor.
- Los imanes que se utilizan para el tratamiento de Magnetoterapia se denominan "pastillas magnéticas" y se presentan en distintos formatos de acuerdo con su potencia y grosor.
- Las pastillas deben colocarse de tres a cinco días para que no provoquen una pequeña irritación.
- El tratamiento debe concluir cuando se obtuvieron los resultados deseados.
- Las pastillas se pueden colocar en puntos simétricos, a los dos lados del cuerpo.
- Se deben evitar las pastillas magnéticas en caso de enfermedades dermatológicas o de que se tengan zonas de la piel que estén en muy mal estado.

la piel que estén en muy mal estado.

- No se debe realizar un tratamiento de Magnetoterapia sobre zonas irradiadas o cerca de prótesis metálicas. En este último caso pueden producirse empeoramientos muy serios.

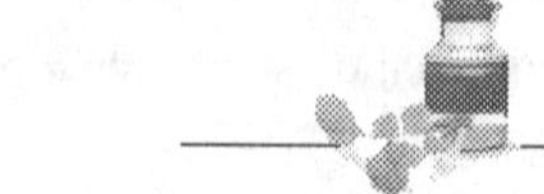

"LO QUE NO ME MATA, ME HACE MÁS FUERTE".

FRIEDRICH NIETZSCHE

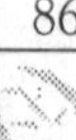

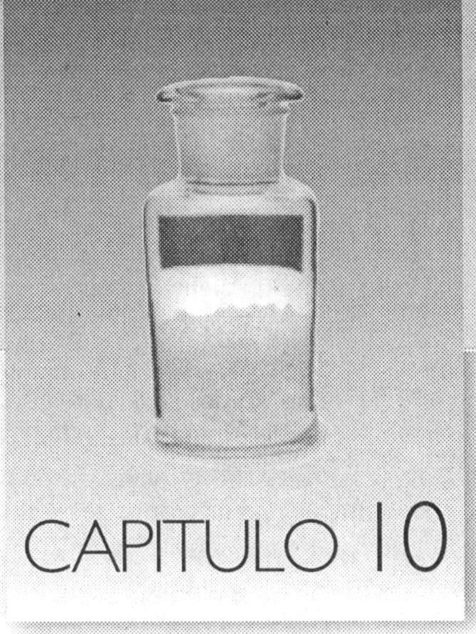

CAPITULO 10

Medicina antroposófica

MAS QUE UNA FORMA DIFERENTE DE TRATAR UNA ENFERMEDAD ES UNA FILOSOFIA DE VIDA RENOVADA QUE VA DESDE LA EDUCACION BASICA HASTA LA FORMA DE RELACIONARSE CON EL MUNDO

El término medicina antroposófica sirve para designar un planteamiento médico basado en la obra y enseñanzas de Rudolf Steiner (1861-1925).

LA ANTROPOSOFIA Y LA MEDICINA CIENTIFICA MODERNA

La Medicina Antroposófica es practicada solamente por médicos diplomados que han adquirido previamente experiencia profesional reconocida. Por lo tanto, la Medicina Antroposófica no es considerada como una ciencia alternativa, sino como una extensión de la corriente principal de la medicina científica occidental. No hay que olvidar que muchos dogmas de la práctica de la medicina moderna tienen su antecedente en las teorías de la física del siglo XIX. Sin embargo, desde aquella época, la física, así como otras ciencias fundamentales, ha evolucionado, y muchas premisas esenciales, tales como la naturaleza mecánica del universo, han sido desechadas. Aunque no siempre se han reconocido plenamente las implicaciones de estos procesos evolutivos como para incorporarlos a la enseñanza y práctica de la medicina. La escuela empírica de la filosofía, cuyo predominio ha ido en aumento desde el siglo XVII, sólo considera conocimiento aquello que puede experimentarse con los sentidos. Esta calificación fundamental de las ciencias modernas es tan aceptada que casi nadie se opone a ella, y ante el problema que supone estudiar los aspectos del mundo que no pueden pesarse ni medirse, los científicos tienden a reducirlos a simples herramientas. La ironía de la situación actual es que, al tiempo que se realizan grandes esfuerzos para reducir fenómenos como la conciencia de uno mismo y los sentimientos del individuo a términos de física y química, con el mismo entusiasmo se quiere demostrar el parecido de las plantas con los animales (gracias a métodos de biofeedback) y la similitud de los animales con los humanos (gracias al estudio comparativo de los comportamientos humano y animal).

LA FILOSOFIA DE RUDOLF STEINER

PARA LA ANTROPOSOFIA LA PROPIA DOLENCIA ES UN PROCESO A TRAVES DEL CUAL EL INDIVIDUO PUEDE CONSEGUIR UNA MAYOR LIBERTAD Y ENTEREZA

Mientras que el hombre occidental siempre consideró que el mundo de los sentidos era su realidad fundamental, Rudolf Steiner enfocaba la vida desde la perspectiva contraria. En su niñez experimentó básicamente el mundo del Ser, oculto detrás del mundo de los sentidos. Al mismo tiempo era dolorosamente consciente de que no compartía esta experiencia con los demás. Y por eso, hallar un puente entre estas dos visiones llegó a convertirse en una necesidad existencial para él. Tuvo la primera ocasión de descubrir este puente a la edad de nueve años, mientras hojeaba un libro de geometría. Llegó a la convicción de que el conocimiento del mundo espiritual era algo que había que entender del mismo modo que un concepto de geometría, es decir, una verdad y una realidad que se comprobaban interiormente y no a través de la observación externa. De ahí en adelante se propuso estudiar la naturaleza de la relación que existía entre el mundo espiritual y el mundo físico, y comunicar los resultados de sus investigaciones en un lenguaje comprensible para todo el mundo.

Con el fin de crear un pilar sólido para este trabajo, estudió filosofía, matemáticas y ciencias naturales. Si tenía que contribuir en algo a la vida cultural de Occidente, debía comprobar, exactamente y por sí mismo, hasta qué punto la imagen del mundo creado por dichas ciencias correspondía a la realidad.

A los veintiún años, Rudolf Steiner recibió el encargo de hacer una recopilación de las obras científicas de Goethe, quien había reconocido los grandes aportes, aunque también las limitaciones, del enfoque

reduccionista de la naturaleza. Los defensores de dicha consideración afirmaban que "aunque la vida puede reducirse a sus elementos, no puede volver a reconstruirse con ellos, ni revitalizarse". En *La metamorfosis de las plantas*, Goethe se esforzó por establecer la base de una nueva ciencia de la naturaleza orgánica. Partiendo de estos trabajos, Rudolf Steiner publicó sus propios pensamientos sobre la nueva Ciencia Orgánica, e hizo algo que Goethe siempre procuró evitar: reflexionar sobre sus propios pensamientos. Sólo de esta manera, Rudolf Steiner podía demostrar que el método de estudio de la naturaleza de Goethe era científico.

LA TEORÍA DEL CONOCIMIENTO DE RUDOLF STEINER

En 1894, Rudolf Steiner publicó *La filosofía de la libertad*, obra fundamental sobre su teoría del conocimiento. Este libro incorporaba esencialmente los conceptos que desarrollaría más adelante en la Antroposofía. El objetivo de Rudolf Steiner era crear una ciencia de la mente empleando el método riguroso de las ciencias naturales, incluyendo así en su investigación tanto el mundo natural como el sobrenatural. En este libro, Steiner se propuso refutar la noción, sólidamente aceptada desde Kant, de que existen límites absolutos en la capacidad del conocimiento del hombre.

Según Kant, el hombre sólo puede tener percepciones sensoriales que son esencialmente subjetivas, por lo tanto nunca puede llegar a conocer la realidad objetiva. Steiner señala que la realidad llega hasta nosotros dividida en dos partes, por decirlo así: una en forma de percepción sensorial y la otra como concepto o pensamiento. El hombre, mediante su propia actividad interna, tiene que unir las dos partes si quiere llegar a conocer la realidad. Este fenómeno de separación entre percepción y concepto es la verdadera base de la libertad humana. La experiencia del mundo no nos llega de manera preparada y predeterminada. Solamente una parte de la realidad nos llega a través de nuestros sentidos. Si no tenemos un concepto relacionado con ella, no podemos experimentar nada.

Steiner insiste en que el hombre debe unir el pensamiento a sus percepciones sensoriales pero que este pensamiento no debe estar ligado al mundo de los sentidos, sino libre de todo lo que esté relacionado con ellos.

Por percepción, Steiner no se refiere simplemente a la percepción sensorial. Nuestros sentimientos también son órganos de percepción, exactamente igual que nuestros ojos y nuestros oídos. En la búsqueda de conocimientos hay que tener en cuenta lo que se ha obtenido subjetivamente, con la misma objetividad que se tiene respecto de la información proporcionada por los aparatos científicos experimentales. Desde cierto punto de vista, el progreso en el campo de los conocimientos va unido esencialmente al aprendizaje, perfeccionamiento y ampliación de los poderes de observación. Pero la observación del mundo, en cada nivel de la vida física, mental y espiritual, tampoco constituye todavía el conocimiento de la realidad. El conocimiento sólo llega con la intervención del pensamiento, purificado de todos los elementos subjetivos y no espirituales. En conclusión, la percepción global y espiritual es necesaria para la observación y pensamiento objetivos. Pero no, los deseos y las pasiones mundanos que influyen subjetivamente sobre la percepción.

Al explicarnos que, en cada acto de cognición, no existe una objetividad pasiva, Steiner nos invita a tomar la responsabilidad de aquello que tiene lugar en el momento de la cognición. Ya no es posible convencernos a nosotros mismos de que no tenemos libertad de acción debido a que existen ciertos hechos objetivos.

Eso tiene implicaciones trascendentales para la práctica de la medicina, donde existe una tendencia creciente a reemplazar la verdadera observación, criterio y decisiones conscientes por pruebas, aparatos de diagnosis y estadísticas. Es imprescindible que nos demos cuenta de que la síntesis de la observación con el concepto no se logra automáticamente, sino que es el resultado de la actividad mental del pensador. Tan sólo si el proceso mental se encuentra libre de cualquier intervención procedente de los deseos, instintos, impulsos o pasiones, puede decirse que es un proceso libre. "Un ser libre es aquel que puede desear lo que él mismo cree correcto."

EVOLUCIÓN DE LA ANTROPOSOFÍA

Aprovechando las oportunidades que la vida le brir conferencias y escribir, Steiner se incorporó al debate cu. época al mismo tiempo que formulaba los resultados de sus in. gaciones espirituales en obras tales como *Teosofía* (1904), *¿Cómo . alcanza el conocimiento de los mundos superiores?* (1904) y *La ciencia oculta* (1910). En 1907, escribió *La educación del niño a la luz de la antroposofía.* Entre 1910 y 1916, Steiner llevó a cabo un intento de renovar las artes, escribió cuatro dramas de misterio; dejó indicaciones para un arte nuevo del movimiento -llamado euritmia- que fue perfeccionado, más tarde, como terapia y dio un nuevo impulso al arte dramático, a la oratoria, a la música, a la pintura, a la escultura y a la arquitectura. En 1919, se fundó en Stuttgart la primera Escuela Waldorf.

ESTA MEDICINA SOLO PUEDE SER EJERCIDA POR MEDICOS FORMADOS EN ESTA ORIENTACION FILOSOFICA

LOS INICIOS DE LA MEDICINA ANTROPOSÓFICA

De 1920 a 1924 Steiner dirigió una serie de conferencias sobre métodos de terapia, en las que sólo fueron admitidos médicos y estudiantes de medicina, aparte de algunas excepciones cuidadosamente elegidas.

En su libro *Enigmas del alma* (1917), ya había trazado la relación entre el funcionamiento de la mente y los procesos físicos. En 1920, aplicaba esta relación a la fisiología. Sus conferencias significaban un alejamiento radical de la opinión generalizada de que todas las funciones de la mente y del alma se centran en el cerebro.

Steiner describe la dinámica de un organismo sano como resulta-

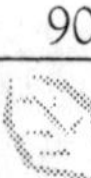

do de la actuación de tres sistemas de órganos, más o menos autónomos, y, sin embargo, relacionados entre sí y, hasta cierto punto, penetrándose mutuamente:

1 - *El sistema nervioso y sensorial, que se extiende por todo el cuerpo, pero cuya actividad principal se centra en la cabeza, que proporciona la base física para las percepciones sensoriales y el pensamiento.*

2 - *El sistema del metabolismo y los miembros, que proporciona la base fisiológica para la vida volitiva.*

3 - *El sistema rítmico de circulación y respiración, que es la base fisiológica de la vida sentimental.*

La diferencia esencial entre estos tres sistemas reside en que la actividad del sistema nervioso, concentrada en la cabeza, tiene su centro en un punto, mientras que el sistema metabólico posee una calidad más extendida y periférica. Las células nerviosas son altamente especializadas y mueren continuamente, mientras que las células situadas en el polo metabólico tienden a conservar una capacidad activa y regenerativa.

El polo de los nervios y sentidos, también, puede describirse como el polo frío que siempre está en reposo, mientras que el metabolismo se acompaña con calor y movimiento.

Steiner destacó lo que él llamaba "el proceso de muerte continua de las células nerviosas", refiriéndose a que el estado de conciencia surge como resultado de la continua liberación de vida orgánica a partir de la materia. Esta polaridad es la base antroposófica tanto de la fisiología como de la patología, y proporciona una clasificación fundamental de las enfermedades:

- *aquellas en las que existe una actividad excesiva del polo metabólico (condiciones inflamatorias).*
- *aquellas en donde hay una preponderancia del polo nervioso-sensorial (condiciones degenerativas y tumores).*

La sangre se mueve continuamente entre estos dos polos del organismo humano. Las corrientes frías y cálidas se reúnen en el corazón, que actúa como órgano sensorial donde se manifiestan los sutiles mecanismos dinámicos del pensamiento y de la voluntad. Gracias a esta representación del cuerpo humano podemos llegar a una nueva comprensión de la interrelación que existe entre el espíritu, el alma y el cuerpo.

Tanto el cuerpo humano como las plantas tienen una naturaleza triple. Desde el punto de vista de la medicina y la nutrición, la relación entre las plantas y el cuerpo humano es inversa. Las fuerzas frescas de la cabeza corresponden a las raíces de la planta, las fuerzas calientes del metabolismo corresponden a la flor y las hojas al sistema rítmico del hombre.

EL ENFOQUE ANTROPOSOFICO DE LAS ENFERMEDADES Y SU CURACION

Si sabemos que sólo alcanzamos el conocimiento consciente mediante un proceso continuo de muerte dentro de nuestro cuerpo físico, que nuestra vida sensorial tiende siempre a producir enfermedades y, si, al mismo tiempo, consideramos al ser humano como un ser dotado de espíritu (además de cuerpo y alma), que realiza un proceso continuo de perfeccionamiento y evolución, resulta imposible aspirar a una vida totalmente libre de enfermedades.

Aunque el médico antroposófico se esfuerza siempre por curar la enfermedad, dicha curación nunca puede ser la mera eliminación de la misma. La propia dolencia es considerada un proceso a través del cual el individuo puede conseguir una mayor libertad y entereza, y la tarea del médico consiste en orientar dicho proceso de la manera más fructífera posible, conservando la vida del cuerpo, si es posible; si bien la evolución no termina con la muerte (los frutos de la vida terrenal se cosechan y se recogen después de la muerte, transformándose en semillas para una vida futura sobre la tierra).

Al relacionarse con su paciente, el médico antroposófico aprende a aceptar, vital y profesionalmente, tales creencias como parte de las realidades de esta vida, ya que también nuestras enfermedades están relacionadas con todas las circunstancias de nuestra existencia y las de otras personas, que nos llegan del pasado y que, a través del presente, alcanzan el futuro. Mediante nuestros pensamientos experimentamos aquello que tuvo lugar en el pasado, y con nuestra voluntad creamos el futuro. A través de nuestros sentimientos adquirimos conciencia de nosotros mismos en relación con la realidad presente y futura. Resulta muy provechoso considerar, desde esta perspectiva, cualquier enfermedad.

TAN SOLO SI EL PROCESO MENTAL SE ENCUENTRA LIBRE DE CUALQUIER INTERVENCION PROCEDENTE DE LOS DESEOS, INSTINTOS O PASIONES, PUEDE DECIRSE QUE ES UN PROCESO LIBRE

DESCUBRIMIENTOS PRÁCTICOS

Rudolf Steiner nunca desempeñó el papel de médico o curandero, ya que trabajaba a través de médicos calificados. Su principal ayudante en el campo médico fue la doctora Ita Wegman (1876-1943), de nacionalidad holandesa. Con ella escribió su único libro de texto, concebido especialmente para una profesión determinada: *Fundamentos de la terapia*. Para comprobar en la práctica las indicaciones de Rudolf Steiner, la doctora Wegman fundó una clínica en Arlesheim, cerca de Basilea. Y cuando Rudolf Steiner fundó la escuela de Ciencias Espiritual en el Goetheanum de Dornach, la doctora Wegman tomó la dirección del departamento médico de la escuela.

Este enfoque de la medicina se ha ido desarrollando desde la muerte de Rudolf Steiner y, en Europa, existen hoy más de mil médicos que practican la medicina antroposófica aunque, posiblemente, cerca de dos mil médicos utilicen medicamentos elaborados según los principios de

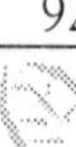

la antroposofía.

Rudolf Steiner dio muchas instrucciones para la preparación de remedios específicos empleando substancias procedentes de los reinos mineral, vegetal y animal, medicinas que, muchas veces, están potenciadas según el método homeopático o preparadas con otros métodos especiales. Básicamente, la actividad de estos medicamentos no debe entenderse en términos de la acción química de sus integrantes activos.

La Verein für Krebsforschung (Asociación de Investigaciones sobre el Cáncer) está trabajando en un tratamiento para el cáncer basado en un preparado especial a base de diferentes especies de muérdago (Viscum Album) siguiendo instrucciones dadas por Steiner. Este medicamento, el Iscador, estimula realmente el sistema inmunológico del cuerpo. Aunque ya ha alcanzado cierta fama es necesario realizar bastantes más investigaciones al respecto. En Alemania, además otros grupos de médicos y científicos antroposóficos están siguiendo líneas de investigación independientes sobre el desarrollo de un remedio para el cáncer a base de muérdago.

Los grandes hospitales antroposóficos fueron abiertos en Alemania a principios de los años setenta; uno, en el Ruhr y, el otro, cerca de Stuttgart.

Ambos proporcionan, además, los servicios de un hospital general para la comunidad de la zona. También existen hospitales y clínicas más pequeñas e, incluso, un hospital psiquiátrico, cuyos métodos se basan en la medicina antroposófica.

EL LEGADO

La ciencia espiritual de orientación antroposófica fundada por Rudolf Steiner (1861-1925) responde al anhelo de la humanidad de un concepto del mundo digno del ser humano, un mundo vigoroso. Este deseo surge de las condiciones cambiadas de nuestra cultura.

Al lado del materialismo que tuvo su apogeo en el siglo pasado, se manifiesta cada vez más un profundo sentimiento orientado hacia la espiritualización del pensamiento humano. Paralelamente se realizan los correspondientes cambios en todos los campos científicos y en la vida social. Hoy en día ya se encuentran establecidas y bien acreditadas las distintas instituciones culturales fundamentadas sobre principios antroposóficos.

Son bien conocidas las escuelas Waldorf, la medicina antroposófica, la agricultura biológico dinámica, la euritmia y otros resultados prácticos de la Antroposofía. La misma tiene su centro en el Goetheanum en Dornach, Suiza, con la Escuela Superior Autónoma para la Ciencia Espiritual. Se formaron Sociedades Regionales en la mayoría de los países del mundo occidental, incluida toda Sudamérica.

La obra de Rudolf Steiner encuentra su expresión literaria en sus libros básicos, a los cuales se suman las muchísimas conferencias ya publicadas y las que aún faltan editar.

"UN SER LIBRE

ES AQUEL QUE PUEDE

DESEAR LO

QUE EL MISMO CREE

CORRECTO."

Rudolf Steiner

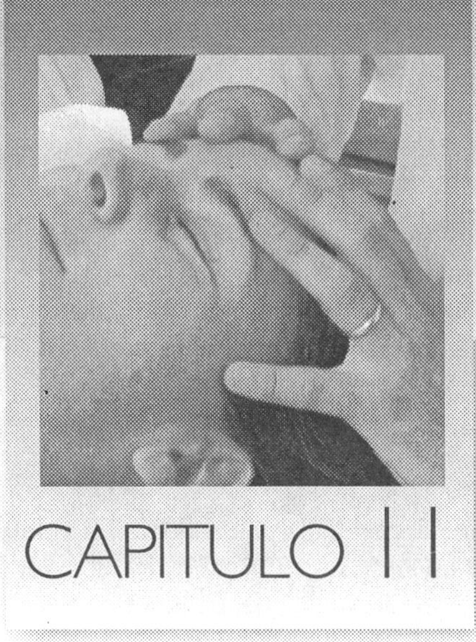

CAPITULO 11

Terapia de polaridad

UNA COMBINACION DE DISCIPLINAS OCCIDENTALES CON OTRAS ORIENTALES DA COMO RESULTADO ESTA TERAPIA QUE RESTABLECE LA CIRCULACION Y EVITA LA APARICION DE ENFERMEDADES.

Esta terapia es un sistema abarcativo de salud que incorpora bodywork, dietas, ejercicios y otras técnicas.

Está basada en el concepto del Campo Energético Humano: patrones electromagnéticos que se expresan en términos de la experiencia mental, emocional y física.

En esta terapia, las condiciones de salud son vistas como reflexiones sobre las condiciones del campo de energía. Se van tomando distintas alternativas de actuación para estimular el balance del campo en función de acumular beneficios para la salud.

Filosófica y conceptualmente se relaciona con

muchas otras teorías. Por ejemplo, el término "Polaridad" se refiere al pulso universal de expansión/contracción o atracción/repulsión, que también es conocido como "Yin y Yang" en las terapias orientales.

DE DONDE VIENE

La Terapia de Polaridad fue desarrollada por el doctor Randolph Stone (1890-1981). Siendo un joven físico en los años 20, él aprendió que la simple técnica de trabajo corporal de la quiropraxia había probado ser sumamente valiosa. Tratamientos quiroprácticos resultaban más que efectivos en muchos pacientes, que experimentaban profundos niveles de relajación y lograban grandes mejoras. Fascinado por estos resultados consistentes que no tenían explicación según la anatomía tradicional, Stone comenzó un largo camino -de por vida- de búsqueda para entender las causas profundas de la salud y la enfermedad.

Esta búsqueda lo llevó a la medicina ayurvédica y a la idea oriental del Campo Energético Humano, y a una completa investigación de estas revolucionarias -aunque antiquísimas- ideas acerca de las artes curativas.

Hacia 1940, el doctor Stone publicó sus primeras conclusiones en las que mencionaba el término "Polaridad" para describir la naturaleza básica del campo de fuerza electromagnética del cuerpo humano.

Él halló que el organismo humano es afectado por la dieta, el movimiento y el sonido, las actitudes, las relaciones, el factor ambiental, el entorno... La Terapia de Polaridad apunta a todas estas causas.

El doctor Stone trató pacientes y continuó investigando en su estudio de Chicago por más de cincuenta años. Cuando se retiró, en 1974, sus discípulos continuaron desarrollando el sistema, basándose en los escritos de este pionero.

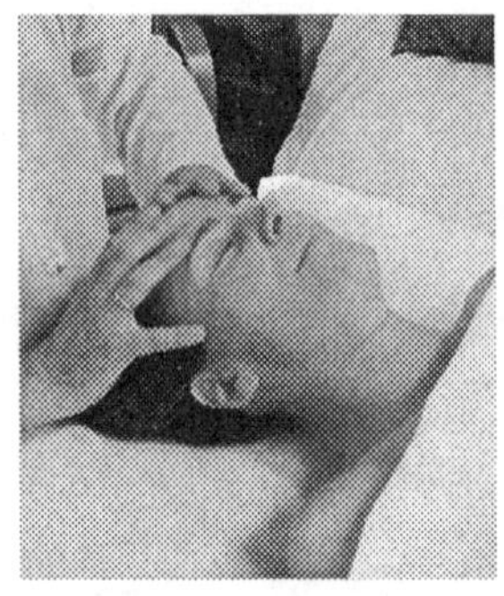

EL CAMPO ENERGETICO

ESTA TERAPIA ES UN SISTEMA TERAPEUTICO HOLISTICO QUE ACTUA A NIVEL FISICO Y PSICOLOGICO

El símbolo universal del campo energético proviene de la antigüedad, a través de egipcios y griegos, y es conocido como el Signo de Hermes.

Las partes de este símbolo representan las cuatro distintas pero interdependientes dimensiones del Campo Energético Humano:

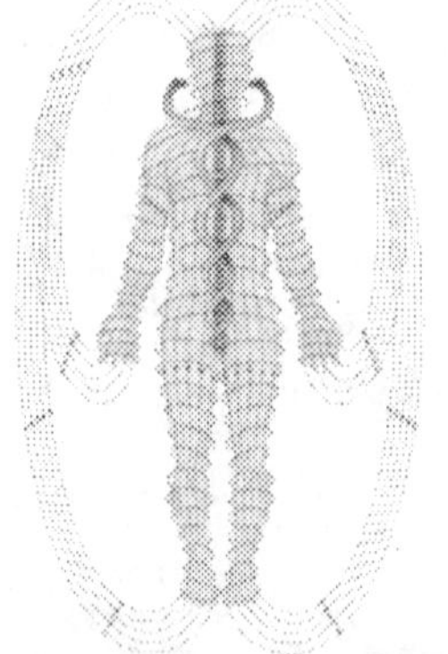

- *El Círculo en el extremo superior es el centro de la energía Primaria, que se encuentra en las estructuras cráneo-sacras y sus funciones.*
- *La serpiente entrelazada representa los* ***Tres Principios: atracción, repulsión y quietud transicional.***
- *Las cinco intersecciones a lo largo del centro son los Cinco Elementos.*

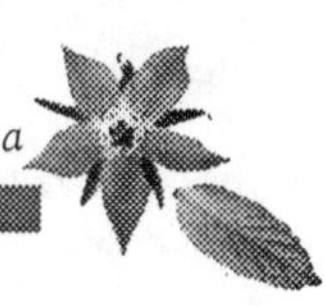

Las alas representan la Conciencia, que es el potencial humano para trascender el materialismo y reunirse con su Fuente Primordial.

LAS TECNICAS DE TRABAJO CORPORAL

La Terapia de Polaridad es muy conocida por sus técnicas de bodywork. La premisa básica parte de que el toque afecta el Campo de Energía Humana. El cuerpo es como una barra magnética, con un polo positivo (+) en el tope y uno negativo (-) en la base. De forma similar, las manos tienen una carga, que tiende a ser positiva en la mano derecha y negativa en la izquierda. Piénse qué sucede cuando los extremos positivo y negativo de dos imanes se colocan cerca uno de otro, y qué sucede cuando el extremo de uno se invierte: en la primera posición (polos opuestos) se atraen mutuamente, en la segunda (polos iguales) se repelen.

De la misma forma, colocar las manos sobre el cuerpo afecta el fluir energético, con una posición que estimula y una posición reversa que relaja ese fluir.

Conociendo los principales patrones del flujo energético y las intersecciones clave de cada una de las cuatro dimensiones del Campo Energético Humano, y usando los toques manuales apropiados, el profesional puede fácilmente producir cambios profundos en el complejo cuerpo-mente.

En estas terapias, la curación es vista, generalmente, como proveniente del paciente mismo. El profesional es un facilitador o una ayuda, no una fuerza curativa externa.

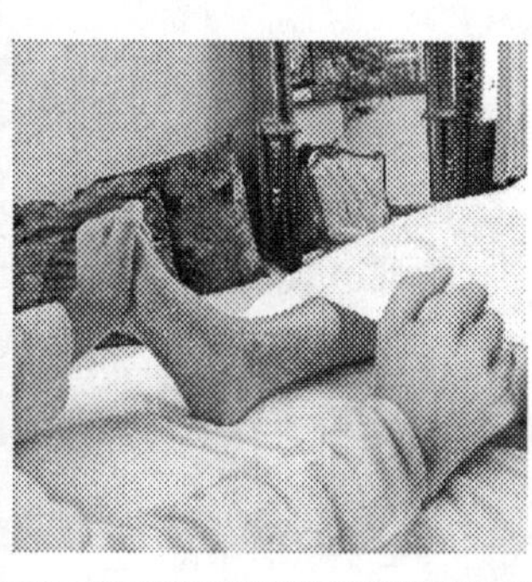

LAS CUATRO DIMENSIONES DEL CAMPO ENERGETICO

A TRAVES DEL TOQUE TERAPEUTICO SE RESTABLECE EL FLUJO EQUILIBRADO DE LA ENERGIA

El trabajo corporal se basa en consideraciones específicas e intenciones terapéuticas determinadas.

Para trabajar sobre la Energía Primaria, las técnicas se centran en el sistema cráneo-sacro. Los sutiles movimientos y funciones del cráneo, espina y sacro son estudiados, focalizando en la energía potencial y en el libre movimiento del Fluido Cerebro Espinal (FCE, o CSF en inglés, por *Cerebrospinal Fluid*). El FCE es considerado como el medio de transporte de la más sutil y a la vez más poderosa energía que fluye por el cuerpo.

Para trabajar sobre los tres Principios, se estudian las cualidades Yin y Yang básicas. Estas son las fuerzas polarizadas que fueron muy bien descriptas en las tradiciones Ayurvédicas y orientales en general. Todos los tejidos y funciones, todas las relaciones micro y macrocósmicas, pueden ser entendidas en términos de cargas energéticas, categorizadas en polaridades positivas (+), negativas (-) y neutras (0), que están en constante tensión unas con otras, creando la base para las manifestaciones físicas.

En física, esto se ve muy claramente en la estructura del átomo, con los protones (+), los electrones (-) y los neutrones (0) en constante autoajuste e interrelación unos con otros.

En el trabajo corporal de la Terapia de Polaridad, el conocimiento acerca de los Tres Principios es aplicado en términos de localización y calidad de toque, en métodos para balancear el sistema nervioso, y de numerosas otras maneras.

METODOS COGNITIVOS Y NO COGNITIVOS

La conciencia es afectada por las técnicas con el propósito de remover viejos traumas y establecer nuevas actitudes y expectativas respecto de uno mismo y los demás. La Terapia de Polaridad abarca métodos cognitivos (exponiendo los factores que afectan la conciencia) como no cognitivos: cuando la energía es removida, nuevos comportamientos surgen espontáneamente, sin intervención de la conciencia.

OTRA TECNICAS

La Terapia de Polaridad trabaja con distintas dimensiones de salud:

Dieta

El doctor Stone rescataba el valor de una dieta vegetariana sin ingestión de carne, pescado, aves ni huevos. Abogaba también por la práctica periódica de una dieta de limpieza o purificadora, consistente en vegetales frescos cocidos con adición de fórmulas purificadores de hierbas.

Ejercicios

El doctor Stone decía que el Campo Energético Humano es afectado por el movimiento, la postura, el sonido y otras posibilidades terapéuticas autoaplicables. Desarrolló, a partir de las artes marciales orientales y el Hatha Yoga, un "Yoga de la Polaridad", práctica física que afecta el fluir energético sin requerir el entrenamiento exigente de un sistema de ejercicios tradicional.

Una forma de vida

Es a menudo un término usado para referirse a la Terapia de Polaridad. Los escritos del doctor Stone contienen un amplio rango de referencias al espectro completo de la experiencia humana, particularmente en lo referido al desarrollo espiritual de la persona.

"NADA SIENTA MEJOR AL CUERPO
QUE EL CRECIMIENTO DEL ESPÍRITU".

Proverbrio chino

Sección 2

Introducción

TERAPIAS Y MEDICINAS ORIENTALES

La sabiduría oriental, durante milenios alejada del contacto con la civilización de Occidente, se ha ido acercando e integrando más en el último siglo a la cotidianeidad de los habitantes de Europa y América.

Así, los occidentales han podido descubrir un nuevo universo que amplió en forma inimaginable el espectro del conocimiento y las posibilidades de superación de la persona.

Lo primero que hay que recordar al hablar de sabiduría oriental en general- y entonces vale por supuesto para lo referido a la salud- es que ellos tienen, fundamentalmente, un concepto del universo muy distinto al occidental.

Los pueblos del oeste tienden a separar, y así es también su medicina: se trata el síntoma y no la base profunda de trastornos que llevaron a esa dolencia; se trata una enfermedad en forma separada, sin integrarla con los cientos de factores internos y externos que están relacionados inseparablemente con esa determinada condición de salud. El oriental, en cambio, tiende a integrar.

El ser humano, el universo, una flor o la Vía Láctea son formas de expresión de una unidad esencial, y no puede suceder nada en un punto de la creación que no afecte al todo. En el caso de los chinos, ellos hablan de Chi, una energía –por darle un nombre occidental- que es todo y de la que todo forma parte, el Tao, el Uno, el Universo.

Trasladado al concepto de salud, es evidente que hay que empezar a ver al hombre como un organismo indisolublemente ligado a su medio ambiente social, cultural, emocional y espiritual, con esa división entre "lo interno" y "lo externo" abolida por completo. Desde este punto de vista, la visión oriental de lo salubre intenta, más que "curar" en el sentido occidental del término, lograr que la persona alcance el estado de salud total a partir de un equilibrio integrado en todas las áreas de la persona.

La medicina tradicional que proviene del oriente tiene antiquísimas raíces y ha acumulado, con el paso de los milenios, una gran cantidad de sabiduría. La acupuntura, la dieta, la herboterapia, la manipulación digital y el masaje, la hidroterapia y distintas clases de actividades físicas y ejercicios se encuentran entre las muchas formas de expresión de esta ciencia.

En esta sección nos explayaremos sobre diversas alternativas de curación provenientes de Oriente, todas las cuales hacen foco en este concepto de unidad para diagnosticar y resolver problemas de salud.

"ENTRAR
EN LA VIDA:
IR HACIA LA
MUERTE."

Lao-tse

CAPITULO 1

Medicina China

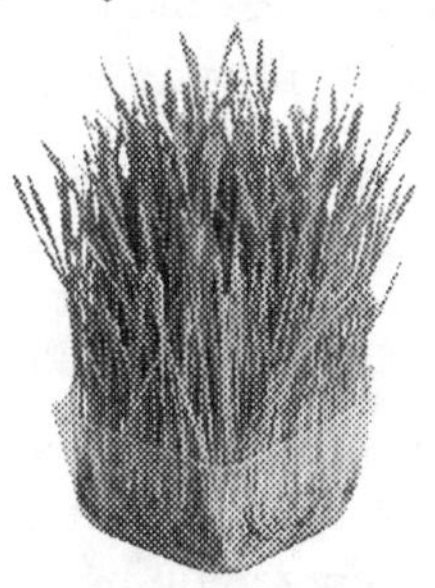

NACIDA UNOS 4000 AÑOS ANTES DE CRISTO EN EL LEJANO ORIENTE, ESTA MEDICINA SE FUE PERFECCIONANDO Y HOY EN DÍA SE LA UTILIZA EN TODO EL MUNDO CON FINES DE DIAGNÓSTICO Y TRATAMIENTO

La visión del mundo de la Medicina China caracteriza a las personas como una miniatura de un cosmos compuesto por los cinco poderes elementales: Madera, Fuego, Tierra, Metal y Agua. También existen cinco arquetipos que reflejan las cinco formas de ser, pensar, sentir, actuar o caer enfermo. Conocer en qué categoría nos encontramos nos revelará cómo manejamos nuestras relaciones con la familia, amigos, compañeros de trabajo, nuestros síntomas y sus remedios, cuáles son las comidas que nos hacen mejor y nuestras zonas de aptitudes y de debilidades.

Durante más de 2000 años los sanadores chinos combinaron acupuntura con hierbas medicinales y dietas especiales para ayudar al cuerpo a mantener sus propias fuerzas en equilibrio y promover la salud física y mental. Para muchos occidentales estas prácticas todavía resultan exóticas. Pero la filosofía en que se apoya la medicina china -que el cuidado médico debe ayudar al cuerpo a mantenerse saludable, en lugar de, simplemente, luchar contra una enfermedad específica- está captando día a día mayor atención de médicos y pacientes. El movimiento de la medicina holística, que hace hincapié en la salud y las conexiones entre cuerpo y mente, llevó a muchos occidentales a probar las técnicas originarias de China. Combinando los avances occidentales, la medicina alopática y los remedios antiguos, estas personas están descubriendo nuevas maneras de mejorar su salud y sus vidas. Según Xiao Ming Tian, un asesor clínico de acupuntura de los Institutos Nacionales de Salud del Centro Clínico en Bethesda, Maryland, en la actualidad hay más de diez mil acupunturistas practicando solamente en los Estados Unidos. Hasta hace veinte años no se sabía nada de esta disciplina, mientras que hoy es fácil encontrar al menos un acupunturista en cada ciudad del mundo.

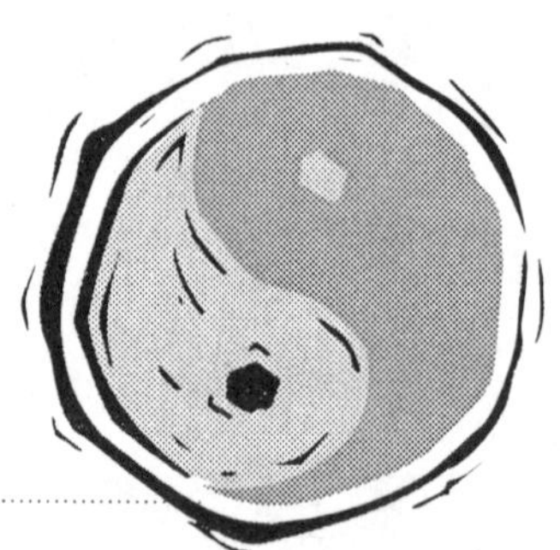

EL TAO DE LA SANACION

La Medicina China está profundamente enraizada en la antigua filosofía del Asia Oriental, particularmente en el taoísmo, cuya base es la armonía con la naturaleza. Contrariamente a los médicos occidentales que se concentran en la enfermedad, los médicos chinos diagnostican modos en los que el cuerpo del paciente está fuera de la armonía con su medio natural. Si el individuo no está sincronizado con el ambiente la desarmonía se expresa por un desequilibrio en su interior.

LA MEDICINA CHINA BUSCA INCREMENTAR LA PRODUCCION DE CHI Y EQUILIBRAR SU FLUIR A TRAVES DEL CUERPO. PARA ELLO ES NECESARIO EL EQUILIBRIO ENTRE EL YIN Y EL YANG

El principio básico de la medicina occidental es encontrar a la pequeña partícula agresora y matarla. Los acupunturistas afirman que el problema con esta concepción es que el material que se usa para matar a estas partículas, por lo general no se administra con mesura. Por ejemplo, cuando una mujer toma un antibiótico para matar a la bacteria *streptococus* causante de un dolor de garganta, el antibiótico puede matar al mismo tiempo algunas bacterias protectoras de la flora vaginal, volviéndola vulnerable a infecciones en esta zona. Los tratamientos médicos chinos pueden no proveer de una cura específica para el dolor de garganta, pero estarán bien lejos de resolver problemas en un área del cuerpo y causar otros en otras.

En la medicina china una persona no se va a enfermar si está en equilibrio, postulan los especialistas. Por lo tanto, cuando la enfermedad aparece, el cuerpo es conducido nuevamente al equilibrio, y esto es lo que le permite tratar con cualquier tipo de problema que lo esté afectando. Para conseguir este equilibrio, los médicos chinos utilizan varias herramientas para manipular la energía y los elementos de la naturaleza. El principal de estos es el "chi", un concepto del Lejano Oriente que se re-

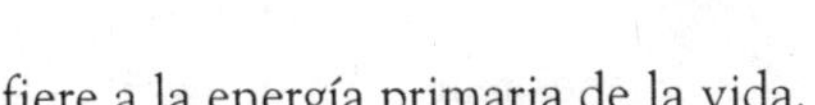

fiere a la energía primaria de la vida.

Chi es la energía básica universal que fluye a través del cuerpo. Es la misma energía de las plantas y del viento. Está en todo.

Los occidentales tenemos bastantes dificultades para entender el concepto del chi, puesto que está engranado en el concepto chino acerca del mundo. Es algo que no resulta fácil de describir con palabras, y se afirma que sólo puede comprenderlo quien ha crecido en aquella cultura. Si bien el chi, a veces es definido como la fuerza de la vida, es algo más complejo que esto. Básicamente cuando comemos, la parte nutritiva que el cuerpo absorbe es el chi. Cuando uno respira el aire, la parte que el cuerpo usa es el chi. Al nacer, la fuerza que uno tiene para desarrollar el físico es el chi. La reunión de estas tres partes o conceptos es exactamente lo que lo conforma.

La medicina china busca incrementar la producción de chi, y equilibrar su fluir a través del cuerpo. Esto requiere del equilibrio entre el yin y el yang (las dos grandes polaridades de la filosofía taoísta). Para hacerlo simple, yin (que literalmente quiere decir sombra) y yang (que significa claridad) son la noche y el día, lo femenino y lo masculino, la tierra y el cielo. Pero los dos principios, que trabajan juntos y también se oponen uno al otro, pueden ser utilizados para describir cualquier cosa de la vida. En el cuerpo humano, el yang es el funcionamiento y el yin es la estructura y la materia. La tierra es yin, su funcionamiento es yang.

VIVIR CON LOS ELEMENTOS

Fundamentalmente todo en la tierra puede ser descripto a través de las propiedades yin y yang. Pero los antiguos filósofos chinos además se apoyaron en cinco elementos básicos o fases para clarificar su visión del mundo: Madera, Fuego, Tierra, Metal y Agua.

La polaridad del yin y yang subyace a todo, pero básicamente hay negro y blanco, mientras que el mundo está hecho de colores. Por lo tanto la teoría de los cinco elementos es una expansión de la del yin y el yang hacia el mundo completo, en colores y tridimensional. Desde temprano en la evolución de la medicina china, observar el mundo a través de estos cinco elementos, ayudó a los practicantes a comprender cómo interactúan los aspectos de la naturaleza y la humanidad.

Es importante reconocer que los cinco elementos no se usaron para dividir el mundo, tal como sucede con la distinción occidental entre mundo animal-vegetal-mineral. En cambio, la medicina china se focaliza en las complejas relaciones entre los elementos, que son metáforas de la vida humana. El elemento Agua nutre a la Madera, y el elemento Metal controla a la Madera. Para todo en la naturaleza hay algo que soporta y algo que controla. Es esta combinación entre soporte y nutrición, control y opresión que hace de los cinco elementos un sistema interactivo complejo.

Los cinco elementos gobiernan la red compuesta por los cinco principales órganos del cuerpo humano: hígado, corazón, bazo, pulmones y riñones. La red orgánica puede resultar confusa para los occidentales, porque los nombres no se refieren a los órganos reales. En su lugar, cada sistema orgánico se refiere a diferentes grupos de funciones. Por ejemplo, el hígado describe el proceso de limpieza corporal y cada órgano -en realidad cada célula- está involucrada en estas funciones de algún modo.

Cuando los chinos hablan sobre el "Gan" (hígado), no se trata de algo definido por la moderna fisiología y patología. Son nombres simbólicos. Es un modo simbólico de comprender la realidad. Pero en la práctica parece funcionar.

Aunque los cinco elementos existen en todos nosotros, cada persona tiene un elemento que predomina y que controla cuerpo y mente. Una enfermedad resulta de un elemento que está oprimido o sobreactivado. Demasiado Fuego puede causar fiebre, inflamación dérmica, dolores de cabeza, garganta o irritabilidad. Un tipo Madera que carece de agua puede sufrir severos síntomas premenstruales. Como la medicina china trata a ambos, cuerpo y mente, el hacer cambios en estos elementos puede afectar a la personalidad tanto como a la fisiología. Por ejemplo, alguien con una deficiencia de Metal puede sufrir de depresión o problemas de pulmón. Como las hierbas, la dieta y la acupuntura pueden remediar la deficiencia, los síntomas también se aliviarían. Pero un Metal aumentado puede favorecer la organización y la eficiencia en una persona desorganizada y distraída. Cuando se corrige el desequilibrio elemental, se observa que al mismo tiempo se equilibran los aspectos de la personalidad.

LOS CINCO ARQUETIPOS

La Medicina China pinta a las personas como miniaturas de un cosmos compuesto por los cinco poderes elementales: ya dijimos que son Madera, Fuego, Tierra, Metal y Agua. Los arquetipos del Pionero, Mago, Pacifista, Alquimista y Filósofo reflejan las cinco formas de ser, es decir, de cinco estilos de pensar, sentir, actuar o caer enfermo. Cada uno de nosotros pertenece a uno de estos cinco tipos. Comprenderlos nos revela cómo manejamos nuestras relaciones con nuestra familia, amigos, compañeros de trabajo, nuestros síntomas y sus remedios, cuáles son las comidas que nos hacen mejor y nuestras zonas de aptitudes y de debilidades. Estas son las típicas cualidades de cada arquetipo:

LA MEDICINA OCCIDENTAL DIAGNOSTICA A TRAVES DE UN SINTOMA FISICO, LA CHINA SE BASA EN LA COMPRENSION ENERGETICA DE LA CAUSA DEL TRASTORNO

ARQUETIPO MADERA: EL PIONERO

El tipo Madera es el Pionero que, guiado por la aventura de penetrar en lo salvaje, es adaptable, feroz e independiente. Se deslumbra por lo nuevo y despierta su curiosidad por probar, innovar, reformar y revolucionar.

✔ Claves para el Madera/Pionero

- *Busca los desafíos y empuja hasta el límite.*
- *Disfruta y hace las cosas mejor bajo placer.*
- *Ama la acción, el movimiento y la aventura.*

- Le gusta ser el primero, el mejor y el único.

✔ Problemas típicos

- Intolerancia e impaciencia.
- Emociones fugaces.
- Dolores de cabeza, espasmos musculares, alta presión sanguínea, inflamaciones nerviosas, dolores.
- Busca estimulantes y sedativos.

✔ Consejo

Necesitan moderar su intensidad y ser flexibles para ser capaces de retirarse y descansar así como de avanzar y desarrollarse.

火

ARQUETIPO FUEGO: EL MAGO

LA MEDICINA CHINA ES UNA DE LAS MEDICINAS MAS ANTIGUAS, JUNTO CON LA HINDU Y LA EGIPCIA

El tipo Fuego es el Mago, que mezcla lo mundano con lo extraordinario, fundiendo las aspiraciones humanas con el propósito divino. Es encantador y persuasivo. Utiliza su magnetismo personal y el don de la expresión para reunir un conjunto de individuos en un sólo cuerpo.

✔ Claves para el Fuego/Mago

- Le gusta la excitación y se deleita en la intimidad.
- Es intuitivo, apasionado y empático.
- Cree en el poder del carisma y en el deseo.
- Ama las sensaciones, el teatro y los sentimientos.

✔ Problemas típicos

- Ansiedad, agitación y temblores.
- Percepciones y sensaciones raras.
- Nervios e insomnio.
- Palpitaciones, transpiración, hipoglucemia, histeria.

土

✔ Consejo

Necesitan atemperar su química y contener su fervor, conservando y compartiendo sus recursos para emerger.

ARQUETIPO TIERRA: EL PACIFISTA

El tipo Tierra es el Pacifista, que valora la serenidad y la estabilidad, media en los conflictos, focalizando en lo que se comparte, convirtiendo el desacuerdo en armonía. Es como un camaleón, que puede asumir y enaltecer los atributos de aquellos que se encuentran a su alrededor, colocando a las personas en un entorno cómodo y de confianza.

✔ Claves para Tierra/Pacifista

- *Quiere estar incluido y ser necesitado.*
- *Quiere ser todo para todas las personas.*
- *Busca la armonía y la unión.*
- *Insiste en la lealtad, la seguridad y la previsibilidad.*

✔ Problemas típicos

- *Preocupación, obsesión y duda.*
- *Sobreprotector y sofocante.*
- *Inerte y abarcador.*
- *Letargo, indigestión, apetito irregular, retención de líquidos, flaccidez muscular.*

✔ Consejo

Necesita equilibrar su devoción a las relaciones, con soledad y expresión propia, desarrollando una conexión consigo mismo. También es importante que construya en comunidad.

ARQUETIPO METAL: EL ALQUIMISTA

El tipo Metal es el Alquimista, que busca la perfección de las formas y las funciones. Destila lo que es bueno y puro de aquello que es impuro y primitivo. Es quien conserva los patrones y medidas, la fuente de la estética y de los valores morales, el defensor de la virtud, los principios y la belleza.

EL DIAGNOSTICO SE BASA EN EL ESTUDIO DE LA LENGUA, DEL PULSO Y DE LA TEZ. TAMBIEN SE USA EL INTERROGATORIO, LA PALPACION, LA OLFACION Y LA AUSCULTACION

✔ Claves para el Metal/Alquimista

- *Le gusta la definición, la estructura y la disciplina.*
- *Respeta la virtud, discreción y autoridad.*
- *Busca vivir de acuerdo con la razón y los principios.*
- *Reverencia la belleza, las ceremonias y el refinamiento.*

✔ Problemas típicos:

- *Indiferente, formal, distante e inhibido.*
- *Autocrático y estricto.*
- *Dolores articulares y musculares, cabello y piel seca, respiración entrecortada, extremamente sensible a los cambios de clima, circulación lenta.*
- *Autorrepresión y desencanto.*

✔ Consejo

Necesita compensar su racionalidad, autocontrol y meticulosidad con un poco de espontaneidad, pasión y participación social.

ARQUETIPO AGUA: EL FILOSOFO.

El tipo Agua es el Filósofo, que brinda luz a lo que está escondido, descubriendo nuevos conocimientos, despejando misterios y disipando la ignorancia. Desenvuelve viejas nociones y creencias, en su esfuerzo por comprender la naturaleza de la realidad. Capaz de visionar lo que puede ser, es crítico de lo que es.

LA OMS (ORGANIZACION MUNDIAL DE LA SALUD) ACEPTA EL TRATAMIENTO CON ACUPUNTURA DE, POR LO MENOS, CUARENTA Y TRES ENFERMEDADES

✔ Claves para el Agua/Filósofo:

- *Articulado, inteligente, autosuficiente e introspectivo.*
- *Penetrante y crítico.*
- *Busca conocimiento y comprensión.*
- *Gusta de permanecer escondido, enigmático, anónimo.*

✔ Problemas típicos:

- *Inaccesible emocionalmente y poco demostrativo.*
- *Aislamiento y soledad*
- *Le falta tacto, es suspicaz, y no perdona.*
- *Obstrucción arterial, deterioro de la dentadura, dolores de espalda, pérdida de la libido.*

✔ Consejo

Necesitan disminuir su tendencia al pensamiento , a la franqueza, sensibilidad y apertura, y aumentar la sutileza y el contacto.

¿QUE TIPO ES USTED?

Revise las siguientes frases que puedan aplicarse a usted. Si bien todos tenemos características de los cinco, la mayoría de las personas son tipificables bajo un arquetipo particular y un elemento. Su elemento predominante es aquel en el que cuente mayores afirmaciones.

Madera

- Me siento confiado y actúo asertivamente.
- Disfruto siendo competitivo y ambicioso.
- Me siento poderoso e invulnerable.
- Considero a las demás personas como mis semejantes.
- Discuto abiertamente mis habilidades y logros con otros.
- Disfruto siendo el primero, el mejor, único y sobresaliente.
- Me hallo cómodo con las tareas difíciles o las emergencias que requieren de pensamientos rápidos.
- Siento que tengo razón, aún cuando algunas personas desacuerdan fuertemente conmigo o me desaprueban.
- Puedo ser directo o provocador, aunque esto cause molestias a los demás.

- Obtengo placer en el reconocimiento público y admiración por mis talentos y logros.
- Me siento a gusto dirigiendo a otros.
- Me resulta gozoso en sí mismo el proceso de luchar contra la corriente.
- Estoy siempre dispuesto a discutir con otros o a rechazar sus comentarios sobre mí.

Fuego

- Soy animado y entusiasta.
- Disfruto del placer de mis sentidos.
- Fácilmente sé cómo los otros piensan o sienten.
- Disfruto del contacto físico y de la intimidad emocional.
- Me siento bien en los ambientes estimulantes.
- Comparto abiertamente mis sentimientos internos y deseos.
- Vivo en el aquí y ahora y no me preocupo por el futuro ni lloro por el pasado.
- Veo el lado humorístico de la vida.
- Disfruto obteniendo lo que quiero y necesito.
- Puedo ser tierno, íntimo y vulnerable con otra persona.
- Disfruto siendo movilizado emocionalmente.
- Puedo permanecer optimista y esperanzado a pesar de lo que los otros digan o crean.
- No me avergüenzo de demostrar entusiasmo y excitación.
- Disfruto siendo atractivo y magnético.

Tierra

- Soy nutriente y brindo apoyo.
- Pongo las necesidades de los otros delante de las mías.
- Disfruto frecuentando amigos y familia.
- Cuido a los otros y trato de satisfacer sus necesidades.
- Disfruto cuando me piden ayuda y seguridad.
- Disfruto siendo el sostén de mi red familiar y social.
- Gozo resolviendo disputas en las que todas las partes quedan satisfechas.
- Puedo crear un ambiente relajado y confortable en el que personas muy diferentes pueden sentirse a gusto estando juntas.
- Soy leal y accesible a mis amigos, relaciones y gente que está involucrada, de algún modo importante, en mi vida y mi trabajo.
- Puedo ser diplomático y sutil.
- Descanso en la inteligencia y el buen criterio de los otros.
- Acepto la caracterización que hacen otras personas acerca de mí.
- Simpatizo con las circunstancias de los otros.
- Me siento a gusto y soy sociable con personas que no conozco bien.

Metal

- Mantengo un estilo de vida personal ordenado y limpio.
- Disfruto de una vida social donde reina la buena convivencia pero sin demandas.
- Tengo el control de mi entorno y del modo en que realizo las cosas.
- Estoy fuertemente comprometido con mis principios morales y patrones de conducta.
- Me siento seguro y cómodo en mi trabajo cuando sé que todos están siguiendo un comportamiento honesto.
- Disfruto de las tareas que requieren soluciones sistemáticas, lógicas y analíticas.
- Creo de mí mismo que soy un ser impecable e irreprochable.
- Me sé controlar y no me involucro demasiado en los asuntos de los demás.
- Me gusta que me juzguen con criterios objetivos antes que con apreciaciones personales o intuiciones.
- Acepto la autoridad de aquellos que tienen mayor competencia.
- Disfruto del proceso de resolver acertijos y misterios.
- Pongo la virtud y los principios antes que el placer y la plenitud.
- Me contengo antes de expresar mis opiniones o sentimientos.
- Disfruto de la temperancia y la moderación.

Agua

- Soy cauto y sensible
- Disfruto frecuentes períodos de soledad e introspección.
- Me gusta estimular mi imaginación y curiosidad.
- Guardo mis sentimientos , pensamientos y opiniones para mí mismo.
- Me contento con permanecer anónimo o en la periferia de los eventos sociales.
- Soy considerado raro y excéntrico.
- Me involucro en corrientes intelectuales.
- Me bastan unos pocos buenos amigos y un mínimo de actividades sociales.
- Soy cuidadoso acerca de lo que revelo a otras personas.
- Puedo ser un firme defensor de la verdad tal como yo la veo.
- Soy objetivo y desapasionado.
- Me siento autosuficiente ya sea dentro o fuera de una relación.
- Disfruto de proyectos que no incluyen a otras personas.
- Creo que mi vida es el reflejo de un gran esquema de las cosas.

LOS PADRES DE LA MEDICINA CHINA

- Se puede decir que uno de los padres de la Medicina China fue Huang Ti, conocido como el Emperador Amarillo (2697-2599 A.C.) junto a su consejero médico Chi Po. Ellos, a través de un diálogo, desarrollaron el Huang Di Neijing o *Clásico de Medicina Interna*, libro fundamental en esta ciencia.

- También el célebre cirujano chino Hua To (142-219 d. C) está considerado uno de los hombres que más hizo por la comprensión filosófica y práctica de esta medicina.

DIFERENCIAS CON LA MEDICINA OCCIDENTAL

- **Una línea ininterrumpida.** La Medicina Tradicional China es una de las medicinas más antiguas, junto con la hindú y la egipcia. Tiene varios miles de años de verificación práctica y en la actualidad es muy estudiada científicamente. Siempre mantuvo la misma base filosófico-terapéutica, a diferencia de la medicina occidental que tuvo distintos períodos con variedad de concepciones.

- **Más preventiva.** La medicina occidental se especializa en la comprensión física de la causa del problema, y en eso es de excelencia. La Medicina Tradicional China, en cambio, se basa en la comprensión energética de la causa del trastorno. Es así como, a través del pulso, de la lengua o de otras características se puede diagnosticar el origen del problema desde el punto de vista energético, aunque todavía no haya síntoma físico. De ahí que se diga que la Medicina China es realmente preventiva. ¿Por qué? Porque con una mamografía uno puede diagnosticar un tumor de unos pocos milímetros, pero en la Medicina China varios meses antes se puede diagnosticar el mismo riesgo de tumor, aunque todavía no esté en el pecho, y en ese mismo momento se comienza el tratamiento. Esta es una ventaja importante, porque cuando un especialista ve que la energía vital se está desequilibrando en algún sentido, puede evitar una serie de enfermedades a suceder en el futuro. Lo importante es que esto es previo a la manifestación de cualquier síntoma.

LAS HERRAMIENTAS DE CURACION DE LA MEDICINA CHINA SON:

- *ACUPUNTURA*
- *MOXIBUSTION*
- *FITOTERAPIA*
- *AURICULOTERAPIA*
- *TUEI NA*
- *QI GONG*
- *TAI CHI CHUAN*
- *NUTRICION*

LA MEDICINA CHINA EN EL MUNDO

- En Occidente, la Medicina China fue conocida a través de la acupuntura por Soulié de Morant, que fue un diplomático francés que padeció una grave enfermedad en ese país, fue curado y decidió aprender Medicina China. Luego la enseñó en Francia en las primeras décadas del siglo XX. Posteriormente, también en Francia se empezó a relacionar la Medicina Tradicional China con la occidental, haciendo acercamientos entre ambas ciencias médicas de orígenes culturales diferentes.

- En la actualidad, el nivel de la Medicina China en el mundo ha mejorado mucho. Hoy en día, en Estados Unidos, Canadá y Europa, hay hospitales que trabajan con ambas medicinas. En China, por ejemplo, los médicos aprenden las dos carreras, la occidental y las bases de la Medicina China. De esa manera, a un paciente le aconsejan ser tratado con una u otra. El mismo médico occidental, si ve la necesidad, lo deriva a que haga Medicina China (acupuntura, fitoterapia, etcétera). Cuando hay necesidad de hacer las dos tareas conjuntas, así se realiza. Se puede tratar una cirrosis hepática con medicina occidental y fitoterapia china, ejercicios de tai chi o qi gong. O frente al cáncer recomiendan quimioterapia, más fitoterapia china y qi gong (está demostrado que estas dos alternativas chinas ayudan a disminuir el tumor y los efectos colaterales de la quimioterapia y de la radioterapia). Todo esto fue estudiado científicamente.

-La OMS (Organización Mundial de la Salud) acepta el tratamiento acupuntural de por lo menos cuarenta y tres enfermedades.

-Desde 1970, el Ministerio de Salud Pública chino permite cursos anuales para médicos extranjeros en ese país, lo que explica la influencia cada vez mayor de la acupuntura en Occidente.

-En Cuba se trabaja muchísimo con Medicina China, porque es más económica, rápida y efectiva.

-Los primeros en investigar la tan de moda psiconeuroinmunoendocrinología fueron los chinos, porque tenían una concepción totalizadora de los sistemas psíquico, inmunológico, neurológico y endocrinológico globalizado bajo un mismo aspecto.

-Los chinos, además, fueron los primeros en usar anestesia (la hacían con acupuntura) y los pioneros de la medicina psicosomática, tan respetada en la actualidad.

-En algunas universidades de Occidente ya están enseñando Medicina China. Además, se hacen cursos de postgrado o se dan temas de la Medicina China en algunas materias universitarias, como por ejemplo, en Kinesiología de la Universidad de Buenos Aires. También en la provincia de Tucumán, Argentina, hay un hospital en donde se está trabajando con acupuntura, en forma autorizada y completamente legal.

PROVERBIOS Y TRADICIONES POPULARES

-En cada región de China, en la antigüedad, había un médico que diariamente hacía su ronda por todas las casas e iba manteniendo a todos sus pacientes con salud. Percibía un sueldo mensual por esa atención. Cuando alguno de ellos se enfermaba no le pagaban, porque significaba que no había sabido mantenerlos sanos, por lo tanto había fallado. Y cuando algún paciente moría, se le colgaba una lámpara en el frente de la casa.

-En la Medicina Tradicional China al pulmón se lo llama "Maestro de la Energía"; al útero, "Palacio del Niño"; al hígado, "General del Ejército", y así con cada órgano se busca una imagen poética de acuerdo con sus funciones energéticas más representativas.

- **Consejos**

-Si usted está mucho tiempo triste o melancólico, tenga cuidado con sus pulmones, pueden afectarse.

CORRESPONDENCIAS DE LOS 5 ELEMENTOS CON LOS ORGANOS Y LAS EMOCIONES

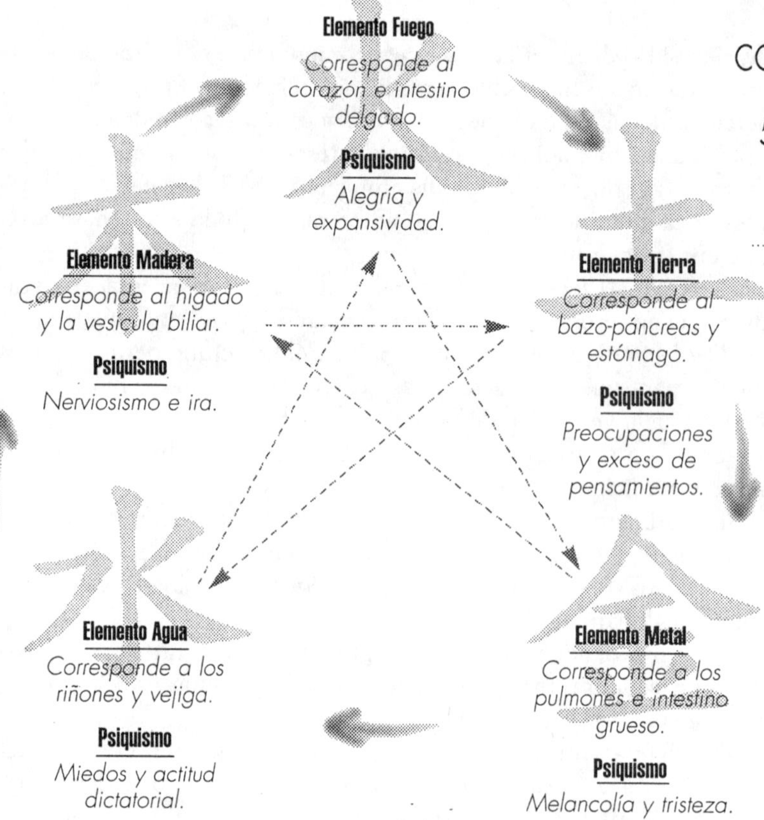

-Si está profundamente deprimido, pueden afectarse sus riñones y glándulas asociadas como las suprarrenales, testículos y ovarios, lo cual podría derivar con el tiempo en impotencia e infertilidad.

-Si su hígado no anda bien, puede ser la causa de su gran nerviosismo.

-No esté exageradamente alegre, su corazón puede sufrir y hasta fallar.

-Si su vientre está distendido, abultado, sus intestinos dilatados, puede ser que esté con exceso de preocupaciones. Cuide la digestión, el estómago y los intestinos.

• RECUERDE

La salud psíquica es la armonía de la salud de todos los órganos. Acá se desmitifica el hecho de que, por ejemplo, para estar bien hay que estar alegre y punto. Los chinos dicen que para estar bien hay que poder oscilar armónicamente entre los cinco estados del psiquismo: alegría, miedo, tristeza, preocupación, ira. Si falta alguno o sobra alguno, desaparece la salud. Porque la Medicina China es una terapia que busca la armonía de la energía vital.

ANESTESIA CON AGUJAS

En un hospital público argentino los pacientes entran y salen caminando del quirófano. El doctor Luis Chirinos Palacios, jefe de Anestesiología del hospital Penna de Buenos Aires, es un médico peruano formado en la Argentina, con 30 años de experiencia en el tema. En cier-

ta oportunidad viajó a China y se familiarizó con un método novedoso en Occidente: la analgesia inducida por electroestimulación, que en su práctica originaria supone la utilización de las milenarias agujas de acupuntura.

El especialista ya realizó 80 intervenciones quirúrgicas con este tipo de anestesia en el hospital Penna: cirugías tiróideas, urológicas, de vesícula biliar, de la pared abdominal, traumatológicas, mamarias, ginecológicas y odontológicas, entre otras.

El método combina las agujas chinas con electrodos colocados con pegamento adhesivo, diseñados en EE.UU..

"Actualmente -explica el doctor Chirinos Palacios-, está demostrado que, mediante electroestimulación, pueden inducirse efectos analgésicos similares a los logrados con drogas químicas. A través de electrodos y agujas de acupuntura, desde la superficie del cuerpo se envía una corriente capaz de despertar en el cerebro su capacidad de modulación, que hace que se modifique la secreción de neurotransmisores que controlan el dolor. La anestesia tiene tres parámetros: analgesia, sueño y relajación muscular. De los tres, el más importante es la analgesia, porque el paciente bien analgesiado evoluciona adecuadamente no sólo en el quirófano, sino en el posoperatorio. En algunos casos utilizamos también relajantes musculares y sedantes suaves para ayudarlo a dormir. Los puntos donde se aplican agujas y electrodos son locales, vecinos y distantes del lugar de la incisión. Los primeros bloquean el dolor producido por el corte, los vecinos dan analgesia a zonas más profundas, como tendones y músculos. Los distantes actúan en el nivel de la médula espinal y el cerebro". El método permite la analgesia unos 20 minutos luego de aplicar agujas y electrodos, y la mantiene alrededor de una hora y media después de la cirugía. Es muy común que los pacientes entren y salgan caminando del quirófano. Además, no se les restringen los líquidos y los alimentos, ni tampoco la medicación habitual.

HERRAMIENTAS TERAPEUTICAS DE LA MEDICINA CHINA

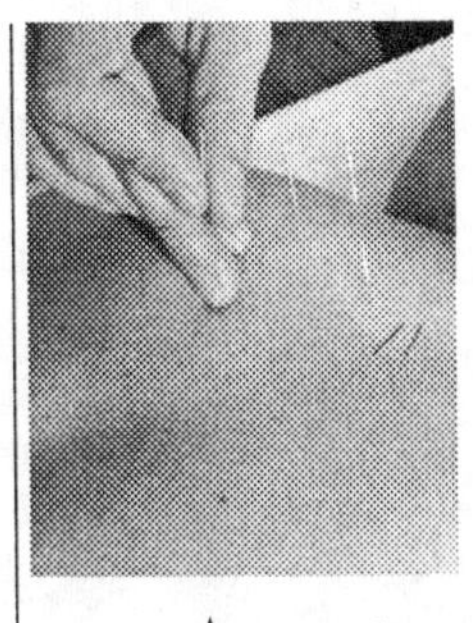

Acupuntura

(aplicación de agujas en puntos de los meridianos de energía)

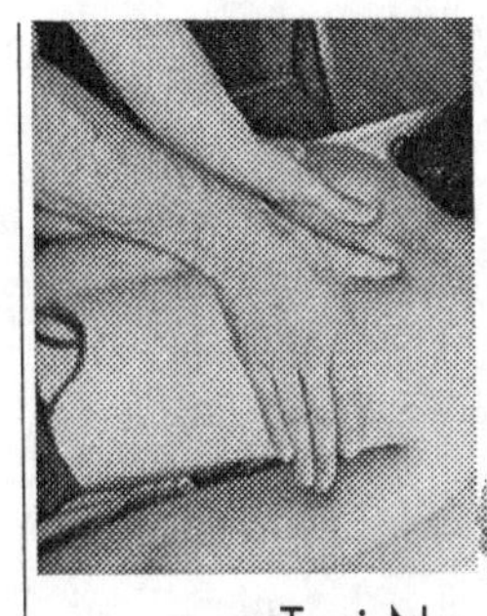

Tuei Na o masaje chino

(lo más parecido a la kinesiología y fisiatría occidental)

Nutrición

(dietética armonizadora)

Tai Chi Chuan

(gimnasia terapéutica de origen marcial)

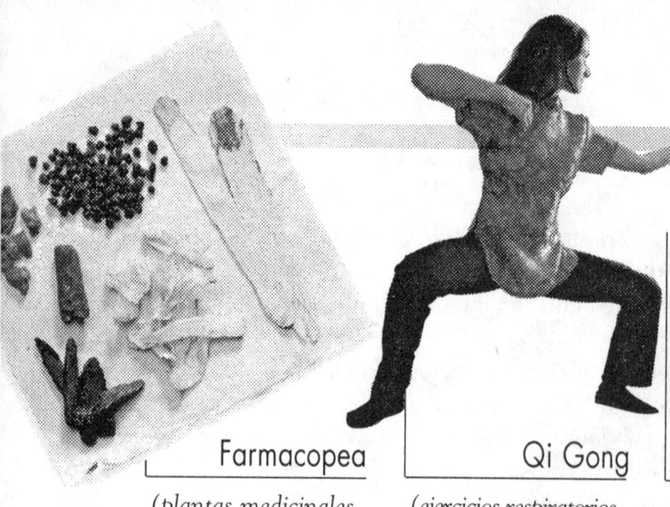

Farmacopea

(*plantas medicinales, minerales y animales conforman la parte de farmacología china*)

Qi Gong

(*ejercicios respiratorios para aumentar la energía vital. Puede hacerlos uno mismo para tratar sus órganos o, si no, hay especialistas que proyectan el chi o energía a sus pacientes a distancia para tratar ciertas enfermedades*)

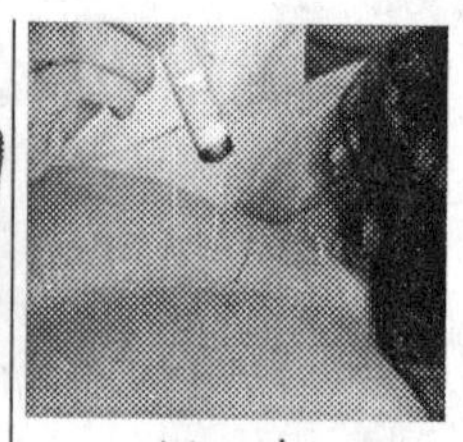

Moxibustión

(*introducción de calor en el cuerpo por un punto de acupuntura, mediante la quema de una hierba denominada "artemisa"*)

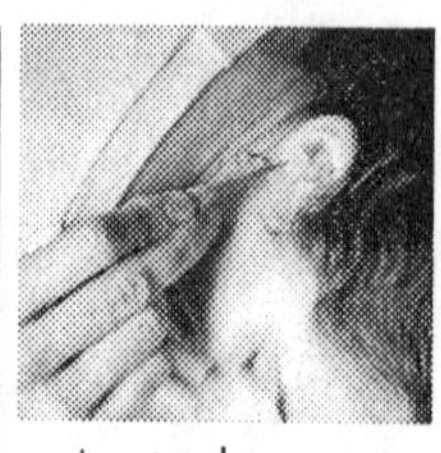

Auriculoterapia

(*punción en la oreja para estimular por vía refleja distintas partes del cuerpo*)

VERDADERO Y FALSO DE LA MEDICINA CHINA

✔***La acupuntura es muy dolorosa.***

FALSO. Puede ser dolorosa si la técnica acupuntural que se usa es como la que se usaba en las aldeas o en ciertos lugares actuales de China. No es dolorosa cuando la punción no es tan profunda o no estimula demasiado el punto.

✔***Por lo general, no se utilizan agujas descartables.***

Falso. La tendencia actual es usar agujas descartables. Nunca se usan las mismas agujas para diferentes pacientes.

✔***Una persona que haga cualquier gimnasia occidental puede obtener los beneficios en los meridianos energéticos que ofrecen los ejercicios de Qi Gong.***

FALSO. Solamente puede obtener un nivel físico de los efectos del Qi Gong, pero no los de los niveles más profundos. El Qi Gong se basa en respiración, concentración y movimiento. La gimnasia occidental sólo tiene movimiento, le falta la concentración y la respiración, que es lo que permite que el chi o energía vital se mueva.

✔***Un masaje o un ejercicio no permite actuar sobre los meridianos de energía como sí lo hace la acupuntura.***

FALSO. Se puede mover el chi o energía vital de los meridianos tanto con el masaje chino (Tuei Na), como con las agujas, con la moxibustión, con los ejercicios de Qi Gong, con los movimientos de Tai Chi Chuan o con el uso de las hierbas (Fitoterapia). El secreto es armonizar la energía vital llenando las deficiencias y disminuyendo los excesos.

✔***Una persona que practica Qi Gong o Tai Chi Chuan puede hacer un autodiagnóstico de sus problemas de salud, y equilibrar sus propias deficiencias o excesos.***

VERDADERO. Con tiempo de práctica puede hacer un autodiagnóstico y una autoterapia, pero sin dejar de consultar a su médico.

✔***La Medicina China no sólo sirve para calmar dolores.***

VERDADERO. Sirve para calmar los dolores de afecciones musculotendinosas u osteoarticulares pero, además, para tratar cualquier afección de los órganos internos. No sólo con acupuntura, sino con el resto de sus herramientas terapéuticas.

✔***Se puede comparar con otros tipos de medicinas holísticas.***

VERDADERO. Con la medicina ayurvédica, con las medicinas poco conocidas de los antiguos aborígenes americanos, con la Homeopatía, con la medicina Antroposófica. Todas buscan el mismo principio: armonizar la energía vital a través de distintos medios.

✔***En la Medicina China no existe la separación entre psiquis y cuerpo como ocurre en Occidente.***

VERDADERO. Cada órgano no sólo se relaciona con un aspecto emocional sino, también, con el sistema glandular. Si el conflicto psicológico es muy profundo, con la Medicina China se pueden armonizar las emociones para que, junto a un psicólogo, los conflictos puedan ser resueltos.

✔***La Medicina China cura a través de la fe.***

FALSO. Alguien puede desconocer lo que está haciendo, pero si lo hace correctamente, el efecto terapéutico se produce. La energía vital circula más allá de las creencias y más allá del deseo. Muchos acupuntores occidentales saben la técnica, la aplican y obtienen los resultados, aunque no tengan ninguna creencia más profunda relacionada con la filosofía china.

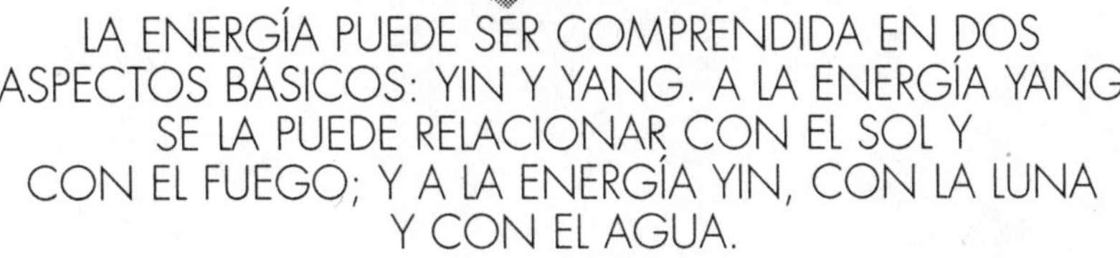

LA ENERGÍA PUEDE SER COMPRENDIDA EN DOS ASPECTOS BÁSICOS: YIN Y YANG. A LA ENERGÍA YANG SE LA PUEDE RELACIONAR CON EL SOL Y CON EL FUEGO; Y A LA ENERGÍA YIN, CON LA LUNA Y CON EL AGUA.

"INTENTAR CURAR UNA

ENFERMEDAD CUANDO

YA SE HA MANIFESTADO

ES COMO FORJAR

LAS ARMAS CUANDO

LA GUERRA

HA COMENZADO."

Proverbio chino

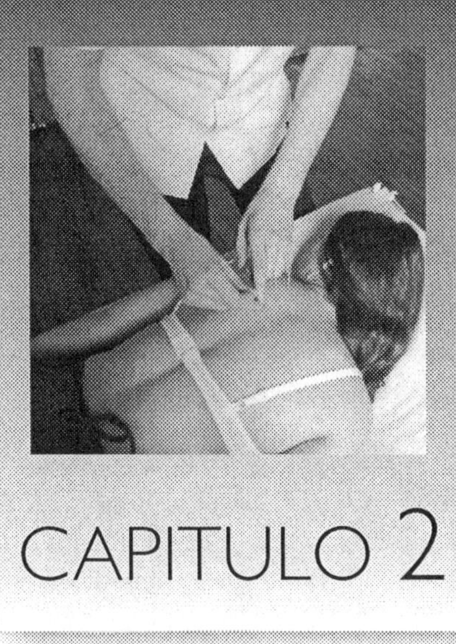

CAPITULO 2

Acupuntura

UNA TÉCNICA BASADA EN LA ESTIMULACIÓN DE ALREDEDOR DE 800 PUNTOS CUYOS EFECTOS SE RELACIONAN CON EL FLUJO DE LA ENERGÍA QUE PASA POR ELLOS.

Como todas las terapias de origen oriental, la Acupuntura y su vertiente o variante conocida como Digitopuntura se relacionan con la idea de la presencia y el flujo en la persona de energía, que se presenta de un modo no explicable por los fenómenos mecánicos, tales como la transmisión nerviosa o la circulación de la sangre. Este es el concepto de energía vital, esencial en los principales sistemas de curación orientales.

CONCEPTO BASICO DE LA ACUPUNTURA

La Acupuntura se basa en la idea antigua de que en el cuerpo existen dos corrientes o flujos energéticos, uno yin y el otro yang, ambos contenidos dentro de un concepto más amplio de la energía, denominado Chi. La idea de yin y yang es la de las dos fuerzas opuestas pero, a la vez, complementarias, es decir que una no podría existir de no existir la otra. Estas dos fuerzas se repiten en todo el universo: luz y sombra, noche y día, femenino y masculino. Ninguna de ellas es mejor o más importante que la otra, ninguna de ellas puede concebirse sin la otra. Por eso son opuestas complementarias.

Los escritos acerca de la Acupuntura se remontan a la aparición de los primeros libros del Nei Ching, hace de esto cuatro mil quinientos años. Durante más de mil años se trabajó en esos libros sagrados.

LA ENERGIA VITAL (CHI) ES UNA SUSTANCIA INVISIBLE QUE RIGE TODOS LOS PROCESOS VITALES

ACUPUNTURA Y SALUD

La salud, por lo tanto, depende del equilibrio de estos dos aspectos, del yin y el yang.

En el cuerpo humano, estas dos corrientes energéticas circulan a través de unos meridianos o circuitos o vías energéticas, como si se tratara de las venas de la energía, que pueden medirse por distintos medios.

La Acupuntura y la Medicina Tradicional China, reconocen 26 meridianos principales. Cada uno de ellos representa un órgano o función corporal distintos.

Recorriendo estos meridianos, se encuentran alrededor de 800 puntos que, al ser estimulados o tratados de diversas maneras, tienen un efecto determinado sobre el flujo de la energía que pasa por ellos. Esto es activado cuando las agujas de Acupuntura se aplican sobre estos puntos.

Cuando este flujo se altera de la manera adecuada y correcta, se restablece el equilibrio dentro de ese circuito sobre el que se intervino y, por lo tanto, se recupera la salud.

La Acupuntura trata con enorme eficacia, entre muchísimas más, dolencias como:

- Dolor de cabeza *(especialmente debido a tensiones)*
- Úlceras
- Problemas digestivos
- Migraña
- Dolor de espalda
- Fibromialgia
- Artritis
- Reumatismo
- Dermatitis
- Eczema
- Hipertensión arterial
- Ansiedad

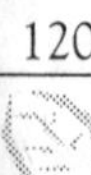

- Psoriasis
- Afecciones de la piel en general
- Asma
- Bronquitis
- Depresión

Hay que aclarar que esta disciplina no puede aplicarse hogareñamente y sobre sí mismo, sino que se necesita de la asistencia profesional.

LOS CAMINOS DE LA DIGITOPUNTURA

La Digitopuntura es otro aspecto de la Acupuntura, que puede emplearse en forma fácil y muy benéfica en el propio hogar. Esto, como dijimos, no sería posible con la Acupuntura en sí misma, que requiere inevitablemente la intervención de un profesional altamente capacitado y con mucha experiencia.

La Digitopuntura, por el contrario, es una técnica sencilla, que se aprende con facilidad, y que puede tratar con sólo un porcentaje de los puntos de Acupuntura, y con resultados muy similares.

Se trata, en concreto, de utilizar las propias manos para tratar los puntos de presión. Su equivalente en la tradición japonesa es el Shiatsu (shi = dedo; atsu = presión).

Al aplicar presión sobre los puntos clave de los meridianos, la Digitopuntura puede tratar síntomas pero, fundamentalmente restablecer el equilibrio saludable del sistema correspondiente. Esa presión estimula el flujo de la energía que circula a lo largo de cada meridiano, cada uno de los cuales está vinculado con distintos órganos.

LOS PUNTOS DE DIGITOPUNTURA

Vesícula biliar 20
Vaso gobernante 14
Intestino grueso 4
Vejiga 60
Intestino grueso 11
Estómago 3
Pulmón 1
Hígado 13
Pulmón 5
Pulmón 7
Pulmón 9
Pulmón 11
Pericardio 6
Bazo 9
Bazo 6

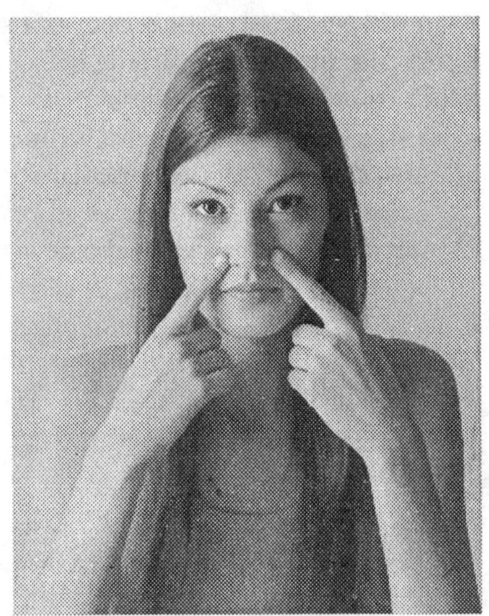

Estómago 44
Vejiga 2
Intestino grueso 10
Pulmón 10
Estómago 25
Estómago 36
Riñón 3
Riñón 6
Hígado 13

UNA SESION BASICA DE DIGITOPUNTURA

1 La Posición:

La persona a ser tratada debe recostarse boca abajo, relajada y cómoda. Debe practicar gateando como un niño para acomodarse sobre lo que se conoce como su *hará*, un poderoso centro de la propia energía situado unos dos dedos por debajo del ombligo.

El practicante que actuará sobre la persona debe mantener su peso centrado en relación a esta persona que lo recibe, con la espalda relajada y las manos y muñecas sueltas. Entonces colocará ambas palmas de las manos sobre la parte superior de la espalda, una en cada hombro.

2 Relajación de tensiones musculares:

El practicante no necesita usar su fuerza física, sino sólo la gravedad y el peso de su cuerpo. Tiene que caminar con ambas manos a lo largo de la columna vertebral de la persona tratada. Debe intentar transmitir la sensación de que esa fuerza recorre en forma suelta la espalda, desarmando todas las tensiones musculares. Mientras hace esta caminata por la espalda de la persona tratada, el practicante tendrá que ir moviendo sus piernas a lo largo del cuerpo de la persona para poder mantener sus brazos verticales y lograr que el peso de su cuerpo recaiga sobre sus manos.

3 Preparación del meridiano:

Ahora el practicante debe pasar los bordes de sus manos a lo largo de los

meridianos vesiculares a ambos lados de la columna vertebral. Sus manos deberán estar separadas unos cinco centímetros entre sí mientras se pasan arriba y abajo siguiendo la línea de la columna vertebral, incrementando gradualmente el trabajo hacia las caderas.

4 Estimulación de los puntos:

Ahora el practicante debe colocar los pulgares sobre las líneas energéticas que acaba de preparar. Tiene que dejar que su peso haga hundir ambos pulgares en dos puntos, uno a cada lado de la columna. Mientras la persona y el practicante espiran, se puede aumentar la presión. Cuando inspiran, la presión debe disminuirse. Durante una inspiración el practicante se deslizará a lo largo de los meridianos vesiculares para tratar el punto siguiente, y así seguirá hasta alcanzar el cóxis.

EL CONCEPTO DE ENERGÍA VITAL ES ESENCIAL EN LOS PRINCIPALES SISTEMAS DE CURACIÓN ORIENTALES.

"CONOCER A OTROS ES SABIDURIA. CONOCERSE A SI MISMO ES SABIDURIA SUPERIOR. IMPONER SU VOLUNTAD A LOS OTROS Y ES FUERZA. IMPONERSELA A SI MISMO ES FUERZA SUPERIOR."

Lao-Tse

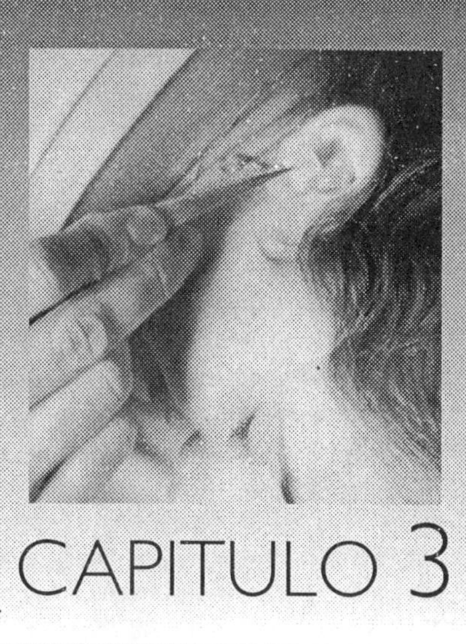

CAPITULO 3

Auriculoterapia

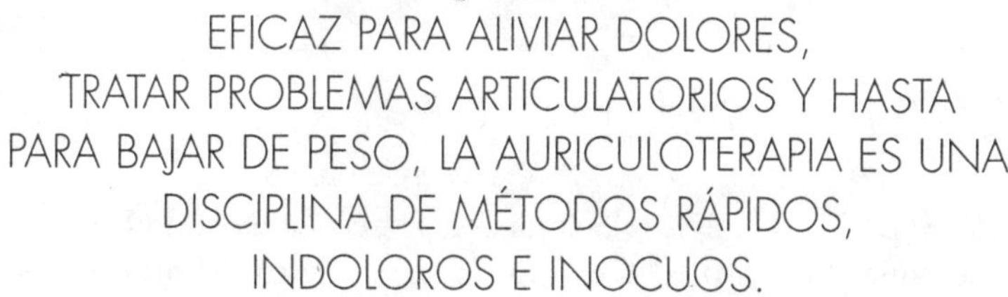

EFICAZ PARA ALIVIAR DOLORES, TRATAR PROBLEMAS ARTICULATORIOS Y HASTA PARA BAJAR DE PESO, LA AURICULOTERAPIA ES UNA DISCIPLINA DE MÉTODOS RÁPIDOS, INDOLOROS E INOCUOS.

Se decía que los piratas usaban un aro porque al insertarlo en la oreja lo pasaban por el punto que representaba el ojo -según el mapa de la Auriculoterapia- y así producían un acrecentamiento en la visión para poder ver de lejos los barcos enemigos. Verdad o no, la Auriculoterapia es una forma de curar muy antigua, que se remonta hasta el principio de los tiempos. Hipócrates, ya en el siglo V antes de Cristo, utilizaba la oreja con fines terapéuticos. Luego de una estadía de cuatro años en Egipto, El Padre de la Medicina refirió en sus estudios algunas terapéuticas contra la impotencia, que consistían en incisiones practicadas en el pabellón auricular. Desde la civilización egipcia, en la que se pudo encontrar el más antiguo rastro de esta terapia en un texto del siglo IV A. C. , la Auriculoterapia ha sobrevivido, bien o mal, hasta nuestros días. Hacia el año 1950, Paul Noguier tomó los datos acerca de esta técnica y la desarrolló ampliamente hasta la actualidad.

COMO CURA LA AURICULOTERAPIA

La Auriculoterapia es un método reflexológico por el cual, colocada la aguja en determinado punto de la oreja, por vía del sistema nervioso central, se obtiene una respuesta orgánica. El organismo, como un holograma, se reproduce a sí mismo en distintas partes del cuerpo en las cuales podemos ejercer una acción. La oreja es uno más de esos lugares en que está representado todo el cuerpo. El estímulo más directo de un punto determinado se da con la utilización de agujas. Ese estímulo viaja por vía refleja hasta el cerebro el cual emana después una orden que va a modificar una parte orgánica. Por ejemplo, si es dolor, se calmará de manera prácticamente instantánea. Si se trata de dolores crónicos, se necesitarán varias sesiones. Además, existen distintos tipos de agujas. Las hay removibles (se las deja unos 20 o 30 minutos y luego se las saca) y semipermanentes -llamadas chinches- que se dejan colocadas durante varias horas o días.

EL EXAMEN CLINICO

La conformación de la oreja está relacionada con frecuencia con el estado general de salud. Bien formada, ella es un signo cierto del más grande equilibrio físico. Se sabe, por ejemplo, que ciertas malformaciones renales se acompañan a menudo con deformaciones auriculares. Por lo tanto, el examen médico de la oreja es el punto de partida de la Auriculoterapia.

TANTO EL DIAGNOSTICO COMO EL TRATAMIENTO DE LAS DOLENCIAS SE REALIZAN SOBRE UNA O AMBAS OREJAS DE ACUERDO CON LO QUE DETERMINE EL ESPECIALISTA

Luego del examen externo, se deben buscar las zonas dolorosas que presenta la oreja. Estas zonas reflejan las perturbaciones en las regiones correspondientes del cuerpo; su detección es fundamental para la buena continuación de la consulta. Para descubrirlas, el enfermo debe estar acostado en la camilla y el médico sentado de manera que pueda tener delante de él la cabeza del paciente. De esta manera, podrá palpar las orejas y, con la simple presión de los dedos, detectar las zonas dolorosas. La búsqueda se hará en función de la patología descubierta en el examen general. Así, para un enfermo que presenta un dolor en la rodilla, se palpará la oreja precisamente en el lugar donde se proyecta esta articulación.

Luego de identificar estas zonas con dolor, el médico, con el auxilio de un detector a presión, puede aislar el punto exacto. Los puntos son muy pequeños, miden apenas menos de un milímetro y son muy precisos. Aplicando el aparato sobre la oreja, el punto que se debe escoger es el que provoca un gesto de molestia. Por esta razón a este examen se lo llama "el test de la mueca". Sin embargo, a veces la subjetividad del paciente puede conducir a ciertos errores. Frente a esta dificultad se volvió necesario encontrar una manera objetiva de aislar sobre el pabellón auricular sólo los puntos patológicos. Para eso se crearon los aparatos de detección que se apoyan en la medida eléctrica de los puntos chinos en Acupuntura. Estos aparatos permiten detectar fácilmente los puntos de la Auriculoterapia, los cuales tienen una gran diferencia con respecto a los puntos de Acupuntura. Los aparatos de detección son simples. Se componen del detector mismo y del mecanismo capaz de analizar estas informaciones. La punta de detección es sensible a las diferencias de resistencia que ofrece la piel en ciertos lugares. El aparato se ilumina o dispara una señal sonora cuando detecta la diferencia. Esta simplicidad en el funcionamiento da al examen una gran precisión.

Una vez que han sido detectados los puntos dolorosos, se puede establecer un diagnóstico. La Auriculoterapia tiene en ese campo una rapidez que la medicina tradicional no posee. Si es necesario, un diagnóstico puede hacerse más preciso mediante los exámenes de laboratorio.

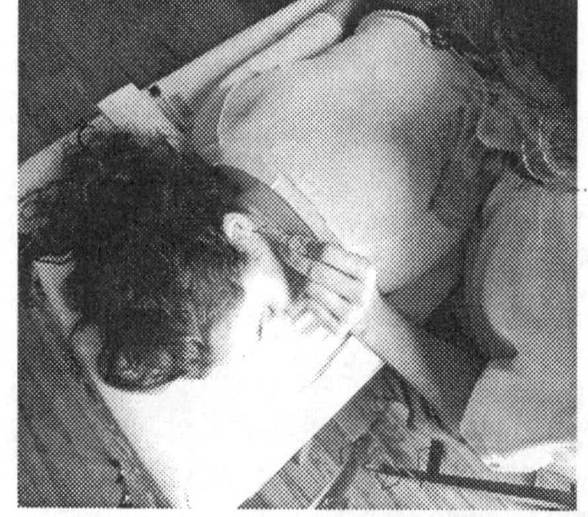

EXISTEN DISTINTOS TIPOS DE AGUJAS. LAS HAY REMOVIBLES (SE LAS DEJA UNOS 20 MINUTOS) Y SEMIPERMANENTES -LLAMADAS CHINCHES- QUE SE DEJAN DURANTE VARIAS HORAS O DIAS

COMO SE REALIZA EL TRATAMIENTO

La oreja no sólo sirve para efectuar un diagnóstico (Aurículomedicina), lo que es bastante preciso, sino que ella es el lugar mismo de una terapia muy eficaz.

El médico dispone de distintos elementos de estímulo para llevar a cabo el tratamiento. Estos son:

• Agujas

Esta es la técnica más utilizada, que se realiza con la ayuda de una aguja de plata, oro, acero o molibdeno que se inserta en la oreja.

Sin embargo, existen algunas diferencias: el oro y la plata poseen potenciales de contacto muy diferentes entre ellos. Las células no reaccionan de la misma manera al estímulo de uno y otro. Es necesario tener en cuenta que las células necesitan fenómenos eléctricos para vivir, lo cual las convierte en las primeras consumidoras de átomos del universo. El oro, por ejemplo, modifica el punto concentrando energía; la plata, en cambio, la dispersa.

Sin embargo, es importante aclarar que una aguja no quita ni agrega el más mínimo quantum de energía: su función es la de orientar esta energía a través del cuerpo para su mejor repartición dentro de los órganos.

• Campos magnéticos

Se utilizan pequeños imanes, para estimular el punto deseado, que se sujetan con un pedacito de cinta adhesiva

• Corrientes eléctricas

Se conectan aparatos de electroestimulación a las agujas colocadas en la oreja y se le da una determinada corriente eléctrica para estimular el punto afectado.

• Masajes auriculares

Es otra técnica que permite tratar con éxito un punto enfermo mediante la influencia sobre la energía que circula a lo largo de ciertas líneas de la oreja favoreciendo o disminuyendo su flujo.

• Otros métodos

La estimulación también se puede hacer mediante cauterización (con una punta candente). Esto es un poco peligroso. Son más recomendables los otros métodos. También se utiliza el laser, inyecciones subcutáneas, y la moxa (cono de hierba artemisia encendido que se ubica en el punto enfermo. Cuando el paciente siente que se quema, se lo saca).

LAS AFECCIONES QUE SE PUEDEN TRATAR

La imagen del cuerpo humano que se perfila en la geometría de la oreja, da a la Auriculoterapia una simplicidad impresionante. Esto podría hacer imaginar una medicina completamente elemental, tratando el punto correspondiente al órgano enfermo. Se detecta un punto, se pincha y todo vuelve a su orden. Sin embargo, la realidad exige mecanismos más complejos. Aunque la Auriculoterapia permita suprimir con frecuencia una sensación desagradable, no necesariamente resuelve su causa. Tomemos el ejemplo de una apendicitis. Es fácil hacer desaparecer el dolor abdominal con una sola aguja; sin embargo, no se detendrá el proceso infeccioso si el cirujano no interviene de inmediato. Pero, en algunas afecciones la Auriculoterapia ha dado muy buenos resultados. Las que siguen son sólo algunas:

LA PRACTICA DE LA AURICULOTERAPIA DEBE SER LLEVADA A CABO POR UN MEDICO ESPECIALIZADO EN ESTA TERAPIA

- *Sinusitis*
- *Rinitis*
- *Resfríos*
- *Amigdalitis*
- *Bronquitis asmática*
- *Conjuntivitis*
- *Irritaciones oculares*
- *Dolores dentarios*
- *Anestesia dental*
- *Espasmos de esófago*
- *Espasmo de estómago*
- *Hiperacidez*
- *Ulceras de estómago y duodeno*
- *Colon irritable*
- *Diarrea*
- *Constipación*
- *Dolores de cabeza*
- *Neuralgia del trigémino*
- *Parálisis faciales*
- *Neuropatía*
- *Enuresis*
- *Ciática*
- *Dolores lumbares*
- *Osteoartritis*

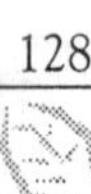

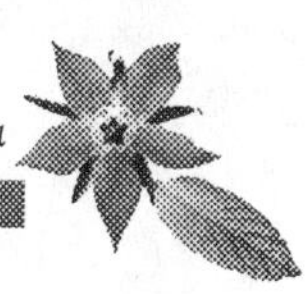

COMO AUTOMASAJEARSE LA OREJA

Sedante

Masajee siguiendo la curva de la oreja, desde arriba hacia abajo, y la zona que la circunda, en contra del sentido de las agujas del reloj

Estimulante

Masajee también por el exterior de la oreja pero siguiendo su curva en el sentido de las agujas del reloj

LAS IDEAS MAS IMPORTANTES

UNA DE LAS VENTAJAS DE ESTA TECNICA ES QUE NO SE UTILIZAN MEDICINAS EN EL TRATAMIENTO

- La Auriculoterapia es un método reflexológico por el cual, colocada la aguja en determinado punto de la oreja, por vía del sistema nervioso central, se obtiene una respuesta orgánica.
- La Auriculoterapia utiliza agujas, imanes, corrientes eléctricas, masajes manuales y hasta láser para estimular el punto afectado.
- Existen distintos tipos de agujas: las hay removibles (se las deja unos 20 o 30 minutos y luego se las saca) y semipermanentes -llamadas chinches- que se dejan colocadas durante varias horas o días.
- Los masajes en las orejas también son eficientes: se pueden conseguir distintos efectos, tanto relajantes como estimulantes.
- La Auriculoterapia trata sinusitis, resfríos, problemas articulatorios, ciática, úlceras de estómago y duodeno, dolores de cabeza, etcétera.
- La primera recomendación es que la práctica de la Auriculoterapia sea llevada a cabo por médicos. Es importante tener en cuenta este consejo para no caer en manos inexpertas que puedan terminar deteriorando la salud.
- La Auriculoterapia es una forma de curar totalmente indolora, por lo tanto no hay porqué temer.
- Para evitar el contagio de enfermedades como el sida, la Auriculoterapia -como la Acupuntura- trabaja con determinado grupo de agujas con cada paciente.
- Una de las ventajas más importante de esta técnica es que se puede realizar un tratamiento médico sin el uso de medicamentos. Esto resulta muy efectivo, inocuo y rápido para el paciente.

"LA VIDA CONSTITUYE

UN DON DE LA

NATURALEZA; PERO

UNA VIDA BELLA

ES UN DON DE LA

SABIDURIA."

Anónimo

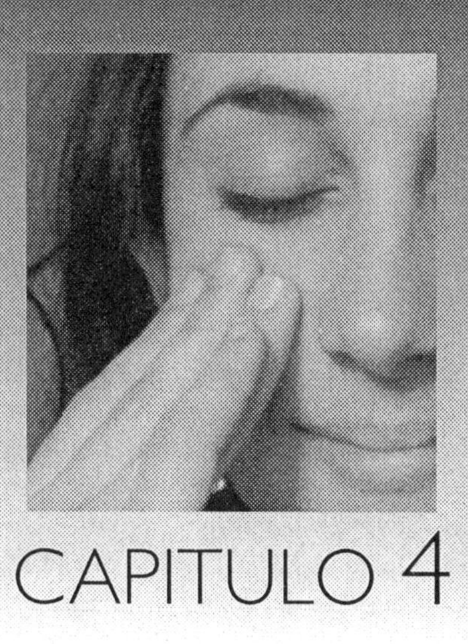

CAPITULO 4

Digitopuntura

UNA TÉCNICA CON EFECTOS CURATIVOS Y ANALGÉSICOS BASADA EN LA TEORÍA DE LOS MERIDIANOS, QUE PUEDE REALIZAR CUALQUIER PERSONA QUE CONOZCA LOS PUNTOS A TRATAR.

Lo primero que se debe decir sobre este milenario sistema de curación es que se puede aplicar tanto en el propio cuerpo como en el de otra persona. Se han propuesto numerosas hipótesis explicativas acerca de los efectos curativos y analgésicos que tiene la Digitopuntura, muchas de las cuales se basan en distintas corrientes de pensamiento: teoría del meridiano, teoría nerviosa y teoría de los fluidos.

La primera se basa en la estimulación de ciertos puntos cutáneos que modificarían la circulación de la energía y la regularían en la zona del órgano tratado.

La segunda postula que la estimulación de ciertos puntos bloquearía los impulsos nerviosos a nivel cerebral y, por lo tanto, impediría el dolor.

La teoría de los fluidos, que hace unos años parecía la más fantasiosa, encuentra hoy su confirmación con el descubrimiento de las funciones que cumplen las endorfinas. Estas son responsables de actuar en diversas zonas del cerebro como receptoras de cualquier estímulo que produzca sueño, aumentando o disminuyendo el dolor de esta manera.

Esta nueva interpretación científica ha sido establecida luego de experiencias realizadas en la Universidad de Pekín con perros. El experimento consistió en unir las circulaciones sanguíneas de tres animales con el mismo grupo de sangre. Así se comprobó que al estimular centros nerviosos de uno, la reacción (dolor, en algunos casos) era percibida por los otros dos, como si fueran artefactos eléctricos conectados en serie. Esta experiencia, de la que muchos han dudado, encuentra sin embargo su confirmación en las acciones de liberación y circulación que cumplen las endorfinas.

A pesar de ello, los médicos chinos hacen una verificación previa a cualquier tipo de intervención, sometiendo al paciente a una prueba de analgesia midiendo su receptividad a la Acupuntura. Luego, sin explicación, detienen esa práctica para observar, al día siguiente, si los enfermos que han sido tratados evidencian menor sensibilidad.

LAS PRINCIPALES IDEAS

- *La Digitopuntura puede aplicarse sobre el propio cuerpo o en el de otra persona.*
- *La estimulación del punto afectado propicia la eliminación del bloqueo, permitiendo el normal funcionamiento del órgano afectado.*
- *La anestesia aplicada con este método se puede utilizar para todo tipo de intervenciones quirúrgicas, reduciendo los dolores posoperatorios, las secuelas y los riesgos.*
- *La analgesia (pérdida de sensibilidad al dolor) es utilizada tanto en medicina humana (niños, adolescentes y adultos) como en medicina veterinaria.*
- *En el cuerpo hay alrededor de 600 puntos para tratar diversas dolencias.*
- *Para la presión se utilizan los dedos pulgar, índice y mayor.*
- *La Digitopuntura no puede curar todas las enfermedades, pero sí aliviarlas.*
- *La mujer que se encuentre atravesando el período menstrual o un embarazo no podrá ser tratada con Digitopuntura.*
- *Esta técnica se debe practicar sobre una persona relajada y acostada, de otra manera puede producirse un síncope.*
- *También si se la practica inmediatamente después de una comida*

LA ESTIMULACION DEL PUNTO AFECTADO PROPICIA LA ELIMINACION DEL BLOQUEO PERMITIENDO LA CORRECCION DEL FLUJO ENERGETICO ALTERADO

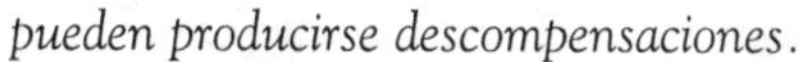

pueden producirse descompensaciones.

- *A las personas drogadas, ebrias o bajo el efecto de un shock emocional, no se las puede tratar con Digitopuntura.*
- *No se lo recomienda para zonas con cicatrices, contusiones, inflamaciones, erupciones o várices.*

LOS CENTROS DE PRESION

El punto de presión no es un botón, ni un mero interruptor con función mecánica. Es un centro de energía alineado a lo largo de los catorce meridianos, en los que los puntos de energía de la piel se tornan sensibles bajo presión y hasta llegan a doler espontáneamente cuando hay un desarreglo en la circulación del meridiano al que pertenecen, sugiriendo la posibilidad de una dolencia o dificultad funcional del órgano correspondiente.

La estimulación del punto afectado -con agujas en la Acupuntura; mediante el calor en la Moxiterapia; o con los dedos, en el Shiatsu o Digitopuntura- propicia la eliminación del bloqueo, permitiendo la corrección del flujo energético alterado y la normalización de la función perturbada.

Los puntos de intervención corresponden a meridianos en los que se alinean casi 400 puntos, con excepción de los 52 pertenecientes a los meridianos centrales. Todos los restantes están repetidos, simétricamente, en los dos lados del cuerpo. En total, hay alrededor de 730 puntos.

Hay que tener en cuenta que no todos los puntos tienen la misma importancia. Además, según su localización, un punto tendrá mayor o menor influencia sobre la función y el órgano afectado. Esta influencia puede ser local -puntos situados en la zona afectada- o a distancia: puntos localizados en las extremidades superiores e inferiores. Estos puntos distantes de los órganos (que se hallan, en su gran mayoría, a partir de los codos y las rodillas hasta los dedos y tobillos) son los que se consideran más importantes, tanto para el tratamiento de los respectivos meridianos, cuanto para la aplicación sintomática en función de primeros auxilios. Para la terapia a nivel doméstico, el uso de 20 o 30 puntos clave será suficiente en una primera etapa. En general, la presión ejercida con los dedos sobre los puntos puede durar de 1 a 10 minutos, de acuerdo con la intensidad de los síntomas y las respuestas que se vayan observando, no existiendo límites en cuanto a la frecuencia del tratamiento.

No es aplicable a personas drogadictos, ebrias, bajo efecto de shock emocional, perturbadas por exceso de miedo, cólera, calor o frío. Tampoco podrá ejercerse presión en zonas donde existan cicatrices, contusiones, inflamaciones, erupciones o várices.

Ya sea que las técnicas se apliquen sobre uno mismo o en otros, es conveniente que la persona a tratarse esté sentada cómodamente, ya que las maniobras pueden producir un rápido movimiento, una veloz compensación de la energía y, consecuentemente, alguna leve sensación de mareo. En el momento de aplicarse la digitopuntura se produce entre practicante y paciente un intercambio de energía que exige que el primero esté en mejores condiciones físicas y anímicas que el segundo para que las energías desequilibradas vuelvan a armonizarse.

Uno de los aspectos más apreciados de esta técnica es su capacidad para aliviar el dolor, constituyéndose en un auténtico sustituto de los analgésicos químicos y ofreciendo, en comparación con éstos, dos ventajas muy destacadas: su economía, ya que no cuesta nada; y la ausencia de secuelas y derivaciones molestas, que con tanta frecuencia aquejan al organismo después de la ingestión de calmantes farmacológicos.

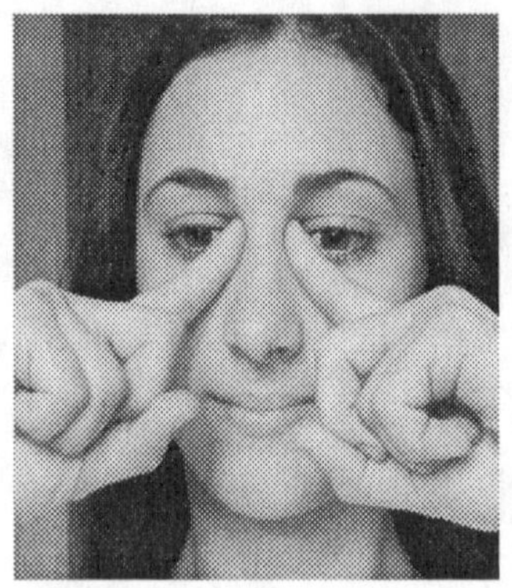

LOCALIZACION DE LOS PUNTOS

Lo que más dificulta la práctica de la Digitopuntura es, naturalmente, la falta de familiaridad con los puntos de intervención. El éxito de la práctica consiste, precisamente, en saber con exactitud dónde se encuentra cada punto, para así poder estimularlo.

En general, el punto que corresponde a un trastorno se torna sensible bajo presión, o incluso duele espontáneamente, lo cual facilita mucho su localización. También ayuda saber que éstos están siempre situados en una depresión formada, a veces, por la disposición anatómica de músculos, tendones o junturas óseas.

El grado de intensidad de los toques será, ante todo, compatible con la constitución, condición física y edad de la persona. En los niños, el tratamiento será considerablemente suave. En un principio, la presión consistirá en arrimar el dedo al punto y trabajarlo con mucho cuidado, luego se aumentará gradualmente la presión hasta lograr la curación.

Las diferentes regiones del cuerpo requieren, también, distintos cuidados: en las zonas delicadas y frágiles, como pecho, abdomen, parte superior de la cara y la cabeza, la presión deberá ser apenas tensionante; mientras que en los hombros, nalgas, espalda y piernas, exigirán estímulos más vigorosos. Una buena medida para aprender consiste en comenzar con una presión leve e intensificarla en forma gradual hasta que alcance un punto en el que la sensación se torne casi desagradable.

LOS PUNTOS QUE SE UTILIZAN CORRESPONDEN A MERIDIANOS EN LOS QUE SE ALINEAN CASI 400 PUNTOS, CON EXCEPCION DE LOS 52 PERTENECIENTES A LOS MERIDIANOS CENTRALES. EN TOTAL, HAY ALREDEDOR DE 730 PUNTOS.

Vale la pena saber que si bien la Digitopuntura no tiene, en principio, contraindicaciones, es positivo señalar algunos cuidados que se deben tener en cuenta:

• Es necesario practicar esta técnica sobre una persona relajada, preferentemente acostada. Es preferible no masajear a alguien que esté de pie. En algunos tratados chinos se asegura que habría riesgo de mareo o desmayo.

• No es aconsejable ejercer la Digitopuntura ni inmediatamente después de una comida, ni demasiado lejos de ella.

• En la mujer no debe practicarse la Digitopuntura durante los períodos menstruales ni embarazos.

• La Digitopuntura no puede curar todas las enfermedades. Solamente el médico, con conocimientos de Digitopuntura, que conoce bien el cuerpo del paciente puede decidir la conveniencia de este u otro tratamiento. En presencia de una enfermedad grave o crónica, es primor-

dial consultarlo antes: él dirá si la Digitopuntura puede ayudar.

LA ANESTESIA CON DIGITOPUNTURA

La Digitopuntura suprime, atenúa e impide que el dolor perdure; ¿no sería entonces ideal para evitar la aparición del dolor? La respuesta a ésta pregunta ha llevado a los médicos chinos a perfeccionar el papel anestésico de esta disciplina milenaria.

Actualmente la medicina occidental maneja diversas variantes de anestesia química e indudablemente, por las numerosas ventajas que brindan, seguirán siendo los principales auxiliares del cirujano. Sin embargo, en algunos casos, sería más conveniente utilizar un método no tan riesgoso.

Esto es muy importante de considerar, en especial, para los enfermos cardíacos o de edad, que a veces no soportan la anestesia o sólo la necesitan por un breve período y no vale la pena que corran el riesgo de someterse a una anestesia total. En algunos casos es útil comunicarse con el paciente durante la operación; por ejemplo: en las intervenciones de tiroides, en las que siempre existe el riesgo de lesionar una terminación nerviosa. La anestesia por Digitopuntura permite saber durante la operación si el cirujano está tocando un nervio. Este descubrimiento fue hecho durante los años sesenta, pero fue necesario esperar casi una década para que sus alcances fueran aceptados en forma parcial en Occidente. En 1972, un grupo de médicos decidió viajar a China para asistir a sus prodigiosas operaciones.

Hoy en día la anestesia por Digitopuntura es utilizada tanto en medicina humana (adultos y niños) como en medicina veterinaria (siempre y cuando se trate de operaciones muy sencillas). Sin embargo, los precursores prefieren hablar de analgesia en vez de anestesia, ya que el paciente no presenta todas las manifestaciones clásicas de esta última (permanece consciente y no experimenta relajación muscular).

Se debe señalar que con este tipo de anestesia la hemostasia (coagulación de la sangre) y la cicatrización de las heridas es mucho más efectiva. Además, el paciente se recupera con mayor rapidez que después de una operación tradicional, ya que las funciones digestivas no se perturban y puede beber y comer inmediatamente después de la operación (¡y a veces, incluso, en el transcurso de ésta!).

Los dolores posoperatorios o las pesadillas son casi inexistentes y los riesgos y secuelas son menores que con la anestesia clásica. Sin embargo, los pacientes ansiosos nunca se verán beneficiados ya que la analgesia no suprime la angustia y el enfermo, al ser espectador pasivo de toda la operación, debe mantener la calma y estar preparado mentalmente.

En las intervenciones de importancia, la analgesia por Digitopuntura no puede practicarse de ninguna manera.

LA OPINION DE UN ESPECIALISTA

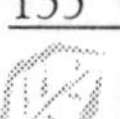

Las siguientes líneas fueron preparadas por el especialista Park Joong Hyun:

Si bien a la Digitopuntura se la puede utilizar en forma casera, lo que tiene que quedar claro es que no sólo apretando un punto se soluciona un problema. Además de conocer a la perfección los centros de energía y los distintos puntos, también hay que saber cuánto presionar porque, por ejemplo, cuando se aprieta muy fuerte se está sacando la energía del lugar y al hacerlo suavemente se está dando energía al punto afectado.

Hay dolencias o partes del cuerpo que no se tratan ejerciendo directamente una presión sobre ellas sino estimulando otro órgano. Este es el caso del cutis en donde se tocan algunos puntos que están en el pulmón y, al mejorar su funcionamiento, el cutis se recupera automáticamente.

Cuando un órgano está enfermo o con dolor no es suficiente tratar al meridiano que corresponde a ese lugar, sino que es indispensable estimular a los otros meridianos para que puedan llevar la corriente de energía al órgano dañado. Esto es así porque cuando éste está resentido o presenta dolor se debe evitar hacer una presión directa sobre él, ya que esa fuerza lo sensibilizará aún más.

La Digitopuntura puede trabajar, también, sobre los aspectos psíquicos de una persona, como ser el miedo y la angustia.

CUANDO NO APLICARLA

- En mujeres embarazadas no se debe aplicar porque puede provocar un aborto espontáneo.
- La Digitopuntura no se puede utilizar para una anestesia prolongada, es decir, que no es útil en una intervención quirúrgica porque la presión que se tiene que hacer con el dedo sobre un punto para anestesiarlo debe ser constante y eso es imposible.

GUIA DE DIGITOPRESION

Las 11 dolencias que se curan con Digitopuntura.

Afección de la piel, común en la adolescencia.

- **Recomendación:** la serie deberá trabajarse tres veces por día, durante un período no inferior a 4 ó 5 semanas, cuando, por lo general, se empiezan a observar los primeros resultados. A partir de ahí, es aconsejable mantener el tratamiento hasta la total eliminación del problema.

- **Forma de masajear:** con el pulgar haciendo una presión continua y movimientos rotativos rápidos y alternados, durante 3 a 5 minutos cada punto.

- **Localización:** 1er punto: 4 dedos arriba del borde superior de la rótula, en la cara interna del muslo; 2do punto: en la punta externa de la línea de flexión del codo.

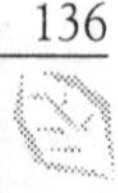

AMIGDALITIS: *Ante las primeras señales, un único tratamiento de los siguientes puntos deberá bastar para vencer la crisis.*

• **Recomendación:** Presionar con la uña del pulgar, de 3 a 5 minutos.

• **Forma de masajear:** Hágalo por lo menos unas 10 veces presionando con fuerza.

• **Localización:** 1er punto: cerca de 2 mm del ángulo lateral (borde externo) de la uña del pulgar; 2do punto: en el dorso de la mano, en el ángulo formado por los metacarpianos; 3er punto: en el medio exacto de la curva superior de la oreja, cuando está doblada contra la cara.

ANOREXIA: *La falta de apetito en los niños surge de manera natural durante resfríos, en la amigdalitis o en los trastornos digestivos.*

• **Recomendación:** presionar enérgicamente los puntos con la punta del dedo medio, durante cerca de un minuto cada punto.

• **Localización:** en el medio de la línea de flexión del pie, en la mitad de la distancia entre los dos maléolos, entre los tendones.

ASMA: *Los ataques recurrentes por fálta de aire son provocados por contracciones espasmódicas de los bronquios.*

• **Recomendación:** masajear enérgicamente con el pulgar y el índice, a los dos lados de la columna, de arriba hacia abajo, repetida y lentamente, durante cerca de 3 minutos.

• **Localización:** 1er punto: alineados verticalmente, cerca de la línea media dorsal; 2 do punto: en una depresión sobre la línea de flexión de la muñeca, sobre la arteria radial.

BRONQUITIS: *Inflamación de los tubos bronquiales, cuyos síntomas incluyen tos seca e irritada, dolores en el pecho y en la espalda, fiebre, etc.*

• **Recomendación:** presionar lentamente con el pulgar en movimientos rotativos durante 3 a 5 minutos en cada punto utilizado.

• **Localización:** 1er punto: alineados verticalmente sobre el tórax formando una línea recta situada en la mitad de la base de la caja torácica hasta el borde inferior de la clavícula; 2do punto: en la línea de flexión del codo, del lado externo del tendón del bíceps; 3er punto: sobre la arteria radial, a 2 pulgares arriba de la línea de flexión de la muñeca; 4to punto: en la línea de flexión del codo, junto al borde del tendón del bíceps.

COLICOS ABDOMINALES: *Por lo general, el problema proviene de la alimentación: ingestión excesiva y alimentos en estado de putrefacción.*

- **Recomendación:** los puntos deben ser presionados simultáneamente con las uñas de los dedos durante 3 a 5 minutos.
- **Localización:** 1er punto: en la cara dorsal del pie, en el ángulo entre los metatarsos; 2do punto: en una depresión del borde inferior de la cabeza de la tibia.

CONJUNTIVITIS: *Inflamación y enrojecimiento de la membrana (conjuntiva) que recubre el ojo.*

- **Recomendación:** masajee los puntos siguientes, 3 veces por semana, hasta la desaparición total de los síntomas.
- **Localización:** 1er punto: en el medio exacto de la curva superior de la oreja, cuando se la dobla contra el rostro; 2do punto: en el dorso de la mano, en el ángulo formado por los metacarpianos; 3er punto: cerca de 2mm al lado y arriba del borde interno de los ojos.

CONSTIPACION: *La causa más común es la mala alimentación.*

- **Recomendación:** presionar rápidamente con el pulgar en movimiento rítmico, superficial pero dinámico, moviendo la piel en el sentido de las agujas del reloj, durante 3 a 5 minutos.
- **Localización:** 1er punto: masaje lineal en los intestinos; 2do punto: en la cara lateral externa de la pierna, en una depresión debajo y al frente de la cabeza del peroné.

DOLOR DE DIENTES: *Para el dolor de los dientes superiores o inferiores.*

- **Recomendación:** presione con el pulgar o la uña, durante 3 a 5 minutos.
- **Localización:** ubicado en la cara dorsal de la mano, en el ángulo formado por los metacarpianos.

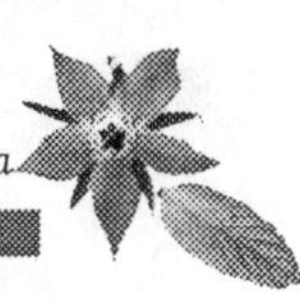

HERIDAS Y CORTADURAS: *Para aliviar el dolor de la lesión.*

• **Recomendación:** presionar con el pulgar firme y continuadamente durante 5 minutos.

• **Localización:** Para aliviar el dolor: presione un punto situado arriba del borde superior del talón, entre el tobillo externo y el tendón de Aquiles.

DIARREA INFANTIL: *Por lo general se la observa durante el verano y se caracteriza por una distensión del abdomen.*

• **Recomendación:** presionar profundamente con el pulgar y, sin relajar la presión, ejercer rotaciones rápidas y alternadas sin deslizarse sobre la piel, durante 3 a 5 minutos en cada punto.

• **Localización:** a 4 dedos debajo de la punta de la rótula y 1 dedo hacia atrás de la canilla.

ES UN TRATAMIENTO QUE PUEDE SER REALIZADO TANTO POR UN ESPECIALISTA COMO ASÍ TAMBIÉN POR LA PERSONA AFECTADA POR EL DOLOR.

"SI QUIERES CONOCERTE,

OBSERVA LA

CONDUCTA DE LOS DEMAS;

SI QUIERES CONOCER

A LOS DEMAS,

MIRA EN TU PROPIO

CORAZON."

Friedrich von Schiller

CAPITULO 5

Feng Shui

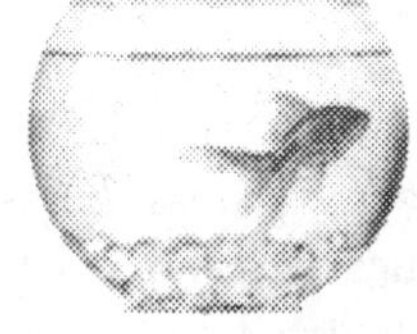

EL MISTERIOSO ARTE ORIENTAL QUE EXPLICA LAS REGLAS PARA ORGANIZAR LA CASA Y EL PAISAJE EN ARMONÍA CON LA NATURALEZA TIENE UNA FINALIDAD: GARANTIZAR LA PAZ, LA BUENA SALUD Y UNA LARGA VIDA.

Construir en Hong Kong debe ser una cosa terriblemente complicada. La gente protesta contra el proyecto de una calle: lo denuncian por cortar las patas de un dragón de la zona, u organizan una marcha para impedir la tala de un árbol que hospeda desde hace años un espíritu benéfico. Asimismo, el aeropuerto futurista sobre el agua ha suscitado polémicas porque parecía perturbar a demasiados dragones. Son noticias que pueden causar gracia pero, en realidad, estamos frente a una de las sabidurías más antiguas de China: Feng-Shui, "agua y viento", o bien el arte de vivir en armonía con la naturaleza. Es una fascinante mezcla de superstición, taoísmo, geología, astronomía y magia negra que desde hace milenios explica a los chinos la manera de garantizarse el bienestar y una larga vida a través de la orientación y la disposición interna de la casa. Basta con sustituir a los dragones por corrientes magnéticas terrestres y a los demonios por sus influjos astrales y climáticos, y se tendrá la traducción científica de las coloridas imágenes tradicionales.

Pero el Feng-Shui es un arte difícil de explicar. Ya a principios de siglo un estudioso inglés, Ernest Eitel, escribía: "Feng-Shui es algo así como el viento, que no se puede tocar; y como el agua, que no se puede retener". Algo impalpable, entonces, como mucho de lo que viene de Oriente, pero extraordinariamente eficaz. En Hong Kong el mercado inmobiliario está en manos de los geománticos (expertos en Feng-Shui), una palabra suya puede cambiar la cotización de cualquier terreno. Lo mismo ocurre en Taiwán, en Singapur, en la comunidad china en el exterior y en la misma China Popular, a pesar de la hostilidad del gobierno. Incluso los occidentales comienzan a moverse, en California existen programas para estudiar diseño de interiores según el Feng-Shui, en Europa los arquitectos franceses, holandeses y belgas interesados en este tema han comenzado a reunirse periódicamente. El profesor Lin Yun es el responsable de la llegada del Feng-Shui a Occidente. Desde pequeño fue entrenado en los secretos de la secta Feng-Shui del Sombrero Negro, una de las ramas del arte que llegó a los templos budistas del Tíbet. Posee un templo en Berkeley, viste túnicas de estilo oriental, se adorna con varios collares y su lista de clientes incluye lo más selecto del jet set y las empresas. Cuando llegó transmitió sus conocimientos a una docena de personas que, a su vez, formaron sus propias escuelas. El maestro oriental sabe que la disciplina que él propagó sufrió los efectos de la transculturación y absorbió cosas que eran inconcebibles miles de años atrás. Los espacios contaminados "se curan" con luces, y con toda una maquinaria pesada. El ritual que incluía vino de arroz fue reemplazado por ron. Pero estos cambios no son sustanciales y sigue en pie el mismo objetivo milenario: crear un lugar armonioso con el universo y con las energías de los demás.

Los chinos son muy celosos de sus secretos y tienen poca confianza en la posibilidad de que un no-chino pueda convertirse en experto de una materia tan misteriosa. Los únicos caminos para profundizar el Feng-Shui son, pues, los libros escritos por aficionados occidentales. Con estos manuales hasta un profano puede intentar el Feng-Shui casero, recreando en su propia casa un espacio de armonía oriental. ¿Quiere conocer algunos ejemplos de lo que el Feng-Shui declara como clásicos errores? La lista debería estremecer a cualquiera:

- *paredes blancas*
- *corredores largos*
- *escaleras y vías de ingreso directo*
- *baños frente a la puerta de entrada*
- *vigas a la vista*
- *cielo raso abovedado...*

Es decir, algunos de los hechos más difundidos en nuestras casas. Como fuere, no se trata de tirar abajo las paredes o mudarse. Feng-Shui propone remedios. Basta con procurarse un buen número de espejos (son la aspirina del Feng-Shui: aumentan la luz, alargan los espacios y espantan a los demonios), campanitas, biombos, flautas de bambú (en caso necesario basta una caña de bambú) y, si justamente se quiere estar tranquilo, algún talismán chino.

El primer paso es aprender a considerar la propia casa como un ser viviente que tiene su propio metabolismo y, sobre todo, que respira, como lo hacen los árboles, las colinas y las piedras en torno a ella. Esta gran respiración cósmica, que en chino se llama "Chi", debe poder circular en el interior de la casa de modo armonioso, latir delicadamente en una habitación y otra, atravesar sin obstáculos puertas y ventanas (o sea las "narices" y las "bocas"). El Chi, en suma, debe estar equilibrado, ni demasiado fuerte ni demasiado débil, de otro modo puede crear daños en la salud y en la felicidad de los habitantes de la casa.

Por todo lo expuesto anteriormente es obvio que merece una atención particular el ingreso al hogar, que es la boca principal de la casa. Tenga presente las siguientes recomendaciones:

PARA QUE LA FAMILIA TENGA UN FENG SHUI BENEFICIOSO SE RECOMIENDA QUE LA HABITACION DE LOS PADRES ESTE AL NOROESTE, LA DEL HIJO, AL NORDESTE Y LA HIJA, AL SUDESTE.

- La puerta debe abrirse hacia una habitación luminosa y agradable, de otra manera el Chi no se animará a entrar.
- No debe tener delante suyo un corredor largo: la corriente tomaría velocidad y atravesaría la casa con demasiada fuerza.
- Los remedios más clásicos son un espejo sobre la pared que esté junto a la puerta, en la parte del que entra, para ampliar el ingreso, y un biombo para moderar el Chi. Este último remedio es aconsejado también contra posibles espíritus negativos.
- El típico ingreso Feng-Shui debe tener una pared que obligue a doblar hacia el living porque se dice que los demonios no saben hacer la curva, de allí que se los bloquee fácilmente.
- Por el mismo motivo se deben evitar absolutamente las alineaciones de puertas, que crean una verdadera corriente de Chi impetuoso y espíritus. Las podemos obstaculizar con biombos, móviles o, si justamente no podemos hacer más, pequeñas campanitas colgadas del cielo raso: basta su leve tintineo para disminuir el flujo.
- También debemos fijarnos que no tengamos en casa puertas que no se usen, o bien manijas que choquen entre sí, porque traerían litigios en la familia.
- Cuidemos que puertas grandes no se abran sobre habitaciones demasiado chicas. Esto perturbaría la armonía de las dimensiones. Sobre todo si esta habitación es el baño, seguramente traería problemas de salud.
- Y, finalmente, debemos evitar la puerta más peligrosa, la oblicua, esto es, puesta al sesgo o debajo de un cielo raso inclinado. Como explica un maestro Feng-Shui, "si se tiene algo oblicuo en casa, ocurrirá algo

extraño". Se podrá corregir la situación con una cortina colgada en línea horizontal en la base de la inclinación, con plantas suspendidas sobre el lado oblicuo o bien creando una inclinación complementaria.

Tan delicada como el caso anterior es la consideración de las ventanas. A continuación, le mostramos algunos detalles muy importantes.

- Recuerde que son mejores aquellas ventanas que se abren por completo y hacia el exterior, esto es señal de éxito en los negocios.
- Se debe evitar, sobre todo para la habitación en la que se estudia, la orientación hacia el oeste: puede causar dolor de cabeza. Sería mejor, finalmente, no multiplicarlas sin justificación. Demasiadas ventanas son como demasiadas lenguas, y atraen la discusión.
- Aun más temibles son las vigas en el cielo raso, tan difundidas en las casas de campo y de veraneo. Según los cánones Feng-Shui, en general oprimen la prosperidad, y son particularmente nocivas si se encuentran sobre la cama (dolor de cabeza, dolor de estómago, problemas de movilidad), sobre la mesa (pérdida de dinero), sobre la cocina (salud enfermiza) y en la entrada (sensación de opresión psicológica). Las únicas soluciones son cambiar de lugar los muebles, por ejemplo la cama y la mesa, o bien colgar sobre la viga un espejo que refleje el piso o las acostumbradas flautas de bambú, en este caso dos, inclinadas entre sí formando un ángulo agudo.

LA DECORACION ADECUADA

Existe una serie de consejos que también hay que tener en cuenta y no olvidar a la hora de decorar y amoblar una casa. Para empezar, la prosperidad se debe a la abundancia de agua, que atrae el dinero (por ejemplo, un acuario), a las plantas, sobre todo si se las coloca junto a la cabecera de la cama, y a los espejos, que son verdaderos cobradores de dinero. Pero cuidado con colocarlos demasiado bajos: si cortan la figura de la persona más alta de la casa, ésta sufrirá de dolor de cabeza.

LOS ARTICULOS RELACIONADOS CON EL AGUA SIRVEN PARA ATRAER LA SUERTE Y LA RIQUEZA

Dígale no a los ángulos afilados y a las salientes de la pared, demasiado amenazadoras: es mejor camuflarlas detrás de alguna planta. En cambio, dígale sí a los colores vivos, en particular al rojo (calor y felicidad), el verde (tranquilidad) y el amarillo (larga vida). Atención con el blanco y el azul, considerados colores de tristeza, y con el negro (mala suerte). Si se tienen las paredes pálidas, es mejor interrumpirlas con frecuentes notas de color.

Finalmente preste atención a la manutención. Una casa mal cuidada se traduce en una salud enfermiza para los que la habitan: un agujero no reparado puede traer operaciones quirúrgicas, objetos acumulados en la entrada o detrás de la puerta crean problemas de movimiento, un baño roto evoca disturbios intestinales, las puertas mal aceitadas atraen desequilibrios nerviosos, las ventanas rotas o mal ajustadas obstaculizan el embarazo.

Los secretos del Feng-Shui se ocultan también en la disposición de la habitación y de los muebles. El punto central es la cama, que debe estar

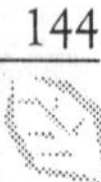

ubicada contra la pared donde está la puerta, de manera tal que quien duerma allí tenga el mayor ángulo de visión y el Chi circule libremente. La cama no debe tener cerca ni vigas ni salientes, ni muebles que obstaculicen el paso. Todas las orientaciones sirven, aunque existen aquí algunos matices: la cabecera hacia el norte es señal de buenos negocios, hacia el noreste, sabiduría, hacia el este, felicidad en familia, hacia el Sur, notoriedad, hacia el sudoeste, una buena relación de pareja, hacia el oeste fama, para los hijos y hacia el noroeste, muchos viajes.

Es mucho menos complicada la situación para las otras habitaciones. Recordemos que el baño no debe estar al lado de la cocina, y sobre todo, a la vista de la entrada: podría minar la salud. La cocina debe estar al lado del comedor y a una cierta distancia de la entrada. En la habitación donde se estudia es necesario tratar de orientar el escritorio mirando hacia la puerta de entrada para no sobresaltarse cuando alguien ingrese sorpresivamente. Si hay más de un escritorio éstos deben estar en línea perpendicular a las paredes laterales.

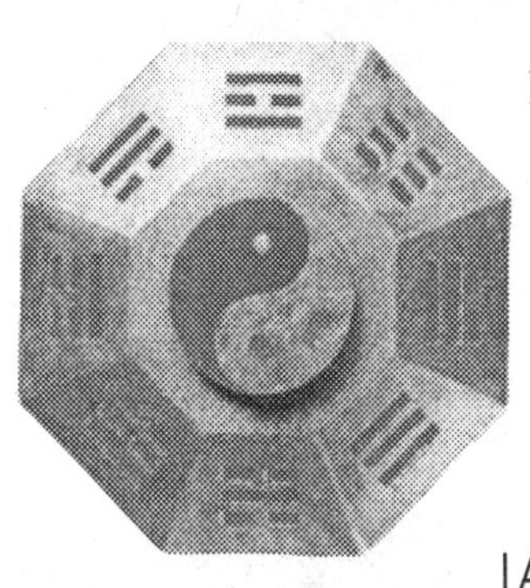

LA GEOGRAFIA FENG-SHUI

EL PA KUA ES EL SIMBOLO MAS IMPORTANTE DEL FENG SHUI YA QUE REPRESENTA, ENTRE OTRAS COSAS, LAS ENERGIAS PROTECTORAS

Finalmente, merece alguna mención el Feng-Shui del paisaje. El ideal es un lugar diverso y ondulado, donde coexistan los elementos masculinos (las montañas) y los femeninos (terreno ondulado, ríos). El lugar más propicio para construir una casa será, en efecto, el punto de encuentro entre los dos, en una suerte de acupuntura del ambiente que individualiza los centros de energía positiva. Este es el mensaje ecológico del Feng-Shui: estar en armonía con la naturaleza, no quebrarla.

La superstición popular Feng-Shui individualiza también los lugares negativos, donde existen "malas respiraciones". Son muchas las señales de alarma: una montaña que se erige bruscamente, un río en línea recta, un peñasco solitario.

Los dragones son absolutamente las formas más reconocidas. Según la tradición son criaturas mutantes, inestables. Producidas por piedras preciosas llamadas "huevo de dragón", pueden ser extensas como cadenas montañosas o minúsculas como polillas. A ellos son atribuidos muchos de los fenómenos naturales: un eclipse es un dragón que ha ingerido al Sol o a la Luna; una sequía, un dragón adormecido; un temporal, una pelea entre dragones. Los dragones tienen un carácter difícil, pueden defender una casa pero también amenazarla. Es por eso que en Hong Kong, ciudad cuyo corazón se llama Kowloon, es decir "Nueve Dragones", son tan sensibles al Feng-Shui.

La práctica del Feng-Shui alcanzó la cima en los días más gloriosos de la China Imperial, cuando su dominio se había difundido tanto que se aplicaba incluso en el trazado de las ciudades. Hoy sus enseñanzas son utilizadas por varias de las más importantes corporaciones multinacionales para aumentar sus utilidades. Es el caso del Chase Manhattan Bank de Hong Kong, el Citibank de Singapur y el Morgan Guaranty Trust de Taiwán.

LOS 10 REMEDIOS FENG SHUI

Son los objetos clásicos del Feng-Shui, los más utilizados para remediar las situaciones desfavorables. No deben faltar en ninguna casa. Veamos:

- Espejos y superficies brillantes (amplían los espacios, repelen los espíritus).
- Campanitas (frenan los flujos demasiado impetuosos de energía, con su tintineo espantan a los espíritus).
- Plantas y flores (atraen la energía que nutre la casa).
- Peceras (favorecen la vitalidad y la riqueza).
- Objetos pesados, como piedras y estatuas (dan estabilidad).
- Adornos que se mueven, como carrillones o estructuras de péndulo (desvían las energías más opresoras).
- Aparatos eléctricos (estimulan la energía).
- Flautas o cañas de bambú (defienden de los espíritus).
- Luces (simbolizan la vida).
- Esferas de cristal facetado (equilibran la energía de la casa y dan protección).

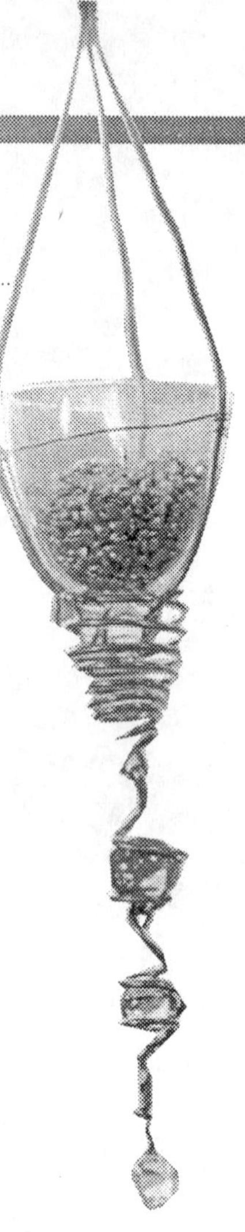

LOS CRISTALES SON UN EXCELENTE ADORNO. LA COMBINACION DEL CRISTAL (ELEMENTO TIERRA) CON LA LUZ (ELEMENTO FUEGO) SUELE PRESAGIAR EL EXITO Y LA FELICIDAD.

NO IMPORTA LLEVAR A LA PRÁCTICA TODAS LAS SUGERENCIAS DEL FENG SHUI. EL EQUILIBRIO ES FUNDAMENTAL. A VECES PUEDE SER SUFICIENTE CON CARGAR DE ENERGÍA EL AMBIENTE O CON ACTIVAR UNA ORIENTACIÓN PROPICIA.

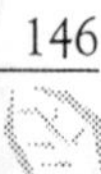

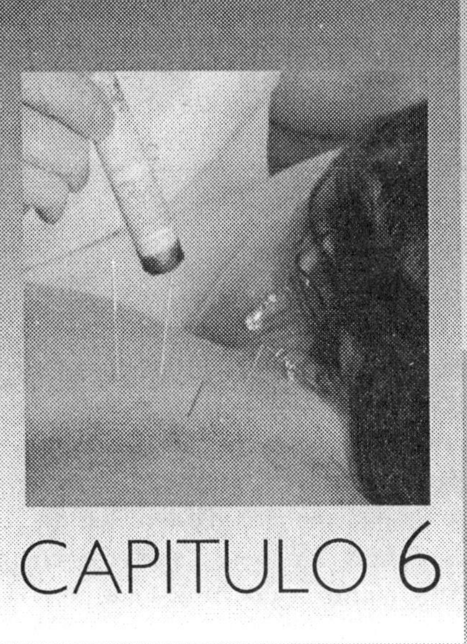

CAPITULO 6

Moxibustión

ESTA TERAPIA SE BASA EN INTRODUCIR CALOR EN EL CUERPO A TRAVÉS DE UN PUNTO DE ACUPUNTURA. SE LO UTILIZA TANTO COMO ANALGÉSICO COMO PARA TRATAR UN GRAN NÚMERO DE ENFERMEDADES.

La parte de la Medicina China (MTCH) que trata los puntos de los meridianos con la combustión de plantas medicinales (artemisa o absenta) se denomina Moxibustión.

Las teorías de meridianos y puntos se aplican también para la Moxibustión, pero ésta aparece especialmente indicada para ciertas patologías, donde la Acupuntura (solo punción de agujas) se muestra menos efectiva.

Como ejemplo de ello encontramos todas las enfermedades cuya causa es el frío (secuela del frío), y en aquellas en que principalmente hay debilidad y vacío, pero sin olvidar que con la "moxa" se estimula de forma más duradera y permanente todos aquellos puntos seleccionados.

Por último hay que atender a la característica de cada punto y meridiano en sí, pues aunque se moxe, esto es, aunque se meta calor en el cuerpo o punto, este puede obtener características frías, o capacidad de sacar el calor del cuerpo o de determinadas zonas.

En un caso práctico, es posible quemar en un estado febril, con lo que podemos obtener dos efectos, por un lado meter calor en el cuerpo si dicha fiebre es debida a un enfriamiento, y por otro, subir frescor a la cara y cabeza.

Podemos ofrecer muchos ejemplos, como el de los enfermos del aparato circulatorio, congestión de cabeza y con riesgo de ruptura de vasos (derrame cerebral, trombosis, congestión, epistaxis, angor, infarto, etcétera) sacando ese calor y refrescando la zona.

Los materiales que se utilizan son los puros, por parte de los Chinos, con Moxibustión indirecta o por aproximación de calor.

La Técnica Coreana usa artemisa en polvo refinada de color amarillo o verde, dependiendo de su calidad. Se aplica Moxibustión directa o indirecta. Esta última se denomina así cuando se hace, por ejemplo, sobre rodajas de jengibre o sobre un poco de sal.

Es fantástica y específicamente indicada para diarrea, procesos febriles, enfermedades por frío y problemas de huesos, reumatismo, artrosis, etc. Muchas veces con una sola sesión se acaba con la diarrea y la tos recurrente.

La Moxibustión es excelente sobre todo en zonas frías, procesos degenerativos, circulatorios, casos crónicos y faltos de fuerza, para ancianos, etc.

El hecho de utilizar la artemisa para la Moxibustión se debe a que sus propiedades ya son mencionadas en el Nei King y han sido comprobadas modernamente, además de comparadas con otras formas de estimulación térmica menos eficaces.

La Moxibustión se utiliza, en especial, para tratar dolencias debidas al frío -que desde el punto de vista médico oriental se refieren al Vacío energético- ya que introduce calor en el organismo; resulta muy útil, por ejemplo, en los casos de mala circulación sanguínea, donde el calor de la moxa atrae y estimula el paso de la sangre.

LA TECNICA CONSISTE EN ACERCAR A UN PUNTO DETERMINADO LA BRASA DE UN CIGARRO QUE CONTENGA UNA HIERBA DENOMINADA ARTEMISA.

FUNDAMENTOS DEL TRATAMIENTO CON MOXIBUSTION

Funciones tradicionales de la hoja de moxa

La artemisia vulgaris, desde el punto de vista de la *Fitoterapia* es una planta con las siguientes características:

- **Naturaleza:** caliente y fuerte.
- **Sabor:** amargo.

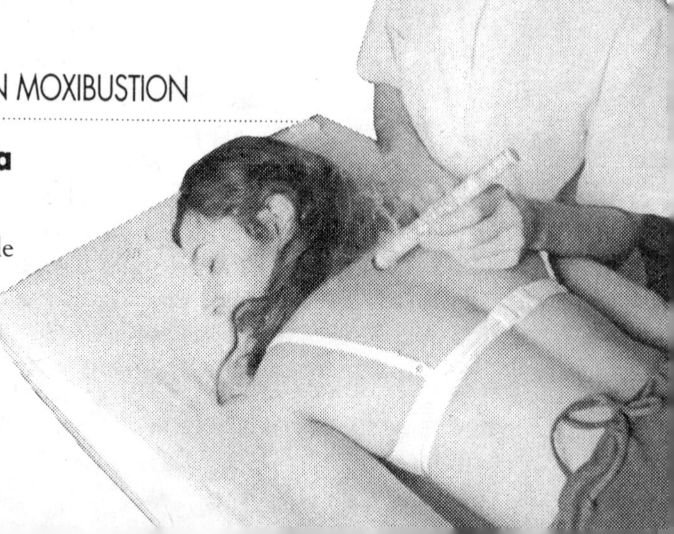

Sus características y propiedades se corresponden exactamente con el arquetipo Fuego de la penta coordinación (interrelación de los cinco elementos) y por tanto con el Xin Re Qi (Corazón-Calor-Energía), energía que sustenta el funcionamiento de la circulación del Xue y del Qí en el organismo. De esta actividad primaria que es la circulación de Xue y de Qi, dependen sus acciones biológicas.

Además, sus conductos asociados son Bazo Páncreas (BP), Hígado (H) y Riñón (R) (los tres Yin-Zu o los tres órganos sanguíneos), los tres elementos formadores del Xue.

De acuerdo con la experiencia clínica acumulada, la Moxibustión cumple con las siguientes funciones:

- ✔ *Disipa el síndrome "flemas-humedad" localizado.*
- ✔ *Regula la circulación de Xue y de Qi.*
- ✔ *Regulariza la circulación de Han y Re (Frío-Calor).*
- ✔ *Tonifica el Yang del organismo, ayudando a la recuperación.*
- ✔ *Mejora la circulación por los meridianos paralelos. y por los colaterales.*
- ✔ *Evita el estancamiento Qí y Xue, concepto de dolor en MTCH.*
- ✔ *Drena el sistema visceral (Fu) del organismo.*
- ✔ *Asciende el Yang a la cabeza mejorando el funcionamiento del Nao.*
- ✔ *Promueve la función del T'Chong y del Ren mejorando, por extensión, los sistemas de nutrición del feto y ayudando a su correcta posición en la cavidad pélvica.*
- ✔ *Mejora la síntesis y la circulación de la energía Wei actuando como factor preventivo de la penetración de energías perversas exógenas.*
- ✔ *Neutraliza el Yin y potencia el Yang.*

Desde el punto de vista de la fisiología occidental podemos considerar la Moxibustión como la utilización de un emisor de radiación infrarrojo, porque reúne todas las propiedades terapéuticas de esta radiación:

A) ACCIÓN VASODILATADORA

Esta acción parece ser causada por el aumento del ion Ca++ que produce una relajación de la musculatura en los esfínteres precapilares, ello produce un aumento de la actividad metabólica de las células endoteliales incrementando la síntesis de prostaciclina. Se produce una activación de los mastocitos y un bloqueo de los receptores muscarínicos y nicotínicos.

B) ACCIÓN ANALGÉSICA

La estimulación térmica de diversas zonas de la superficie cutánea produce un probado aumento de la síntesis de endorfinas, así como una acción antiinflamatoria, antiedematosa y espasmolítica. La radiación IR, como cualquier otra radiación electromagnética, es capaz de inducir la aparición de campos electromagnéticos en movimiento. Estos campos parecen ser los responsables de la amplificación de la actividad fagocítica de los polimorfonucleares y de la inducción de la formación de S.O.D. (Super-Oxido-Dismutasa) en el endotelio vascular responsable de la destrucción de los radicales libres (superóxido que está siempre presente en la respuesta inflamatoria).

Se han fabricado tres tipos de moxas huecas para facilitar los distintos usos y utilidades de la Moxibustión:

- *puros largos de 15 cm para aplicación en orificios*
- *puros cortos de 10,5 cm*
- *puros cortos adhesivos*

La invención de la moxa hueca ha venido a solucionar la mayor parte de los inconvenientes que existían a la hora de efectuar la práctica de la Moxibustión en Occidente y que eran las causantes de que no se utilizara habitualmente. Dichas dificultades estribaban en que había que disponer de ajo, jengibre o sal para efectuar las bases aislantes de la moxa en caso de cono directo, extremo éste aparentemente poco ortodoxo. Por otro lado era muy difícil reunir el polvo de moxa en el mango de la aguja, en el caso de aguja caliente, con lo cual había que recurrir a la saliva (método común en Oriente) y estar muy atento a que no se desprendieran algunas partículas durante la combustión, lo que podría producir graves quemaduras. Era frecuente utilizar papel de aluminio debajo de la aguja para evitar la quemadura. Cuando se utilizaba el puro el terapeuta tenía que efectuar la Moxibustión manual estando constantemente con el paciente, con lo cual no disponía de tiempo para atender a la puntura de otros pacientes, etc.

Todos esos obstáculos, insistimos, han sido los motivos por los que el acupunturista, a pesar de conocer los efectos benéficos que aportaba la Moxibustión, no la aplicara profusamente, tratando de sustituirla por otros métodos alternativos, muchas veces a costa de perder efectividad terapéutica.

El hecho de que la moxa sea hueca viene a resolver todos esos inconvenientes (excepto el olor), ya que se puede introducir la combustión en la aguja (aguja caliente) sobre una base aislante sin necesidad de hacer conos manuales ni poner bases de sal, jengibre, ajo o arcilla.

VENTAJAS DE LA MOXA HUECA

- ✔ *punción y calor al unísono*
- ✔ *no hay que disponer de ajo, jengibre o sal para efectuar las bases aislantes*
- ✔ *aporta aceite caliente de moxa, no quema*
- ✔ *comodidad y eficacia*
- ✔ *acción antiinflamatoria, antiedematosa y espasmolítica*
- ✔ *sencillez de uso*
- ✔ *efectividad terapéutica semipermanente*

Se puede poner en diversos puntos del cuerpo simultáneamente tanto dorsales como ventrales, en extremidades y cara, ya que la base aislante es adhesiva y permite la Moxibustión simultánea de varios puntos en cualquier posición anatómica. Todo ello, que ya de por sí es impor-

tante, al facilitar la práctica de la Moxibustión, tiene una acción complementaria que la convierte en una auténtica revolución en el campo de esta terapia.

El hecho de ser hueca permite realizar un efecto de chimenea invertida de tal forma que el humo más denso de la combustión (Thin) se condense en forma de aceite de moxa (Jing) quedando adherido a la piel o mezclándose con las mucosas o penetrando por el cuerpo de la aguja debajo de la piel.

Aquí es donde radica uno de los aportes más importantes de la moxa hueca, ya que el producto condensado es un aceite esencial de reconocidas propiedades antisépticas y antiinflamatorias que permanece varios días en un área o punto determinado efectuando labor de terapia semipermanente.

Por ello se han inventado varios modelos de moxa hueca que podemos resumir en:

Puros largos de moxa hueca de 10,5 cm de longitud y de 6 mm. de diámetro exterior y 1,5 mm de interior.

Puros cortos de moxa hueca de 2,2 cm de longitud y 6 mm de diámetro exterior y de 1,5 mm de interior.

Puros cortos de moxa hueca de 1,8 cm de longitud sobre base hueca de 0,7 cm con base adhesiva y los mismos diámetros.

Los puros de moxa hueca largos son de gran utilidad para aplicar en los orificios como nariz, oídos, garganta, vagina y ano, ya que depositan gran cantidad de aceite esencial que, al mezclarse con las mucosas, realizan un efecto beneficioso, como hemos podido experimentar en: rinitis, sinusitis, amigdalitis, otitis, micosis vaginal, prostatitis, etc.

Los puros de moxa hueca corta se acoplan en los soportes correspondientes (también se pueden poner las largas si se desea más producción de aceite) para moxar zonas como la del ombligo, del Migmen (bisagra lumbar), del Qihai o Guanyuan (hipogástrico), del Zhongwuan (zona gástrica), del Bahui y los cuatro dioses (Sishecong) (zona de vértex craneal), etc.

Los puros de moxa hueca corta adhesiva se pueden utilizar directamente sobre el punto o puntos elegidos o bien introduciéndolos en la aguja ya punturada (aguja caliente). Todo acupunturista conoce sus magníficos resultados en cuadros crónicos de vacío-frío (reumatismos, dismenorreas, etc.)

Para la aplicación de moxa hueca en áreas más amplias se utilizan unos soportes de cinco agujeros de base plana o curva (para adaptarse anatómicamente a las áreas curvas del cuerpo) y otro soporte de un agujero para puntos de Acupuntura. El aceite esencial depositado en el caso de los soportes de cinco o de un agujero no debe eliminarse después sino que es útil que permanezca en el área moxada a fin de que realice terapia semipermanente. Para ello es conveniente, en el caso de moxación puntual con soporte de un agujero o en el caso de la aguja caliente, cubrirlo con algún elemento protector de tipo parche o bien en caso de áreas más amplias, con una gasa o pañito.

El Photon Platino es una aleación de platino, titanio y aluminio que luego se microniza en partículas (polvo coloide) que forma parte intrínseca del material (poliuretano), con el que se fabrican diversos productos. Este material tiene la capacidad de comportarse como una micro-pila fotovoltaica (pila solar) y producir una energía beneficiosa y potenciadora de todos los procesos biológicos anteriormente expuestos. La longitud de onda que produce el Photon-Platino está entre 4.000 a 14.000 manómetros o entre 4 a 14 micras de longitud de onda, perteneciente al infrarrojo distante. La acción del Photon Platino se incrementó notablemente en contacto con el calor, por lo cual se recomienda aplicarlo en el punto o en la zona afectada inmediatamente realizada la Moxibustión, ya que en ese momento existe una hipertermia e hiperhemia consecuente.

La fibra de Photon Platino provoca un rápido calentamiento muscular en la zona cubierta con un notable incremento del riego sanguíneo, que se produce de forma inmediata como reacción automática de nuestro cuerpo ante el aumento de temperatura local. El producto se presenta en pañitos para facilitar su aplicación, en envases que contienen un pack con seis fibras. Se puede aplicar en cualquier parte del cuerpo.

Hasta ahora la Moxibustión se utilizaba para dar calor, bien directamente (puro de moxa o moxa adhesiva), bien a través de una aguja (algodón de moxa) o con base de sal o jengibre, u otros métodos. El hecho de hacer la moxa con un orificio a lo largo de ella, produce un efecto de chimenea inversa, esto es, el humo pesado desciende para adherirse a la piel y condensarse en aceite de moxa (Jing) mientras el humo volátil (Thin) asciende para expandirse al exterior.

El aceite de moxa depositado penetra en la piel a través de los poros, permaneciendo en ella hasta una semana, realizando así el efecto de terapia semipermanente. Al introducir la moxa en los orificios corporales (oído, nariz, boca, vagina o ano) deposita en ellos el aceite que, al mezclarse con las mucosas produce una acción local antiséptica y antiinflamatoria, así como otros efectos biológicos y bioenergéticos beneficiosos descritos desde hace milenios. La moxa hueca facilita la técnica de la Moxibustión por cuanto se puede producir el efecto de aguja caliente y otras técnicas sin las dificultades que conlleva el manipuleo del algodón de moxa o los puros tradicionales.

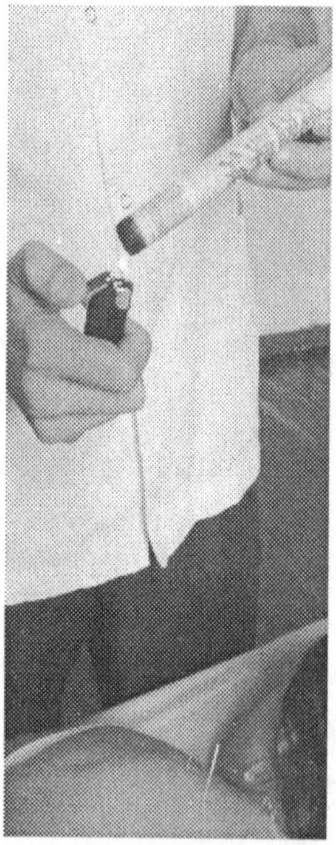

LA MOXIBUSTION SIEMPRE DEBE SER APLICADA POR UN ESPECIALISTA

TÉCNICAS DE APLICACIÓN DE LA MOXIBUSTIÓN

1 Moxibustión con conos de moxa

Moxibustión Directa

- *Purulenta (o cicatrizante)*
- *No purulenta (no cicatrizante)*

Moxibustión Indirecta

- *Aislamiento con sal*
- *Aislamiento con ajo*
- *Aislamiento con jengibre*
- *Con arcilla*

Moxibustión con puros de moxa

- Moxibustión con base aislante perforada
- Moxibustión caliente suave
- Moxibustión de "ópicotazo de gorriónó"
- Moxibustión tonificante
- Moxibustión dispersante

Aguja caliente

- Moxibustión con lana de moxa
- Moxibustión utilizando un tallo de moxa en el mango de la aguja
- Moxibustión indirecta con tallo de moxa en el mango de la aguja y con base aislante de jengibre o ajo

Moxibustión con instrumentos

- Caja de moxa: pipa de caña
- Caja metálica; (wall-nut shell, spectables) gafas de cáscara de nuez
- Instrumento fijo de Moxibustión caliente, etc.

Otros tipos de Moxibustión

- Moxibustión con instrumentos eléctricos
- Moxibustión mylabris
- Moxibustión "ólamp-wickó"
- Moxibustión de incienso
- Moxibustión montando un caballo de bambú
- Moxibustión de cielo, etc.

Moxibustión con moxa hueca

- Moxa hueca larga para orificios (nariz, garganta, oídos, vagina y ano). Moxa hueca corta (con soportes de 1 a 5 agujeros-punto o zona)
- Moxa hueca con base adhesiva

"ESTAS TRES SEÑALES

DISTINGUEN AL HOMBRE

SUPERIOR: LA VIRTUD,

QUE LO LIBRA DE LA

ANSIEDAD; LA SABIDURIA,

QUE LO LIBRA

DE LA DUDA; Y EL VALOR,

QUE LO LIBRA

DEL MIEDO."

Confucio

CAPITULO 7

Tai Chi Chuan

ESTE ANTIGUO ARTE MARCIAL ES APRECIADO EN OCCIDENTE POR SUS BENEFICIOS INTEGRALES, Y SE LO SUELE LLAMAR "MEDITACIÓN EN MOVIMIENTO".

Este antiquísimo arte marcial, muy apreciado en Occidente por sus aspectos saludables y espirituales como ejercicio diario, es también llamado por muchos con el nombre de "la Meditación en Movimiento". Es realmente poco lo que se sabe a ciencia cierta, de sus orígenes pero está entroncado con el desarrollo primitivo de las artes marciales chinas.

El Tai Chi se basa, como toda disciplina china, en el Chi, o energía superior universal. Según este concepto del Tai Chi, el Chi fluye hacia abajo a través de canales invisibles hacia todas las partes del cuerpo. Se trata de los mismos canales energéticos o meridianos de los que ya hemos hablado en esta misma sección. A través de ellos, el Chi ayuda a todos los fluidos y órganos del cuerpo a funcionar de manera correcta y equilibrada. Si uno de esos canales se bloquea, esta energía no puede fluir. Pero tampoco el canal ha de estar muy abierto, porque entonces el Chi fluye demasiado libremente, sin equilibrio alguno.

LA PRÁCTICA DEL TAI CHI

De todos modos, las formas de aplicación modernas se desarrollaron en China en época relativamente reciente: hacia el siglo XIX. Se conocen actualmente en Occidente cuatro estilos de Tai Chi:

- ✔ **Chen**
- ✔ **Yang**
- ✔ **Wu**
- ✔ **Sun**

EL TAI CHI ES UNA GIMNASIA TERAPEUTICA DE ORIGEN MARCIAL.

EL QUE MÁS SE ENSEÑA EN NUESTROS DÍAS ES EL ESTILO YANG

A partir de los años '50, ha ido ganando más y más popularidad y difusión una serie de formas o secuencias de movimientos que los expertos chinos de tai chi establecieron por entonces.

Estas secuencias consisten en una serie de posiciones sucesivas conectadas de manera tal que se produzca una cadena constante de movimiento. La forma enseña el movimiento no como algo en lo que participa un grupo aislado de músculos, sino todo el cuerpo en su totalidad.

Pero también es importante el concepto de que el Chi está presente y gobierna también en la mente, por lo que hay que integrarla a la práctica y estar todo el tiempo conectado en el "aquí y ahora".

Las personas que se destacan por su inteligencia muestran un exceso de energía y actividad en la parte superior del cuerpo, donde el flujo de Chi se torna vertiginoso, agitado. Mientras tanto, la parte baja del cuerpo permanece en mayor calma. El Tai Chi busca como objetivo llevar el fuego de esa hiperactividad a la parte inferior, y el agua de la calma hacia la parte superior del cuerpo. De este modo se alcanza el equilibrio adecuado. Para conseguir esto, en principio, hay que aprender la alineación correcta del cuerpo. Luego se pueden aprender una serie de formas o secuencias para aplicar en distintas situaciones específicas.

LOS BENEFICIOS PRINCIPALES

Podríamos incluir entre los más importantes y destacados los siguientes:

- *Mejora la relación cabeza-cuello-columna.*
- *Reduce en gran medida la tensión en todos los músculos relacionados*

con el sostén de la postura corporal.
- *Aporta equilibrio en el tono muscular.*
- *Enseña a utilizar correctamente las articulaciones.*
- *Mejora globalmente el flujo de energía o Chi.*
- *Enseña a relajar el cuerpo y distribuir la energía de forma uniforme.*
- *Mejora la digestión.*
- *Ayuda a reducir el estrés.*

El Tai Chi requiere un cuidadoso proceso de aprendizaje y una posterior práctica constante, pero asegura por otra parte un bienestar global que se destaca por su durabilidad y efecto abarcativo.

UNA SECUENCIA BÁSICA DE TAI CHI

1) *Comience de pie, relajado, con los brazos colgando a ambos costados del cuerpo.*

2) *Gire el pie izquierdo hacia adentro, baje la mano derecha y levante la izquierda.*

3) *Lleve el pie derecho hacia fuera, baje y luego suba la mano derecha, bajando circularmente la izquierda.*

4) *Cargue su peso sobre la pierna derecha, gire hacia el este con el talón izquierdo levantado y levantando la mano derecha.*

5) *Dé un paso al este, apoye la mano izquierda sobre la rodilla, y la mano derecha hacia delante.*

6) *Levante la punta del pie izquierdo, gire la cintura, levante la mano izquierda y apunte los dedos de la derecha hacia el codo izquierdo.*

7) *Pose el pie derecho con el talón levantado, y mientras la mano derecha hace un movimiento como si "cepillara" la cintura, la izquierda "empuja" hacia delante.*

8) *Dé un paso directo al este con el pie derecho, y repita los movimientos de "cepillar" y "empujar".*

9) *Cambie el peso al pie izquierdo y gire el pie derecho hacia fuera, con la punta apenas levantada.*

10) *Levante el pie izquierdo, con el talón levantado, junto al derecho, y repita los movimientos de "cepillar" y "empujar".*

11) *Cambie el peso a la izquierda y gire el pie derecho hacia fuera, con la punta ligeramente levantada.*

12) *Vuelva a la posición inicial.*

"A VECES SE PUEDE

APLASTAR A OTRA

PERSONA

CON EL PESO DE LAS

PALABRAS"

Proverbio chino

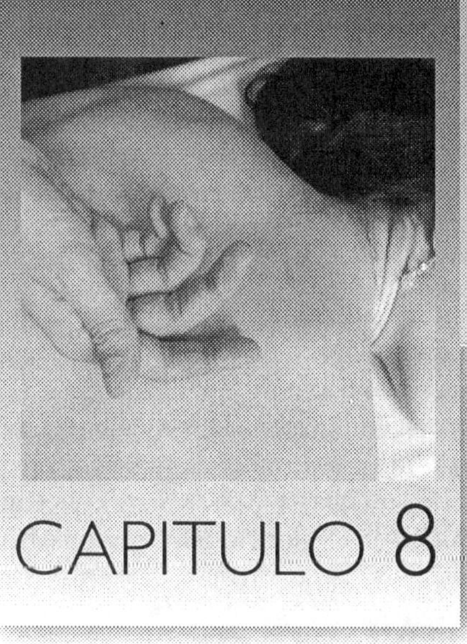

CAPITULO 8

Tuei Na

ESTA TÉCNICA DE MASAJE CHINO PUEDE TRATAR PROBLEMAS DE LOS ÓRGANOS INTERNOS, MÚSCULOS Y ARTICULACIONES, COMBINANDO TÉCNICAS ENERGÉTICAS Y FÍSICAS PARA ACTUAR SOBRE TODAS LAS ESTRUCTURAS CORPORALES.

La Medicina Tradicional China es básicamente conocida por la Acupuntura, ya que esta es la técnica que hace más tiempo está en Occidente (llegó en el siglo XVII a través de los misioneros jesuitas de Oriente). Pero en realidad, esa medicina consiste en un conjunto de disciplinas terapéuticas muy amplio, entre las que se encuentra el Tuei Na.

"Tuei Na" significa "empujar y agarrar"; esto probablemente hable de que en sus inicios consistía en maniobras básicas de fricciones y apretones. Entre las técnicas que incluye podemos mencionar la movilización y manipulación de las articulaciones, formas de estimular los puntos de Acupuntura con los dedos (como en Digitopuntura) y maniobras de masajes en general; también las técnicas que el paciente puede aplicarse en su propio hogar.

Los objetivos del Tuei Na, según la visión de la Medicina China, son equilibrar los principios Yin y Yang de los meridianos y los órganos del cuerpo, regular el flujo de chi (energía) y Xue (sangre), y estimular el Zheng-Chi (sistema inmunitario). De este modo, sus tres beneficios principales son:

- *Su efecto sobre la musculatura, que puede ser estimulante o relajante del tono según se necesite, mejorando en general la movilidad corporal.*
- *Mejora la calidad de los impulsos nerviosos y consigue un efecto calmante del dolor.*
- *Promueve la recuperación de las funciones fisiológicas del organismo, y una estimulación general del sistema de defensas.*

SUS PRINCIPALES APLICACIONES

Con el Tuei Na pueden tratarse una gran cantidad de problemas, entre los que cabe destacar:

- ✔ *lumbalgias*
- ✔ *codo de tenista*
- ✔ *esguinces*
- ✔ *tendinitis y otros problemas musculares*
- ✔ *recuperación de fracturas y luxaciones*
- ✔ *enfermedades reumáticas*
- ✔ *enfermedades degenerativas*
- ✔ *artrosis de rodilla, cadera o cervical*
- ✔ *hernia de disco lumbar*
- ✔ *dolores*
- ✔ *bronquitis*
- ✔ *tos*
- ✔ *asma*
- ✔ *rinitis*
- ✔ *obstrucción nasal*
- ✔ *menstruación irregular o dolorosa*
- ✔ *sofocación menopáusica*
- ✔ *otitis*
- ✔ *zumbidos o dolor de oídos*
- ✔ *recuperación de hemiplejias, parejias, esclerosis múltiple y atrofia muscular*

LOS OBJETIVOS DEL TUEI NA SON EQUILIBRAR LOS MERIDIANOS Y LOS ORGANOS DEL CUERPO, REGULAR EL FLUJO DE LA ENERGIA Y LA SANGRE Y ESTIMULAR EL SISTEMA INMUNOLÓGICO

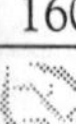

UNA VISION DISTINTA

Mientras el masaje y la medicina occidentales actúan más sobre las estructuras anatómicas, el Tuei Na, como toda la medicina china, actúa

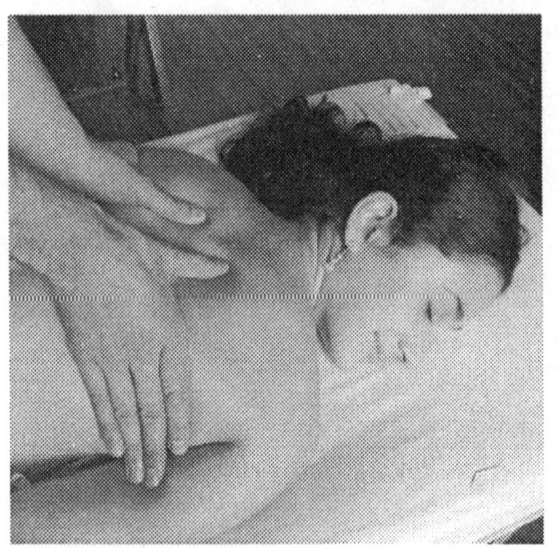

también sobre la circulación de la energía por el organismo.

Otra diferencia con el masaje occidental la constituye el hecho de que el Tuei Na actúa también sobre las enfermedades internas (de los órganos, de las vísceras, funcionales), mientras que el occidental trata sólo trastornos del aparato locomotor.

Por supuesto, como tratamiento de Medicina China que es, el Tuei Na será complementado siempre por una exhaustiva revisión integral de parte del especialista, que seguramente acudirá a todos los métodos de diagnóstico que la amplitud de la sabiduría oriental pone a su disposición.

COMO ES UNA SESION DE TUEI NA

ESTA PRACTICA SE REALIZA A TRAVES DE LA MANIPULACION DE LAS ARTICULACIONES, LA ESTIMULACION DE LOS PUNTOS DE ACUPUNTURA CON LOS DEDOS Y MANIOBRAS DE MASAJES EN GENERAL.

La duración aproximada de una sesión ronda entre los 20 y los 40 minutos, y habitualmente es realizada por un especialista en Medicina Tradicional China.

Antes de comenzar la sesión de masaje, el terapeuta habrá elaborado una amplia historia clínica del paciente, examinado su lengua y palpado sus pulsos, con todo lo cual habrá podido elaborar un diagnóstico adecuado a partir del que decidirá las técnicas y masajes a aplicar.

Esta sesión podría dividirse en tres partes:

Etapa Preparatoria:

Dura aproximadamente de cinco a ocho minutos.

Con la finalidad de que el paciente se sienta cómodo durante el resto del tratamiento, se aplican técnicas manuales relajantes y analgésicas, trabajadas con poca fuerza e intensidad.

Etapa Terapéutica:

Su duración oscila entre los quince y los treinta minutos.

Durante esta fase del tratamiento es cuando se aplican las técnicas específicas curativas para el problema que se está tratando, como por ejemplo la Digitopuntura, el masaje profundo, las rotaciones, los palanqueos. Además se aplican manipulaciones con mayor fuerza e intensidad, aunque comenzando siempre de forma suave y aumentando la fuerza progresivamente para, finalmente, acabar otra vez con suavidad.

Etapa Final:

La duración de esta fase es de aproximadamente unos cinco minutos.

De nuevo se utilizan aquí las manipulaciones más suaves con el fin de devolver el alivio y el tono muscular adecuados, para que el paciente termine la sesión cómodo y muy relajado.

En muchos casos, y como sucede en toda la Medicina Tradicional

China, una sesión de una terapia específica se combina con otras para potenciar un resultado mejor y más integral. Así, el Tuei Na suele combinarse con Acupuntura, Moxibustión o ventosas, además de recetarse el uso de plantas medicinales, recomendarse cambios de dieta y/o de hábitos de vida, y también algunos ejercicios para realizar en el hogar.

EL TUEI ACTÚA TANTO
SOBRE LAS ESTRUCTURAS ANATÓMICAS
COMO ASÍ TAMBIÉN SOBRE LA
CIRCULACIÓN DE LA ENERGÍA
POR EL ORGANISMO.

CAPITULO 9

Ayurveda

DESDE HACE MÁS DE CINCO MIL AÑOS ES LA MEDICINA TRADICIONAL DE LA INDIA. PARA ELLA LA MENTE EJERCE UNA INFLUENCIA MUY PROFUNDA SOBRE EL CUERPO, POR ELLO PARA SUPERAR UNA ENFERMEDAD SE DEBE VOLVER AL EQUILIBRIO PERDIDO A TRAVÉS DE UNA COMUNICACIÓN MÁS PROFUNDA CON LA PROPIA CONCIENCIA.

Practicada en la India durante los últimos cinco mil años, la medicina ayurvédica, conocida como "ciencia de la vida", es un extenso sistema que combina terapias naturales y yoga con un acercamiento altamente personalizado al tratamiento de la enfermedad, poniendo igual énfasis en el cuerpo que en la mente y el espíritu, para tratar de devolver la armonía innata a la persona.

La primera pregunta que un especialista en Ayurveda se hace no es "¿Qué tiene mi paciente?" sino "¿Quién es mi paciente?". Y por "quién" no se refiere al nombre y profesión del paciente, sino a su constitución integral como ser humano.

"Constitución" es una palabra clave en medicina ayurvédica, y se refiere al perfil en conjunto de la salud del individuo, incluyendo sus fortalezas y susceptibilidades. El sutil y a menudo intrincado proceso de identificación de la constitución de un paciente es el primer paso del proceso de tratamiento. Una vez establecida esta constitución, se convierte en la base para toda decisión clínica de allí en más.

Para determinar la constitución individual, el médico ayurvédico primero identificará el tipo metabólico de su paciente (Vata, Pitta o Kapha, ver más abajo). Entonces diseñará un plan específico de tratamiento para guiar al individuo de vuelta a la armonía consigo mismo o su entorno; este plan puede incluir cambios en la dieta, ejercicios, yoga, meditación, masajes, tónicos de hierbas, baños de Aromaterapia, enemas medicinales o inhalaciones.

DEEPAK CHOPRA, UNO DE LOS PRIMEROS MEDICOS EN FOMENTAR ESTA MEDICINA EN OCCIDENTE

LOS TRES TIPOS METABOLICOS

La Medicina Ayurveda se basa en el concepto de tipos de metabolismo, o doshas. Las tres categorías de doshas se denominan Vata, Pitta y Kapha. Algunas personas presentan mixturas de distintos doshas (como vata-pitta), aunque, en general, hay uno que predomina sobre el otro. Cada tipo metabólico requerirá una dieta específica, así como su propio plan de ejercicios y estilo de vida.

EL TIPO VATA:

De acuerdo con el doctor Deepak Chopra, quizá el mayor difusor del Ayurveda en Occidente, la característica primaria del tipo Vata es el cambio. Ser impredecible y variable -en tamaño, medida, ánimo y acción- es la marca registrada de un vata. Tienden a ser de constitución delgada con prominentes rasgos, venas y articulaciones. De piel más bien fría y seca. Animosos, entusiastas, imaginativos, impulsivos, los vata son rápidos para poner en marcha proyectos e ideas pero suelen fallar en llevarlos a término. Tienen un sueño errático, con propensión a la ansiedad, el insomnio y la constipación. Las mujeres vata sufren mucho el síndrome premenstrual.

La energía del tipo vata fluctúa, entre crestas erguidas de montaña y valles llanos.

EL TIPO PITTA:

Este tipo es relativamente previsible. Pitta tiene constitución media en su figura, su fuerza y su resistencia. Suelen ser, tanto hombres como mujeres, personas muy bien proporcionadas y que tienen facilidad para mantener su peso estable.

El tipo pitta suele tener cabellos pelirrojos o rubios, pecas, piel rojiza. Poseen una inteligencia rápida, bien articulada, mordaz, y pueden ser tan críticos como apasionados, con temperamento explosivo. Eficientes

y moderados en sus hábitos diarios, los pitta comen y duermen regularmente: tres comidas al día, ocho horas de sueño a la noche. Tienden a transpirar mucho y a estar más bien calientes y sedientos. Es común que sufran hemorroides, acné, úlceras y problemas estomacales.

EL TIPO KAPHA:

ES IMPORTANTE EVITAR EMOCIONES PERJUDICIALES COMO LA IRA, EL MIEDO, LA AUTOCRITICA, LA CODICIA Y EL RESENTIMIENTO.

Este tipo es básicamente relajado. Su cuerpo suele ser sólido, duro y fuerte. Con tendencia al sobrepeso, los kappa suelen tener digestión lenta y muchas veces cabellos grasos. Piel fría, húmeda y pálida. Todo lo kappa es lento. Un kappa come lentamente, se enoja lentamente, actúa lentamente. Duermen pesadamente, y mucho tiempo. Tienden a ser obstinados. Un cuerpo kappa tiene tendencia a alto colesterol, obesidad y alergias.

LOS TRES DOSHAS Y LA SALUD

Si bien el tipo metabólico de cada persona es determinado por su dosha predominante, los tres tipos de doshas están presentes en distinto grado en cada célula, tejido y órgano del cuerpo.

Los doshas están localizados en áreas específicas del cuerpo humano:

Vata *es lo motor que activa el sistema físico y permite al cuerpo respirar y hacer circular la sangre. Vata se asienta en el intestino grueso, los huesos, la cavidad pélvica, piel, oídos y muslos.*

Pitta *es el metabolismo, procesa los alimentos, el aire y el agua y es responsable de controlar las incontables actividades enzimáticas de todo el cuerpo. Las ubicaciones de pitta son el intestino delgado, el estómago, las glándulas sudoríparas, la sangre, la piel y los ojos.*

Kapha *representa la estructura ósea, los músculos y los tejidos grasos que unen el cuerpo, ofreciendo nutrición y protección. El pecho, los pulmones y los fluidos que recorren la médula espinal son los asentamientos de kappa.*

Cuando los doshas están balanceados en equilibrio con cada constitución individual, el resultado es una salud vibrante y energética. Pero cuando este balance está perturbado, el cuerpo se vuelve susceptible a los ataques externos, ya se trate de virus y bacterias como de consecuencias de una nutrición pobre o de sobreesfuerzos.

EL DIAGNÓSTICO AYURVEDA

La medicina Ayurveda trabaja en el diagnóstico básicamente con la observación más que con aparatos y análisis de laboratorio.

El diagnóstico se basa, entonces, en la observación personal del paciente, los cuestionarios acerca de su vida personal y su historia familiar, la revisación palpando el cuerpo y escuchando el corazón, los pulmones y la actividad intestinal. En la medicina ayurvédica moderna, de todos modos, esta aproximación suele complementarse con métodos de diagnóstico modernos.

El médico que trabaja con Ayurveda presta especial atención al pulso, la lengua, los ojos y las uñas. El concepto de pulso difiere del de los médicos occidentales, que lo toman sólo para conocer las pulsaciones cardíacas. En Ayurveda se distinguen tres tipos de pulso: una vez más vata, pitta y kappa. Así se pueden distinguir 12 diferentes pulsos radiales en la muñeca. Seis de estos en la muñeca derecha (tres superficiales y tres profundos) y, del mismo modo, seis en la izquierda.

SEGUN EL AYURVEDA, LA ENERGIA ESTABLE DE UNA DIETA ALTA EN HIDRATOS DE CARBONO CONTRARRESTA LA TENDENCIA A COMER DEMASIADO EN MOMENTOS DE TENSION

Focalizándose en la relación que existe entre estos distintos pulsos y los órganos internos del cuerpo, el profesional puede determinar la fuerza, vitalidad y normal aspecto fisiológico de un órgano específico, o bien sus fallas.

La lengua es otro punto de diagnóstico importante. Observando su superficie y la decoloración y/o sensibilidad de determinadas áreas de la misma, el practicante obtiene datos del funcionamiento orgánico interno. Por ejemplo: una lengua blanquecina indica una disfunción de kappa y la presencia de excesivos fluidos. Una coloración del negro al marrón muestra un disturbio vata. Una lengua seca y deshidratada es sintomática de una disminución del plasma, una lengua pálida indica una baja de glóbulos rojos.

Un análisis de orina también dice mucho al especialista ayurvédico, al observar el color de una muestra tomada en la mañana temprana. Una coloración muy oscura, virando al marrón, indica desorden vata. Un amarillo muy intenso, desbalance de pitta. Si la orina es turbia, el desorden está en kappa.

EL TRATAMIENTO AYURVEDICO

Las técnicas de sanación apuntan a restaurar el desequilibrio de la salud a partir de un diagnóstico global del estado de la persona para poder establecer los desbalances orgánicos, sus causas y su condición presente.

Hecho este diagnóstico, hay cuatro métodos o técnicas principales con las cuales un especialista ayurvédico puede trabajar en principio. Estas son: limpieza y detoxificación, alivio, rejuvenecimiento e higiene mental.

SHODAN LIMPIANDO Y DETOXIFICANDO

La limpieza en la medicina del Ayurveda asume un papel mucho más abarcativo que en la medicina occidental, donde el médico rara vez se

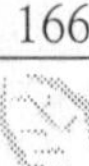

dedica a descargar al paciente de materiales tóxicos de, por ejemplo, el estómago, los senos nasales o los intestinos.

En contraste, técnicas purificadoras mediante el vómito, la purgación del intestino, las enemas, la limpieza de la sangre y la ducha nasal, colectivamente llamados Pancha Karma, son utilizados normalmente por los médicos ayurvédicos para quitar las toxinas de diferentes áreas del cuerpo.

En la medicina Ayurveda, las toxinas son consideradas la raíz de la enfermedad, y son, casi siempre, resultado de comidas mal digeridas, no absorbidas por el organismo o mal asimiladas en general.

En la preparación para la limpieza, puede comenzarse por un masaje con aceites de hierbas. El aceite es una forma líquida de la grasa que es bien absorbida a través de la piel. Una vez en el sistema orgánico, puede recoger las toxinas que halle a su paso como los pesticidas, virus o bacterias.

De este modo, estas toxinas estarán dispuestas a través de cauces normales para su posterior eliminación; una sesión de sauna herbal, es decir el uso de vapores obtenidos de la cocción de hierbas es, a menudo, aplicada luego del tratamiento de masajes.

Una vez comenzada esta limpieza, la terapia purgante elimina las impurezas del cuerpo, sean estas vata, pitta o kappa.

La limpieza de la sangre se realiza quitando algo de sangre o donando a un banco de sangre, y usando ciertas hierbas que la limpian y la aligeran. Es un hecho que siempre que usted dona sangre la médula ósea es estimulada. El volumen normal de la sangre se restaura en treinta a cuarenta y cinco minutos.

Ghee (manteca clarificada) y yogur son usados para restablecer la flora intestinal, sobre todo si se han hecho lavajes durante el proceso limpiador.

Las hierbas pueden insertarse a través de varias rutas además de la boca (como la nariz, ano, y piel), y así se asegura que las cualidades medicinales no se verán disminuidas por las enzimas del estómago. Se administran a menudo ciertas cocciones herbarias, aceites medicinales y ghee en la nariz para aumentar la claridad mental.

SHAMAN ALIVIO

El próximo paso en medicina ayurvédica es el alivio, o shaman, que equilibra y pacifica los doshas corporales. Shaman se enfoca más hacia la dimensión espiritual de la sanación, y usa una combinación de hierbas, al tiempo que se practican ayunos, cantos, estiramientos de yoga, ejercicios respiratorios, meditación, y algunas exposiciones al sol durante un tiempo limitado.

Estas técnicas son útiles para las personas con disfunciones en los sistemas inmunológicos, o para aquéllas que están demasiado enfermas o emocionalmente débiles como para tolerar las formas más activas de limpieza física aportadas por el Pancha Karma.

Debido a sus aspectos curativos y preventivos, los shaman pueden ser utilizados, también, por personas saludables, que no están padeciendo ninguna dolencia.

Como todos los métodos curativos más sabios, la medicina Ayurveda pone mucho énfasis en la prevención antes que en curar la enfermedad.

Un método de shaman, llamado "encender el fuego", es completamente necesario en desórdenes de tipo kappa y vata donde el paciente sufre ardores gástricos. El paciente consume miel con ciertas hierbas como pimienta larga, jengibre y canela. En el caso de personas pitta, esto debe hacerse cautamente.

RASAYANA REJUVENECIMIENTO Y TONIFICACION

Luego del régimen de limpieza comienza el de tonificación, llamado rasayana.

Esta práctica implica trabajar reforzando la habilidad inherente del cuerpo de funcionar correctamente, y es similar a un entrenamiento fisiológico.

Se usa para restaurar la virilidad, devolver la vitalidad al sistema reproductor, prevenir toda posibilidad de esterilidad e infertilidad, beneficiar una descendencia más saludable y, en general, mejorar todo lo que signifique una buena perfomance sexual.

Además, el rasayana propicia la longevidad reduciendo la velocidad del reloj biológico y retardando el proceso del envejecimiento.

La medicina ayurvédica utiliza tres subcategorias del tratamiento rasayana para rejuvenecer y restaurar los tejidos del cuerpo y los órganos: las hierbas especiales utilizadas en preparados como las píldoras, polvos y jaleas; preparaciones minerales específicas de cada condición personal y dosha; y gimnasia, específicamente posiciones tomadas del yoga y ejercicios respiratorios.

SATVAJAYA LA HIGIENE MENTAL Y LA CURACIÓN ESPIRITUAL

Satvajaya es un método de mejoramiento de la mente para alcanzar un nivel más alto de funcionamiento espiritual-mental, y es cumplido a través de la descarga de tensiones psicológicas, dolor emocional, y las creencias negativas inconscientes.

Las categorías de satvajaya incluyen el mantra o la terapia sonora para cambiar los modelos vibratorios de la mente; el yantra, o concentración en determinadas figuras geométricas para desestructurar a la mente de los modos ordinarios de pensar; tantra, para dirigir las energías a través del cuerpo; la meditación, para alterar los estados de conciencia; y gemas, metales y cristales por sus sutiles poderes de curación vibratorios.

"Satvajaya descondiciona la mente para que podamos ver las cosas de una forma más fresca, como con los ojos de un niño", dice el doctor

David Frawley, Director del Instituto Americano de Estudios Védicos de Santa Fe, Nuevo México, EE.UU. "Las técnicas de Satvajaya nos liberan de la negatividad de las emociones, de los modelos establecidos de pensamiento, y de los perjuicios de las comidas tóxicas y mal digeridas".

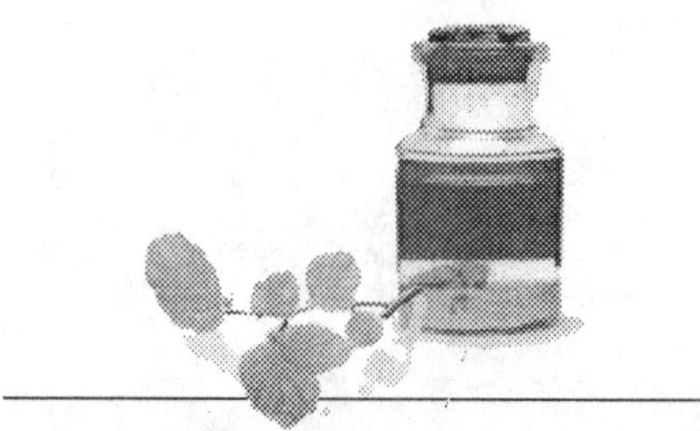

PARA EL AYURVEDA, "VIVIR A TONO CON LA NATURALEZA" SIGNIFICA TENER UNA ALIMENTACIÓN SALUDABLE. POR LO TANTO, LO QUE DESEAMOS Y LO QUE NECESITAMOS NO DEBERÍA ENTRAR EN CONFLICTO.

"LA NATURALEZA RESPIRA EL
ALIENTO DEL ESPIRITU.
SU BELLEZA REFLEJA EL
ASOMBRO DEL ALMA ANTE
EL HECHO DE ESTAR AQUI.
ASI, CADA VEZ QUE USTED
DESTINE TIEMPO PARA
VISITAR LA NATURALEZA
-CAMINAR POR EL BOSQUE,
LA PLAYA O LA
MONTAÑA- PODRA
VER CREATIVIDAD INFINITA
EN LA MAS PEQUEÑA
DE LAS FLORES."

Deepak Chopra

CAPITULO 10

Yoga

EL YOGA PERMITE, A TRAVÉS DE SU PRÁCTICA, EVITAR LAS ENFERMEDADES Y MEJORAR LA SALUD TRABAJANDO EN CONJUNTO CUATRO ASPECTOS FUNDAMENTALES: EL ESPIRITUAL, EL MENTAL, EL FÍSICO Y EL EMOCIONAL.

No se trata exactamente de una terapia curativa en el sentido estricto de esa idea, sino que es algo muchísimo más amplio. La filosofía de la vida que aporta el Yoga se expresa en todos los aspectos: espiritual, mental, físico, emocional.

Hay que verlo como un sistema de mejoramiento personal que se expresa bajo un concepto de evolución consciente, ya que la misma práctica del Yoga ha evolucionado a lo largo de casi seis mil años de existencia conocida.

Occidente recibió al Yoga hace poco más de

un siglo, proveniente, por supuesto, de la India. El principal medio de "importación" del Yoga fueron los militares, que volvían a sus hogares desde aquellas tierras, y sus sirvientes civiles.

LAS FORMAS DEL YOGA

Hay, por supuesto, muchísimos textos acerca del Yoga a lo largo de tantos milenios. Quizá el clásico más importante sea el *Bhagavad Gita*, texto sagrado escrito hacia el año 300 de la era cristiana.

En este libro se habla de los cinco principales sistemas del Yoga y su significado:

- **Hatha Yoga:** *el Yoga del aspecto físico en su forma rudimentaria.*
- **Raja Yoga:** *el Yoga del aspecto mental.*
- **Bhakti Yoga:** *el Yoga del aspecto emocional.*
- **Gnana Yoga:** *el Yoga del aspecto espiritual.*
- **Karma Yoga:** *el Yoga de la responsabiliad social.*

Sin lugar a dudas, el sistema por el cual la mayoría de los occidentales accede a la práctica del Yoga es el Hatha Yoga, es decir el aspecto físico de esta filosofía. Quizá haya que dejar sentado que hay una gran mayoría de personas que, desgraciadamente, consideran que eso es *el* Yoga, e ignoran todos los otros aspectos que constituyen esta filosofía existencial abarcativa.

A decir verdad, el aspecto físico es el más reciente dentro del Yoga. El Hatha Yoga se desarrolló recién hacia el año 1.500 de la era cristiana.

ESTA ASANA O POSTURA DA ESTABILIDAD AL CUERPO Y OFRECE UNA EXCELENTE FLEXIÓN A LA COLUMNA Y A LOS MUSCULOS DE LA ESPALDA

¿COMO ES UNA SESION?

Según se practica masivamente en Occidente, una clase de Yoga típica pasa por los siguientes puntos:

- ✔ *Práctica de ejercicios de pie, de rodillas, en el suelo boca arriba, en el suelo boca abajo, y en posición invertida. Las posturas se denominan asanas, y para cada una hay una contrapostura.*
- ✔ *Se aprenden kyrias, que son técnicas orientadas a limpiar todas las partes del tracto alimentario.*
- ✔ *Se realizan ejercicios de respiración, llamados pranayama.*
- ✔ *Se aprenden distintas técnicas de respiración profunda.*
- ✔ *Se practica meditación.*
- ✔ *Se comparten breves charlas acerca de distintos aspectos del Yoga:*

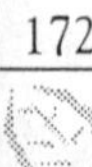

prácticas, postura correcta, filosofía, dieta o, incluso, temas emocionales. A veces pueden llegar a tocarse cuestiones relacionados con otros aspectos del Yoga, como la reencarnación y el karma o la relación del Yoga con los poderes psíquicos.

LAS POSTURAS ELEMENTALES

1 Giro de la columna:

Siéntese en el suelo con las piernas extendidas y la espalda bien erguida. Los pies deben estar juntos y sus puntas hacia arriba. Entonces recoja la pierna derecha, crúcela sobre la izquierda apoyando bien la planta del pie, coloque el brazo izquierdo contra el lado externo de la rodilla derecha e inspire profundamente.

2 El Arco:

Acuéstese boca abajo, con los pies juntos. Inspire. Luego comience a espirar, y mientras lo hace levante la cabeza, los hombros y el pecho, doble las rodillas levantando los pies, tómese de los tobillos y lleve los pies hacia la cabeza. Sostenga un momento y baje muy suavemente.

3 El Perro:

Póngase en posición de banco, es decir en cuatro patas con rodillas y manos separadas. Levántese hasta quedar apoyado sobre pies y manos, formando un triángulo con el piso. Entonces practique bajando la espalda durante la inspiración y arqueándola hacia arriba durante la espiración.

4 El Gato:

Sentándose sobre los talones, con las manos detrás de los pies, las palmas hacia arriba y la frente tocando el suelo, permanezca así en estado de relajación durante dos o tres minutos; luego levántese lentamente.

5 Vertical de Media Espalda:

Tendido boca arriba con las piernas juntas, levántelas en dirección al techo junto con el tronco mientras inspira. Cuando las piernas estén bien verticales, permanezca unos momentos sosteniéndose por la zona lumbar con ambas manos, mientras espira.

UNA FORMA BASICA PARA PRACTICAR

La siguiente secuencia de movimientos, o forma, es una de las más comunes del Yoga y se denomina "Saludo al sol".

Resulta muy útil para estimular la energía, practicándola al levantarse. La secuencia completa es como sigue:

1- Empiece de pie, con rodillas y pies juntos. Junte las palmas de las manos cerca del pecho, con los dedos apuntando hacia arriba.

2- Inspire. Mientras lo hace, separe el pie derecho y levante sus brazos por encima de la cabeza, llevándolos bien hacia atrás, con las palmas hacia arriba.

3- Mientras espira, inclínese hacia delante sin doblar las rodillas, bajando tanto como pueda.

4- Al volver a inspirar, doble las rodillas y haga retroceder su pierna izquierda apoyando esa rodilla en el suelo, mientras levanta los brazos con las manos juntas.

5- Manteniendo la respiración, extienda ambas piernas y levante recto su cuerpo sosteniéndolo con ambos brazos rectos y palmas de mano apoyadas en el suelo, y con la punta de los pies.

6- Ahora baje las rodillas manteniendo los dedos de los pies doblados y mire hacia adelante, manteniéndose tan inmóvil como pueda.

7- Mientras deja salir el aire siéntese sobre los talones, con los pies aún levantados sobre los dedos, y estire los brazos hacia delante.

8- Inspire e inclínese con suavidad hacia adelante, doblando los codos para poder bajar la barbilla hasta el suelo.

9- Mientras espira, estire los brazos y mueva sus caderas hacia adelante, mirando hacia arriba y curvando su columna.

10- Mientras espira, levante las caderas y deje caer los dedos y los pies planos sobre el suelo, sosteniendo ambas piernas rectas, sin doblar las rodillas, bajando tanto como pueda.

CONTROLAR EL PRANA FACILITA LA AUTOCURACION YA QUE ES UNA FUERZA REVITALIZADORA Y REGENERADORA

EL OBJETIVO DEL YOGA

En la terapia del Yoga, la norma es la autoayuda y la autoeducación. Por lo tanto, la responsabilidad es con uno mismo. Porque solamente un cambio interior puede tener alguna validez y algún efecto práctico en el desarrollo personal del practicante.

Al ejercitarse en Yoga, se aprende a llegar a un estado elevado de conciencia, a sentirse cómodo dentro del propio cuerpo y con la mente, las emociones y los valores que le dieron origen, y también a cuestionar la forma de tratar con el entorno y las relaciones personales.

Es, por supuesto, un camino hacia un amplio despertar interior.

BASES PARA LA MEDITACION

En el Yoga, la meditación es un ejercicio superior que nos lleva -por

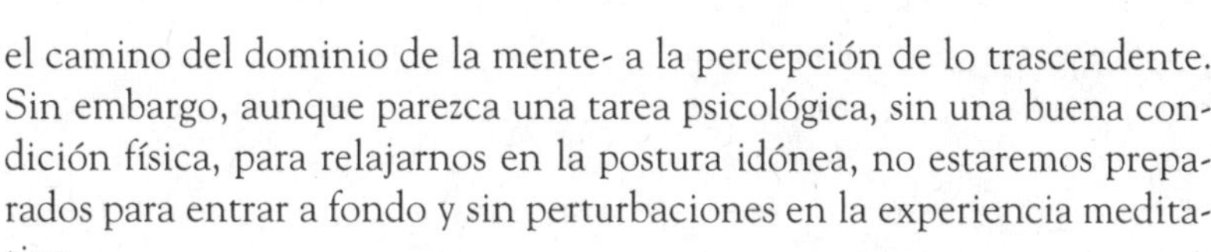

el camino del dominio de la mente- a la percepción de lo trascendente. Sin embargo, aunque parezca una tarea psicológica, sin una buena condición física, para relajarnos en la postura idónea, no estaremos preparados para entrar a fondo y sin perturbaciones en la experiencia meditativa.

El Yoga fue definido por Patanjali como el aquietamiento de los remolinos de la conciencia (*Yoga chitta vritti nirodha*), entonces el individuo puede ver en el fondo de sus propias aguas o Ser.

En cualquiera de las técnicas de meditación que empleamos, siempre hay unos principios comunes:

Primero, la POSTURA correcta. Espalda derecha, piernas cruzadas (si es posible) con las rodillas tocando el suelo. Vientre relajado y levemente sobresalido. Manos juntas en el regazo, con los pulgares en contacto, o reposando cada una sobre una pierna. Hombros suavemente hacia atrás, con el pecho abierto, codos despegados del cuerpo. Mentón metido y cabeza equilibrada, sin caer adelante o atrás. Ojos entreabiertos, con la mirada en reposo hacia el suelo, sin fijarse. Labios sin apretar, lengua hacia el paladar, relajadamente.

Al sentarnos, vamos repasando estos puntos, y tratando de ejecutarlos sin tensión. Si algo no podemos hacerlo, encontramos una variante, con ayuda del profesor.

A continuación, tomamos conciencia general de la postura adoptada y relajamos los puntos clave: boca, mandíbula, manos, hombros, nuca y abdomen. Entonces entramos en el segundo punto: la RESPIRACION.

Esta debe ser natural, sin forzarse, ni dirigirse o manipularse. En el primer lapso de tiempo, en cuanto nos sentamos, nos tranquilizamos y centramos, siguiendo el flujo del aire que entra y sale de nuestro cuerpo. Así cortamos con las distracciones más fuertes que traemos desde nuestras actividades anteriores y nos calmamos confortablemente.

Ahora la mente y el cuerpo están a punto para canalizar sus energías dentro de un sendero de meditación, sea la observación del aquí y ahora sin apegos o alteraciones, o sea una técnica de concentración determinada. En cualquier caso, es muy aconsejable introducir un tercer punto de preparación. Este es a nivel propiamente mental: generar una INTENCION consciente con respecto a la práctica que estamos iniciando.

Se trata de emitir unos pensamientos que resuman nuestra toma de conciencia de lo que estamos comenzando a realizar. Esto se llama determinar nuestra "motivación" para practicar, y los pensamientos que formulemos, influirán en la calidad de nuestra experiencia de meditación.

Cuanto más elevada sea nuestra motivación, más rápidos y beneficiosos serán los efectos de nuestra práctica.

Una vez generada esta actitud interior consciente ante la PRACTICA, nos introducimos en esta última, tal como corresponda a la técnica que hayamos elegido. En cualquier caso, mantendremos una condición de presencia despierta, de atención y naturalidad, sin tensiones.

Siempre hay que ir encontrando el equilibrio entre la agitación y dispersión, por un lado, y la lasitud y la somnolencia, por otro. Si nos fijamos en exceso en nuestro objeto de concentración, vamos a crearnos crispación. Si somos demasiado flojos en las riendas de nuestra atención, nos perderemos en sueños y fantasías. De vez en cuando, durante la sesión, nos observaremos, y trataremos de situarnos en un punto medio, de atención consciente, sin rigidez ni abandono, a partir de nuestro método elegido de meditación.

El sentido del humor, la espaciosidad de espíritu y la tolerancia, siempre son esenciales.

Cuando perdemos nuestro rumbo, no hay que consumir energías en auto-reproches ni en pensamientos-comentario, sino volver sencillamente a retomarlo.

Al ir terminando, es aconsejable, de nuevo, generar un pensamiento consciente, con el objeto de recoger nuestras energías y comprensiones (quizás sean sólo semillas imperceptibles ahora) y darles una finalidad. Es decir, nos detendremos a tomar conciencia de los efectos de la práctica, y decidiremos su utilidad última. En la enseñanza de Dharma se dice que practicando hemos generado un potencial de bonanzas, unos méritos, en el campo energético de nuestro ser, y entonces depende de nuestro pensamiento el dirigir esta fuerza a un resultado u otro, dedicando a él nuestros merecimientos.

Esta DEDICACION positiva consciente protege el caudal de efectos de nuestra práctica y hace que no se diluyan, sino que se mantengan y aumenten en el continuo discurrir de nuestra mente y memoria. Si, además, esta dedicación tiene presentes a otros seres, con el deseo de compartir con ellos nuestros beneficios, estaremos abonando nuestro campo de energía espiritual, en el que recogeremos la más genuina e incondicional felicidad.

Los aspectos generales de la meditación repercuten de varias formas sobre la persona. Veamos:

Aspecto físico: refuerzo del sistema inmunológico, armonización y sincronización de todas las funciones orgánicas, homeostasis cuerpo-mente, sedación neurológica, estabilización de la tensión arterial correcta, incremento de la vitalidad, agilidad, flexibilidad y perfeccionamiento postural cotidiano, defensa del corazón, capacidad de descanso, longevidad, peristaltismo intestinal y eliminación perfecta.

Aspecto emocional: equilibrio y serenidad, presencia de ánimo, coraje, tolerancia y paz interior, autoconfianza, satisfacción, paciencia y sencillez, estabilidad, buen humor.

Aspecto mental: capacidad de atención y concentración, memoria, claridad de pensamiento, lucidez, energía psíquica, mejora en la comunicación, incremento de la inteligencia, capacidad de programación mental.

Aspecto espiritual: conciencia de unidad, corazón, nobleza, habilidad para la acción compasiva, espaciosidad, amplitud de criterio, intuición, percepción directa, poder de resolución y realización, creatividad, trascendencia de límites personales, libertad interior.

LA MEDITACION LIBERA DEL MIEDO Y LA MUERTE Y PROPORCIONA UN DESCANSO ESPIRITUAL DURADERO

TECNICAS DE MEDITACION

Craneal

Al inspirar, visualice una corriente de energía que entra por su frente y ojos, en forma de luz dorada, y alcanza el centro de su cerebro. Al espirar, sienta que la corriente de luz sale al espacio por su coronilla y parte superior de la cabeza. Entre la inspiración y la espiración, relájese un instante, dejando la respiración suavemente en suspenso, y notando cómo la energía vibrante baña todo su cerebro. La mirada se dirige hacia el interior o entrecejo, sin esfuerzo alguno, en cuya pantalla mental surgen, en ocasiones, imágenes, formas, colores. Esta meditación regenera el tejido neuronal del cráneo, y lleva a estados de conciencia superiores.

Zen-Hara

Al respirar, mantenga su atención en la zona abdominal, dejándose llevar por su movimiento de flujo y reflujo constante y natural. Otra posibilidad es recibir la inspiración de aire desde la nariz hasta el pecho; y en la espiración, hacer descender la energía hasta el vientre, en el que irá sintiendo que se acumula como calor, conforme continúa. Esta meditación proporciona paz emocional, equilibrio y estabilidad, además de darle mucha fortaleza física y aumentar sus defensas para la salud.

Purificación de chakras

Los chakras son centros de transformación de la energía que existen en nuestro cuerpo sutil o aura. Son como llaves de paso entre la mente y el cuerpo. Al practicar esta técnica, trabaja para poner armonía entre los 5 chakras principales, con resultados positivos sobre su fuerza vital, capacidad mental, estados psíquicos y comunicabilidad. Debe tan solo visualizar cada chakra y su símbolo, en su ubicación corporal, desde arriba hasta abajo, como formas de luz y color específicas, dedicando el mismo tiempo a cada uno. El chakra superior está en el centro de la cabeza, con la forma de una esfera de luz blanca. El segundo está en la garganta, con la forma de un tetraedro (poliedro de 4 triángulos) de luz roja o rubí. El tercero está en el pecho y se visualiza como un cielo de luz azul sin límites. El cuarto está a nivel del ombligo, como un luminoso cubo amarillo o dorado. El quinto está en la zona genital, con la forma de una media esfera de luz verde esmeralda, con la cúpula hacia arriba.

Maitri

Maitri significa amor hacia todo lo que vive. Es una meditación para generar este sentimiento y desarrollar la benevolencia, la sensibilidad. Centre su conciencia en el pecho y, mientras respira lo más relajadamente posible, visualice un punto de luz en medio del corazón. Momento a momento, lentamente, la luz va extendiéndose y abarcando más area. Primero alcanzará su cuerpo, llenándolo de calidez, luego la sala y a todos los que están en ella. Deje que se comunique con su conciencia el sentimiento de estima, como una sonrisa serena, . Luego la luz del corazón abarca el edificio, la manzana, la ciudad... y siga extendiéndola todo lo que quiera, llegando a muchos seres vivos de la tierra.

La rosa

Visualice frente a usted una rosa preciosa y perfecta, del color que prefiera, roja, rosa, amarilla...

Mientras la contempla, piense que tiene el poder de absorber cualquier energía que se le envíe, transformándola en belleza y perfume, siempre fresca. Ahora, cada vez que espira, mándele los pensamientos que tenga, preocupaciones, molestias, cansancio, estrés o sentimientos de inseguridad, dispersión, hundimiento... lo que sea que esté experimentando. La rosa lo toma y lo convierte en un aroma delicioso para que inspire, llegando a sentirse más y más liberado dentro de si mismo, tranquilo y feliz. Esta meditación se descarga y renueva su estado mental rápidamente.

Anapana

Esta meditación milenaria se traduce como "calma mental", y se practica haciéndose consciente del roce del aire al pasar por las fosas nasales cuando respira. Procure estar presente en cada aliento hacia adentro y hacia afuera, permitiendo que los pensamientos y sensaciones cambiantes de su cuerpo-mente se pongan en un segundo plano. Sobre todo encontrará tranquilidad interior y mejorará su poder de concentración.

Afirmación "YO SOY"

En esta práctica utilice una frase positiva en primera persona, o un mantra de Yoga, y repítalo como un eco o reverberación, cada vez que inspira y que espira, de forma natural. La afirmación que elija es importante, porque su significado se interioriza e imprime en su subconsciente, activando las energías mentales y físicas que la harán realidad a su debido momento de maduración. Por ejemplo: "Yo soy la paz en mí y en tí", "Yo soy la salud en este cuerpo y en todas sus células", "Yo soy la inteligencia que comprende inmediatamente", "Yo soy la memoria que me trae el conocimiento"... o lo que desee. Puede crear sus fórmulas y trabajar a fondo con una de ellas, hasta encontrar un progreso. Como ejemplo de mantra de Yoga, es decir, de sonido de poder que actúa sobre el cuerpo y la mente, tiene los siguientes:

"So Ham" (Yo soy Eso, Yo soy uno con la vida y el universo), "So" al inspirar y "Ham" al espirar; "Om Mani Padme Hum", mantra que despierta la compasividad, la actitud de altruismo, volviéndolo más sencillo (Yo soy la verdad del corazón).

Cuerpo de luz

Tome conciencia de su postura yóguica, encuéntrese cómodo y estable en ella. Y dese cuenta del cuerpo como si fuera una central de energía. Conforme respira, sienta que se va purificando en todos sus elementos y componentes, volviéndose cada vez más ligero y sutil. Perciba la continuidad entre la forma física y el campo de luz-energías que la rodea. Su cuerpo es un óvalo de vibraciones, brillante y resplandeciente. Visualícese por dentro y mire los distintos órganos como formas de luz sin densidad material. Mientras respira, sienta que todo su cuerpo y aura transpira, y son permeables a las fuerzas del cosmos, como la solar y la telúrica, beneficiándose con ellas. Al mismo tiempo, permita que sus pensamientos positivos se difundan por el espacio, alcanzando los campos de energía y auras receptivas de los demás seres vivos.

Emplee esta meditación como un refuerzo muy eficaz para cualquier proceso terapéutico, así como para sentirse comunicado con todos los reinos de la naturaleza y seres humanos. Sus efectos se incrementan experimentándola al aire libre, en contacto con la luz solar, la brisa marina o el ambiente de la montaña.

Canal central

Concéntrese en lo vertical de su columna vertebral o médula espinal, y visualícela como un tubo vacío por el que circula la fuerza vital de su organismo, distribuyéndose por el sistema nervioso y los plexos glandulares, por cada órgano y función de su cuerpo. Este canal central se ha llamado en la tradición Yoga antigua el "árbol de la vida", "el eje del mundo" y el "monte Meru en el centro del universo", como metáforas que indican su importancia en nuestro desarrollo biológico, salud y evolución espiritual. Al inspirar, sienta que el prana (energía vital del cuerpo) asciende desde la raíz de la columna, por todo el canal central, hasta alcanzar el cerebro, con una sensación de frescor. Al espirar, hágala descender en sentido inverso, con una sensación de calor. Esta meditación limpiará el meridiano principal de su cuerpo sutil y su mente experimentará grandes beneficios, como la lucidez, la memoria y la inspiración.

Supramenta

En esta meditación se actualiza la relación que tiene con el Principio Superior de la Existencia, como sea que lo denomine y lo conciba. Por ello, se trata de una técnica eminentemente espiritual. Sólo imagine, justo por encima de su cabeza, una presencia de bondad e inteligencia supremas. Puede verla con la forma que desee, según su inclinación: una luz divina, un gran maestro realizado, como Jesús o Buda, un ser cósmico, como Kuan-Yin, o su propio Yo Soy. Cualquiera de estos símbolos tiene el poder de mantenerlo conectado con las facultades superiores de su ser. Mientras lo contempla, trace un haz o rayo de luz que una su chakra del corazón con su cabeza y con su pecho, a la vez que envuelve en claridad todo el cuerpo. Permanezca en esta presencia, sintiéndose parte de ella, mientras su respiración fluye con naturalidad. Con esta práctica, su confianza y potenciales se incrementarán enormemente. Cuando se levante de meditar, siga sintiendo la presencia superior conectada y experimentará seguridad y serenidad en todo momento.

Vaciar las agujas del pensamiento

En esta meditación, considere que todo lo que piensa y percibe es como el agua en el recipiente de su ser. Ahora, abandone todo acto voluntario de recordar, imaginar o proyectar hacia el futuro, así como otras reflexiones. No remueva el agua de la mente, ni entre más conocimiento en ella pues esto la mantiene recogida en su interior. Mientras la observa, lo que capta es la salida de las aguas del pensamiento por el desagüe en el centro de su ser; totalmente abierto por su desapego y pasividad mental. Está justo en el agujero donde el contenido de la mente se hace consciente, para desaparecer. Instante a instante, permite el cambio de sensaciones y pensamientos que van pasando por su centro de consciencia, en el momento de vaciarse en la nada. Con esta práctica obtiene una comprensión de la impermanencia de todos los fenómenos, un acercamiento a la no dualidad de sujeto y objeto, trascendiendo el dentro-fuera interdependientes. Se libera de la presión del pensamiento, con el desapego hacia su curso natural; supera la ilusión de una realidad absoluta o categórica, y es más feliz, creativo y sabio.

El testigo

Esta meditación es otra variante de las descritas en "Observar la mente". Considere que todos los pensamientos, sensaciones y estados psíquicos son escenas proyectadas en una pantalla de cine. Y que usted es el espectador, sentado en la última fila de la sala. Dese cuenta de su condición de testigo, contemplando una función. Si se implica en las situaciones que observa, sufrirá y gozará con ellas, olvidándose de quién es realmente. Si está presente en sí mismo, recordándose como el observador, percibirá los cambios de ánimo y el argumento, sin que se sienta parte de ello, sin que se afecte. Identifíquese con el yo profundo, que no se puede limitar ni física ni mentalmente; pues todo lo que pueda experimentar es impermanente, no su ser esencial. Entonces, ante los movimientos psíquicos y sensoriales, manténgase desapegado, sin darles crédito, sin responderles con juicios u opiniones, sin reaccionar a ellos. Aquiétese en sí mismo y contemple todo; es el testigo de una proyección.

Colores curativos

Esta sencilla técnica consiste en respirar luz de color. Es decir, visualizar que el aire está formado por partículas luminosas que tienen un color específico. Al inspirar, recibimos en nuestro cuerpo esta luz de color que actúa sobre nuestra mente y sobre nuestro cuerpo físico.

Cada color posee propiedades especiales y una determinada vibra-

ción energética. Al respirar conscientemente, extrae de la luz blanca, en la carga electrica del aire que contiene todos los colores, la particular frecuencia que desea, pudiendo enfocarla hacia cualquier órgano o parte del cuerpo. Utilice los colores intuitivamente, según sienta su atracción; o consulte una tabla de correspondencias con los órganos y trastornos en la salud.

Contemplación física

Con esta técnica puede mejorar su capacidad de visualizar y su concentración, para sostener la atención en la dirección que desee. Sitúe ante sí un objeto al que pueda mirar cómodamente durante unos minutos. Puede ser la llama de una vela, una imagen dibujada o una foto significativa para usted, una pieza de fruta o lo que desee. Los ojos están abiertos, descansando la mirada en el objeto, sin tensión. Al cabo de unos minutos, puede cerrarlos y tratar de recordar mentalmente la forma. Luego ábralos otra vez, y vea alternando ambas acciones cada varios minutos. Experimentará un sentimiento de familiaridad con lo que esta mirando, y se llegará a una comprensión acerca de ello, sin que se ponga a analizarlo. La función de la vista también mejora con el ejercicio de fijar la mirada, procurando no parpadear.

Vipasana corporal

Esta meditación es más compleja que otras, pues hay que aprender una determinada forma de pasear la atención por cada zona del cuerpo. Con ella, sin embargo, se producen extraordinarios efectos sanadores, y se desarrolla una claridad mental muy notable. Sienta cada parte de su cuerpo en el orden que se indico seguidamente, llevando su conciencia a un recorrido sistemático y repetido, una y otra vez.

Parte superior de la cabeza, lado derecho de la cabeza, hombro y brazo derecho. Lado izquierdo de la cabeza, hombro y brazo izquierdo. Cara, cuello, pecho y vientre, hasta los genitales. Nuca, espalda, cintura, pelvis y nalgas. Pierna derecha descendiendo hasta el pie. Pierna izquierda descendiendo hasta el pie. Ahora invierta el recorrido, justo lo mismo, en orden de último a primero. Pie-pierna izquierda. Pie-pierna derecha. Parte de atrás del cuerpo, subiendo. Parte delantera, subiendo. Lado izquierdo desde la mano, hacia arriba. Lado derecho desde la mano, subiendo. Parte alta de la cabeza. Como ve, primero baja, parte a parte; luego sube hasta el principio.

Tiene que ir recorriendo el cuerpo así, sin hacer paradas en sitio alguno, tan sólo notando las sensaciones que haya en cada lugar, si las hay. La velocidad es como la del aceite corriendo por la piel, ni rápida ni lenta. Cuando termine un recorrido completo, bajar y subir, sienta el cuerpo globalmente, relajado, sin hacer técnica alguna, dos o tres respiraciones. Y repita toda la secuencia. Así toda la sesión de meditación. Conseguirá desapegarse de los conceptos mentales que califican las sensaciones como buenas o malas, agradables o desagradables, llegando a estados de energía pura, flexibilidad, ligereza y fuerza interior.

El loto de mil pétalos

Este es el nombre que se da en Yoga al chakra superior de la cabeza, gobernador de todos los demás. Solamente mantenga en este lugar su concentración, como si hubiera una claraboya o fontanela abierta en la parte alta del cuerpo, unos centímetros por encima del cráneo físico.

Aumentará su capacidad de atención y su fuerza vital, haciendo que las glándulas hipófisis y epífisis del cerebro se reactiven y controlen las funciones del organismo. Su postura mejorará, al tener una mejor conciencia de proyección hacia arriba del eje vertebral.

Cuenta de respiraciones

Este es el sistema más empleado para comenzar a meditar y a desarrollar la atención sin distracciones. Cada vez que el aire salga de su cuerpo al espirar, cuente mentalmente: "uno", luego "dos", "tres"... hasta cinco, y volviendo a uno en la siguiente. Cuando pierda la cuenta, es que ha perdido su concentración. Vuelva a comenzar desde uno. Poco a poco, conseguirá mantenerse varios minutos sin desconcentrarse. Entonces puede alargar su cuenta hasta diez. Con cada progreso, en que la atención se sostenga varios minutos, aumentará su cuenta otra temporada. Una fase avanzada es de 21 respiraciones, y un ciclo muy avanzado es de 108, para entrenados practicantes. Cuando las consiga, sin pérdidas ni interrupciones, su mente será una joya, capaz de concederle cualquier objetivo que se plantee. Su memoria habrá crecido como un elefante.

Observación de la mente

En esta meditación lo que mira es la mente misma, con sus pensamientos, sensaciones y estados cambiantes. No trata de reprimir nada en ella, ni de provocar o producir nada. Sólo de darse cuenta en cada momento de lo que hay en ella y, sobre todo, de ser consciente, de estar aquí y ahora, observando, presente.

a) El pensamiento, los cambios mentales son como olas en el mar de la conciencia. Y su ser, su estado natural, en el que está presente, es el fondo inmóvil de ese mar. Está consciente en sí mismo, experimentando la unidad de fondo y superficie, pensamientos y tranquilidad profunda.

b) También puede decir que es espacio vacío, y los contenidos de su mente son como aires que se mueven en ese espacio, sin alterarlo realmente. Permanezca en esta conciencia, observando esos aires cuando se presenten, sin sentirse alterado por ellos, abarcándolos en ese marco de consciencia inmutable que es usted.

c) Otro símil es considerar que su conciencia es un espejo, que en sí mismo no tiene ningún contenido, ninguna forma, ninguna inscripción, y que los pensamientos y demás percepciones o experiencias son como

los reflejos que, en realidad, no están pegados al espejo, sino que sólo son captados fielmente por él, tal cual son, sin cambiarlo o modificar su naturaleza en ningún momento. Todo lo que experimente, tómelo como un reflejo pasajero en el espejo de su conciencia o ser, permaneciendo siempre igual, sin forma, libre.

Esta técnica superior de meditación lo llevará a saber quién es, más allá de las apariencias y conceptos sobreimpuestos a su verdadera naturaleza. Por tanto, lo llevará a la sabiduría que libera de todos los condicionamientos y a la gran felicidad.

"LO ÚNICO QUE SE NECESITA PARA ADOPTAR UNA BUENA POSTURA ES MANTENER DERECHA LA ESPALDA Y LOS HOMBROS, CON LA CABEZA ERGUIDA Y MOVERSE DE FORMA NATURAL."

Indra Devi

"LAS HORMIGAS
REUNIDAS PUEDEN
VENCER AL LEON."

Proverbio persa

CAPITULO 11

Medicina tibetana

ESTA MEDICINA DESARROLLADA EN LOS HIMALAYAS COMBINA ELEMENTOS DEL AYURVEDA CON INFLUENCIAS CHINAS, SOBRE TODO EN LA TEORÍA DEL PULSO PARA EL DIAGNÓSTICO Y TÉCNICAS COMO LA MOXIBUSTIÓN EN EL TRATAMIENTO

Influenciada por el Ayurveda y la terapéutica tradicional china, encontró su sello propio a partir de profundos principios budistas. Veamos cómo previene y cura enfermedades.

El propio Buda es considerado un Médico Supremo. Aquí radica la enorme influencia filosófica y religiosa en la medicina de la cultura tibetana.

Esta milenaria tradición terapéutica, desarrollada en los altos Himalayas, concilia la teoría humoral de los griegos y romanos con la medicina psicosomática más progresista. Además combina elementos del Ayurveda -medicina hindú clásica-, con influencias indiscutiblemente chinas, como la Teoría del Pulso para el diagnóstico y técnicas como la Moxibustión en el tratamiento.

No se trata de una ciencia improvisada. Actualmente, un aspirante a especialista en Medicina Tibetana debe estudiar intensivamente durante siete años y practicar al menos otros tres años junto a un maestro antes de ser considerado médico. A continuación profundizaremos en los aspectos más esenciales de esta disciplina terapéutica...

IMPORTANCIA DE LA PSICOLOGIA BUDISTA

¿Qué aportó el budismo a la tradición médica del Tíbet? Algo muy importante: una explicación psicológica sobre las causas de las enfermedades. De esta manera, la ignorancia de las respuestas más esenciales de la existencia nos conduce a tres actitudes erróneas:

- *El apego*
- *El odio*
- *El enojo*

EL DIAGNOSTICO SE REALIZA PRINCIPALMENTE OBSERVANDO EL PULSO Y LA ORINA

Cada una de estas actitudes está ligada a uno de los denominados tres "fluidos" energéticos (en tibetano, Nyes Pa) que intervienen en todos los procesos de nuestro organismo.

Es bastante complicado relacionar estos tres aspectos psicológicos con actividades de nuestro cuerpo. En las traducciones al castellano, habitualmente se suelen usar los términos "viento", "bilis" y "flema", pero deben entenderse como sutiles "fluidos" energéticos, cuyo significado es muchísimo más amplio de lo que -por lo general- estas palabras sugieren (por ejemplo, el "fluido bilis" es responsable del sentido de la vista y de una actitud mental enérgica).

Según el conocimiento tibetano, los "fluidos" se manifiestan físicamente, pero además son principios energéticos del Cosmos.

-Los problemas por demasiada "bilis" están relacionados con las actividades agotadoras y muy competitivas.

-Los trastornos causados por la "flema" se producen por moverse poco después de haber comido mucho, por tomar demasiadas duchas frías, por vestirse en forma inadecuada para la época del año, o por trabajar en sitios demasiado húmedos y fríos.

Además, es muy perjudicial el estrés, usar demasiado la mente, estar muy alegre o muy deprimido, dormir poco, hablar por hablar y llevar a cabo actividades muy extenuantes con el estómago vacío.

En general, según los médicos budistas, el comportamiento indicado es el moderado y coherente según cada circunstancia.

LA DIETA DE LA PREVENCION

Para la terapéutica tibetana, cuando los desequilibrios emocionales y de conducta se suman a descuidos en la alimentación, también surgen problemas de salud.

Una dieta inadecuada produce desequilibrio en los "fluidos". Por ejemplo,

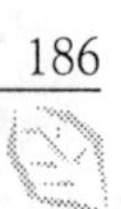

si alguien come todos los días alimentos y bebidas amargas, demasiado café y té negro, carne de cerdo y legumbres, padecerá enfermedades de "viento".

Por otro lado, se enfermará de "bilis" cuando coma y beba demasiado caliente, picante y graso, consuma mucha pimienta, ajo, aceites vegetales, manteca y alcohol.

Los trastornos de "flema" surgirán si se ingieren alimentos demasiado dulces, carne de cordero, harina de trigo, coles, naranjas, azúcar, zanahorias, ensaladas, alimentos demasiado o poco cocidos, frutas sin madurar, y agua y té fríos.

COMO SE DIAGNOSTICA UNA ENFERMEDAD

En la Medicina Tibetana, existen cuarenta y tres pulsos distintos, pero el médico suele tomar sólo doce. ¿Cómo hace? Aplica los dedos índice, medio y anular sobre la zona interna de las muñecas del paciente, presionando la vena radial.

Después de tomar el pulso, se tiene muy en cuenta la observación detallada de la orina. Se analizan desde el olor, hasta el color, el aroma, la espuma y la formación de sedimentos.

Para los médicos tradicionales tibetanos, la orina muy transparente y con espuma es típica de las alteraciones de "viento". Si es de color intenso, con olor fuerte, se corresponde con un trastorno de "bilis"; por su parte, una orina pálida o blanca denota alteraciones en la "flema".

LOS MEDICAMENTOS TIBETANOS SE ELABORAN CON MEZCLAS DE PLANTAS, EXISTIENDO FÓRMULAS QUE COMBINAN HASTA 80 ESPECIES

Antes de la observación de la orina, el paciente no debe tomar té negro, alcohol ni demasiado yogur, porque estas sustancias alteran el color y dificultan el diagnóstico.

El especialista en Medicina Tibetana que realiza un diagnóstico también hará preguntas a su paciente sobre sus hábitos, las molestias que siente, el tipo de alimentación y la evolución de su estado. Además observará el aspecto general, su lengua, los ojos, y su modo de comportarse y expresarse. Si fuera necesario, también palpará las zonas del cuerpo más afectadas.

LA HORA DEL TRATAMIENTO

Los especialistas en Medicina Tibetana consideran que todo lo que existe sobre la Tierra puede usarse para curar. En los preparados terapéuticos se pueden mezclar minerales y resinas, aunque lo que más se utiliza son las plantas.

Pero los médicos tibetanos no las usan sólo con criterios químicos o sintomáticos. Las plantas se compensan unas con otras desde el punto de vista energético: por ejemplo, dos plantas pueden tener semejante composición química, pero actuar de manera distinta biológica y energéticamente.

Los medicamentos tibetanos se elaboran de manera especial con mezclas de plantas, existiendo fórmulas que combinan hasta 80 especies.

Las plantas se recolectan siguiendo normas muy precisas en cuanto a la época del año y al clima. Se lavan, se secan al aire libre y se trabajan hasta

producir un polvo fino para formar bolitas compactas.

En la Medicina Tibetana también se le da muchísima importancia al agua hervida caliente. Dejándola enfriar un poco y bebida con miel, sirve para adelgazar tomada antes de las comidas, o bien para sumar peso si se bebe después.

La terapéutica tradicional del Tíbet también demostró muy buenos resultados frente a determinados trastornos como el asma, la hepatitis, las alergias, los cálculos renales y biliares, las enfermedades crónicas, los problemas digestivos crónicos, la artritis, la depresión y la esquizofrenia, entre otros.

VIENTO, BILIS Y FLEMA LOS 3 "FLUIDOS" ENERGETICOS

Según la Medicina Tibetana, cada biotipo humano está vinculado a un "fluido" energético. Descubramos qué características principales están asociadas a cada uno de ellos:

ENFERMEDAD	VIENTO	BILIS	FLEMA
ASPECTO Y PERSONALIDAD	Delgado, de piel seca y mente caprichosa	Peso medio, piel sudorosa y mente analítica	Grandote y de carácter obstinado
ZONAS DEBILES	Huesos, oídos, corazón, intestinos	Sangre, vista, hígado, vesícula e intestino delgado	Olfato, gusto, pulmones, bazo, riñones, estómago y vejiga
SABORES CONVENIENTES	Dulce, ácido, salado y picante	Dulce, amargo, astringente	Salado, ácido, picante
ALIMENTOS RECOMENDABLES	Banana (plátano), manzana, papa (patata), maíz y sésamo	Apio, espinaca, verduras en general	Frutilla (fresa), limón, hongos, yogur, queso
DESCRIPCION Y ACTIVIDAD	Une los cinco elementos e interviene en los procesos de crecimiento, movimiento y respiración. Ayuda a dividir los alimentos en nutrientes y desechos. Su función esencial es inducir actividad a la mente, el cuerpo y el habla.	Se relaciona con el elemento Fuego. Su función más importante es regular la temperatura corporal y ayudar a la digestión. Hay varios tipos de "bilis": desde la que regula el color de los tejidos, hasta la que refuerza la voluntad, el orgullo o regula la visión.	Está relacionado con los elementos Agua y Tierra, y su principal función es mantener los líquidos corporales y la flexibilidad de las articulaciones. Uno de sus cinco tipos permite obtener satisfacción a partir de las formas, sonidos, colores y olores que percibimos.

LOS HABITOS DE VIDA QUE MAS NOS ENFERMAN

-Según los especialistas en Medicina Tibetana, en Occidente trabajamos demasiado y eso hace que se produzcan enfermedades como el agotamiento y el estrés, que terminan localizándose en las articulaciones o afectando al sistema nervioso.

-Solemos comer alimentos que no pertenecen al clima de estación vigente. No se come bien porque no hay tiempo. En la cultura del Tíbet, la gente está muy atenta a la elaboración y combinación de las comidas. Otro factor que influye es la impureza del aire que se respira.

-Los disgustos y la frustración por no cumplir deseos pueden provocar depresión; y los enfados, problemas hepáticos.

-En Occidente, muchas veces los enfermos empiezan con problemas leves que no son bien tratados y terminan siendo crónicos.

MASAJE TIBETANO, UNA EFECTIVA HERRAMIENTA DE SANACION

El masaje tibetano no sigue una técnica concreta. Es tan creativo que el masajista utiliza su intuición y varias formas libres de manipulación para tratar la enfermedad y activar la energía del paciente.

Así es, hay varias clases de masajes, según sea la problemática a tratar. El Shiro-Dara, por ejemplo, es un masaje psicoespiritual en el que se vierte aceite de sésamo caliente entre las cejas. También hay masajes de belleza y rejuvenecimiento.

Es muy importante la actitud del masajista. Este debe relacionarse con el paciente con humildad, amor y comprensión. Antes de empezar, el terapeuta debe realizar una meditación de purificación en la posición del loto.

Para realizar los masajes, es muy importante crear un ambiente armónico (el color de las paredes de la sala, poner una música relajante, que la habitación esté perfumada con flores o con incienso).

A masajear se comienza siempre por la cabeza y se continúa por la espalda. El masajista no va directo a la zona que tiene problemas, sino que, a través de las manipulaciones, va haciendo limpieza para desbloquear zonas más amplias de tensión.

El especialista usa sus manos con suavidad, sin presionar en exceso pero de manera firme. El último pase es una especie de despedida que permite que el paciente pueda irse en paz consigo mismo y con el mundo.

ALGUNAS PRECISIONES SOBRE LA MEDICINA TIBETANA

-En el tratamiento tibetano, si las plantas no dan resultado, se puede intentar con otras alternativas.

Verdadero. Si el enfermo no responde a la Fitoterapia, el médico puede recurrir a herramientas complementarias como el masaje, la aplicación de compresas, Hidroterapia y un tipo peculiar de Acupuntura.

-La efectividad del sistema de diagnóstico tibetano basado en la observación de la orina otorga resultados muy precisos.

Verdadero. Por ejemplo, un buen médico tibetano no sólo puede diagnosticar una otitis media en un paciente tan sólo observando su orina, sino también puntualizar si es en el oído derecho o izquierdo.

-La manera en que una persona se comporta en sociedad con sus semejantes es tomada como una importante medida higiénica.

Verdadero. Según el budismo tibetano, mantener las promesas, ser discreto, modesto, generoso, son requisitos esenciales para evitar enfermarse. La medicina está influenciada por textos sagrados como el que afirma: "En su búsqueda de la felicidad, los hombres son empeñados en todo tipo de actividades mundanas. Pero incluso cuando su fin es obtenido, los cinco placeres de los sentidos se convierten en fuente de sufrimiento si no se practica la Ley de Buda. Por eso, los que desean una felicidad inalterable cumplen la Ley".

-Para realizar una prueba de diagnóstico, la Medicina Tibetana no le exige al paciente ningún requisito especial.

Falso. Por ejemplo, las condiciones previas para el examen de orina son muy parecidas a las necesarias para tomar el pulso. El paciente debe estar tranquilo, la noche anterior no puede mantener relaciones sexuales y su alimentación debe ser sencilla, absteniéndose de tomar té, cerveza o agua en grandes cantidades, ya que estas bebidas modifican el color de la orina.

-Para la manera de ver de los tibetanos, el clima meteorológico imperante no tiene absolutamente nada que ver con la salud de la gente.

Falso. Cada estación exige un estilo de vida particular para evitar desequilibrios vinculados con las características meteorológicas de ella. Esta teoría es la base de la medicina preventiva. Esto incluye no sólo abrigarse bien o no exponerse al sol durante el verano sino, también, tener en cuenta la estación vigente para consumir los alimentos que crecen en esa época del año.

-Esta disciplina terapéutica no se ocupa de tratar problemas mentales.

Falso. La Medicina Tibetana se interesa por los trastornos psíquicos. Cree, por ejemplo, que la esquizofrenia es una enfermedad provocada por la falta de afecto. Propone darle mucho amor al enfermo y después fortalecer su actitud mental.

"SI ASUMIMOS UNA ACTITUD DE HUMILDAD, CRECERÁN NUESTRAS CUALIDADES. MIENTRAS QUE SI SOMOS ORGULLOSOS, SEREMOS PRESAS DE LOS CELOS, DE LA IRA Y VEREMOS CON DESPECIO A LOS DEMÁS. Y POR ELLO REINARÁ LA INFELICIDAD."

Dalai Lama

Sección 3

Introducción

DIETA Y NUTRICION

Es conocido en todo el mundo el adagio "Somos lo que comemos". Biológica y químicamente esto es real, pero también lo es respecto de lo emocional y lo espiritual. El ser humano y su alimento son, ambos, reflejo de la misma Naturaleza que no distingue entre materia y espíritu. Por eso, antes de pasar a las terapias basadas en la dieta y la nutrición es importante dedicar un tiempo al análisis de la relación entre los alimentos y las emociones.

COMO INFLUYE LA COMIDA EN NUESTRA ACTITUD DE VIDA

Como ha sucedido con la mayoría de las disciplinas científicas modernas, la nutrición ha intentado desligar lo físico de lo espiritual, dedicándose exclusivamente a lo primero, como si esto no tuviera ninguna influencia sobre lo segundo. De hecho, para cualquier persona de pensamiento científico tradicional podría sonar absurdo hablar del espíritu relacionado con la alimentación.

Sin embargo en los últimos tiempos, en especial a partir del desarrollo de la neurobiología, la ciencia comenzó a abrirse a las múltiples relaciones que en realidad hay entre la forma de alimentación y los comportamientos humanos. Esto, en la medida en que comienza a difundirse en forma masiva, va alejando y aclarando de a poco las muchas confusiones que las personas tenemos en nuestra relación con la comida. La proliferación indiscriminada de dietas en las últimas dos décadas es un signo de esa confusión.

Esto no era así entre nuestros antepasados. Ya hablemos de comunidades agrícolas o nómadas, en general mostraban una claridad que, dentro de su origen intuitivo, poseía un rigor notable porque estas gentes estaban obligadas a conocer de cerca la Naturaleza. Por lo tanto, sabían que el alimento era la base de su sangre, sus huesos y su sistema nervioso pero también un catalizador del modo de pensar y la forma de vivir de cada comunidad. Los alimentos que consumían formaban sus rasgos físicos de una manera determinada, así como su visión del mundo.

Comprendían que el ser humano es un reflejo de la Naturaleza en la que se desarrolla, al igual que esa Naturaleza refleja al ser humano que la habita y la modifica con su forma de vivir, su agricultura, su cultura.

En este contexto, los alimentos –tanto para nutrirse como para curarse– formaban parte de un ecosistema inseparable de las personas que los producían, recogían y consumían.

CUERPO Y ALIMENTOS

A medida que las personas se fueron reuniendo en ciudades y distanciándose más y más de sus fuentes de alimentos, esta sabiduría fue alejándose y haciéndose vaga y evanescente. Las personas dejaron de tener relación directa con su comida, y este fue el punto de partida para llegar a la situación de confusión que antes mencionamos. De hecho, nunca hubo tanta obesidad como en esta época donde reinan las dietas.

Esto no implica que las dietas estén mal o que no haya que luchar contra el sobrepeso, sino que estas descompensaciones –por no hablar directamente de las enfermedades provocadas por la forma de nutrición– muestran el desconocimiento general acerca de lo que el cuerpo necesita y el "divorcio" entre la persona y el alimento.

Buena parte de este desconocimiento pasa por los efectos emocionales de la comida. Si sólo pensamos en el alimento como algo mecánico, o como el enemigo que nos trae colesterol o hipertensión, no estamos teniendo respeto por algo esencial. En realidad, habría que recordar que comer en forma indiscriminada, comer apurados o en exceso, o quedarse sin comer todo el día, son verdaderas violaciones de las leyes naturales. Antes de pensar en las calorías o los hidratos de carbono, hay que entender que el cuerpo y su alimento son la misma cosa y deben reconciliarse, respetarse mutuamente y facilitar la buena relación entre ambos. La inteligencia natural de nuestro cuerpo sabe lo que es bueno para él.

Nuestras emociones, y este concepto debe ser incorporado a la visión cotidiana de la vida, no están separadas del cuerpo. Forman parte de la unidad que somos con nosotros mismos y el entorno y, por lo tanto, pueden ser dañadas por la comida y perjudicarnos, a su vez, en diversos aspectos.

ESTRES Y AFECTIVIDAD

Vivimos en una sociedad donde sobran los alimentos y faltan los afectos.

En un ambiente así, muchas veces la comida tiende a ser utilizada para tapar el vacío que hay en las relaciones sociales y personales.

Las situaciones de estrés, por ejemplo, generan un hambre que no es física sino psíquica, porque responde, fundamentalmente, a una necesidad de consuelo y bienestar, y no a exigencias nutricionales.

El estrés reduce las reservas de serotonina, un neurotransmisor relacionado con las sensaciones de bienestar emocional y saciedad. Esta carencia genera una inquietud que lleva a comer en exceso y que no es fácil de controlar.

Pero sólo los hidratos de carbono complejos –pan, arroz, pasta, cereales- ayudan a una producción eficaz y duradera de serotonina. Lo cual significa que estos alimentos, ingeridos en dosis correctas y sin mezclarlos con grasas, pueden, directamente, mejorar el estado de ánimo decaído por estrés.

En el extremo opuesto, las frutas son los únicos alimentos ricos en hidratos de carbono que no alivian el estrés porque no propician la producción de serotonina. Esta es la razón por la cual al comer frutas el hambre psicológica persiste. Por ello vale repetir que una alimentación adecuada puede ser la base no sólo de la salud física, sino de una saludable estabilidad emocional y mental.

LOS SABORES Y LAS EMOCIONES

La preferencia o el rechazo por determinados sabores marcan tendencias emocionales. Esto ya ha sido estudiado hace miles de años por la Medicina Tradicional China y, básicamente, podríamos hablar de cinco sabores principales:

El problema con la sal es que si se abusa de ella, cada vez se necesitará comer más y más. De ahí que los alimentos salados estén íntimamente asociados con los deseos compulsivos y la ansiedad.

La sal estimula el riñón y la vejiga, y su

exceso puede afectar el corazón. Algunos miedos podrían tener su origen en una insuficiencia del riñón (hablando en términos energéticos), que puede compensarse con alimentación rica en legumbres y cereales. Estos alimentos, a su vez, impulsan la fuerza de voluntad.

✔ DULCE

La apetencia por lo dulce está asociada con la preocupación. Moderadamente, el sabor dulce calma la inquietud y el humor excitado, pero también puede llevar a sentimientos de codicia y complacencia e, incluso, a la dependencia emocional.

En general lo dulce beneficia energéticamente el bazo y el estómago; si el bazo está débil, esto puede deberse a una insuficiencia de sangre que repercute en hígado y corazón, lo cual lleva a depresión o ansiedad.

✔ PICANTE

Cualquier picante es, en un punto, un excitante físico que estimula las sensaciones corporales. Pero consumido en exceso, lo que hace es irritar. Exactamente lo mismo sucede con las emociones en relación con alimentos de esta característica.

También se asocia lo picante con la tristeza, por lo que en dosis moderadas puede compensar un estado melancólico.

✔ ACIDO

Por una parte, los sabores ácidos -así como los agrios- agudizan el intelecto y promueven el ingenio. Pero su exceso puede tener un efecto sobre el carácter, tornándolo amargo o provocando resentimientos.

Es beneficioso para el hígado y la vesícula. La visión oriental señala que una persona es irascible cuando tiene un exceso del elemento Fuego en los citados órganos, por lo cual debe comer alimentos ácidos de naturaleza fresca para compensar ese exceso.

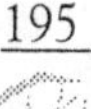

El exceso de alimentos de este sabor suele estar asociado con emociones amargas, sensaciones de insatisfacción y frustraciones. Pero en forma moderada beneficia el corazón y el intestino delgado y por lo tanto, se lo asocia con la alegría y el amor.

Los chinos dicen que la ansiedad y el insomnio se relacionan con insuficiencia de energía yin en el corazón, para lo cual se recomienda tomar frutas y verduras amargas.

VITAMINAS, MINERALES Y SENTIMIENTOS

La industria alimenticia refina los alimentos y en este proceso los priva de algunas vitaminas y minerales que, en algunos casos, son fundamentales para el sistema nervioso. Estos elementos deben ser tenidos en cuenta en nuestra dieta, porque pueden afectar en forma muy directa nuestras emociones y estados de ánimo. Por ejemplo:

- *La carencia de vitamina B1 puede afectar los niveles de serotonina (de cuya importancia ya hablamos).*
- *La depresión está asociada directamente con una deficiencia de ácido fólico, elemento que se encuentra en las verduras de hoja, el arroz y el pan integral.*
- *La carencia de vitamina B6 favorece la irritabilidad y el desánimo; esta vitamina preferentemente debe incorporarse con el pan integral y el arroz, que la contienen en buena cantidad.*
- *Los altibajos emocionales han sido relacionados con una deficiencia de vitamina B3, que es común en legumbres, frutos secos y cereales integrales.*
- *La dieta macrobiótica otorga en general un estado de ánimo sereno y centrado. Es probable que se deba a que se basa en el arroz*

integral, que es sumamente rico en las vitaminas del grupo B y permite la estabilización de los niveles de glucosa, mejorando el estado de ánimo y la concentración.

- *La escasez de cinc –que en algunos vegetarianos suele darse con frecuencia- conduce a estados depresivos, o bien promueve una muy baja resistencia al estrés.*
- *La ansiedad y la ingesta compulsiva de dulces -para aumentar la secreción de insulina- se relaciona con una deficiencia de cromo, elemento presente en las legumbres, el germen de trigo y la levadura de cerveza.*
- *La inquietud y también la irritabilidad pueden ser impulsadas por la carencia de magnesio; este elemento es un componente de la clorofila y abunda en hortalizas y frutos secos.*
- *Los huevos, lácteos, cereales y la sal marina contienen iodo, cuya carencia se asocia con la apatía y la fatiga.*

LA FORMA Y EL COLOR

Como dijimos, el ser humano es reflejo de la Naturaleza que lo alimenta y le da vida. Desde esta concepción, podemos establecer algunas pautas acerca de la relación entre las características externas de un alimento y su influjo sobre lo emocional:

- Los alimentos redondos impulsan benéficamente la atracción sexual, la sensualidad, la serenidad y la sensación de satisfacción.
- Los alimentos de color rojo promueven la fuerza, el calor, la intensidad; también ayudan a los comportamientos defensivos.
- La forma cúbica en los alimentos, o la presencia de ángulos punzantes en los mismos, impulsan sensaciones y conductas como irritabilidad, excitación, reto, repulsión o actitud inquisitiva.

• Los alimentos secos y duros directamente producen esas mismas características sobre el carácter.

• Los suaves y cremosos benefician un carácter o forma de ser donde prima la suavidad, la inocencia y la compasión.

• Las personas que gustan de los alimentos pegajosos o pesados suelen tener dificultades para quitar de sus vidas situaciones de esas mismas características.

• El color verde está íntimamente asociado con la independencia, la espontaneidad, la apertura mental, pero también la frialdad.

• Los alimentos negros impulsan la melancolía, pero también promueven la dignidad, la fuerza y el poder.

• El marrón en los alimentos es el color de la terrenalidad, el confort y la seguridad, pero también del aburrimiento.

COCCION, EMOCIONES Y SALUD

La forma de cocción de los alimentos también influye en las emociones, por supuesto, ya que en muchos casos modifica la composición de los mismos de diversas maneras. La siguiente tabla proporciona un vistazo rápido a las principales características de cada forma de cocción, según su asociación tanto con emociones básicas como con órganos vitales y además, se agregan unas sugerencias de alimentos que pueden equilibrar cada caso:

COCCION	EMOCION	ORGANO	SABOR	EQUILIBRADORES
Cocción prolongada	Miedo	Riñón/Vejiga	Salado	Zanahorias, lentejas, arroz, nabos, algas.
Al vapor	Ira	Hígado/Vesícula	Ácido	Bróccoli, cebada, berro, hoja de nabo, ortigas.
Hervidos	Compasión	Estómago/Bazo /Páncreas	Dulce	Arroz, cebolla, calabaza, mijo.
A presión	Aflicción	Pulmón/Intestino grueso	Picante	Jengibre, arroz, kozu, nabos.
Crudos	Alegría	Corazón/Intestino delgado	Amargo	Escarolas, endibias, lechuga, arroz, maíz, alcachofa.

LAS EMOCIONES Y LA ENFERMEDAD

Cuando una persona está estresada aumenta su producción de adrenalina y, como ya se explicó, disminuye la de serotonina. El exceso de adrenalina puede dañar rápidamente su estómago. Los trastornos más comunes relacionados con lo digestivo y lo alimentario son la anorexia y la bulimia, las cuales muestran muy claramente la estrecha relación entre emociones y comida y cómo el alimento es la punta visible de un problema o desequilibrio por completo psicológico.

Las personas que no toleran bien las frustraciones, que tienen dificultades para expresar sus sentimientos o que muestran un alto nivel de preocupación constante suelen desarrollar úlceras de estómago o síndrome de colon irritable, enfermedades que, a menudo, son tratadas sólo desde lo gastroenterológico sin medir la conveniencia de utilizar la psicoterapia para encaminar las causas profundas de esas dolencias.

COMER Y SENTIRSE BIEN

Estos son algunos consejos básicos para que nuestra actitud, ante el hecho de alimentarnos, ayude a que la comida y nuestras emociones se integren benéficamente.

- *Coma sólo cuando tenga hambre, no como parte de una ceremonia social.*
- *No se siente a comer si está irritado o enojado. El cuerpo estará mucho mejor sin alimentos, hasta que usted se sienta mejor.*
- *Evite distraerse mientras come; ni televisión, ni lectura, y mucho menos cualquier clase de discusión o conversación apasionada.*
- *Tómese todo el tiempo necesario para comer masticando bien y muy lentamente.*
- *Evite comer en compañía de personas que no lo hacen sentir bien, y promueva comer con gente con quien esté a gusto.*

• Siempre haga una pausa antes de comer y siéntese en silencio, para que comience la comida con serenidad.

• Cuide la calidad de sus alimentos. No necesita comer mucho y malo, sino poco y bueno. Recuerde que su cuerpo apenas necesita unas 1700 calorías para funcionar a pleno: elíjalas bien.

• Prefiera alimentos frescos, sin aditivos, de estación, y mejor si son de origen artesanal o biológico.

• No coma alimentos muy fríos ni muy calientes, en especial las bebidas.

• En lo posible, incluya en cada comida todos los sabores: amargo, dulce, agrio, salado. Un menú como ejemplo: pollo a la parrilla con arroz al vapor (salado, agrio, picante), ensalada de lechuga (amargo) y helado de vainilla (dulce)

"LA ALIMENTACIÓN DEL FUTURO DEBERÍA PARECERSE A LA DE NUESTROS ABUELOS, QUE COMÍAN ALIMENTOS NATURALES Y POCO MANIPULADOS"

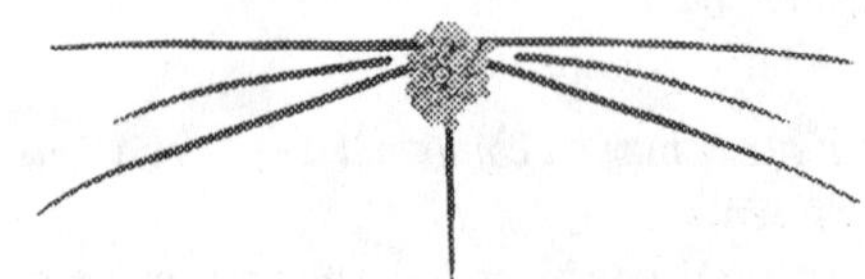

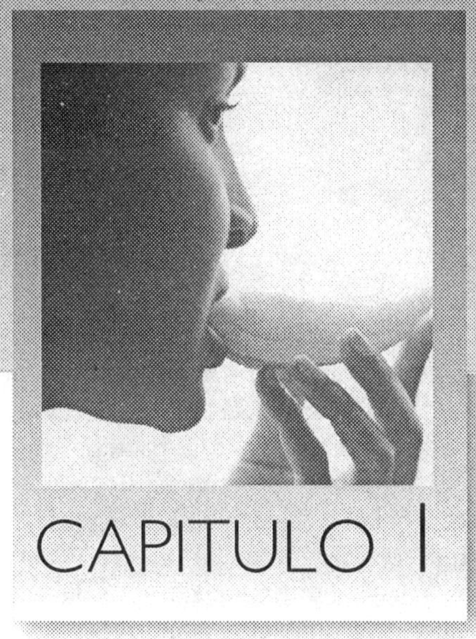

CAPITULO I

Ayuno

ES UNA TERAPIA CAPAZ DE RESTABLECER LA ENERGÍA Y EL EQUILIBRIO AFECTADOS POR LA ACUMULACIÓN DE TOXINAS, PURIFICANDO CUERPO Y MENTE.

Practicado desde hace miles de años, el Ayuno es una de las disciplinas alternativas que mejores resultados brinda al organismo. La abstinencia alimenticia era usada como método de curación por muchas especies animales aún antes de la aparición del hombre.

Los chinos fueron quienes primero lo implementaron como curación, pero la difusión de esta práctica se verificó entre muy diversas culturas y religiones: hebreos, hindúes, egipcios, griegos y romanos, entre otros, fueron y en muchos casos aún son practicantes del Ayuno en sus distintas formas.

UNA TERAPIA DE DEPURACION

El Ayuno como terapia es una manera de ayudar al cuerpo a que recupere las energías indispensables para restablecer las células enfermas y formar células sanas. Además, sirve para destruir las bacterias invasoras del organismo, acrecentar la eliminación de sustancias nocivas, tóxicas y patológicas y aumentar la capacidad defensiva de la sangre.

La sensación de hambre que sentimos al iniciar un Ayuno desaparece al promediar los primeros dos días de abstinencia. Esto se debe a la acción de mecanismos psicológicos pero también a la intervención del hipotálamo: este es el encargado corporal de indicarnos cuándo debemos comer a través de lo que se denomina “el centro del hambre”.

Nuestro cuerpo es sabio. Luego de un lapso de no recibir alimentos, se produce una disminución del nivel de glucosa en la sangre. Entonces el cuerpo extrae la glucosa necesaria de las reservas corporales, que se encuentran en forma de glucógeno en las grasas y las proteínas. Cuando estas reservas se agotan reaparece la sensación de hambre. El factor corporal es, entonces, quien determinará finalmente los límites del Ayuno que realicemos.

DIETAS Y TRATAMIENTOS

Hay distintas variantes para seguir en cuanto a Ayunos depurativos. Lo único imprescindible antes de encararlo es entender que un Ayuno es una decisión voluntaria, y que sólo debe tomarse como una opción para hacer descansar al organismo, no como una conducta habitual.

Por supuesto que junto con la conducta dietaria, durante los días de Ayuno es menester cambiar y evitar todo otro hábito no saludable, como por ejemplo el café, el tabaco o el consumo de bebidas alcohólicas o drogas.

El resultado de un Ayuno realizado con conciencia y convicción se notará no sólo físicamente, sino también en estados de introspección y de revisión interna que se presentarán naturalmente, acompañados por un aumento de la vitalidad.

Además de las alternativas muy efectivas que le presentamos en este capítulo, en caso de ayunar por necesidades terapéuticas debe ser siempre bajo cuidados profesionales. Recuerde que un Ayuno es una práctica que no puede realizarse indiscriminadamente. Los que aquí recomendamos son Ayunos depurativos que no duran más de tres días. Para cualquier alternativa más extensa, busque el consejo de un especialista.

BAJAR DE PESO ES SOLO UNA DE LAS FINALIDADES DEL AYUNO

EL AYUNO DE LAS UVAS

Una de las mejores variantes de dieta depurativa es la de las uvas. De por sí, las dietas de una sola fruta desintoxican el organismo y ayudan a perder peso. Las fibras solubles que contiene ralentizan la absorción de grasas y de hidratos de carbono a nivel intestinal y producen una gran sensación de saciedad.

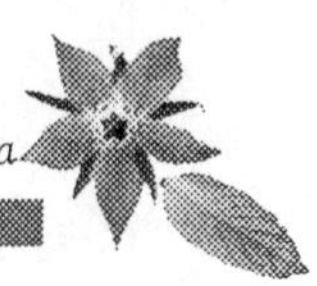

Cómo realizar esta dieta

- *Comer diariamente –hasta tres días consecutivos- un mínimo de un kilo doscientos gramos de fruta, repartidas en pequeñas ingestiones cada dos o tres horas.*
- *No ingerir más de dos kilos diarios de fruta.*
- *Se debe acompañar esta dieta ingiriendo dos litros de agua cada día.*

Los beneficios más notorios del Ayuno de las uvas

- *Pasar tres días comiendo sólo uvas –con pulpa, piel y semillas-, además de desintoxicar, combate el estrés, el cansancio y el reumatismo.*
- *Acelera el metabolismo.*
- *Impide el estancamiento de sustancias tóxicas en los tejidos (lo cual produce celulitis).*
- *El agua que contienen es el mejor depurativo; por eso, luego de una cura de este tipo, la piel queda suave y brillante.*
- *La uva es energética, porque es muy rica en azúcares simples (fructosa y glucosa), de fácil asimilación y digestión.*
- *Gracias a su alto contenido de minerales como el sodio, el hierro y el potasio, así como de vitaminas A y del grupo B, resulta remineralizante y estimulante, ya que todos estos nutrientes facilitan el trabajo del corazón, el páncreas, la bilis y el hígado.*
- *Es un eficaz reconstituyente del sistema nervioso.*
- *Por su riqueza en fibras, es un buen regulador de la actividad del intestino.*
- *Su riqueza en taninos y fenoles le otorga cualidades desinfectantes.*

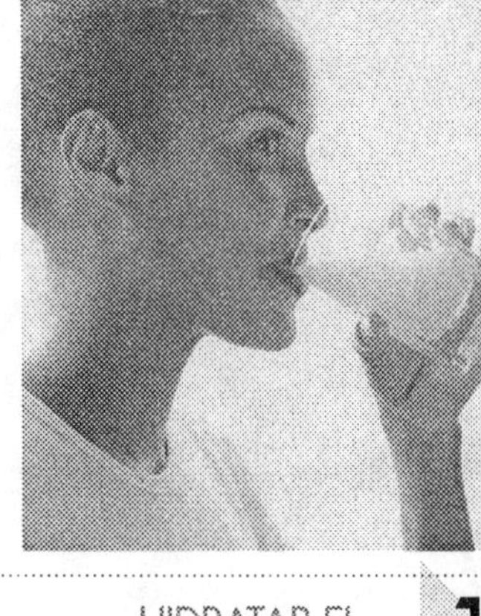

HIDRATAR EL CUERPO CON AGUA, JUGOS Y SOPAS ES FUNDAMENTAL PARA EVITAR EL DECAIMIENTO

LOS 10 BENEFICIOS DE AYUNAR

1 Depuración del aparato digestivo

Durante un Ayuno terapéutico se evacuan por completo los aproximadamente 2,5 kg de materia fecal y residuos acumulados en los intestinos.

2 Depuración de la sangre, del aparato renal y del hígado

Estos órganos están, generalmente, recargados de toxinas, las cuales ingresan en todo momento a través de las comidas, las bebidas y el aire ambiental.

3 Desintoxicación de las células del organismo

Las sustancias tóxicas que ingresan a diario en el organismo son acumuladas especialmente en las células, aunque no siempre en el tejido graso y muscular. La única manera de "limpiar" a fondo las células es evitar el in-

greso de toxinas durante un tiempo suficientemente prolongado, mientras el organismo continúa eliminándolas. Esta posibilidad es brindada solamente por el Ayuno, que produce cambios notorios en todos los tejidos corporales.

4 Pérdida de peso con poca o sin hambre

Luego del período inicial de adaptación al Ayuno, durante el cual el practicante suele sentir hambre, el organismo realiza un cambio en sus procesos metabólicos, gracias a lo que llega a un nuevo estado de equilibrio en el que desaparecen el hambre y la necesidad de ingerir alimentos sólidos.

5 Desaparición de la retención de líquidos

La limpieza de la sangre y del aparato renal permite también la eliminación del exceso de líquidos acumulados en los miembros inferiores y el abdomen.

6 Renovación de la piel y el cabello

Al depurarse el organismo y la sangre, los tejidos de rápido crecimiento -como la piel, el cabello y las uñas- crecen en forma rejuvenecida, desapareciendo manchas y arrugas.

7 Mejoría de las funciones sensoriales

El efecto renovador del Ayuno mejora la visión, el olfato y el sentido del gusto. Es común oir a una persona que realizó un Ayuno decir que siente mejor los sabores y el olor de las comidas.

También se ha utilizado el Ayuno con éxito en enfermedades oculares como el glaucoma, las cataratas y la degeneración de la retina relacionada con edad avanzada.

8 Control de la Presión Arterial

En muchos casos, el Ayuno normaliza la presión arterial sin necesidad de medicamentos. Las mediciones suelen permanecer estabilizadas aún cuando la persona retoma su dieta y estilo de vida habitual.

9 Aumento de la lucidez mental

Quienes realizan Ayunos terapéuticos afirman que su velocidad mental se incrementa en forma notoria. Lo mismo sucede con la memoria, la atención y la capacidad de concentración.

10 Aumento de la energía física

Al contrario de lo que pudiera pensarse, quienes ayunan experimentan un marcado incremento de su vigor y energía física. Al mismo tiempo, desaparece todo tipo de molestias musculares como dolores, calambres, contracciones o pesadez en los miembros. Estos beneficios perduran mucho después de haber finalizado el Ayuno.

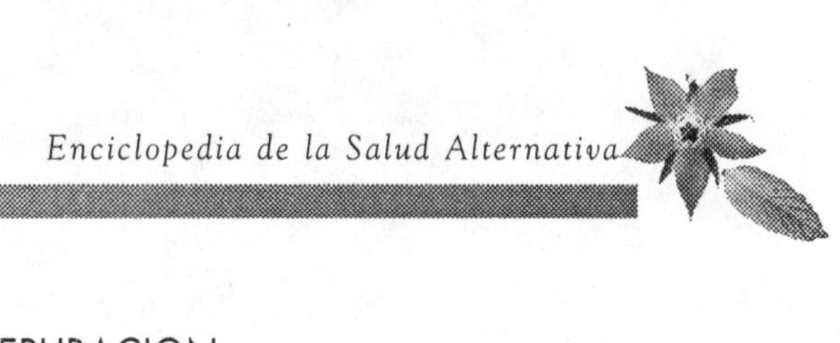

SEIS VARIANTES DE DEPURACION

UNA DE LAS DEPURACIONES MAS EXITOSAS SE REALIZA CON FRUTILLAS

1) Cura de Frutillas:

- *Cinco tomas de frutillas al día, hasta saciarse en cada una.*
- *Como variante, se puede alternar las frutillas con otra fruta cruda.*
- *También se puede acompañar una de las tomas con yogur o kéfir.*

2) Dieta de Alimentación Cruda:

- *Frutas por la mañana y la noche.*
- *A media mañana y media tarde, jugos o infusiones.*
- *Puede hacerse una comida, como papilla de copos de avena, verduras o arroz integral.*

3) Ayuno de Jugos:

- *Caldos Vegetales en almuerzo y cena.*
- *Infusiones entre horas.*

4) Ayuno de jugos de frutas y verduras:

- *Seis tomas diarias.*
- *Se pueden combinar a gusto de cada practicante.*

5) Ayuno de Infusiones:

- *Seis tomas al día.*

6) Cura de Avena:

- *Desayuno de copos de avena, fruta y yogur.*
- *Almuerzo y cena con papilla de copos de avena y verduras.*
- *Frutas entre horas.*

SI AYUNA, TENGA EN CUENTA QUE...

• Si se siente mal debe suspender inmediatamente la abstinencia de alimentos, retomando la ingesta habitual en forma paulatina, nunca bruscamente.

• Mientras ayuna, es preciso no realizar actividad deportiva alguna, ya que quemar grasa, proteínas y elementos vitales del organismo implicaría tener que reponerlos de inmediato para evitar descompensaciones.

• Hay pocas excepciones, pero las hay. No se debe practicar Ayuno en caso de padecer tuberculosis pulmonar, delgadez extrema, insuficiencia renal, cardiopatías graves, diabetes y miedo al Ayuno.

• Sí es absolutamente indicado para otras patologías como: dermatosis, obesidad, alteraciones renales, endocrinas y hepatodigestivas, tumores, celulitis, catarro, envejecimiento prematuro y problemas cardiovasculares.

RECUERDE...

- El Ayuno terapéutico puede ser una gran ayuda para una persona drogadependiente. El impacto que tiene el poder desintoxicante del Ayuno, tanto sobre el organismo como sobre la vida espiritual, contribuye a la recuperación de adicciones como el tabaquismo, el alcoholismo y las drogas.
- El Ayuno produce una llamativa regulación del estado emocional, haciendo desaparecer problemas como insomnio, nerviosismo, depresión y ansiedad.
- Así como se puede ayunar privándose de los alimentos tóxicos, también se lo puede privar de las emociones negativas y las malas acciones. Para muchas religiones, el Ayuno es una purificación integral.
- La acumulación de toxinas llega a convertirse en un grave inconveniente para el organismo y la mente.

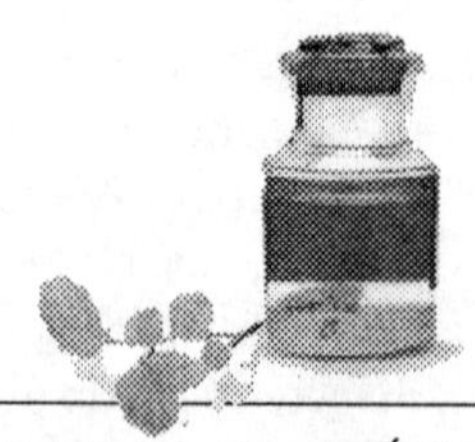

"EL AYUNO TERAPÉUTICO SIEMPRE DEBE SER GUIADO POR UN PROFESIONAL."

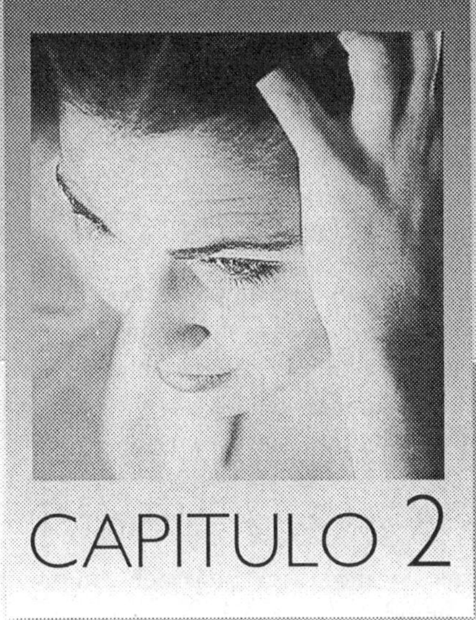

CAPITULO 2

Colonterapia

UN COLON SALUDABLE PUEDE ALIVIAR UNA GRAN CANTIDAD DE MOLESTIAS QUE VAN DESDE UN DOLOR DE CABEZA Y DE ESPALDA A LA ARTRITIS Y LA HIPERTENSIÓN.

Un colon saludable es esencial para la absorción de nutrientes vitales y la eliminación natural de desechos corporales y toxinas.

El colon, junto con la piel, riñones y pulmones, es uno de los órganos mayores entre aquellos que se dedican a eliminar los desechos corporales. La saludable función del colon es esencial para la buena digestión y la absorción apropiada de nutrientes.

Si los movimientos del intestino no están funcionando correctamente, no se eliminan productos consistentes, desechos y toxinas de una manera regular, y la salud puede comprometerse. La terapia del colon usa una serie de fluidos colónicos acuosos para limpiar y detoxificar el intestino grueso y ayudar en la reconstitución de la flora intestinal.

Las metas terapéuticas de la Colonterapia son equilibrar la química del cuerpo, eliminar los desechos, y restaurar los tejidos y la función orgánica.

EL PAPEL DEL COLON EN LA SALUD Y LA ENFERMEDAD

LA TERAPIA COLONICA SIEMPRE DEBE SER REALIZADA BAJO EL CONTROL MEDICO

El colon (intestino grueso, recto y ano) es un componente importante del sistema gastrointestinal, el más grande del cuerpo. La longitud del tracto gastrointestinal tiene entre ocho y nueve metros.

El funcionamiento apropiado del colon es esencial a la salud global. Cuando el colon es incapaz de funcionar eficazmente, una acumulación de toxinas puede juntarse en la linfa, en el torrente sanguíneo y en los intestinos.

Su funcionamiento apropiado depende de:

Una dieta equilibrada y completa:

Es especialmente recomendable que no falten comidas de alto contenido en fibra como los granos, legumbres, verduras y frutas.

Un equilibrio de bacterias favorables:

Un tracto gastrointestinal saludable contiene casi sesenta variedades de bacterias o microflora que ayudan a la digestión, promueven la fabricación de nutrientes vitales, ayuda a mantener el pH apropiado (el ácido-base) en equilibrio, y mantiene en jaque a las bacterias dañinas.

Mucosa colónica saludable

La mucosa, o capa celular superficial que bordea el intestino, permite el pasaje de nutrientes en el torrente sanguíneo, secreta hormonas y lubricante, y previene la absorción de toxinas.

Tono muscular apropiado

Aproximadamente quince movimientos de contracción ocurren en el colon por minuto. Conocido como peristalsis, esta acción mueve la comida a través del tracto intestinal y ayuda a aumentar al máximo, la absorción de valiosos líquidos y nutrientes.

Evacuación oportuna de desechos

El movimiento regular del intestino y la eliminación de heces previene el aumento de substancias tóxicas, que es el resultado de la putrefacción y la fermentación excesiva. Según el doctor Joseph Vargas, fundador y Director del Wholistic Health Center de Houston, Texas, "los movimientos del intestino deben ser completos y frecuentes, diariamente, para prevenir los residuos tóxicos y evitar que permanezcan en el cuerpo."

TOXEMIA INTESTINAL

Explica el Dr.Collins: "Cuando el colon se carga con una acumulación de material de desecho -excremento, bacterias, hongos, virus, parásitos, material celular muerto- el resultado es denominado "toxemia intestinal". Esta condición causa la inflamación de la superficie del intestino, y puede llevar a otros problemas de salud. La absorción normal de nutrientes, funciones secretorias, y la función muscular normal del colon se interrumpen. El resultado es el movimiento intestinal irregular e ineficaz, que suprime la capacidad de recuperación y alienta otros problemas".

La toxemia del intestino y la digestión impropia pueden causar un aumento de bacterias patológicas, los virus, y pueden fermentar y proliferar gases putrefactos que ponen en peligro al cuerpo y pueden llevar a otras enfermedades.

SINDROME DEL INTESTINO RESQUEBRAJADO

Cuando la materia tóxica y la comida no digerida, reunidas en el intestino como resultado de la toxemia intestinal, son absorbidas en el torrente sanguíneo, el resultado es una condición médica reconocida como el "síndrome del intestino resquebrajado".

Las moléculas de comida no digeridas actúan como los antígenos, substancias extrañas que provocan una reacción inmune. Muchos de estos antígenos son similares en la estructura a los componentes normales del cuerpo, y los anticuerpos que se produjeron para enfrentarlos pueden destruir los tejidos saludables.

Los recientes estudios sugieren que esta reacción inmune contribuye a, o puede causar, artritis reumatoidea y otras enfermedades degenerativas.

También pueden absorberse bacterias y sus derivados tóxicos de los intestinos en el torrente sanguíneo. Una deficiencia en la secreción de IgA, un anticuerpo en el colon que liga la comida y los antígenos bacterianos, puede causar una entrada de antígenos de los intestinos en el torrente sanguíneo. Estos antígenos pueden inducir enfermedades del sistema autoinmune como la enfermedad de la tiroides, miastenia gravis (una enfermedad caracterizada por gran debilidad muscular), y algunas formas de meningitis, según el doctor Patrick Donovan.

Asimismo pueden entrar toxinas en el torrente sanguíneo desde el hígado, el sistema circulatorio, el linfático, y los órganos excretorios como de los pulmones y riñones. Puesto que el hígado tiene un papel vital limpiando de toxinas a la sangre, cualquier deterioro de su función puede agravar el daño ya hecho por la toxemia del intestino. Todos estos factores hacen que un colon funcionando apropiadamente resulte indispensable para el mantenimiento de la buena salud.

UNA SESION DE COLONTERAPIA TIPICA

En una sesión típica, el terapeuta especializado introduce suavemente un aplicador, o speculum, en el ano. El agua filtrada, y de vez en cuando hierbas u oxígeno, se introducen gradualmente y se sueltan en el colon para quitar materia fecal y exceso de gases.

La terapia del colon ayuda a desalojar materia fecal entrampado en los bolsillos y pliegues del colon. De esta manera, ayuda a que la flora normal se restaure.

Una sola sesión dura de treinta a cuarenta y cinco minutos y usa de dos a seis litros de agua. La irrigación colónica limpia el colon entero (un metro y medio), de forma diferente a una enema que limpia sólo los primeros 30 centímetros del intestino.

Previo a una terapia del colon, es aconsejable comer y beber ligeramente. Una enema vaciará el recto de antemano y aumentará la eficacia de la terapia del colon. Después de ésta debe tomarse comida suave y nutritiva, como las sopas de verdura, caldos, frutas y jugos vegetales en general. Una sola sesión de Colonterapia puede no ser bastante para producir todos los beneficios posibles. Puede ser necesario tener varias si hay problemas duraderos o algo serio como el estreñimiento.

Según el doctor Collins muy a menudo se sueltan los residuos tóxicos en el torrente sanguíneo y el lumen (dentro del intestino) durante la terapia del colon. Aunque la irrigación colónica normalmente es un alivio y la experiencia, muy refrescante, una descarga de estas toxinas en el torrente sanguíneo puede provocar una "crisis curativa temporal".

Hay ciertas contraindicaciones para la terapia del colon, incluso la colitis ulcerativa (la ulceración del colon), diverticulitis (inflamación en el tracto intestinal que causa estancamiento de excremento), la enfermedad de Crohn (en el estado inflamatorio agudo), las hemorroides severas (los espasmos en los músculos que rodean la próstata), y tumores del intestino recto. Los pacientes en un estado debilitado deben evitar la Colonterapia sin la vigilancia médica directa.

HISTORIA DE LA COLONTERAPIA

Como tratamiento para la enfermedad, la Terapia del Colon está registrada en los más tempranos documentos médicos conocidos.

Hace ochenta años, el pionero de la salud natural John Harvey Kellogg, de Battle Creek, Michigan, la usaba para evitar la cirugía en la mayoría de sus pacientes afectados por enfermedades gastrointestinales.

La popularidad de la Colonterapia alcanzó su cenit en los Estados Unidos hacia 1920 y 1930. En ese momento, las máquinas de irrigación colónicas eran una imagen común en los hospitales y los consultorios médicos. Aunque el interés se apagó con el advenimiento de los tratamientos farmacéuticos y quirúrgicos, la terapia del colon está recuperando una vez más la popularidad y es usada ahora normalmente por los practicantes de terapias naturales.

LAS CONTRAINDICACIONES PARA ESTE TRATAMIENTO SON: COLITIS, DIVERTICULITIS, ENFERMEDAD DE CROHN, HEMORROIDES Y TUMORES INTESTINALES.

BENEFICIOS PARA TODO EL CUERPO

La terapia del colon suelta las toxinas, limpia la sangre, estimula el sistema inmunológico, y ayuda a restaurar el equilibrio del pH en el cuerpo. La Colonterapia puede ayudar en una gama amplia de síntomas relacionados con trastornos del colon, incluyendo:

- ✔ *DOLOR DE ESPALDA*
- ✔ *DOLOR DE CABEZA*
- ✔ *MALA RESPIRACIÓN*
- ✔ *GASES*
- ✔ *HINCHAZÓN*
- ✔ *INDIGESTIÓN*
- ✔ *ESTREÑIMIENTO*
- ✔ *CONGESTIÓN PULMONAR*
- ✔ *PROBLEMAS DE PIEL*
- ✔ *PÉRDIDA DE CONCENTRACIÓN*
- ✔ *FATIGA*

La terapia del colon también ayuda a reestablecer los movimientos regulares del intestino, restaurando el tono del músculo y la peristalsis normal.

La peristalsis también estimula al hígado para producir más bilis. La producción de la bilis ayuda a la absorción de lípidos (las grasas líquidas) y las vitaminas graso-solubles, y en el impulso de complejos inmunes (las substancias formadas cuando los anticuerpos atan a los antígenos), y también contra el colesterol. La bilis también induce a la apropiada coagulación de sangre y previene la producción de cálculo biliar.

La terapia del colon es muy eficaz cuando se usa en conjunción con los ejercicios especiales y las terapias alternativas, tales como la acupuntura y la homeopatía. El doctor Collins usa la terapia del colon como un tratamiento adjunto para una gama amplia de enfermedades, incluyendo la hipertensión, la artritis, la depresión, los parásitos y los problemas pulmonares.

En el caso de la hipertension, los movimientos musculares iniciados por impulso de una terapia de colon ayudan para controlar la tensión arterial regulando el sistema nervioso autónomo. Los pacientes con artritis se benefician debido a la estimulación directa del sistema inmunológico.

Esta terapia también puede ayudar a librar normalmente al cuerpo de parásitos, sin necesidad de las drogas pesadas que se prescriben para tratarlos. El doctor Collins informa de un paciente que tenía un caso de giardiasis (una forma de parásitos). Este recibió tratamientos de terapia de colon y un preparado ayurvédico con agua salada. Después de varias sesiones que incluyeron enzimas pancreáticas, el paciente se liberó de los parásitos.

PARA QUE EL COLON FUNCIONE APROPIADAMENTE, TODOS LOS ÓRGANOS DEBEN ESTAR SANOS, ES DECIR, LIBRES DE TOXINAS.

"NO DIGAS:

ES IMPOSIBLE. DI: NO LO

HE HECHO TODAVIA."

Proverbio japonés

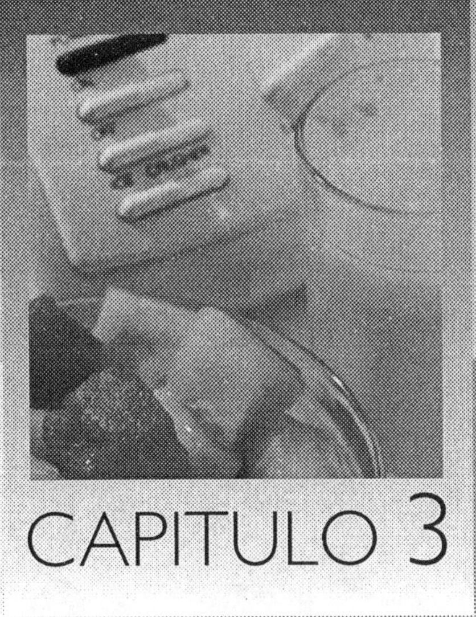

CAPITULO 3

Jugoterapia

LA FORMA MÁS SENCILLA Y EFECTIVA DE DESINTOXICAR EL ORGANISMO Y ALIMENTARLO CON PRODUCTOS NATURALES DE PRIMERA CALIDAD.

Las propiedades medicinales de frutas y verduras fueron utilizadas durante siglos a través de sus jugos y extractos.

La terapia de jugos contribuye con un amplísimo espectro de beneficios a la salud. Es, fundamentalmente, una de las más efectivas como desintoxicadora y purificadora de todo el organismo, además de ayudar a bajar la presión arterial, estimular el sistema neuroinmunológico y proteger al organismo de numerosos factores externos de agresión.

Las frutas frescas y los vegetales son una muy concentrada fuente de energía puesto que, en general, son ricos en carbohidratos, vitaminas y minerales. Por ello muchos jugos de frutas o verduras son utilizados como suplementos dietarios.

CALIDADES MEDICINALES

LOS CITRICOS APORTAN MUCHA VITAMINA C Y SUSTANCIAS ANTIOXIDANTES

✔ **Naranja:** es muy rica en vitamina C. Su fibra prooporciona propiedades digestivas y los flavonoides colaboran con las vitaminas en el refuerzo del sistema inmunológicos. Además, aumenta la resistencia a las enfermedades, es especial, las infecciosas como la gripe y el resfrío; protege frente al cáncer y ayuda a controlar el colesterol malo e incrementa la asimilación de hierro, calcio y fósforo.

✔ **Pomelo:** favorece la digestión y el trabajo depurativo que realizan el hígado y los riñones. También reduce la tensión arterial y beneficia a las personas con problemas digestivos, hepáticos o biliares.

✔ **Manzana:** es rica en sorbitol, un azúcar con propiedades laxativas, y también una fuente muy grande de antioxidantes. Es la fruta ideal para regular el tránsito intestinal y evitar el estreñimiento. Sirve para controlar la tasa de azúcar en la sangre y el colesterol malo. Es útil en caso de enfermedad reumática, pues contribuye a eliminar residuos.

✔**Durazno (melocotón) y damasco (albaricoque):** consumidos regularmente, estos jugos pueden prevenir infecciones del tracto urinario. Son laxantes y diuréticos, por su riqueza de potasio. Los duraznos se aconsejan para las digestiones difíciles, el mal aliento, los cálculos renales y el reumatismo. Los damascos se recomiendan para la vista y la piel. Previenen las enfermedades crónicas y el cáncer. Es antianémico y contribuye a abrir el apetito.

✔**Uva:** es una excelete fuente de energía y tiene efectos desintoxicantes. Estos se deben a que alcaliniza el sistema digestivo, favorece el equilibrio de la flora bacteriana y estimula el funcionamiento de los riñones, el hígado y los intestinos, es decir, de los órganos que se encargan de la eliminación del los residuos orgánicos. Las uvas protegen frente a enfermedades cardíacas, circulatorias, degenerativas y el cáncer.

✔**Melón:** tiene un reconocido efecto anticoagulante y protege de ataques cardíacos. Depura el organismo, neutraliza la acidez del estómago y beneficia al riñón por su efecto diurético. Es ideal para quienes tienen problemas renales, hipertensión, dietas depurativas y para combatir

el exceso de ácido úrico. Está contraindicado para los diabéticos y las personas con problemas digestivos crónicos.

✔**Limón:** mejora la calidad de la sangre: la fluidifica evitando la creación de trombos, aumenta el número de glóbulos blancos que luchan contra las infecciones y limpia la sangre de toxinas gracias a su poder diurético y alcalinizante. Posee una sustancia llamada "terpenos", responsable de su aroma y con propiedades anticancerígenas. En la pulpa y la corteza hay flavonoides, como la hesperidina, la rutina y la diosmina, que resultan antioxidantes, anticancerígenos y protectores del sistema circulatorio. Mejora las malas digestiones. Es útil contra la diarrea. Refuerza el sistema circulatorio y depura la sangre. Muy útil en caso de infección bacteriana o viral. Refuerza el sistema inmunológico.

✔**Frutilla:** es rica en minerales, vitamina C y del grupo B. Es indicada para el caso de anemias, ácido úrico alto, alteraciones del hígado y tendencia a sufrir infecciones. Es un tradicional remedio para la gota.

✔**Ananá:** su jugo contiene una enzima que tiene propiedades antiinflamatorias y por ello es utilizada con resultados excelentes en el tratamiento de la artritis reumatoide. Acelera la reparación de los tejidos en el caso de traumatismos. Además, favorece la recuperación postoperatoria y de todo tipo de lesiones. Es muy digestiva, diurética y desintoxicante. Ayuda a reducir hinchazones y calma el dolor de garganta.

✔**Ciruela:** es famosa por sus propiedades laxantes, pero también alivia la retención de líquidos, tonifica el sistema nervioso y combate la fatiga. Ayuda a desintoxicarse.

✔**Kiwi:** es riquísimo en vitamina C, ácido fólico y vitamina E. Es un gran fortalecedor del sistema inmunológico y controla la presión arterial.

✔**Zanahoria:** una excelente fuente de beta caroteno, potasio y otros minerales, nutrientes anticancerígenos y numerosos antioxidantes. Es anticancerígena, favorece la salud de las mucosas, la piel y el cabello. Es imprescindible para el buen estado de los ojos y en especial para la visión nocturna. Protege frente a las enfermedades del corazón. Pero su consumo en exceso puede provocar un cierto tono amarillo en la piel, que desaparece en cuanto se disminuye ese consumo.

✔**Apio:** su jugo contiene nutrientes anticancerígenos como el poliacetileno, y muchos antioxidantes. Es muy rico en sodio y potasio y

ayuda a disminuir la presión arterial más de un diez por ciento. También posee un gran efecto depurativo: combate la presencia de ácido úrico y otros residuos tóxicos del metabolismo. Crudo es digestivo gracias a la presencia de un aceite esencial aperitivo que abre el apetito y estimula los jugos gástricos. Además la fibra ayuda a expulsar los gases y acelera el tránsito intestinal. El jugo de apio puede ser utilizado como bebida deportiva para reponer fluidos y minerales perdidos en la práctica deportiva. Contiene, también, elementos que propician la cura de úlceras.

✔**Ajo:** esta planta es un verdadero tesoro para el cuidado de la salud. Fluidifica la sangre, lo que es beneficioso para el sistema circulatorio y el corazón, baja el colesterol y la tensión arterial y es un depurador con propiedades antivirales y antibacterianas. Posee acción antialérgica y antioxidante.

✔ **Coles:** las hojas son riquísimas en magnesio, betacaroteno, vitamia C y vitamina E. En sus raíces se encuentra en abundancia potasio, ácido fólico y antioxidantes. El jugo de las coles es muy valioso en contenido mineral, vitamínico y de nutrientes. Dado su gusto muy fuerte, suele diluirse con otros jugos. Son depurativas y remineralizantes, con propiedades desinfectantes. Muy ricas en sustancias antioxidantes y ácido fólico previenen varios tipos de cáncer, regulan la presión arterial y favorecen la asimilación del hierro.

✔**Jengibre:** la raíz tiene propiedades antiinflamatorias, protege el estómago de irritaciones producidas por medicinas, favorece la digestión,

PRINCIPALES NUTRIENTES ESENCIALES DE LOS JUGOS

NUTRIENTE	JUGO
Beta caroteno	Zanahoria, papaya, melón
Ácido fólico	Naranja, bróccoli, col
Vitamina B6	Coles, espinacas, hojas de nabo
Vitamina C	Pimientos, frutos cítricos, berza
Vitamina E	Espárragos, espinaca
Vitamina K	Bróccoli, coles
Calcio	Coles, cítricos
Cromo	Manzana, pimientos dulces
Manganeso	Brotes de col de Bruselas, hojas de nabo
Potasio	Tomate, melón, apio
Selenio	Manzana, nabo, guisantes
Zinc	Zanahoria, jengibre, ajo

evitando las flatulencias y las náuseas. Previene las gripes, los resfriados y la arterioesclerosis. Evita los mareos y las migrañas. Hay que usar pequeñas dosis: un cuarto de jugo en cada medida, completando con agua.

LOS JUGOS COMO AGENTES PREVENTIVOS

Estas son algunas de las situaciones en la que ciertos jugos pueden actuar como elemento de prevención:

- **Anticancerígenos:** muchas sustancias que se encuentran en distintos jugos de frutas y vegetales pueden prevenir la formación de un cáncer. Se encuentran, por ejemplo, en ajo, cebolla, naranja, limón, puerros, bergamotas, echalotes y bróccoli.
- **Supresores o Inhibidores:** ciertos nutrientes de frutas y verduras actúan como agentes inhibidores del desarrollo de cáncer en las células expuestas a agentes cancerígenos.
- **Retardo del Envejecimiento:** algunos componentes que se encuentran en el ajo y la cebolla pueden modular la síntesis de la prostaglandina, que regula las células sanguíneas blancas en el sistema inmunológico del cuerpo.
- **Desintoxicación:** a pesar de que el hígado es capaz de desintoxicar muchas sustancias potencialmente carcinógenas, un gran número de enzimas imprescindibles para este proceso requieren como co-factores la riboflavina y la piridoxina (Vitamina B6). Una deficiencia de estas vitaminas produce una lentificación del proceso de desintoxicación. Ciertos jugos suplementan esta necesidad.

"EL ETERNO JUEGO DEL YIN Y DEL YANG ESTÁ SIEMPRE PRESENTE EN TODOS LOS ACTOS DEL HOMBRE, Y SU APLICACIÓN PRÁCTICA ES UNA SOLUCIÓN RADICAL PARA LOS PROBLEMAS HUMANOS".

Sacurazawa Nyotti

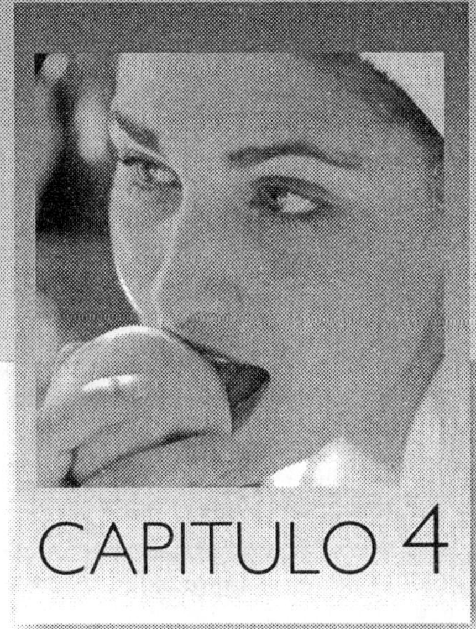

CAPITULO 4

Terapias con dietas

UN RÉGIMEN SALUDABLE NO SÓLO ES EFICAZ PARA MANTENER LA SALUD, TAMBIÉN PUEDE CURAR ALGUNAS ENFERMEDADES

Es sabido desde la más remota antigüedad que los alimentos son la piedra angular de la salud y que, como dice un antiguo adagio, "somos lo que comemos". La dieta y la nutrición son los pilares básicos de un estado saludable, y es por eso que el lector podrá comprobar que en la parte de este libro dedicada al tratamiento de las enfermedades específicas, casi no hay una en la que no se cite la dieta como parte fundamental del proceso de sanación.

¿QUE SIGNIFICA TENER UNA DIETA SANA?:

Esta es la gran pregunta, pero no la única, ya que desafortunadamente, muchas personas tienen demasiadas dudas acerca de su nutrición, como por ejemplo: ¿qué suplementos nutricionales se necesitan?, ¿cómo se consiguen?, ¿qué cantidad de vitaminas necesito para mi cuerpo?, y tantas otras.

Los postulados básicos, sin embargo, no son tan complejos. El primero de ellos es universal: **Una dieta sana es siempre baja en grasas y rica en fibras. Además...**

✔ Las carnes rojas o en conserva deben ser bastante limitadas en su consumo.

✔ No así los huevos, que son un alimento sano más allá de alguna mala prensa que han tenido en la última década; si bien es verdad que contienen colesterol, también tienen ácidos que lo bajan.

✔ Los granos integrales son imprescindibles en la dieta porque contienen mucha fibra. Una excelente fuente de fibra son los cereales y algunos productos de panadería.

✔ Las bebidas gaseosas no son recomendables en ningún aspecto.

✔ Si no se consume con exageración, el queso no presenta grandes problemas.

✔ A la margarina es mejor evitarla por completo.

✔ La manteca es mejor si está mezclada de esta manera: 450 gramos de manteca con 250 mililitros de aceite de canola o cártamo, dejar enfriar y solidificar. Esto reduce a la mitad la grasa de la manteca.

✔ Los adultos no necesitan leche por lo que, para su consumo con infusiones, es mejor usar leche descremada.

✔ Para endulzar es preferible usar miel o jarabes naturales, evitando en lo posible el azúcar refinado y los edulcorantes artificiales.

✔ Hay que comer mucha fruta fresca, ensaladas, hortalizas de toda clase. Estas últimas deben cocinarse ligeramente.

✔ Si tiene que freir, use aceite de oliva que es sumamente sano y muy estable; hay aceites sanísimos como el de cártamo o el de canola que, sin embargo, se alteran con el calor extremo.

✔ Adopte la práctica de añadir hierbas a sus alimentos, que les dan mucho sabor y permite no tener que abusar de elementos de cuidado como la sal.

Y FUNDAMENTALMENTE...

- Trate de comer siempre alimentos frescos, comprando diariamente lo que consume y descartando la comida que sobra (o mejor, intentando cocinarle de manera que no sobre).

UN MENU DIARIO PARA UNA PERSONA SANA

Este no es un libro de dietas pero, al menos, podemos dar un ejemplo de lo que sería un menú realmente sano, que propicie las mejores condiciones para la salud en general y por supuesto, en particular, como

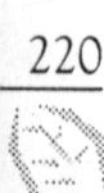

la salud cardíaca o el colesterol. Veamos:

Desayuno

- *Una naranja fresca o medio pomelo (la fruta fresca con su pulpa es aún mejor que el jugo), o bien:*
- *en verano, unas bayas frescas.*
- *Dos tostadas de harina de avena u otro cereal integral, con manteca mejorada (ver forma de preparación más abajo), o bien:*
- *Un bol mediano de copos de cereal (que no sean endulzados artificialmente) con un poco de leche añadida.*
- *Una taza de té o tisana, o bien –menos recomendable- una taza de café recién molido. Puede endulzarse con media cucharada de miel, y añadir un poco de leche descremada.*

Almuerzo en Verano

PARA EL EXITO DE LA DIETA DEBERA EVITAR EL CONSUMO DE AZUCAR

- *Ensalada fresca de hortalizas o de frutas, o bien:*
- *un tazón de gazpacho frío, o bien:*
- *sopa de tomate fría con hierbas y jugo de naranja, o bien:*
- *consomé frío, o bien:*
- *sopa fría de puerros con papas.*
- *Una rebanada de pan suculento.*
- *Un yogur natural con frutas frescas.*

Almuerzo en Invierno

- *Un tazón de sopa casera de verdura con papas y puerro, o bien de hongos, o bien un caldo espeso con maíz o pescado.*
- *Ensalada de atún y apio con almendras picadas; puede usarse un poco de mayonesa bajas calorías; condimentar con hierbas como eneldo, perejil o cilantro. O bien:*
- *Ensalada de huevo con berro y hierbas.*
- *Una rebanada de pan integral, que puede untarse con manteca de almendras si le apetece*
- *Como postre, una fruta fresca.*

Cena

- *Lasagna vegetal, o bien:*
- *pescado al horno o a la parrilla con hierbas, o bien:*
- *zapallo o calabaza al horno.*
- *Bróccoli fresco con limón.*
- *Arroz con hierbas o papas hervidas con perejil.*
- *Tomate en mitades asadas con migas de pan, perejil, ajo y aceite de oliva.*
- *Como postre, galletitas de crema o bien:*
- *Compota de frutas con yogur.*

MANTECA MEJORADA

Como ya mencionamos, la manteca puede mejorarse. El proceso más detallado es el siguiente:

- Dejar a temperatura ambiente 450 gramos de manteca, hasta que se ablande sin llegar a derretirse.

- Cortarla en pedazos y ponerla en un recipiente para batir.

- Agregar una taza de aceite de girasol, de canola o de cártamo.

- Cuando están bien mezclados, vierta esta mezcla en recipientes pequeños y guarde en heladera o congelador por un rato.

Mediante este proceso obtendrá una manteca que contenga apenas la mitad de grasa que la tradicional; es sabrosa, fácil de manipular y extender, y sin adulterantes que el organismo no reconozca como alimentos.

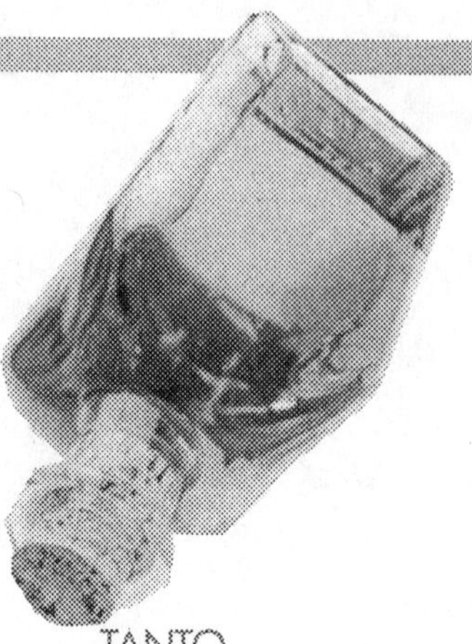

TANTO PARA FREIR COMO PARA CONDIMENTAR UTILICE EL ACEITE DE OLIVA

TODAS LAS BASES DE NUTRIENTES

Si bien hay una verdad teórica en la vieja idea de que una persona puede obtener todos los nutrientes que necesita a partir de los alimentos que consume, en realidad, hoy en día, eso no es tan seguro. Muchos factores hacen que esto no sea posible. Por ejemplo, hay una muy mala información al consumidor, que en la mayoría de los casos no sabe realmente qué está consumiendo, además, muchas situaciones actuales relacionadas con la organización social, los horarios de trabajo y la multiplicación de tareas hacen que sea imposible mantener el equilibrio ideal de la alimentación; a esto se suman factores como el agotamiento de los suelos de cultivo por la explotación a gran escala y la caída en picada de la calidad de la cadena alimentaria debida a los productos alterados químicamente.

Es por ello que nuestros tiempos nos llevan a la contradicción de que, aunque lo ideal sea alimentarse naturalmente, resulta casi imprescindible no hacerlo, y terminar de complementar la alimentación con suplementos dietarios de vitaminas y minerales.

Este uso de nutrientes complementarios que suple las deficiencias señaladas -que no son de los alimentos en sí sino de la sociedad humana que todo lo destruye- puede, entonces, asegurar la prevención de muchas consecuencias derivadas de una mala dieta, entre ellas la enfermedad.

UNA SALUD OPTIMA

Hasta mediados del siglo XX se mantenía un concepto de salud que, afortunadamente, hemos ido superando. Era la idea de que estar sano es no padecer una enfermedad determinada. Hoy pensamos en general que una salud óptima se refiere a un estado vigoroso y radiante en todos los niveles de actividad. Dicho de otro modo: usted puede no estar enfermo de algo, pero eso no significa que está óptimamente sano.

La mayoría de los nutrientes que se deben aportar en forma de suplementos tienen propiedades antioxidantes, o sea que poseen la capacidad de contrarrestar la natural tendencia mediante la cual los componentes químicos del organismo se oxidan y se convierten en sustancias tóxicas y perjudiciales. Estos elementos, según las investigacioens bioquímicas, son efectivos, entonces, contra el desarrollo de enfermedades coronarias, cardíacas, cáncer, artritis y otras.

Otro tema importante es el del colesterol. Siempre es bueno investigar y aprender acerca del HDL (lipoproteína de densidad alta, "buena") y el LDL (lipoproteína de densidad baja, "mala"), para comprender bien la función de cada uno y propiciar el correcto equilibrio de ambos en el organismo.

LAS ALERGIAS

Un tema a tener en cuenta en cuanto a la salud óptima mediante la dieta es la sensibilidad a ciertos alimentos.

Muchas personas están sujetas a hipersensibilidad o alergias a ciertas comidas, que les producen una serie de síntomas inconvenientes. En muchos casos estos síntomas se encuentran ocultos tras determinadas afecciones, de modo que debe limpiarse el cuerpo de todo posible elemento alergeno antes de poder provocar una reacción específica para identificar al particular agente.

Para realizar estas pruebas, la persona debe someterse a un ayuno de cuatro días tomando sólo agua destilada o jugos considerados seguros. Este período se usa para eliminar toxinas.

A continuación, se le van sirviendo comidas de prueba, cada una consistente en un único alimento bien controlado. Bajo estas condiciones, una alergia que antes había estado enmascarada tras una dolencia producirá ahora síntomas inequívocos de manera rápida. Entonces se habrá descubierto a qué alimento es alérgica esa persona y, entonces, ésta tendrá la opción de evitarlo.

LA IMPORTANCIA DE UNA DIETA EQUILIBRADA

Muchas enfermedades, como las afecciones cardíacas, los problemas intestinales y de vesícula, la diabetes, las afecciones del riñón o la obesidad, están directamente relacionadas con una dieta desequilibrada en la que hay demasiadas proteínas, grasa vegetal, grasas animales saturadas y colesterol.

Para un terapeuta, los hábitos de dieta de un paciente son de gran importancia en el tratamiento de sus enfermedades.

Como cada persona debe velar por su propia salud, es bueno que conozca básicamente los temas esenciales de la alimentación. Por ejemplo, la clasificación de los alimentos:

GRUPO 1: Carnes y Aves

Son fuente de proteínas. Pero también contienen grasas saturadas, por lo cual hay que moderar su ingestión.

GRUPO 2: Pescados

Son preferibles los pescados grasos, porque aportan grasas ácidas esenciales. Pero no es recomendable consumirlo más de 2 veces por semana.

GRUPO 3: Huevos

Por su contenido de colesterol deben ser consumidos sin excesos, pero no pueden faltar en ninguna dieta porque son una gran fuente de proteínas.

GRUPO 4: Lácteos

Son, en general, muy importantes en cualquier dieta, aunque la manteca y el queso tienen un alto contenido de sal y grasas saturadas, por lo cual deben consumirse con moderación.

GRUPO 5: Alimentos Refinados y Dulces

En general se trata de alimentos que contienen muchas calorías y poco valor nutritivo, por lo cual los chocolates, las masas, las galletas y las tortas no deben abundar en la dieta.

LOS MALOS HABITOS

Casi no existe persona que no tenga malos hábitos alimentarios. En mayor o menor medida. Quizá la mayoría los tenga en menor medida, pero eso no implica que el paso del tiempo no termine afectándolos.

Como quizá esa mayoría en general no encuentra consecuencias inmediatas de su mala dieta más allá de padecer acidez de tanto en tanto o cosas así, no suele pensar a futuro. Por eso, para cualquiera es recomendable, aunque no siga una dieta equilibrada estrictamente, al menos no dejar nunca de lado la llamada "regla de dos veces por semana", la cual es muy simple y fácil de organizar: sencillamente, se deben tener presentes qué alimentos corresponden a cada grupo del 1 al 5, y no utilizar cada uno de ellos más de dos veces a la semana.

Esto, al menos, ayudará al equilibrio de la dieta, supliendo las necesidades alimentarias sin caer en grandes excesos de una u otra índole.

La complementación ideal de esta dieta es reemplazar elementos y agregarle alimentos integrales, los cuales pueden consumirse a voluntad sin que produzcan desequilibrios. Entre ellos hay pan, pasta integral y cereales, que son de gran importancia, sumados a legumbres, frutas y verduras frescas.

SUPLEMENTOS PARA LA DIETA EN DETERMINADAS ENFERMEDADES

Si una persona mantiene una buena dieta, equilibrada y sana, ésta le proporciona todos los elementos necesarios para mantener sano su organismo.

Pero cuando se produce alguna clase de desequilibrio y sobreviene la enfermedad, entonces el organismo puede necesitar más cantidad de determinadas sustancias o comidas.

En esos casos, hay una cantidad de nutrientes y de suplementos alimenticios que pueden otorgar la dosis extra que el organismo necesita en cada ocasión.

Por supuesto que todos estos complementos deben ser consumidos en forma controlada y a discreción. No siempre las cosas "buenas" tienen buen efecto. Las vitaminas, por ejemplo, pueden ser de fácil eliminación como la B y la C, pero hay otras como las vitaminas A, D, E y K que ingeridas en exceso se acumulan y terminan dañando los tejidos.

La posibilidad de utilizar estos suplementos se refiere a adultos en buen estado general de salud, sin enfermedades crónicas. En caso de niños o mujeres embarazadas (en especial durante las primeras 14 semanas) se deberá consultar a un especialista.

TABLA DE COMPLEMENTOS ALIMENTICIOS

ELEMENTO	ENFERMEDAD o SÍNTOMA	SUPLEMENTO o ALIMENTO y FUNCIÓN
HIERRO	Casos de síndrome de fatiga crónica, cansancio, menstruación abundante, catarro, laringitis, nerviosismo en las piernas, osteoartritis, amigdalitis y sinusitis.	Protege contra la anemia, ayuda a formar la hemoglobina, aporta oxígeno a los glóbulos rojos. Se encuentra en huevos, carnes rojas, pescados, legumbres, harina de avena y cebada, melaza de caña, pan integral, pan de trigo, frutos secos, semillas y verduras.
ALGAS MARINAS	Osteoartritis, funcionamiento de la tiroides.	Se usan procesadas en laboratorio, se venden en farmacias. Son una fuente de iodo, mantienen el ritmo metabólico.
LECITINA	Es un potente emulsionante de las grasas. Ayuda a controlar la dilatación de la próstata.	Se lo encuentra en aceites vegetales y semillas, granos de soja, germen de trigo, frutos secos, hígado, yema de huevo.
MAGNESIO	Casos de ansiedad, síndrome de fatiga crónica, calambres durante el embarazo, rinitis alérgica, fiebre del heno, ira, irritabilidad, depresión, estreñimiento, dilatación de próstata, reumatismo, menstruación dolorosa.	Se halla en verduras, camarones, cereales integrales, aguas duras, soja y frutos secos. Ayuda a metabolizar las proteínas y los hidratos de carbono.
MANGANESO	Osteoartritis, calambres en el embarazo, síndrome de fatiga crónica.	Se encuentra en cereales integrales, verduras, frutos secos y té. Es útil en el crecimiento y las funciones del sistema nervioso, ayuda a prevenir la infertilidad y los problemas en el parto, y metaboliza minerales, hormonas y grasas.

Lecina	Llagas. La dosis máxima diaria es hasta 1, 2 gramos, porque en exceso puede aumentar el colesterol.	Se encuentra en las proteínas animales. Es uno de los ocho aminoácidos esenciales, y transporta los ácidos grasos de las células.
Potasio	Depresión, dolores de cabeza, calambres en el parto, problemas cardíacos (hasta un máximo de 900 gramos diarios).	Es fundamental para la correcta función de nervios y músculos. Se halla en frutas (en especial la banana), verduras, cereales integrales y harina de soja.
Multivitaminas y Minerales	En casos de cansancio, síndrome de fatiga crónica, SPM y ausencia de menstruación (sin exceder 25 miligramos diarios en el caso de B1, B5 y B6).	Se encuentran en todos los alimentos, o bien en complementos vitamínicos. Son necesarios para reponer las reservas del organismo.
Acido Fólico	Diarrea, depresión, insomnio, nerviosismo.	Se encuentra en espárragos, espinaca, broccoli, remolachas, hígado, paltas, col, lechugas, germen de trigo, frutos secos. Es fundamental para la formación y funcionamiento del sistema nervioso.
Acidófilos	Aftas, diarrea.	Los yogures los contienen. Proporciona bacterias para restaurar la flora intestinal; son especialmente necesarios luego de haber usado antibióticos que provocan diarrea al eliminar todas las bacterias útiles.
Bioflavonoides	Depresión, menstruación, llagas, ira, irritabilidad, venas varicosas.	Se encuentran en verduras y frutas crudas, cítricos, papas, hígado, riñones, y alimentos que contengan vitamina C. Aumentan la actividad de esta vitamina y son antivirales.
Beta-caroteno	Síndrome de fatiga crónica.	Funciona como la vitamina A.
Biotina	Depresión, insomnio, hongos.	Presente en lácteos, carne, cereales integrales. Ayuda a evitar la formación de hongos y es antidepresivo.
Calcio	Ira, ansiedad, reumatismo, dilatación de próstata, menstruación abundante o dolorosa, depresión, calambres.	Imprescindible para huesos, músculos, nervios, dientes y sangre. Se halla en pescado, aguas duras, broccoli, nabos, porotos, almendras, pan integral, espinacas, queso, perejil, leche, semillas de sésamo.
Cobre	Osteoartritis, síndrome de fatiga crónica.	Fundamental para el crecimiento de huesos y la salud de los glóbulos. Se encuentra en riñones, frutos secos, frutas con carozo, hígado, mariscos, cacao.

Aceite de Bacalao	Osteoartritis.	Se extrae a partir del hígado del bacalao. En determinados casos puede reemplazar a las vitaminas A y D.
Aceites Marinos	Síndrome de fatiga crónica. Hinchazón.	Se encuentra en pescados grasos como la caballa. Su función es ayudar a la producción de prostaglandinas que actúan contra la inflamación, y también fortalece las paredes de las células.
Aceite de Prímula	Síndrome de fatiga crónica, eczemas, menstruaciones dolorosas, migraña.	Se encuentra en porotos, cereales integrales y verduras.
Ajo	Fungicida, antibacteriano, presión sanguínea alta, colesterol, infecciones, dolor de garganta.	Además de su forma natural, se consiguen cápsulas medicinales.
Extracto de Mejillón	Osteoartritis.	Se hace a partir del mejillón verde de Nueva Zelanda. Reduce la inflamación y el dolor de las articulaciones.
Selenio	Síndrome de fatiga crónica, osteoartritis, menopausia.	Ayuda al funcionamiento de hígado, corazón, y a la formación de glóbulos blancos. Se encuentra en levadura, menudos, verduras, mariscos, pescado y ajo.
Zinc	Acné, catarro, llagas, eczemas, menstruación abundante o dolorosa, caída del cabello, gripe, resfrío, insomnio, osteoartritis, laringitis, sinusitis, dolor de garganta, amigdalitis.	Ayuda al metabolismo a absorber vitaminas, hidratos de carbono y fósforo. Se lo encuentra en frutos secos, semillas, leche, huevos, legumbres, levadura, carne, jengibre, ostras, verduras.

COMPLEMENTOS POR ENFERMEDAD O SINTOMA

Acné: Zinc.
Aftas: Acidófilos
Amigdalitis: Hierro, Zinc.
Ansiedad: Calcio, Magnesio
Bacterias: Ajo
Caída del Cabello: Hierro, Selenio, Zinc.
Calambres: Magnesio
Calambres durante el embarazo: Calcio, Magnesio, Manganeso, Potasio.
Cansancio: Hierro, Multivitaminas y Minerales
Catarro: Hierro, Zinc.
Colesterol: Ajo
Depresión: Bioflavonoides, Calcio, Ácido Fólico, Potasio
Diarrea: Acidófilos, Ácido Fólico.
Dilatación de próstata: Calcio, Lecitina.
Dolor de garganta: Ajo, Zinc.
Dolores de cabeza: Potasio

Eczema: Aceite de Prímula, Zinc.
Estreñimiento: Magnesio
Fiebre del heno: Magnesio
Gripe: Zinc.
Hinchazón: Aceites Marinos.
Hongos: Biotina, Ajo.
Infecciones: Ajo
Insomnio: Ácido Fólico, Zinc.
Ira: Bioflavonoides, Calcio, Magnesio
Irritabilidad: Bioflavonoides, Magnesio
Laringitis: Hierro, Zinc.
Llagas: Bioflavonoides, Licina, Zinc.
Menopausia: Selenio.
Menstruación abundante: Bioflavonoides, Hierro, Zinc.
Menstruación dolorosa: Aceite de Prímula, Zinc.
Menstruación, ausencia de: Multivitaminas y Minerales.
Migraña: Aceite de Prímula
Nerviosismo en las piernas: Ácido Fólico, Hierro
Nerviosismo: Calcio.
Osteoartritis: Aceite de Hígado de Bacalao, Cobre, Extracto de Mejillón Verde, Hierro, Algas Marinas, Manganeso, Selenio.
Presión sanguínea alta: Ajo
Problemas cardíacos: Potasio
Resfrío: Zinc.
Reumatismo: Calcio
Rinitis alérgica: Magnesio
Síndrome de fatiga crónica: Beta-caroteno, Cobre, Aceite Marino, Aceite de Prímula, Hierro, Manganeso, Selenio.
Sinusitis: Hierro, Zinc.
Tiroides: Algas Marinas
Venas varicosas: Bioflavonoides.

TABLA DE VITAMINAS Y SUS FUNCIONES

Vitamina	Alimentos que las contienen	Función
A	Huevos, manteca, quesos, menudos, aceites de pescado, verduras, margarina.	Aumenta la resistencia a ciertas enfermedades. Importante en casos de estrés, resfríos, gripe, acné, menstruación abundante, funciones del ojo y las membranas de las células, etc.
B	Cereales integrales, frutos secos, levadura, legumbres, pescados, lácteos, verduras, pan integral, menudos.	Necesarias para los neurotrasmisores y la formación de los glóbulos, y para metabolizar grasas, proteínas e hidratos de carbono.

Vitamina	Alimentos que las contienen	Función
B1 (Tiamina)	Pan integral, frutos secos, hígado, carne de vaca, cerdo, porotos, arvejas, legumbres, levadura.	Ayuda en cuadros depresivos y de fatiga.
B2 (Riboflavina)	Extracto de levadura, quesos, leche, pescados, huevos.	Necesaria para metabolizar grasas, proteínas e hidratos de carbono
B3 (Niacina y Acido Nicotínico)	Frutos secos, carne, pescados, legumbres, menudos y cereales integrales.	Funciones metabólicas generales.
B5 (Acido Pantoténico)	Carnes, huevos y cereales integrales, etc.	Metaboliza aminoácidos, grasas e hidratos de carbono.
B6 (Cobalamina)	Yogur, leche, levadura, menudos, pescado, huevos, cerdo.	Ayuda a la producción de hemoglobina y al funcionamiento del sistema nervioso
C (Acido Ascórbico)	Cítricos, verduras de hoja verde crudas, papas, grosellas, morrones, bróccoli, hígado, riñones, leche.	Ayuda al metabolismo de las células, a reparar heridas y prevenir infecciones, y colabora en la absorción del hierro.
D (Calciferol)	Aceites vegetales, grasas animales, lácteos, aceites de pescado.	Imprescindible para la absorción del calcio.
E (Tocoferol)	Aceites vegetales, manteca, germen de trigo, semillas de girasol, huevos, cereales integrales.	Interviene en la descomposición de las grasas.

GUIA DE SUPLEMENTOS DIARIOS BASICOS

La suplementación, en teoría, no debiera ser necesaria porque en los alimentos se encuentran todas las vitaminas, minerales y nutrientes necesarios; pero lo cierto es que hay infinidad de factores que hacen que hoy en día una persona no pueda alimentarse en forma perfecta. Por ello, es importante tener en cuenta las necesidades básicas de estos elementos, los más importantes de los cuales listamos a continuación.

Significado de las medidas:

Mg = miligramo
Mcg = microgramo
UI = unidad internacional

VITAMINAS	NIVEL OPTIMO
Beta Caroteno	25.000 UI
Vitamina B1	100 mg
Vitamina B2	100 mg
Vitamina B6	50 mg
Vitamina B12	50 mcg
Niacina	100 mg
Ácido fólico	400 mcg
Vitamina C	2.000/6.000 mg
Vitamina D	400 UI
Vitamina E	400/800 UI

MINERALES	NIVEL OPTIMO
Calcio	500/1.000 mg
Magnesio	250/500 mg
Selenio	200/400 mg
Zinc	15/30 mg

OTROS NUTRIENTES	NIVEL OPTIMO
Coenzima Q	60/100 mg
Aceite de onagra	500 mg
Ácido eicosapentaenoico (EPA)	180/270 mg
Ácido docosa hexaenoico (DHA)	120/360 mg

DIETAS ESPECIALES

Los remedios naturales funcionan mucho mejor cuando el organismo del paciente no está siendo agredido por toxinas en exceso. Por eso, es muy importante que antes de comenzar un tratamiento alternativo el organismo sea desintoxicado mediante una dieta apropiada, porque de esa manera el profesional podrá actuar con mayor eficacia.

Las premisas básicas de una desintoxicación comienzan por hábitos conexos. Los primeros tres pasos son:

- ✔ *Dejar de fumar*
- ✔ *No beber alcohol*
- ✔ *Reducir o eliminar la cafeína.*

Luego de esto, hay dos dietas básicas que pueden seguirse para este proceso de desintoxicación que se pretende.

Cualquiera de ellas resulta inocua a excepción de que el paciente padezca alguna afección grave crónica o esté tomando remedios alopáticos. Ambas pueden seguirse durante aproximadamente un mes, momento en el cual hay que realizar una consulta con un facultativo para determinar si fue suficiente o debe continuarse por un mes más.

Las dos dietas básicas se fundan en un equilibrio entre los alimentos que se consumen, cuidando de mantener la variedad en la alimentación y el principio de "sólo dos veces por semana" para los alimentos de cada grupo. Teniendo en cuenta estas premisas, las combinaciones son interminables y la dieta será variada y agradable. Son las siguientes:

1) Dieta de Desintoxicación

Alimentos Básicos de la Dieta

- *Pescado fresco y blanco.*
- *Pan y pastas integrales.*
- *Cereales integrales.*
- *Arroz negro.*
- *Legumbres: arvejas, lentejas, porotos.*
- *Todas las verduras.*
- *Mermeladas sin levadura y no endulzadas artificialmente.*
- *Frutas frescas: manzanas, ananás, melones y uvas.*
- *Las mismas frutas frescas en jugo.*
- *Semillas de girasol.*
- *Almendras.*
- *Aceites de oliva, girasol y soja.*
- *Salsa de soja.*
- *Salsas de hierbas.*
- *Infusiones de hierbas.*
- *Leche de soja.*
- *Café de grano.*

Alimentos que pueden intercalarse moderadamente:

- *Bayas.*
- *Damascos, dátiles y duraznos hasta dos veces por semana.*
- *Pescado envasado (lavando el aceite que traen).*
- *Menos de un cuarto de cucharada de sal por día.*

Alimentos que deben evitarse por completo:

- *Aves.*
- *Carnes.*
- *Huevos.*
- *Azúcar, melaza, miel y todo lo que las contenga.*
- *Leche, queso y yogur, sea de leche vacuna o caprina.*
- *Frutas cítricas.*
- *Bananas y paltas.*
- *Tomates.*
- *Frutos secos, exceptuando almendras.*
- *Café instantáneo, cacao y té.*
- *Chocolate.*
- *Cualquier alimento frito.*
- *Especias.*

2) Dieta Antiácidos

Alimentos Básicos de la Dieta:

- *Pescado fresco y blanco.*
- *Leche de soja.*
- *Leche y yogur (ovinos y caprinos).*
- *Avena.*
- *Choclo.*
- *Pan fresco de centeno y sin gluten.*
- *Arroz negro.*
- *Legumbres: arvejas, lentejas, porotos.*
- *Tortas de avena sin azúcar.*
- *Pan blanco de arroz.*
- *Todas las verduras.*
- *Mermeladas sin levadura y no endulzadas artificialmente.*
- *Frutas frescas: todas menos cítricos.*
- *Las mismas frutas frescas en jugo.*
- *Frutos secos: todos, en especial avellanas y almendras.*
- *Sustitutos de la sal y cubos de caldo de verduras.*
- *Aceite vegetal.*
- *Infusiones de hierbas.*
- *Café de grano.*

Alimentos que pueden intercalarse moderadamente:

- *Pescado ahumado o en conserva.*
- *Aves.*
- *Carnes blancas.*
- *Huevos.*
- *Tomates.*
- *Manteca y margarina (muy moderadas).*

Alimentos que deben evitarse por completo:

- *Carnes rojas.*
- *Leche y yogur vacunos.*
- *Alimentos que contengan harina integral.*
- *Alimentos que contengan almidón de trigo.*
- *Frutas cítricas y cerosas.*

- *Frutos secos tostados.*
- *Cualquier alimento frito.*
- *Café instantáneo o descafeinado, cacao y té.*
- *Chocolate.*
- *Especias.*
- *Alimentos condimentados o procesados.*

La primera dieta tiende a regular las funciones del hígado (aunque no necesariamente tiene que haber una dolencia hepática para tomarla), mientras que la segunda es recomendada cuando los trastornos tienen que ver con los ácidos (el organismo debe mantener un equilibrio de un 20 por ciento ácido y 80 por ciento alcalino).

PARA QUE UNA DIETA SEA SANA DEBE INCLUIR ALIMENTOS DE LOS DISTINTOS GRUPOS -HIDRATOS DE CARBONO, FIBRAS, GRASAS- EN LAS PROPORCIONES CORRECTAS.

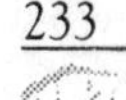

"ESTABLEZCA

EL ORDEN,

EL HABITO SE

ENCARGARA DE

MANTENERLO".

CAPITULO 5

La alimentación macrobiótica

LA MACROBIÓTICA, QUE SIGNIFICA "VIDA GRANDE," PLANTEA UN PROFUNDO CAMBIO DE HÁBITOS ALIMENTARIOS AL APLICAR LOS PRINCIPIOS DE LA FILOSOFÍA YIN Y YANG PROVENIENTE DE JAPÓN A LA COCINA OCCIDENTAL.

Aunque su origen se pierde en la milenaria cultura oriental, la idea de que el mundo y todos los seres que lo ocupan responden a un principio de dualidad -para el cual todo, absolutamente todo, es el resultado del equilibrio entre dos fuerzas opuestas- aparece en nuestro mundo occidental como un concepto revolucionario. Cada vez es mayor el número de personas que comprenden que es posible vivir más y mejor sólo con aplicar los principios que surgen de dos palabras casi mágicas: Yin y Yang.

Estos extraños términos son, para los japoneses, la

base de una verdadera filosofía de vida en donde el eje central pasa por el equilibrio entre el Yin -el factor de contracción- y el Yang -la expansión-. La armonía entre contracción y expansión se traducirá en un estado de salud plena; así como cualquier ruptura del equilibrio Yin-Yang nos llevará indefectiblemente a un estado de enfermedad ("sanpaku" para los japoneses). De eso se trata: modificar nuestro estilo de vida para aliviar el sanpaku.

"El eterno juego del Yin y del Yang está siempre presente en todos los actos del hombre, y su aplicación práctica es una solución radical para los problemas humanos", escribió Sacurazawa Nyotti, maestro de esta disciplina que rápidamente ganó adeptos en el mundo occidental. "Positivo y negativo, luz y sombra, vigencia e intrascendencia, vida y muerte... en este tremendo contraste de tendencias, el universo, el mundo y nosotros mismos desarrollamos nuestra existencia", decía Nyotti.

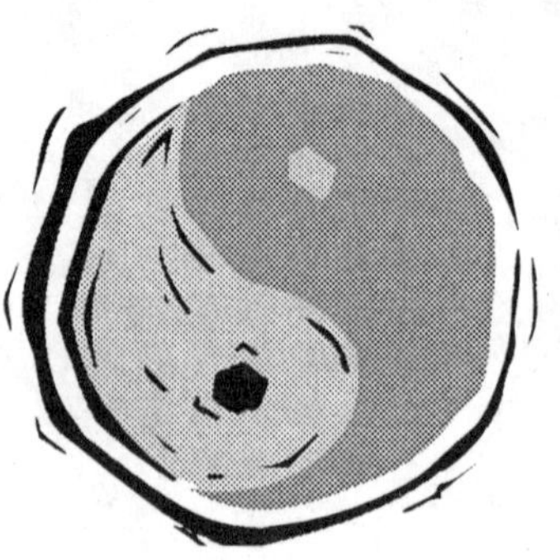

LA SALUD Y EL "TRIANGULO DE LA VIDA"

NADIE ES ABSOLUTAMENTE YIN O YANG, PORQUE ESO LLEVARIA A UN IRREPARABLE ESTADO DE DESEQUILIBRIO.

Todos los elementos de la naturaleza están identificados con la dualidad Yin-Yang. Así, por ejemplo, el hombre tiene una manifiesta tendencia hacia el Yang, mientras que la mujer muestra características Yin. En este ejemplo se encierra el concepto principal: todo tiene vigencia en función de su parte recíproca; Yang y Yin jamás pueden ser excluyentes, ambos son siempre complementarios. Esta atracción de signos opuestos genera el factor más importante de esta filosofía de vida: el equilibrio.

Pero, ¿cómo se hace para aplicar estos conceptos, que aparecen tan abstractos, en nuestra vida cotidiana?... Para eso, como primera medida, debemos definir el verdadero significado de la palabra "salud". Para esta disciplina, estar sano es algo que está más allá de un chequeo médico, por más completo que éste sea: la salud es un delicado sistema que relaciona cuerpo, mente y espíritu; conservar en forma este "triángulo de la vida" será equivalente a gozar de buena salud.

La manera más sencilla de alcanzar una larga -y fundamentalmente sana-existencia aplicando esta filosofía, es a través de nuestra alimentación. No es casual que los principios del Yin y el Yang aplicados a los alimentos reciban en su conjunto el nombre de "Macrobiótica", palabra de raíz griega que significa "vida grande".

En otras palabras, el secreto del sistema se encuentra en hallar un perfecto balance entre el Yin y el Yang de los alimentos que comemos. Existe una clasificación básica que se utiliza para medir el carácter Yin o Yang de los diferentes alimentos: el contenido natural de sodio (Na) y de potasio (K), presentes en casi todas las comidas.

¿Cuál es la relación Yang o Yin con estos dos minerales? Es simple: Yang es igual a cinco sodios, y Yin es igual a un potasio. Por lo tanto, el balance ideal del equilibrio es cinco por uno, que se da cuando la relación K/Na es igual a cinco. Cuando se da el caso en que dicha proporción es mayor que esa cifra, nos encontramos con un alimento Yin y, por el contrario, si es menor, el alimento en cuestión será Yang. Estos conceptos han permitido clasificar a la mayoría de los alimentos.

Pero seamos aún más explícitos: un exquisito banquete de lenguado a la crema con papas, buen vino y un delicioso postre de ananás mandará todo nuestro equilibrio hacia el Yin. Aunque sólo se trate de una excepción que no altere nuestro estado general de salud, no estará nada mal contrarrestar este atracón Yin con una comida rica en cereales, aves silvestres y frutillas.

Algunos de los preceptos de esta filosofía de vida se oponen, aunque sólo sea superficialmente, con ciertos avances de la tecnología. Por ejemplo, quien decida alcanzar la salud mediante el equilibrio Yin-Yang deberá, entre otras cosas, cumplir con los siguientes requisitos:

- *Evitar el consumo de alimentos artificiales o alterados químicamente.*
- *La ingestión de líquidos deberá reducirse* ***al mínimo****, al menos durante los dos primeros meses de iniciada la dieta.*
- *Renunciar al azúcar (si no se puede, reemplazarla por miel de abejas).*
- *No tomar café, y si se toma té, éste debe ser natural, sin colorantes.*
- *Sólo puede usarse sal marina (se adquiere en los comercios especializados).*
- *No se podrán consumir bebidas alcohólicas, salvo alguna excepción que deberá ser luego compensada para no alterar el equilibrio.*
- *No se puede consumir vinagre.*
- *Nunca se debe cocinar con utensilios de aluminio.*

La filosofía de la dualidad también considera contraindicados los productos farmacológicos, aunque acepta su uso cuando sean imprescindibles y estén expresamente indicados por el médico. Más allá de las prohibiciones enumeradas anteriormente, hay que saber que una actividad como fumar también rompe el equilibrio vital.

EL SECRETO DE LA MACROBIOTICA ES HALLAR UN PERFECTO BALANCE ENTRE EL YIN Y EL YANG DE LOS ALIMENTOS QUE COMEMOS

En este punto, el lector ya se habrá dado cuenta de que esta disciplina milenaria reconoce como perjudiciales las mismas cosas que la moderna -con pruebas concluyentes- aconseja evitar. Cómo puede ser que los más escépticos consideran que esto se debe nada más que a una casualidad, existe un dato que es, por lo menos asombroso: hace más de 4000 años que la filosofía Yin-Yang estableció que usar aluminio para cocinar los alimentos rompe el equilibrio de la salud. Recientemente se ha confirmado que los utensilios de aluminio generan, durante el proceso de calentamiento, moléculas fuertemente sospechadas de poseer acción cancerígena.

Existen muchas otras características de la macrobiótica que pueden genérar polémicas. Por ejemplo, un ayuno periódico es considerado saludable: "ayunar una vez al mes es un medio excelente para recapitular física y psíquicamente sobre los valores de los alimentos ingeridos", señala Itoshi Tamura, otro difusor de esta doctrina en América.

¿DE QUE LADO ESTA USTED?

Antes de intentar equilibrar su dieta en función de las características Yang o Yin de los alimentos, resultará imprescindible conocer cuál es nuestro rasgo característico como individuos, mental y físicamente hablando. ¿Somos Yin o Yang en nuestra actitud cotidiana?... Aunque se trata de una categorización influenciable por infinidad de factores, veamos algunas de las características indicadoras de cada estado.

Persona Yin: luce pálida, pasiva, proclive a la fatiga y al pesimismo.

Persona Yang: exuberante, optimista, emprendedora y creativa.

Quien se encuentre dentro de la categoría Yang podrá pensar -y con razón- que todas sus características son virtudes y, por lo tanto, no necesitará compensarlas con ningún componente Yin. Lo que ocurre es que nadie es absolutamente Yin ni absolutamente Yang, porque eso llevaría a un irreparable estado de desequilibrio. Lo que planteamos son tendencias, no estados reales (se puede tener tendencia natural hacia el Yin, se puede tener tendencia natural hacia el Yang).

Evidentemente, y sacando estados de desequilibrio muy evidentes, las personas sanas podrán mostrar tendencias hacia uno u otro polo, pero en ellas priva el equilibrio. Conocer su predisposición será muy útil a la hora de elegir los componentes de su alimentación: una persona con tendencias Yin deberá comer más Yang que quien tenga tendencia natural hacia el Yang.

Los especialistas recomiendan que, cualquiera sea la dieta inicial que se adopte, ésta deberá tomarse como un "período desintoxicador", que durará entre diez días y tres meses, dependiendo de lo mucho o poco que estemos alejados de nuestro equilibrio psicofísico.

Además, no hay que olvidar que el estado particular también puede presentar variables de momento; si, por ejemplo, padecemos un resfrío, nuestro signo se hace Yin. ¿Cómo lo contrarrestamos?: obviamente, comiendo alimentos Yang. Pero con prudencia, ya que no se debe desplazar demasiado el equilibrio hacia el sentido opuesto.

En realidad, dentro de esta lectura más que superficial -ya que el solo enunciado de toda la concepción oriental de los opuestos ocuparía decenas de libros- no estará mal relacionar en términos generales al Yin con lo negativo o perjudicial, y al Yang con el equilibrio y el bienestar. Por esta razón, no debe extrañar cuando en más de una dieta se señala que el abuso de alimentación Yang puede derivar en una condición Yin. "Cuando media excesivo Yang, el resultado es, inevitablemente, Yin", explica Tamura.

Yang y Yin, en equilibrio y armonía. No parece muy perjudicial suprimir ciertos vicios de nuestra alimentación, si la recompensa ofrecida es una vida larga y saludable.

MACROBIOTICA EN ACCION

George Oshawa, propulsor de la Macrobiótica en Occidente, postuló una tabla de proporciones que sirve para encarar esta disciplina con seriedad y sin riesgos. En total se trata de diez dietas, organizadas de la siguiente manera:

- Un primer vistazo a la tabla nos permite apreciar la existencia de dietas más severas que otras. En este sentido, cada persona sabrá -de acuerdo con su actividad y con sus costumbres alimentarias anteriores- cuál es la dieta más adecuada para iniciarse en la macrobiótica.

Nº %	Cereal %	Vegetales %	Sopas %	Animales y ens.	Frutas %	Postres %	Bebidas
7	100						En mínima cantidad
6	90	10					En mínima cantidad
5	80	20					En mínima cantidad
4	70	20	10				En mínima cantidad
3	60	30	10				En mínima cantidad
2	50	30	10	10			En mínima cantidad
1	40	30	10	20			En mínima cantidad
-1	30	30	10	20	10		En mínima cantidad
-2	20	30	10	25	10	5	En mínima cantidad
-3	10	30	10	30	15	5	En mínima cantidad

¿Cómo elegir una u otra dieta?... si de acuerdo con lo explicado en el cuerpo de la nota nuestra característica nos señala como tendientes al Yin, podremos encarar, sin temor, cualquiera de las dietas de la tabla, entre los números 2 y 7 inclusive. Si, en cambio, en nuestras características predomina el elemento Yang, deberemos someternos a los dictados de las dietas 1 a la 3.

¿Y esto deberá seguir por tiempo indeterminado?... De ninguna manera. Este "período desintoxicador" podrá durar entre los diez días y los tres meses, de acuerdo con el grado de pérdida de equilibrio psicofísico que tengamos al momento de iniciar la práctica. La recuperación es paulatina pero notable, y el estado de salud y vigor nos alentarán a continuar con la dieta en sus otras variantes.

NO ABUSAR DE LOS ALIMENTOS YIN NI DE LOS YANG, AMBOS EXTREMOS LLEVAN AL DESEQUILIBRIO

Por último, en la tabla se observan tres dietas con números negativos. Su límite de seguridad, en términos macrobióticos, no resulta muy aceptable. Sólo podrán recurrir a ellas quienes se encuentren totalmente sanos, pero sin abusar, ya que se trata de dietas que fácilmente alteran el equilibrio Yin-Yang.

UNA DIETA EQUILIBRADA

Más allá de que resulta muy difícil aplicar conceptos sumamente abstractos a cuestiones de todos los días, existen algunas pautas de la filosofía oriental que pueden adaptarse con facilidad a nuestras costumbres. En ese sentido, la alimentación macrobiótica agrupa, de acuerdo con su signo, alimentos que hoy pueden adquirirse sin dificultad. En la siguiente lista se ordenan los alimentos de acuerdo con sus características, siendo los primeros de cada tipo los de mayor carácter (Yang o Yin), y los últimos, aquellos que poseen su signo más atenuado.

ALIMENTOS YANG

- **Aceites y otros:** *de sésamo, de maíz, de girasol, de oliva.*
- **Bebidas:** *té de Ginseng, extracto de achicoria, té de peppermint, cerveza.*
- **Carnes y derivados:** *faisán, perdiz, huevos fecundados, pavo, pato.*
- **Cereales:** *trigo, mijo, centeno, trigo integral.*
- **Frutas:** *manzana, frutilla, castaña, cereza, durazno, avellana, maní.*
- **Pescados y mariscos:** *caviar, arenque, langostino, salmón.*
- **Lácteos:** *queso de cabra, queso edam, queso cheddar, leche.*
- **Verduras:** *zanahoria, col, zapallo, perejil, cebolla, nabo, lechuga, repollo.*

ALIMENTOS YIN

- **Aceites y otros:** *miel, remolacha, margarina, aceite de soja.*
- **Bebidas:** *té común, bebidas azucaradas, zumo de frutas, vino, café.*
- **Carnes y derivados:** *rana, caracol, cerdo, vaca, conejo, pollo.*
- **Cereales:** *maíz, cebada, avena, arroz, lentejas.*
- **Frutas:** *ananá, cítricos, banana, higo, dátil, melón, pera, almendra.*
- **Pescados y mariscos:** *ostra, trucha, lenguado.*
- **Lácteos:** *yogur, crema, manteca.*
- **Verduras:** *arvejas, tomate, papa, espárrago, espinacas, pepino, ajo.*

CAPITULO 6

La dieta vegetariana y ovolactovegetariana

PARA QUE LA ALIMENTACIÓN SEA SALUDABLE CUANDO SE RESTRINGEN CIERTOS NUTRIENTES -COMO TODOS LOS DERIVADOS DE LA CARNE-, ÉSTA DEBE ESTAR PERFECTAMENTE EQUILIBRADA.

Una dieta exclusivamente a base de frutas y verduras tiene una serie de ventajas que la convierten en una opción a tener en cuenta. Las principales razones para ello son las siguientes:

✔ Es buena para el corazón.

Numerosas investigaciones desde los años 70 han demostrado que las enfermedades cardíacas pueden prevenirse siguiendo una dieta de bajo contenido graso, una de las características del régimen vegetariano. Este tipo de alimentación puede además revertir las enfermedades cardíacas.

✔ Favorece un cambio de conciencia.

Generalmente quienes se vuelven vegetarianos por razones de salud, descubren al poco tiempo que tienen mayor sensibilidad hacia el bienestar animal y frente a los problemas de la ecología. La compasión para todos los seres es una extensión natural del vegetarianismo.

✔ Los granos son más productivos.

Los granos y los porotos de soja que se utilizan para alimentar al ganado en Estados Unidos podrían alimentar a 1.300 millones de personas, según la Sociedad vegetariana de Norteamérica.

✔ Combate la alta presión arterial.

Las grasas vegetales poliinsaturadas tienden a disminuir la presión de la sangre, mientras que las grasas animales la elevan.

✔ Se economizan recursos.

Considere estos datos: para cultivar granos se necesita una fracción de tierra, agua y dinero mucho menor que la utilizada para producir carne; el 64% de las tierras agrícolas de Norteamérica se utiliza para cosechar alimento para el ganado y el ganado produce anualmente 60 millones de toneladas métricas de gas metano (uno de los que provocan el calentamiento del planeta).

✔ Ayuda a controlar la diabetes.

La diabetes es rara entre los africanos, asiáticos y polinesios, quienes llevan una dieta basada principalmente en almidones, vegetales y frutas. Pero cuando estas mismas personas comienzan a llevar una rica dieta occidental, inciden en ellas la diabetes y las complicaciones típicas de este hemisferio como la arteriosclerosis.

LOS VEGETARIANOS PRESENTAN MENORES INDICES DE OBESIDAD Y HASTA UN 50 POR CIENTO MENOS DE INCIDENCIA DE DIABETES Y CANCERES

✔ Es más barata.

Un kilo de papas o de zanahorias cuesta mucho menos que uno de carne picada. Los platos basados en vegetales cuestan menos que los basados en carne o pescado. Si come sólo alimentos procesados y preparados, tal vez le parezca menos barato ser vegetariano. Compre sus granos al por mayor , adquiera productos de estación y cocine usted mismo tanto como pueda. Si quiere darse el lujo de comer frutas orgánicas extrajugosas o algún alimento preparado naturalmente que le ahorre tiempo, no repare en gastos: piense que seguramente se está ahorrando bastante en cuentas médicas.

✔ Es más sabrosa.

Como no tiene que preocuparse por combinar los alimentos con un trozo de carne, tiene la libertad de experimentar nuevos sabores y

recetas, degustar alimentos exóticos provenientes de otras culturas. Sumérjase en la cocina peruana o tailandesa para adquirir nuevas recetas.

✔ Otorga más energía.

Las pastas y cereales son una buena fuente de energía, recomendada sobre todo por los atletas y los fisicoculturistas, para construir músculos y aumentar la resistencia. Contra lo que suele suponerse la dieta vegetariana no es pobre en proteínas, ya que se ha comprobado que quienes siguen este régimen sobrepasan por lo menos en 15 gramos la cantidad de proteínas diarias recomendada.

✔ Es fácil limpiar los utensilios.

A LA HORA DE COCINAR CONVIENE DEJAR DE LADO LOS UTENSILIOS DE ALUMINIO

Ya no tendrá que lidiar con esas sartenes y cacerolas engrasadas tan difíciles de lavar.

✔ Mejora la nutrición.

Cuantas más frutas, vegetales y cereales coma, mayor será la cantidad de nutrientes presentes en su organismo. Una dieta vegetariana variada aporta los niveles necesarios de hierro y calcio que su cuerpo necesita sin agregar grasas. Tres cuartos de taza de espinacas, por ejemplo, contienen entre la mitad y la tercera parte del consumo diario recomendado de hierro y sólo 15 gramos de grasa.

✔ Tendrá un interesante tema de conversación.

¿A quién le importan los últimos escándalos de los famosos cuando tiene enfrente a alguien que se está comiendo una hamburguesa vegetal? La gente le preguntará por su vegetarianismo y si bien muchas personas pueden ponerse defensivas o agresivas, la mayoría demostrará una curiosidad genuina por conocer los fundamentos de su elección. Comparta sus recetas y aclare los mitos más comunes sobre el consumo de proteínas.

✔ Ahorra energía.

Todo el mundo sabe que la pasta sin carne contiene gran cantidad de carbohidratos y es el alimento preferido de los corredores, ya que produce una energía lenta y sostenida sin exceso de grasa o calorías. Pero comer muy por debajo de la cadena alimenticia puede ahorrar también energía de la Tierra. Para obtener una caloría de proteína de la soja se gastan dos calorías de combustibles fósiles; sin embargo, para obtener una caloría de proteína de la carne, deben utilizarse 78 calorías de combustibles fósiles.

✔ Estará en buena compañía.

Si se suma a las filas del vegetarianismo formará parte de un grupo compuesto por celebridades de todas las épocas: George Bernard Shaw,

Mahatma Gandhi y Albert Einstein, entre otras.

✔ Tendrá tema de conversación con los adolescentes.

A través del vegetarianismo podría encontrar un terreno común con los adolescentes de su familia. Cada vez más jóvenes están comenzando y manteniendo dietas sin carne. Un interés compartido por esta forma de alimentación es una manera de abrir el diálogo sobre la compasión y la responsabilidad.

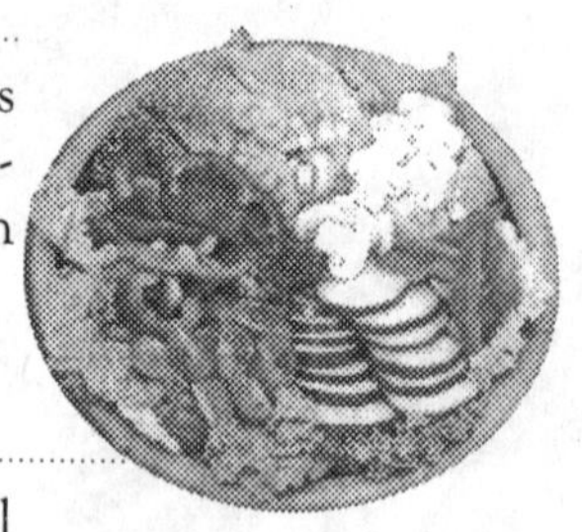

UNA ALIMENTACION VEGETARIANA APORTA MAS CANTIDAD DE FIBRA, LO CUAL BENEFICIA EL PROCESO DIGESTIVO

✔ Es una alimentación completa.

Todos los nutrientes que el organismo necesita se encuentran en el reino vegetal. Las vitaminas , aminoácidos y minerales presentes en los vegetales hacen innecesarios los suplementos de laboratorio.

✔ Resuelve el misterio del tofu.

Esos suaves bloques blancos que ve en la dietética dejarán de parecerle una incógnita. El tofu, ese queso elaborado con leche de soja, se convertirá en el mejor aliado de su cocina, proporcionando una base para budines vegetales y hasta postres de chocolate.

✔ Aumentará sus conocimientos sobre nutrición.

Primero estará comiendo bróccoli. Después estará leyendo sobre él y en poco tiempo se convertirá en un experto: sabrá lo rico que es en calcio y la importancia que tiene este mineral en la salud de los huesos.

✔ Nutrirá tanto el cuerpo como la mente.

Sus pensamientos cambiarán al tiempo de ser vegetariano. Comenzará a cuestionarse acerca de su estilo de vida, de la ecología, de los animales y de sí mismo.

✔ Es una forma de vida.

Cada vez hay más gente que es vegetariana. Uno ha leído de ellos en los diarios, las revistas y los ve en los programas de televisión. Comparte con ellos el gimnasio o las sesiones de meditación. Afirman que tiene sentido, es entretenido y que es gratificante formar parte de este movimiento. El ser vegetariano, según sus seguidores, es más que una moda, es un estilo de vida que llegó para quedarse.

EL EQUILIBRIO ACIDO-ALCALINO

El beneficio más evidente de este tipo de alimentación es que mantiene el equilibrio ácido-base (ph) del organismo. Esto significa que alcanza las condiciones ideales en las que el organismo se mantiene joven y sano, gracias a su acción alcalinizante que contrarresta la tendencia del organismo humano a ser alcalino.

¿Pero qué es exactamente este equilibrio?

El medio interno del cuerpo humano , compuesto por la sangre es levemente alcalino que es el estado opuesto al ácido. Según los naturistas, el estado de salud del organismo se define por la alcalinidad de los humores.

El nivel de acidez o alcalinidad se mide por el PH (potencial hidrógeno) que es una unidad de medida química. La escala para medir el PH va de 0 a 14. Del 0 al 7 se trata de un grado creciente de alcalinidad. 7 es el punto neutro y más arriba es ácido. Las funciones vitales se desarrollan en un medio levemente alcalino, (7,3 a 7,5), para lo cual el organismo se autorregula, secretando sustancias alcalinas para neutralizar el exceso de ácidos.

Pero el equilibrio ácido alcalino del cuerpo no depende sólo de su propia capacidad reguladora sino también de los alimentos que ingiere. La calidad de éstos y cómo se metabolizan son factores fundamentales que se deben tener en cuenta para preservar el equilibrio.

Las altas concentraciones de alimentos acidificantes producen efectos corrosivos en los tejidos humanos. Alimentos acidificantes son los demasiado concentrados, los de alto contenido en proteínas como las carnes, los huevos, los quesos, los embutidos y las legumbres.

Cuando se habla de alimento acidificante no se está haciendo referencia al sabor del alimento, sino al residuo que queda en nuestro organismo una vez digerido el alimento. El limón, por ejemplo es una fruta ácida, pero luego de digerido por el organismo deja un residuo alcalino.

LOS "NO" DE LA COCINA VEGETARIANA: CARNES, GRASAS ANIMALES, PESCADOS, CONSERVAS, COLORANTES, AZUCAR BLANCO, CEREALES REFINADOS, LAS BEBIDAS COLAS Y ALCOHOLICAS Y EL CAFE

LA DESINTOXICACION

Cuando se lleva una dieta cargada de alimentos acidificantes el organismo trata en primer lugar de desprenderse de ellos a través de sus funciones evacuadoras naturales: orina, materia fecal y transpiración. Si no lo logra, llega un momento en que el excedente comienza a acumularse en el cuerpo en zonas determinadas, como las articulaciones, originando las enfermedades degenerativas articulares (artritis, artrosis) o bien, en el sistema circulatorio generando trastornos de la función cardíaca. Estos procesos son sumamente lentos por lo cual no se toma conciencia hasta que aparecen los síntomas declarados de la enfermedad.

Además de la comida, la acidificación puede ser provocada por el estrés, el exceso de actividad física o el pasar demasiadas horas en ambientes cerrados con escasa oxigenación.

Esto explica por qué el llevar una dieta vegetariana no se limita a una correcta elección de los alimentos sino, también, a tener en cuenta todo un estilo de vida que hace a la totalidad de nuestro ser.

El grado de alcalinidad-acidez se puede medir a través del análisis de orina. La primera orina de la mañana generalmente es ácida, porque a través de ella se eliminan las sustancias tóxicas. En un organismo sano, la segunda orina de la mañana debe ser levemente alcalina. De todos mo-

dos una persona sana físicamente se reconoce porque presenta una piel y un cabello brillantes, uñas sanas, vitalidad, escucha bien sin tapones de cera en sus oídos. Cuando hay un desequilibrio en la salud de la piel, las uñas, el cabello, la audición o la vista se expresa una acidificación de la sangre.

Un alimento ácido forma mucosidades en el cuerpo. Estas son necesarias para la función corporal, pero un exceso permite el desarrollo de bacterias y de virus, además de congestión. Los catarros, sinusitis, problemas intestinales y las afecciones cutáneas son la reacción del organismo que intenta eliminar estos excesos

Por eso lo ideal sería comer respetando nuestras necesidades orgánicas naturales, es decir, hacer una dieta con predominio de alimentos alcalinos. A través de estos alimentos de origen vegetal como las frutas y las verduras, se absorbe agua, el elemento depurador favorece la alcalinización y la desintoxicación.

Un 70 a un 80 por ciento de alimentos alcalinos presentes en la dieta hará que, paulatinamente, cesen las enfermedades degenerativas crónicas y que el organismo se mantenga en equilibrio y armonía.

CLASIFICACION DE LOS ALIMENTOS

SI LA DIETA VEGETARIANA NO ESTA EQUILIBRADA PUEDE OCASIONAR DEFICIENCIAS NUTRICIONALES

En general estos son los dos grandes grupos:

- **Alimentos acidificantes:** *carnes rojas y blancas, huevos, avena arrollada, legumbres secas, coliflor, espárragos, aceite, frutas secas.*

- **Alimentos alcalinizantes:** *hortalizas, frutas frescas y desecadas, manteca de granja, leche, castañas, aceitunas.*

-La papa es sumamente alcalina, por lo que se la considera un alimento ideal para contrarrestar problemas articulares, úlceras y gastritis.

-La miel es alcalina mientras que el azúcar es acidificante.

- Los cereales más integrales son alcalinos: el mijo, el trigo sarraceno, el arroz integral y el maíz.

-La harina blanca es acidificante.

-Las oleaginosas también se diferencian entre sí: las almendras, aceitunas negras, el sésamo y las castañas de caju son alcalinas. El maní, la nuez y la avellana son acidificantes.

-Los aceites vegetales de oliva, maíz, girasol son alcalinos.

-La leche es alcalina. Los quesos, cuanto más fermentados, son acidificantes.

- Las legumbres más alcalinas son los porotos de soja y los aduki.

LAS FUNCION DE LAS PROTEINAS

La palabra "proteína" deriva del griego y significa "que ocupa el primer lugar". Esto, hace muchos años, hacía suponer que la alimentación debía componerse de una gran cantidad de proteínas, cuanto más mejor.

Pero en la actualidad se comprobó que el cuerpo humano no necesita tanta cantidad, ya que el cuerpo adulto una vez que se ha formado sólo necesita mantenerse.

Pero, ¿qué son las proteínas? Son los nutrientes que el cuerpo utiliza para construir, reparar y mantener su estructura. Las proteínas, desde el punto de vista químico, son los únicos elementos cuaternarios, es decir compuestos por cuatro sustancias: oxígeno (O),carbono (C), hidrógeno (H) y nitrógeno (N). Para poder utilizarlas, el organismo las transforma en aminoácidos, que son los que atraviesan las paredes del intestino para alimentar a las células y son transportados por la sangre y la linfa.

Si nos llenamos de proteínas que no necesitamos estas se transforman en sustancias tóxicas que sobreexigen a determinados órganos por ejemplo el riñón, que para eliminar el exceso de nitrógeno debe transformarlo en urea, una sustancia que requiere demasiado esfuerzo para ser eliminada.

Del mismo modo se originan enfermedades reumáticas, como artritis, artrosis, ácido úrico y gota.

En términos generales se necesitan 0,5 gramos de proteínas diarias por cada kilo de peso Es decir que una persona de 60 kilos satisface sus necesidades proteicas con 30 gramos de proteínas diarias. La acusación más común que se le hace a la alimentación vegetariana es su carencia de proteínas de alta calidad como las que proporcionan las carnes. Sin embargo una alimentación balanceada reemplaza eficazmente este alimento gracias a la soja, una legumbre de alto contenido proteico y aún más cuando se sigue un régimen ovo-lacto-vegetariano que incluye productos no cárnicos de origen animal como la leche, los quesos y los huevos.

LA DIETA OVOLACTOVEGETARIANA

Para que una dieta sea exitosa cuando se restringen alimentos con nutrientes esenciales para la salud, ésta debe estar perfectamente equilibrada. Esta variante del vegetarianismo cubre estas necesidades.

Básicamente, es una derivación de la alimentación vegetariana en la que, si bien hay un predominio de alimentos de origen vegetal, se le pueden incorporar huevos, productos derivados de la leche y miel.

Para iniciar este tipo de alimentación es recomendable empezar gradualmente, reemplazando 2 o 3 veces por semana la carne por cereales o legumbres, o usar carne y pescado como acompañamiento y no como plato fuerte.

LOS MINERALES QUE HAY QUE CONTROLAR

Entre los nutrientes que pueden ser deficitarios en una dieta de este tipo, y que por tanto requieren vigilancia, se destacan:

Calcio: si se excluyen los lácteos, es necesario sustituirlos por leche de soja enriquecida con este mineral, la cual aporta tanto calcio como la de vaca. Las legumbres, los frutos secos, y en menor medida los cereales integrales, también contienen calcio.

Hierro: deben comer alimentos ricos en este mineral (frutos secos, legumbres, levadura de cerveza, cereales integrales) combinados con otros que contengan vitamina C, la cual ayuda a fijarlo. La soja también es rica en este mineral.

Zinc: se puede ingerir comiendo huevos, cereales integrales, semillas de girasol, legumbres y levadura de cerveza.

LOS 10 ALIMENTOS DE ORO

Entre los alimentos que incluyen los ovolactovegetarianos en sus dietas con mayor frecuencia se destacan:

- **Frutas secas:** *las bananas, las uvas, ciruelas, higos y dátiles pueden consumirse secos y, aunque no conservan todos sus nutrientes, como la vitamina C, son ricos en calorías, fibras y minerales.*
- **Frutas y verduras:** *fuente de vitaminas, sobre todo C, minerales, fibra, agua y azúcares, con probada acción protectora de males como el cáncer.*
- **Huevos:** *contienen proteínas de alto valor biológico, hierro, zinc, fósforo, calcio, vitamina A y B, pero no se aconseja consumir más de 5 por semana.*
- **Lácteos:** *para los vegetarianos no estrictos, la leche y sus derivados son una fuente importante de proteínas de gran importancia biológica, calcio y vitaminas A, B y D.*
- **Frutos secos:** *contienen ácidos grasos insaturados (excepto el coco, que los tiene saturados), vitaminas B y E, fibras y minerales clave.*
- **Leguminosas:** *son, junto con los cereales, las principales fuentes de proteínas del vegetariano y aportan carbohidratos, fibras, vitaminas B, hierro, magnesio, potasio, calcio y fósforo.*
- **Cereales:** *el trigo, el maíz, el arroz, la cebada y la avena, aportan hidratos de carbono, proteínas, hierro, magnesio, vitamina B y fibras. Si son integrales contienen más fibra y minerales.*
- **Algas:** *ricas en magnesio y iodo.*
- **Levadura de cerveza:** *abundante en aminoácidos esenciales, hidratos de carbono, fósforo, potasio y vitamina del grupo B, se emplea como suplemento mezclándola con jugos y sopas.*
- **Soja y derivados:** *esta legumbre es fundamental en toda dieta vegetariana.*

A favor..

- *Aporta fibra, ayudando a evitar los problemas intestinales y los esfuerzos del riñón.*
- *Reduce el aporte de grasas saturadas; previene así trastornos cardiovasculares.*
- *Puede aportar los mismos nutrientes que las carnes y leches, si es variado y se seleccionan bien los alimentos.*

En contra...

- *Si no está equilibrado, lo cual no depende sólo de comer o no carne, puede ocasionar deficiencias nutricionales.*
- *Es perjudicial si es deficiente en calcio o vitaminas o proteínas y si es rico en productos con carbohidratos refinados.*

5 BUENAS RAZONES PARA CAMBIAR EL ESTILO DE COMER

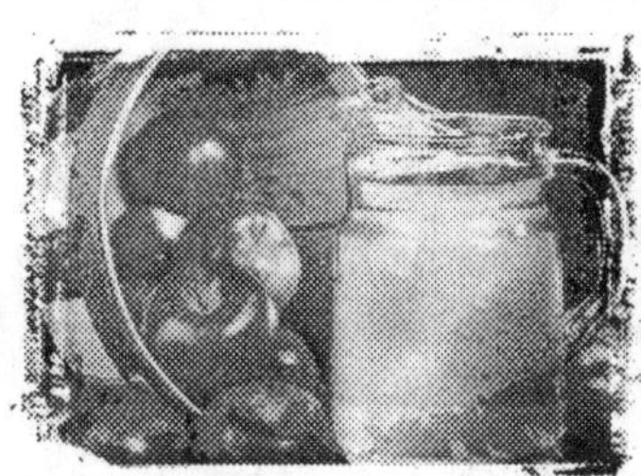

- *Previene las cardiopatías coronarias, reduciendo la dañina placa de ateroma, cuya acumulación obstruye las arterias.*
- *Proporciona gran cantidad de antioxidantes, con un comprobado poder preventivo del cáncer y otras enfermedades.*
- *Aporta abundantes flavonoides, que protegen de enfermedades de la circulación venosa.*
- *Suministra gran cantidad de fibra alimentaria, la cual beneficia el proceso digestivo.*
- *Las poblaciones vegetarianas u ovolacteovegetarianas presentan menores índices de obesidad y hasta un 50 por ciento menos de incidencia de diabetes y cánceres.*

"A FIN DE QUE SEAS MEJOR,
PURIFÍCATE TODOS LOS DÍAS."

Proverbio chino

" Con sacrificio

puede ser que logres

poco, pero

sin sacrificio es seguro

que no

lograras nada"

Anónimo

Sección 4

Introducción

LOS BENEFICIOS DEL EJERCICIO

El ejercicio es muy beneficioso si se practica de la forma apropiada y por los motivos adecuados. El ejercicio aeróbico se puede practicar utilizando la energía creada por el suministro de oxígeno de los pulmones, como al andar vigorosamente a lo largo de una cierta distancia. Cuando el suministro de oxígeno a un músculo es desmesurado, como en un corto *sprint*, el metabolismo anaeróbico entra en acción y la energía se produce mediante la conversión de

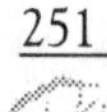

la glucosa a través de la glucólisis. Este segundo método de obtener energía es veinte veces menos eficaz que la producción aeróbica.

Hay buenas razones para practicar ejercicio: mejora la condición de los músculos, incluyendo el del corazón, con períodos de esfuerzo intenso relativamente cortos. Lo que los músculos necesitan es un esfuerzo intenso que, realmente, obligue a las células musculares a aumentar su capacidad de respuesta. Esto se puede conseguir en diez minutos con una máquina de esquí o de remo, a diario o en días alternos. (Un equipo más económico también sirve.) Hay que ser especialmente precavido en caso de que se sufra de una enfermedad del corazón: si no está seguro, consulte a su médico.

Hay muchas opiniones distintas sobre qué cantidad de ejercicio es la beneficiosa. Lo cierto es que controla la cantidad de grasa en el cuerpo y hasta cierto punto la composición de esa grasa. Para que esto sea más efectivo, puede seguirse al mismo tiempo un programa de dieta sana.

Existen pruebas que sugieren que la mayoría de los ejercicios estimulan la producción de colesterol HDL, lo que ayuda a la salud de las arterias.

¿QUE PRACTICAR?

El ejercicio ayuda, también, a conseguir una sensación de bienestar. Puede obtenerse con una amplia variedad de ejercicios. La elección del tipo adecuado para este propósito es una cuestión de preferencias personales.

Las tradiciones orientales, como la medicina ayurvédica india, ponen mucho énfasis en los distintos tipos de cuerpo y de temperamento para seleccionar las actividades de ejercicio, aunque algunas prácticas de yoga, como el "Saludo al Sol", son aptas para todo el mundo.

Correr es un hábito muy popular en gran parte del mundo. Muchas ciudades tienen carriles para corredores. Si bien es innegable que esto satisface a quienes lo hacen, existe una cierta controversia sobre su beneficio para la salud. Algunos de los argumentos se centran en los efectos de una actividad tan prolongada en los ligamentos y las articulaciones, especialmente al ejercitarla sobre superficies duras. Lleve siempre zapatillas y calcetines adecuados. Antes de empezar, haga ejercicio de calentamiento y corra a un paso cómodo.

LA CONDUCTA A SEGUIR

Las mejores formas de evaluar el nivel de ejercicio adecuado en cada caso se resumen en:

-**Escuche a su cuerpo.** Esté pendiente de la manera en que su cuerpo responde a la actividad que ha planeado. Usted es la única persona que puede detectar los primeros signos de sobreesfuerzo. Tanga cuidado con el dolor o las punzadas en el pecho o la espalda, una falta de aliento excesiva, mareos o debilidad. Nunca ignore estos signos de advertencia.

-**Gradúe y dosifique sus actividades.** Reduzca el ritmo o pare si siente que está esforzándose demasiado o yendo demasiado deprisa. Adopte la actitud de avanzar un poco más en la siguiente sesión de actividad y manténgase en ella hasta que alcance cualquier objetivo que se haya propuesto.

-**Hágase pruebas.** Si tiene una seria duda sobre si su cuerpo está sano o si debería esforzarse un poco más, no dude de someterse a un control en un centro médico de su confianza.

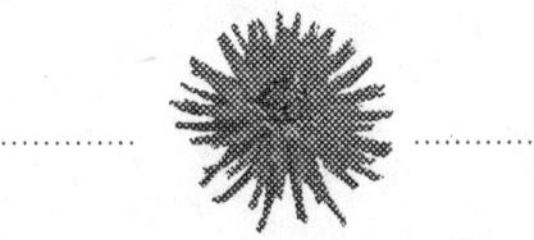

"EL DESCANSO

NO ES UN LUJO,

ES UNA

NECESIDAD."

Thomas Carlyle

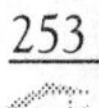

CAPITULO I

Danzaterapia

EN SUS MÚLTIPLES MANIFESTACIONES, EL BAILE SIEMPRE AYUDA A OBTENER UNA BUENA POSTURA, EJERCITAR TODO EL CUERPO Y ENCONTRAR UNA FORMA DE EXPRESIÓN Y CONTACTO CON UNO MISMO Y CON LOS OTROS.

A menudo, la danza y otras actividades que implican el movimiento del cuerpo son ignoradas en el contexto de la curación y las terapias de bienestar, y, sin embargo, son poderosos miembros de ese grupo y tienen fuertes vínculos con el cuerpo, la mente, las emociones y el espíritu.

Las personas con un cuerpo delgado y fuerte y una tendencia a la buena coordinación tienen una mayor facilidad para la danza. Como terapia, la danza y el movimiento son útiles y asequibles para todos. Al estar involucrados el sentido táctil y el kinestético, son muy útiles para las personas cuyo movimiento y coordinación estén disminuidos como resultado de una lesión en el sistema nervioso.

Además, la danza y el movimiento desarrollan el equilibrio y la coordinación, la confianza en uno mismo y la conciencia del propio cuerpo. Cuando se practica hasta su máxima expresión, la danza –como forma de arte- proporciona una sublime experiencia espiritual tanto para la persona que baila como para quienes disfrutan viéndola.

Cada vez más, la danza y el movimiento se reconocen como terapéuticos en muchos niveles de nuestro ser, y se están llevando a cabo muchas más actuaciones y talleres, lo que demuestra que poseen un valor tanto artístico como terapéutico.

La danza es una expresión artística, una forma de mantener en excelente estado nuestra musculatura y una eficaz terapia para canalizar todas nuestras emociones. Quizá por eso se está convirtiendo en uno de los mejores métodos para prevenir muchas enfermedades y corregir algunos de los males modernos. A continuación un detalle de las mejores técnicas para que pueda elegir la que más le conviene.

¿A quién no le gusta bailar? Seguramente son muy pocos quienes, al sentir el ritmo de la música, pueden resistir la tentación de acompañarlo con algún movimiento, aunque más no sea golpeando disimuladamente el talón contra el piso. Y cuando el ambiente es el adecuado -una fiesta o un salón de baile- uno puede dar rienda suelta a las ganas de moverse instantáneamente sin temor a hacer el ridículo. Pero esas ocasiones, lamentablemente, no son cosa de todos los días. La vida formal de la ciudad más bien nos obliga a obedecer normas estructuradas de comportamiento, que terminan por hacernos sentir atrapados dentro de nuestro propio cuerpo. Los resultados, a la larga, ya se conocen: tensiones, estrés, fatiga, contracturas. Y si a esto le sumamos los malos hábitos de alimentación (principalmente el de conformarse con cualquier cosita para satisfacer el hambre y tirar hasta la noche) es fácil entender por qué cada tanto tenemos que lidiar con una molesta jaqueca o alguna alergia en verdad irritante. Evidentemente lo que sucede es que no estamos funcionando en armonía. ¿Qué tiene que ver la danza en todo esto? La respuesta es sencilla: para estar bien, sano y libre de enfermedades hay que respetar el equilibrio básico entre el trabajo, el descanso y la diversión. Precisamente a este último fin, entre otros, contribuye el bailar en cualquiera de sus formas. Es que el placer de bailar no requiere practicar técnicas complejas e imposibles como se suele suponer. El simple hecho de estirar nuestros músculos, de sentir cómo el aire atraviesa nuestra garganta para expandirse dentro de nuestro cuerpo, ya es de por sí algo placentero. Si no lo cree, pruébelo. Deje de leer, haga una respiración profunda y estírese como un gato. Si puede hacerlo ponga su música preferida y déjese llevar por la melodía moviéndose como se le ocurra. ¿Qué siente? Algo muy parecido a la libertad, seguramente. Eso tiene una explicación: mover el cuerpo es la forma más primaria que tenemos los humanos, de expresarnos. Aún antes de hablar. Desde tiempos inmemoriales el hombre encontró en la danza la posibilidad de trasmitir sus más diversos estados de ánimo. Las sociedades primitivas acudían al baile para celebrar todo tipo de acontecimientos: danzas rituales, danzas consagratorias, danzas de guerra, danzas para celebrar la lluvia, para llorar una muerte, para adorar a un dios,

para dar la bienvenida a un clan vecino. Pero también se utilizaba como un eficaz método terapéutico. Los brujos o los chamanes quienes, como afirma el antropólogo Levy Strauss, cumplían la función de médicos en la mayoría de las tribus de Oceanía, ya utilizaban el movimiento corporal acompañado de relatos mágicos y cantos, a fin de curar las enfermedades, acompañar las agonías, aliviar los dolores y facilitar los partos.

TODOS PODEMOS HACERLO

Por supuesto que la danza, como expresión artística, está reservada a unos pocos elegidos que nos maravillan haciendo gala de sus dones naturales. ¡Qué excepcional! Es lo menos que uno piensa al observar una buena pieza de ballet. Parece un pájaro, comentan algunos al ver saltar a Julio Bocca. ¿Cuál es el secreto de estos pocos que consiguen volar frente a las miradas emocionadas y asombradas de sus espectadores? No caben dudas: sacrificio, esfuerzo y privilegio. Sin embargo no son los únicos capacitados para disfrutar del placer de bailar. Por el simple hecho de formar parte de la naturaleza donde todo es movimiento podemos sentir dentro nuestro la necesidad de danzar siguiendo su llamado. Está en cada uno seguir el impulso o hacer oídos sordos anulando esa potencialidad que nos caracteriza como seres vivos.

LA DANZA LIBERADORA

LA DANZA MODERNA FUE LA PRIMERA EN DARLE IMPORTANCIA A LA EXPRESIÓN, DEJANDO DE LADO LA PERFECCION DE LOS MOVIMIENTOS

El movimiento libera y desde ahí parte el concepto de la cura. Cuando las energías bloqueadas, responsables de la mayoría de las enfermedades, se ponen en movimiento, se produce un fenómeno de puesta en marcha de las propias habilidades del cuerpo y la mente para mejorar. Por eso en la actualidad existen muchísimas corrientes de terapia corporal, que basan sus técnicas en ejercicios provenientes de la danza. Todas ellas tienen en cuenta un elemento fundamental:

LA POSTURA. Lo primero que se aprende en danza es a tomar la postura correcta. Esta es la base de todos los movimientos y el único modo de evitar lesiones. El propio hecho de dedicarle tanto tiempo a encontrar la posición adecuada ya es, de por sí, un generador de cambios importantes, ya que implica contrarrestar las malas posiciones a las que estamos acostumbrados y que solemos hacer en nuestros movimientos cotidianos. El sacro debe apuntar hacia el centro de la tierra, hacia abajo, el ombligo tiene que estar metido hacia adentro y el torso levemente adelantado. Esto permite alinear la columna y tomar conciencia de los espacios que hay entre las vértebras. El peso del cuerpo se distribuye entre el arco interno del pie y los dedos (y no sobre los talones venciendo los arcos y metiendo las rodillas hacia adentro). Hay que prestar atención a los hombros: que estén bajos, los omóplatos juntos, el cuello relajado y la cabeza erguida, elevándose hacia el cielo. De este modo uno toma plena conciencia del esquema óseo y puede comenzar a moverse hacia cualquier dirección, en cualquier sentido y en los tres niveles del espacio: piso, medio y aire.

GUIA DE LAS DISTINTAS TECNICAS DE DANZA

✔ **CLASICA:** Es la más estricta y refinada de las danzas. Tiene un código muy claro y se maneja con convenciones muy definidas. Existen diferentes escuelas que trabajan con diferentes técnicas. Si bien los movimientos y los pasos son los mismos, la calidad energética del trabajo en cada una de estas escuelas es muy distinta. Algunas (como la escuela rusa) buscan endurecer la musculatura de piernas y glúteos; otras, en cambio, trabajan con una mayor liviandad, buscando obtener más aire y perfeccionar la postura y la colocación, y la firmeza corporal. Una clase de clásico demanda un gran esfuerzo y suele ser bastante severa. Pero los resultados se ven en seguida. La musculatura se fortalece, se afina el cuerpo y se adquieren movimientos más delicados. Pero, sin dudas, el mejor de sus beneficios es desarrollar la autodisciplina, algo que a todos nos hace mucha falta.

✔ **DANZA JAZZ:** El jazz nace musicalmente de los lamentos de los esclavos algodoneros del sur de Estados Unidos que dieron lugar al blues y al negro spiritual, tan famosos en los años 20. Pero el jazz como danza aparece en la década de los 50 de la mano de las orquestas modernas de Nueva York. Lo que lo caracteriza como movimiento es que tiene influencia de la tierra, en vez de la danza clásica que inspira hacia arriba y presenta personajes prototípicos, principescos y maravillosos. El jazz trabaja más lo humano, se ve a una persona que baila y no que lo hace un héroe. Se usan las posiciones de los pies llamadas cerradas (pies paralelos), casi inexistentes en la danza clásica. Los movimientos de los brazos son rectos y percutidos mientras que en el clásico se usan los brazos redondos y livianos. Otra cosa que agrega el jazz en su técnica es la *isolation* (aislamiento), que consiste en movimientos de localización y disociación de diferentes partes del cuerpo para después integrarlos en coreografías y que todo se vea con más claridad. Este trabajo permite desarrollar una mayor coordinación, para estar más atento, más despierto y más conciente del propio cuerpo. Eso se ve luego en la vida diaria, porque uno está mejor dispuesto y con una mayor velocidad de reacción.

✔ **DANZA MODERNA:** Nace de la necesidad de revolucionar lo que era el proceso de la danza clásica hasta ese momento. A principios de siglo Isadora Duncan se saca las zapatillas de punta porque la tensionaban y decide bailar descalza. Arroja a un lado el tutú porque le parece estereotipado y prefiere utilizar cualquier tipo de ropa. Y empieza a necesitar reflejar las emociones de la gente, al igual que el jazz, y no las emociones de los superhéroes. Trabaja menos lo aéreo y comienza a investigar la oposición de las cosas. En todas las técnicas de danza moderna (Graham, Cunningham, Nikolais y Jennifer Muller) se puede ver esta oposición, que no está presente en la danza clásica. Soltar y agarrar, caerse y levantarse, contraer y estirar, son las consignas que ponen de manifiesto que hay dos partes (un concepto ligado a la visión del Ying y el Yang). Trabajan mucho el torso y los brazos. Una novedad que trae la danza moderna es la importancia que se le da a la expresión, a veces, incluso, hasta dejar de lado la perfección de los movimientos. Algunas técnicas trabajan la idea de aproximarse al movimiento desde lo sensorial utilizando diversas partes del cuerpo -el ombligo, la cabeza, la yema de

los dedos- para iluminar el espacio. Así uno aprende a aflojarse y a desinhibirse.

✔ **CENTROS DE ENERGIA:** No es una técnica de danza pero incorpora elementos de las danzas circulares y autóctonas que, combinados a asanas del Yoga, permiten desarrollar los centros de energía (chakras) del cuerpo. La finalidad de este sistema es poner en movimiento las propias fuerzas sanadoras en relación con las del universo. Existe una línea de esta corriente (fundada por Susana Milderman) que desarrolló un método de técnicas correctivas para aliviar problemas de la columna, como mala postura y hasta hernias de disco.

✔ **EXPRESION CORPORAL:** Fue una de las primeras disciplinas en tener en cuenta la relación entre el movimiento y la expresividad, sin los cánones estrictos de posiciones y sin un elemento inherente a todas las técnicas de danza que es la imitación. En la expresión corporal se investiga y se improvisa, sin buscar al maestro que se tiene adelante. Hay una búsqueda de la conciencia corporal. Se comprende la propia anatomía, para qué sirve cada grupo muscular y las articulaciones. Alejándose de los códigos establecidos, se incorporan elementos como pelotas, cintas, bastones y movimientos que imitan a los animales, para desarrollar una nueva conciencia del cuerpo. Se utiliza mucho en niños con problemas de conducta, timidez y dificultades de aprendizaje, aunque es ideal para todos aquellos que necesitan comenzar a oír su cuerpo. Un dato curioso es que, como formación profesional, la carrera de expresión corporal sólo existe en la Argentina, y esto quizá tenga que ver con nuestra necesidad de tener un espacio para esto.

✔ **CONTACT IMPROVISATION:** Es una danza en dúo basada en las leyes físicas del movimiento. A través de sus movimientos los bailarines entregan y reciben el peso, caen y vuelan, agudizan su intuición. Es una técnica que desafía a ampliar los límites de la autoconfianza. Como medio de actuación, el contact combina destreza física, belleza y acciones de calidad dramática. Cada vez más las compañías internacionales utilizan esta técnica para el entrenamiento de sus bailarines, ya que sirve de mucho para desestructurar los estereotipos físicos de las demás disciplinas. El bailar junto con otro estimula relaciones más abiertas y expresivas. Según Steve Paxton, su creador, el Contact Improvisation es una danza meditativa que recorre el arco que va desde la quietud hasta la máxima destreza.

BENEFICIOS DE LA DANZA

- *Corregir las malas posturas.*
- *Aliviar tensiones cervicales y lumbares (ejercicios de contracción y expansión de la columna vertebral).*
- *Combatir depresión y angustia (en general todas las emociones se liberan, sobre todo si se combina con liberación de la voz).*
- *Reducir el estrés (la preocupación por seguir el ritmo de la música*

reemplaza a la preocupación estresante de las actividades cotidianas).

- *Autoconocimiento corporal (ejercicios de disociación).*
- *Destreza, agiliza los movimientos y, de este modo, previene lesiones.*
- *Afinar las formas del cuerpo (ejercicios de elongación y rotación de las articulaciones).*
- *Fortificar la musculatura (ejercicios de tensión y estiramiento).*
- *Mantener perfectamente irrigadas las articulaciones (ejercicios de rotación).*
- *Desarrollar la atención mental (ejercicios de coordinación).*
- *Sacar a luz la propia personalidad (fundamentalmente con ejercicios de improvisación).*

EXPERIMENTAR EL PLACER DE BAILAR BRINDA ALEGRÍA, TRANQUILIDAD Y, SOBRE TODO, SALUD.

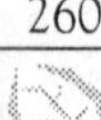

CAPITULO 2

Biodanza

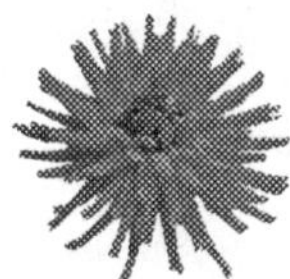

ES UN SISTEMA CREADO POR UN ANTROPÓLOGO Y PSICÓLOGO CHILENO QUE COMBINA EL BAILE CON MÚSICAS DE VARIADOS ESTILOS PARA TRABAJAR LAS EMOCIONES MÁS PROFUNDAS DEL SER HUMANO.

La Biodanza es un sistema joven. Tiene un poco más de 30 años. El padre o fundador es Rolando Toro, un antropólogo y psicólogo chileno que en 1965 dio los primeros pasos en este método. Estaba trabajando en el hospital psiquiátrico de Santiago de Chile y en la cátedra de Antropología Médica de la Facultad de Medicina. Su preocupación era humanizar la medicina. Deseaba poder llegar a un trato mucho más humano con los pacientes. Que no sean "una rodilla que duele", sino que sean "una persona que está en interacción".

En la década del 60 había varias corrientes que venían de Estados Unidos y experimentaban con nuevas terapias. Rolando Toro interpretó esa tendencia mundial y empezó a experimentar con músicas y ejercicios con algunos internos del neuropsiquiátrico. Eran personas que tenían perturbaciones severas y con ellos comenzó una investigación clínica, con un exhaustivo método experimental, anotando, observando, registrando fielmente los efectos de esas músicas.

Fue descartando. Se dio cuenta de que hay algunas músicas que no favorecían, por ejemplo, a quienes estaban delirando. Con algunos ejercicios y músicas, el delirio podía aumentar. Y otras músicas, en cambio, favorecían mucho. El observó cosas en ese lugar que lo dejaron maravillado.

Es así como el especialista chileno empezó a estructurar una serie de ejercicios básicos que en ese momento denominó Psicodanza, porque estaba destinada a tratar perturbaciones psíquicas. Pero luego descubre que con el tratamiento no sólo empezaron a mejorar los internos, sino que las relaciones en todo el servicio del hospital empezaron a cambiar. Se organizaron fiestas y se crearon nuevas motivaciones. Los médicos, los enfermeros, los familiares que venían a hacer sus visitas...Todas las personas empezaron a cambiar la forma de relacionarse, no sólo quienes estaban enfermos, sino también la gente sana que estaba trabajando allí .

NACE LA DANZA DE LA VIDA

Pasaron algunos años, y luego de revisiones más exhaustivas, Rolando Toro cambió el término Psicodanza por el término Biodanza, que es la Danza de la Vida. Psicodanza se reservó exclusivamente para cuando la técnica Biodanza se aplica en tratamientos clínicos psicológicos.

La Biodanza tiene una serie de influencias innegables. De la musicoterapia, de las terapias con el arte (plástica, cerámica, escultura, etcétera), de las terapias con movimientos corporales y, sobre todo, de la antropología, la psicología y la biología como ciencias. La Biodanza se nutre de ellos porque es un sistema interdisciplinario.

En las clases se usan músicas orgánicas de una gran variedad. Orgánicas porque mantienen y respetan los ritmos biológicos. Por ejemplo, no se usan las músicas experimentales, que tienen que ver con sonidos aislados o con elaboración de ruidos, ni las músicas tecno, que tienen sobre todo, ritmos electrónicos y que responden a las máquinas. Son músicas que no tienen ritmos de respiración, que no dan pausa.

En Biodanza se busca potenciar la salud orgánica. Entonces, las músicas son cuidadosamente seleccionadas y experimentadas vivencialmente muchas veces antes de ser aceptadas. Se hacen reuniones de profesores donde se actualiza el uso de nuevas músicas. El especialista tiene un entrenamiento y hace un primer testeo de músicas que luego se utilizan en grupos. Se investiga la semántica musical, quiere decir que se desea arribar al logro que ese ritmo o melodía tiene sobre las enfermedades. Y, por ende, saber qué emociones moviliza.

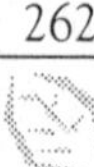

QUE MUSICA SE USA

Las músicas pueden ser desde los Beatles, pasando por el blues o el jazz, hasta música clásica como la de Bach, Vivaldi o Teleman, por ejemplo. En Biodanza se explica que quien toca un clarinete, un oboe, una flauta dulce, un saxo, también está respetando sus propios ritmos respiratorios, no puede ser como una máquina que no corta nunca.

La Biodanza cree que la calidad artística y la sensibilidad del compositor deben estar presentes. Que ese genio de la especie que se expresó en la composición, llegue a las personas que lo escuchan. Aunque se diferencia de lo que es arte propiamente dicho, como por ejemplo el *free jazz*, que artísticamente puede ser excelente, pero sin embargo puede ocurrir que un tema no brinde lo que la Biodanza busca como objetivo curativo.

LA BIODANZA ES UNA FORMA DE EXPRESION CORPORAL COMPLETAMENTE LIBRE Y RELAJADA

Está comprobado que la música tiene propiedades curativas. No ingresa solamente por el oído y a lo que se denomina corteza cerebral, sino que afecta también, por otras vías, por todos los poros de la piel, a centros más profundos, a los centros de las emociones.

Las danzas que se practican durante las sesiones son múltiples:

Hasta caminar con un amigo de la mano, teatralizar el gesto de cuidarse y cuidar al otro, una ronda y el acto de mecerse son formas habituales de bailar en esta disciplina.

Biodanza tiene una frecuencia semanal. Cada sesión dura aproximadamente dos horas o dos horas y media. Las clases de niños sólo una hora.

La Biodanza trabaja con la energía biológica. Su base es la misma base científica de la medicina ortodoxa. Para esta disciplina los seres humanos son energía, tienen un campo eléctrico-magnético y se sabe, desde Einstein, que materia y energía son lo mismo. Cuando una persona está vinculándose con otra, el ser se modifica, los niveles hormonales cambian, los neurotransmisores están mandando otros mensajes químicos, y esa energía biológico-química es la que se trabaja.

ENFERMOS DE CIVILIZACION

El renovador de la medicina psicosomática Arthur Jores decía que estamos enfermos de Civilización. Se sabe que tenemos más de tres mil enfermedades que son sólo humanas, que no compartimos con ningún otro animal. Son enfermedades psicosomáticas, que tienen que ver con estar compartiendo una cultura y un estilo de vida que, por momentos, se aparta de lo que nosotros como especie y biológicamente estamos necesitando. Rolando Toro explica siempre que con la Biodanza se pretende cambiar el esquema de estrés por un esquema de armonía. Y los seres ciudadanos vivimos permanentemente en el estrés. Esa es una perturbación completa del ser. Por otro lado existe un comportamiento que tiene que ver con la disociación, que parece ser un mecanismo de defensa que está muy puesto en juego en esta época. Tener como cajoncitos separados en nosotros mismos. Entonces podemos creer algo, defender una idea, pero después, en la vida, hacer todo lo contrario. Biodanza trabaja para la integración entre el sentir, el pensar y el actuar.

¿Si se puede practicar en casa? Se empieza a practicar no sólo en la casa sino en la vida. Porque, según los especialistas, Biodanza promueve que se mejore la salud. Que nuestra vinculación con los otros comience a ser más armoniosa. Que podamos descubrir la mirada del otro. Los practicantes pueden identificarse más con lo que el otro siente. Escuchar de otra manera. Ver de otra manera. Se empieza a disfrutar de los alimentos. Se cambia el estilo de vida. Por eso no es cuestión sólo de practicar un ejercicio, sino que lo que se practica es Biodanza... la Danza de la Vida. Donde quiera que esté.

LA ARMONIA ENTRE ACTIVIDAD Y REPOSO SON LOS DOS POLOS DINAMICOS QUE SE TRABAJAN EN ESTA TERAPIA

ALIMENTACION Y VESTIMENTA

- La vestimenta que se usa en Biodanza es cualquier ropa que al practicante le resulte cómoda. Es así como en las aulas de Biodanza se observan distintos colores, matices y diferencias. Se trata de que cada uno recupere sus propios gustos también en la vestimenta.
- Lo mismo para la alimentación. No es necesario ser vegetariano ni naturista. Las personas eligen libremente qué comer. Una vez que recuperan su potencial de vida vinculado a los instintos, también empiezan a detectar claramente qué les hace bien y qué no.
- Una hora antes de la clase es aconsejable no comer en exceso. Para después de la práctica no existe ningún tipo de recomendación especial.

BIODANZA VERSUS ENFERMEDADES

Mal de Parkinson

En seis meses comienzan leves mejorías. Hay personas que tienen muchas limitaciones en sus movimientos y desplazamientos, entonces se les proponen ejercicios muy simples que, sobre todo, tienen que ver con danzar con el otro. Es la motivación afectiva la que le otorga fuerza al movimiento. Esa es la gran diferencia con las rehabilitaciones ortodoxas.

Hipertensión

Rolando Toro, el creador de la Biodanza, realizó tratamientos de un año y medio de duración con hipertensos que fueron reduciendo considerablemente sus dosis de medicamentos y obtuvieron curas completas.

Cardiopatías

Con la Biodanza cambia el estilo de vida del enfermo del corazón que, en general, es una persona apurada, que necesita desacelerarse y entrar en ritmos fluidos. Los practicantes van haciendo modificaciones en la vida que los lleva a curar las causas de su enfermedad. Como precau-

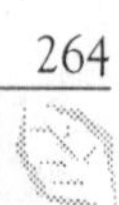

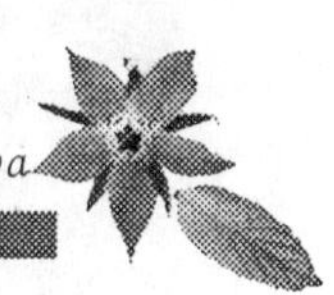

ción, a la gente con cardiopatías no se les puede proponer hacer ciertos ejercicios que impliquen grandes esfuerzos cardíacos.

Kinesiología

Hay personas a las que cuelgan para estirarles la columna. En Biodanza se trabaja natural y progresivamente.

Bulimia y anorexia

Son trastornos severos de alimentación, en los que hay una perturbación de la identidad, un problema más profundo que el hecho de no comer o de alimentarse en exceso. En estos casos, Biodanza trabaja generando confianza, aumentando la autoestima, modificando y rectificando la vivencia de la persona con su propio esquema corporal. Porque en estas patologías hay un trastorno en la autoimagen, en la autopercepción. Por otro lado, al trabajar con el sistema nervioso, se tocan los centros que regulan el apetito y la saciedad. Una persona comentó en una de las clases que era la primera vez que había estado una semana sin comer chocolate, que era su gran adicción. Y esto es explicable científicamente, porque la Biodanza brinda continente afectivo. El chocolate tiene una formación química que se vincula mucho con lo afectivo. Hay muchos problemas de fondo que se depositan en el alimento para tapar la ansiedad.

Líneas de vivencia

En las clases se trabajan distintas Líneas de Vivencia, que son los canales de expresión del potencial humano que están inscriptos en los genes de la Humanidad. Con un 25 por ciento del potencial desplegado, somos como Einstein, por ejemplo. Como se usa un potencial mínimo, siempre tenemos la posibilidad de aumentarlo. En cada clase se trabajan cada una de estas cinco líneas al mismo tiempo:

1) Vitalidad

Es conectarse con la energía de acción. Con lo que necesitamos para enfrentar al mundo cotidianamente. Tiene que ver con la relación de los instintos de lucha y fuga, de defensa y supervivencia. Y con la actividad y el reposo. Es mantenernos saludables. Si no estamos saludables, todas las otras cosas están restringidas en nuestra vida. Y para eso necesitamos tener actividad y reposo, que son los dos polos dinámicos que se trabajan en esta línea. Por eso, es fundamental la armonía en Biodanza. Una persona sana necesita estar relajada cuando está en una situación de relajación y necesita actuar con tonicidad, en un momento que así lo requiere. Por ejemplo, para defender su vida. Uno de los ejercicios clave de la línea de vitalidad es caminar. Para eso la música es una aliada excepcional y, por ejemplo, para eso se puede usar un tema de los Beatles, alegre, dinámico, con mucho ritmo. Y para el descanso, un tema suave. Las músicas son muy variadas, según la necesidad.

2) Sexualidad

Como se sabe desde Freud, no tiene que ver solamente con la genitalidad. Biodanza pretende despertar ese potencial de sexualidad de las personas, porque la falta de deseo es también una grave perturbación de nuestra época. Pero no sólo el deseo de tener relaciones sexuales con el otro, sino de desear la vida, de poder conectarnos placenteramente con el simple hecho de vivir. Biodanza pretende recuperar el placer de estar vivos.

3) Creatividad

Biodanza no pretende que los alumnos sean artistas, o que muchas personas descubran inquietudes y se anoten en un taller de pintura o de cerámica. Lo que Biodanza busca es la creatividad en la propia vida. Terminar con las rutinas, con el cansancio, con la reiteración, con los estereotipos. Para crearnos a nosotros mismos. Ser creativos para hacer una comida, ser creativos para recibir a nuestro esposo en casa, o para comunicarnos con nuestros hijos pequeños y jugar. Esa es, para Biodanza, la creatividad existencial.

4) Afectividad

Es el eje de integración en el sistema. Tiene que ver con la posibilidad de cuidar de los otros, de cuidar nuestra especie. Sin recuperar esta línea, es muy difícil recobrar otras cosas.

LA BIODANZA BUSCA QUE EL INDIVIDUO SEA CREATIVO EN TODOS LOS ASPECTOS DE SU VIDA

5) Trascendencia

En Biodanza, esta línea no está ligada a ningún tipo de dogma, ni de esoterismo, sino a niveles de vinculaciones más amplios. La posibilidad de salir de nuestro ego, de nuestro encierro y poder percibirnos como unidades más amplias de vida. Tendría que ver con la ética del amor, porque las leyes externas no alcanzan. Biodanza cree necesario vivenciar esa conexión.

VERDADERO Y FALSO DE LA BIODANZA

-La Biodanza no se puede complementar con otros deportes.

Falso. Si existiera una contraindicación, en todo caso siempre será la persona que hace Biodanza quien la descubra. Supongamos que haya alguien que realice un deporte que, en vez de ser un placer, sea algo compulsivo. A medida que en Biodanza recupere su dicha de vivir, irá dejando lo que no le haga bien.

-La Biodanza es hermana de la Expresión Corporal.

Falso. Biodanza es un sistema grupal. La expresión corporal, aunque se practica en grupo, se podría practicar individualmente. No puede existir Biodanza sin el otro. Con respecto a la denominada "danza libre" que se utiliza en expresión corporal, Biodanza también tiene una diferencia: tiene ejercicios que son semiestructurados, con consignas, que existen, no es la idea de danzar libremente de acuerdo con lo que a cada uno le sugiera la música.

-La Biodanza es igual a Danza Clásica.

Falso. La Biodanza está alejada de la Danza Clásica porque no enseña técnica de movimiento ni hace un gran despliegue de trabajo muscular. Biodanza trabaja más con el sistema nervioso y no es un espectáculo. El objetivo no es que sea una danza para ser exhibida, sino un trabajo interior.

-La Biodanza toma elementos del Yoga y del Tai chi chuan.

Falso. Biodanza es un sistema grupal, no puede hacerse individualmente. En Yoga o en Tai Chi Chuan se pueden realizar las formas individualmente. El empleo de las músicas específicas para cada ejercicio es otra diferencia, porque en estas técnicas orientales se pueden usar músicas, pero no forman parte de la unidad estructural de la técnica.

-Biodanza y Bioenérgetica son lo mismo.

Falso. Biodanza toma de Whilhem Reich, el primer estructurador de la Bioenergética, sus nociones teóricas. Pero los ejercicios son otros. En Bioenergética se puede llegar a hacer ejercicios que se sabe que a la persona la están incomodando, con el fin de desbloquear y romper corazas y estructuras. En Biodanza no se pretende romper con nada. Biodanza sigue las leyes de la vida, por lo tanto es progresiva y busca la autoregulación.

-No se puede hacer Biodanza con pie plano.

Falso. Si lo pueden hacer hasta hemiplégicos, con mucha más razón alguien con pie plano. Hay clases en las que se ven personas con la pierna o el brazo enyesados disfrutando a pleno.

-En Biodanza no se enseñan pasos de baile ni coreografías.

Verdadero. Existen sólo las coreografías de la emoción, la armonía y la belleza del sentimiento, no la estética racional que se puede programar previamente y que sólo puede ser hermosa a la vista. El objetivo de Biodanza es poder transitar el camino de acceso a la identidad.

-A Biodanza se acerca todo tipo de personas.

Verdadero. La practican desde adolescentes hasta personas de edad bien avanzada. Son grupos heterogéneos y entonces, las personas se enriquecen con la experiencia de los otros. Por otro lado se encuentran los denominados "grupos diferenciados", porque es distinto trabajar con chicos que con adultos, por ejemplo. La Biodanza Infantil se diferencia por las músicas y por el tiempo que duran los ejercicios. Se hacen muchos más juegos, se usan músicas infantiles, músicas para rondas. Hay veces que se realizan clases especiales de integración familiar, y así se busca que se diviertan los niños y los adultos. Y, sobre todo, que se fortalezca el vínculo entre ambas generaciones.

-Las clases son también para hombres.

Verdadero. Todas las comunidades danzaron, desde las comunidades primitivas hasta los más refinados ballets occidentales. Hombres y mujeres. En muchos casos, la danza puede llevar al hombre a potenciar su capacidad viril, a expresar su potencia, su fuerza y su poder de lucha.

-Biodanza es recomandable para personas que padecen de timidez.

Verdadero. Esta disciplina es beneficiosa para personas introvertidas porque, gradualmente, respetando sus miedos, va a generar en ellas interés y confianza para poder mostrarse más, para poder comunicarse mejor con los otros.

-En Biodanza no hay respiraciones especiales.

Verdadero. En general, respiramos mal. Pero en Biodanza no se usa una técnica de respiración con conteo, ni con características especiales como en el Yoga y el Tai chi chuan, por ejemplo. Así como sucede con la postura y la marcha, también se da una rehabilitación progresiva de la capacidad respiratoria.

LA LIBERTAD ES COMO
EL MOVIMIENTO:
NO SE DEFINE, SE DEMUESTRA.

Emile Girardin

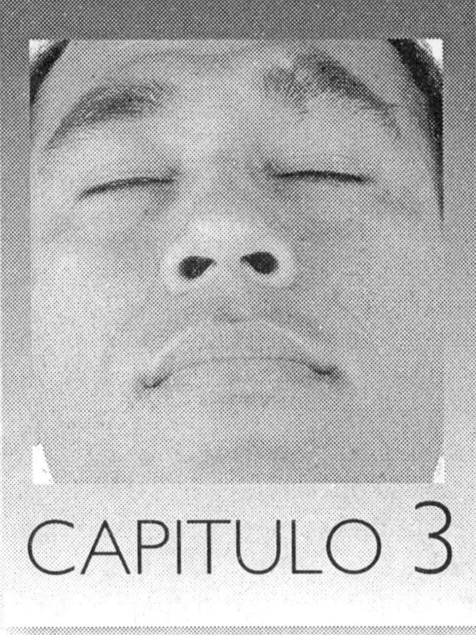

CAPITULO 3

Biofeedback

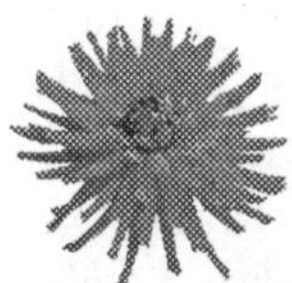

EL ENTRENAMIENTO DE RETROALIMENTACIÓN BIOLÓGICA PERMITE CONTROLAR FUNCIONES VITALES DEL CUERPO PARA MEJORAR LA SALUD.

El Biofeedback, o entrenamiento de retroalimentación biológica, enseña a una persona cómo cambiar y controlar las funciones vitales de su cuerpo a través del uso de dispositivos electrónicos simples.

La retroalimentación biológica es particularmente útil para aprender a reducir la tensión, eliminar los dolores de cabeza, controlar los ataques de asma, reacondicionar los músculos lastimados y aliviar el dolor.

La idea de que una persona puede aprender a modificar sus propias funciones vitales es relativamente nueva. Antes de los 60, la mayoría de los científicos creía que las funciones autónomas, como las del corazón y pulso, la digestión, la tensión arterial, las ondas cerebrales y los comportamientos musculares, no podían controlarse voluntariamente.

Recientemente, la retroalimentación biológica, junto con otros métodos de autorregulación, como la imaginería guiada, la relajación progresiva y la meditación, ha encontrado la aceptación extendida entre fisiólogos y psicólogos por igual.

El Biofeedback es un método para aprender cómo regular conscientemente las funciones corporales normalmente inconscientes (como la respiración, el ritmo cardíaco y la tensión arterial), para mejorar la salud global. Se refiere a cualquier proceso que mida e informe inmediatamente sobre el sistema biológico de la persona para que esta pueda aprender a ejercer conscientemente influencia sobre su propio sistema.

COMO FUNCIONA LA RETROALIMENTACION BIOLOGICA

Una persona que busca regular su corazón podría entrenarse con un dispositivo de retroalimentación Biológica preparado especialmente para transmitir una luz pestañeando o un pitido audible por cada latido del corazón. Aprendiendo a alterar la proporción de las luces y pitidos, se podría programar sutilmente para controlar la frecuencia del corazón. "Las habilidades de autorregulación adquiridas a través de la retroalimentación biológica incluso son retenidas por el individuo después de que el dispositivo se deja de usar", explica la doctora Patricia Norris, directora clínica de Retroalimentación biológica y de Psicofisiología del Centro para la Psicofisiología Aplicada en la Clínica de Menninger en Topeka, Kansas. "De hecho, con la práctica, las habilidades de retroalimentación biológica continúan mejorando. Es como tomar lecciones del tenis. Si usted deja de tomar las lecciones pero continúa jugando, su juego mejorará. Con la retroalimentación biológica funciona de la misma manera. Más usted la practica, mejor resultado consigue".

Los efectos de la retroalimentación biológica pueden ser medidos de diversas maneras: supervisando la temperatura superficial influenciada por el flujo de sangre bajo la piel; supervisando la respuesta galvánica y la conductibilidad eléctrica de la piel; observando la tensión del músculo con un electro-miografía, rastreando la frecuencia del corazón con un electro-cardiograma y usando un electroencefalograma para supervisar la actividad de las ondas cerebrales. Se ponen los electrodos sobre la piel del paciente, un proceso simple y sin ningún dolor. También se lo adiestra en el uso de varias técnicas tales como meditación, relajación o visualición para lograr el efecto deseado (relajación muscular, disminución de la frecuencia cardíaca o menor temperatura corporal).

Las lecturas incluyen la actividad de la glándula sudorípara superficial, baja actividad glandular (esto mantiene baja la conductibilidad de la piel), y una frecuencia cardíaca lenta y regular.

Las tecnologías de retroalimentación biológica utilizan las computadoras para proporcionar un rápido y detallado análisis de las actividades

EL BIOFEEDBACK ENSEÑA A REDUCIR EL ESTRES, LOS DOLORES DE CABEZA Y A CONTROLAR LOS ATAQUES DE ASMA

dentro del complejo sistema biológico humano. Los practicantes de retroalimentación biológica interpretan los cambios en estas lecturas para ayudar al paciente a aprender a estabilizar las funciones biológicas erráticas y desequilibradas por alguna enfermedad.

DESORDENES RELACIONADOS CON EL ESTRES

Uno de los usos más comunes de la retroalimentación biológica es el tratamiento de desórdenes relacionados con el estrés, incluyendo el insomnio, las migrañas, el asma, hipertensión, desórdenes gastrointestinales y trastornos musculares diversos.

✔ **El INSOMNIO:** la retroalimentación biológica puede tratar a menudo con éxito el insomnio. "El biofeeddback es muy apropiado cuando el insomnio es debido, especialmente, a una superactividad del sistema nervioso", dice el doctor Melvyn Werbach, Profesor Clínico en la Escuela de Medicina de la UCLA y Director de la Clínica de Retroalimentación Biológica Médica en Tarzana, California. "En este caso nosotros usamos la retroalimentación biológica centrada en la tensión de los músculos y la humedad de la piel en conjunción con técnicas generales de relajación".

La retroalimentación biológica, según la práctica clínica, parece mucho más útil cuando el insomnio es debido a un problema mental-emocional y no a un problema físico.

El mismo profesional nos dice: "Yo la uso, particularmente, con las personas que tienen un problema con el pensamiento obsesivo cuando intentan ir a dormir. Sus cuerpos se relajan muy bien, pero ellos apenas pueden liberar sus mentes del continuo pensar obsesivo. En esto, la retroalimentación biológica es muy eficaz".

✔ **SINDROME DE LA ARTICULACION TEMPOROMANDIBULAR:** el mismo doctor Werbach nos informa que se puede tratar este síntoma con gran éxito. "El caso más dramático en que yo puedo pensar", dice, "es un paciente que vino a la UCLA luego de usar una prótesis en su boca para impedir que sus molares estuvieran siempre apretados. Esto le había sido prescripto por un dentista que pensó que resolvería el problema finalmente. En cambio, el paciente llegó a morder a través del metal. Sufría dolor severo en todas las áreas típicas asociadas con este síndrome y estaba bastante deprimido por el problema en general. Había probado todo. Trabajando con él, tomamos las lecturas de retroalimentación biológica para el músculo involucrado en la función de cerrar la mandíbula y, a partir de esto, se lo entrenó para relajar su mandíbula. Dado que él estaba tan preocupado con su boca, también lo ejercitamos para reducir la tensión muscular general en el resto de su cuerpo, enseñándole técnicas de relajación a través del control de su respiración. Fue notablemente eficaz".

✔ **MIGRAÑAS:** El uso de retroalimentación biológica para tratar las migrañas empezó como un descubrimiento casi casual en la Clínica Menninger (previamente la Fundación Menninger) en los tempranos años 60.

El doctor Elmer Green y Alyce Green estaban midiendo la temperatura de la piel de una mujer para rastrear sus cambios fisiológicos mientras practicaba una serie de ejercicios de relajación. Ellos notaron un aumento súbito en la temperatura de la mano de la mujer. Cuando preguntaron, ella informó que un dolor de cabeza que había estado experimentando acababa de desaparecer en ese mismo momento.

Los Green fueron pioneros en el desarrollo de un dispositivo biofeedback de temperatura y trabajaron para enseñarle a los pacientes cómo aliviar las migrañas simplemente usando las técnicas de relajación para elevar la temperatura de sus manos.

La retroalimentación biológica también puede reducir las dosificaciones de drogas que se necesitaron habitualmente para combatir las migrañas y, a veces, poder eliminar este uso, según un informe realizado por el doctor Steven L.Fahrion, Director del Centro para Psicofisiología Aplicada de la Clínica Menninger.

✔ **ASMA:** Esta dolencia responde especialmente bien al entrenamiento de retroalimentación biológica. Un reciente estudio de seguimiento de quince meses de diecisiete pacientes asmáticos, tratados con la retroalimentación biológica para aumentar su volumen de la inhalación, concluyó con que todos los participantes informaron menos visitas de emergencia a causa de su dolencia, una necesidad mucho menor de medicación y disminución de la cantidad y severidad de los ataques.

Los autores del estudio, los doctores Erik Peper y Vicci Tibbets de la Universidad Estatal de San Francisco, concluyeron: "Aprendiendo a aumentar su volumen de inhalación, los pacientes supieron que ellos podían tener un amplio grado de control sobre su respiración. Esta experiencia redujo su miedo y ellos pudieron continuar exhalando e inhalando el aire durante el ataque y los jadeos. Un participante dijo: "me dio un sentido de control y capacidad de espera que yo nunca tuve antes".

✔**HIPERTENSION:** El biofeedback es una herramienta eficaz para la autorregulación y la relajación, a partir de la cual las personas pueden ayudar a mantener en niveles bajos su tensión arterial. Los más grandes éxitos en el control de la hipertensión se dieron con pacientes que combinaron el entrenamiento de retroalimentación biológica con otras formas de relajación, visualización, ejercicio y una dieta hiposódica.

✔**DESORDENES GASTROINTESTINALES:** el doctor Robert Grove, de Culver City, California, es uno de los más renombrados especialistas en la aplicación de retroalimentación biológica en casos de desórdenes gastrointestinales. Él informa del gran éxito logrado tratando el síndrome del intestino irritable, la colitis, una amplia variedad de malestares alimentarios (incluso la bulimia y la anorexia), la acidez y la dispepsia funcional (una enfermedad digestiva marcada por el dolor estomacal, la acidez y/o la náusea). El Dr. Grove usa sensores especiales que pueden recoger el movimiento en el tracto digestivo y entrenarlo.

"La dolencia gastrointestinal es un área de especialidad", explica Grove, "y otras formas de retroalimentación biológica fallarán bajo estas condiciones. En primer lugar, los pacientes con afecciones gastrointestinales parecen ser hiper-reactivos a todos los tipos de estímulos, como una luz que se enciende o un teléfono que suena, cosas que normalmente no molestan a otros pacientes. El tracto gastrointestinal responde a estos estímulos cerrándose, y la retroalimentación biológica ayuda a proteger o crear una protección ante la excitación".

La Clínica Menninger trata con éxito a muchas personas que padecen desórdenes gastrointestinales, incluso la enfermedad de Crohn (una condición inflamatoria crónica que afecta el colon y/o parte del intestino delgado) y colitis ulceratosa.

✔ **TRASTORNOS MUSCULARES:** la doctora Marjorie K. Toomim, Directora del Instituto de Retroalimentación biológica de Los Angeles, usa esta técnica para descubrir los desequilibrios del músculo y para prevenir posibles lesiones en forma certera.

Como muchos otros especialistas, cree que el entrenamiento de retroalimentación biológica puede ser más eficaz a veces que la cirugía para los pacientes con problemas musculares.

Enseñándoles las técnicas de relajación a los pacientes y cómo controlar sus espasmos musculares, la retroalimentación biológica les ayuda a reducir o eliminar el dolor.

El psicólogo Bernard Brucker de la Escuela Médica de la Universidad de Miami usa el biofeedback para enseñar a caminar de nuevo a los pacientes con lesiones espinales serias.

La sofisticada regeneración reemplaza la sensación de movimiento perdida por la lesión del cordón espinal, reduce el espasmo del músculo y lo fortalece para que pueda volver a funcionar una vez más.

Neal E. Miller, investigador asociado de la Universidad de Yale y Profesor Emérito en la Universidad Rockefeller, desarrolló junto con el doctor Barry Dworkin, de Penn, un dispositivo de retroalimentación biológica, de tamaño pequeño, que es colocado y llevado en el cuerpo para tratar la curvatura de la espina. Cuando el usuario se afloja hacia delante, se emite un pitido suave; si la persona no se endereza, se activa una alarma penetrante.

La retroalimentación biológica puede tratar también, con éxito, la incontinencia. Un reciente informe del Departamento de Salud y Servicios Humanos de EEUU analizó veintidós estudios diferentes y concluyó que la reeducación muscular a través del entrenamiento de retroalimentación biológica tenía una proporción de éxito que iba del 54 al 95 por ciento, dependiendo del grupo de pacientes que se tratara.

EL BIOFEEDBACK COMO HERRAMIENTA DE VISUALIZACION

Como la retroalimentación biológica permite a los pacientes controlar uno o más de sus procesos corporales, está demostrado que es una excelente complementación de las terapias convencionales para el cáncer y otras enfermedades crónicas.

La doctora Norris usa el biofeedback para enseñar a los pacientes de cáncer, SIDA y otros problemas del sistema inmunológico a ordenarlo para reducir la tensión. Usando imaginación dirigida y visualización, es posible ayudar mucho a los pacientes en estas condiciones. Es célebre el caso de un paciente de la doctora Norris, un niño de nueve años llamado Garret Porter, que superó un tumor cerebral inoperable con la ayuda de visualización asistida por biofeedback.

Ahora, más de una década después, más de trescientos casos se han estudiado entre los pacientes de cáncer de la Clínica Menninger con resultados que van de las mejoras en la calidad de vida y reducción del estrés, a una recuperación completa del cáncer.

LA HISTORIA DEL ENTRENAMIENTO DE RETROALIMENTACION BIOLOGICA

La retroalimentación biológica instrumentada se abrió camino gracias a O. Hobart Mowrer en 1938, cuando él usó un sistema de alarma activado por la orina para detener la enuresis en los niños.

Pero no fue hasta finales de los 60, cuando la doctora Barbara Brown, en el Hospital de Veteranos en Sepúlveda, California, y los doctores Elmer y Alyce Green de la Fundación Menninger en Topeka, Kansas, usaron la retroalimentación biológica para observar y grabar el status de autorregulación conseguido por los yoguis en estados alterados de conciencia, que este sistema comenzó a llamar la atención.

El trabajo de los Green con yoguis, y el trabajo de Joe Kamiya para enseñar a los pacientes a experimentar un alto autocontrol, es lo que realmente trajo a la retroalimentación biológica a la consideración del gran público. Empezó a ser objeto de tremendo interés, con artículos en los periódicos y revistas internacionales. La idea de que los estados más altos de conciencia se relacionan a algo que podría medirse científicamente tuvo entonces el éxito y la atención que merecía.

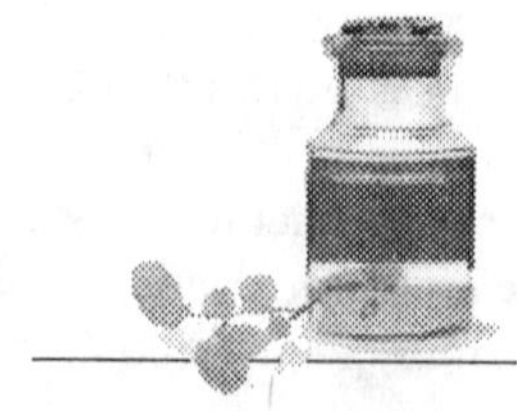

"UNA SUCESIÓN DE PEQUEÑAS VOLUNTADES CONSIGUE UN GRAN RESULTADO".

Charles Baudelaire

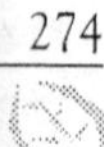

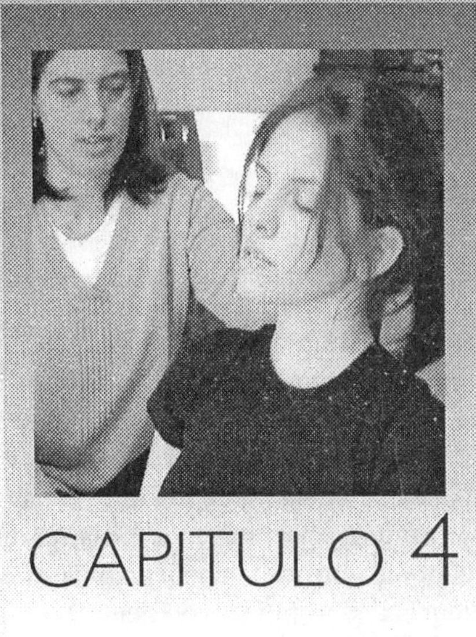

CAPITULO 4

Eutonía

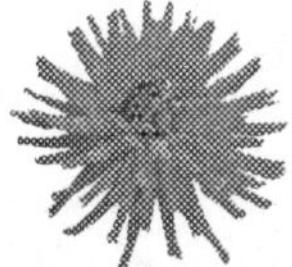

CONOCER LA FORMA DE NUESTROS HUESOS Y LA CALIDAD DE LA PIEL PUEDE SER LA SOLUCIÓN PARA UN SINFÍN DE MALESTARES Y ENFERMEDADES.

Si observamos la forma de caminar de las personas nos daremos cuenta de que algunas ostentan una maravillosa liviandad de movimientos mientras que otras, la gran mayoría, no pueden disimular la lucha constante que mantienen contra la fuerza de gravedad. La diferencia entre los pocos afortunados que pueden pasearse con un andar suave y liviano y el resto de los sufridos mortales es que los primeros saben cómo utilizar correctamente a sus huesos y articulaciones, las palancas y bisagras de nuestro organismo.

La eutonía es una técnica de movimiento corporal desarrollada para prestar especial atención al delicado mecanismo que se pone en marcha cada vez que nuestro cuerpo ejecuta una acción, y su práctica permite corregir la mayoría de los malos hábitos que nos llevan a enfermarnos.

Según Frida Winter, actriz y eutonista, "la eutonía es una pedagogía que utiliza el cuerpo y toma la experiencia corporal como la base para el aprendizaje". Desde este punto de vista la eutonía forma parte de los múltiples caminos para el conocimiento y el encuentro de uno mismo porque ayuda a tomar conciencia del propio cuerpo, logra la unidad física y el equilibrio psicofísico. Tiene la doble finalidad de tomar conciencia y liberar tensiones. La tarea llevada a cabo en cada clase ayuda a que cada uno pueda desarrollar la posibilidad de ser su propio dueño, de no imitar, de sentir el placer y la libertad del movimiento, de estirarse, y de tomar conciencia de sus malos hábitos. Progresivamente, la práctica despierta el deseo de conocerse, de hacerse responsable de sí mismo y de poder aplicar el aprendizaje para incorporarlo en el vivir diario.

GERDA ALEXANDER

EL BUEN TONO

La creadora de esta disciplina fue Gerda Alexander, una bailarina y profesora de la escuela de rítmica de Dalcroze, en Dinamarca. Alrededor de los años 30 contrajo fiebre reumática y, al realizar un movimiento espontáneo, descubrió un remedio muy simple que le permitía aliviar los fuertes dolores que afectaban a su muñeca. Se dio cuenta de que si mantenía su otra mano sobre la muñeca dolorida, el dolor se esfumaba. Pensó que valía la pena estudiar más profundamente las razones de este fenómeno y fue así que fundó la Escuela de Eutonía de Copenhague, donde tuvo a los primeros alumnos que luego se encargaron de difundir la disciplina a toda Europa.

CREADORA DE LA EUTONIA, DESARROLLO ESTA TECNICA A TRAVES DE LOS ESTUDIOS Y LA OBSERVACION DE SU PROPIA ENFERMEDAD ARTICULAR

Quienes acuden a las clases de esta disciplina buscan tanto un tratamiento para sus problemas físicos, como aprender algo más sobre su cuerpo o complementar una formación artística. En las prácticas, ya sean individuales como grupales, la profesora enseña un tema particular sobre la estructura ósea, mediante láminas o con objetos plásticos que imitan a nuestros huesos. Frida Winter aclara que cualquiera sea el objetivo que los lleve hasta su estudio, todos son "alumnos" y no "pacientes". Esto no es sólo una cuestión de terminología sino de una filosofía en donde está implicado el concepto de salud y enfermedad al que se adhiere. "Me parece que ésta es un aclaración muy importante" opina, "porque si uno dice 'paciente', pone inmediatamente a la persona en el lugar del enfermo y al que está atendiendo en el de la persona que cura". Este concepto es contrario a la eutonía, donde todos tienen algo que aprender y el eutonista lo único que hace es acompañar al alumno en su proceso de aprendizaje, que es el desarrollo del "darse cuenta": percibir cuáles son los malos hábitos corporales y poder modificarlos, aprender a poner la atención en el adentro y en el afuera, desarrollar un estado de alerta que significa vivir activos pero sin tensión. No se busca anular la tensión porque sin ésta no se puede vivir sino que, justamente, se intenta lograr el buen tono, (en griego, *eu* significa "bueno" y *tónos*, "tensión") es decir, la dosis necesaria de tensión. Su exceso lleva a la enfermedad, cierra espacios intervertebrales y también emocionales, vuelve el cuerpo rígido y traba los movimientos.

DEL ARTE A LA SALUD

En sus principios la eutonía se aplicaba sólo para investigar los procesos de creación artística, tal como lo fundamentó Gerda Alexander: "La eutonía tuvo como punto de partida mi deseo de crear para el hombre de nuestro tiempo una enseñanza capaz de proveer a cada uno la posibilidad de desarrollar su propia individualidad en el movimiento y así encontrar las regularidades corporo-espirituales dentro de sí escapando a los estilos, las técnicas y las modas que, por lo general, buscamos o sufrimos sin siquiera advertirlo. Concebida de este modo, la eutonía debía constituir una base común a todas las formas de movimiento artístico, rítmico, de danza, ópera, teatro y de todos los gestos de nuestra vida cotidiana, los juegos y los deportes". Posteriormente, sus usos se ampliaron al comprobarse que se detenían procesos de degeneración ósea y articular como la artritis, artrosis y la osteoporosis, que se disipaban malestares emocionales, y que se mejoraba el aspecto de la piel.

Según los principios de la eutonía, al aumentar la conciencia del hueso, éste empieza a tener una calidad de vida distinta, lo cual ayuda a revertir procesos como el de la osteoporosis. Además, al aplicar el trabajo del tacto sobre la piel, lo que se produce es no sólo un desarrollo de la percepción y del contacto consciente sino que a esto se le suma la conscientización del hueso, lo que produce un aumento de los espacios internos que permite que la musculatura que está aprisionando al hueso afloje la tensión y, consecuentemente, éste pueda respirar mejor.

Un ejercicio que se recomienda para realizar en cualquier parte del cuerpo es el siguiente. Tome el dedo índice de su mano derecha y ponga su atención en la primera falange -el tercio superior donde está su uña- . Con la mano izquierda tóquelo primero suavemente para sentir la piel y luego apriete el dedo hasta sentir que "toca" el hueso. Vea cómo es su forma, el ancho, el largo, la rigidez o flexibilidad que tiene, trate de visualizarlo, incluso observe cómo es en una lámina de anatomía. Luego compare cómo siente este dedo con el resto. Seguramente tendrá una conciencia distinta de la existencia de esa parte de su cuerpo de la que tiene del resto. Así son los ejercicios que se hacen en las clases para tomar conciencia de las diferentes zonas del cuerpo, ayudándose, a veces, con pelotas de tenis, cubos de gomaespuma y colchonetas.

En una clase puede aprenderse mediante estos ejercicios de toque, movimiento y percepción, que si, por ejemplo, a uno le duelen las vértebras cervicales -cuello- posiblemente no esté pisando correctamente, ya que como todo el esqueleto está encadenado, el apoyo del pie en el piso genera una vibración que llega hasta la coronilla. Si pisamos incorrectamente, por ejemplo, apoyando el talón antes que el metatarso -la parte de adelante del pie- la consecuencia, a la larga, se hará sentir en nuestras caderas, nuestros hombros o en el cuello.

Desde las primeras clases el alumno ya siente una diferencia en la forma de mover su cuerpo. Sin embargo, el proceso de mejora es muy variable porque depende de las condiciones de cada persona.

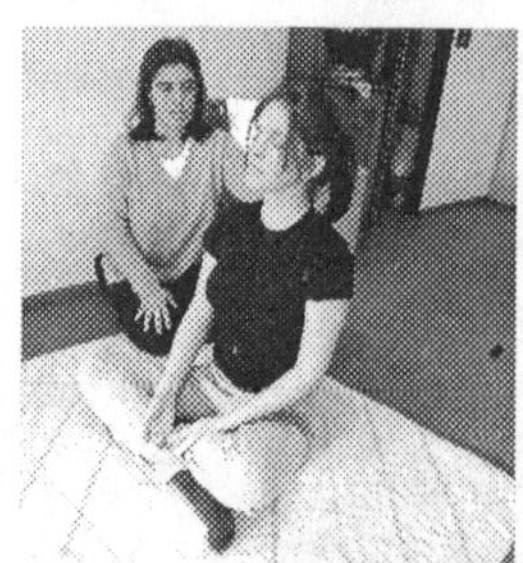

INVENTARIO DE SI MISMO

En las clases el profesional invita a llevar la atención hacia cada parte del propio cuerpo. Comienza indicándole al alumno recostado sobre una colchoneta que observe el sostén que ofrece el piso, teniendo en cuenta de qué modo las diferentes posturas de su osamenta ejercen presión sobre el suelo, la posición que ocupan sus miembros en el espacio en relación con las demás zonas del cuerpo, el roce que siente entre la ropa y la piel. Este ejercicio se conoce con el nombre de "Inventario" y es muy útil para comenzar un primer acercamiento con el propio cuerpo. Para evitar la mecanización, nunca se repite la forma de realizarlo de una clase a otra, sino que cada vez se comienza tomando conciencia de una parte distinta del cuerpo. Después de percibir una parte específica se pide al alumno que ponga la atención hacia todo su cuerpo simultáneamente. La observación completa del cuerpo incluye los pies, las piernas, las rodillas, los muslos, las ingles, la pelvis, la espalda, el abdomen, el tórax, los hombros, brazos, cuello y cabeza.

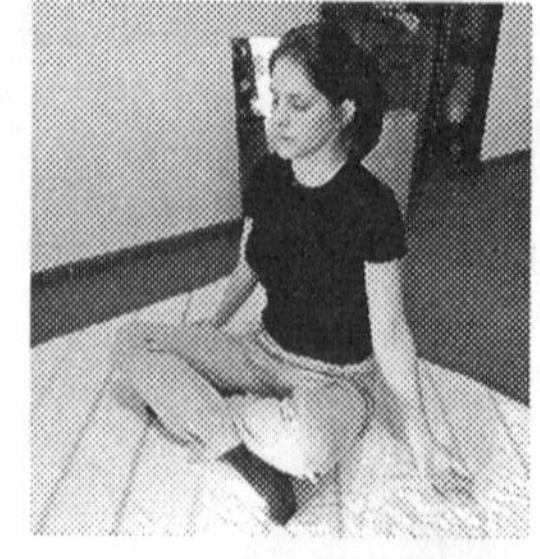

Cambiando de posición, se vuelve a tomar conciencia de los diferentes apoyos y de las reacciones del cuerpo ante estos cambios. El profesional preguntará al alumno qué es lo que siente, si tiene conciencia de cuál es el estado de su cuerpo, si sintió cambios de temperatura, de tamaño, peso, longitud, dolor, etcétera. Las respuestas difieren según cada experiencia y todas se consideran válidas, ya que lo que se busca a través de estas pequeñas modificaciones que se introducen en los patrones habituales de movimiento es que cada persona llegue a reconocer a su propio cuerpo como una estructura organizada en movimiento permanente.

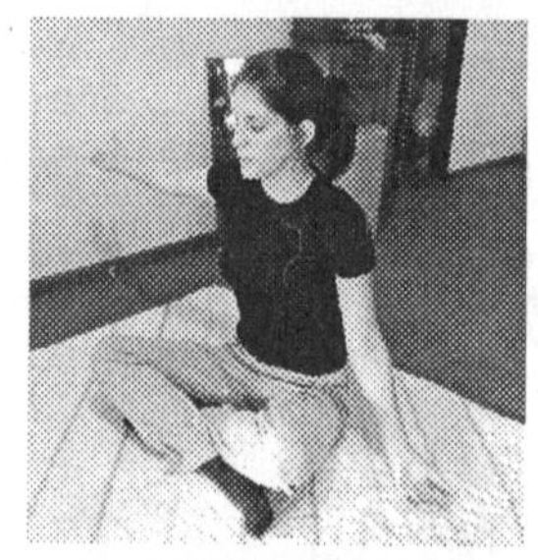

UN EMBARAZO BIEN LLEVADO

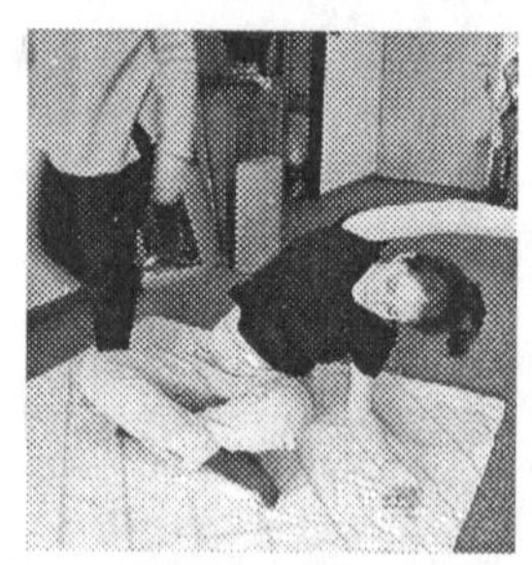

ESTA TECNICA PERMITE ELEVAR EL NIVEL DE CONCIENCIA Y TOMAR CONTACTO CON EL CUERPO Y LA INTEGRACION DE SUS PARTES

Frida Winter consideró que la eutonía era una terapia complemento para la medicina, y con este concepto, se especializó en aplicar el método a la enseñanza de llevar a buen término un embarazo a las parejas que esperan un hijo.

El trabajo con las mujeres embarazadas se focaliza en la tarea de concientizar el espacio de la pelvis. Se hacen ejercicios vivenciales que apuntan a sentir los espacios interiores, establecer la conexión entre la cavidad bucal y la cavidad pélvica. Se aprende a emitir un sonido que proviene desde la pelvis. Este sonido ayuda a aflojar tensiones y a incrementar la concientización de la pelvis. Luego, en el proceso de dilatación ayudará a que la naturaleza pueda trabajar mejor estimulando las condiciones orgánicas que preparan al cuerpo femenino para el momento del parto. El sonido lo aprenden a emitir tanto la madre como el padre y, además, se considera que es muy importante para el bebé, quien durante los nueve meses de su vida prenatal se acostumbra a escucharlo. Al nacer y volver a escucharlo sentirá su efecto tranquilizador.

Otra de las finalidades de la eutonía aplicada al embarazo es la de ayudar a la mujer embarazada a dominar sus clásicos dolores. Cuando las mujeres van al médico y le dicen que les duele la cintura o la parte exterior de la pelvis, el médico les sonríe y les dice "qué se le va a hacer, usted está embarazada".

"En cambio, existen tareas a realizar muy simples y sencillas que sirven para aflojar la tensión y permitir que el dolor desaparezca" explica la eutonista. Este descubrimiento tiene la ventaja de que, en la medida en que durante el proceso de gestación la embarazada compruebe que puede hacer algo para que su embarazo no sea tan doloroso, se va fortaleciendo la fe en ella misma para el momento del parto. Se siente con fuerzas de que así como pudo durante el proceso de gestación aflojar la zona de tensión y colaborar con su cuerpo, también podrá hacerlo en el momento del alumbramiento.

LOS EJERCICIOS EVITAN DOLENCIAS ARTICULARES Y MUSCULARES

Existe una conexión permanente entre el bebé y la zona del cuerpo que se está trabajando durante el parto, que es la pelvis. La voz en ese momento es un elemento fundamental porque permite integrar, además, al padre en la tarea de dar a luz. El hombre repite el sonido aprendido junto a su mujer ofreciendo energía y confianza tanto a ella como al bebé. Esto facilita la contracción del cuello uterino, la relajación de la musculatura del piso de la pelvis, además de estimular la participación activa del padre. "Yo propongo el trabajo conjunto de la pareja porque adhiero a una corriente que va en aumento en todo el mundo de rescate del rol paterno. Pienso que si un bebé, durante el período de gestación, tiene el amor y contención de su mama y su papá, va a tener una calidad de vida distinta de la del que tuvo indiferencia. Nosotros venimos de generaciones de padres ausentes, donde el embarazo, el parto y el cuidado del bebé eran cosas de mujeres y el hombre estaba al margen de toda esta historia." El compromiso del padre en el proceso de gestación tiene mucho que ver con la eutonía ya que uno de sus principios es, justamente, apelar al poder terapéutico del tacto, tanto del que uno se ofrece a sí mismo como del que se recibe de otro ser humano. La participación del padre responde, además, a otro de los principios de la eutonía que es la integración. Así ambos miembros de la pareja comparten angustias y multiplican alegrías. En general, las mujeres que hacen este entrenamiento encuentran la aceptación del médico y de la partera cuando ellas proponen realizar lo aprendido durante las clases en el momento del parto, ya que lo que quieren ambos profesionales es que la embarazada esté segura y tranquila. Sin embargo, todavía hay que vencer ciertos prejuicios. Frida Winter opina que "Actualmente hay una mayor apertura a este tipo de trabajos y, aunque a veces no se acepta, en la medida en que las mujeres insistan en hacer lo que les hace bien, se va a ir aceptando. Para que esto sea más común hay que vencer un puente que tiene que ver con la inhibición y es precisamente esto lo primero que tiene que dejar de lado una mujer que está pariendo."

EL TACTO NO INVASOR

Tocar es sentir con la mano y, si bien el tacto no es en sí mismo una emoción, incluye elementos sensoriales que provocan transformaciones neurológicas, glandulares, musculares y mentales que pueden despertar una emoción. Esto significa que el tacto no es solamente un movimiento que hace el cuerpo sino que también desata procesos afectivos.

El tacto es, desde el punto de vista neurológico, un proceso que incluye sensaciones epidérmicas y dinámicas que profundizan la diferenciación y la precisión de las percepciones. En los primeros años de vida la experiencia de tocar está relacionada al vínculo con la madre, quien al cuidar y acariciar a su bebé lo está ayudando a experimentar los límites de su cuerpo. Le provee una información que luego será completada con otros sentidos, que estimula al niño a desarrollar la confianza en el mundo externo y a evitar una serie de futuros desórdenes de la conducta, así como ciertas reacciones psicosomáticas, como alergia, eczemas y asma. Por eso es importante que los padres aprendan a tocar a sus bebés con un tacto suave, no invasor, que es una especie de masaje cuya función es constituirse en una especie de placenta externa que alimenta al bebé, así como en el útero éste recurría a la placenta interna. El tacto es, entonces, el alimento del amor que necesita no sólo el bebé sino también el niño y el adulto. El valor del tacto como un elemento fundamental en el fortalecimiento del yo es tan importante como la palabra. El mismo Freud dijo que "lo más profundo de un ser humano está en la superficie" y con respecto al tacto en sí mismo afirmó que "es el único de los cinco sentidos que tiene poder reflexivo".

OBSERVACION DE LA PIEL Y LOS HUESOS

Elija una parte de su cuerpo, por ejemplo: el pie. Observe el borde externo de la planta del pie. A continuación mire el borde interno, los dedos, las uñas, los contornos. Ahora tóquelo con ambas manos suavemente y perciba las diferentes calidades de los tejidos, sus tres dimensiones, el tamaño. Presione a través de la piel para llegar hasta los huesos. Deténgase en las articulaciones, siga la línea de cada falange. Entrelace los dedos de la mano con los dedos del pie y realice movimientos en círculo llevando el pie en el sentido de las agujas del reloj y luego en el sentido inverso. Luego coloque el pie sobre el piso y observe cómo se apoya sobre él, cuál es la distancia que hay entre los dedos. Desde el cerebro envíe la orden a su dedo gordo de despegarse del suelo. Luego deje este dedo sobre el piso y trate de levantar el resto de los dedos. Finalice con una caricia suave sobre toda la piel. Luego de realizar el ejercicio con ambos pies perciba en qué estado se encuentra el resto de su cuerpo. Habitualmente estos ejercicios proveen un gran bienestar pero puede ser que, al no estar acostumbrado a moverse, se sienta molesto y hasta frustrado. No se desanime y siga intentándolo.

LA PREPARACION PARA EL PARTO CON EUTONIA DA ESPECIAL IMPORTANCIA A LA FIGURA DEL PADRE

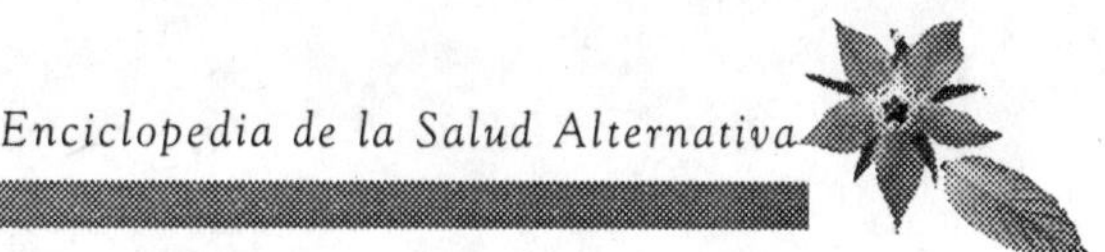

LOS BENEFICIOS PSICOLOGICOS

- *Despierta el sentido de alerta.*
- *Aumenta la concentración.*
- *Provee seguridad.*
- *Estimula la reflexión y elaboración de las experiencias vitales.*
- *Agudiza el sentido de la observación.*
- *Disipa el estrés.*

LOS BENEFICIOS FISICOS

- *Aumenta la capacidad de reacción.*
- *Alivia tensiones y dolores.*
- *Mejora la postura corporal.*
- *Favorece la relajación y el descanso.*
- *Despierta la sensibilidad.*
- *Recupera la movilidad de las articulaciones.*

"SÓLO EL EQUILIBRIO ANIQUILA LA FUERZA."

Simone Weil

"LAS MAS EXCELSAS, LAS
MAS VARIADAS Y
DURADERAS ALEGRIAS SON
LAS ESPIRITUALES."

Arthur Schopenhauer

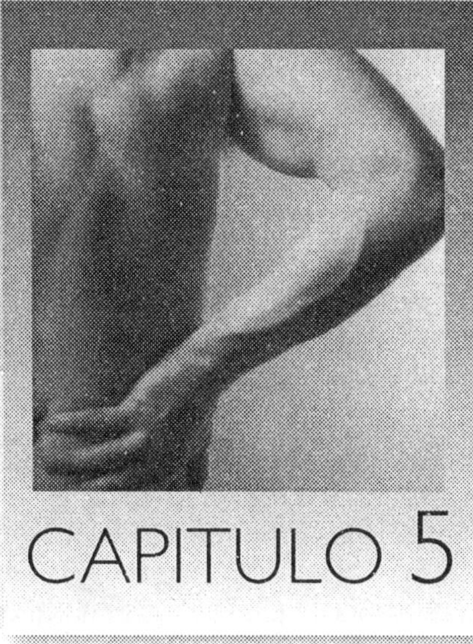

CAPITULO 5

Kinesiología aplicada

UNA TÉCNICA PARA RECOMPONER LAS FUNCIONES MUSCULARES, QUE SE REALIZA A TRAVÉS DE UN MASAJE U OTROS PROCEDIMIENTOS MANUALES SIEMPRE GUIADOS POR UN ESPECIALISTA.

Este es el nombre que recibe un sistema de pruebas aplicado a los músculos.

Se ha demostrado que ciertos grupos musculares están relacionados con los principales sistemas internos del cuerpo, de modo que reflejan los desequilibrios de esos sistemas. Comprobando la fuerza muscular, el practicante evalúa el estado del sistema interno en cuestión (por ejemplo, el endocrino o el gastrointestinal).

Colocando entonces en la lengua una muestra de comida o un suplemento nutricional del que se conozca la utilidad en ese caso, un músculo que haya salido como débil en la prueba puede convertirse en fuerte.

En manos de un experto debidamente formado este método se sofistica bastante, pero la mayoría de las personas pueden aprender a desarrollar esta técnica hasta un nivel sorprendentemente alto.

Puede ser útil, por ejemplo, para determinar si un alimento está provocando una reacción nociva en el cuerpo debido a una alergia o a una hipersensibilidad, y también a problemas de naturaleza emocional o de conducta.

Para dominar esta técnica es esencial aprenderla con un instructor experimentado y cualificado. Los cambios en la reacción muscular son definidos, pero sutiles. Es necesario recibir una instrucción personal para desarrollar la capacidad de detectar esos cambios musculares.

Esta técnica no puede practicarla una sola persona en casa, ya que se necesita alguien que realice la prueba y un sujeto.

COMO TRABAJA ESTA TECNICA

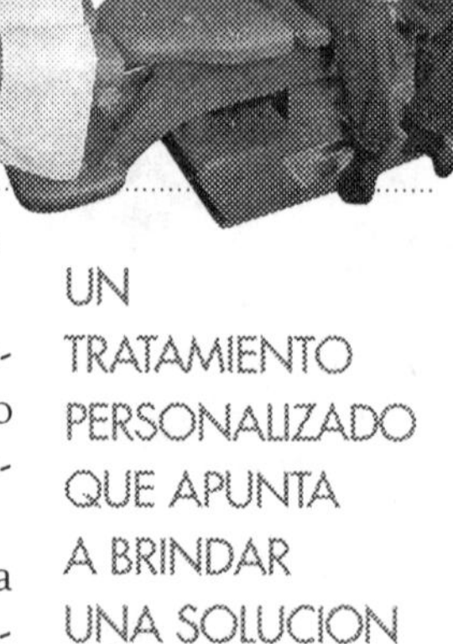

UN TRATAMIENTO PERSONALIZADO QUE APUNTA A BRINDAR UNA SOLUCION INTEGRAL AL PACIENTE

Un especialista en kinesiología aplicada estudia la actividad de los músculos y la relación entre la fuerza muscular y la salud.

Probar un músculo mediante esta técnica es, a menudo, la clave para balancear mecánicamente músculos opuestos, dado que un espasmo muscular usualmente se presenta como reflejo de la debilidad de un músculo opuesto.

Las disfunciones musculares en una persona prevalentemente sana pueden ser corregidas mediante el uso de estas técnicas de reflejos o realizando distintos procedimientos manuales sobre el músculo, tales como un masaje profundo, un realineamiento muscular o estimulando ciertos puntos mediante presión. Con estas técnicas, las funciones musculares se recomponen fácilmente.

Las metas de la kinesiología aplicada son:

- ✔ *Determinar el status del estado de salud general buscando correlaciones con los procedimientos tradicionales de diagnóstico.*
- ✔ *Restaurar el balance postural, potenciar el rango de movilidad, corregir el deterioro del andar.*
- ✔ *Restaurar las funciones normales de los nervios.*
- ✔ *Lograr el normal funcionamiento de sistemas como el endocrino, el inmunológico, el digestivo, etcétera.*
- ✔ *Intervenir de manera prematura en procesos degenerativos para prevenir o retardar la aparición de condiciones patológicas.*

LA DEBILIDAD MUSCULAR

Los músculos pueden devenir débiles por muchas razones, incluyendo inmovilidad (como cuando se tiene un brazo enyesado por cierto tiempo), falta de ejercicios, posturas incorrectas, disfunciones de órganos o glándulas, o heridas. Las causas internas más comunes de la debilidad muscular son:

- *Disfunciones de los suministros nerviosos (interferencias nerviosas entre la espina y los músculos)*
- *Deterioro del drenaje linfático*
- *Reducción de suministro sanguíneo*
- *Presión anormal en los fluidos cerebroespinales que afecten la relación músculos-nervios*
- *Bloqueo de algún meridiano acupuntural*
- *Desbalances químicos*
- *Disfunciones orgánicas o glandulares.*

Si se verifican una o más de estas condiciones, el músculo exhibirá funciones anormales al ser testeado por el especialista. Esta anormalidad se manifiesta en la mayoría de los casos como debilidad muscular. Los huesos que deben ser soportados por estos músculos débiles pueden entonces desalinearse o inflamarse, o quizá exhibir signos de un prematuro desgaste, comunmente bajo la forma de osteoporosis.

UNA VISITA AL ESPECIALISTA

Lo que sucede en una consulta con un especialista en kinesiología aplicada depende enteramente del problema en particular a tratar, y si este es agudo o crónico.

Se registra la historia clínica del paciente, incluyendo su dieta y estilo de vida. Se examinan atentamente la condición postural del paciente, su forma de andar y algunos problemas físicos obvios, como un hombro caído, una renquera leve, o una inclinación hacia un lado. Adicionalmente, luego de que el testeo muscular fue realizado, se ordenan exámenes de sangre en caso de sospecharse alguna disfunción orgánica o infección.

Los resultados del testeo muscular pueden indicar la conveniencia de estimular ciertos puntos de acupuntura, o indicar la necesidad de nutrientes para el músculo débil. La columna puede necesitar un trabajo de ajuste y los reflejos pueden necesitar ser estimulados para ayudar al drenaje linfático hacia determinado órgano.

"NINGUNA INVENCIÓN ES PERFECTA AL NACER."

Cicerón

"POR MUY LEJOS QUE EL
ESPIRITU VAYA, NUNCA
IRA MAS LEJOS QUE
EL CORAZON."

Confucio

CAPITULO 6

Método Bates

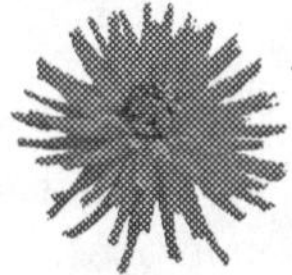

UN ENTRENAMIENTO VISUAL COMPLETAMENTE NATURAL PARA EVITAR DOLORES DE CABEZA Y FATIGA EN LOS OJOS.

Este método fue desarrollado por el doctor W. H. Bates, un oftalmólogo de Nueva York, a principios del siglo XX, simplemente para enseñar a la gente a usar los ojos de una forma más relajada y fácil, tras descubrir que muchos de sus pacientes, aunque respondían a los tratamientos convencionales, se quejaban de dolores de cabeza y fatiga en los ojos.

La visión es puramente una sensación. Las imágenes se presentan directamente al cerebro para ser interpretadas sin la participación del intelecto. Lo que determina la precisión de esa interpretación es la atención que prestamos a lo que estamos mirando. La atención debe emanar hacia el exterior, abarcando el objeto sin distracciones. No debe ser forzada, sino que debe fluir en forma natural. Se trata de permanecer en calma mentalmente y dejar que entre la visión. Esta es la base conceptual del método de Bates.

La técnica más importante que enseña el método de Bates es parpadear con más frecuencia de lo que probablemente creamos necesario. Es la forma natural de lubricar el globo ocular e interrumpir el acto de mirar fijamente, que cansa a los músculos del ojo. Otras técnicas del método de Bates para ayudar a relajar los ojos al mismo tiempo que se fortalece la visión son el palmeo, el remojo y el cambio de enfoque. Se practican sin gafas o lentes de contacto y en forma diaria para conseguir el máximo beneficio. El método de Bates también recomienda un ejercicio solar, que consiste en ponerse cara al sol con los ojos cerrados, dejando que el sol caliente cada mejilla durante dos minutos.

LAS TECNICAS

Palmeo

Es un método secundario que se usa después del parpadeo para propiciar una visión relajada.

- *Apoye los codos sobre una mesa.*
- *Cierre los ojos y cúbralos con las palmas de las manos, poniéndolas en forma de cuenco para que no toquen los ojos.*
- *Piense en una experiencia o en un lugar agradables.*
- *Permanezca así durante diez minutos, repitiendo cuantas veces quiera.*

Remojo

Se trata de mojar los ojos alternativamente con agua fría y caliente. Mediante esta técnica se estimula la circulación en los ojos y se alivia la congestión.

Al levantarse luego de dormir, se practica primero con el agua caliente y luego con la fría. Antes de acostarse a dormir, se hace al revés: primero la fría y luego la caliente.

Cambio de Enfoque

Se trata de cambiar el enfoque de los ojos de lejos a cerca y otra vez lejos. De esta manera puede aliviarse la tensión de estar enfocando durante un período largo a la misma distancia. Puede hacerse sosteniendo dos objetos en las manos, poniendo una cerca y la otra más lejos y enfocando una y otra.

"EN LAS PALABRAS SE REFLEJA EL TALENTO,
Y EN LAS MIRADAS, EL ALMA."

José Selgas y Carrasco

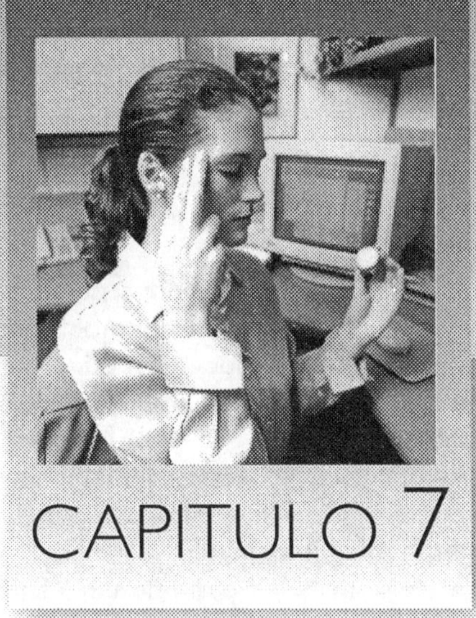

CAPITULO 7

Método Feldenkrais

UN SISTEMA DE MOVIMIENTOS CORPORALES QUE ENSEÑA QUE NO HAY QUE CONVIVIR CON LOS DOLORES SINO TRATAR DE COMPRENDERLOS PARA EMPEZAR A OLVIDARLOS.

Cuando anda por la calle, ¿mantiene la cabeza en alto o va mirando para abajo? Mientras maneja su automóvil, ¿apoya toda la columna sobre el asiento o se inclina hacia el volante levantando los hombros? Si hay demasiado tránsito, ¿se enfurece con los demás conductores, se distrae para no ponerse nervioso o consigue mantenerse relajado pero atento? ¿Mientras cocina, está de buen humor o se queja porque -de tanto estar de pie- le duele la cintura? En pocas palabras, lo que le pedimos que se pregunte, es: ¿cómo se mueve habitualmente? Pero no por simple curiosidad, sino porque en esta pregunta, aparentemente sencilla, está la clave para comprender y luego solucionar muchos de los problemas que afectan a nuestros huesos, músculos, articulaciones y hasta a nuestras emociones. Es decir, a los responsables de que nos resulte, a veces, tan difícil sentirnos cómodos con nuestro cuerpo.

Esto es lo que postula la Autoconciencia a través del movimiento y la Integración funcional, una terapia corporal desarrollada por el físico ruso Moshé Feldenkrais. Según su método es posible manejar el propio cuerpo de un modo diferente al acostumbrado a partir de aprender a moverse con mayor comodidad, y de este modo lograr que desaparezcan muchos de los dolores crónicos que se generan a partir de las maneras disfuncionales de usar el cuerpo en la vida cotidiana.

En este trabajo la idea es poder darle más plasticidad, adaptabilidad y calidad a la forma de moverse permitiendo que el movimiento surja desde un lugar funcional, propio y espontáneo, es decir, buscando que el modo en que uno se mueva tenga que ver con cómo se siente, con cómo está. Esto implica dejar de moverse compulsivamente y romper automatismos muy estructurados.

MOSHÉ FELDENKRAIS

CRADOR DEL METODO QUE LLEVA SU NOMBRE, POSTULA QUE ES POSIBLE DERROTAR LOS DOLORES APRENDIENDO A MOVER EL CUERPO EN FORMA CORRECTA

APRENDER A DARSE CUENTA

Después de salir de Rusia, Moshé Feldenkrais vivió en Francia, donde trabajó haciendo investigaciones de física nuclear en el laboratorio de Joliot-Curie, hasta que finalmente emigró a Israel donde murió en 1984. Era cinturón negro de judo, y fue autorizado por Kano, su creador, a difundir este arte marcial en Occidente. Jugando al fútbol se lesionó un ligamento de una rodilla, situación que empeoró al sufrir un resbalón en un submarino donde trabajaba por entonces como investigador. El no encontrar opciones médicas satisfactorias para solucionar sus continuos dolores fue el puntapié para lanzarse a estudiar anatomía, fisiología y psicología, con la intención de prepararse para desarrollar un método que diera fin a sus propios padecimientos y a los de muchas personas en situaciones similares. Observó que su dolor de rodilla aumentaba algunos días, y decrecía en otros y que, en ocasiones, era capaz de caminar dos kilómetros mientras que en otras sólo podía llegar a cien metros. Entonces empezó a preguntarse qué estaría haciendo él mismo para generar tales diferencias, intuyendo que no era la lesión en sí misma la que le provocaba sus dolores sino que había algo en el "cómo" que lo estaba condicionando. Así se concentró en investigar cuál era la relación entre sus posturas y su rodilla, su forma de caminar y su rodilla, la manera de descargar el peso y su rodilla y otras variables de sus movimientos. A partir de esta base, se abrió ante él un amplio campo de investigación, que desembocó en el método que llamó Autoconciencia a través del movimiento e Integración funcional, pero que en el ámbito de las disciplinas corporales se conoce simplemente con el nombre de su creador.

Finalmente, la amplia aceptación conseguida en el Instituto Esalen de Estados Unidos, la meca de todas las concepciones psicocorporales, fue la prueba de fuego que marcó el suceso de aquella terapia nueva.

NO SOMOS MAQUINAS

Uno de los objetivos principales de esta práctica es ayudar a quien se acerque a ella a entender que su cuerpo no es un máquina diseñada para repetir movimientos mecánicos y automatizados, sino que siempre existen diferentes opciones de movimiento. El buen funcionamiento del cuerpo -y, por extensión, el bienestar emocional, ya que se entiende al cuerpo-mente como una unidad indivisible- depende de la elección más apropiada para cada persona y cada situación.

Este concepto permite que el trabajo de Feldenkrais pueda indicarse desde un enfoque terapéutico para alguien que no consigue expresar sus emociones, como a una persona que sufre dolores lumbares, o a quien tiene dificultades para respirar, por ejemplo. Además, puede implementarse desde un ángulo pedagógico para desarrollar las potencialidades creativas, siendo un recurso aplicable al crecimiento profesional de un músico, un pintor, un ingeniero o un publicitario. En realidad, todos aquellos que, por diferentes motivaciones, sienten que necesitan explorar sus posibilidades corpo-mentales pueden encontrar una respuesta en este sistema de autoconocimiento.

Las dos formas de la práctica de Feldenkrais, el trabajo grupal (Autoconciencia a través del movimiento) y la sesión individual (Integración funcional) son recursos tanto para modificar problemas físicos como para explorar en la capacidad expresiva. El terapeuta empleará consignas verbales y maniobras de torsión, tracción o tacto sobre el cuerpo del participante, para facilitar el desarrollo de estos procesos individuales en cada uno.

Existen, además, dos ramas que hacen hincapié en las posibilidades de movimiento de personas que, aparentemente, tienen grandes limitaciones físicas: por un lado una técnica de estimulación temprana para aplicar en niños con dificultades de desarrollo psicomotriz. Por el otro, una línea especializada en las necesidades de ancianos, considerando que éstos, precisamente por tener hábitos que fueron estructurando a lo largo de años, pueden estar desaprovechando muchas capacidades que todavía tienen, como la posibilidad de enderezar la columna o de mejorar la calidad de su respiración. El hecho de que la posibilidad física sea menor no implica necesariamente que haya que llegar a un deterioro funcional de la calidad del movimiento, si bien hay una relación entre la pérdida de la fuerza y la pérdida de la calidad del movimiento, ésta no es fija y no por tener noventa años una persona tiene que permanecer en posturas agobiadas.

El campo de aplicación del método de Feldenkrais es amplio y variado, sin embargo esto no significa que se pueda hacer de todo con todos. En realidad cada profesional, después de haber atravesado por un proceso de formación en el exterior -Feldenkrais se enseña principalmente en Israel y Estados Unidos- que insume un total de cuatro años de viajes periódicos, se especializará y profundizará en determinadas áreas y no en otras.

SOMOS UN SISTEMA

El eje principal del método es el aprendizaje y la organización del sistema que es el ser humano. El punto de partida es considerar que el hábito de una persona forma parte de un sistema que involucra cómo ésta se mueve, siente, piensa, mira, habla, gesticula y percibe el entorno. Por eso este método no se focaliza en el trabajo de los huesos, de la piel o de la energía como otras técnicas de movimiento corporal, sino en comprender de un modo amplio cómo es la organización del sistema cuyas partes están en una interacción constante.

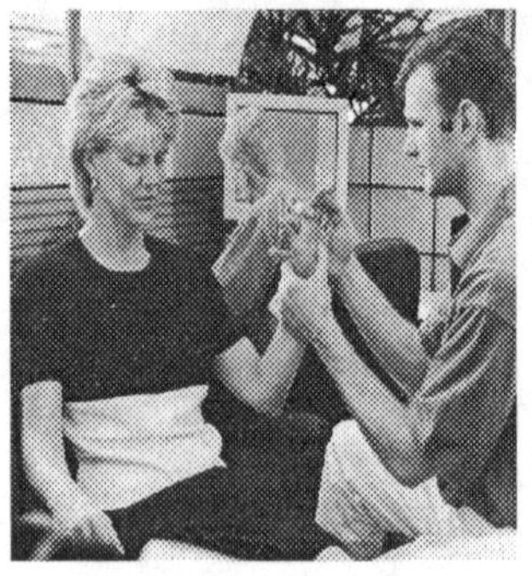

EL TERAPEUTA TRABAJA A PARTIR DE CONSIGNAS VERBALES Y MANIOBRAS DE TORSION, TRACCION O TACTO SOBRE EL CUERPO DEL PACIENTE

La primera observación que hace el terapeuta frente al problema físico de un paciente es, lógicamente, cómo está organizado. Se preguntará si una contractura en el hombro puede tener relación con la forma de apoyar los pies, con cómo se siente en ese momento o con una postura rígida habitual. Ante un dolor lumbar, buscará establecer si es ocasionado por una torsión de las costillas, un mal apoyo o porque las rodillas están tensas. Buscará, luego, que el paciente pueda estar atento a cómo se mueve habitualmente y que haga conciente cuáles son los momentos en que siente una tensión.

Después de este primer contacto de la persona con sus propios hábitos, puede pasarse a la siguiente etapa del trabajo, que es explorar nuevas posibilidades de moverse. Las consignas del terapeuta estarán orientadas a que el paciente pueda hacer un registro práctico de la sensación de mayor comodidad, a partir de nuevas opciones de movimiento.

Cuando una persona dice que quiere que le saquen algún dolor, lo que se busca es que pueda irse de la sesión con una percepción de que, en realidad, ese dolor en gran medida lo está construyendo él. Esto no lo hace conscientemente, por su propia voluntad, y tampoco tan sólo por factores físicos, pero a partir de entender cómo esos factores están organizados en su cuerpo, puede arribar a un punto de conexión con la implicancia más general de su persona y empezar a revisar ese hábito que le está originando un dolor.

UN ALERTA NO OBSESIVO

Darse cuenta, entender o estar atento parecen propuestas muy obvias. Sin embargo ¿por qué no alcanza con que a uno le digan "parate derecho" o "meté la panza para adentro" para que uno pueda corregir su postura poco elegante, de una vez y para siempre? La respuesta es que no basta con entender lo que uno hace con el cuerpo desde un punto de vista intelectual, sino que, para empezar a reorganizar un patrón corporal ineficaz es necesario acceder a una comprensión perceptiva, que sólo se logra mediante la práctica. Quienes trabajan todo el día y recién advierten sus tensiones a la noche al llegar a su casa entenderán, seguramente, de qué estamos hablando. En realidad se arriba a tales extremos cuando, durante la jornada, uno adopta la costumbre de realizar determinadas actividades, permaneciendo en posiciones fijas -como estar sentado ocho horas en una silla o leer con el cuello inclinado hacia abajo- que ocasionan presiones excesivas sobre distintas zonas del esqueleto. Uno de los efectos más notorios del trabajo corporal es, precisamente, que después de un tiempo, uno empieza a registrar espontáneamente las señales del cuerpo que avisan que se está en las posiciones que, a la larga, lo pueden terminar lesionando. Esto no significa que haya que estar todo el día tratando de aflojar el cuello o tocándose la cintura para comprobar si duele o no. Darse cuenta no es sinónimo de ponerse obsesivo: el trabajo corporal no debería generar una conciencia controladora obsesiva sino todo lo contrario, tiene que brindar la posibilidad de descubrir un espacio interno para trabajar la conciencia, para estar receptivo a distintas situaciones que involucran el cuerpo, lo emocional y el contexto espacial. Lo que se espera, en realidad, es que uno pueda estar más receptivo a todo lo que le está sucediendo en su cuerpo y en su humor mientras realiza sus actividades habituales, sin que esto interfiera con el desenvolvimiento y la concentración.

Esto, en definitiva, es reconocer que una emoción nunca viene sola y, a la inversa, un dolor en el cuerpo, tampoco. En todas las situaciones están implicadas una instancia somática y una psicológica, que en la práctica de Feldenkrais se consideran como la punta del ovillo para empezar a comprenderse a sí mismo. Si uno está angustiado y además le duele la mandíbula, o se le corta la respiración, probablemente ambas situciones tienen mucho que ver. Poder advertir esto no siempre es fácil, sin embargo es uno de los primeros pasos para aprender a lograr el estado de atención óptimo que se necesita para desenvolverse en diferentes circunstancias de la vida.

EXPRESION, CREATIVIDAD Y TERAPIA CORPORAL

Antiguamente se creía que un artista, para producir su obra, debía ser inspirado por su musa o por cualquier suerte de iluminación celestial. Hoy se sabe que las fuentes de inspiración bien pueden provenir de fuerzas más concretas como, por ejemplo, el propio ser humano.

En efecto, el trabajo corporal puede ser una de las anheladas fuentes de inspiración no sólo para un artista sino para cualquier otro tipo de tarea creativa, porque es una vía de acceso a la percepción, que es siempre el primer estímulo para empezar a crear. De este modo, una dificultad para respirar o un dolor en el pecho se pueden transformar en estímulos para escribir, bailar, buscar imágenes con una cámara de fotos o pintar. Todos los lenguajes creativos, en realidad, pueden desarrollarse a partir de un registro corporal, porque lo que se privilegia en esta búsqueda expresiva es el registro kinestésico y corporal para llevarlo a distintos lenguajes.

En la danza, por ejemplo, se busca que el bailarín pueda empezar a moverse con calidades de movimiento diferentes a las habituales para encontrar nuevas formas de bailar. Sentir cómo es la propia anatomía, es decir, dónde está un hueso, cuál es su conexión con los músculos, sentir que las posibilidades de movimiento de una articulación están limitadas por determinados huesos, que el tono de los músculos condiciona la calidad del movimiento, es lo primero que tienen que comprender los alumnos, antes de empezar a improvisar y a crear. La estética no es una preocupación dentro de este tipo de trabajo, porque el propio Feldenkrais dijo que "lo ideal es lo que no existe". Desde este punto de vista la creación empieza a surgir cuando comienza la conexión con el aspecto vital que implica todo aprendizaje: sentir la motivación de estar vivo y de estar en contacto con uno y con el mundo que lo rodea.

LA OPINION DEL ESPECIALISTA

LAS SIGUIENTES LÍNEAS FUERON APORTADAS POR EL KINESIÓLOGO ROBERTO LIASKOWSKY, TERAPEUTA DE FELDENKRAIS:

Lo que a mí me interesa de los pacientes y de los alumnos es cuando, después de la primera o las siguientes sesiones, en vez de decirme "se me fue tal dolor" o cualquier otro tipo de relato, me dicen "me empecé a dar cuenta de que cuando manejo contengo la respiración", "comencé a notar que cuando estoy en una situción de tensión con una persona aprieto la mandíbula". Ese es el punto clave: que la persona empiece a darse cuenta de aspectos de su conducta corporalizados. Intento que pueda empezar a registrar que lo que le pasa, le pasa también corporalmente. Y esta palabra "también" es la más importante. Quiero decir que si uno está angustiado, seguramente también va a tener un registro de esto en el pecho, en la respiración, en los pies, o en otra parte. No hay una lectura única, pero se puede integrar el registro corporal de lo que a uno le está pasando en vez de enmascararlo.

Lo que se suele dar es que cuando una persona tiene un contacto con lo que le pasa en lo corporal se le abre una puerta hacia el "darse cuenta" en otros aspectos, ya sea en lo emocional, en lo terapéutico o en lo creativo.

Una persona no tiene los hombros para arriba porque quiere, sino porque no se da cuenta. Cuando se da cuenta empieza a padecer, a serle más incómoda esa situación. Y a partir de ahí empieza a ser mucho más lógico, mucho más orgánico, más psíquicamente obvio que esa persona va a entrar en contacto con ese hábito. Precisamente, lo que se busca, en general, en el trabajo corporal y en el método Feldenkkrais, es que la persona pueda entrar en contacto con lo que le pasa, entendiendo que eso, le pasa también a nivel corporal.

LAS IDEAS BASICAS

• Según el método de Feldenkrais es posible manejar el propio cuerpo de un modo diferente al acostumbrado a partir de aprender a moverse con mayor comodidad, y de este modo lograr que desaparezcan muchos de los dolores crónicos que se generan a partir de las maneras disfuncionales de usar el físico en la vida cotidiana.

•La amplia aceptación conseguida en el Instituto Esalen de Estados

Unidos, la meca de todas las concepciones psicocorporales, fue la prueba de fuego que marcó el suceso de aquella, por entonces, nueva terapia.

•El eje principal del método es el aprendizaje y la organización del sistema que es el ser humano. El punto de partida es considerar que el hábito de una persona forma parte de un sistema que involucra cómo ésta se mueve, siente, piensa, mira, habla, gesticula y percibe el entorno.

HAY DOS FORMAS DE PRACTICA: EL TRABAJO GRUPAL Y LA SESION INDIVIDUAL. AMBOS SIRVEN TANTO PARA TRATAR PROBLEMAS FISICOS COMO PARA EXPLORAR LA CAPACIDAD EXPRESIVA

•Las dos formas de la práctica de Feldenkrais, el trabajo grupal (Autoconciencia a través del movimiento) y la sesión individual (Integración funcional) son recursos tanto para modificar problemas físicos como para explorar en la capacidad expresiva.

•Se busca que uno pueda estar más receptivo a todo lo que le está sucediendo en su cuerpo y en su humor mientras realiza sus actividades habituales, sin que esto interfiera con el desenvolvimiento y la concentración.

•Esto, en definitiva, es reconocer que una emoción nunca viene sola y, a la inversa, un dolor en el cuerpo, tampoco. En todas las situaciones están implicadas una instancia somática y una psicológica, que en la práctica de Feldenkrais se consideran como la punta del ovillo para empezar a comprenderse a sí mismo.

"LO IDEAL ES LO QUE NO EXISTE."

Moshé Feldenkrais

"DE PEQUEÑOS

PRINCIPIOS RESULTAN

GRANDES FINES"

Alejandro Magno

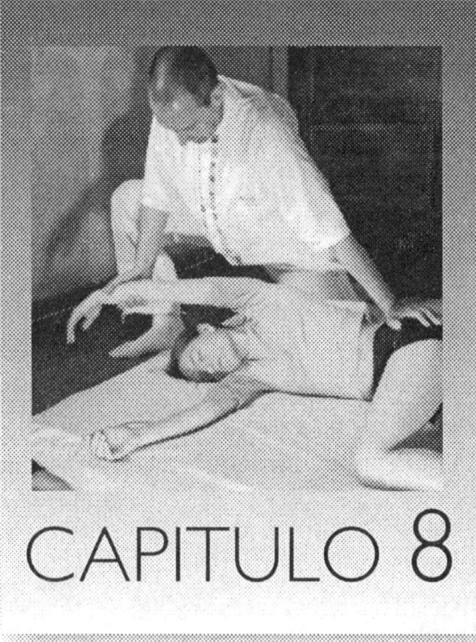

CAPITULO 8

Masaje tradicional de Tailandia

Nuadbo Rarn

ESTE MASAJE SIEMPRE LO REALIZA UN ESPECIALISTA Y PERMITE AUMENTAR LA FLEXIBILIDAD, LIBERAR TENSIONES SUPERFICIALES Y PROFUNDAS Y QUE LA ENERGÍA DEL CUERPO CIRCULE LIBREMENTE.

Cuando alguien se enferma en Siam, comienza por hacer manipular su cuerpo por una persona entrenada para este efecto. Esta se sube sobre el cuerpo del paciente y lo pisa. De este modo se refería Simon de la Loubére, en 1960, embajador francés en la corte real de Tailandia, al Nuad Bo Rarn, una antigua técnica de terapia corporal practicada en la región desde los tiempos de Buda.

El Nuad Bo Rarn, o masaje tailandés que desde hace poco tiempo comenzó a conocerse en Occidente, induce a un estado de relajación profunda y a un verdadero descanso físico. Está indicado en casos de estrés y de trastornos psicosomáticos. Quien lo recibe consigue aumentar su flexibilidad, liberar tensiones superficiales y profundas y sentir la energía de su cuerpo circulando libremente. Su práctica ayuda a cultivar la autoestima, despertar la conciencia corporal, promover la paz interna y aumentar la movilidad.

LA SALUD EN TAILANDIA

EL MASAJE TAILANDES INDUCE A UN ESTADO DE RELAJACION PROFUNDA Y A UN VERDADERO DESCANSO FISICO

El trabajo corporal forma parte de las cuatro grandes ramas que componían la medicina practicada en Siam, junto con la herbología, la dieta alimentaria y las ceremonias espirituales.

La palabra tailandesa "Nuad" puede traducirse como "masaje" aunque la práctica en sí misma tiene bastantes diferencias con los masajes clásicos conocidos en Occidente. Se trata, en realidad, de una técnica de manipulación de la forma y de la estructura física, respetando un concepto propio de la medicina tradicional de Tailandia basado en la circulación permanente de la energía a través del cuerpo.

Existen diez canales de energía denominados "sen" y los puntos energéticos que constituyen estas líneas son como "ventanas" por las cuales se efectúa un intercambio de energía entre el ser humano y el universo. En este aspecto la teoría que subyace al Nuad Bo Rarn es la misma que la del Shiatsu practicado en Japón y la de la Acupuntura y la Digitopresión practicadas en China. Más precisamente, el Nuad Bo Rarn es una combinación entre estos conocimientos y el de la medicina ayurvédica originaria de India.

Al buscar en las raíces históricas del masaje terapéutico de Tailandia, es posible constatar que esta técnica no es en realidad originaria de esa región sino que fue llegando desde la India hasta el sudeste asiático.

Su fundador fue un médico del norte de India, Jivaka Kumar Baccha, contemporáneo de Buda y médico personal del rey de Magada, Bimbisara, hace más de 2.500 años. Kumar Baccha fue conocido como un amigo de Buda y como el médico de la comunidad de los monjes budistas. Fue mencionado en las hojas de palma, escrituras antiguas del Budismo de la escuela del sur de Teravada (actualmente expandida en Sri Lanka, Birmania, Laos, Camboya y Tailandia).

En las técnicas de masaje practicadas hoy en día en Tailandia, el nombre de Shivaka Kumar Baccha está ligado al conocimiento sobre el poder de curación de las plantas y de los minerales.

Aún hoy en día permanecen elementos de la medicina ayurvédica india en Tailandia. En el Hospital de Masaje de la Sociedad Shivago Komarpaj en Chiang Mai, Tailandia del Norte, se ofrecen además de los baños de vapor medicinales y del masaje, varios tratamientos fitoterapéuticos y ayurvédicos.

El origen de esta teoría se encuentra en la filosofía del Yoga. Esta explica cómo el "Prana"(energía vital) es asimilado por la vía de la respiración y de la alimentación, luego es distribuido en toda la red de líneas de energía, los "prana nadis", proveyendo de este modo al ser humano,

de energía vital. Estas líneas de energía, que son invisibles y no pueden verificarse anatómicamente, crean una especie de "segunda piel" invisible, un segundo cuerpo además del cuerpo físico que se llama "Pranayama Kosha (cuerpo de energía) en sánscrito. Este cuerpo energético estaría compuesto por una multitud de líneas -se habla de 72.000 Prana nadis- de las cuales el masaje tailandés escogió las diez principales, sobre las que se sitúan los puntos de acupuntura importantes para el hombre. Al masajear estos puntos específicos se puede tratar ciertas enfermedades o calmar los dolores. Los diez "sen" bastan para el tratamiento del cuerpo entero y sus diversos órganos.

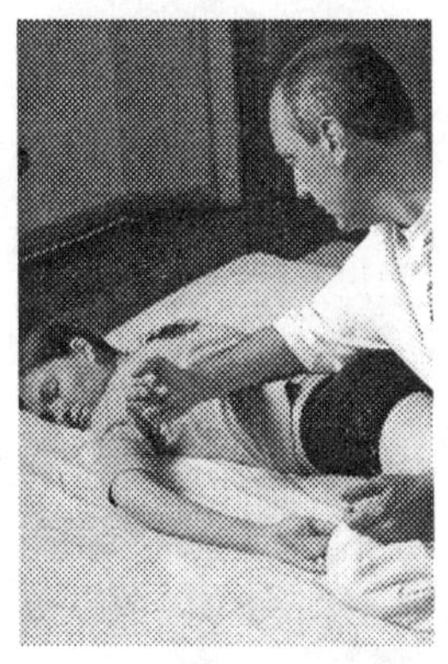

Los científicos occidentales se asombran cada día más de que existan estas líneas y estos puntos de energía que no pueden ser comprobados anatómicamente. Estos se explican por sí mismos en la práctica: por la curación efectiva y el alivio de diferentes tipos de malestares.

LA BONDAD QUE CURA

LA PRESION NO SE REALIZA SOBRE LA ZONA DOLORIDA SINO SOBRE LOS PUNTOS DE ENERGIA

En Tailandia, Shivaka Kumar Baccha es considerado hoy en día como el Padre de la Medicina y se lo venera como tal. En su memoria se celebran los Pujas (recogimientos) durante los cuales se recita un texto en lengua pali: el Om Namo Jivaka ("Jivaka", símbolo de la unidad cósmica). Estas veneraciones, llamadas Wai Kru, se realizan dos veces por día, antes y después de los cursos y de las consultas realizadas por pacientes y alumnos en el Instituto de Masaje Tailandés de Chiang Mai, dirigido por el maestro Chong Kol Setthakorn.

En la tradición del masaje tailandés, éste no era considerado como un trabajo, el masaje era una práctica espiritual estrechamente ligada a la enseñanza budista. Hasta hace poco tiempo, los templos eran los lugares donde se enseñaban y se aplicaban los masajes. Aún hoy en día una de las escuelas de masaje se encuentra en el templo Wat Pho, en Bangkok. La creación de salones de masaje e institutos de enseñanza -como el dirigido por Chong Kol Setthakorn- fuera de los templos es un fenómeno reciente.

El hecho de ofrecer un masaje se entiende como Metta aplicada, lo que quiere decir bondad amorosa y los masajistas serios trabajan aún hoy en día dentro de este espíritu. La atmósfera espiritual es una parte importante del Nuad Bo Rarn, explica Adrián Olender, licenciado en sociología y egresado del instituto tailandés, "Aunque yo no recito el Om Namo, por ser una práctica religiosa con la que no me identifico totalmente, siempre me predispongo a un estado meditativo y receptivo antes de cada sesión de masaje". La finalidad de este primer paso es concentrarse en el trabajo a realizar para brindar un alivio auténtico a la persona que recibe el masaje. Chong Kol Setthakorn insiste siempre a sus alumnos en que sólo un masajista que trabaja con esta concepción podrá desarrollar su sensibilidad por las corrientes de energía en el cuerpo del paciente y ubicar concretamente las líneas del Prana. Sólo el podrá entramarse en las necesidades de cada nuevo paciente. Si esto no sucede el masaje se vuelve mecánico y pierde mucha de su efectividad curativa.

YOGA PARA PEREZOSOS

El masaje tailandés es diferente por completo del masaje más conocido en Occidente, el masaje sueco, generalmente denominado masaje clásico. Dicho masaje que es habitual que dure entre 15 y 30 minutos se suele indicar en casos de tensión muscular o para relajar física y emocionalmente a un paciente a partir de un trabajo sobre los músculos y las partes blandas del cuerpo. En el masaje tailandés, la cuestión de la relajación muscular cobra un lugar secundario porque, antes que sobre el cuerpo físico, se trabaja sobre las líneas energéticas del cuerpo sutil. La relajación llega como consecuencia de haber desbloqueado la circulación energética mal canalizada.

La presión ejercida en el cuerpo no se realiza para deshacer nudos localizados en una determinada zona de tensión. El masajista ejerce una presión general sobre los puntos de energía.

El paciente que se encuentra recostado sobre una colchoneta en el suelo es llevado por el masajista a colocarse en determinadas posturas corporales a fin de realizar ciertos ejercicios de extensión y de estiramiento. En estas posturas, tomadas del Hatha Yoga, el masajista realizará las presiones o toques necesarios sobre el cuerpo del paciente. Por esta razón se conoce al masaje tailandés como el "yoga para perezosos", ya que no es el practicante mismo quien adopta las posturas sino que es llevado a ellas como si no tuviese que hacer ningún esfuerzo.

Según Adrián Olender, si bien la persona que recibe el tratamiento tiene un rol pasivo en dicho sentido, en realidad la finalidad de la práctica del Nuad Bo Rarn es darse cuenta del papel importante que tiene cada uno en su propio bienestar. "La base de todo el trabajo es que la persona se haga consciente de su propio cuerpo y de sus emociones y que aprenda a sentir lo que necesita en cada momento", afirma.

En las prácticas grupales de Nuad Bo Rarn, que coordina junto a Valerie Gaillard, también formada en el instituto de Chiang Mai, los alumnos encuentran a su disposición jarras con agua y jugos frescos, así como fuentes con frutas para tomar cuando tengan hambre o sed, y pueden interrumpir la ejercitación para ir al baño o descansar en el momento en que surge la necesidad como una forma de empezar a reeducar al cuerpo en el respeto de sus propias leyes.

EL MASAJISTA MANIPULA EL CUERPO DEL PACIENTE CON SUS MANOS, APLICANDO PRESION CON SUS DEDOS, CODOS, PUÑOS Y PIES.

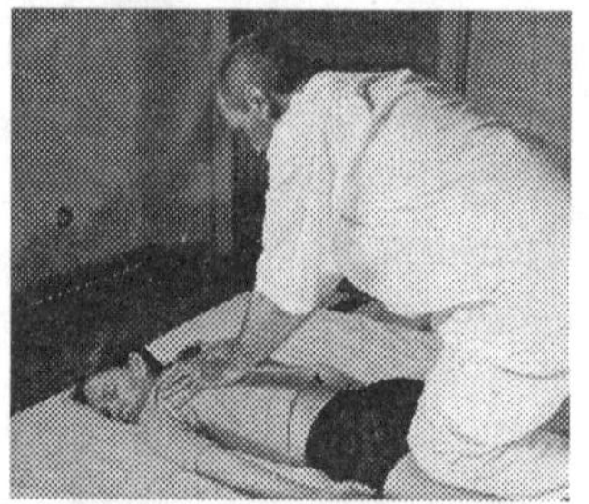

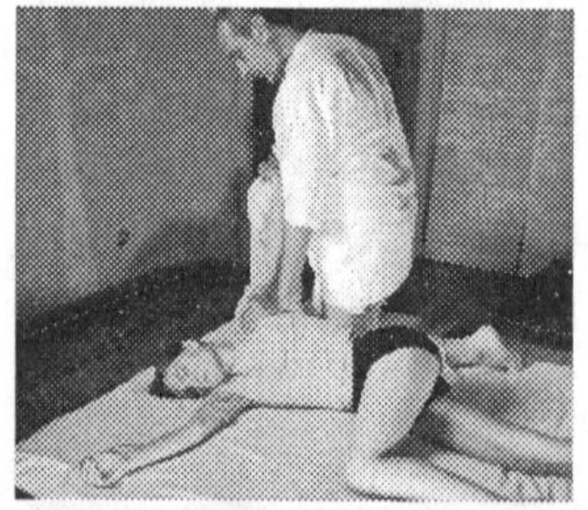

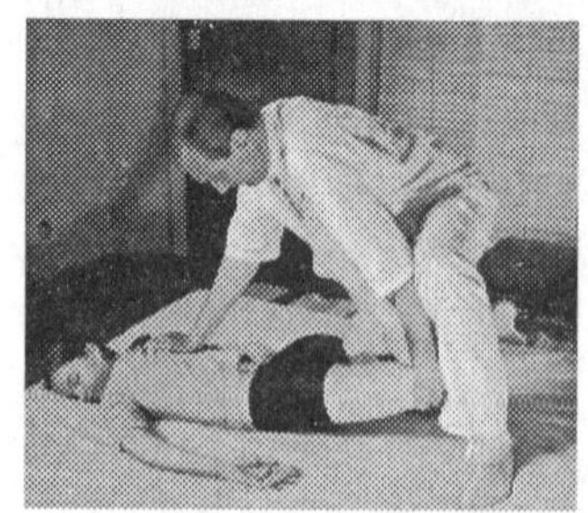

UNA PRACTICA RESPONSABLE

El masaje no es un juego para irresponsables. La regla general del masaje tailandés es no hacerlo jamás sobre la columna vertebral ni sobre heridas abiertas, inflamaciones, ampollas o hematomas. Los masajes son más livianos en casos de problemas cardíacos, hipertensión o várices para no interrumpir la circulación sanguínea. No se masajea el vientre en casos de enfermedades gastrointestinales y se cuida de no ejercer presiones fuertes sobre las articulaciones, especialmente las rodillas. Durante el embarazo hay ciertas posiciones que no pueden ejercerse, al igual que durante la menstruación.

Los ejercicios de estiramiento realizados sobre una persona poco flexible se realizan con sumo cuidado y precaución a fin de no forzarla a traspasar sus límites.

El masajista manipula el cuerpo del paciente usando sus manos, aplicando presión con sus dedos, codos, puños y pies mientras éste se encuentra colocado en cuatro posiciones básicas para realizar el masaje: acostado sobre la espalda, acostado sobre el vientre, sentado y de costado. En Tailandia se hace un recorrido por todo el cuerpo en estas cuatro posiciones en una sesión de dos horas y media, pero, adaptando la práctica a las costumbres occidentales. Adrián Olender afirma que el tiempo ideal para mantener la concentración durante toda la sesión es de una hora o una hora y media.

El masaje debe ser placentero tanto para el que lo recibe como para quien lo ofrece ya que en él se produce un intercambio de energía entre ambas personas quienes, al finalizar, se sentirán frescas y energizadas. Este es el mejor indicador de que el masaje ha sido bien aplicado.

PACIENTE, CLIENTE, ALUMNO

Hablar de "paciente" no significa que la persona que toma el masaje deba considerarse enferma. Todo lo contrario, el masaje tailandés se recomienda para prevenir enfermedades y mantenerse en plena forma. El término paciente se utiliza en los institutos de enseñanza de Tailandia en lugar de la palabra "cliente", más expandida en Estados Unidos. En Argentina, muchos trabajadores corporales coinciden en llamar "alumno" a las personas que reciben el tratamiento porque es un término que incluye la concepción de que en todo tratamiento corporal, quien lo recibe está aprendiendo una nueva forma de relacionarse con su propio cuerpo, y adquiere, por lo tanto, la capacidad para el conocimiento de sí mismo.

COMO RELAJARSE DE A DOS

Para aprender el masaje, debe haber por lo menos dos personas. El masaje no puede aprenderse en solitario. Conviene crear una atmósfera agradable con música suave y varillas de incienso para potenciar el efecto relajante del acto. No se utilizan aceites en el masaje tailandés ya que no resulta apropiado para efectuar la presión de los puntos energéticos, pero quien sea adepto a los beneficios de la aromaterapia puede untar su cuerpo al fin del masaje con algún aceite esencial como jazmín o sándalo.

El masaje tailandés se efectúa vestido con ropas cómodas y livianas.

Tómese su tiempo para probar, y aprender cada uno de los ejercicios. El más sencillo y profundamente relajante para experimentar con algún familiar o amigo es el masaje de rostro. Siga los siguientes pasos.

Siéntese lo más cómodamente que pueda detrás de la persona que recibirá el masaje, que se halla recostada en el suelo sobre una colchoneta o una manta. Coloque un almohadón sobre sus rodillas; la cabeza de la persona debe reposar sobre el almohadón. Para un buen masaje de rostro se requiere una mano calma y mucho de intuición y de sensibilidad.

Los puntos de acupresión que muestra la ilustración pueden servir de línea directiva en cuanto a lo que usted debería trabajar en todos los casos durante el curso de masaje de rostro. Si tiene las manos frías, frótelas para calentarlas. Comience acariciando el rostro con sus dedos. Pase las yemas sobre la frente y la parte superior de las cejas con una leve presión. Trabaje todo el tiempo en dirección a las sienes. Continúe sobre las órbitas y frote suavemente hacia los costados.

Cuidado: si la persona tiene lentes de contacto no realice el siguiente ejercicio:

Pase sus yemas sobre los párpados cubriendo los puntos 5,6 y 15. Presione suavemente las glándulas lagrimales.

Pase sobre los párpados superiores e inferiores presionando suavemente. Juegue con los pabellones de las orejas donde se encuentran 115 puntos de acupresión para todo el cuerpo. Cierre las orejas durante diez o quince segundos, para ofrecer mayor relajación. Acaricie todo el rostro dejando jugar su imaginación todo el tiempo que quiera. Para terminar el masaje ofrezca una suave presión sobre el tercer ojo durante menos de un minuto. Se sorprenderá cuando, con su propia intuición, se dé cuenta de que ha sido capaz de transportar a su compañero hasta el séptimo cielo.

LA FINALIDAD DE LA PRÁCTICA
DEL NUAD BO RARN ES DARSE CUENTA
DEL PAPEL IMPORTANTE QUE TIENE
CADA UNO EN SU PROPIO
BIENESTAR.

CAPITULO 9

Osteopatía

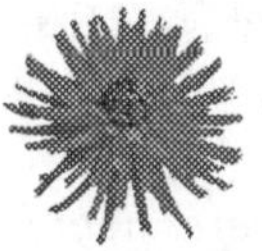

ESTA DISCIPLINA PARTE DEL PRINCIPIO DE QUE CIERTOS DESÓRDENES ORGÁNICOS SE DEBEN GENERALMENTE A UN PROBLEMA ARTICULAR, VERTEBRAL O MUSCULAR.

Aún cuando se utilice cada día más, la osteopatía está aún mal definida en el espíritu de un público que la sitúa a medio camino entre la ciencia oculta y las técnicas del movimiento. Sin embargo en algunos países como Francia, por ejemplo, se enseña en la facultad desde hace 20 años y está ampliamente aceptada como una de las técnicas de manipulación más efectivas. Las características del método son las siguientes:

✔ ***Se basa en una serie de principios que explican el funcionamiento del cuerpo humano.***

Es una medicina que consiste en tratar manualmente los desórdenes descubiertos en el nivel de la columna vertebral y del conjunto de las articulaciones (cráneo, vértebras, rodillas, caderas). La idea original de su inventor Andrew Steel, médico y cirujano americano del siglo XIX, es que la estructura gobierna la función. Claramente, para los osteópatas un problema de la estructura, es decir del esqueleto, va a provocar a la larga un problema funcional.

✔ ***Hay una estructura rígida y una blanda.***

Si por ejemplo uno sufre de un ligero bloqueo vertebral, la médula espinal va a encontrarse comprimida. Como ésta es el punto de partida de los nervios raquídeos encargados, por intermedio de las neuronas, de transmitir a todo el cuerpo (músculos, órganos, vasos...) las órdenes dadas por el cerebro y de reenviar las informaciones obtenidas en el exterior a través de nuestros sentidos, si el bloqueo vertebral afecta aún en forma mínima la médula, puede entonces tener repercusiones en niveles diversos. Imaginemos que sea afectado el nervio que controla la circulación de la sangre, entonces va a resultar una vascularización del tejido de los órganos y, por lo tanto, un mal funcionamiento de estos últimos y, a la larga, una verdadera lesión orgánica. En realidad, los osteópatas consideran que no hay por un lado la estructura rígida y por otro un complemento blando. Lo que existe es una total interacción entre los dos, donde lo duro protege lo blando.

✔ ***Cuando se habla de osteopatía generalmente se piensa en la manipulación de las vértebras, pero éste no es el único campo de acción.***

Efectivamente, todo lo que se llama "periférico", es decir, las articulaciones de la cadera, de la rodilla, de los tobillos, de los hombros, etcétera, también requiere atención. En efecto, una disfunción mínima, aún sub-clínica (que no puede observarse en la radiografía) provoca fenómenos de compensación en cadena. Una microluxación de rodilla, por ejemplo, puede provocar a la larga una lesión en los meniscos y una mala posición de toda la pierna que, al cabo de un cierto número de meses o de años, podrá traer un problema de cadera. Un gran número de artrosis podrían ser evitadas simplemente corrigiendo una mala actitud o un ligero desequilibrio del hueso con respecto a su eje original.

✔ ***Lo duro protege lo blando así como la caja craneana protege al cerebro. Esto explica por qué, tambien, se puede actuar sobre el cráneo.***

Precisamente, una de las especialidades dentro de esta disciplina es la osteopatía craneana. Fue desarrollada por el osteópata William Sutherland, en el siglo XIX, quien descubrió que la estructura ósea del cráneo no era rígida e inmutable. En realidad, los huesos del cráneo se mueven y, además, gracias a esta movilidad, son capaces de absorber los golpes. Pero son igualmente blandos por el flujo del líquido céfalo-raquídeo. Este líquido forma como un almohadón hidráulico que protege el cerebro y la médula espinal, haciendo un movimiento de flujo y de re-

flujo efectuado a un ritmo de 12 pulsaciones por minuto. Esta especie de respiración del cerebro, se considera primordial para los osteópatas, porque por intermedio de la columna vertebral, ella se expande a todo el cuerpo, los huesos del cráneo se extienden y se cierran exactamente como la caja torácica bajo el efecto de la respiración pulmonar. Después de un golpe en la cabeza o de un parto difícil, -con fórceps por ejemplo- esta respiración se ve afectada y el flujo del líquido raquídeo se perturba, lo que tiene una repercusión nefasta sobre la nutrición del cerebro y la evacuación de sus toxinas, y se encuentra en el origen de diversos problemas como el insomnio, la irritabilidad, los problemas oculares, las migrañas, la rinofaringitis crónica, etcétera. Hay que remarcar que los chicos son los mejores candidatos para la osteopatía craneana porque sus huesos son aún muy móviles y entonces resulta más fácil devolverles la posibilidad de movimiento. Sin embargo esta técnica sólo pueden aplicarla practicantes muy entrenados.

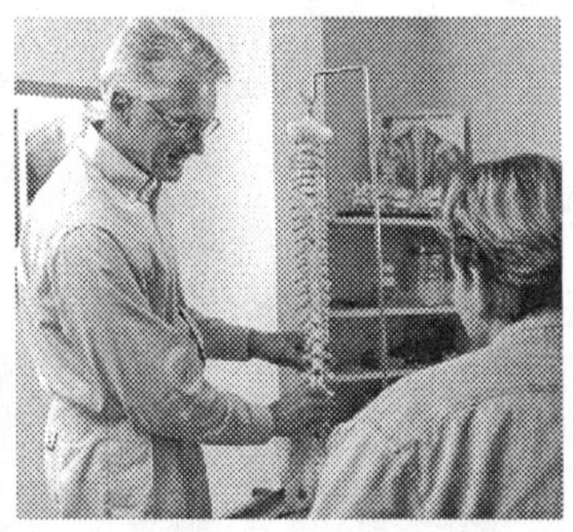

LA MANIPULACION DE LA COLUMNA VERTEBRAL ES FUNDAMENTAL PARA EQUILIBRAR TODO EL ORGANISMO

✔ ***Los huesos no son el único campo de acción de los osteópatas.***

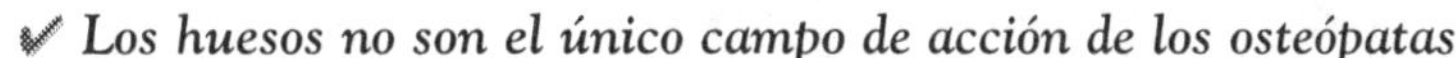

Existen igualmente técnicas manuales para actuar sobre las vísceras, alcanzándolas ya sea directamente o a través de otras vísceras. Estas son, por ejemplo, las técnicas de bombeo, empleadas principalmente por el hígado. Este órgano, rico en sangre y en linfa, cumple muchas funciones en el organismo. Es la pieza maestra de la digestión, y es también fundamental en la desintoxicación del organismo y en la circulación sanguínea. Actuar sobre el hígado puede beneficiar en muchos niveles: problemas inmunitarios, problemas metabólicos, digestivos, fatiga, depresión, etcétera.

✔ ***El momento para consultar a un osteópata varía según el caso.***

En líneas generales, después de un traumatismo (caída o accidente) o un gran episodio infeccioso. En cuanto a los chicos, una visita puede ser útil en caso de parto con fórceps.

LAS APLICACIONES DEL METODO

Por supuesto, todo tratamiento osteopático requiere antes efectuar un examen clínico muy profundo, como análisis biológicos, para evitar cualquier error de diagnóstico que podría ser perjudicial para el enfermo. Una vez detectada la afección se puede proceder al tratamiento adecuado para cada caso.

Artritis

La manipulación puede ayudar al paciente a conservar el máximo movimiento posible de las articulaciones y a mantener la postura correcta. Pero esta técnica no está indicada para quienes tienen las articulaciones inflamadas como resultado de la artritis reumatoidea.

Asma

Los enfermos que han sufrido de asma por muchos años pueden de-

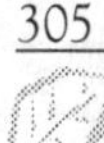

sarrollar una curvatura de la columna y presentar la deformación que se conoce como pecho de paloma. La osteopatía puede mejorar la movilidad espinal y aflojar la caja torácica para facilitar que la respiración se haga más fácil y profunda.

Bronquitis

Lo que intentará el terapeuta es ayudar al paciente a aumentar el espacio aéreo del pecho y a usar mejor sus pulmones.

Colon irritable

Se obtienen buenos resultados sobre la constipación, y sobre la colitis funcional o espasmódica. Una vez establecido el diagnóstico, se actúa sobre el propio intestino y sobre ciertos puntos del peritoneo para liberar las tensiones y las contracturas. El tratamiento finaliza con manipulaciones de la columna vertebral al nivel de las zonas de las salidas nerviosas del colon.

Dolor de espalda

La manipulación osteopática es efectiva, especialmente, en el tratamiento de la hernia de disco. El dolor crónico o recurrente de la espalda, asociado con una lesión anterior, que empeora con el reposo y mejora con el ejercicio, responde bien a ese tratamiento. Y si el dolor se debe a un sobreesfuerzo o tensión muscular, también mejora con él. Para cualquiera de las indicaciones son necesarias varias sesiones.

El tratamiento para aliviar lumbagos agudos consiste en hacer manipulaciones sobre las caderas, el coxis, la cintura lumbar y sobre los músculos de la región contracturada.

Hipertensión arterial

Puede ayudar indirectamente, aliviando la tensión física y el espasmo muscular.

Migraña

Los que sufren migraña a menudo tienen tensión muscular excesiva del cuello y hombros, la que puede actuar como desencadenante de los ataques. El osteópata puede movilizar esas tensiones y restaurar la movilidad de las articulaciones vertebrales. Se aconseja manipular la mandíbula para reducir la tensión muscular producida por la mordida.

Rinitis (estornudos, secreción mucosa o nariz tapada)

En casos de rinitis crónica producen alivio el masaje y la manipulación de la nuca que ayudan a drenar los senos nasales.

Vértigo y zumbidos en el oído

Debido a que, a veces, los problemas posturales de la nuca dificultan la circulación de la sangre del oído, la manipulación osteopática puede beneficiar aflojando el cuello y restaurando el total del movimiento.

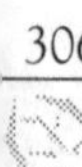

ANDREW STILL

UNA DISCIPLINA NUEVA

La historia de esta técnica comienza en 1974 , fecha en la que un médico americano, el doctor Andrew Still, duramente golpeado por la muerte de tres de sus cinco hijos, víctimas de meningitis, pone en cuestión a la medicina tradicional que no había dado en la tecla para curarlos. Otra revelación, por llamarla de algún modo, se produjo el día en que alivió por azar una de sus violentas migrañas apoyando su nuca sobre una de las cuerdas de la hamaca donde él se reposaba. Así nació la osteopatía, una técnica que parte del principio de que la mayoría de los desórdenes orgánicos (migrañas, vértigos, ciática, sinusitis crónica) son debidos generalmente a una molestia articular, vertebral o muscular. Un ejemplo: un estrés importante puede provocar un bloqueo articular al nivel de la séptima vértebra cervical desencadenando, entonces, dolores en toda la espalda, perturbando el sistema respiratorio y volviendo al individuo más vulnerable a las enfermedades infecciosas. Por medio de manipulaciones más o menos pronunciadas de las articulaciones (pero también de los músculos y de la vísceras) la osteopatía puede restaurar la circulación arterial, venosa y linfática, así como la transmisión de los reflejos nerviosos y hacer, así, desaparecer todos estos desórdenes.

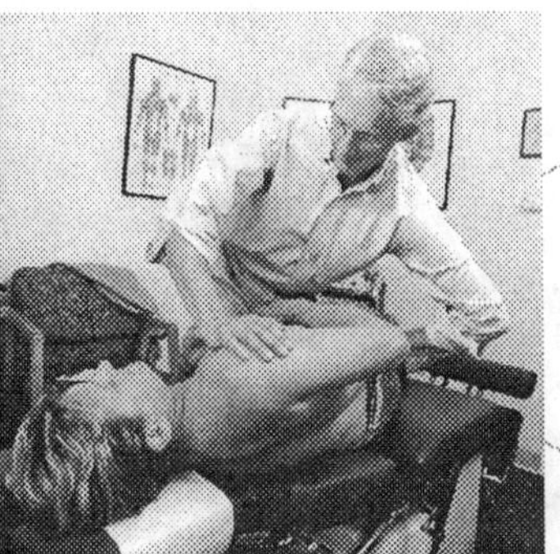

ANTES DE SOMETERSE A UN TRATAMIENTO OSTEOPATICO ES NECESARIO REALIZAR EXAMENES CLINICOS PARA EVITAR ERRORES DE DIAGNOSTICO

Quiropraxia y Osteopatía

LAS DIFERENCIAS Y SEMEJANZAS

OSTEOPATIA

✔ Es una forma de tratamiento de manipulación que trata de restaurar la función de las articulaciones y la musculatura.

✔ Su inventor fue Andrew Steel, médico y cirujano americano del siglo XIX, quien sostuvo la noción de que la estructura gobierna la función. Claramente, para los osteópatas un problema de la estructura, es decir del esqueleto, va a provocar, a la larga, un problema funcional.

✔ Contrariamente a lo que se piensa, la manipulación de las vértebras no es el único campo de acción de la osteopatía. También atiende todo lo que se llama "periférico", es decir, las articulaciones de la cadera, de la rodilla, de los tobillos, de los hombros, etcétera.

✔ Con esta técnica también se puede actuar sobre el cráneo puesto que la estructura ósea de la cabeza no es rígida e inmutable. En realidad los huesos del cráneo se mueven y, además, gracias a esta movilidad, son capaces de absorber los golpes

✔ Se emplean también técnicas manuales para actuar sobre las vísceras efectuando una acción directa o indirecta. Estas son, por ejemplo, las técnicas de bombeo, empleadas principalmente para el hígado.

QUIROPRAXIA

✔ La quiropraxia o quiropráctica en sus inicios se empleó en los accidentes que sucedían en los torneos de yudo, en Japón. Luego el método se perfeccionó y hoy se debe estudiar minuciosamente.

✔ Un quiropráctico ofrece tratamiento manual para los desórdenes del aparato musculoesquelético, particularmente los relacionados con la columna vertebral.

✔ Lo que hace la quiropraxia es regular el cuerpo para que él se pueda recuperar solo. Si, por ejemplo, hay algún hueso que no está en su lugar y, por lo tanto, interfiere en la función del organismo, se lo coloca correctamente para que el cuerpo continúe con su proceso en forma natural.

✔ Se pueden curar fracturas menores (como dedos, manos, brazos y costillas) definitivamente sin utilizar medicamentos, siempre y cuando no haya infecciones ni heridas abiertas.

✔ Algunas formas de dolor de espalda pueden responder muy bien a esta técnica porque ella mejora la flexibilidad de las articulaciones vertebrales y de los músculos, aún cuando sea incapaz de curar el proceso degenerativo que causa el problema.

LAS IDEAS BASICAS

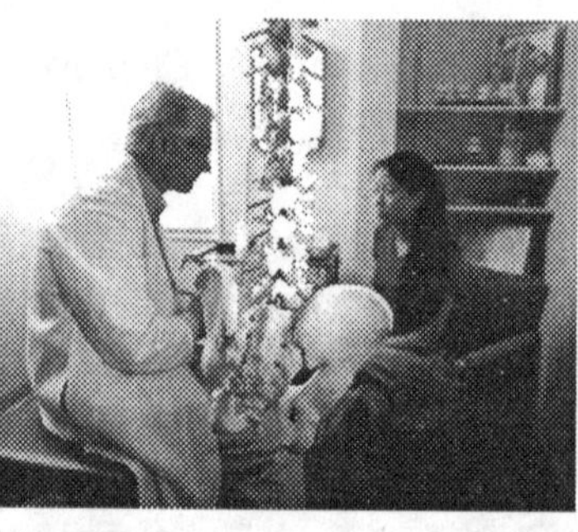

ESTA TECNICA NO SOLO CORRIGE PROBLEMAS OSEOS, TAMBIEN SIRVE PARA TRATAR EL ASMA, LA HIPERTENSION ARTERAL Y DIFICULTADES DIGESTIVAS

✔ Claramente, para los osteópatas un problema de la estructura, es decir del esqueleto, va a provocar, a la larga, un problema funcional.

✔ Un estrés importante puede provocar un bloqueo articular al nivel de la séptima vértebra cervical, desencadenando, entonces dolores en toda la espalda, perturbando el sistema respiratorio y volviendo al individuo más vulnerable a las enfermedades infecciosas.

✔ El hígado es la pieza maestra de la digestión y es también fundamental en la desintoxicación del organismo y en la circulación sanguínea. Actuar sobre él puede beneficiar en muchos niveles: problemas inmunológicos, metabólicos, digestivos, fatiga y depresión.

✔ Una microluxación de rodilla puede provocar, a la larga, una mala posición de toda la pierna que, al cabo de un cierto tiempo, podrá traer un problema de cadera o una artrosis.

✔ Por medio de manipulaciones de las articulaciones (pero también de los músculos y de la vísceras) la osteopatía puede restaurar la circulación arterial, venosa y linfática, tanto como la transmisión de los reflejos nerviosos y hacer, así, desaparecer todos estos desórdenes.

✔ Debido a que, a veces, los problemas posturales de la nuca dificultan la circulación de la sangre del oído, la manipulación osteopática

puede beneficiar aflojando el cuello y restaurando el movimiento total.

✔ Para aliviar la bronquitis, lo que intentará el terapeuta es ayudar al paciente a aumentar el espacio aéreo del pecho y a usar mejor sus pulmones.

✔La manipulación osteopática es efectiva, especialmente en el tratamiento de la hernia de disco. El dolor crónico o recurrente de la espalda, asociado con una lesión anterior, que empeora con el reposo y mejora con el ejercicio, responde bien a ese tratamiento.

"SI NO QUIERES DERRAMAR EL VINO, NO LLENES DEMASIADO EL VASO."

Lao-Tse

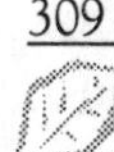

"QUIEN VOLVIENDO A

HACER EL CAMINO VIEJO

APRENDE EL NUEVO,

PUEDE CONSIDERARSE

UN MAESTRO."

Confucio

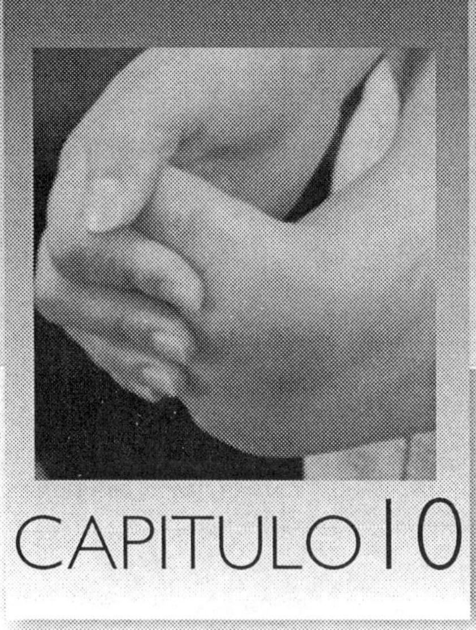

CAPITULO 10

Reflexología

LOS PIES SON EL REFLEJO TANTO DE LOS ÓRGANOS DEL CUERPO COMO DE LOS CONFLICTOS POR LOS QUE ATRAVESAMOS, POR ELLO CON ESTA TÉCNICA SE PUEDE TRATAR UN GRAN NÚMERO DE ENFERMEDADES.

El origen de esta práctica no es claro, pero se cree que procede de China.

Esta práctica ha sido impulsada nuevamente en los últimos años y se ha enseñado de forma intensiva en Europa y América, primero por el doctor William Fitzgerald y luego por Eunice Bingham, que contribuyó trazando el mapa de las áreas reflejas de los pies.

Se trata de una antigua terapia diseñada para devolver el equilibrio al cuerpo cuando ha perdido su centro en el curso de experiencias vitales perjudiciales.

La reflexología tiene la ventaja de que se aprende fácilmente y de que cualquier persona que quiera estudiar su técnica, que se describe con un lenguaje riguroso pero comprensible, puede practicarla de un modo beneficioso. Como sucede con muchas técnicas que usan las manos, la habilidad y la sensibilidad se mejoran mediante el aprendizaje con un practicante experimentado, y con el uso repetido de la técnica, que puede llevarse a cabo de forma segura con amigos o familiares; así podrá comprobar cómo responden a sus efectos calmantes.

PREMISAS BASICAS

La premisa básica de la reflexología establece que nuestros órganos internos tienen unos puntos reflejos en la superficie del cuerpo. Las zonas más sensibles y fácilmente accesibles son los pies, las manos y la parte externa de las orejas.

Los pies son la zona que más se trabaja habitualmente. Los principios de la reflexologia han sido estudiados con mucho más detalle en referencia a los pies, y los practicantes de esta técnica encuentran que el masaje en esta zona es muy bien aceptado por sus clientes.

La reflexología es adecuada para practicarla en casa, ya que no es difícil crear un ambiente agradable y cómodo a fin de conseguir el máximo beneficio tanto para quien la aplica como para quien la recibe.

Es importante que la persona que recibe el tratamiento esté realmente relajada y cómoda. Una silla reclinable con un lugar ligeramente elevado para poner los pies es ideal, aunque, si no disponemos de ello, un sillón también servirá.

La persona tratada debe vestir ropa cómoda y holgada, con las piernas desnudas hasta la rodilla. Es útil tener una toalla para envolver los pies y las piernas que no se estén tratando.

El practicante puede sentarse en una silla o en un taburete desde donde pueda alcanzar fácil y relajadamente los pies del sujeto. Algunos reflexólogos prefieren no utilizar talco ni lociones en sus masajes; otros usan un poco, especialmente sobre pieles ásperas o secas.

Una música suave resulta a veces útil para crear una atmósfera agradable y puede hacer que el receptor no sienta necesidad de hablar, incentivando así una mayor comodidad.

EL MASAJE

Los detalles concretos sobre cómo tocar, presionar y manipular los pies tienen que ser aprendidos en seminarios o realizando la carrera de reflexólogo. Una vez que se haya visto y comprendido una técnica, el practicante puede variar el procedimiento, siempre para alcanzar la mayor comodidad del receptor.

Es deseable empezar con una suave exploración del pie y de la parte inferior de las piernas, lo que da a la otra persona una sensación de bienvenida y aceptación. Este modo de proceder también sirve para establecer una conexión tanto a nivel físico como espiritual.

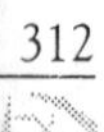

No debe existir la sensación de que hay un tiempo que agotar. En esta situación es bueno pensar que no existe el tiempo. Cuando la sesión finalice, el receptor debe tener una sensación de calidez, comodidad y tranquilidad.

UNA EXPERIENCIA DE GOCE SANADOR

La reflexología es una experiencia para gozar y compartir entre parejas, amigos, niños y personas mayores, que necesitan recibir una atención especial.

Una variación de la reflexología, llamada "terapia metamórfica", fue concebida por un reflexólogo inglés llamado Robert St. John. Se trata de un sistema bastante sorprendente de reflejos en los pies.

Esta modalidad no se refiere a las áreas del cuerpo, sino a la secuencia del período de gestación en el útero. Así como la reflexología alivia las tensiones en los órganos, la terapia metamórfica (llamada inicialmente terapia prenatal) trata con los patrones de tensión o presión que se establecieron durante las 38 semanas de gestación.

La terapia es simple, pero debe practicarse con concentración. Consiste en la manipulación de los reflejos de la columna en los pies, desde el dedo gordo, pasando por el arco del pie, hasta el talón. La teoría de St. John era que las etapas de desarrollo de la conciencia podían bloquearse durante la gestación por motivos como conmociones, traumas emocionales, enfermedades o fármacos, provocando que el niño quedase "atrapado en el tiempo".

UNA SECUENCIA BASICA DE REFLEXOLOGIA

LA PRESION MANUAL AYUDA AL SISTEMA LINFATICO A ELIMINAR LOS DESECHOS, HACE QUE LA SANGRE CIRCULE CON MAYOR FLUIDEZ Y AYUDA A RELAJAR Y LIBERAR TENSIONES

1) APLICAR PRESION

Doble ligeramente el pulgar para evitar flexionarlo hacia atrás cuando aplique presión en este punto reflejo del omóplato. Sostenga el pie con la otra mano y mantenga una presión suave y constante.

2) MASAJE "CAMINANDO" CON EL PULGAR

Mantenga la articulación del dedo cómodamente recta.
Cada vez que se dobla el pulgar, se da un pequeño paso deslizante, que se facilita aplicando talco en la piel.

3) CARICIA

Alterne el tratamiento de los puntos reflejos con caricias relajantes.
Con una mano doblada sosteniendo el pie por debajo y la otra por encima, deslícese lentamente hacia arriba, de los dedos al tobillo.

4) ESTRUJAMIENTO

Estruje suavemente con un movimiento de separación para liberar la tensión muscular del pie. Gire las manos en sentidos contrarios, trabajando desde debajo de los dedos hasta el tobillo.

5) ROTACION DE TOBILLO I

Para liberar la tensión del tobillo al inicio de un tratamiento de reflexología, sostenga el talón con una mano relajada mientras la otra, tomando ligeramente la zona refleja del pecho, hace girar lentamente el pie.

6) ROTACION DE TOBILLO II

Haga girar el tobillo lentamente en una dirección y después en la otra. Puede que necesite hacer movimientos más cortos o cambiar la dirección si la persona a quien se lo realiza intenta seguirle. Déjelo si ésta no puede relajarse.

7) EMPUJE

Es beneficioso para el pie, la pierna y la parte inferior de la espalda. Sostenga el talón con una mano mientras presiona hacia delante. Tire hacia atrás el talón sin forzarlo.

8) ROTACION DEL PLEXO SOLAR

Con un pulgar en el punto reflejo del plexo solar (a la altura del diafragma, entre los dedos segundo y tercero), haga girar el pie con un ritmo suave y relajante. Para algunos es mejor que la rotación de tobillo.

9) CARICIA CIRCULAR

Presione con el puño cerrado sobre la parte superior del pie, con la parte posterior de los dedos (no con los nudillos). Lentamente, pero con firmeza, gire el puño. Utilice la base de la mano cuando haya ansiedad.

10) ESTRUJAMIENTO-RETORCIMIENTO VERTEBRAL

Para relajar la columna tras un masaje, coloque ambas manos en la parte superior del pie, con los pulgares juntos por debajo. Mueva la mano más cercana a los dedos hacia delante y atrás para torcer el reflejo.

11) ESTIRAMIENTO DE LOS DEDOS

Relaje el cuello para finalizar sosteniendo alternativamente cada pie con el pulgar debajo y el dedo índice arriba. Tire suavemente de cada dedo hacia usted.

"LOS ESFUERZOS INDIVIDUALES
TRAERÁN
EL PROGRESO GENERAL."

Cesare Cantú

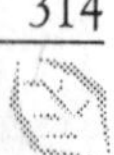

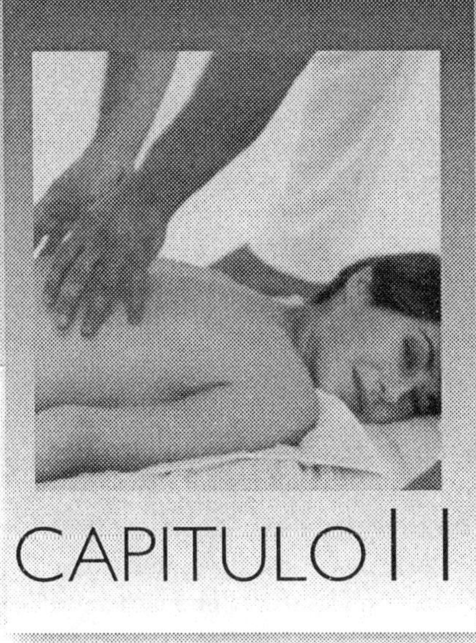

CAPITULO 11

Rolfing

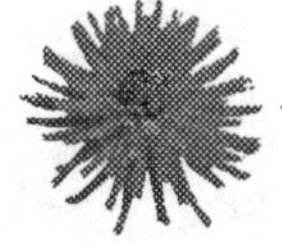

UNA TÉCNICA CORPORAL QUE BUSCA LA INTEGRACIÓN DE LAS ESTRUCTURAS DEL ORGANISMO Y LA ALINEACIÓN DEL CUERPO EN SU EJE VERTICAL. ESTE TIPO DE MASAJE ES UNA VERDADERA PUESTA A PUNTO PARA APROVECHAR AL MÁXIMO TODAS NUESTRAS ENERGÍAS.

El rolfing alivia dolores cervicales, problemas lumbares, posturales y dificultades para mover ciertas zonas del cuerpo. El tratamiento dura aproximadamente 10 sesiones en las que se trabaja el cuerpo en su totalidad. El rolfer puede utilizar sus manos, puños y codos para aplicar sucesivas presiones sobre las zonas específicas de contracción y tensión muscular.

Un fuerte dolor de espalda, una figura poco atractiva, fatiga crónica o una constante sensación de amenaza proveniente del mundo exterior, son algunos de los efectos indeseados que sufren quienes se han declarado vencidos de antemano en la batalla desigual, que libramos los habitantes de la Tierra contra la fuerza de gravedad. Sin embargo, este poderoso campo de energía que nos atrae irremediablemente puede dejar de ser nuestro peor enemigo si aprendemos a llevarnos bien con él. Esto nos enseña el Rolfing y los resultados demuestran que vale la pena firmar el tratado de paz.

El objetivo principal de esta técnica de manipulación es alinear el cuerpo dentro del campo de gravedad. El cuerpo es un sistema energético que, si está en concordancia con el sistema energético de la Tierra, que es la fuerza de gravedad, funciona como es debido. En cambio, cuando el cuerpo está en desarmonía con esta fuerza, por ejemplo si está siempre torcido o encorvado, empiezan las tensiones y los problemas.

Para graficarlo mejor imaginemos una pila de cubos. Si esa pila está bien hecha y se apoya correctamente un cubo sobre el otro, se puede mantener sola. Pero si los cubos se desvían, va a ser necesario colocar algún elemento que ejerza cierta tensión para sostenerla y evitar que se desmorone. Lo mismo sucede en el cuerpo humano. En el ejemplo, los cubos representan las estructuras del cuerpo y la tensión es la que a veces los músculos tienen que ejercer excesivamente para sostener esa "pila" de huesos que no están alineados. El Rolfing busca alinear la estructura del cuerpo para enseñarle a mantenerse por sí misma. El resultado es que el cuerpo va a empezar a funcionar ayudado por la gravedad en lugar de estar vencido por ella.

ALINEACION Y BALANCEADO

La técnica del Rolfing fue desarrollada por Ida Rolf, quien después de doctorarse en bioquímica en 1920, trabajó como investigadora en el Instituto Rockefeller, donde se dedicó particularmente al estudio del cuerpo humano. Comenzó a desarrollar la técnica de integración estructural que luego adoptó el nombre de Rolfing en 1930 y la fue perfeccionando durante cuarenta años, tratando de mejorar, en un principio, distintos problemas de salud de su familia; frustrada por no encontrar solución médica para la enfermedad de su hijo y sus propios problemas de columna. Finalmente elaboró un programa sistemático de enseñanza del método y fundó el Instituto Rolf en Boulder, Colorado, EE.UU. donde se preparan los futuros rolfers.

Ida Rolf se consagró al descubrimiento de las causas que producían las diversas alteraciones posturales, tratando de explicar por qué la mayoría de las personas no puede corregir por medio de la voluntad las posturas vencidas, siendo que, supuestamente, el hombre está hecho para mantenerse erecto.

Llegó a la conclusión de que "el ser humano es más que un conjunto de partes. Existe un molde, un orden, en el cuerpo. Este molde -donde las partes encajan y trabajan juntas como un todo- es un factor básico para su bienestar o su carencia."

Debido a que la fuerza de gravedad es la más poderosa de todas las fuerzas que afectan al cuerpo humano, cuando no se consigue estar en equilibrio con ella, aparecen los resultados que todos conocemos: tensión crónica, baja vitalidad y deterioro en el funcionamiento biológico y psicológico. Cuando sucede lo contrario, es decir, que el cuerpo está correctamente alineado en su eje vertical y equilibrado -algo que se consigue después del Rolfing-, empieza a gastar menor cantidad de su energía vital en su lucha contra la gravedad. Todo el exceso de energía que la musculatura estaba usando para mantener el cuerpo erecto queda disponible para otras cosas; entonces, realmente la gente tiene más energía, más ganas de hacer cosas y se puede mover mejor.

Muchas personas acuden al Rolfing en busca de alivio para dolores cervicales, problemas lumbares, dificultades para mover ciertas zonas del cuerpo y diferentes malestares causados por tensiones internas. Otros, simplemente desean mejorar su apariencia (uno de los resultados es que se logra ubicar el vientre hacia adentro y elevar el porte), sentirse más cómodos con su cuerpo o aumentar el rendimiento deportivo.

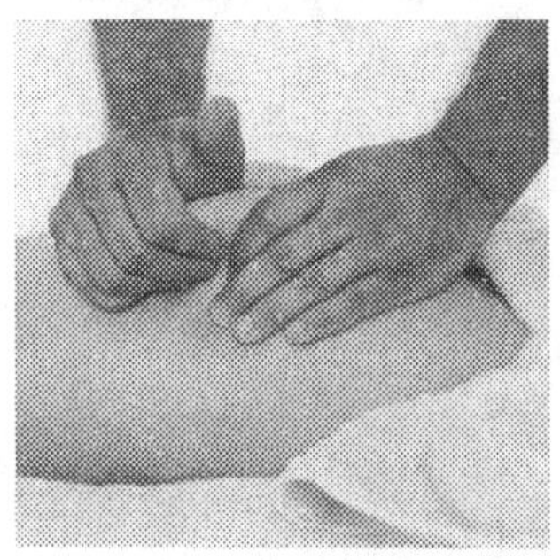

Uno de los fundamentos del sistema de Ida Rolf es que el cuerpo es plástico, y es capaz de responder a las presiones y modificarse. Así como, teóricamente, con la edad se va deteriorando, si uno lo ayuda desde afuera se puede revertir ese proceso, que no tiene por qué ser con seguridad cuesta abajo. Precisamente, muchos de los pacientes "rolfeados" desde que se creó la técnica son personas mayores que aseguraron haber recuperado vitalidad.

LOS BLOQUES CORPORALES

EL OBJETIVO DE ESTA TECNICA ES ALINEAR LA ESTRUCTURA DEL CUERPO PARA ENSEÑARLE A MANTENERSE POR SI MISMO.

Ida Rolf define a la integración estructural como "un sistema que induce un cambio orientado hacia una pauta ordenada" cuya clave es el movimiento. En la estructura humana, que es segmentada, el movimiento se expresa en las articulaciones. La adecuación de la articulación a sus funciones depende de su componente miofascial, (un tejido blando y fibroso con propiedades elásticas). Ida Rolf descubrió que cuando se consigue cambiar las miofascias y normalizarlas se consigue que las estructuras del cuerpo se organicen debidamente y que susciten un movimiento más natural. La posibilidad de este cambio se deriva de la estructura misma del cuerpo y de su mensaje inherente. Depende del hecho de que el cuerpo es una entidad, pero no una entidad unitaria. Aunque las fascias y la piel que lo envuelven crean una ilusión de unidad, un cuerpo humano es, de hecho, un complejo, una consolidación de diversos segmentos, cuya piedra angular es la pelvis. Las percepciones, respuestas y comportamiento de este complejo integrado no dependen de las unidades individuales que hay dentro de la envoltura sino de su relación. Un ser humano eficaz constituye un todo superior en la suma de sus partes. Una integración lograda y con sentido depende de las relaciones espaciales apropiadas entre los componentes del cuerpo.

El mensaje de este medio -el cuerpo- es la energía. Para quienes trabajamos con integración estructural, la energía es algo tan manifiesto en el cuerpo que tratamos de que se la sienta como algo virtualmente palpable. Para el individuo que ha sido tratado, el cambio de energía resultante es aún más espectacular; cuando trabaja o cuando juega consume menor cantidad de su reserva vital. Esto sucede en todos los cuerpos a medida que va aflorando en ellos cierto grado de equilibrio. La forma y la función son una unidad, las dos caras de la misma moneda. Para que la función mejore debe existir o se debe crear una forma adecuada. Solo se alcanza una salud ideal cuando el cuerpo se aproxima más a su propio patrón. Este patrón, forma o idea platónica es el diseño o el plano de la estructura. Y, a su vez, la función más apropiada de esta estructura es la vitalidad, una vitalidad de intensidad desconocida por el individuo medio.

RECONSTRUIR EL CUERPO

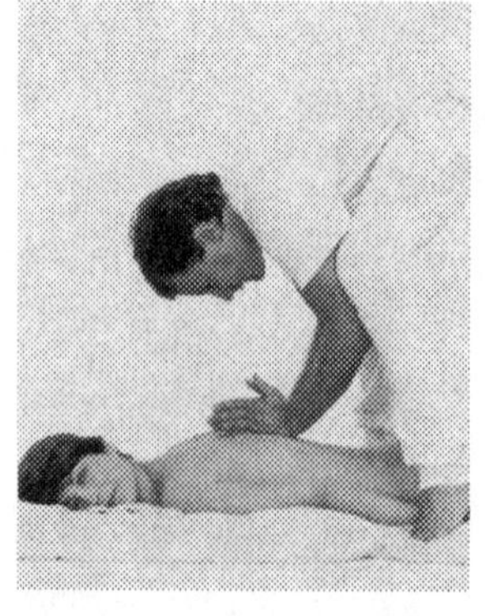

EL SER HUMANO ES MAS QUE UN CONJUNTO DE PARTES. EXISTE UN MOLDE, -DONDE LAS PARTES ENCAJAN Y TRABAJAN JUNTAS COMO UN TODO- QUE ES UN FACTOR BASICO PARA SU BIENESTAR

El trabajo del Rolfing consiste en una serie de diez sesiones básicas de una hora de duración, a razón de una sesión por semana o más espaciadas. En esas diez sesiones se trabaja el cuerpo en su totalidad independientemente del problema puntual que lleva a la consulta. El trabajo está pautado y en cada sesión se busca un resultado diferente pero que está relacionado con la sesión anterior y con la siguiente, ya que los resultados se van sumando. El rolfer utiliza sus manos, puños y codos para aplicar sucesivas presiones sobre el cuerpo del paciente partiendo desde la superficie hacia planos más profundos, trabajando áreas específicas de contracciones o desplazamientos. En las primeras siete sesiones hay que desarmar el rompecabezas, y en las últimas tres lo volvemos a armar. Aprovechando la plasticidad del cuerpo que otorga la capacidad de cambiar de forma, el rolfer lleva al organismo hacia una forma mejor conformada y hacia una mayor verticalidad. Es decir, hacia una estructura integrada.

Siempre se trabaja con algo de movimiento de parte del paciente, ya que no es un masaje común en el sentido de que éste se acuesta en la camilla y se deja hacer.

El Rolfing es un masaje o una manipulación del tejido conectivo, en el que el paciente participa acompañando con una respiración que permita aflojar las zonas de tensión y disminuir el dolor que por momentos ocasiona la presión. No es algo que yo le hago al otro sino algo que hacemos de a dos.

El trabajo de manipulación se realiza sobre la estructura miofascial del cuerpo, compuesta por las fascias -como la piel blanca que recubre un pedazo de carne- y los músculos y tendones. Esta es la principal diferencia con otras técnicas de manipulación que se realizan sobre la estructura ósea, como la quiropraxia o la osteopatía. Si bien es importante que la estructura ósea esté alineada, el Rolfing subraya que lo que la mantiene así son las partes blandas, especialmente el tejido conectivo y por ello trabaja sobre ellas, antes que sobre huesos o músculos. Pensemos en una carpa sostenida por sus estacas y los tientos correspondientes. Si estos tientos se aflojan, por más que la estaca esté bien clavada la carpa se tuerce.

Después de las sesiones el cuerpo adquiere elevación, longitud y li-

viandad al llevar la cabeza y el pecho hacia arriba y elongarse todo el tronco. La pelvis colocada en su posición natural -horizontal- permite llevar hacia adentro el abdomen y las nalgas; las rodillas y los pies se orientan hacia adelante (y ya no hacia afuera o adentro) y los pies apoyan mejor en el piso. La oscilación del cuerpo hacia arriba y hacia los costados al caminar disminuye. Y el resultado de esto es un ahorro de energía que puede utilizarse para otros propósitos.

Se recupera elongación y flexibilidad y en el plano emocional se nota un aumento de la autoconfianza. Como el cuerpo es maleable también se esperan consecuencias a largo plazo, por lo cual no se aconseja volver al tratamiento antes de los seis u ocho meses que el cuerpo necesita para continuar un proceso espontáneo de búsqueda de equilibrio.

Para controlar los resultados se toman fotos al comenzar y concluir la serie de diez sesiones. De este modo es posible observar cómo el cuerpo se ha enderezado y recuperado unos centímetros de altura y mejorado el aspecto de la figura.

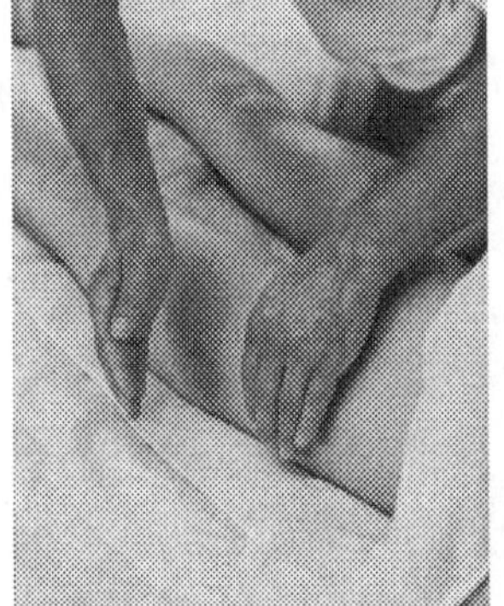

EL ROLFING ALIVIA DOLORES CERVICALES, PROBLEMAS LUMBARES, DIFICULTADES PARA MOVER CIERTAS ZONAS DEL CUERPO Y DIFERENTES MALESTARES CAUSADOS POR TENSIONES INTERNAS

Se recomienda siempre que luego de la sesión se tomen un tiempo para sí mismos antes de reintegrarse a sus ocupaciones usuales. En esta vida de ciudad es difícil no volver corriendo a las tareas habituales después de una sesión, sin embargo es necesario tomarse unos veinte minutos o media hora para sentir lo que está bullendo dentro del cuerpo.

COMO AHORRAR ENERGIA

El propósito del Rolfing es crear y mantener un sistema energético más balanceado y que conserve la energía en lugar de malgastarla. Según un estudio controlado por el departamento de Kinesiología de la Universidad de Los Angeles, a cargo de los doctores Valery Hunt y Wayne Massey, los cambios en las personas que fueron "rolfeadas" son los siguientes:

1- *Los movimientos son más suaves, más amplios y menos forzados.*
2- *Hay menos movimientos extraños.*
3- *Los movimientos corporales son más dinámicos y energéticos.*
4- *El porte es más erecto y hay menos tensión evidente para mantener las posturas.*

Después del Rolfing las personas dicen sentirse más livianas y equilibradas. El movimiento se siente más fácil, como si las articulaciones hubieran sido aceitadas. Los malestares crónicos frecuentemente desaparecen de inmediato poco después de haber completado la serie de sesiones y una sensación de bienestar general refleja el mayor nivel energético del cuerpo.

LAS IDEAS MAS IMPORTANTES

✔ La técnica del Rolfing fue desarrollada por Ida Rolf, quien después de doctorarse en bioquímica en 1920, trabajó como investigadora en el Instituto Rockefeller, donde se dedicó particularmente al estudio del cuerpo humano.

✔ El objetivo principal de esta técnica de manipulación es alinear el cuerpo dentro del campo de gravedad.

✔ El trabajo de manipulación se realiza sobre la estructura miofascial del cuerpo, compuesta por las fascias -la piel blanca que recubre un pedazo de carne- y el tejido conectivo -los pellejos blancos que se meten entre los gajos de una naranja- .

✔ Uno de los fundamentos del sistema de Rolf es que el cuerpo es plástico capaz de responder a las presiones y modificarse.

✔ Después de las sesiones el cuerpo adquiere elevación, longitud y liviandad al llevar la cabeza y el pecho hacia arriba y elongarse todo el tronco.

✔ El resultado del Rolfing es que el cuerpo empieza a funcionar ayudado por la gravedad en lugar de ser vencido por ella.

✔ Para controlar los resultados se toman fotos al comenzar y concluir la serie de diez sesiones. De este modo es posible observar cómo el cuerpo se ha enderezado y recuperado unos centímetros de altura y mejorado el aspecto de la figura.

✔Después del Rolfing, las personas dicen sentirse más livianas y equilibradas. El movimiento se siente más fácil, como si las articulaciones hubieran sido aceitadas.

"EL VERDADERO PROGRESO CONSISTE EN RENOVARSE."

Alejandro Vinet

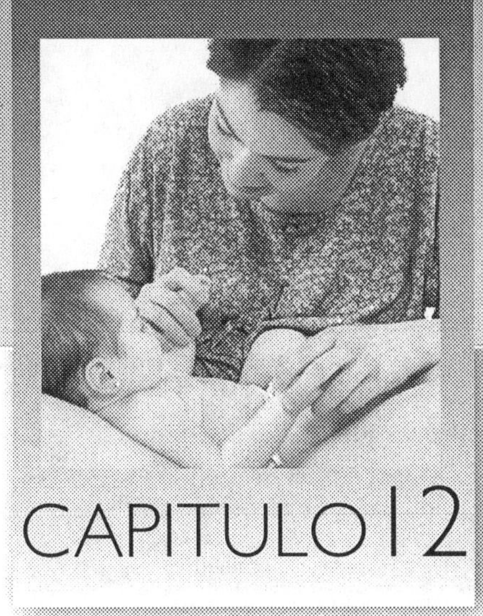

CAPITULO 12

Shantala

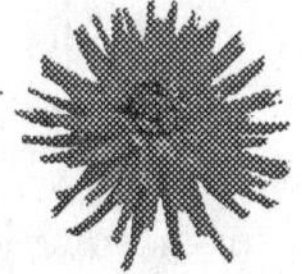

UN MASAJE ESPECIAL PARA BEBÉS QUE CONSOLIDA LA COMUNICACIÓN ENTRE LA MADRE Y EL HIJO Y, ADEMÁS, PUEDE EVITAR Y TRATAR ALGUNOS PROBLEMAS COMUNES DE LOS RECIÉN NACIDOS.

Se trata de un arte hindú que toda madre debe conocer: regulariza los intestinos y calma los dolorosos cólicos, además de provocar un maravilloso efecto sedante. Pero sus beneficios terapéuticos van mucho más lejos. Se trata de que la mamá le dé al recién nacido la bienvenida que se merece. Sin duda una tradición universal digna de seguir cultivando.

Allí estaba la mujer. Junto a su bebé y con los ojos luminosos. Repetía el mismo ritual que su madre había realizado con ella. Que a su vez era el que la abuela había hecho con su madre. Le hacía masajes a su recién nacido.

Shantala -así se llamaba esa mamá hindú nacida en Calcuta- no sabía explicar con palabras muchas cosas. Y menos el origen científico y los objetivos terapéuticos de los masajes que realizaba. Ella sólo tenía la certeza de que a su bebé, "la luz de su vida", le hacían muy bien. Lo recordaba en su propio cuerpo, de la época en que ella también era un bebé feliz recibiendo las mismas muestras de afecto de parte de su madre.

Por ese lugar de la India, hace varias décadas, estaba de vacaciones Frederick Leboyer. ¿Quién era? Uno de los abanderados del parto sin dolor. La principal preocupación de este médico francés no fue tanto lo que podría vivenciar la madre a lo largo del alumbramiento, sino la experiencia del bebé durante su propio nacimiento, y cómo este primer contacto con el mundo podía afectarlo en su edad adulta.

Leboyer, antes de ese viaje a la India, ya consideraba importantísimo el inmediato contacto de piel entre la madre y su hijo luego del parto. Su teoría se podría sintetizar en "darle una calurosa bienvenida al recién nacido".

Y fue entonces que esta eminencia de la medicina fue a descansar a un país exótico, y sus ojos especializados no pudieron dejar de sorprenderse al ver a Shantala con su bebé en brazos. Era quizá la mujer más pobre que había visto en su vida. Pero también la más humana.

Leboyer se quedó una larga temporada en la India. Día tras día, acuclillado a su lado y traductor mediante, fue descifrando las claves de un masaje que se venía heredando desde hacía miles de años, siempre de madres a hijos. Shantala enseguida comprendió que los beneficios que recibía su bebé, por intermedio de este médico francés, algún día podrían recibirlo todos los niños del mundo.

Fue así que nació el masaje Shantala, denominado así en honor a aquella mujer hindú, pequeño eslabón de una infinita cadena que no para de extenderse.

Lenguaje y comunicación no constituyen una sola palabra. Todos sabemos (de hecho lo practicamos a veces inconscientemente), que podemos expresarnos y hacernos comprender trascendiendo los límites que la lengua nos provee. Así, podemos establecer diálogos efectivos mediante comunicaciones gestuales, visuales, gustativas, olfativas y, por qué no, táctiles. Y fue justamente en este último ítem sobre el que se basó Frederick Leboyer para re-crear una milenaria técnica hindú denominada Shantala.

Este médico francés observó que las culturas de la India practicaban un masaje integral a sus recién nacidos, desde el mismo momento del post-parto. Las madres hindúes acogían en sus brazos a los nuevos integrantes del mundo y comenzaban a masajear la zona del pecho, para luego recorrer todo el cuerpo. Este fenómeno fue observado por Leboyer quien vio efectuar el masaje a esta mujer de nombre Shantala.

SU INFLUENCIA EN LOS CHICOS

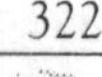

Cuando un niño nace debe enfrentarse con una realidad que le es ajena. Pasa de un medio húmedo (el líquido amniótico) al aire, de la temperatura intrauterina a la ambiental, y del vientre de su madre, en el cual se cobijó durante nueve meses, a un mundo infinito en el cual aparece como desprotegido.

Numerosas técnicas han aparecido con el objeto de contrarrestar este efecto traumático para el bebé. De esta manera, el parto acuático, o incluso la misma incubadora, tendieron a aminorar algunas de las consecuencias negativas que se observan desde el mismo momento en que una madre da a luz.

Psicólogos de la Escuela de la Forma (también conocida como Gestalt) opinan que estos cambios bruscos pueden condicionar el comportamiento de los niños, trasladando las sensaciones de los primeros momentos de vida hasta la vida adulta. El ámbito de confort en el que se halla el bebé en su vida intrauterina es ideal, las paredes del útero lo acarician constantemente, y lo tocan de manera de transmitirle seguridad en el vientre. De esta manera se establece un diálogo entre la madre y el hijo, en el cual la mujer expresa a su futuro bebé que lo quiere, ante lo cual el frágil niño responde afirmativamente, aunque todavía no lo veamos. Este amor madre-hijo se traslada fuera luego del parto. Es por ello, entre otros motivos, que el cariño de un niño a su madre es único. Psicólogos Gestálticos sostienen que la sensación de seguridad que una madre puede brindar a su bebé es tan importante que, efectivamente, condicionará la seguridad del individuo una vez nacido y durante toda su vida.

EL SHANTALA ES LA TRANSMISION DEL AFECTO A TRAVES DE LA PIEL DEL BEBE.

UNA COMUNICACION EFICAZ

Grandes psicoterapeutas de la niñez coinciden en que la comunicación más efectiva entre la madre y el hijo es a través del Shantala. ¿Por qué recurrir al tacto, y no a otro sentido? Pues bien, todos sabemos que en los primeros meses de vida los bebés no tienen muy desarrollados los sentidos receptivos que utilizarán de adultos. Es cierto que los bebés se expresan a través de llantos, ruiditos y risas, pero debemos considerar que, sobre todo para una madre primeriza, resulta complejo intercambiar diálogos efectivos más allá de la comprensión de ciertos mensajes básicos (quiero comer, estoy cómodo, me parece rico, o quiero dormir, por ejemplo). Esta dificultad de comprensión del mensaje hablado, lo deja de lado a la hora de establecer diálogos eficaces entre la madre y el hijo. Esto no quita que consideremos aconsejable hablarle al chico, no sólo para desarrollar su capacidad de habla y escucha, sino porque, seguramente, él percibirá un mensaje positivo cuando le digamos que lo queremos.

Al igual que con el habla, el bebé de pocos meses, posee bastantes limitaciones para elaborar mensajes y comprenderlos con los demás sentidos, pero existe una salvedad en este terreno: la piel.

El recién nacido es pura sensibilidad táctil. Durante su vida intrauterina ha desarrollado su capacidad de recepción del mundo a través del tacto. Cuando el bebé aún es un feto no puede ver, oler, degustar ni escuchar demasiado. En cambio, está expuesto al tacto como forma de comunicación con su madre y consigo mismo. Esto hace que el niño nazca con la capacidad de este sentido más desarrollada.

COMO PRACTICARLO

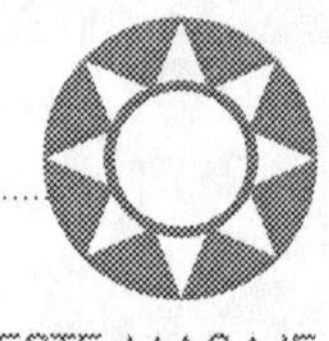

ESTE MASAJE FORTALECE EL SISTEMA INMUNOLOGICO, MEJORA LOS SISEMAS RESPIRATORIO, DIGESTIVO, CIRCULATORIO, NERVIOSO Y AUMENTA LA TEMPERATURA INTERIOR DEL RECIEN NACIDO

El Shantala es la transmisión del afecto a través de la piel. Ya que la piel es el órgano más desarrollado del recién nacido, hay que saber cómo capitalizar ese factor en beneficio del bebé. De no hacerlo, se corre el riesgo de perjudicar al bebé. Si se utiliza la piel para bien del niño, esta será el medio de comunicación ideal, a través del cual podremos hacernos entender y, a la vez, tendremos la posibilidad de comprender a nuestro hijo. En cambio, si se margina la posibilidad de aprovechamiento que nos brinda la piel del niño, transformaremos a su epidermis en una fuerte caparazón, difícil de atravesar, que se replegará ante el peligro, como cuando una tortuga se encuentra atemorizada. El bebé que no es estimulado cree, en efecto, que ha dejado el seguro vientre de su madre para pasar a un sitio que le es hostil. El Shantala nos ayuda a que evitemos que la criatura sufra esta sensación tan desagradable y traumática.

Sin duda, la práctica del Shantala suma beneficios, ya que no sólo permite una comunicación con el niño, sino que, además, fortalece su sistema inmunológico, mejora los sistemas respiratorio, digestivo, circulatorio, nervioso, y aumenta la temperatura interior del recién nacido. También puede ayudar al niño a aliviar pequeñas molestias y dolores.

Muchas madres practican esta técnica milenaria sin hacerla conscientemente. Los juegos de abrazos y caricias entre la madre y el hijo suelen coincidir con muchos de los principios expuestos por el doctor Leboyer.

Si bien esta técnica es practicada proporcionalmente más por las mujeres que por los hombres (por oportunidades, tiempo libre y atención al bebé), no debe creerse que el Shantala no es apto para que lo practique un padre con su chico. No olvidemos que la presencia masculina desde pequeños también influirá en la conducta del niño cuando llegue a la adultez.

Cuando hacemos Shantala debemos pensar tanto en el bebé como en nosotros mismos: procuremos no olvidar que la comunicación implica un doble proceso, en el cual participan por lo menos dos personas. Y más aún cuando se trata de una comunicación afectiva. No sólo debemos pensar en qué es lo que le provoca placer al niño, sino también qué es lo que nos agrada a nosotros.

Como en el ámbito sexual, un individuo hace gozar a su pareja para gozar él mismo. De la misma manera, aunque con otras connotaciones, la madre debe encontrar cuáles son los puntos adecuados del niño, y explotarlos en consecuencia. Siempre debemos considerar que si el placer no es de a dos, el Shantala no será efectivo. Si sólo nosotros gozamos practicándolo, es señal de que no estamos haciendo las cosas bien. Si, en cambio, vemos que el niño goza, nuestro placer será tal, que seguramente nos veremos satisfechos y gozaremos.

OTRAS PRECISIONES

Para que el Shantala sea eficaz, hay que considerar ciertas pautas, tan importantes como el mismo masaje. El sitio para practicarlo debe ser cómodo y aislado del resto de los individuos, para que la comunicación madre-hijo sea privada y no perturbada en los momentos de mayor placer y concentración. Dentro de la comodidad del ámbito de práctica, debe considerarse una temperatura ideal para el recién nacido (unos veinticinco grados temperatura ambiente), así como un sitio no demasiado abierto en el cual el bebé se sienta desprotegido.

Recuerde que el Shantala es de a dos: por ello, la madre también debe estar cómoda y relajada, preferentemente acostada en el suelo, con las piernas estiradas, y apoyada sobre almohadones, o sobre un buen colchón.

Para mejorar el masaje, la madre puede untar sus manos con aceite de oliva entibiado para facilitar el desplazamiento de las manos sobre el cuerpo del bebé. Leboyer aconseja comenzar el masaje por el pecho, o por los pies, pero nunca tocar la cara, ya que en la época de la dentición el niño está molesto y se fastidia inmediatamente cuando se le toca la cara.

Considerando estos puntos, puede comenzar a practicar el Shantala. La técnica depende de usted y de su hijo. Recuerde que no hay fórmulas mágicas, y que lo que a los interesados les resulta placentero, será lo mejor para comunicarse y para disfrutar.

EL SHANTALA NUNCA SE DEBE REALIZAR DESPUES DE COMER.

QUE ES, COMO SE HACE, QUE BENEFICIOS BRINDA

Por qué a recién nacidos

Los bebés son pura sensibilidad táctil. Durante su vida intrauterina, desarrollan su capacidad de percepción a través del tacto. Cuando aún son fetos, no pueden ni ver, ni oler, ni degustar ni escuchar demasiado. En cambio, están constantemente expuestos al tacto como un canal de comunicación con sus madres y consigo mismos. Por eso, los niños nacen con la capacidad de tacto más desarrollada. El trabajo de masajes se torna ideal.

Adaptación al nuevo mundo

Cuando un bebé nace, debe enfrentarse con una realidad que le es ajena. Pasa de un medio húmedo (el líquido amniótico) al aire, de la temperatura intrauterina a la ambiental, y del vientre de su madre, en el cual se cobija durante nueve meses, a un sitio en el cual se siente desprotegido. El Shantala suaviza ese cambio de mundos.

No es una simple caricia

Es un masaje cariñoso, pero muy firme. Se hace con toda la palma de la mano. En pocos lugares, como en las yemitas de los dedos de los pies o de las manos, ahí se realiza con los pulgares. No se juega con el bebé, no deben ser mimitos. Antes o después de los masajes, es muy bueno hacerle mimos. Pero el Shantala es algo concreto, donde hay un ritmo específico. Un oleaje que sucede en toda la piel del bebé, que le devuelve sensaciones del momento de su nacimiento.

Dónde practicarlo

El lugar debe ser cómodo y, en la medida de lo posible, aislado del resto de las personas. ¿Qué intención se persigue? Que la comunicación madre-hijo sea privada y no perturbada en los momentos de mayor placer y concentración.

La temperatura ideal

Para el recién nacido, en invierno mantener el ambiente a 25 grados aproximadamente. Hay que cuidar que no haya corrientes de aire. El bebé debe estar cubierto con un toallón de algodón. Se lo destapa cuando el ambiente está climatizado. En el verano, el masaje Shantala se puede hacer en cualquier lado, incluso al aire libre.

Hasta cuándo realizarlo

Hasta que el niño dice: "basta". Existen casos en los que los pequeños, entre los ocho y diez años, siguen pidiéndole a sus padres que le hagan masajes Shantala. Porque se acostumbran. Saben lo que es bueno para ellos.

Efectos terapéuticos

El Shantala es sedativo, es calmante, funciona sobre los órganos internos, sobre la piel y sobre todo el sistema sensorial.

Cómo saber si al bebé le gusta

Existen señales como una mirada tranquila o una sonrisa cómplice para manifestar placer, o un llanto si estamos apretándolo demasiado, si es una fricción un poco áspera o si no hay suficiente aceite en la palma de la mano. El bebé es como una esponja, absorbe todo. Por eso notamos inmediatamente cuándo se siente cómodo o cuándo está molesto.

Qué aceites se utilizan

En India se usó siempre el aceite de mostaza en el invierno y el de coco en el verano. Aquí se puede usar el aceite de girasol puro, sin ningún aditivo. Se lo puede preparar con esencia de lavanda, también pura. El aceite se expande por todo el cuerpo del bebé. Tiene que estar tibio, nunca frío. Sobre todo en invierno. Se calienta a baño de María.

Cómo empezar

La mamá se coloca unas gotas de aceite sobre las palmas de las manos. Se frotan un poco, sin exagerar, y se inician los masajes. El aceite se usa como un medio de deslizamiento. No tiene que emplearse demasiada cantidad, porque la piel tiene una capacidad limitada de absorción. Pero también evi-

tar que no haya nada de aceite en las palmas, porque si no hay suficiente, la mano se frena sobre la piel, causándole una molestia al bebé.

Precaución

La madre debe sacarse todos los anillos y pulseras. El niño recién nacido es muy sensible. Tampoco es aconsejable tener uñas muy largas. Con cualquier movimiento brusco se las pueden clavar a la criatura.

Posturas indicadas

Un Shantala puro es con la madre sentada en el piso, con las piernas estiradas hacia adelante, la espalda derecha y los hombros relajados. El bebé se coloca arriba, acostado sobre las piernas de la mamá, con la cabeza en dirección a los pies. Esta posición es muy beneficiosa para una mujer que tiene elasticidad. Si una mamá quiere trabajarla, pero no puede lograr esa postura, también puede hacerla sentada en la cama, en una silla, o apoyando al niño sobre una mesa. Claro que siempre es mejor que la criatura mantenga el máximo contacto con el cuerpo de su madre. Lo ideal es respetar la pureza de la técnica, tal como se la practica en la India. Pero también hay que tener en cuenta la necesidad y las limitaciones de quienes hacen los masajes. La adaptación del masaje Shantala a las costumbres occidentales es perfectamente posible.

El bebé es quien manda

Un niño pequeño llora, no le gusta que lo anden moviendo.¿Cómo hacerle masajes entonces? Hay que respetar sus tiempos. Primero hay que escucharlo. Qué quiere, qué no quiere, qué le gusta, qué le disgusta. Hay algunos lugares que no les gusta que los toquen. Por eso hay que estar muy atento, en una actitud receptiva, en gran comunicación con el bebé. Por ejemplo, cuando está llorando se suspenden por un rato los masajes, o se busca otro movimiento, o se pasa a trabajar en otra parte del cuerpo.

Nunca después de comer

Dejar que pase por lo menos una hora desde que tomó el biberón o la teta . Tiene que tener el proceso de la digestión hecho. Generalmente se hace una sesión a la mañana después que toma su teta, se le permite que haga la digestión, luego se empieza a trabajar.

Terminar con un baño

Sin jabón y con agua tibia. Ayudándolo a que flote, sabiéndolo sostener sin miedo (se lo sujeta del sacro y de la base de la nuca). Se trata del último relax en agua tibia, para desprender también cualquier resto de aceite que no haya sido absorbido por la piel.

Cuánto dura una sesión

Lo que el niño permita. Si el bebé facilita las cosas, en media hora

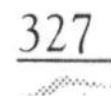

está hecho. Lo puede recibir a la mañana, y luego a la tarde otra vez, si la mamá tiene tiempo. Si recibe un Shantala completo, es muy probable que después se quede dormido. Ni bien comienza la sesión, es frecuente que active todos los líquidos (hay que estar dispuesto a mojarse, porque el varón salpica para todos lados), así como también que despida todos los gases.

También para padres

Si bien esta técnica es practicada más por las mujeres que por los hombres (por razones de trabajo, tiempo y responsabilidades), no debe creerse que el Shantala no es apto para que lo practique un padre con su hijo. No olvidemos que la presencia masculina desde pequeños también influirá en la conducta del niño cuando llegue a la adultez.

Cuándo empezar

Muchos especialistas comienzan a trabajar con el niño a partir de la tercera semana de su nacimiento, enseñándole a la madre a realizar las técnicas específicas del masaje. Antes, la mamá y el bebé deben profundizar la etapa de reconocimiento postparto con caricias y contacto de piel.

COMO HACERLO PASO A PASO

Un Shantala puro se comienza a trabajar en el cuerpo del bebé de la siguiente manera:

1 El pecho

Desde el esternón hacia los hombros, luego se toma también el vientre y todo el pecho. Los movimientos de los masajes en la panza a veces son circulares, y otras como si estuviéramos barriendo líquidos desde el esternón hasta la vejiga. En el pecho hay movimientos lineales, como si se estuviera abriendo y alisando desde el esternón hacia los hombros un libro. Se lo estira y se lo abre con toda la palma. Apoyando todos los dedos, las yemas inclusive. Se trata de lograr el mayor contacto posible.

2 Brazos

Desde los hombros hacia las muñecas y las manos, llegando hasta los dedos y sus yemas. Generalmente se trabaja en forma de anillos, como haciendo pequeños torniquetes, donde una mano toma y gira para un lado y la otra sujeta más abajo y gira suavemente para el otro. Resbalando, bien desde la axila hasta las muñecas, y se termina siempre por los deditos. Se hace para que ellos vayan descubriendo, a través de su piel, lo largo, lo grande o lo pequeño que son.

3 Piernas

Desde las ingles, pasando por las rodillas, llegando hasta los tobillos,

los pies, las plantas, los dedos y las yemitas de los dedos. También desde la ingle se sube hasta los hombros, por los laterales, con movimientos lineales. Se usa una técnica de movimiento similar a la empleada en las extremidades superiores.

4 Espalda

Se efectúa una pequeña fricción, en forma de zig zag, desde los hombros hasta la cola. También se puede hacer desde los hombros, hasta la cola y hasta los pies. Como si fuera el movimiento del agua, deslizándose hacia abajo. Tiene que ver, también, con lo que sucedía en el útero antes de que naciera y al nacer.

Cuidados especiales:

-No se debe ni tocar ni masajear la mollera de la cabeza.
-La panza no se toca hasta que el bebé no haya cortado el cordón.
-Al final de todo se masajea en la cara, sobre los ojos, los pómulos, la nariz y la boca. Recordemos: cada niño es un mundo aparte. Debemos estar atentos a cada una de sus respuestas

SHANTALA PARA NIÑOS MAS GRANDES

NO HAY UN LIMITE DE EDAD PARA PRACTICARLO. HAY NIÑOS DE 10 AÑOS QUE LO SIGUEN RECIBIENDO EN CASOS ESPECIALES COMO UN DOLOR DE PANZA

En los casos de niños que recibieron masajes Shantala desde bebés, y que ahora tienen entre 3 y 10 años, sus madres pueden continuar eficazmente con las sesiones en cualquier situación del día.

Por ejemplo, un masaje puede empezar por un simple abrazo. O si están viajando en subte y el niño empieza a llorar, la mamá le puede hacer masajes arriba de la ropa. Hay determinados movimientos que, si se saben hacer, aunque sea arriba de la ropa, encuentran respuesta en el niño. También pueden realizarse cuando están en la plaza o esperando el colectivo. Pueden masajearse los brazos y las piernas. Es muy eficaz frente a cualquier ataque de mal humor del niño y ante un fuerte berrinche. Es una buena técnica "anticaprichos" en los que rondan los 10 años. Con los masajes se calman, dejan de llorar, abandonan la actitud fastidiosa.

En otros momentos, por ejemplo después de cenar, son ellos mismos quienes les recuerdan a sus padres que les hagan el masaje Shantala. Lo desean y lo disfrutan como si fuera un caramelo. También se dan casos en los que después son ellos quienes terminan haciéndoselo a la madre. Y luego se lo harán a sus hijos, cuando los tengan. Ellos ponen la mano y saben, sin que nadie se lo haya enseñado, simplemente porque lo tienen impreso desde bebés. Sin duda, son experiencias muy gratificantes, tanto para los padres como para sus hijos.

"NO ES CON UNA IDEA COMO SE LEVANTA A UN HOMBRE, SINO CON UN SENTIMIENTO."

Hippolyte Taine

"TODA LA SABIDURIA
PUEDE EXPRESARSE EN
DOS LINEAS: LO QUE SE
HACE POR TI,
PERMITE QUE SE HAGA;
LO QUE TU MISMO DEBES
HACER, ASEGURATE DE
REALIZARLO."

Proverbio hindú

CAPITULO 13

Técnica de Alexander

MEJORAR LA POSTURA NO ES SÓLO UNA CUESTIÓN ESTÉTICA, TAMBIÉN ES IMPORTANTE PARA EVITAR DOLORES MUSCULARES, PROBLEMAS RESPIRATORIOS Y BLOQUEOS EMOCIONALES.

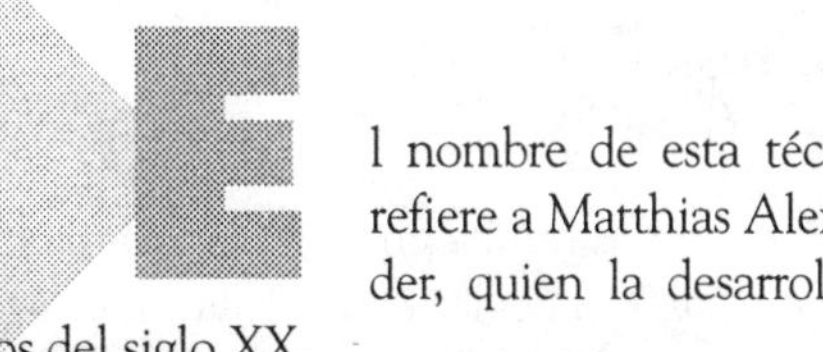

El nombre de esta técnica refiere a Matthias Alexander, quien la desarrolló a principios del siglo XX.

Se trata de una técnica práctica basada en la mecánica corporal y el equilibrio. Se aplica a las cosas simples que hacemos cada día, como movernos o respirar, comer y hablar, levantar cosas y transportarlas, leer y escribir. El procedimiento debe aprenderse con un instructor cualificado y pueden necesitarse hasta treinta sesiones individuales.

Utilizando el contacto manual, el profesor proporciona al alumno una nueva experiencia de coordinación al ejecutar las actividades cotidianas, mostrándole que existen modos preferibles para llevar a cabo las acciones.

El profesor utiliza las explicaciones para conectar los procedimientos "mentales" elegidos con acciones "físicas", demostrando, con el hábito, que no existe una separación entre el cuerpo y la mente.

Pero... ¿cómo se le ocurrió este sistema? De joven, Alexander fue un actor de éxito, hasta ser atacado por una grave afección en el habla. En esa época, se sabía muy poco de foniatría, de modo que la recurrente pérdida de la voz supuso el prematuro final de su carrera.

Al sentirse muy frustrado, se le ocurrió observarse minuciosamente en un espejo. Miró cómo usaba los músculos cuando hablaba. A partir de ese momento, Alexander quedó sorprendido por los curiosos movimientos que hacía con el cuello y la cabeza mientras hablaba (por ejemplo: inclinaba la cabeza hacia atrás, sobre la nuca; y hacia abajo, sobre el pecho).

Su obsesión creció. Comenzó a preocuparse por los hábitos musculares que surgen cuando la gente reacciona ante un estímulo. Estaba motivado: ¡sus problemas de voz desaparecieron una vez que aprendió a dejar de llevar la cabeza hacia atrás y hacia adelante! Había descubierto algo importante...

Alexander dijo que "todas las cosas, bien sean físicas, mentales o espirituales, se traducen en tensión muscular". Los efectos beneficiosos de esta técnica incluyen una mejor respiración, una reducción del dolor muscular y los espasmos, un efecto de protección de los órganos internos y un aura de confianza en uno mismo que proporciona elegancia física y social. La técnica posibilita niveles de realización personal y de satisfacción muy notables.

La experiencia de Alexander puede reforzarse en casa prestando atención a la propia postura y mediante la aplicación continuada hasta que los nuevos equilibrios adquiridos se conviertan en automáticos, aportando un beneficio para toda la vida. Una serie de sesiones con un instructor cualificado conducirán, gradualmente, a un programa de actividades autodirigidas en el hogar.

COMO MEJORAR LA POSTURA CON LA TECNICA DE ALEXANDER

LA POSTURA CORRECTA NO SOLO EVITA PROBLEMAS OSEOS, TAMBIEN DESBLOQUEA LAS EMOCIONES

Por desgracia es común que uno se hunda en la silla al sentarse, con la parte superior de la espalda doblada y el cuello hacia delante. Esta posición es perjudicial para los músculos y para la respiración.

Lo primero que hace un profesor de la técnica Alexander es enseñar a mantenerse erguido sin echar la cabeza hacia atrás ni encorvar los hombros.

El profesor mantiene la alineación de la cabeza, el cuello y la espalda mientras el alumno se levanta de la silla. Una postura equilibrada, sin andar desgarbado ni intentar corregirse exageradamente, ayuda al cuerpo a parecer y a estar más relajado.

Luego, y bajo la supervisión del profesor, el alumno practica andando sin perder su postura recién aprendida. Finalmente, continuando por sí mismo, se empiezan a olvidar los antiguos hábitos y se adquiere un mejor porte a partir de un mejor movimiento.

RESPUESTAS A MALOS HABITOS

Cuando se produce el desarrollo gradual de una persistente joroba en la base del cuello (lordosis cervical), la zona se transforma en un tornado que afecta la coordinación muscular, por ejemplo, de hombros, brazos y pecho. Además, los mecanismos del habla y la deglución necesitan una postura vertebral razonablemente correcta como condición para el buen funcionamiento del esófago, la tráquea y las estructuras vocales asociadas a ella. ¿Y qué pasa con la cabeza? Con su equipamiento sensorial (vista, oído, olfato, gusto y equilibrio), también depende de una postura correcta para actuar con eficiencia.

Pregunta: ¿a qué se debe la pequeña joroba que a la mayoría se nos forma en la parte superior de la espalda?

Respuesta: se debe a una tensión muscular excesiva y mal distribuida. Al movernos o mantenernos quietos de determinada manera, gradualmente alteramos nuestro físico. Las vértebras lumbares y cervicales se comprimen, sin permitir que se libere la tensión excesiva en el cuello y en la parte inferior de la espalda.

Otra duda: ¿cuáles serían las consecuencias de una columna vertebral correctamente alineada? Aumentaría un poco la altura en la gente joven, y de modo considerable en las personas mayores. Recordemos que, a menudo, a los 50 años muchas personas han perdido unos cinco centímetros respecto de la altura que tenían en su juventud. Pero no sólo se recupera altura...¡todo el organismo se beneficia!

ALEXANDER DESARROLLO UNA TECNICA QUE MEJORA LA POSTURA EN LAS ACTIVIDADES COTIDIANAS Y EVITA LOS ESTADOS DE TENSION

POSTURA Y PERSONALIDAD

No hay un único criterio acerca de lo que es "una buena postura". Tiene diferentes significados para diferentes personas. El escultor, el antropólogo, el monje budista, el bailarín, el sargento, el dentista, el actor... Por ejemplo, el adolescente está convencido de que es esencial adoptar la típica postura desgarbada. La modelo top exhibe sus prendas de moda con la cola grotescamente tendida hacia atrás. El empleado de una tienda y el cliente de un bar se relajan con el peso del cuerpo sobre una sola pierna. La reina de la belleza profesional arquea la espalda y adelanta el busto. Estas distorsiones se convierten en un sello personal. ¿Ya entiende por qué es tan resistido el uso adecuado y equilibrado del cuerpo? ¿Y por qué puede parecer tan antinatural?

Principio del caos postural: un niño de pie, con las piernas ligeramante flexionadas (el perfecto equilibrio propuesto por Alexander), a los dos años y medio o tres empieza a heredar las tensiones de los padres. Este proceso continuará de por vida. Seguirá la escuela, los amigos, algunas religiones, políticas económicas, estrés laboral... ¿qué va a andar acordándose de la postura?

Muchos autores anteriores a Alexander han escrito acerca de la necesidad de una posición del cuerpo cómoda y con economía de esfuerzo. ¡La mayoría de la gente no sabe cómo lograr un estado de reposo muscular! Muchos usan drogas para liberarse de las tensiones, lo cual les provoca un estado de embotamiento que dista mucho de lo que debería ser una vida plena.

Manifestamos tensión cuando movemos un tenedor, levantamos un libro, atendemos el teléfono... Se nota cuando caminamos, corremos, saltamos, nadamos, bailamos, jugamos al tenis, andamos en bicicleta y trabajamos. Nuestro rendimiento y resistencia a la fatiga están forzosamente influidos por estos malos hábitos.

EN CONCLUSIÓN: el método Alexander enseña a poner en práctica una nueva dinámica de pensamiento relacionada con una manera de usar el cuerpo. Cuando esta forma de razonar entra en acción, se puede tomar conciencia de la tensión innecesaria que hay en nuestros estados de reposo y durante el movimiento.

Es un sistema por el cual se le muestra a la gente el modo en que usan el cuerpo y cómo pueden evitar errores estructurales. Es cierto: nadie nos enseñó nunca estas cosas porque creían que las haríamos naturalmente bien. Pero estamos a tiempo de reeducarnos...

DESBLOQUEOS PSICOLOGICOS

El relajamiento de la tensión puede producir angustia, llanto, risa o cólera. Esto ocurre tanto con gente en apariencia normal como con quienes están sumidos en un estado de gran desesperación.

Alexander llamó "posición de ventaja mecánica" a la que se consigue deslizando la espalda hacia abajo contra una pared, al mismo tiempo que se separan las rodillas y se flexiona la pelvis de tal modo que toda la espalda quede plana contra la pared. Si se mantiene así estirada toda la columna vertebral desde la cabeza hasta la pelvis, es posible prestarle atención a la proyección del nuevo orden corporal. ¡Hasta notará su vientre menos abultado y se verá más alto! Además llevará a una elevación de la conciencia de coordinación de todo el cuerpo. La mayoría de las personas experimenta una estimulante sensación de ligereza y "exaltación" en el cuerpo apenas comienzan a adoptar tales actitudes mentales. Esta experiencia convencerá al iniciado de que está ingresando en algo muy valioso. ¡Y todo por colocar la columna más derecha!

LOS EFECTOS BENEFICIOSOS DE ESTA TECNICA INCLUYEN UNA MEJOR RESPIRACION, REDUCCION DEL DOLOR MUSCULAR Y DE LOS ESPASMOS Y UN EFECTO PROTECTOR DE LOS ORGANOS INTERNOS

LAS 8 CAUSAS COTIDIANAS DE TENSION MUSCULAR

Las situaciones en que la mayoría de la gente produce tensión muscular y se aparta del estado equilibrado de reposo son las siguientes:

1 *Los compromisos en que estamos involucrados. Por ejemplo: el jugador con respecto a su equipo, el cadete de oficina que quiere ser obsecuente, el ejecutivo que siente que debe esforzarse más, el bailarín o el profesor de educación física que deben hacer movimientos con tensiones mal distribuidas, la secretaria que debe terminar un informe en 24 horas, etcétera.*

2 *Las explosiones emocionales como oleadas de irritación, miedo, excitación sexual, llanto, lagrimeo sentimental, depresión, etcétera.*

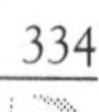

3 *El sentimiento de falta de familiaridad con las nuevas condiciones. Por ejemplo, un nuevo trabajo.*

4 *Prisa: la necesidad de terminar rápidamente las cosas.*

5 *Manipular incorrectamente objetos familiares como el cepillo de dientes, el picaporte de la puerta, prendas de vestir, computadoras, palancas de cambio de automóviles, pianos, alimentos, etcétera.*

6 *Estados mentales obsesivos: melodías que nos vienen continuamente a la cabeza, conversaciones con nosotros mismos y tantas otras.*

7 *El deseo desmesurado por el tabaco, la bebida o el chocolate.*

8 *Fatiga: después de una tensión excesiva se siente la tentación de hundirse y "desplomarse". Es un error desplomarse en una silla. Cuando se está cansado, es mucho mejor descansar en posición horizontal.*

COMO SENTARSE

✔ No encorvar la espalda. Tampoco sentarse excesivamente estirados, con la espalda arqueada. Un correcto equilibrio es descansado y eficiente.

✔ Evitar arquearse hacia adelante a partir de la joroba para leer, comer o levantarse. Debería adelantar su cuerpo desde las articulaciones de la cadera, de manera que la pelvis se mueva junto con el resto de la espalda.

✔ No cruzar las piernas. Deberían mantenerse las rodillas alejadas una de la otra. La mayor parte de las lumbalgias se aliviarán si se mantienen las rodillas separadas, y esto es aplicable sobre todo a los trabajadores sedentarios, que se la pasan todo el día inmóviles frente a un escritorio.

✔ Desplazar la pelvis bien al fondo del asiento, contra el respaldo. Esto incluye a cualquier tipo de asientos: butacas de cine, ómnibus, trenes, sillas de comedores y sillones. Desgraciadamente, muchas sillas modernas tienen una curva marcada entre el asiento y el respaldo, y hacen casi imposible el buen uso postural. En ese caso, sentarse bien adelante, casi en el filo del asiento. ¡Capítulo aparte merece la TV y los niños! ¿Sabían que el hábito de mirar televisión conduce a un gran deterioro de la postura de los pequeños? Pero...¿y quién le enseña a los padres?

"UN HOMBRE NO TRATA

DE VERSE EN EL AGUA

QUE CORRE, SINO EN EL

AGUA TRANQUILA,

PORQUE SOLAMENTE LO

QUE EN SI ES TRANQUILO

PUEDE DAR TRANQUILIDAD

A OTROS."

Confucio

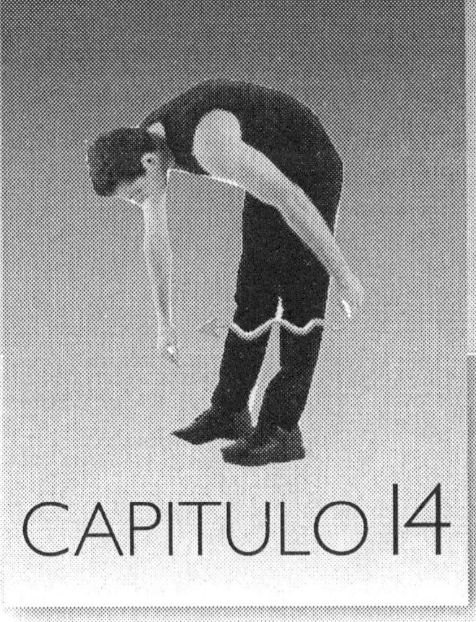

CAPITULO 14

Tensegridad

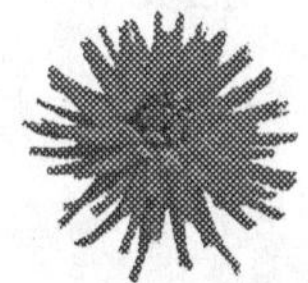

DURANTE DÉCADAS, CARLOS CASTANEDA EXPLICÓ CÓMO ACCEDER A LA FORTALEZA INTERIOR SEGÚN LAS ENSEÑANZAS TEÓRICAS DE SU MAESTRO, EL CHAMÁN DON JUAN. HOY PODEMOS EXPERIMENTAR ESE CONOCIMIENTO DE UNA FORMA MÁS PRÁCTICA Y ACCESIBLE.

Las siluetas trazan formas abstractas en el aire. Son seres humanos que realizan movimientos con una respiración y una atención "de otro mundo". Lo que se aprecia parece una mezcla de artes marciales con danzas rituales indígenas, como esas que se ven en los documentales sobre culturas primitivas. Sin embargo, esto no es marcial...y mucho menos primitivo. Encierra una intención sofisticada y un tanto evolucionada para los niveles de conciencia del hombre de fin de siglo.

En el medio de todo está un tal Carlos Castaneda. La fórmula mediática de definirlo es: "un gurú de la new age". Otros gustan decir: "un escritor de best sellers", "el creador de la antropología ficción" o "un chamán académico". Esos movimientos desacostumbrados que se observan forman parte de largas series de ejercicios que conforman la Tensegridad. Una disciplina con alcance infinitoss...

LOS "PASES MAGICOS" SON LA ENSEÑANZA DE LOS CHAMANES DEL ANTIGUO MEXICO A CARLOS CASTANEDA, QUIEN LOS DENOMINO TENSEGRIDAD

QUE ES LA TENSEGRIDAD

✔ El término "Tensegridad" pertenece al campo de la arquitectura. Significa: "la propiedad de estructuras esqueléticas que emplean miembros de compresión discontinua, en forma tal, que cada uno de ellos opera con un máximo de eficacia y economía de esfuerzo".

-La Tensegridad es la versión moderna de los "pases mágicos" de los chamanes del antiguo México. Carlos Castaneda consideró la palabra "Tensegridad" muy apta para redefinir lo que su maestro chamán don Juan Matus le había enseñado. "Tensegridad" es la combinación de dos términos, "tensión" e "integridad", que denotan las dos fuerzas impulsoras de los "pases mágicos". La actividad creada por la contracción y la distensión de los tendones y músculos del cuerpo es la tensión. La integridad es el acto de considerar al cuerpo como a una unidad sana, completa y perfecta.

COMO SE ENSEÑA

✔La Tensegridad se enseña como un sistema de movimientos, ya que en un entorno moderno es la única forma posible de abordar el vasto y misterioso tema de los "pases mágicos". En la actualidad, quienes practican la Tensegridad no son chamanes en busca de una disciplina rigurosa. El énfasis de los "pases mágicos" se pone en los beneficios que esos movimientos ofrecen al practicante.

-Siguiendo la tradición de su linaje de chamanes, don Juan Matus les enseñó algunos movimientos físicos, a los que el denominaba "pases mágicos", a sus cuatro discípulos: Carlos Castaneda, Taisha Abelar, Florinda Donner-Grau y Carol Tiggs. Se los enseñó eliminando los excesivos rituales con los que a lo largo del tiempo se habían envuelto. Don Juan explicaba que el ritual había perdido su fuerza a medida que las nuevas generaciones de practicantes se iban interesando más por la eficiencia y la funcionalidad.

ORIGEN DE LOS "PASES MAGICOS"

✔ Los "pases mágicos" no fueron inventados. Los descubrieron los antiguos chamanes del linaje de don Juan que vivían en México, mientras se encontraban en estados de conciencia acrecentada. Su descubrimiento fue accidental. Comenzó con la investigación sobre una increíble sensación de bienestar que experimentaban cuando mantenían determinadas posiciones físicas, o cuando movían su cuerpo o sus miem-

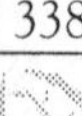

bros de una manera específica. Esa sensación era tan intensa, que el deseo de poder repetir esos movimientos mientras se encontraban en un estado de conciencia normal se convirtió en su principal desafío.

-Durante muchas generaciones, los "pases mágicos" sólo eran transmitidos a los chamanes iniciados en forma personal, siguiendo rituales muy elaborados y ceremonias secretas.

LA IMPORTANCIA DEL ASPECTO FISICO

✔Cuando Castaneda le preguntó a don Juan por qué los chamanes concedían tanta importancia al aspecto físico, su maestro le respondió: "Hace falta tener un cuerpo flexible y dúctil si buscas destreza y sensatez. Estas son las dos características más importantes en la vida de un chamán, porque generan sobriedad y pragmatismo, los únicos requisitos indispensables para ingresar en otros ámbitos de percepción. Para navegar en forma genuina en lo desconocido se requiere una actitud audaz, pero no imprudente. A fin de establecer un equilibrio entre audacia y prudencia, es preciso que un brujo sea sumamente mesurado, cauto, hábil y que, además, goce de un excelente estado físico. ¿De qué serviría ser audaz y no disponer de gran lucidez mental, destreza física y la musculatura adecuada?".

DEL SECRETO A LA DIVULGACION POPULAR

✔ La primera vez que don Juan le había hablado a Castaneda de "pases mágicos" fue cuando le hizo un comentario despectivo sobre su peso: "Estas un poco rechoncho. Un poco más y serás directamente un gordo. El desgaste pronto empezará a manifestarse en tu cuerpo. Como todos los de tu raza, estás desarrollando un bodoque de grasa en la nuca, como los que tienen los toros. Es hora de que tomes en serio uno de los hallazgos más importantes de los brujos: 'los pases mágicos'. Se llamán 'mágicos' porque producen un efecto que no puede ser explicado de otra manera. Esos movimientos no son ejercicios físicos ni simples posturas de cuerpo. Son un intento real y profundo por alcanzar un estado óptimo de ser. La magia de los movimientos es un cambio sutil que el practicante experimenta al ejecutarlos. Es una cualidad efímera que el movimiento aporta al estado físico y mental, una especie de resplandor, una luz en los ojos. Ese cambio sutil es un toque del espíritu. Es como si los practicantes, a través de los movimientos, restablecieran un eslabón perdido con la fuerza vital que los sostiene".

-Una vez que su maestro don Juan abandonó la Tierra, Castaneda se preguntó qué hacer con los "pases mágicos". Y decidió enseñarlos a todos los que desearan aprenderlos. Su intención fue terminar con el secreto con el que se habían rodeado. Encontró una forma más apropiada de adecuar los "pases mágicos" a todas las personas. Terminó modificando ligeramente cada uno de ellos.

EL BENEFICIO DE LA SATURACION

✔ Según don Juan, lo bueno de practicar largos "grupos" de movi-

mientos era que obligaba a los chamanes iniciados a utilizar su memoria cinestésica. Consideraba que el uso de esa memoria aportaba un beneficio concreto, que aquellos chamanes habían descubierto accidentalmente y que tenía el maravilloso efecto de anular el ruido de la mente: el diálogo interior. El maestro de Castaneda afirmaba que si el género humano lograra alcanzar el silencio interior podría acceder a una extraordinaria fluidez de la percepción.

✔La práctica de la Tensegridad ha sido organizada en torno de aquellos "grupos" extensos de movimientos, que fueron rebautizados "series". El objetivo es alcanzar lo que se denomina "redistribución de la energía", que llega a experimentarse como una sensacción de bienestar y plenitud cuando se realizan los "pases mágicos". Es el efecto del retorno hacia los centros de vitalidad del cuerpo de toda aquella energía inutilizada.

✔Hoy en día, la Tensegridad también inunda con detalles y confunde las mentes de los practicantes con la cantidad y variedad de "pases mágicos" que se les enseña. El objetivo, según don Juan, era nublar la visión lineal. Al saturar la memoria cinestésica, explicaba que se creaba un sendero que se podía transitar hasta llegar al silencio interior. La idea es que al intentar recordar los movimientos, se debe hacer un espacio para ellos en la memoria, dejando de lado otras cosas.

✔Los beneficios que se observan primero son la capacidad de concentración y habilidad para recordar detalles; y el fin de la obsesión de interpretar la realidad en forma lineal, o sea, como nos enseñaron a verla, de manera mecánica y rígida.

✔Según Castaneda, el practicante de Tensegridad, luego de un tiempo, es capaz de ejecutar por sí mismo, sin apoyo externo, cualquier movimiento con el que ha sido saturado. Puede hacerlo con precisión y rapidez mientras camina, come, descansa o hace cualquier otra cosa, porque ya posee la energía suficiente.

REQUISITOS PARA LA PRACTICA

LOS MOVIMIENTOS DE ESTA TECNICA DAN UNA GRAN SENSACION DE BIENESTAR

✪ La ejecución de los "pases mágicos", tal como se los presenta en la Tensegridad, no requiere necesariamente un espacio particular o un tiempo estipulado. Sin embargo, Castaneda aconsejaba realizar los movimientos lejos de las corrientes de aire fuertes. Don Juan le temía a las corrientes de aire sobre el cuerpo transpirado.

✪ Otra cosa que debe tenerse en cuenta es hacer un esfuerzo por mantener esta disciplina al margen de las preocupaciones de nuestro mundo cotidiano. La práctica tampoco se debería mezclar con elementos que nos son profundamente familiares, como la conversación, la música o la voz de un locutor de radio o televisión comentando las noticias del día, por leve que sea ese sonido.

Castaneda entendió que las características de la vida urbana moderna facilitan la formación de grupos y, de esta manera, la única forma en que se puede enseñar y practicar la Tensegridad es en seminarios y talleres, con grupos de practicantes. Esto resulta beneficioso en muchos aspectos, pero en otros puede ser perjudicial. El aspecto beneficioso de los grupos, según el discípulo de don Juan, es que "permiten la creación de un consenso de movimiento y la oportunidad de aprender por análisis y comparación". Por otro lado, es perjudicial porque "fomenta la dependencia y la aparición de órdenes y sometimientos relacionados con las jerarquías".

Don Juan afirmaba que para el practicante chamán, el gran desafío al poner en práctica los "pases mágicos" siempre había sido ejecutarlos a la perfección. Lo ideal es que la Tensegridad sea enseñada y practicada con ese mismo espíritu. Sin embargo, las condiciones de la vida moderna y el objetivo de que los "pases mágicos" se adecuen a muchas personas diferentes hacían imprescindible un nuevo enfoque. Por lo tanto, Castaneda dejó bien en claro que la Tensegridad debe ser practicada en la forma que más fácil y cómoda resulte: en grupos, en forma individual, o de ambas maneras.

Los movimientos deben ser ejecutados con la idea de que los beneficios llegan por sí mismos. Al principio resulta muy difícil comprender que la Tensegridad no es un sistema común de movimientos para el desarrollo físico. Si bien desarrolla el cuerpo, ese desarrollo no es sino un efecto secundario de otro más trascendental. Al redistribuir energía que ha quedado inutilizada, los "pases mágicos" pueden conducir al practicante a niveles más altos de percepción. Es, en definitiva, una manera de conocerse a sí mismo y empezar a utilizar recursos humanos propios que jamás se usan.

Los "pases mágicos" pueden repetirse todas las veces que se desee, a no ser que se especifique, en forma expresa, lo contrario. Si se los realiza primero con la parte izquierda del cuerpo, hay que repetirlos la misma cantidad de veces con el lado derecho. Como norma, cada "pase mágico" comienza por el lado izquierdo.

Don Juan estaba convencido de que muchos de los problemas de salud del hombre moderno se podrían corregir mediante una respiración profunda. Castaneda recomendaba que en los movimientos de la Tensegridad que exigen inhalaciones y exhalaciones profundas, las mismas sean logradas a través de una entrada y una salida lenta del aire.

Teniendo en cuenta que la Tensegridad es la tensión y la distensión de los músculos, la intensidad y el tiempo de los mismos depende de la fortaleza del practicante. Se recomienda que, al principio, la tensión sea mínima y la duración, lo más breve posible. A medida que el cuerpo se vaya calentando, la tensión deberá incrementarse y el tiempo de su mantenimiento, extenderse; pero siempre en forma moderada.

3 PASES MAGICOS PARA HACER EN CASA

El semicírculo de energía

A Se dibuja un semicírculo con la mano izquierda, comenzando el ejercicio al nivel de la cabeza (delante de la cara). La mano se mueve levemente hacia la derecha, hasta alcanzar la altura del hombro derecho.

B Allí la mano vuelve y dibuja el borde de un semicírculo próximo al costado izquierdo del cuerpo.

Es importante seguir el movimiento de la mano con los ojos. Una vez completado el semicírculo dibujado con el brazo izquierdo, se describe otro con el brazo derecho.

• **Beneficios:** el cuerpo queda rodeado por dos semicírculos, que se describen para remover la energía y facilitar que se deslice desde el área ubicada por encima de la cabeza hasta la región renal. Este pase mágico es un vehículo para adquirir una serenidad intensa y sostenida.

Levantar energía desde la planta de los pies

A Con la rodilla izquierda doblada hasta formar un ángulo agudo, se levanta la pierna todo lo posible, llevándola hacia el cuerpo. El tronco se encuentra ligeramente flexionado hacia adelante, tocando casi la rodilla. Los brazos se proyectan hacia abajo y forman un estribo con las manos, que sujetan la planta del pie.

B La idea es sujetar la planta de pie muy suavemente, soltándola de inmediato. El pie baja al suelo, mientras los brazos y las manos, con un sacudón intenso que involucra los hombros y los músculos pectorales, se levantan por los costados, hasta el nivel del páncreas y del bazo.

Se realizan los mismos movimientos para el pie derecho, levantando los brazos hasta el nivel del hígado y de la vesícula. Los movimientos se realizan en forma alternada con ambas piernas.

• **Beneficios:** inclinar el tronco hacia adelante permite que la energía proveniente de las plantas de los pies sea transferida hacia los dos centros vitales de energía ubicados alrededor del hígado y del páncreas. Este pase mágico se utiliza para lograr flexibilidad y aliviar problemas de digestión.

Amasar energía con un empujón de los omóplatos

A Ambos brazos se colocan delante de la cara, a la altura de los ojos, con los codos lo suficientemente doblados como para dar a los brazos un aspecto arqueado.

B El tronco se inclina ligeramente hacia adelante, a fin de permitir que los omóplatos se expandan lateralmente. El movimiento se inicia llevando con fuerza el brazo izquierdo hacia adelante, mientras se lo mantiene arqueado y tenso.

El brazo derecho le sigue en este movimiento, pero ambos se mueven en forma alternada. Es importante controlar que los brazos se mantengan bien tensos. Las palmas de las manos miran hacia adelante y las yemas de los dedos están enfrentadas. La fuerza impulsora de los brazos es creada por un movimiento profundo de los omóplatos y por la tensión de los músculos del estómago.

• **Beneficios:** los chamanes creen que la energía existente en los ganglios ubicados alrededor de los omóplatos se atasca con facilidad y se estanca, originando un deterioro en el "centro de decisiones", ubicado en el sitio en forma de V que están en la base del cuello. Este pase mágico se utiliza para remover esa energía.

CARLOS CASTANEDA, EL HOMBRE ELEGIDO POR DON JUAN MATUS, UN BRUJO CHAMAN, PARA TRANSMITIRLE SUS CONOCIMIENTOS

QUIEN ERA CARLOS CASTANEDA

Por consejo de su maestro Don Juan Matus, Carlos Castaneda aprendió a "borrar su historia personal" y ocultó la información que destruiría el anonimato que tanto necesitaba para deambular libremente por "diversos mundos".

Entre tantos rumores que corrieron, algunas fuentes aseguran que su verdadero nombre era Carlos César Arana Castaneda, que nació en Brasil en 1925 y que vivió sus primeros años en Argentina, antes de ir a Estados Unidos para estudiar antropología. En el verano de 1960 viajó a México para reunir datos sobre plantas medicinales y así elaborar una tesis universitaria. Allí conoció a un anciano indio, don Juan Matus, que tenía fama de saber mucho sobre plantas alucinógenas.

Tras un año de amistad, don Juan le explicó a Castaneda que él era un brujo (chamán) y que había decidido comunicarle su enorme conocimiento secreto.

Durante los siguientes doce años, Castaneda alternó las aulas de la Universidad de California (Los Angeles, EE.UU.) con las montañas y el desierto de México.

El sábado 20 de junio de 1998, los principales diarios de todo el mundo publicaron la noticia: Carlos Castaneda había muerto. La foto que acompañaba la información de su muerte aumentó el misterio de su vida. Quienes lo conocieron en los seminarios que dictó en los últimos años coincidieron en que el hombre de la foto no era él. "¿Seguirá vivo don Carlos?", se preguntan aún hoy los seguidores de sus enseñanzas.

Así lo había decidido: nunca nadie pudo fotografiarlo ni filmarlo. Nunca quiso que su ego creciera ni que la gente viera en él a un líder espiritual ni a un gurú. En la actualidad, los que se encargan de enseñar los "pases mágicos" por todo el mundo son tres instructores formados personalmente por Carlos Castaneda: Darien Donner, Gavin Allister y Brandon Scott. Castaneda les dejó una consigna: difundir el conocimiento de los chamanes del antiguo México. Y lo están consiguiendo: los secretos de don Juan son cada vez más populares.

"HACE FALTA TENER UN CUERPO FLEXIBLE
Y DÚCTIL PARA BUSCAR DESTREZA Y SENSATEZ.
ESTAS CARACTERÍSTICAS GENERAN SOBRIEDAD
Y PRAGMATISMO, DOS REQUISITOS
INDISPENSABLES PARA INGRESAR EN OTROS
ÁMBITOS DE PERCEPCIÓN."

Don Juan Matus

CAPITULO 15

Terapia del deleite

UNA NUEVA SERIE DE TÉCNICAS PSICOCORPORALES QUE OTORGAN FLEXIBILIDAD Y ALIVIAN LAS TENSIONES DEL CUERPO. A LA VEZ, DEVUELVEN LA LIBERTAD DE MOVIMIENTOS Y EL BIENESTAR EMOCIONAL.

La reparación corporal es el rótulo genérico de un gran número de terapias diseñadas para relajar el cuerpo y mejorar el movimiento. A través de una variedad de técnicas, como masajear con golpecitos, realizar presiones y pellizcos, los terapeutas trabajan masajeando para la alineación del cuerpo al mismo tiempo que terminan con la tensión. En el proceso, ofrecen un poco de enseñanza -a veces verbal, otras sin palabras- sobre cómo utilizar el cuerpo con más eficacia, facilidad y placer.

Si bien algunas clases de reparaciones pueden

ser incómodas cuando los músculos están tensos, generalmente la experiencia de recibir un masaje es tan placentera como la mayoría de los tratamientos gratificantes que se ofrecen en los spa.

En los masajes que les proponemos en esta nota, la gratificación -sensación que generalmente no se encuentra en ningún masaje relajante normal- es el nuevo aprendizaje que se puede realizar sobre los músculos y huesos del cuerpo. Este conocimiento puede ser la herramienta que cure alguna herida, prevenga una nueva, mejore el estado atlético o tal vez hasta lo libere de algún trauma emocional que ha estado oculto en lo profundo de sus músculos durante años.

Así que mientras las típicas sesiones de masajes o salones de servicios son una gran forma de disminuir las presiones de la vida diaria, el suave y pacífico sentimiento que se consigue en la mesa de masajes puede desaparecer en pocos días y hasta en horas. Es por eso que le decimos: halague a su cuerpo con un tratamiento relajante que además lo premie dándole un autoconocimiento certificado que puede obtener en poco tiempo.

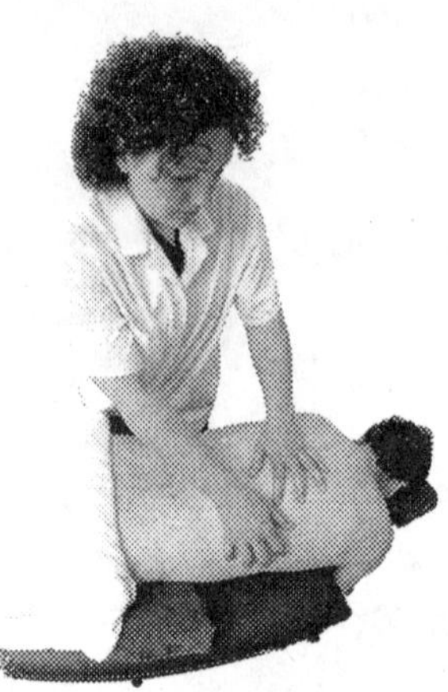

SIN NINGUNA ALTERNATIVA

LA REPARACION CORPORAL SE REALIZA A TRAVES DE UN MASAJE PLACENTERO, NADA DOLOROSO

Las palabras "restauración corporal" fueron utilizadas para denominar a aquellos experimentos californianos destinados a curar los dolorosos nudos en la espalda. Evelyn Lehner recuerda su primer encuentro con este tipo de terapia hace 25 años, en un famoso centro de crecimiento personal en California del Norte, donde estudiaba una determinada rama de psicología. Allí estaba tomando pacíficamente un café sentada en el césped mirando el Océano Pacífico, cuando repentinamente unos gritos humanos estallaron en el profundo silencio del amanecer. Alarmada, fue a buscar a uno de sus compañeros para preguntarle si alguien había sido asesinado. "No te preocupes," le contestó, "sólo es Ida Rolf haciendo sus cosas."

Hoy "las cosas de Ida" se denominan Rolfing -una técnica de masajes profundos diseñada para "reorganizar y balancear" el cuerpo- y ya no es considerada un experimento. En efecto, a lo largo de estos años, el Rolfing se ha ganado el respeto entre la comunidad médica, los circuitos de aptitud física y el público en general.

Actualmente esta técnica ha cambiado el campo de la reparación corporal. Si bien el Rolfing puede ser realmente doloroso, la tendencia general ha cambiado hacia un masaje suave (desde una aproximación de pellizcos para quitar los nódulos hasta la aplicación de una suave combinación de masajeadores dentados). "No creo que el cuerpo deba ser invadido; prefiero invitarlo," dice Lehner, quien finalizó su entrenamiento bajo las órdenes de Rolf como también lo han hecho varios líderes de la reparación corporal que se han convertido en pioneros terapeutas miofasciales (una técnica que trabaja con tejidos suaves). Luego de sus prácticas en Las Vegas y Los Angeles, Lehner cree que el cuerpo aprende mejor cuando el trabajo está hecho de forma que dé placer en lugar de dolor.

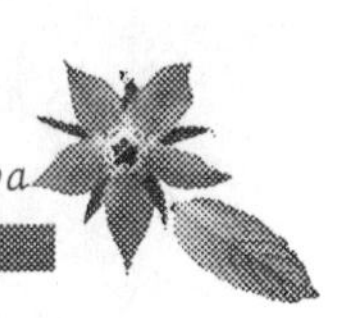

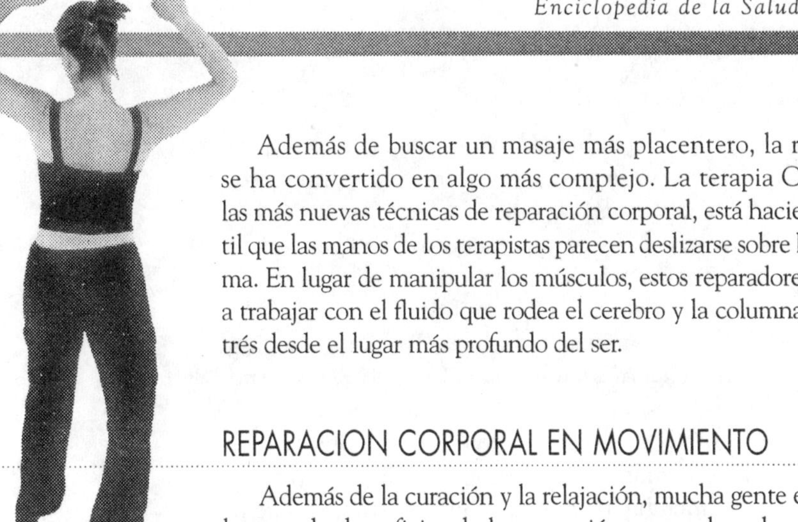

Además de buscar un masaje más placentero, la reparación corporal se ha convertido en algo más complejo. La terapia Craniosacral, una de las más nuevas técnicas de reparación corporal, está haciendo furor. Es tan sutil que las manos de los terapistas parecen deslizarse sobre la piel como una crema. En lugar de manipular los músculos, estos reparadores corporales tienden a trabajar con el fluido que rodea el cerebro y la columna para eliminar el estrés desde el lugar más profundo del ser.

REPARACION CORPORAL EN MOVIMIENTO

LA TECNICA REEDUCA AL CUERPO A TRAVES DE UNA COMBINACION DE TRABAJO MANUAL, IMAGINACION VERBAL Y MOVIMIENTOS DESARROLLADOS MENTALMENTE

Además de la curación y la relajación, mucha gente encontró que uno de los grandes beneficios de la reparación corporal es el aumento en los movimientos. Si bien la evidencia es, en su mayoría, anecdótica (la reparación corporal es demasiado nueva como para ser evaluada en forma científica), en este punto los bailarines saben bastante sobre sus beneficios.

Actualmente el mundo de los deportes está explorando el potencial de técnicas como el Rolfing, el Hellerwork y el Trager. "No me sorprendería ver terapeutas de reparación corporal en los staffs de equipos deportivos profesionales," dice David Tepper, terapeuta miofascial de Las Vegas quien ha trabajado con muchos jugadores de fútbol y basquet. "Esta técnica será cada vez más aceptada."

También en el horizonte puede verse la reparación corporal incluida en programas de aptitud física. Si bien terapias como el Método Feldenkrais y la Técnica Alexander ya poseían componentes de ejercicios de conocimiento, en la actualidad toda clase de reparación corporal ha sido combinada con formas externas de acondicionamiento -danza, yoga, artes marciales y técnicas semejantes. Beth Ullmann, una terapeuta de Rolfing, por ejemplo, enseña a sus pacientes chi gung (qi gong). "Algunas personas pueden perder los resultados del Rolfing si no hacen algo por ellos mismos," explica, "Otros mejoran mucho pero no saben cómo mantenerse fuertes por sí solos. He descubierto que el chi gung realmente ayuda a la gente a mantener los beneficios de la terapia."

La neoyorquina Nancy Topf ha creado la Técnica Topf para reeducar al cuerpo a través de una combinación de trabajo manual, imaginación verbal y "movimientos desarrollados mentalmente" (ejercicios improvisados guiados, inspirados en los patrones del proceso de aprendizaje de los bebés). Además del desarrollo en el aumento del movimiento y un cierto placer y amor por el cuerpo, Topf dice que muchos de sus estudiantes también se volvieron más expresivos -y esta es la clase de sorpresa que usted puede esperar de este tipo de reparación corporal. Es casi como si los terapeutas actuaran como guías que, con la punta de sus dedos, llevan al paciente por mapas de caminos imaginarios dentro de su cuerpo y lo conducen a un viaje interior.

LAS NUEVAS CONTRACTURAS DEL CUERPO

Si la reparación corporal apunta a una especie de explotación psicológica, una de las especializaciones más importantes es la psicología somática (una combinación de terapia hablada y lenguaje corporal diseñada para ayudar a los pacientes a entrar en contacto con sentimientos que no podían expresar). Pero es preciso saber que este campo es tan nuevo que aún no está bien regulado. Si quiere explorar en él asegúrese de que el terapeuta esté capacitado para practicar psicología y si siente que algo está fuera de control finalice usted la sesión .

Una rama de la psicología somática es la llamada transformación corporal concentrada (*body-centered transformation*), una forma de terapia que incluye movimiento, postura, respiración e intercambio verbal. Ha sido desarrollada por una pareja de psicólogos en Colorado: Gay Hendricks y la Dra. Kathlyn Hendricks (su doctorado es del Instituto de Psicología Transpersonal), miembro de la Academia de Terapeutas de la Danza y directora del Instituto Hendricks.

¿Cómo es esta terapia? Le ofrecemos echar una mirada a una sesión hipotética: la paciente Ana está hablando sobre los sentimientos que la aquejaron durante toda su vida mientras inconscientemente aprieta su pecho con una mano. El terapeuta observa este gesto y le indica a Ana que lo repita varias veces, haciéndolo en forma más amplia y liberadora. Ana comienza a toser violentamente. Al preguntarle qué siente, ella responde que hay un temor alojado en el pecho, tan agobiante que teme dejarlo salir. El terapeuta coloca su mano sobre la de Ana y suavemente le indica que ella debe amarse a pesar de los miedos con los que tiene que vivir. Entonces guía a Ana hacia patrones de movimientos y respiración hasta que ella comienza a sentir una calma más grande que su miedo interior. Cuando Ana se retira, ya conoce la forma de usar su cuerpo para conseguir ese sentimiento de paz interior.

La transformación corporal centrada es un tipo de terapia que resuelve problemas directos. En lugar de acostarse en un diván durante años recomponiendo su pasado, la persona, generalmente, vendrá por un tema particular y le tomará de tres a doce sesiones resolverlo, y volverá cuando el próximo conflicto aparezca. Mientras tanto aprenderá a resolver problemas con la respiración y los movimientos.

Para acelerar la terapia, los Hendricks envían a menudo a sus pacientes a realizar reparación corporal. "Si cree que ha estado caminando con un peso durante toda su vida," dice Kathlyn Hendricks, "y quiere cambiar la forma de actuar, probablemente no sepa exactamente por dónde comenzar. La reparación corporal puede ayudarle a hacerlo y también a abrir un verdadero espacio para la exploración profunda."

¿Esta clase de terapia sobrevivirá a la capa de ozono o simplemente será una moda pasajera? "Creemos que no habrá un campo llamado psicología somática en veinte años," dice Gay Hendricks. "Pero eso se debe a que en el futuro la totalidad del campo de la psicología será somática y llena de reparación corporal."

CUIDANDO SUS LIMITES

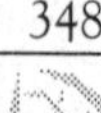

Algunas formas de reparación corporal viran en el área gris de la liberación emocional. "La idea que reprime emociones puede ser desplazada por un masaje en un área determinada," dice el doctor Robert Jamison, psicólogo y profesor adjunto de la Escuela Médica de Harvard. "No hay duda de que la gente tiene reacciones emocionales al recibir un tratamiento que involucre masajes, pero es posible que el terapeuta no esté capacitado para manejarse con esas emociones."

Recuerde que los reparadores corporales no son psicoterapeutas. Algunos están entrenados especialmente para manejar emociones que pueden emerger durante el trabajo, pero aún ellos están calificados sólo para permitirle experimentar esos sentimientos en un lugar seguro -no para ofrecerles alguna clase de diagnóstico psicológico o hacer algún intento de "mejorarlo". Si experimenta sorpresivamente un fluido de recuerdos y emociones durante una sesión de reparación corporal, considere la idea de consultar a un psicólogo en forma separada.

"Tenga siempre en mente lo que la reparación corporal es exactamente, lo que se supone que hace y lo que usted conoce acerca del entrenamiento del terapeuta," aconseja la psicóloga Tiffany Field, jefa del Instituto de Investigación de Masajes del colegio de Medicina de la Universidad de Miami. "Piense también sobre lo seguro que se siente. Si está incómodo o asustado, no haga caso a las calificaciones del terapeuta, usted debe salir de esa situación".

MASAJES DE AUTORREPARACION CORPORAL

LA PSICOLOGIA SOMATICA ES UNA MEZCLA DE TERAPIA HABLADA Y LENGUAJE CORPORAL DISEÑADA PARA ENTRAR EN CONTACTO CON SENTIMIENTOS QUE NO SE PUEDEN EXPRESAR

¿Cuán buena es una pelota de tenis sin una raqueta? Tan buena como un masajista personal (al menos que usted prefiera hacerlo con un profesional).

Para un perfecto antídoto contra la tensión de la vida diaria, siga la siguiente serie diseñada por el terapeuta miofascial de Las Vegas, David Tepper y la terapeuta rolfer y miofascial Evelyn Lehner. Ambos enseñan a sus pacientes a mantener ellos mismos el bienestar del cuerpo con el masaje de una pelota de tenis. Un simple truco como el siguiente puede ayudar a reducir la tensión tanto física como emocional, mejorar la movilidad y flexibilidad y mantener un sentimiento de relajación.

Las pelotas de tenis son perfectas porque brindan un masaje lo suficientemente firme en el músculo sin causar dolor, mientras que la textura de la superficie estimula los nervios de la piel, aumentando la circulación. Y además la puede llevar a todos lados.

También es una muy buena manera de precalentarse antes de realizar algún deporte, y de relajarse cuando termina. Intente con estas series, 10 a 15 minutos tanto antes como después de cada ejercicio.

LAS REGLAS BASICAS

1 - *Nunca utilice pelotas de tenis en estas áreas: cuello (vértebras cervicales), superficie interna de las muñecas o codos, la base del tronco (los riñones) o la parte posterior de las rodillas. Estas zonas son muy sensibles a la*

presión porque no tienen nada que proteja las arterias y los nervios.

2 *- Si alguna vez experimenta dolor, deténgase inmediatamente y quite la pelota de tenis de las zonas que le duelen. Aunque con este trabajo no se supone que haya dolor.*

3 *- Si es posible, comience con una pelota usada ya que es menos rígida.*

4 *- Balancee siempre su masaje con pelotas de tenis en ambas partes del cuerpo. Si la utiliza en la pierna derecha, asegúrese de seguir con la pierna izquierda.*

5 *- Para ayudar a la presión inicial del ejercicio, inhale profundamente con una completa exhalación.*

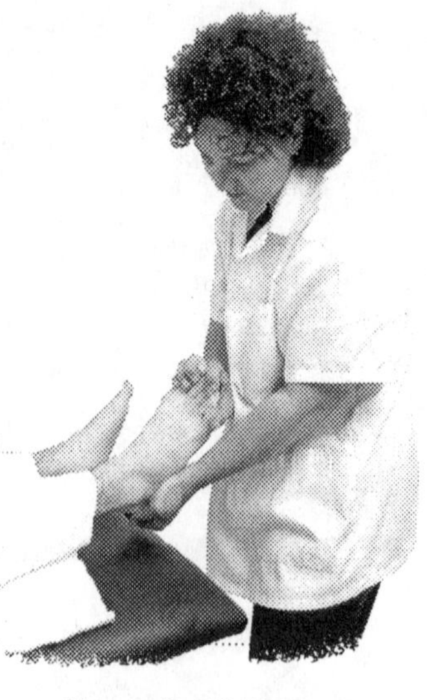

EL MASAJE EN LOS PIES ES SOLO UNA PARTE DE LA TERAPIA

GUIA DE MASAJES

Parte superior del brazo

Descanse su brazo derecho en el respaldo de una silla o sillón. Coloque la pelota en la parte exterior del brazo justo debajo del hombro. Presione con la palma de la mano izquierda, ruede la pelota en círculos a lo largo del brazo hasta llegar al codo. Vuelva hacia arriba por un minuto y medio. Entonces, afloje el brazo.

• **Beneficio:** Relaja la tensión de la parte superior del brazo y el área del hombro.

Masaje de pierna

a. - Sentado en el piso, extienda su pierna derecha y flexione la izquierda apoyando el pie en el suelo; las manos deberán ubicarse a los costados de la cola, con los dedos apuntando hacia adelante. Relaje la pierna y coloque la pelota en el pequeño arco que se forma justo debajo del tobillo.

b. -Mueva la pierna derecha de lado a lado sobre la pelota 2 ó 3 veces para entrar en calor. Con las manos en el piso, levante levemente su cuerpo, con los codos ligeramente flexionados, muévase hacia adelante y hacia atrás, rodando la parte inferior de la pierna sobre la pelota para masajear el músculo de la pantorrilla. Haga este movimiento durante 1 minuto y medio.

c. - Ahora coloque la pelota bajo la cola (no sobre la parte inferior de la rodilla). Otra vez muévase hacia adelante y hacia atrás mientras la pelota rueda debajo de la parte posterior de la pierna durante un minuto y medio. Luego, coloque la pelota debajo de la nalga derecha y mueva la cadera formando círculos. Realice este movimiento durante 15 o 20 segundos. Repita con el lado izquierdo.

• **Beneficio:** Ayuda a elongar la pantorrilla y los tendones; refuerza la movilidad de las articulaciones de las piernas y de la cadera.

Flexibilidad para la cadera

a.- Recuéstese sobre el piso con la pierna izquierda extendida, la rodilla derecha flexionada y el pie apoyado en el piso. Coloque la pelota debajo de la nalga derecha.

b.- Deje la rodilla derecha recostada fuera de la alineación del cuerpo sobre el piso, manteniendo el pie apoyado contra la pantorrilla izquierda. Descanse durante 1 minuto mientras levanta la cadera. Ahora, deslice el pie derecho cerca de la pierna izquierda y descanse por un minuto; deslícese sobre la pelota (sin esforzarse) y descanse otro minuto. Vuelva a la posición inicial flexionando la rodilla derecha y colocando su pie en el piso. Remueva la pelota y extienda la pierna. Repita con el otro lado.

• **Beneficio:** Ayuda a liberar la tensión de las caderas, aumenta la movilidad de la pierna.

LA REPARACION CORPORAL ES EL ROTULO GENERICO DE UN GRAN NUMERO DE TERAPIAS DISEÑADAS PARA RELAJAR EL CUERPO Y MEJORAR EL MOVIMIENTO

Relajante del cuello

Parado con los pies paralelos, rodillas flexionadas, abdominales relajados y espalda recta, aleje su brazo derecho del cuerpo y póngalo horizontal al piso. Ahora coloque la pelota en la parte más profunda de la axila y deje que el brazo cuelgue sobre ella. Con ambos brazos relajados a sus costados, deje que la cabeza caiga contra su hombro izquierdo. Descanse en esta posición durante 2 minutos. Luego enderece la cabeza, remueva la pelota y repita con el otro lado.

• **Beneficio:** Elonga los brazos, cuello y hombros. También relaja los músculos de la axila, los que tienden a acortarse con los años por levantar cosas pesadas.

Fricción de pie

Sentado o parado, coloque la pelota en el piso y descanse un pie sobre ella. Ahora masajee la planta del pie haciendo rodar la pelota debajo del arco, el talón y los dedos. Realice círculos de adelante hacia atrás durante un minuto y medio. Repita con el otro pie.

• **Beneficio:** Relaja la tensión de los pies y estimula los nervios de la piel.

Para descansar los tobillos

Ubíquese parado, con los pies paralelos y separados unos diez centímetros, las rodillas ligeramente flexionadas, los abdominales y hombros relajados, y la cabeza levantada.

a.-Coloque la pelota bajo su pie derecho, con el talón relajado y la punta del pie sobre el piso. Haga rodar la pelota durante 1 minuto apoyando el peso sobre el pie.

b.- Mueva el pie hacia adelante. Realice la operación con el otro pie. Beneficio: Relaja la tensión de la pantorrilla y de los tobillos.

Dedos mágicos

Coloque la pelota debajo de la palma de la mano derecha y hágala rodar entre los dedos relajados. Usted puede colocar su mano izquierda en la superficie y presionar. Asegúrese de que la base del pulgar y los costados de la palma también rueden sobre la pelota.

- **Beneficio:** Disminuye la tensión de las manos

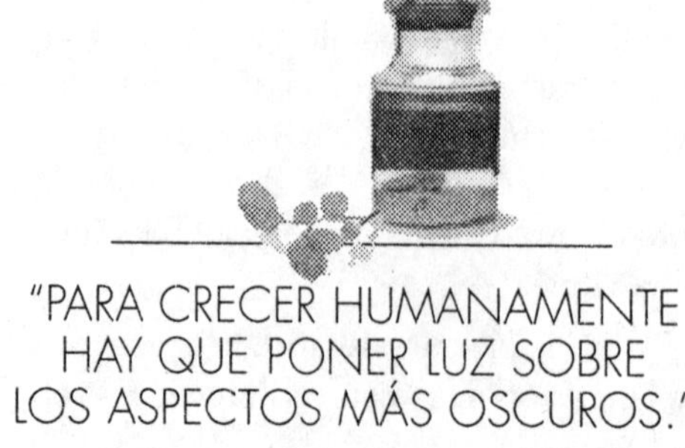

"PARA CRECER HUMANAMENTE
HAY QUE PONER LUZ SOBRE
LOS ASPECTOS MÁS OSCUROS."

09/03/2004

CAPITULO 16

Lian Gong

UNA GIMNASIA CHINA CON LA QUE SE EJERCITAN TANTO LOS MÚSCULOS EXTERNOS COMO LOS MÁS INTERNOS QUE SON LOS QUE MENOS SE MOVILIZAN Y DE LOS QUE DEPENDEN LA DESCONTRACTURA Y DESCOMPRENSIÓN DE LAS ARTICULACIONES.

Por lo general, las prácticas corporales que vienen de Oriente están relacionadas con costumbres milenarias, pero, no todo es tan antiguo como parece. El Lian Gong fue creado hace tan sólo 20 años por un grupo de médicos chinos liderado por el traumatólogo Zhuan Yuan Ming.

Este equipo médico creó esta disciplina basándose en dos pilares fundamentales: el principio básico de la medicina china que dice que: "el mejor médico no es el que cura sino el que previene" y la observación de los movimientos corporales de las artes marciales chinas.

Si bien después de la Revolución de Mao en China todas las creencias sobre las que se fundaban las artes marciales internas fueron dejadas de lado, cuando el gobierno tomó el dato estadístico de que la gente que practicaba algún tipo de ejercicio físico se enfermaba menos y se recuperaba mejor, decidió introducir en forma obligatoria la práctica del Lian Gong en el ámbito de la escuela y el trabajo.

LOS PRINCIPIOS BASICOS

La base es trabajar con la relajación de las diferentes partes del cuerpo. El Lian Gong ejercita tanto los músculos más externos -que son los que se ven- como los más internos que son los que menos se movilizan y de los que depende la descontractura y descompresión de las articulaciones.

Un aspecto que se toma de la práctica del Tai chi es el concepto de entregar el peso del cuerpo hacia los pies para conseguir un apoyo firme y poder estirar la columna.

También se pone énfasis en la necesidad de movilizar el Nei Jing o energía interna. Los chinos plantean que además del cuerpo físico (huesos, tendones, músculos) el organismo está atravesado en su totalidad por una serie de canales, meridianos o "ching" que son los que transmiten la energía vital por todo el cuerpo. Los principales canales son 14, se dividen en relación a la cantidad de órganos del cuerpo con sus funciones y, en general, salvo dos, todos son bilaterales (están a ambos lados del cuerpo). El planteo chino es que, cuando la energía está equilibrada, la salud también lo está. Por esta razón, el cuerpo puede enfrentarse y defenderse de los agentes externos o internos que lo pudieran atacar. Esto es lo que los chinos conocen con el nombre de "energía defensiva".

En base a todos estos principios el Lian Gong plantea trabajar a nivel de la prevención de enfermedades como el reuma, la artritis, la artrosis, los problemas en las articulaciones y los pinzamientos de disco. También puede tratar todas las enfermedades que derivan del estrés, como el insomnio, la ansiedad, el nerviosismo y todas las enfermedades psicosomáticas. Para lograr la prevención de todos estos problemas de salud basta con proponerse aprender los ejercicios de las diferentes series que integran el Lian Gong.

EL LIAN GONG ES UN TRABAJO INTEGRADOR EN EL QUE SE TIENE QUE UNIR EL CUERPO Y LA MENTE A TRAVES DE LA CONCENTRACION PARA LOGRAR UNA BUENA PRACTICA

LOS OBJETIVOS DEL MOVIMIENTO

El trabajo muscular que se realiza con el Lian Gong es aparentemente suave porque en el momento en que se practica no se siente el esfuerzo que se está haciendo. Esto es así porque el trabajo externo es suave, pero, cuando se termina la práctica, se sienten los efectos del ejercicio. La gente no queda agotada como después de una clase de gimnasia convencional o un partido de paddle, pero ésta no es la intención. El obje-

tivo es trabajar todo el cuerpo sin que quede agotado.

Esta gimnasia china está armada con un criterio muy efectivo, pero deja de lado los aspectos más tradicionales y profundos, como pueden ser la meditación y las posturas fijas que utilizan las artes marciales interiores.

Los ejercicios de Lian Gong están divididos en 2 grandes series de 3 subseries cada una que tienen 6 ejercicios, es decir, 36 en total. Estas series están distribuidas para trabajar las diferentes partes del cuerpo.

COMO APRENDER EL LIAN GONG

Para aprender y practicar los ejercicios de Lian Gong lo mejor es acudir a clases que sean dictadas por un profesor que tenga un buen conocimiento de la técnica. Son preferibles las clases grupales a las individuales, siempre y cuando, no reúna a más de 20 personas. De esta manera se puede hacer un seguimiento de cada alumno en forma personalizada. Esto no significa que se deban descartar las clases individuales porque, a veces, una persona las necesita por una razón en especial y después puede volver a incorporarse al grupo. Por lo general, las clases duran una hora y media y, si bien los chinos plantean que lo ideal es practicar todas las series dos veces por día - a la mañana y a la noche- como casi nadie tiene tanto tiempo, basta con hacer algunas series todos los días y una práctica completa, 1 ó 2 veces por semana.

Uno de los principales objetivos de la práctica es que una vez que se aprenden los ejercicios, se los pueda incorporar a la vida cotidiana y se los practique todos los días en algún momento libre. Además, no es necesario hacer todas las series juntas. Una buena alternativa es realizar los ejercicios que sirvan para aliviar un dolor puntual como por ejemplo, el de cervicales.

Las clases de Lian Gong no se restringen únicamente a la práctica de ejercicios sino que en ellas también se estudia la anatomía del cuerpo y los meridianos que lo atraviesan. Esta es una forma de lograr que los alumnos entiendan cuál es la finalidad de la práctica. Las clases de Lian Gong tienen un orden más o menos establecido y se desarrollan de la siguiente forma:

✔Primero se guía a los alumnos para que realicen su propio reconocimiento corporal, se les explica y se conversa sobre la finalidad que tiene cada ejercicio. Esto se hace para lograr que la persona empiece a registrar lo que le ocurre a su cuerpo (cómo apoya los pies, cómo se para, qué postura habitual tiene, cómo es su respiración, etcétera).

✔El Lian Gong es un trabajo integrador en el que se tiene que unir el cuerpo y la mente a través de la concentración para lograr una buena práctica. Los ejercicios se enseñan de a poco y la mayoría de las veces el grupo imita al profesor. Cuando el grupo está más avanzado puede practicar solo para que cada persona realice el ejercicio sin imitar y el profesor pueda corregir en forma personal las posturas y movimientos de los alumnos.

• En la última parte de la clase se realizan todos los ejercicios de las series (dura media hora) con el acompañamiento de una música que fue creada por los chinos para marcar el ritmo de los ejercicios.

10 BUENA RAZONES PARA PRACTICAR LIAN GONG

1 *Incrementa el poder de resistencia del organismo contra las enfermedades.*

2 *Mejora el efecto terapéutico del tratamiento médico y acorta su duración.*

3 *Previene y trata artritis, artrosis y reuma. Previene la osteoporosis.*

4 *Ayuda a que las articulaciones recuperen su movilidad.*

5 *Estira los músculos y los tendones.*

6 *Enseña a las personas a relajarse. Cuando se hacen los movimientos, la energía interna (o Chi) se moviliza y acrecienta, aumentando la vitalidad, estimulando el sistema inmunológico y retardando el envejecimiento.*

7 *Mejora la respiración y aumenta la capacidad respiratoria.*

8 *Disminuye el estrés.*

9 *Mejora la postura general, alivia los dolores de espalda y columna y ayuda a corregir las escoliosis. Al modificar el funcionamiento de los ligamentos, tendones y músculos, las vértebras se separan y, como consecuencia, no hay compresión de los nervios.*

10 *Estimula el contacto con la naturaleza.*

"EL MEJOR MÉDICO NO ES EL QUE CURA SINO EL QUE PREVIENE."

Proverbio chino

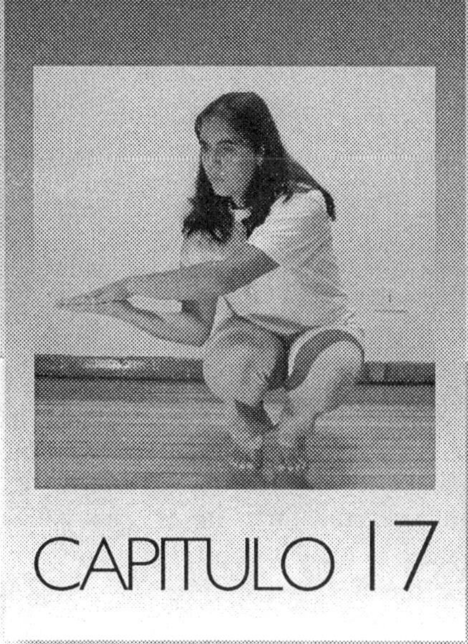

CAPITULO 17

Qigong

UNA GIMNASIA PARA LA SALUD CUYO FIN ES RESTAURAR EL JUSTO EQUILIBRIO ENTRE EL CUERPO Y EL ESPÍRITU.

No se puede vivir del aire. Esta afirmación popular tan evidente tal vez no sea completamente indiscutible. Eso parece asegurar un nuevo método para adelgazar llegado de China. Se conoce como Qigong (o Chi Kung) y dicen quienes lo probaron que es sumamente sencillo y que se pueden soportar hasta diez días de ayuno sin sentir el mínimo malestar. Pero el Qigong, si bien se hizo célebre por sus virtudes para hacer adelgazar a obesos impacientes, paradójicamente es una disciplina que exige constancia y una proverbial "paciencia china". No se aprende de una vez y para siempre en un curso acelerado. Sus practicantes más fieles saben que se trata de una forma de vida que persigue no sólo el bienestar físico sino también el espiritual. Tal vez por sus maravillosos efectos y su relativa simplicidad (lo único que se necesita para aprenderlo es un poco de aire) esta práctica se está haciendo cada día más popular. Así lo prueba el hecho de que es practicado por uno de cada veinte chinos para conservar la salud, según la Asociación de Investigación Científica de Qigong de China, además de la creciente cantidad de institutos que ofrecen su enseñanza en nuestro país.

LOS BENEFICIOS FISICOS Y MENTALES SE SIENTEN DESDE LA PRIMERA CLASE

LA EVOLUCION DEL QIGONG

El Qigong es el uso de la respiración para desarrollar el qi, con propósitos especiales como sanar, curar, evitar o combatir el envejecimiento. "Qi", significa "el cielo", es el movimiento y es la respiración. "Gong" es fuerza, trabajo muscular. En China se aplica "Qigong" desde muchos siglos atrás. Puede leerse en el Clásico de la Medicina del emperador Huangdi, que tiene 4500 años de antigüedad que "muchas enfermedades se originan en los resfríos y las inflamaciones. Por ello lo más conveniente es realizar ejercicios terapéuticos en lugar de tratarse con medicamentos" . Los primeros ejercicios taoístas se denominaban "daoyin" y se practicaban para alcanzar el estado de inmortalidad. Los taoístas consideraban que la vida se alargaba desarrollando la capacidad de dirigir la respiración profunda, es decir, de dominar el curso del qi. A lo largo de los siglos se siguieron practicando por otras escuelas: la confucionista, la budista, la wushu -artes marciales-, el zaija -Qigong popular- hasta llegar a la médica. Fueron denominados de varias maneras: daoyin (conducción del flujo energético), tunafe, yingzuo, zuochan, neigong, lianqi hasta popularizarse como Qigong. El término Qigong aparece por primera vez en 1936, en la *Obra terapéutica específica para la tuberculosis* durante la dinastía de los Yin. Allí consta el principio fundamental de este método: "Hay que respirar el aire puro y aprender a regular la respiración, para preservar el espíritu y mantener los músculos relajados" .

EL DOMINIO DE LA RESPIRACION

El Qigong propone varios métodos para dominar la energía a través de la respiración. Hay 8 formas básicas de practicar los ejercicios respiratorios: respiración natural, de limpieza, de tortuga, alternada, profunda natural, prolongada y prenatal.

Los ejercicios de Qigong se inician haciendo uso del Yin (esencia) que es convertido en Qi (aliento) cuya purificación da lugar al Sheng (energía espiritual) que en la tercera etapa se sublima para retornar a la vacuidad Shu . De este modo el Qigong ayuda a que la energía fluya por todos los canales, estimulando el funcionamiento del organismo. La teoría general de la filosofía china dice que toda manifestación de vida está regida por la ley del ritmo a dos tiempos: Yin y Yang. Lo que hace el Qigong es activar la circulación del Qi (energía) por los Jing (canales), y ésta circula continuamente y en el mismo sentido de un canal Yin a un canal yYang. Existen ocho canales maravillosos y doce principales. Mediante el Qigong se unen los canales maravillosos que son el vaso cogobernador y el vaso concepción, y que se encuentran separados. Cuando se unen, gracias a la respiración Qigong dan lugar a una circulación en forma de anillo llamada pequeña circulación celeste u órbita microcósmica, que es la base de todo trabajo para fortificar el Qi.

Hasta aquí la explicación textual tomada literalmente de las aplicaciones orientales. Todo esto, que para un occidental puede parecer ni más ni menos que "chino básico", ya ha sido comprobado en cierto modo por la la ciencia moderna que, incluso, corroboró los efectos de una buena respiración: se sabe que la fricción del aire contra las mucosas nasales activa la hipofisis, epifisis, tiroides y otras glándulas, lo que se traduce como un mejoramiento o desaparición de síntomas de vértigo, zumbidos, cólera, timidez, mala digestión, pérdida de memoria, palpitaciones e insomnio.

LAS APLICACIONES DEL QIGONG

Se sabe que 2500 años antes de Cristo las inundaciones y el clima húmedo de la China central provocaban enfermedades como artritis, dolores musculares y afecciones de la piel. Para evitar estos males e invocar a las fuerzas sobrenaturales, los habitantes de la región crearon una danza ritual cuyos movimientos resultaron notablemente beneficiosos para la salud y la bautizaron Qigong. A lo largo de los siglos esta danza fue evolucionando y desarrollándose hasta que en 1949 comenzó a aplicarse en el campo de la medicina, la enseñanza y las investigaciones científicas. El Qigong suele emplearse para males crónicos aunque también resulta efectivo para curar enfermedades agudas y lesiones de los huesos. También se aplica en hipertensión, enfermedades coronarias, secuelas de accidentes cerebro vasculares, parkinson, neurosis, hepatitis, cirrosis, anemia, diabetes, miopía e inflamaciones ginecológicas. Además ayuda a atravesar circunstancias traumatizantes como la anestesia quirúrgica, senectud, desarrollo intelectual de la adolescencia y adelgazamiento. Durante los últimos años el Qigong trascendió todas las fronteras imaginables. Los deportistas lo están adoptando para relajar los músculos, aumentar la circulación y mejorar las condiciones físicas y psicológicas para las competiciones y, en algunos ejércitos se aprende para elevar la capacidad combativa, el autocontrol y la supervivencia de los soldados en situaciones de apuro y depresiones. Actualmente se investigan sus efectos en el tratamiento del cáncer, para disminuir los efectos de la quimioterapia y en las terapias de rejuvenecimiento, pues según los estudios al respecto, los efectos de la buena respiración alargan de siete a diez años la vida del practicante de Qigong.

LA GIMNASIA DE LA SERENIDAD

El Qigong es, ante todo, una gimnasia de salud cuyo fin es restaurar el justo equilibrio entre el cuerpo y el espíritu. Así se practica:

El movimiento invisible

En apariencia nada se mueve o casi. Los brazos y las manos se elevan con suavidad dibujando en el espacio círculos y espirales. El tronco y la cabeza pivotean lentamente alrededor de su eje central, mientras que el peso del cuerpo se desplaza apenas de una pierna a la otra o de adelante hacia atrás. Una danza silenciosa donde se mantienen los ojos cerrados para concentrarse, donde las figuras parecen repetirse sin fin en un orden inmutable. El espectador desconcertado o atraído, comprende enseguida que todo sucede en el interior. Porque aunque no hay ningún esfuerzo muscular visible desde el exterior, adentro todo se está moviendo.

Respiración enriquecida

El Qi (o Chi) es, para la medicina china tradicional, el principio de la respiración vital, que anima a todo ser viviente y que liga el cuerpo y el espíritu al cielo y a la tierra, al cosmos. Si esta energía vital se halla en cantidad suficiente y circula bien en el organismo, este se comporta bien. Entonces hay equilibrio entre el Yin y el Yang, esas dos energías opuestas, complementarias e indisociables. Pero este equilibrio no es estático. Está siempre en movimiento. Cuando se fortalece la respiración se está al mismo tiempo enriqueciendo la sangre. Las dos circulaciones están estrechamente ligadas: si la sangre circula mejor, los órganos están bien irrigados y los diferentes metabolismos celulares se ejecutan mejor. La finalidad profundamente dinamizante del Qigong es ayudar a una mejor circulación de los flujos energéticos. Es por eso que siempre se realiza una sucesión de movimientos lentos (jamás posturas estáticas). Todo se encadena y nada se detiene. La energía corre dentro del cuerpo así como el verano sucede a la primavera, y el calor sigue al frío.

LOS EFECTOS VISIBLES

Los efectos benefactores de esta gimnasia no se hacen esperar. Desde la primera práctica uno se siente más distendido. La prueba de que todo circula mejor son los cosquilleos en las manos y el calor en todo el cuerpo. Pero lo que verá si lo practica con constancia es que se sentirá:

-Más calmo. El bienestar general es lo primero que aparece. Se respira más tranquilamente, haciendo evidente el efecto de la relajación. No es una sorpresa: uno se siente reposado porque el curso se hace en un silencio total apenas interrumpido por las ocasionales indicaciones que da el profesor.

-Más dinámico. Al fin de la sesión se gana una maravillosa sensación de dinamismo. Uno se siente fresco y dispuesto, listo para actuar. Generalmente la gente llega cansada después de una jornada de trabajo

pero después de la clase no es raro sentir ganas de volver caminando a su casa. Esto es normal, porque durante la práctica se liberaron ciertos bloqueos y la corriente se renovó. Sucede algo similar en el entrenamiento de base de todas las artes marciales, que es el momento en que se juntan fuerzas antes del combate.

-**Más liviano.** Una mejor respiración significa una mejor oxigenación y, entonces, mejor asimilación de los alimentos. Es frecuente dormir mejor y enseguida. Pero puede pasar que al principio cueste conciliar el sueño debido a un exceso de energía mal canalizada,momentánea. Ello no es grave porque todo se pone en orden en cuestión de días.

ADIOS A LAS GRASAS

Xu Shen Liang es el precursor del método chino para adelgazar en Latinoamérica. Estudió medicina en la universidad de Zhejiang, en China Popular y allí se recibió de médico responsable (un título que equivale a médico clínico). El primer lugar en el que aplicó sus conocimientos orientales fue en la ciudad de Montevideo, Uruguay. Así desarrolló un método de adelgazamiento rápido que en 10 días asegura bajar entre 5 y 8 kilos. Una promesa que para cualquier obeso resulta mucho más tentadora que una torta de chocolate. Esto hizo que en sólo cinco años hayan concurrido a su consultorio de la capital uruguaya más de 7000 pacientes de entre 11 y 80 años, incluidos algunos deportistas famosos como el futbolista Diego Armando Maradona. A través de su experiencia profesional el doctor Liang se siente en condiciones de afirmar que el método sirve no sólo para adelgazar sino para lograr un mejoramiento del estado general de los pacientes. En efecto, la obesidad está considerada una enfermedad, es decir, un desequilibrio del Yin (polaridad negativa) y el yang (polaridad positiva), debido a los malos hábitos o a la inadecuada combinación de los alimentos. Este desequilibrio afecta principalmente a las vísceras que forman el yin (corazón, hígado, pulmones, riñones y bazo) y a las que forman el Yang (estómago, vesícula, vejiga, intestino grueso y delgado, esófago, píloro y uréter). Al no funcionar correctamente o en perfecta armonía producen determinados síntomas que son frecuentes en las personas obesas: angustia, ansiedad, hambre, nerviosismo y depresión. El Qigong se aplica para equilibrar esos síntomas, cambiando el metabolismo, hasta lograr que el organismo trabaje normalmente, manteniéndolo sano.

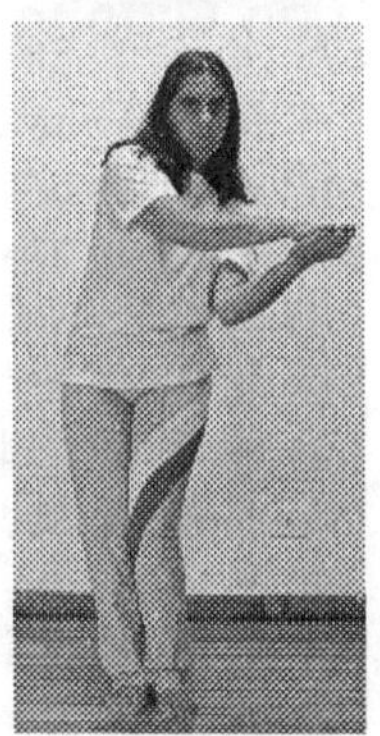

UN TRATAMIENTO REVOLUCIONARIO

Este método tiene dos etapas que se realizan en forma simultánea: los ejercicios respiratorios y el ayuno.

Los ejercicios respiratorios son tomados del Qigong para trabajar con el campo de energía vital. Mediante su práctica se le enseña al paciente el camino olvidado de la producción metabólica de energía y su circulación. Estos ejercicios son tres: uno para quitar el hambre, otro para quemar grasas y el tercero para la salud general. El hecho de que el hambre desaparezca, a pesar de no ingerir alimentos sólidos, se explica por la circulación energética especial que proporciona la respiración. Estos ejercicios deben ser realizados diariamente tanto en el hogar como concurriendo al consultorio, donde el médico estimula determinados puntos energéticos con masajes. Además de sus propias manos el doctor Xu Shen Liang cuenta con un equipo mecánico que trabaja con ondas vibratorias. Este aparato produce la misma estimulación que los masajes y, actualmente, según los especialistas en China, es el método más utilizado, porque la máquina presiona con mayor exactitud el punto energético y, además, se la puede calibrar al grado de vibración que cada paciente necesite.

La otra parte del programa es el ayuno, que se hace en base a líquidos, fundamentalmente agua con limón, té y un cuarto litro de caldo colado conseguido de verduras verdes, lo que permite el rápido descenso del peso. En el pensamiento chino la práctica del ayuno se considera como un período de purificación para el ser humano. Pero un ayuno de diez días, para que no resulte peligroso, debe hacerse con control médico permanente. En general las personas se sienten bien gracias al Qigong y siguen trabajando y haciendo su vida normal, aunque sin practicar ejercicios físicos. Puede suceder una hipoglucemia y, en ese caso, el médico va a indicar la ingestión de jugo de naranjas durante dos días, y luego la vuelta al ayuno, para continuar la pérdida de peso. Luego de este período, el paciente debe comenzar a ingerir ritualmente sus alimentos sólidos para de esta forma, mantener el equilibrio entre el Yin y el Yang. Esa es la clave para conservar indefinidamente el peso alcanzado.

LA OPINION DE UN ESPECIALISTA

Las siguientes líneas fueron aportadas por el especialista Xu Shen Liang, médico responsable (diplomado en China):

Con Qigong se pierde peso rápidamente.

Todo el mundo habla de la dieta china. En la mayor parte de los casos, mienten. Hay que tener cuidado porque cualquiera dice que hace Qigong, pero no es verdad. La gran mayoría ni siquiera son médicos. En el tratamiento habitual de Qigong no se dan alimentos porque gracias a la energía de la respiración y a los masajes no hace falta. Los pacientes soportan perfectamente el ayuno. Esto es importante porque muchos especialistas que aseguran saber de Qigong sí le dan comida a sus pacientes y así cualquiera soporta el tratamiento porque la energía viene de la comida. Con cualquier dieta se disminuye el peso, pero no tanto. En cambio con el verdadero Qigong se pierden entre 5 y 8 kilos en diez días. Con energía de verdad, no se come nada y se puede seguir haciendo la vida normal. Parece mentira, pero los pacientes se sienten cada día mejor, y hasta dejan de tomar medicamentos para dormir. Por supuesto, una vez que se bajó de peso

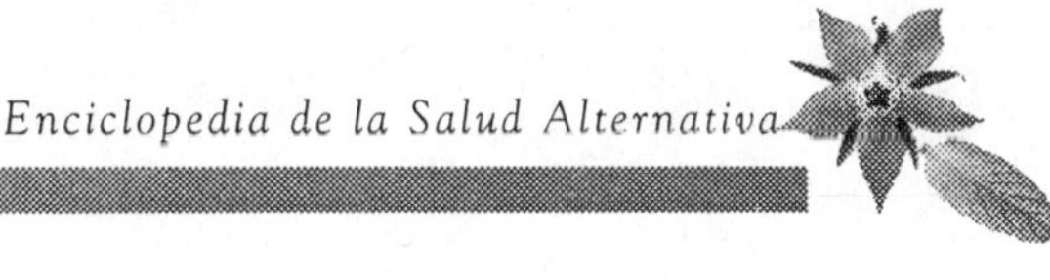

con el ayuno, se enseña a la gente a comer correctamente, porque si se vuelve a comer como antes, subirá inevitablemente de peso.

Cómo sentirse bien con qigong

Los ejercicios del Qigong se basan en regular la respiración, la posición física y las funciones anímicas del organismo. Para practicarlos, tenga en cuenta los siguientes consejos:

1. Póngase ropa cómoda, sin cinturones ajustados que opriman la cintura o las caderas

2. Lávese bien las manos, los oídos y la nariz antes de efectuar los ejercicios.

3. De ser posible elija un lugar tranquilo, con plantas y árboles y donde el aire sea fresco. Si practica en una habitación, ventílela adecuadamente y protéjase de las corrientes.

4. Adopte una postura correcta. Si no puede estar de pie por razones de salud, siéntese o recuéstese. Así el cuerpo se encontrará en un estado fisiológico de bajo metabolismo, que evitará la pérdida de energía vital.

5. Habiendo llegado a una tranquilidad profunda, preste atención al hipogastrio (abdomen), un punto clave del cuerpo humano. De este modo se ejerce una influencia benéfica sobre el sistema nervioso central que permite descansar totalmente al cerebro, mejorando al mismo tiempo el funcionamiento de todo el organismo

6. Haga movimientos suaves con todas las articulaciones y partes de su cuerpo para conducir la energía a lo largo de los meridianos. Hay que moverse en forma suave y rítmica, ya que el objetivo principal del Qigong es lograr un flujo entre el movimiento y la tranquilidad. La fuerza se ejerce con dulzura y se debe alternar entre la relajación y la tensión.

7. Efectúe respiraciones lentas y profundas: inhale el aire a través de la nariz y exhale por la boca.

8. Puede mover el cuerpo de la forma en que se le ocurra, sin respetar reglas fijas ni posturas específicas. Es suficiente con dejar libre la mente y concentrarse para lograr la curación de sus enfermedades.

EL QIGONG ES EL USO DE LA RESPIRACION PARA DESARROLLAR EL QI, CON EL PROPOSITO DE SANAR, CURAR, EVITAR O COMBATIR EL ENVEJECIMIENTO

Las ideas básicas

✔ El Qigong es una gimnasia de salud cuyo fin es restaurar el justo equilibrio entre el cuerpo y el espíritu.

✔ Los movimientos del Qigong deben ser casi imperceptibles. Los brazos se elevan con suavidad dibujando en el espacio círculos y espirales.

✔ El Qigong es una danza silenciosa, en la que se deben mantener los ojos cerrados para lograr una buena concentración.

✔ La sucesión de movimientos lentos y encadenados entre sí otorga una mejor circulación de los flujos energéticos.

✔ La respiración domina la energía vital enriqueciendo la sangre y estimulando el funcionamiento del organismo.

✔ Una mejor respiración significa una mejor oxigenación y asimilación de los alimentos.

✔ El Qigong es el uso de la respiración para desarrollar el Qi, con propósitos especiales como sanar, curar, evitar el envejecimiento.

✔ Hoy en día la ciencia moderna corroboró los efectos de una buena respiración: se sabe que la fricción del aire contra las mucosas nasales activa la hipofisis, epifisis, tiroides y otras glándulas.

✔ El Qigong suele emplearse para males crónicos aunque también resulta efectivo para curar enfermedades agudas y lesiones de los huesos.

✔ También se aplica en hipertensión, enfermedades coronarias, secuelas de accidentes cerebro vasculares, parkinsonismo, neurosis, hepatitis, cirrosis, anemia, diabetes, miopía e inflamaciones ginecológicas.

✔ Antes de efectuar los ejercicios deben lavarse bien las manos, los oídos y la nariz, y ponerse ropa cómoda.

✔ En China se aplica Qigong desde muchos siglos atrás. Puede leerse en el *Clásico de la Medicina* del emperador Huangdi, que tiene 4500 años de antigüedad que "muchas enfermedades se originan en los resfríos y las inflamaciones. Por ello lo más conveniente es realizar ejercicios terapéuticos en lugar de tratarse con medicamentos."

✔ Lo que hace el Qigong es activar la circulación del Qi (energía) por los jing (canales), y hacer que circule continuamente y en el mismo sentido de un canal Yin a un canal Yang. Existen ocho canales maravillosos y doce principales.

✔ Mediante el Qigong se unen los canales maravillosos que son el vaso cogobernador y el vaso concepción, y que se encuentran separados. Cuando se unen, gracias a la respiración Qigong, dan lugar a una circulación en forma de anillo llamada pequeña circulación celeste u órbita microcósmica, que es la base de todo trabajo para fortificar el Qi.

"NADA SIENTA MEJOR
AL CUERPO QUE EL CRECIMIENTO
DEL ESPÍRITU."

Proverbio chino

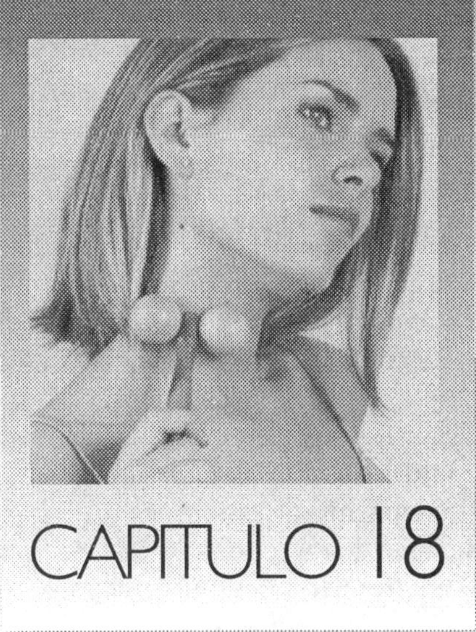

CAPITULO 18

Masajeadores de madera

SE TRATA DE OBJETOS CON RUEDITAS QUE PERMITEN MASAJEAR LA COLUMNA, ACTUANDO NO SÓLO A NIVEL MUSCULAR Y CIRCULATORIO, SINO TAMBIÉN SOBRE LOS ÓRGANOS INTERNOS.

El masajeador de madera es un instrumento cuyo origen se remota al nacimiento de la medicina oriental. Como suele ocurrir con el enorme legado que la medicina convencional ha recibido de parte de la tradicional ciencia china, cualquier disciplina que se base en sus conocimientos genera, en un primer momento, cierto escepticismo. Hasta que -indefectiblemente- las publicaciones científicas más prestigiosas del mundo respaldan con experiencias comprobadas la validez de la terapia en cuestión.

Ni más ni menos es lo que ha ocurrido con este sencillo pero increíblemente efectivo sistema de masajes. El dispositivo de madera ejerce su acción en múltiples planos de efectividad simultáneos. En primer término, generando un rápido y generalizado bienestar como consecuencia del simple contacto de la madera con la piel, que estimula terminaciones nerviosas y áreas reflejas. Y en un plano más profundo se verifica la acción curativa a través de la presión sobre el o los músculos contracturados, generalmente a consecuencia de la tensión nerviosa. Recientes investigaciones demostraron que este efecto se debe a la estimulación de otros receptores nerviosos que generan, a nivel cerebral, una abundante liberación de endorfinas, potentes anestésicos naturales. Todo ello induce a una profunda relajación, primero local y luego generalizada.

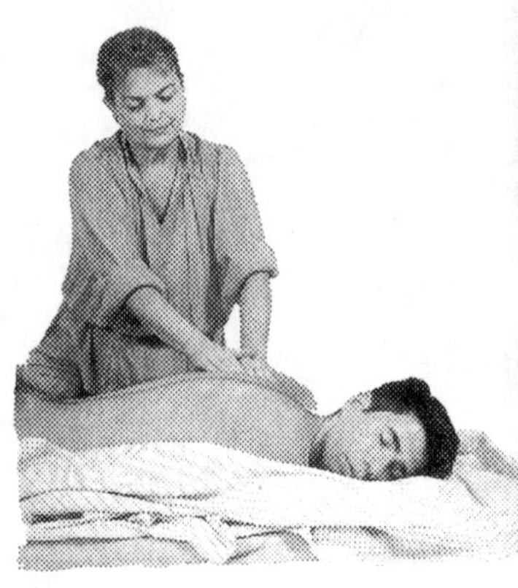

DESDE LAS VERTEBRAS HACIA CADA ORGANO

MASAJEAR LA COLUMNA VERTEBRAL CON ESTA TECNICA ALIVIA DOLORES QUE NO PODRÍAN SOLUCIONARSE DE OTRA MANERA

Pero el poder curativo de estas asombrosas rueditas va más allá, sobre todo cuando se las hace rodar sobre la parte central de la espalda, especialmente por encima de las apófisis vertebrales (los abultamientos óseos que se perciben a simple tacto a lo largo del centro de la espalda), desde donde irradian su efecto a prácticamente todos los órganos o grupos de órganos del cuerpo.

¿Cómo es esto posible?... De la columna vertebral parten una serie de nervios que nacen en la médula espinal y pertenecen al sistema nervioso neurovegetativo. Cada uno de ellos, ramificado, coordina el funcionamiento de uno o más órganos. Y es sobre estos nervios que las rueditas ejercen su efecto.

Cuando dos vértebras interfieren entre sí, rozándose de manera anormal, como consecuencia de la contractura muscular, se produce el intenso dolor que generalmente llamamos "de espalda". De acuerdo con los principios de la quiropraxia, junto a este síntoma principal que es el del dolor, se produce un fenómeno menos evidente pero de efectos más profundos y graves: la compresión más o menos intensa de los nervios anteriormente mencionados.

El nervio comprimido se irrita y, en consecuencia, funciona mal. Y -siempre de acuerdo con lo que sostiene la quiropraxia- esta alteración se traduce en problemas funcionales de los órganos gobernados por los nervios irritados. De este modo, un problema vertebral podría estar ocasionando trastornos de próstata, cardíacos o renales, por solo mencionar algunos.

A través de la quiropraxia se manipulan las vértebras para corregir sus problemas de rozamiento y esto, además de traducirse en una rápida mejoría del dolor de espalda, transmite una "cura a distancia" del problema orgánico. Problema cuyas causas, dicho sea de paso, no suelen ser diagnosticadas fácilmente por los médicos, que se resisten a pensar en que un problema hepático pueda originarse en otro sitio que no sean el hígado, o que una arritmia pueda solucionarse con un hábil trabajo de masajes vertebrales.

Afortunadamente, cada vez son más los médicos "tradicionales" que reconocen en las técnicas quiroprácticas ya no solo a un auxiliar para paliar el dolor de espalda, sino a un efectivo método terapéutico para solucionar problemas que no podrían ser tratados de otra manera. El masajeador de madera es, pues, una herramienta práctica para que cualquier persona, sin tener conocimientos de las técnicas quiroprácticas, pueda lograr el efecto mencionado.

UN SISTEMA TAN COMPLEJO COMO FASCINANTE

La columna vertebral está compuesta de siete vértebras cervicales, doce dorsales, cinco lumbares, el hueso sacro y el coxis, estos últimos formados por la fusión rígida de varios cuerpos vertebrales. En total, contando las libres y las fusionadas, tenemos 32 vértebras, de cada una de las cuales parten un par de nervios espinales: uno hacia la izquierda y otro a la derecha. Cada uno de estos nervios, a su vez, se ramifica en dos ramas principales, una de las cuales inerva la zona muscular superficial, y otra que penetra profundamente hacia los órganos.

Como hemos dicho, por consecuencia del bloqueo vertebral puede producirse la irritación de uno o más pares de nervios, lo que produce la inflamación de la musculatura, que se contrae involuntariamente produciendo intenso dolor mientras que a través de la rama profunda se producen los correspondientes trastornos de los órganos afectados.

¿Porqué pasa esto?, porque a través de los nervios los órganos reciben órdenes de funcionamiento provenientes del cerebro y éste, a su vez, recibe continuamente mensajes del funcionamiento del órgano. Cuando alguno o ambos de los dos carriles de esta autopista informática se bloquean -como ocurre cuando se comprimen entre dos vértebras- la información proveniente del cerebro no llega a su destino, o viceversa la que proviene del órgano no llega y ésta queda literalmente fuera de control.

Veamos un ejemplo clásico de esta comunicación entre los órganos y el cerebro: supongamos que la mucosa estomacal está irritada luego de haber recibido una comida abundante, picante o, lo que es más frecuente, ambas cosas. Cuando esto ocurre, el órgano envía al cerebro una señal que viaja, primero por el nervio y luego por la médula, hacia el cerebro. Este recibe el mensaje de problemas y elabora una respuesta para solucionarlo. Esta respuesta que viaja desde el cerebro lo hace por la misma vía, pero, claro está, por la mano contraria. El mensaje del cerebro, denominado "respuesta motora", consiste en ordenar una vasodilatación en el estómago, y aumentar la producción de jugo gástrico para favorecer la digestión. Esto que hemos descripto para un nivel profundo, también se da con la rama superficial: cuando una parte del cuerpo se expone a una corriente de aire frío, por ejemplo, de la piel parte una señal hacia el cerebro, que ordena un movimiento muscular localizado para aumentar la temperatura.

DIME DE QUE TRABAJAS Y TE DIRE DONDE ESTA EL PROBLEMA

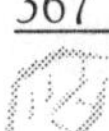

Los nervios espinales no descansan nunca, la importancia de sus funciones no lo permiten. Y este trabajo continuo es muy sensible, basta muy poco para crear una interferencia en su funcionamiento. Desde un virus que irrita la raíz nerviosa -cosa poco común- hasta los muchos más frecuentes problemas derivados de la posición, que finalmente se traducen en una mayor o menor compresión de los nervios espinales.

Los problemas pueden darse a diferentes alturas dentro de la columna. Existen personas que trabajan la mayor parte del día con la espalda inclinada (los dentistas, por ejemplo). A la larga, esto traerá como consecuencia una disminución de flexibilidad entre dos o más vértebras dorsales, con sus consiguientes consecuencias a nivel de los nervios. Si el problema se produce a nivel de la sexta vértebra cervical, se afectan los nervios que inervan la musculatura del cuello, con su correspondiente correlato de dolor, tortícolis, problemas en la garganta que incluyen desde irritabilidad hasta enrojecimiento crónico. Y podríamos seguir con los ejemplos. Por esta razón, es importante saber utilizar las "ruedas quiroprácticas".

PASO A PASO, COMO REALIZAR LOS MASAJES

- Resulta fácil establecer con exactitud cuáles son los puntos de contractura muscular a lo largo de la columna vertebral: dolores y rigidez superficial que pueden percibirse simplemente con la presión de los dedos. Una vez identificada la zona afectada, ya sabemos por donde pasar el masajeador de madera.
- Este aparato tiene un largo suficiente como para facilitar la operación individual, ya que puede abarcar toda la columna vertebral hasta el límite al que se llega con la mano.
- Aunque, como dijimos, las características del masajeador permiten su uso individual, resulta ideal contar con la ayuda de otra persona. Por ejemplo: para la zona cervical o sobre ciertas partes de la espalda es posible hacer el masaje solo. Sin embargo, para la zona dorso lumbar, por ejemplo, es necesario contar con ayuda. En este caso, resulta ideal que la persona a ser masajeada se coloque boca abajo sobre una superficie semirrígida, como puede serlo el piso alfombrado. Los brazos deberán estar extendidos a los costados del cuerpo, y la cara apoyada hacia un lado. La espalda deberá estar descubierta, y es conveniente que tres minutos antes del masaje la persona se encuentre ya en esa posición para luego estar relajada.
- Acto seguido, quien va a pasar el aparato deberá realizar una minuciosa palpación con los pulgares: de abajo hacia arriba, y desde el interior hacia afuera, a partir del hueso sacro. La operación se repite para cada una de las vértebras, deteniéndose particularmente en las zonas donde se detecten puntos de contractura, los llamados "puntos críticos". Una vez ubicados, mover sobre ellos los pulgares con movimientos circulares, con el objeto de ubicar con absoluta exactitud el epicentro de la contractura.
- Una vez ubicados los puntos, se podrá realizar con un marcador una pequeña cruz en la o las zonas de tensión. Luego, de acuerdo con la ubicación de las marcas se podrá realizar un primer diagnóstico para es-

EL USO DE MASAJEADORES ES EFECTIVO PARA ESTIMULAR LA CIRCULACION PERIFERICA Y LINFATICA

tablecer -mediante la tabla que incluimos en esta nota- las posibles afecciones internas, además del dolor, que pueden estar produciendo los puntos críticos.

- Luego deberá pasarse al masaje propiamente dicho.

Una recomendación final: si se presenta una irritación de la piel, acompañada de inflamación o eczema, puede resultar difícil establecer con precisión los puntos críticos de contractura. Por esta razón, los especialistas recomiendan posponer el masaje hasta tanto dicha inflamación desaparezca, limitándose, a lo sumo, a usar el masajeador para realizar un leve masaje general de la la espalda, sin ejercer demasiada presión en ningún punto en particular.

VERTEBRA POR VERTEBRA, ASI CURA EL MASAJE

La siguiente tabla analiza la exacta influencia -de acuerdo con los principios de la quiropraxia- que a nivel neuromuscular ejerce cada vértebra, así como las dolencias orgánicas que pueden atribuirse a contracturas en cada una de ellas.

VERTEBRA	AREA DE INFLUENCIA	PROBLEMAS ORGANICOS
Cervical 1	circulación sanguínea de la cara, hipófisis, cerebro, cuero cabelludo, oído interno y sistema nervioso simpático	cefaleas, insomnio, nerviosismo, hipertensión, anemia, epilepsia, enfriamientos, neurosis, fatiga crónica, vértigo, mal de Parkinson
Cervical 2	ojos, nervios ópticos, nervios auditivos, senos paranasales, lengua, frente	sinusitis frontal y paranasal, estrabismo y otros problemas oculares, algunas formas de ceguera, sordera, alergia, dificultad para hablar
Cervical 3	mejillas, oído externo, nervio trigémino	neuralgia del trigémino, neuritis, acné, eritema
Cervical 4	nariz, labios, boca, trompa de Eustaquio	fiebre del heno, catarro, adenoides, problemas auditivos
Cervical 5	cuerdas vocales, problemas ganglionares, faringe	laringitis, afonía, enrojecimiento de garganta, anginas
Cervical 6	músculos del cuello, hombros	tortícolis, tos, dolores de la articulación del hombro
Cervical 7	tiroides, hombros y espalda, codo	bursitis, problemas de tiroides, inflamación del codo, dolores articulares del hombro
Dorsal 1	articulación superior del antebrazo, esófago, tráquea	asma, tos, disnea, fatiga, dolores periféricos del brazo y de la mano
Dorsal 2	válvulas cardíacas, coronarias	arritmia, angina, dolor de pecho

Dorsal 3	pulmones, bronquios, pleura, tórax, pecho	bronquitis, pulmonía, pleuresía, congestión pulmonar
Dorsal 4	vesícula biliar	ictericia, cálculos biliares
Dorsal 5	sangre, plexo solar, hígado	disfunción hepática, fiebre, hipotensión, anemia, artritis, problemas circulatorios
Dorsal 6	estómago	problemas estomacales, indigestión, dispepsia
Dorsal 7	páncreas, duodeno	diabetes, úlcera gastroduodenal
Dorsal 8	bazo, diafragma	hipo, problemas con los glóbulos blancos
Dorsal 9	glándulas suprarrenales	alergia, forunculosis
Dorsal 10	riñón	disfunciones renales, arterosclerosis, fatiga crónica, nefritis
Dorsal 11	riñón y uretra	acné, eczemas y otras afecciones cutáneas, insuficiencia renal
Dorsal 12	intestino delgado, trompas de Falopio, sistema linfático	reumatismo, meteorismo, algunas formas de esterilidad
Lumbar 1	intestino grueso, ingle	constipación, colitis, hernia inguinal
Lumbar 2	apéndice, abdomen, ciego intestinal	apendicitis, acidosis, várices, disnea
Lumbar 3	órganos sexuales, próstata, ovario, testículos, útero, vejiga, rodillas	problemas de vesícula, dismenorrea, eneuresis, impotencia, problemas de rodilla
Lumbar 4	próstata, músculos lumbares, nervio ciático	ciática, lumbalgia, dolores de riñón, poluciones nocturnas
Lumbar 5	arterias inferiores, pie, arco del pie, canillas, tibia	mala circulación de las piernas, pies fríos, debilidad de las piernas
Sacro/coxis	glúteos, caderas, recto, ano	escoliosis, prurito, hemorroides

VERDADERO Y FALSO DE LOS MASAJEADORES

-El masajeador de madera también es muy recomendado para realizar un masaje general de todo el cuerpo.

Verdadero. Incluso brinda buenos resultados aplicándolo en el rostro. Los especialistas han determinado que posee sorprendentes efectos estimuladores de la circulación periférica y linfática. Por otra parte, el efecto mecánico de las ruedas de madera sobre la musculatura superficial produce una tonificación casi inmediata, acompañada de una sensación de relax altamente beneficiosa para favorecer la distención muscular.

-Los masajeadores son de madera porque, cuando fueron creados, no se podían construir con otro material, y hoy en día se conserva esa tradición.

Falso. Los chinos han preferido la madera en razón de que es resistente sin perder cierta flexibilidad y, por otra parte, es inerte a la temperatura: no es frío como el metal, ni se recalienta con el rozamiento como el plástico. Al rotarlo sobre la piel brinda una suave sensación de calor, clave para facilitar la distensión del músculo contracturado.

-Según la cantidad de ruedas que posea, puede recomendarse para zonas distintas del cuerpo.

Verdadero. Un modelo de masajeador que posee cuatro ruedas, está particularmente recomendado para estimular la zona del abdomen, mientras que el clásico, de dos ruedas, se indica para superficies más reducidas, como el cuello, la frente, los pies, las manos y las mejillas.

ALGUNAS ZONAS DEL CUERPO REQUIEREN DE OTRA PERSONA QUE REALICE EL MASAJE. PERO HAY LUGARES EN LOS CUALES SE PUEDE HACER UN AUTOMASAJE

-Estos masajeadores no actúan en forma refleja cuando se aplican sobre las yemas de los dedos.

Falso. Por ejemplo, se sabe que en reflexología, las yemas de los dedos corresponden a la cabeza. Por esta razón, un paciente masaje de dos minutos dobre las yemas y las bases de los dedos con el masajeador de madera es un muy útil calmante de dolores de cabeza.

-Los masajeadores con rueditas también permiten realizar técnicas de reflexología.

Verdadero. El manejo del modelo llamado "martillo" también permite sumar a los ya mencionados principios de la quiropraxia, los efectos de otra disciplina oriental como es la reflexología (estimulación remota de los órganos a través de masajes en diferentes puntos de las manos o los pies).

-Si se realiza el masaje sólo con fines de relajación muscular, existe un tiempo estricto de duración sugerido.

Falso. Cuando se realiza con estos propósitos, el masaje puede durar quince minutos, y puede efectuarse dos o tres veces por día, cuando se sienta la necesidad.

-Los masajes se pueden realizar después de almorzar o cenar para conseguir una buena digestión.

Falso. Es recomendable que el masaje se efectúe lejos de las comidas, y tampoco inmediatamente antes de acostarse. Asimismo, realizar previamente algún movimiento de estiramiento para distender los tendones y músculos, será también muy beneficioso.

"QUIEN VOLVIENDO A HACER
EL CAMINO VIEJO APRENDE
EL NUEVO, PUEDE
CONSIDERARSE UN MAESTRO."

Confucio

CAPITULO 19

Quiropraxia

ESTA TÉCNICA ORIENTAL ES CAPAZ DE ELIMINAR CONTRACTURAS, DOLORES MUSCULARES, COLOCAR LOS HUESOS EN SU LUGAR Y ASÍ EVITAR LA CIRUGÍA Y EL YESO. CONOZCA TODAS LAS VIRTUDES DE ESTA DISCIPLINA A FAVOR DE SU SALUD.

En griego "quiropraxia" significa "hecho por las manos" y en el mundo existen tres ramas diferentes que la practican: la americana, la alemana y la japonesa.

La quiropraxia americana se limita a la alineación del cuerpo y a curar problemas de la columna vertebral a través de masajes y del acomodamiento manual. La técnica japonesa se denomina "yudo" y "quiropraxia" y en sus inicios estuvo relacionada con los accidentes que sucedían en los torneos. Allí los maestros eran los encargados de aliviar a los alumnos que habían recibido algún tipo de lesión. Con el transcurso de los años esta técnica se fue perfeccionando y, hoy en día, para aprenderla se debe acudir dos años a la facultad y otros dos a una clínica en donde se practican las técnicas junto a un maestro especializado.

CONCEPTOS DIFERENTES

En Occidente la gente está acostumbrada a acudir al médico porque está enferma, le duele algo o para que le den algún remedio. En cambio, la quiropraxia no sólo actúa en casos de problemas articulares o musculares, sino también como medicina preventiva. Esto significa que la mayoría de los pacientes que llegan a la consulta no tienen ningún problema físico.

TENER LA COLUMNA BIEN ALINEADA ES PRIMORDIAL PARA EVITAR EL CANSANCIO FISICO Y FUTURAS ENFERMEDADES

Los pacientes sanos

La quiropraxia, al manejar el ajuste de todo el cuerpo, hace que el organismo funcione naturalmente. Esto quiere decir que como el sistema nervioso pasa por la columna y desde ahí va a todo el cuerpo, si se presenta algún problema en alguna parte del sistema éste se va a resentir en el equilibrio del organismo, (por ejemplo, si hay un inconveniente en algún nervio o músculo, tarde o temprano se va a resentir la columna).

Además, es muy común que las personas que naturalmente utilizan una mano más que la otra tengan una descompensación neurológica que no permita que la inducción llegue correctamente a los nervios; estas opresiones tarde o temprano se extienden hasta la columna, la cadera, las piernas y el resto de los órganos. Según un experto quiropráctico es importante tener la columna correctamente alineada porque todos los síntomas de cansancio físico son el reflejo de un problema. Lo más lamentable es que, por lo general, las personas no se dan cuenta de que tienen un disfunción hasta que realmente sienten que las piernas están débiles, que pierden los reflejos, que los brazos están más cansados que de costumbre, que la mente está abombada y que hay un menor rendimiento físico.

Los malestares más comunes que se pueden presentar en las personas sanas y deportistas son: las tensiones; enfriamientos; contracturas cervicales que pueden terminar en una compresión que produce la pérdida de fuerzas; el adormecimiento del brazo y su hormigueo; y las contracturas de hombros, de los dorsales y de los pectorales que provoca que los hombros se vayan cerrando y encorvando.

Por ejemplo, cuando hay una fuerte contractura cervical la falta de irrigación hace que se sientan molestias en los oídos (zumbidos). Las contracturas en la 4ta. y 5ta. vértebras cervical y dorsal provocan una compresión en la zona del diafragma que se manifiesta con debilidad respiratoria y una sensación de falta de aire. También es muy común que una persona después de jugar un partido de fútbol o de tenis quede con un dolor muy fuerte en las piernas por una compresión en la cadera. Todo este tipo de molestias se puede solucionar con un tratamiento quiropráctico, pero también es muy importante que se haga una gimnasia compensatoria que permita la elongación de los músculos de todo el cuerpo para que haya una buena irrigación sanguínea.

QUE PUEDE CURAR LA QUIROPRAXIA

Esta disciplina puede tratar todos los problemas oseomusculares y nerviosos, siempre y cuando no haya una herida en la piel, infecciones, etcétera. Lo que hace la quiropraxia es regular el cuerpo para que él se pueda recuperar sólo. Si, por ejemplo, hay algún hueso que no está en su lugar o está interfiriendo en la función del organismo, se lo coloca correctamente para que el cuerpo continúe con su proceso en forma natural. Cuando se presenta una inflamación se la puede solucionar destrabando la opresión que la produjo, de esta manera el cuerpo tiene la posibilidad de desinflamarse solo. En estos momentos el problema con el que lucha el concepto de quiropraxia es que las personas están demasiado acostumbradas a que siempre se les dé un remedio para los dolores; esta costumbre hace que las defensas del cuerpo ya no reaccionen como deberían porque saben que ante el mínimo dolor va a haber un medicamento que lo alivie. Esta situación, a la larga, hace que las defensas estén cada vez más débiles. Lo que la quiropraxia busca es solucionar el problema de raíz para que éste no vuelva a aparecer. Por este mismo principio es que se pueden curar fracturas sin utilizar ningún tipo de medicamento, ya que una vez que el músculo se acomoda en su lugar no hay posibilidad de dolor ni empeoramiento. Esto es posible en los casos de fracturas menores como, por ejemplo, dedos, manos, brazos y costillas y, siempre y cuando no haya infecciones ni heridas abiertas.

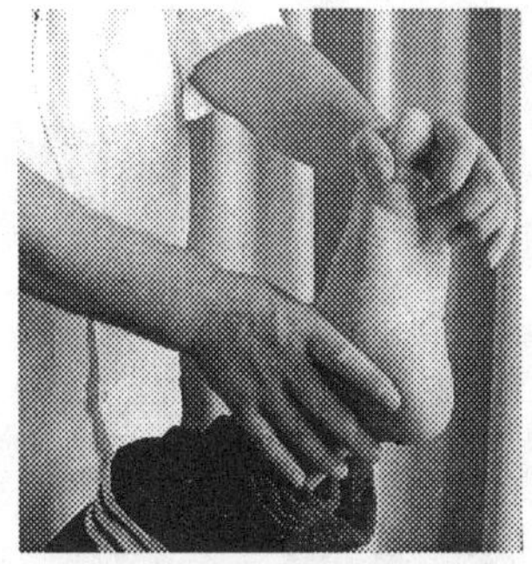

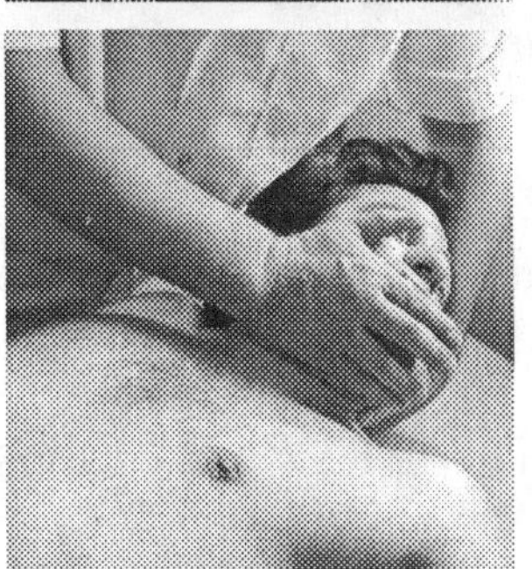

UNA VEZ AL MES, ES IDEAL ACOMODAR Y ESTRUCTURAR TODOS LOS HUESOS DEL CUERPO

LA ALINEACION DEL CUERPO

Toda estructura ósea parte de la posición de parado, es decir, que comienza por los pies, las rodillas, la cadera, la columna hasta llegar a los miembros. Comencemos por ver cuál es la función de cada parte del cuerpo y cómo repercute sobre las demás:

✔ **El pie:** tiene dos partes que cumplen con funciones fundamentales: el metatarso que es el primer amortiguador del cuerpo y el arco que es el resorte. Si el metatarso no está funcionando el pie se adapta a la forma de la calle y el golpeteo del cuerpo repercute sobre las rodillas, la cadera y las cervicales produciendo dolores de cabeza, náuseas y adormecimiento de los brazos. Por esta razón, la mayoría de las personas de más de 30 años que tienen problemas en estos huesos también los tienen en las cervicales. Muchas veces, para solucionar estos inconvenientes de arco o pie plano se recomienda el uso de plantillas, pero la quiropraxia prefiere reformar la parte del arco que está plano y poner en funcionamiento los músculos para que éstos trabajen por sí solos. Con el uso de la plantilla lo único que se logra es que éstas amortigüen el peso del cuerpo, pero el pie se ata para siempre a la plantilla sin conseguir una verdadera recuperación.

✔ **Las rodillas:** los traumatismos más comunes que se producen en esta zona del cuerpo repercuten específicamente sobre los meniscos y los ligamentos. Estas lesiones se pueden recuperar muy bien después de un tratamiento quiropráctico, siempre y cuando no se hayan roto los ligamentos o partido los meniscos.

Para la alineación del cuerpo es muy importante la postura de las rodillas porque una mala posición puede formar, a la larga, una artritis deformante.

Cuando existe una mala postura que hace que una persona camine con las rodillas abiertas (tipo Chaplin) el tratamiento no se encara desde los pies, sino desde la cadera. Esto significa que todo lo que le sucede a los pies y a las rodillas está muy relacionado con la cadera. Por esta razón si una cadera rota hacia afuera, las rodillas y los pies giran y caminan hacia afuera; por el contrario, si una cadera rota hacia adentro los pies también lo harán. Estos problemas de rodilla, en quiropraxia, se trabajan a través de la cadera.

Por lo general, frente a estos diagnósticos, la medicina tradicional prefiere cambiar de lugar los zapatos (el izquierdo en el derecho y viceversa) o enyesar los pies, pero para la quiropraxia estos tratamientos significan forzar los huesos, músculos y ligamentos de los pies, las rodillas, la cadera y la columna para lograr un cambio. Los quiroprácticos prefieren tratar este tipo de problemas desde la cadera para no forzar innecesariamente a las diferentes partes del cuerpo.

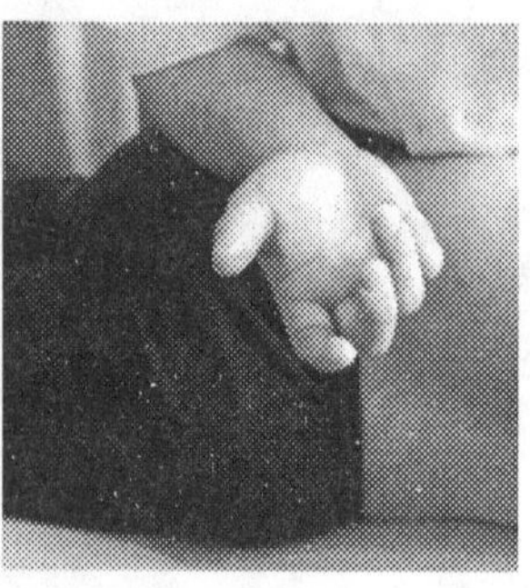

LA QUIROPRAXIA PUEDE ACTUAR EN CASOS DE FRACTUAS MENORES, SIEMPRE Y CUANDO NO HAYA INFECCIONES NI HERIDAS ABIERTAS

• **La cadera:** al ocupar un punto medio en la distribución del cuerpo es la encargada de manejar la parte superior e inferior del organismo. El problema más común que se presenta a diario es la desregulación de la cadera, es decir que un lado está más alto que el otro. Este inconveniente es muy visto en las mujeres que han tenido hijos y en deportistas que practican esquí, fútbol y rugby. Lo que desconcierta a muchas de las personas que padecen estos problemas es que la desestabilización no se siente con dolores musculares, sino con molestias intestinales, digestivas, inmovilización del cuello, pérdida de fuerza en los pies, etcétera.

Al mismo tiempo es importante destacar que la persona que, por ejemplo, tiene una gastritis está siempre con contracción de hombros."Todas éstas aclaraciones sirven para entender que cuando se presenta en el consultorio una persona con un problema en las cervicales no se lo puede tratar sólo por ese dolor, sino que se le debe acomodar todo el cuerpo en forma integral para asegurar una recuperación equilibrada", asegura Sakanashi.

¿CUANTO DURA UN TRATAMIENTO QUIROPRACTICO?

Lo más aconsejable para que toda persona se pueda mantener en óptimas condiciones físicas es que haga ejercicio físico y, tenga o no problemas acuda a una o dos sesiones de quiropraxia cada tres meses para acomodar y estructurar todas las partes del cuerpo. No obstante, si no se realiza ningún tipo de ejercicio físico lo ideal es que este acomodamiento se haga cada 30 días.

El tratamiento para curar un pinzamiento o una hernia, por ejemplo, puede llevar entre 1 y 2 meses, pero esto varía mucho según el estado fí-

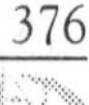

sico y de recuperación de cada personas. En el caso de fractura no se utiliza el yeso sino un cartón y plástico que permiten que una vez que los huesos se soldaron se pueda seguir con la aplicación de ondas y masajes, y así acelerar la recuperación total de la fractura.

CONCEPTOS ESENCIALES

- ✔ *En el mundo existen tres ramas diferentes dentro de la quiropraxia: la americana, la alemana y la japonesa.*
- ✔ *La quiropraxia, al manejar el ajuste de todo el cuerpo hace que el organismo funcione naturalmente.*
- ✔ *Cualquier problema en la columna vertebral repercute en todo el equilibrio del organismo (por ejemplo, si hay un inconveniente en algún nervio o músculo, tarde o temprano, se va a resentir la columna).*
- ✔ *Cuando la columna se resiente los síntomas más evidentes son: debilidad en las piernas, disminución de los reflejos, mayor cansancio que el normal, la mente abombada y un menor rendimiento físico.*
- ✔ *Los quiroprácticos no recetan ningún tipo de medicamentos porque el cuerpo tiene las defensas necesarias para enfrentarse a sus dolencias.*
- ✔ *La quiropraxia puede actuar en casos de fracturas menores como, por ejemplo, dedos, manos, brazos y costillas y, siempre y cuando no haya infecciones ni heridas abiertas.*
- ✔ *Para solucionar el problema de pie plano, los quiroprácticos no recomiendan el uso de plantillas, sino la reforma de la parte del arco que está plano y la puesta en funcionamiento de los músculos para que éstos trabajen por sí solos.*
- ✔ *En los casos de problemas de rodillas, la quiropraxia los trata desde la cadera para no forzar innecesariamente a las diferentes partes del cuerpo (ligamentos, músculos y huesos).*
- ✔ *El tratamiento para curar un pinzamiento o una hernia puede llevar entre 1 y 2 meses, siempre dependiendo del estado físico de cada persona.*

"ESTAR SANO ES SABER PREVENIR...
Y PREVENIR ES TENER UNA CORRECTA
POSTURA MENTAL Y FÍSICA."

"NO DIGAS:

ES IMPOSIBLE.

DI: NO LO

HE HECHO TODAVIA."

Proverbio japonés

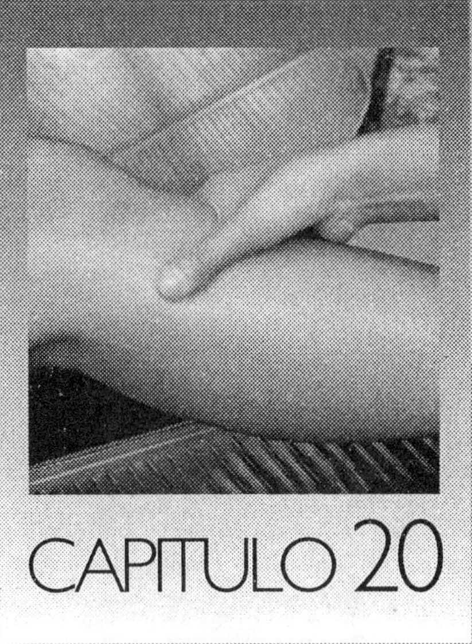

CAPITULO 20

Drenaje linfático

¿RETENCIÓN DE LÍQUIDOS? ¿EDEMAS? ¿PROBLEMAS VASCULARES? ESTA TERAPIA MANUAL PUEDE TRATAR Y PREVENIR ESTOS TRASTORNOS EN FORMA NATURAL.

Desde los tiempos de Hipócrates (460-377 A.C) se conoce la existencia de una especie de sangre blanca en el cuerpo humano. Según escribió en sus libros Aristóteles, uno de los más famosos personajes de la Antigüedad que fue médico aparte de afamado filósofo, en la sangre que corre por el organismo hay un líquido incoloro, (que siglos más tarde se descubriría que es el aspecto más generalizado que tiene la linfa en nuestro organismo).

Para ir aclarando un poco de qué se trata el drenaje manual es necesario saber que la linfa es el líquido que corre en el interior de los vasos linfáticos. Todos ellos forman en su conjunto el sistema linfático vascular, que resulta básico para la supervivencia y salud del cuerpo humano. Además de este sistema vascular linfático existe una serie de órganos linfáticos que desempeñan una misión básicamente defensivo-inmunitario, constituye todo ello el sistema linfático (orgánico y vascular) y una ciencia que lo estudia: la linfología.

Es interesante resaltar que si bien el drenaje linfático manual fue descubierto en forma intuitiva y un poco visionaria por Emil Vodder, durante mucho tiempo fue considerado un método alternativo, es decir, no académico, que en la actualidad goza ya de una base científica bien estructurada gracias a los años de investigación de numerosos médicos y científicos.

El conocimiento y la profundización de esta técnica requiere saber y entender no sólo los aspectos teóricos del método, sino también la manipulación manual. Para comprender los beneficios que tiene el drenaje linfático sobre el organismo, antes es necesario entender otros aspectos fundamentales.

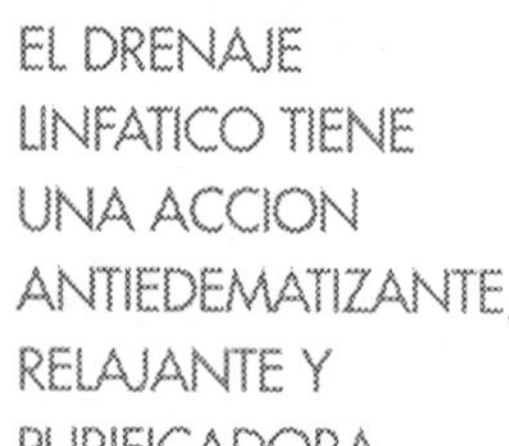

LOS ORGANOS LINFATICOS

El sistema linfático está formado por una serie de órganos y un sistema tubular (vasos linfáticos) con estructuras y funciones bien diferenciadas. En los órganos linfáticos se forman una células denominadas linfocitos que desempeñan un papel fundamental en los mecanismos defensivos de nuestro organismo. Estos órganos son los siguientes:

EL DRENAJE LINFATICO TIENE UNA ACCION ANTIEDEMATIZANTE, RELAJANTE Y PURIFICADORA

- **La médula ósea:** en ella se forman todas las células de la sangre (linfocitos incluidos). Se halla en la cavidad de los huesos. En un principio es roja y con la edad va siendo sustituida en parte por tejido graso, por lo que toma un color más amarillento.

- **El timo:** se trata de un órgano de consistencia blanda situado detrás del esternón. Alcanza su máximo desarrollo al llegar a la pubertad (pesa hasta 40 gramos),se atrofia progresivamente después y alcanza en la edad adulta un peso de unos 6 gramos, siendo sustituido buena parte de él por tejido adiposo. El timo ejerce una clara influencia sobre el desarrollo y maduración del sistema linfático y sobre la respuesta defensivo-inmunitaria de nuestro organismo. También parece influir en el desarrollo de las glándulas sexuales y en el crecimiento del individuo.

- **El bazo:** es un órgano situado en la parte superior de la cavidad abdominal, entre el estómago y el riñón izquierdo. La función del bazo es filtrar, retener y destruir los glóbulos rojos y otras células de la sangre cuando están deterioradas o demasiado viejas. Actúa también como órgano de depósito de sangre y formación de linfocitos. Es importante destacar que la sangre que sale de él lleva sesenta veces más linfocitos que la sangre que recibe. Por otra parte, actúa como depósito del hierro que liberan los glóbulos rojos destruidos.

🔘 **Las amígdalas:** se trata de órganos formados por tejido linfoide. Situadas alrededor de la garganta, por su constitución y por hallarse en la puerta de entrada de las vías respiratorias y digestivas, desempeñan funciones netamente defensivas. Cuando los gérmenes entran por la boca o la nariz los linfocitos entran en contacto con ellos y desencadenan una pronta respuesta defensiva.

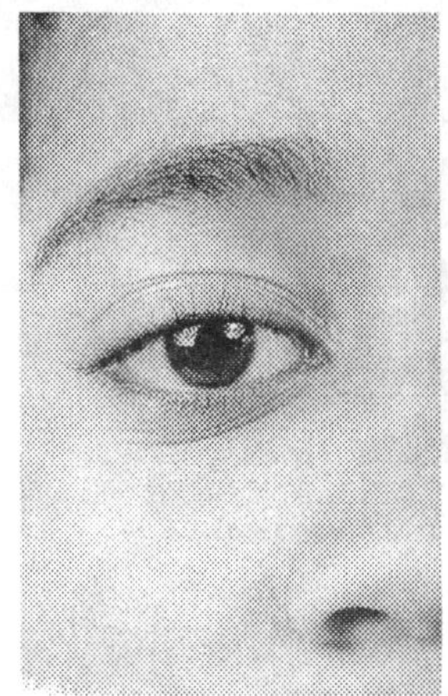

🔘 **Los ganglios linfáticos:** son estructuras del sistema linfático interpuestos en el paso de los vasos linfáticos que cumplen importantísimas funciones defensivo-inmunitarias. Sus principales acciones consisten en actuar como filtros de la linfa que les llevan los vasos linfáticos y como depósito de cierta cantidad de linfa. Son una parte esencial del sistema inmunológico porque cuando se necesita una respuesta defensiva del cuerpo, en ellos se producen gran cantidad de linfocitos.

EFECTOS DEL DRENAJE LINFATICO MANUAL SOBRE EL ORGANISMO

ESTA TECNICA NO SE DEBE PRACTICAR EN CASOS DE AFECCIONES GRAVES DE LA PIEL Y CUANDO HAY INFECCIONES VIRALES O BACTERIANAS

Desde que, a mediados de los años 30, Emil Vodder y su esposa crearon e introdujeron con éxito el drenaje linfático manual en los tratamientos médicos, su campo de indicaciones médicas se amplió y profundizó. Veamos cuáles son:

🔘 **Acción antiedematizante:** el drenaje linfático manual es capaz de vaciar un linfoedema a través del masaje y así evitar problemas vasculares.

🔘 **Edemas del embarazo:** por una serie de cambios hormonales en el organismo femenino, se produce una retención de agua más o menos manifiesta, en los primeros meses del embarazo, a la que se suma una disminución del tono muscular de venas y vasos linfáticos. Con el drenaje se logra deshinchar las partes más afectadas y mantener la circulación de la sangre sin alteraciones.

🔘 **Fibras musculares:** el drenaje linfático puede influir tanto en los músculos estriados como en los lisos. En la musculatura esquelética (estriado) ejerce un efecto relajante en caso de encontrarse tensos este tipo de músculos; en la musculatura visceral (lisa) cuando son sometidas a una serie de estímulos suaves reaccionan mejorando y activando su automatismo. Este efecto es particularmente interesante en la musculatura lisa intestinal y en la de los vasos sanguíneos que a veces se manifiesta en forma de palidez de la piel sobre la que se aplica el drenaje linfático manual.

🔘 **Acné:** al llegar a la pubertad, se produce en los adolescentes un incremento de las hormonas sexuales que dan lugar a una mayor actividad de las glándulas sebáceas, hasta tal punto que en muchas de ellas se produce un taponamiento. El efecto drenante, antiedematizante y limpiador del drenaje linfático va a mejorar claramente la respuesta de la piel a los diferentes tratamientos del acné.

◌ **Celulitis:** el drenaje representa una ayuda importante para favorecer el drenaje (salida) de los residuos acumulados en las partes afectadas por la celulitis.

LAS CONTRAINDICACIONES DEL DRENAJE LINFATICO

La práctica del drenaje linfático manual está contraindicada, total o parcialmente, en una serie de situaciones o trastornos que conviene puntualizar y tener en cuenta:

ANTES DE COMENZAR UN TRATAMIENTO CON ESTA TECNICA SE DEBE CONSULTAR AL MEDICO DE CABECERA

• **Infecciones agudas:** tanto si son de origen viral (gripes, bronquitis, etc) como bacteriano (heridas infectadas, flebitis, etc), se acompañen de fiebre o no, el drenaje linfático manual, en estas situaciones, está totalmente contraindicado. La vía linfática es una vía posible de propagación de cualquier infección, a la cual no debemos favorecer manualmente con el drenaje. Por norma general, en aquellas partes del cuerpo en que se sospecha la existencia de una infección aguda, no se aplicará el drenaje en toda la zona ni tampoco directamente en aquellas partes hinchadas que estén calientes, enrojecidas y que produzcan dolor con el contacto directo.

• **Insuficiencia cardíaca descompensada:** sea por debilidad de su capacidad impulsora de la sangre o por defectos de sus válvulas, un corazón insuficiente puede dar lugar a un aumento de la presión y provocar un edema. Por lo tanto antes de comenzar un tratamiento de drenaje linfático se le debe consultar al cardiólogo si se puede realizar o no.

• **Flebitis, trombosis, tromboflebitis:** estos trastornos inflamatorios y de la coagulación en el interior de las venas no deben ser manipuladas ni directamente ni en sus partes vecinas.

• **Síndrome del seno carotídeo:** en personas mayores con un avanzado proceso de arteriosclerosis puede verse afectada la arteria carótida, donde hay receptores que regulan el pulso y la presión arterial. El masaje linfático en el cuello de estas personas puede producir un descenso del pulso y de la presión sanguínea con consecuencias peligrosas.

• **Hipotensión:** quienes sufren de presión arterial baja y que con frecuencia muestran signos de hipotensión (sensación de mareo y pérdida momentánea de visión al incorporarse) deben tener cuidado. Para no sufrir un desmayo o lipotimia es necesario que la persona se quede un tiempo acostada cuando se termina la sesión de masaje linfático y se incorpore luego lentamente para poder neutralizar el marcado efecto que ejerce el drenaje.

• **Afecciones de la piel:** no es conveniente porque puede perjudicar el estado de ciertos trastornos cutáneos, como, por ejemplo, los eccemas agudos.

• **Asma bronquial y bronquitis asmática agudas:** Se evitará este masa-

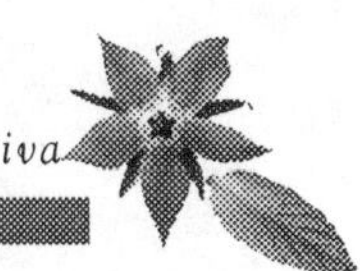

je en pacientes que sufran ataques de asma repetidos y para realizarlos habrá que esperar unos meses desde el último ataque. Ante la menor duda se debe consultar con el médico si el drenaje es beneficioso o no.

• **Hipertiroidismo:** se trata de un trastorno de la glándula tiroides (situada en la parte anterior e inferior del cuello) por el que ésta segrega una mayor cantidad de las hormonas, lo que produce aceleración del pulso, leve temblor de los dedos, debilidad muscular, etc. Cualquier presión de masaje que se haga sobre esta zona puede empeorar el estado de estas personas. Por esta razón quien realice el drenaje debe saber los posibles problemas de salud de la persona que va a atender; de esta manera se evitarán posibles consecuencias.

EL DRENAJE Y LA CIRUGIA

Toda intervención quirúrgica, por los traumatismos que provoca (rotura de vasos sanguíneos y linfáticos, lesiones celulares, etc), produce una reacción inflamatoria local con hinchazón y edema en buena parte de los tejidos afectados y circundantes. La aplicación de masaje linfático antes y después de la operación ayudará siempre a conseguir mejores resultados que si dejamos que el organismo responda por sí solo a la agresión quirúrgica.

• **Aplicación previa:** con el drenaje se activa la circulación linfática de la zona que va a ser operada, lo cual resulta especialmente útil si el paciente presenta ya de por sí una circulación linfática defectuosa. Para mejorar la respuesta circulatoria local se ejercitan los vasos sanguíneos de la zona aplicando compresas calientes y frías.

• **Aplicación post-quirúrgica:** una vez finalizada una operación es casi imposible que no se forme un gran edema. Pero una vez que el paciente ya está en la casa, se le puede hacer drenaje linfático manual para drenar esos edemas y favorecer una más rápida regeneración y reparación de la piel y otros tejidos afectados. Este masaje también favorece la reconstrucción y la nueva formación de los capilares linfáticos dañados y su interconexión con las partes separadas por la herida.

DIFERENCIA ENTRE EL MASAJE Y EL DRENAJE LINFATICO

Masaje corporal

- *Mejora la microcirculación (capilares sanguíneos), activando los procesos de filtración y reabsorción que se verifican en ellos, por lo que se activa la movilización y la eliminación de residuos presentes en los músculos y en el tejido conjuntivo de la parte tratada.*
- *Regula el tono muscular, especialmente de la musculatura estriada o esquelética de nuestro cuerpo.*

- *Mejora o mantiene la elasticidad de músculos, tendones, ligamentos y otras estructuras del tejido conjuntivo a las que también va dirigido.*
- *Efecto estimulante inicial al que sigue un efecto relajante, tanto físico como psíquico.*

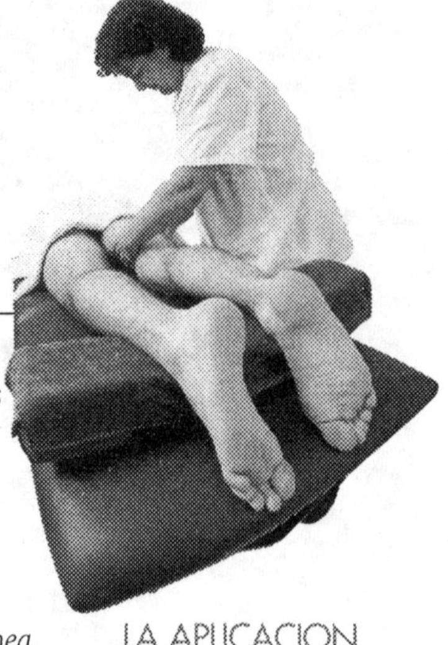

LA APLICACION DE MASAJE LINFATICO ANTES Y DESPUES DE UNA OPERACION AYUDARA A CONSEGUIR MEJORES RESULTADOS

Drenaje linfático manual

- *Actúa sobre los vasos linfáticos activándolos, con lo que se mejora la eliminación del líquido intersticial y de la linfa que por determinadas circunstancias patológicas haya podido acumularse en algunas partes del cuerpo. No aumenta en cambio la filtración en los capilares sanguíneos, como ocurre en el masaje corporal.*
- *Influye sobre las fibras musculares estriadas y lisas.*
- *Va dirigido a activar la circulación linfática, especialmente la subcutánea.*
- *Al tratarse de manipulaciones suaves, lentas y repetidas ejercen un apreciable efecto vagotónico (antiestrés) por activación del sistema nervioso vegetativo de la relajación.*

CONCEPTOS ESENCIALES

✔ La linfa es el líquido que corre en el interior de los vasos linfáticos y todos ellos forman el sistema linfático vascular, que es básico para la supervivencia y la salud del cuerpo. Además de este sistema vascular linfático existen una serie de órganos linfáticos que desempeñan una misión básicamente defensivo-inmunitaria, constituyendo todo ello el sistema linfático (orgánico y vascular).

✔ Si bien el drenaje linfático manual durante mucho tiempo fue considerado un método alternativo, es decir, no académico, en la actualidad goza ya de una base científica bien estructurada gracias a los años de investigación de numerosos médicos y científicos.

✔ Los órganos que forman el sistema linfático son la médula ósea, el timo, el bazo, las amígdalas y los ganglios linfáticos.

✔ En los órganos linfáticos se forman unas células denominadas linfocitos que desempeñan un papel fundamental en las defensas del organismo.

✔ El drenaje linfático manual puede tratar con éxito los problemas por acción antiedematizante, edemas del embarazo, fibras musculares, acné y celulitis.

✔ En caso de infecciones agudas tanto si son de origen viral (gripes,bronquitis, etc.) como bacteriano (heridas infectadas, flebitis, etc), se acompañen de fiebre o no, el drenaje linfático manual está totalmente contraindicado porque la vía linfática es una posible forma de propagación de cualquier infección.

✔ La aplicación de masaje linfático antes y después de una operación ayudará siempre a conseguir mejores resultados.

"TODAS LAS COSAS, SEAN FÍSICAS, MENTALES O ESPIRITUALES, SE TRADUCEN EN TENSIÓN MUSCULAR."

F. Matthias Alexander

"Todo pasa; solo la serenidad permanece."

Lao-Tse

Sección 5

Introducción

LA MENTE Y LA SALUD FISICA

La mente, desde la óptica de la Medicina Alternativa, no es un ente abstracto y por completo separado de lo físico, como durante mucho tiempo lo fue para la medicina y la psiquiatría tradicionales de Occidente.

Por el contrario, la concepción del individuo como un todo es esencial en estas tendencias medicinales. Y, al decir un todo, nos referimos no sólo a mente y cuerpo físico, sino, también, a espíritu y entorno. Todas estas cosas están completamente relacionadas e inciden unas sobre otras en un juego de equilibrio que, a veces, resulta, ante la agresión del mundo moderno, de una gran fragilidad. Por eso hoy como nunca se hace evidente la necesidad -y la ciencia tradicional también hace unos años ha comenzado a coincidir con esta idea- de la armonización de todos estos aspectos, en busca de ese equilibrio que garantiza la verdadera salud integral, no la mera carencia de enfermedad que algunos siguen llamando "salud". El trabajo sobre la mente, entonces, no será un ejercicio suelto y desarticulado, sino sólo parte de una conducta general que incluye cuestiones físicas y hábitos de vida y relación con el entorno. En ese contexto, las disciplinas que comentamos a continuación son el complemento perfecto para el entrenamiento y limpieza de la mente para ponerla en armonía con los otros aspectos de la persona.

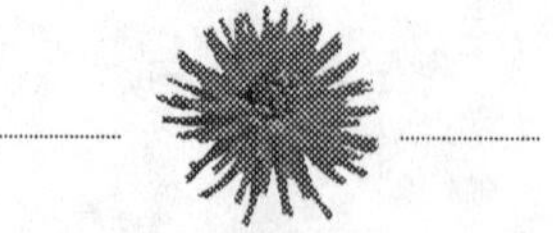

"LA VERDAD ETERNA

NECESITA UN

LENGUAJE HUMANO."

Lao-Tse

CAPITULO I

Meditación

CON UNA POSTURA ADECUADA, UN LUGAR AGRADABLE Y LA DISCIPLINA NECESARIA, SE PUEDE LOGRAR UNA BUENA MEDITACIÓN QUE CONSISTE EN DEJAR LA MENTE EN UN ESTADO FELIZ, NEUTRAL Y AJENO A LOS CONFLICTOS.

Si alguien tiene la idea de que realizar prácticas de meditación es una manera de evadirse de la realidad, o al menos una forma de descansar, por un momento, de lo que llamamos "mundo real", debemos apresurarnos a decir que en todo caso esa idea es muy lejana a la que sirve para acrecentar el bienestar integral de la persona.

Meditar es, en realidad, una manera de volver a entrar en contacto con la realidad. Las personas que vivimos en el mundo civilizado y moderno hemos perdido en gran medida el contacto con la realidad. Confundimos el mundo real con el mundo que tenemos en nuestras propias mentes. Eso es lo que hace que cada día más los tiempos que corren sean caóticos: el choque de "mi" propio mundo mental con el de otro, y este con el de otro, y este otro con el mío, y así.

La vertiginosidad de la vida contemporánea nos va convirtiendo, poco a poco, en personas encerradas en sí mismas. Se habla mucho en estos tiempos acerca del "individualismo" como algo de signo negativo, pero una persona encerrada en sí misma no es un "individuo", es sólo alguien encerrado. Ojalá recuperáramos el "individualismo" en el sentido correcto del término, porque de esa forma dejaríamos de ser llevados de las narices por los intereses de otros.

El verdadero individuo es el que puede decidir con libertad si quiere hacer esto o aquello, comer esta hamburguesa o esta ensalada de verduras, o votar a este o a aquel candidato. Este individuo en el verdadero sentido no se encierra en sí mismo. Está en estrecho contacto con la realidad que lo rodea. Es lo opuesto a alguien encerrado en su propia realidad. Es alguien que participa de la realidad, sin perderla de vista pero también sin dejar que la realidad lo maneje.

SALIENDO DEL ENCIERRO

EL OBJETIVO DE LA MEDITACION ES ARMONIZAR LA MENTE Y EL CUERPO

¿Cómo una tarea individual y en soledad puede redundar en "salirse del encierro"? Es muy simple. Tomemos como ejemplo a un músico, ya que la música tiene tanta importancia en la vida humana (pero queda claro que el ejemplo podría ser tranquilamente un futbolista, o un actor, o un practicante de cualquier clase de disciplina artística o deportiva).

Cuando vemos al músico en un concierto, disfrutamos del despliegue, de emotividad y virtuosismo que nos brinda con su interpretación. El también disfruta, porque en el momento de tocar para un auditorio es cuando cobra sentido su vocación y su pasión por la música.

La música es, esencialmente, un acto comunitario de comunicación: sólo adquiere sentido y trascendencia cuando se conectan el emisor y el receptor, el músico y quien lo escucha (sea esto en un concierto o a través de medios de transmisión como el disco o la radio). Es decir que el trabajo del músico es, fundamentalmente, el de relacionarse con otras personas a través de su arte.

Pero para llegar a ese momento de concreción, el músico ha transitado largos caminos de ejercitación y prácticas individuales, en completa soledad y concentración sobre sí mismo, repitiendo cientos de veces esa escala o ese pasaje difícil, volviendo una y otra vez sobre su instrumento para, en una especie de lucha titánica, lograr dominarlo cada vez un poco más y para que, al tocar, el sonido físico del instrumento se acerque lo más posible al que el intérprete tiene en su mente y en su alma y quiere transmitir.

Dicho de otro modo: para estar en contacto directo con la realidad, ha debido pasar por la soledad y lo individual. Si el músico nunca practicara ni se ejercitara, al tocar en un concierto sonaría torpe y no lograría conectarse con quienes fueron a escucharlo.

Algo similar sucede con las personas que, encerradas en sí mismas, al salir a la realidad no se conectan con ella, porque no han "afinado el instrumento". En cambio, utilizando la meditación en el mismo sentido en que un músico practica (o un deportista se entrena, o un actor ensaya), la persona fortalece su capacidad de comunicación y puede tomar contacto concreto con el mundo real. La meditación es algo muy práctico, no tiene nada de abstracción.

La vida moderna, al menos en Occidente, se maneja con conceptos bastante torpes acerca de lo que es "material" y lo que es "abstracto".

Se llama "material" al dinero, cuando no hay nada más simbólico: un papel que me dice que el gobierno de un país me dará algo a cambio si me presento en el Banco Central. ¿Puede haber algo más abstracto y simbólico que eso? Se necesita de una gran fe para creer en ese papel. Lo cierto es que el dinero es un sistema de símbolos de intercambio económico que se mantiene única y exclusivamente porque creemos en él. Pero es sabido que una mañana cualquiera uno puede despertarse con la noticia de que ese billete ya no tiene valor porque se produjo quién sabe qué crisis en el gobierno; y aunque uno vaya a otro país y jure que hasta el día anterior con ese billete se podía comprar pan o zapatillas, no obtendrá nada "material" a cambio. Tendrá que empezar de nuevo, poniendo su fe en otro billete. Por eso hay pocas cosas más "abstractas" que el dinero.

En cambio, ¿cómo decir que algo que, aunque no lo podamos palpar, produce cambios físicos concretos en nosotros no es algo "material"? Por ejemplo, una meditación activa que al cabo de un tiempo ha regulado ciclos biológicos que hacen que nuestro cuerpo funcione de una manera más ordenada y, por lo tanto, mejore nuestra oxigenación, nuestra digestión y tantos otros procesos, ¿no es algo por demás "material", aunque -dicho en forma graciosa- la meditación no pueda tocarse?

Meditar no es alejarse de la realidad. Es empezar a prestarnos atención para poder limpiar la mente de falsas prioridades y poder "hacer foco" en ella mejorando nuestras capacidades de relacionarnos con las otras personas, enfrentar las adversidades y disfrutar de lo mucho de bueno que, aunque no lo parezca, nos ofrece este mundo.

Este es el sentido verdadero y profundo de la meditación.

UNA ANTIGUA ALIADA DEL HOMBRE

La meditación es un arte muy antiguo, tanto como la historia conocida.

Es una parte integrante de la tradición oriental india que se remonta a miles de años atrás. También ha formado parte de la estructura de otras culturas de todo el mundo, en algunos casos durante muchos siglos.

Sin embargo, a pesar de su antigüedad, es objeto de un gran interés de estudio y de práctica aún a comienzos del siglo XXI.

Swami Rama, el célebre maestro indio, dijo que "la meditación es el estado de encontrarse instalado en la naturaleza esencial de uno mismo".

La simplicidad de este enunciado parece dar fe de su veracidad y proporciona un motivo suficiente para considerar la adopción de esta práctica.

Es realmente importante llegar a conocer quiénes somos realmente y separar en nosotros mismos nuestra "naturaleza esencial" de las imágenes de nosotros mismos que presentamos al mundo exterior. Si no conseguimos hacerlo, corremos un serio riesgo de llegar a creer que la imagen es la persona real.

Mucha gente construye sus vidas sobre este tipo de conclusión incorrecta, lo que les provoca un enorme conflicto íntimo. La verdad sobre quiénes somos se encuentra en la profundidad de nuestro interior, y necesitamos descubrir un camino eficaz y repetible hacia ese centro de serenidad y verdad.

DE TODOS LOS DIAS

La meditación no es algo alejado de nuestras vidas cotidianas. Si lo intentamos, descubriremos que todo lo relacionado con la vida puede convertirse en meditación. Éste debería ser nuestro objetivo en la meditación: refinar nuestra conciencia para que cada pensamiento y cada acción estén en sintonía con el plan universal y, por lo tanto, sean sagrados.

Aunque todo esto pueda parecer bastante elevado, se encuentra al alcance de cualquier persona que desee acceder a ello. Para ser saludables y completos debemos estar en armonía en nuestro interior y también con los otros seres y con los propósitos universales. La carencia de armonía en esos aspectos es lo que nos hace sentir confundidos e incompletos acerca del sentido y la dirección de nuestras vidas, y lo que prepara el terreno para la multitud de enfermedades físicas que pueden afligirnos.

Existe un vínculo inquebrantable en cada uno de nosotros que une el cuerpo, la mente, las emociones y el espíritu. No es algo que debamos alcanzar, sino un hecho inmutable de nuestra naturaleza. La meditación es capaz de tender los puentes entre los diversos aspectos de nuestra naturaleza.

No es necesario construir los puentes: ¡ya están ahí! Sólo necesitan una mano de pintura, por decirlo de algún modo, y ya estarán listos para ser usados. De un modo similar existen puentes entre nosotros y todos los demás seres y condiciones del universo, ya que todos formamos parte de la misma idea cósmica. Una vez tendidos correctamente, podemos esperar a que se den las interacciones correctas entre todos los seres.

De este modo, las tensiones que experimentamos en nuestro interior y con lo que nos rodea se calmarán gradualmente. Sin embargo, debemos cuidar continuamente el mantenimiento de nuestros preciosos puentes si queremos que nos proporcionen un servicio ininterrumpido. Ésta es la función que podemos suplir convirtiendo nuestras vidas en una meditación sin fin.

LA MENTE ACTUA SOBRE EL FISICO

Existen muchos estudios realizados por investigadores médicos sobre los efectos de la meditación en los procesos fisiológicos. Estos estudios muestran de forma reiterada sus efectos beneficiosos en la presión sanguínea, el estado y el ritmo cardíaco, la digestión, la transmisión nerviosa, el funcionamiento muscular y muchos otros parámetros. Es una circunstancia feliz que las estimaciones subjetivas de las personas hayan sido ampliamente confirmadas por estudios médicos fiables.

La siguiente cuestión es: ¿de qué modo puedo meditar y cómo será? La respuesta a la segunda parte de la pregunta es que para usted será diferente de cómo es o ha sido para cualquier otro.

Se ha dicho que existen tantos tipos de meditación como personas que meditan. Usted ya medita de vez en cuando, como cuando se sienta delante de la chimenea y se queda absorto mirando cómo danzan las llamas, o cuando se sienta en un sillón cómodo al lado del equipo de música cautivado por los compases de una obra musical fantástica. Cuando mira al reloj y se da cuenta de que ha pasado el tiempo sin sentirlo, ha estado meditando.

Simplemente, esa pequeña meditación ha sido extremadamente buena para usted. Sin embargo, es algo que podríamos considerar accidental, y lo que intentamos conseguir ahora es una meditación intencionada y regular: algo profundo, exquisito y reparador para el alma.

COMO MEDITAR

LA MEDITACION REQUIERE REGULARIDAD, DISCIPLINA, SOBRE TODO DURANTE LOS PRIMEROS MESES, CUANDO TODAVIA NO SE HA ADQUIRIDO EL HABITO.

¿Cómo se empieza? Sólo son necesarias unas pocas cosas:

- Determinar un momento del día del que pueda disponer regularmente sin problemas. Intente levantarse media hora antes de lo habitual.
- Buscar un lugar especial en su casa que sea tranquilo, quizá un poco apartado, donde se pueda sentir bien.
- Preparar un sillón o un cojín donde se encuentre cómodo. Siéntese erguido; no se trata de dormirse.
- Debe usar ropa holgada y cómoda. Cuando esté sentado cómodamente, cierre los ojos, relaje los músculos, deje a un lado todos los pensamientos y tome conciencia de su respiración. Por el momento, su pantalla mental queda en blanco. Los pensamientos volverán inevitablemente, porque estamos muy acostumbrados a tenerlos.

Cuando aparezca un pensamiento, sea consciente de él, no finja que no lo tiene, pero déjelo pasar y vuelva a su respiración. Puede que experimente colores o una escena que recuerde de forma agradable.

Estos pensamientos pueden aceptarse. Verá que es transportado a una realidad distinta y muy apacible. Finalmente, se dará cuenta de que quizá ya sea hora de volver a la realidad cotidiana. Tómese un tiempo para ajustarse a esa idea y tenga conciencia de sus músculos, mueva los hombros, estírese un poco y abra los ojos suave y lentamente.

Ésta es una breve descripción de lo que puede ser su primera experiencia de meditación intencionada.

Probablemente, querrá volver a repetirla, ya que es muy agradable. Sin embargo, recuerde que también medita por otros motivos, entre otros, para conocerse mejor a sí mismo y para convertirse de forma permanente en una persona con una salud mejor e, incluso, para llegar a ser un mejor habitante del planeta.

Puede meditar por su cuenta; de hecho, muchos lo hacen, aunque es posible que otros consideren beneficioso recibir la instrucción de alguien experimentado en este tipo de práctica. Existen, afortunadamente muchas personas así, idóneas y capaces de transmitir una enseñanza noble.

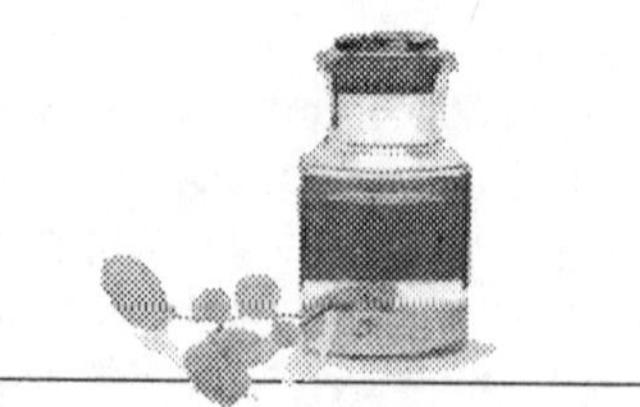

UNA FORMA NATURAL DE DESHACERSE DE LAS PREOCUPACIONES APORTA CLARIDAD MENTAL Y PROPORCIONA PAZ Y SERENIDAD.

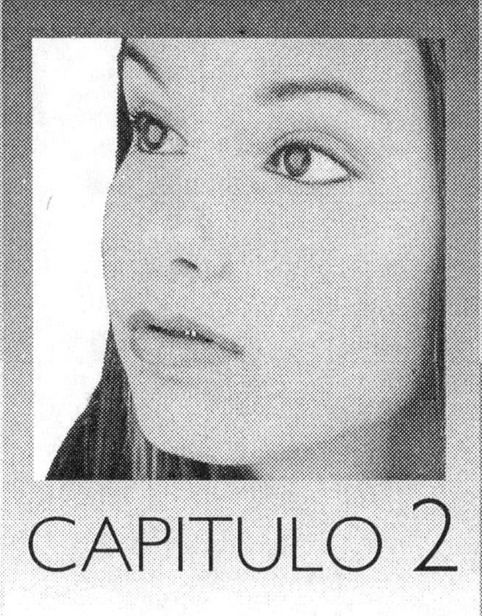

CAPITULO 2

Meditación Trascendental

ESTA TÉCNICA MENTAL DE LA MILENARIA INDIA SE CONVIRTIÓ EN UN VERDADERO BOOM DE LOS TRATAMIENTOS ALTERNATIVOS PARA NUMEROSAS ENFERMEDADES YA QUE ES MUY FÁCIL DE PRACTICAR Y NO POSEE CONTRAINDICACIONES.

La Meditación Trascendental es una técnica mental que proviene de la ancestral tradición védica de la India y fue introducida en Occidente hace más de 40 años por el Maharishi Mahesh Yogi, maestro espiritual hindú, graduado en física y conocido por haber sido el gurú de Los Beatles.

Una de las enfermedades que se pueden tratar con esta técnica es la hipertensión, muy conocida como "el asesino silencioso".

La Organización Mundial de la Salud (OMS) califica a la presión alta como una "epidemia universal " y calcula que sólo en los Estados Unidos hay 23 millones de hipertensos, de los cuales la mitad lo ignora y, los restantes que lo saben, no están siguiendo un tratamiento efectivo.

Por otra parte, estudios realizados por la cátedra de fisiología de la Facultad de Medicina de la Universidad de Maryland, EE.UU. afirman que si alguien es hipertenso, cada pequeño incremento de la presión arterial aumenta las posibilidades de que sufra disfunciones cardíacas, cerebrales o renales. La hipertensión es tan asintomática que ha sido comparada con una "bomba de tiempo activada" en el organismo. Muchos especialistas afirman que cuando esta bomba explota, ya puede ser demasiado tarde para restaurar la salud. Por eso siempre es aconsejable consultar a un profesional, hacerse un chequeo de inmediato...Y meditar.

LO IDEAL ES MEDITAR TODOS LOS DIAS 20 MINUTOS, A LA MAÑANA Y A LA NOCHE ANTES DE ACOSTARSE

POR QUE MEDITAR

A alguien se le puede ocurrir que reducir una leve hipertensión no es un gran mérito. Sin embargo, hasta una pequeña elevación de la presión sanguínea se considera peligrosa a largo plazo.

Para las compañías de seguro la hipertensión es el indicador más importante de la expectativa de vida. Un hombre de edad madura con presión normal (12/8) tiene probabilidades de vivir16 años más que alguien con hipertensión moderada (15/10).

Frente a esta realidad, y desde hace unas décadas, las investigaciones con hipertensos que realizan Meditación Trascendental recibieron una amplia cobertura en los medios de comunicación más importantes del mundo. Por ejemplo, el famoso diario *New York Times* concluyó que la técnica proveniente de la ancestral tradición Védica de la India, introducida a Occidente hace 40 años por el Maharishi Mahesh Yogi (maestro hindú graduado en física y ex gurú de los Beatles), "puede ser notablemente efectiva" para controlar la hipertensión.

Dos estudios efectuados por expertos descubrieron que -en períodos de seguimiento de 5 y 15 años- el programa de Meditación Trascendental logra bajar la presión y provocar en gran medida el equilibrio psicológico de los practicantes, contribuyendo a reducir la enfermedad cardiovascular y a incrementar la longevidad con una excelente calidad de vida.

Por otra parte, otra investigación reciente informó que el costo del programa de Meditación Trascendental en el tratamiento de la hipertensión es significativamente menor que el costo de las drogas convencionales usadas en dicha terapia. Por si esto fuera poco, el programa de meditación no produce efectos colaterales perjudiciales.

La Meditación Trascendental no es una religión ni una filosofía. Es un método que se practica todos los días, entre 15 y 20 minutos, a la mañana y a la noche antes de acostarse. Inunda a la mente y al cuerpo de un profundo estado de rejuvenecimiento y de una gran relajación. Y además, como si fuera poco, regulariza la presión arterial.

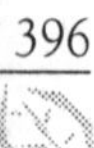

CIENTIFICAMENTE COMPROBADO

Hace tiempo que los investigadores interesados en las afecciones cardíacas estudian el rol que desempeña el estrés en problemas circulatorios letales.

La hipertensión, dolencia crónica en la que aparentemente desempeñan un importante papel los generadores psíquicos de tensión, es el más común de todos los trastornos circulatorios. Como ya dijimos, en la actualidad, millones de personas sufren de alta presión y sus graves complicaciones.

Pero...¿por qué es tan peligroso el estrés? Muy sencillo: porque causa constricción de los vasos sanguíneos, con el consiguiente aumento en el consumo de oxígeno del corazón. Claro que, además, intervienen otros factores generadores de hipertensión arterial, como la herencia, la estructura corporal, el consumo de tabaco, las dietas altamente grasas y estilos de vida sedentarios, que aumentan las posibilidades de contraer enfermedades cardíacas.

Los científicos han descubierto que la inestabilidad emocional (inestabilidad del sistema nervioso autónomo) es la precursora de la hipertensión. La gente que padece de alta presión tiende a estar a la defensiva y a considerar su ambiente como hostil. Estos hallazgos han hecho pensar que la Meditación Trascendental puede ser muy valiosa para el tratamiento de millones de hipertensos.

Recordemos: se considera presión normal la de 12 (sistólica o alta) y 8 (diastólica o baja). Sobre esta base, los especialistas comenzaron a trabajar.

La experiencia fue realizada por primera vez en 1974, en la Escuela de Medicina de Harvard. Se observaron a 22 pacientes hipertensos 1200 veces, antes y después de que aprendieran a meditar.

En un período comprendido entre un mes y 5 años, sus presiones promedio descendieron de 15/ 9 a 14/8. Esto fue suficiente para que la cifra baja (presión diastólica) descendiera de lo fronterizo a una lectura aceptable. No bajó lo suficiente la cifra alta (presión sistólica), que se considera normal entre 12 y 13 , pero al menos había una mejoría significativa. Idénticos resultados fueron obtenidos posteriormente en muchos otros estudios, independientemente de que los pacientes estuvieran o no medicados para regular la presión sanguínea.

TRASCENDER... LA PRESION ALTA

ESTA MEDITACION NO REQUIERE VISUALIZACIONES. ALCANZA CON PENSAR UN MANTRA

En la Meditación Trascendental, el proceso de trascender los pensamientos que surgen es mecánico. Se repite un sonido especial, sin significado, que se denomina "mantra". Este permite que la conciencia alcance niveles más sutiles de atención, hasta que trasciende o va "más allá" de todo pensamiento. Uno se sienta confortablemente en una silla y cierra los ojos. Nada más.

En la actualidad, cerca de 5 millones de personas la practican y alrededor de 500 estudios científicos comprueban sus beneficios.

Los que sufren de hipertensión pueden seguir el consejo de la mismísima Asociación Americana del Corazón: "meditar-no simplemente medicar- combate la presión alta".

Por su parte, un estudio publicado en *Hipertensión*, revista de la citada Asociación, encontró que el programa de Meditación Trascendental es tan efectivo como los medicamentos para reducir la presión alta, y sin efectos colaterales riesgosos.

"Este estudio, al igual que otros cientos realizados, aclaró por qué los médicos están recomendando ahora dos breaks de 20 minutos por día de Meditación Trascendental, y por qué más y más gente está siguiendo el consejo del doctor y aprendiendo esta técnica", dijo Frank Di Chiara, jefe del departamento de Medicina del Centro Médico del Condado de Ocean, New Jersey. Y agregó: "Las investigaciones demuestran que la técnica no sólo reduce el estrés y la presión arterial alta, además incrementa la creatividad y la inteligencia, hace más lento el proceso de envejecimiento, mejora las relaciones humanas y disminuye el crimen en la sociedad".

Una investigación sobre la psicofisiología de la meditación, realizada por la Escuela de Medicina de la Universidad de California, en Los Angeles, descubrió los cambios más importantes que ocurren en la fisiología cuando una persona aprende a "trascender". Durante la práctica de la técnica, el cuerpo muestra señales de profunda relajación, además de los siguientes beneficios:

-Se respira más lentamente.

-Disminuye el consumo de oxígeno.

-La actividad metabólica del cuerpo (que se mide por la cantidad de oxígeno que emplea) desciende a niveles más profundos que los del sueño.

Experimentos posteriores que se hicieron con meditadores con más experiencia mostraron que muchos de ellos podían lograr un nivel de descanso dos veces más profundo que el del sueño, casi en el momento en que cerraban los ojos para meditar. Sin embargo, mientras el cuerpo estaba relajado, la mente se mantenía alerta.

Las ondas cerebrales de los meditadores, que se miden por medio de un electroencefalograma, indicaban un estado de alerta total, que aumentaba durante la sesión de meditación.

La conclusión de muchos científicos es que la meditación produce un "estado de alerta hipometabólico" (descripción fisiológica del proceso de "trascendencia"). Los mismos meditadores dicen experimentar sensaciones de alerta, de silencio interno, de profunda relajación y de tranquilidad. Habrá que creerles.

COMO MEDITAR

La Meditación Trascendental, adaptada a nuestra civilización occidental, dista mucho de la meditación practicada por los monjes y lamas orientales. Es una técnica muy simple que se realiza de la siguiente manera:

- Practíquela dos veces por día (con preferencia, por la mañana y por la noche) durante aproximadamente 20 minutos.

- Siéntese cómodamente en una silla con la espalda bien derecha, apoyado contra el respaldo para evitar la flexión de la columna.

- Apoye las manos sobre los muslos, de modo que los brazos cuelguen

libremente desde los hombros.

- Cierre los ojos y relaje los músculos oculares. Se consigue la máxima sensación de reposo ocular dirigiendo la cara hacia adelante, como si tratara de visualizar el horizonte.

- Repita un mantra mentalmente. Definir el término sánscrito "mantra" como "pensamiento-sonido", tal como suelen hacer muchos instructores, no se justifica. Las palabras que se comportan como mantras no tienen por qué ser obligatoriamente de origen sánscrito o hebreo, por ejemplo. Puede ser cualquier palabra, tenga significado o no, siempre y cuando reúna ciertas particularidades (especificadas por el instructor personal) y se repita mentalmente con un ritmo "dactílico" (ritmos fisiológicos que responden a la batuta del director máximo de la orquesta: el cerebro).

- En el curso de las primeras sesiones, puede controlar el tiempo mirando el reloj con los ojos entornados. Pero con la práctica, el reloj biológico de su cuerpo funcionará con suma precisión y le hará percibir el instante próximo a los 20 minutos. Entonces, deberá interrumpir la repetición mental del mantra, permanecer con los ojos cerrados durante un minuto y luego abrirlos con lentitud. Incorpórese y vuelva a su actividad naturalmente.

- Medite en su casa, en un lugar donde reine la calma y la penumbra. De todos modos, también puede hacerlo, ocasionalmente, en cualquier lugar y situación que le provoque tensión (en medios de transporte, en salas de espera, en momentos previos a cualquier exámen, actuación o toma de decisión, etcétera).

- No es necesaria la adopción de ningún credo religioso, ni de ninguna filosofía. Tampoco requiere posturas especiales (asanas), ni rituales, ni ambientes exquisitos perfumados por el aroma del incienso.

- Sus efectos son acumulativos. Uno mismo y quienes nos rodean advierten un cambio positivo en el comportamiento. Estos efectos, comprobados fehacientemente, han creado una conciencia tendiente a consolidar la paz y la felicidad en todo el mundo.

VERDADERO Y FALSO ACERCA DE LA MEDITACIÓN TRASCENDENTAL

-Meditar es para gente con gran poder de concentración y que le gusta estar mucho tiempo sola.

Falso. La Meditación Trascendental no requiere de mucha concentración ni de un gran control mental. Por otra parte, para practicarla no es necesario ser un ermitaño deseoso de separarse de la sociedad, ni muy religioso.

-Los resultados se obtienen luego de años de práctica y se entra en una especie de trance hipnótico.

Falso. Todo lo contrario. No sólo se disfruta de los beneficios después de la primera o segunda meditación, sino que también se evitan los estados de autoalucinación. La mente se mantiene relajada y alerta (durante y después de la meditación), lo cual es de gran ayuda para las cuestiones prácticas de la vida.

-*Todas las meditaciones son iguales. Con cualquiera podemos combatir la hipertensión.*

Falso. Docenas de culturas orientales han practicado muy diferentes estilos de meditación durante miles de años. Por desconocimiento a veces podríamos hacer una meditación desaconsejable y sufrir efectos indeseables. La Meditación Trascendental, en cambio, no presenta contraindicaciones.

-*Los beneficios de la meditación trascendental perduran mucho tiempo después de la práctica en sí misma.*

Verdadero. Se comprobó que otras técnicas que emplean ejercicios de relajación combinados con pensamientos tranquilizantes son efectivas, pero su utilidad se limita al momento de la práctica. Los efectos benéficos no permanecen. La gente que practica Meditación Trascendental regularmente no desarrolla hipertensión. Los resultados son más duraderos y acumúlativos -la presión sanguínea se conserva baja aún después de la meditación-.

-*Esta técnica no requiere ningún tipo de visualización ni ejercicio de imaginación.*

Verdadero. La Meditación Trascendental no exige visualizar colores, ni escenas tranquilas, ni recordar momentos agradables. Por el contrario, simplemente repitiendo un mantra se actúa en un nivel muy profundo. Ahora, si usted tiene algunos kilos de más, si fuma, si no hace ejercicios con regularidad o si existen casos de hipertensión en su familia, entonces tiene un riesgo mayor de volverse hipertenso. Aunque medite.

-*La disciplina del Maharishi Mahesh Yogui fue la primera en arrojar resultados favorables para la ciencia occidental.*

Verdadero. En muchos hipertensos, la ciencia verificó un descenso en la presión arterial luego de hacer Meditación Trascendental. Aunque algunas variaciones fueron leves, estadísticamente son muy significativas. Muy pocas disciplinas orientales fueron sometidas con tanta minuciosidad como ésta al análisis científico.

"EL OBJETIVO DE LA MEDITACIÓN ES DEJAR LA MENTE EN UN ESTADO NEUTRAL Y AJENO A LOS CONFLICTOS, QUE NOS CONDUZCA A LA PAZ CON NOSOTROS MISMOS."

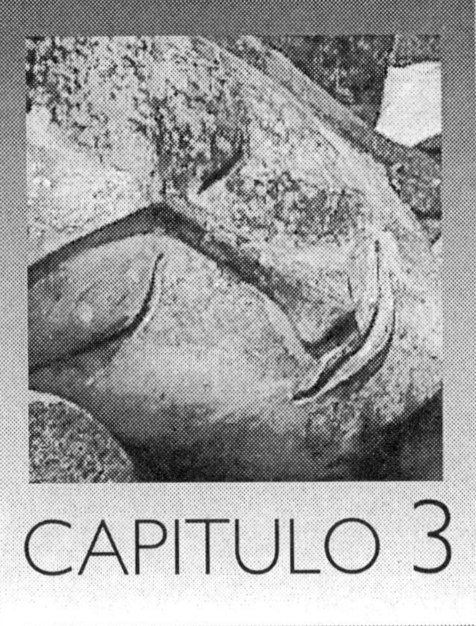

CAPITULO 3

Meditación Zen

ADEMÁS DE PROMOVER LA PURIFICACIÓN ESPIRITUAL Y BUSCAR LA ILUMINACIÓN, ESTA DISCIPLINA REÚNE PROPIEDADES CURATIVAS TANTO A NIVEL PSICOLÓGICO COMO ORGÁNICO.

La filosofía budista, con sus enseñanzas y preceptos transmitidos desde hace milenios hasta nuestros días, representa una de las religiones más importantes del mundo y, sin duda, la más antigua de todas. La doctrina budista sobrepasa el campo de la filosofía y de la ciencia, porque establece que solamente a través de la percepción directa y del autoconocimiento podremos alcanzar la naturaleza original inherente a todos los seres sensibles. Es que el budismo no sólo perfecciona nuestra mente y nuestro cuerpo sino que, también, nutre nuestro corazón de bondad y com-

pasión, haciéndolo florecer en toda su plenitud. Una de las herramientas de las que se vale el budismo para arribar a tales fines es el Zen, una disciplina milenaria que aún hoy mantiene su vigencia y que es utilizada tanto como vehículo para alcanzar la Iluminación como para solucionar de numerosas afecciones que aquejan al ser humano.

EL LEGADO DE BUDA

El Zen fue descubierto inicialmente por un príncipe de nombre Siddhartha Gautana (llamado Shakyamuni después de su Iluminación y conocido en todo el mundo como Buda, que significa "El Iluminado"), nacido en la India hace 2.500 años. Cuando tenía alrededor de 30 años renunció a su vida mundana, se hizo asceta y comenzó un camino de crecimiento espiritual. Descubrió que el dolor siempre está presente en el hombre (por ejemplo, en los procesos de enfermedad, envejecimiento y muerte, cuando se está separado de lo que uno quiere o junto a lo que uno no quiere, cuando se obtiene lo que uno no desea o no se obtiene lo que uno desea) y que la única forma de librarse de ese sufrimiento era mediante una vida regida por un orden moral y la práctica del desapego de los deseos. Después de alcanzar la Iluminación y ser llamado Buda enseñó a sus discípulos el método Zen, que fue transmitido desde la India (donde era llamado "Dhyana", en sánscrito, "meditación") a China (allí se lo denominó "Cha'n") y posteriormente a Japón (donde pasó a llamarse "Zen"). El método Zen tiene existencia eterna y universal y no requiere un profesor para transmitirlo; lo que es enseñado por los maestros es solamente el método a través del cual un individuo puede, por su propia experiencia, conocer el Zen.

Algunas personas entienden equivocadamente al Zen como algún tipo de experiencia misteriosa que permite adquirir poderes sobrenaturales. Es evidente que el método para la práctica de la meditación Zen puede causar diversos tipos de fenómenos extraños en lo que concierne a la sensación mental y física. El Zen hace hincapié en la importancia de llegar a la Iluminación mediante la intuición y no tanto por medio del conocimiento intelectual. También, a través de la práctica de la unificación del cuerpo y de la mente, el individuo puede quedar capacitado para alcanzar el poder mental que le permita controlar o alterar factores externos. Esa armonía, el proceso de esclarecimiento para poder determinar cuáles son las cosas verdaderamente esenciales, puede alcanzarse a través de la meditación. Los mejores horarios para practicarla son a la mañana temprano o a la noche antes de acostarse a dormir, por espacio de diez o quince minutos al principio. En un primer momento uno tarda en darse cuenta de los efectos, pero éstos siempre se manifiestan.

PARA SABER LO QUE NOS SUCEDE NO TENEMOS MAS REMEDIO QUE MIRAR DENTRO: COMPRENDERNOS, CLARIFICAR LAS ASPIRACIONES, SIMPLIFICAR LOS DESEOS Y ENCONTRAR EL PROPOSITO DE NUESTRA EXISTENCIA

¿QUE ES LA MEDITACION ZEN?

Históricamente hablando, los más importantes líderes religiosos, filósofos, científicos o artistas, del Este o del Oeste, deben, en mayor o menor grado su grandeza a la práctica del Zen. Se trata del mejor método para descubrir y desarrollar la sabiduría y el poder físico ocultos dentro de las personas. No es difícil transformar a una persona común en una importante, a una persona simple en un genio, a una persona físicamente débil en una fuerte y mejorar a aquellas que ya son brillantes, lo que habilita de esta manera a todos los individuos a tornarse perfectos. Por lo tanto, la meditación Zen es la mejor forma de fortalecer la vida humana y mejorar la sociedad por completo. Para una persona común, la meditación Zen puede fortalecer su determinación y perfeccionar su carácter, circunstancias que la ayudarán a adquirir una mayor motivación y nuevas esperanzas, además de una clara percepción y comprensión del ambiente que existe a su alrededor.

La eficacia del Zen deriva de la concentración de la mente en un punto cualquiera, abstracto o concreto. Este nivel puede ser alcanzado mientras se está caminando, de pie en la parada del ómnibus, sentado, estudiando, durmiendo, en oración, confesión, recitación o en cerrada contemplación y cuidadosa escucha. Si bien la búsqueda de la experiencia Zen no requiere que se adopte una posición específica, el método más eficaz es sin duda la postura completa de loto. Consiste en mantenerse sentado con las dos piernas cruzadas, apoyando los pies sobre los muslos (como variante, para quien no le resulte cómoda la posición, está la postura de semiloto -un pie apoyado sobre un muslo y el otro abajo- o la postura común, con las dos piernas cruzadas), las palmas de las manos hacia arriba, unidas formando un óvalo -con los pulgares tocándose- y la espalda siempre recta. Además, debe tenerse en cuenta la concentración en la respiración: en la primera secuencia de inhalación y exhalación se cuenta uno, en la siguiente se cuenta dos y así sucesivamente hasta llegar a diez. En caso de lograrlo, algo muy difícil al comienzo, hay que iniciar una cuenta regresiva.

VENTAJAS DE LA RESPIRACION ABDOMINAL

Normalmente, la persona utiliza el tórax como el centro de su respiración. El practicante de meditación Zen, en cambio, desplaza este centro hacia el abdomen. La idea es utilizar la compresión abdominal como un agente ligado al control de la mente sobre el sistema nervioso para dilatar los vasos sanguíneos, disminuir la presión arterial y relajar los nervios. El dislocamiento del centro de respiración del tórax al bajo abdomen no puede ser realizado con pocos días de práctica y, si fuera impuesto a aquellos que psíquicamente no estén preparados, la práctica de este método puede provocar enfermedades. El camino seguro es seguir el curso natural a través de la concentración sobre la respiración. Después de cierto período de tiempo su respiración irá "descendiendo" de a poco y su frecuencia será reducida. Cada pausa entre la inhalación y la exhalación se irá extendiendo naturalmente y algún día usted constatará que la respiración descendió de su tórax hacia la parte inferior de su abdomen.

La respiración abdominal puede enviar la sangre de su reserva en el hígado hacia el corazón, donde tendrá una mejor utilización. Un tercio

LOS PRIMEROS PASOS DE LA MEDITACION SON: UNA BUENA POSTURA CORPORAL Y UNA RESPIRACION CORRECTA de la sangre de una persona es retenida en el hígado y en el bazo y la restante es igualmente dividida entre el corazón y los músculos. Por lo general, la sangre existente en el hígado y en el bazo no ingresa al sistema circulatorio, pero cuando es necesario puede suplir la deficiencia en el corazón. Entonces, la respiración abdominal es exactamente como adicionar un corazón auxiliar al organismo; esto aumenta en gran escala el volumen de sangre en el sistema circulatorio, refuerza la función de distribución de la alimentación y reactiva la estructura atrofiada de la célula, capacitándola para recuperar su función regenerativa. Por ese motivo, la meditación Zen puede curar todo tipo de enfermedades serias y crónicas, incluso aquellas que no consigue resolver la medicina tradicional. A pesar de que no produce resultados inmediatos, la meditación Zen puede estabilizar las emociones, reducir la ansiedad y aliviar el sufrimiento.

LOS BENEFICIOS DEL ZEN

LA MEDITACION ES UNA DE LAS FORMAS DE CENTRARSE Y DESPLEGAR SU POTENCIAL

A través de la meditación Zen, además de poder observarnos interiormente y reconocer nuestros propios errores, nos volvemos capaces de obtener tres cualidades principales:

1) *Un cuerpo vigoroso.*
2) *Una mente alerta.*
3) *Una personalidad purificada.*

Por otra parte, el examen de las reacciones del cuerpo y de la mente en la meditación Zen constató enormes beneficios para la salud. En su libro *Zen Nosumume* (*Introducción al Zen*), el Doctor Sato Yukimasa, profesor de psicología de la Universidad de Kioto, Japón, declaró que la meditación Zen posee diez propiedades psicológicas:

1) *Refuerza la paciencia.*
2) *Cura predisposiciones alérgicas.*
3) *Intensifica la fuerza de voluntad.*
4) *Mejora el poder de razonamiento.*
5) *Educa la personalidad.*
6) *Calma de inmediato la mente.*
7) *Estabiliza las emociones.*
8) *Eleva la actividad espiritual y la eficiencia.*
9) *Elimina enfermedades e indisposiciones.*
10) *Conduce a la Iluminación.*

Asimismo, de acuerdo con Hasekawa U. Saburo, la meditación Zen es el remedio ideal para atender las siguientes dolencias:

- ✔ Nerviosismo.
- ✔ Falta o exceso de jugo gástrico.
- ✔ Distensión abdominal y meteorismo.
- ✔ Tuberculosis.

- ✔ Insomnio o dificultad para dormir.
- ✔ Indigestión.
- ✔ Atonía del estómago y del intestino.
- ✔ Constipación crónica.
- ✔ Diarrea.
- ✔ Piedras en la vesícula biliar.
- ✔ Hipertensión arterial.
- ✔ Un complemento de los procesos orgánicos

Si usted aprende el método de meditación Zen puede reducir las distracciones desordenadas e inútiles y mantener en forma constante a su mente en un estado tranquilo de lucidez y frialdad, a fin de que ella pueda ejercer su función en alto grado cuando sea necesario. Esto coordinará las glándulas endocrinas, los sistemas nerviosos simpático y parasimpático y actuará simultáneamente como complemento de los procesos orgánicos. Por ejemplo, las glándulas pituitaria, pineal, tiroides y timo, pertenecientes al sistema nervioso simpático, pueden causar la contracción de los vasos sanguíneos, elevando la presión arterial y activando el estímulo de la función del cuerpo. El resultado es el desenvolvimiento de reacciones alertas y sensitivas. Por otro lado, las glándulas endocrinas, suprarrenales y las de los ovarios, testículos y páncreas, correspondientes al sistema nervioso parasimpático, pueden provocar la dilatación de los vasos sanguíneos, bajando la presión arterial y disminuyendo el estímulo de la actividad del cuerpo; el resultado es la efectivización de un carácter estable y firme. La combinación de las ventajas de estas dos cualidades formará, por lo tanto, una personalidad equilibrada.

La presión del trabajo, la excesiva tensión del cerebro, la excitación extrema o la ira, provocadas por factores externos, causará la contracción de los vasos sanguíneos, la aceleración de las pulsaciones, la elevación de la presión arterial y la disminución de la respiración, produciendo de esta manera enfermedades tales como hemorragia cerebral, insomnio, palpitaciones, zumbido en los oídos, nerviosismo e indigestión. El motivo es que cuando las emociones son violentas se genera un desequilibrio en la función glandular y se liberan sustancias tóxicas en la sangre, mientras que la meditación Zen transforma una emoción perturbada en disposición calma y abierta. Entonces, ningún peligro lo dejará aprensivo, ninguna alegría lo tornará ansioso, ninguna ganancia lo hará sentirse rico, ninguna pérdida lo hará sentirse pobre, ninguna contrariedad lo frustrará y ningún hecho agradable lo excitará.

EXPANDIENDO LOS LIMITES DEL "YO" EGOCENTRICO

En resumen, la meditación Zen brinda una garantía de protección tanto para el cuerpo como para la mente y constituye un método para coordinar las funciones de todos los órganos, ya que los auxilia para trabajar y alcanzar un mejor desempeño. Este proceso se inicia a través del ajuste del cuerpo, la respiración y la mente, reduciendo la sobrecarga del sistema nervioso para disolver la imagen de visiones subjetivas y expandir los límites del "Yo" egocéntrico, tornándolo más y más generoso. La mente subjetiva será entonces unificada con la mente objetiva y, una vez alcanzado ese nivel, aunque no estén removidas todas las inquietudes, la salud mental y física del individuo estará libre de toda amenaza. La razón de que una persona sea codiciosa, llena de odio, carente de autocrítica, rencorosa con los otros e irracional tiene su origen en la excesiva tensión (estrés) que producen las visiones subjetivas. Tal persona piensa que nada se opondrá a su visión subjetiva y entonces resiste a todo: persigue el objeto que no tiene y, después de conseguirlo, si lo ama temerá perderlo o, si no está satisfecha con lo que obtuvo, se preocupará porque no puede librarse de él. O sea que la persona se perturba cuando no consigue lo que quiere y también cuando lo consigue. La meditación Zen permite revertir la actitud subjetiva de una persona egocéntrica y transformarla en objetiva.

Una personalidad perfecta puede ser cultivada mediante la educación, las artes o la religión. Sin embargo, uno de los mejores caminos para lograrlo es la meditación Zen, porque a través del descubrimiento interior de sí mismo una persona puede alcanzar la sublimación de la personalidad. Debido a su independencia de factores externos, sin escrituras u oraciones teóricas de por medio, el Zen -aunque producto del budismo- se constituye en un método de ejercicio que perdura en todas las épocas. Practicar el Zen es como pelar una banana: cuando todas las nociones ilusorias del "Yo" hayan sido retiradas capa por capa, usted percibirá no solamente el "Yo" disfrazado y pretencioso sino también el "Yo" expuesto. Usted comienza con la pretensión de descubrirse a sí mismo y termina comprendiendo que, verdaderamente, no existe nada para ser descubierto.

LA ILUMINACION, EL OBJETIVO FINAL

A través de la práctica del método Zen, la meditación reduce gradualmente los pensamientos inquietos hasta que se alcanza el estado de no dispersión. De esta forma, naturalmente, se comprende que la existencia en el pasado fue construida sobre un cúmulo de nociones perplejas y erróneas, las cuales no representan a su verdadero "Yo". Este es un todo inalienable de los factores externos, que no son más que las diferentes partes de su propia existencia subjetiva. Así no hay que buscar o despreciar nada; su intento es construir la totalidad del "Yo" dentro de una existencia más perfecta y disciplinada. El practicante del Zen, una vez alcanzado ese estado, se convierte en una persona repleta de cálida compasión por todos los seres humanos. Su carácter es radiante y abierto. Aunque exteriormente pueda mostrar emociones a causa de la propagación de las enseñanzas, por dentro su mente permanece calma y clara en forma constante, como las aguas otoñales de un lago. A esa persona se la conoce como un Santo Iluminado.

EJERCICIOS ESPIRITUALES, KARMA Y NIRVANA

Además de la meditación, el Zen cuenta con otros métodos para alcanzar la Iluminación. Uno de ellos es la Práctica del Arrepentimiento, consistente en recitar con cierta frecuencia, en voz alta o para sí mismo, la siguiente oración: "Me arrepiento de todos los hechos cometidos por el cuerpo, la mente y la palabra desde los tiempos sin comienzos". Los budistas creen en la reencarnación y suponen que arrastran faltas de sus vidas pasadas, lo que ellos denominan Karma, que encuentran alivio mediante el arrepentimiento. El Karma es una fuerza, una energía generada por los actos del ser humano en sus existencias anteriores, que determina el resultado de la vida siguiente y conduce a renacer en un determinado estado, sexo, lugar o condición. A medida que con nuestras actitudes vamos extinguiendo el Karma se termina la razón de seguir renaciendo y entonces se arriba al Nirvana (significa "extinción"), un estado de pureza y anonadamiento total, el objetivo supremo del camino preconizado por el budismo. Se lo define también como una etapa a la cual se arriba después de que un ser ha extinguido completamente su mal Karma y ha cortado todos los lazos de dependencia con el mundo terrenal.

LOS CINCO PRECEPTOS MORALES DEL BUDISMO

1) *No matar ni dañar ninguna vida (por eso sus seguidores son vegetarianos).*

2) *No robar ni tomar lo que no nos es dado.*

3) *No mentir, injuriar o maldecir ni utilizar en forma liviana la palabra.*

4) *No tener una vida sexual inadecuada (se justifica dentro del matrimonio y como fin para la procreación).*

5) *No tomar intoxicantes (incluidos el alcohol y, en lo posible, el tabaco).*

"EL QUE NADA SE PERDONA A SÍ MISMO, MERECE QUE SE LO PERDONEMOS TODO."

"La oscuridad
de la sombra del pino
depende de la
claridad de la luna."

maestro Kodo Sawaki

CAPITULO 4

Meditaciones Osho

OSHO PROPONE, A TRAVÉS DE SUS TÉCNICAS DE CONCENTRACIÓN, UNA FORMA DIFERENTE DE ACERCAR LA MEDITACIÓN A TODOS LOS INDIVIDUOS.

Las más sofisticadas técnicas meditativas para relajarse, tener más salud y aumentar la alegría de vivir, ya no son un patrimonio exclusivo de místicos preparados especialmente. De manera muy simple y directa, este sistema adaptado a nuestra cultura por un famoso maestro hindú, nos propone acceder a ejercicios que podemos practicar al levantarnos por la mañana, en el trabajo, por la noche en el hogar...

"Mis meditaciones tienen el propósito de llevarte de regreso a tu niñez, cuando no eras respetable, cuando podías hacer cosas locas, cuando eras inocente. Me gustaría que regresaras a ese punto. Desde allí, comienza de nuevo", aconseja Osho, que nació en Kuchwada, Madya Pradesh, India, el 11 de diciembre de 1931 y dejó su cuerpo el 19 de enero de 1990.

A los 21 años completó sus estudios académicos y pasó varios años enseñando filosofía en la Universidad de Jabalpur. Viajó a través de toda la India dando conferencias, ganándose la fama de "maestro hindú innovador".

Recopiló y "bajó a tierra" lo que hasta ese momento se creía propiedad de pocos seres especiales. Él tomó todo tipo de técnicas de tradiciones orientales y occidentales (lamas tibetanos, budistas zen, sufis, yoguis, entre otros). Abrió un panorama de posibilidades para que la gente experimentara y después eligiera. Hasta ese momento eran técnicas muy herméticas y sofisticadas. El las hizo tan simples como cualquier juego infantil.

Otras meditaciones se empecinan en relajar la mente. La meditación Osho, en cambio, propone abandonar la batalla para relajar la mente. No pelear contra eso. Aceptar que la mente siga hablando todo lo que quiera. Pero expandir la conciencia para convertirse en observador de la mente. Al principio, nuestro diálogo interno no cesará, pero nosotros aprenderemos a no estar identificados con él. Ya que la mente es una computadora cargada con información, vamos aprendiendo a ser nosotros quienes decidamos dónde queremos estar, qué queremos decir, qué queremos pensar. Al haber relajación física, observación objetiva y un estado de no juzgamiento (no se clasifica ni se rotula nada de lo que nos ocurre en la vida), en cada momento tomamos conciencia de esa décima de segundo anterior a cualquier decisión, lo cual permite hacernos enteramente responsables de nuestros actos. ¿Y qué es ser responsable? Es la capacidad de responder ante las diversas circunstancias que se nos presentan. El camino de la meditación Osho es más simple y directo que el que ofrecen algunas otras meditaciones.

OSHO, NACIO EN LA INDIA EN 1931. FACILITO LA COMPRENSION DE NUMEROSAS TECNICAS ESPIRITUALES

QUE ES MEDITAR

Para Osho, la meditación no es concentración. Es todo lo contrario. Mientras que estás concentrado, no estás relajado. Meditar es un estado en el que se permite ir más allá de un objetivo puntual. Cuando podemos ver todo, nuestra conciencia se amplía. Se trata de poder mirar cualquier cosa de lo que está sucediendo. Podemos estar corriendo y meditando. Estamos alertas al estado de correr. Podemos estar cocinando y meditando.

Osho decía: "no se quede apegado a ningún maestro, ni siquiera a mí. Useme como a un bote para cruzar un río. Cuando llegue a la orilla, suélteme". Es trabajar con el desapego, que es una de las cosas más difíciles de resolver.

Para practicar no es necesario dejar de pertenecer a ninguna religión, ni convertirse a una nueva. La religión para Osho es el espacio sagrado con uno mismo. El espacio del aquí y ahora para convertir la vida en un

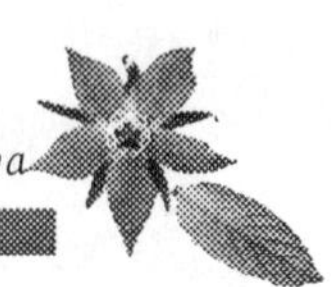

paraíso. Hay que lograr la alegría de los niños. Ellos viven meditando y pueden ser nuestros maestros. Nosotros creemos que, porque pensamos en el mañana y nos preocupamos, solucionamos algo. Es mucho más fácil ocuparnos que preocuparnos. El niño se ocupa. Se ocupa de jugar, de hacer lo que espontáneamente tiene ganas de hacer.

La gente mayor que realiza las meditaciones Osho tiene más facilidad, ya que aprendieron que muchas cosas con las cuales se estuvieron preocupando a lo largo de sus vidas, no tienen demasiado sentido. Ese cuadro de conciencia, a veces, hace que puedan empezar a meditar con más facilidad. El resto tenemos que aprender algunos de los mandamientos que Osho dejó a pedido de sus seguidores:

- *La verdad está dentro de usted, no la busque en otra parte.*
- *La vida es aquí y ahora.*
- *Viva totalmente despierto.*
- *No nade, flote.*
- *No busque. Aquello que es, es. Sólo párese y observe.*

ESTA MEDITACION ES MAS SIMPLE Y DIRECTA QUE OTRAS TECNICAS DE MEDITACION

1 POR LA MAÑANA

• Meditación de la risa

- Al despertar, estírese como los gatos. Después de tres minutos, con los ojos aún cerrados, comience a reír.

- Durante cinco minutos, sólo ríase. Al tiempo sucederá espontáneamente y cambiará por completo la naturaleza de su día. Si la primera cosa que hace ni bien se levanta es reirse, comenzará a sentir lo absurdo que es preocuparse por cosas que antes lo paralizaban.

• Meditación de la luz dorada

- Durante veinte minutos, simplemente recuéstese de espaldas en su cama. Mantenga los ojos cerrados. Cuando inspire, visualice una gran luz entrando a su cuerpo a través de la cabeza. Como si un sol se hubiese levantado cerca de su frente.

- La luz dorada se derrama en usted profundamente y sale a través de los dedos de los pies. Cuando inspire, hágalo con esta visualización.

- Cuando exhale, visualice la oscuridad entrando por los dedos de sus pies, subiendo y saliendo por la cabeza. Respire lenta y profundamente. Lo hará más receptivo y lo calmará para enfrentar el nuevo día.

2 EN EL TRABAJO

• Meditación del buen ánimo

- Cuando no esté de buen humor en el ámbito laboral, exhale profundamente. Sienta que con la exhalación está arrojando afuera su estado de ánimo pesimista.

- Convierta al trabajo en meditación. Aquellas tareas que ha estado haciendo en forma descuidada, comience a percibirlas en cada uno de sus detalles. Cualquier actividad se convierte en meditación, si quien la realiza está absorto en ella. Es como estar muy activo, y sin embargo no hacerlo.

Ese es el truco, ser activo sin ser el hacedor. Una nueva energía lo invadirá. Se sentirá más contento, sin depender de que su trabajo le guste o no.

3 POR LA TARDE

• Meditación Gibberish

- Cierre los ojos en un lugar apartado y emita sonidos sin sentido: esto es gibberish. Durante 15 minutos entrégese totalmente y arroje todo hacia afuera.

- La mente piensa siempre en términos de palabras. El gibberish lo ayudará a romper con ese patrón de verbalización continua. Sin reprimir sus pensamientos, puede expresarlos en gibberish.

- Guarde ese tesoro, ese idioma inentendible para nadie, para discontinuar sus pensamientos. La palabra "gibberish" viene de un místico sufi, Jabbar, quien nunca habló ningún lenguaje, sólo pronunciaba sonidos sin sentido. Aún así, tuvo miles de discípulos. Este ejercicio relaja muchísimo, sobre todo cuando nuestra mente no deja de conversar internamente, a causa de las preocupaciones de la vida diaria.

4 MEDITACION PARA DEJAR DE FUMAR

- Nadie puede dejar de fumar fácilmente. No es sólo una cuestión de decisión personal. Está incorporado al mundo de los hábitos. Ha echado raíces. Después de haber fumado durante mucho tiempo, uno ya es un experto. Ahora hay que des-automatizarse.

- Olvídese de dejar de fumar. No hay que detenerlo, sino comprenderlo. Hay que transformarlo en una meditación. Los monjes zen pueden hacerlo bebiendo té. Por eso, el fumar también puede ser tan hermoso como un estado meditativo.

- Cuando esté sacando el paquete de cigarrillos de su bolsillo, muévase lentamente. Disfrútelo, no hay prisa. Permanezca consciente, atento. No como lo hacía antes, de forma apresurada, inconsciente, mecánica.

- Huela el cigarrillo. El olor del tabaco puede conectarlo con lo Supremo.

- Depositelo entre sus labios con total conciencia y enciéndalo. Disfrute cada acto, divídalos en tantos pequeños actos como le sea posible, de manera que pueda estar más y más consciente.

- Aspire su primera bocanada de humo. Llene profundamente sus pulmones. Después, deje salir el humo y relájese. Y luego otra bocanada. Muy lentamente.

- Pronto verá la total estupidez que implica el acto de fumar. No porque otros hayan dicho que es estúpido, no porque hayan dicho que es malo. Usted lo verá. No será un análisis intelectual. Y entonces, si un día cesa el hábito, que cese. Si continúa, que continúe. No debe preocuparse por eso.

- Inténtelo también con otras cosas. El secreto es des-automatizar. Caminando... camine despacio. Mirando, mire con total atención. Verá que los árboles son más verdes de lo que nunca han sido, y las rosas son más rosas. ¡Escuche! Alguien está hablando. Escuche atentamente. Cuando hable, hable atentamente. Todas las actividades que desarrolle mientras está despierto deben dejar de ser automáticas. Estará meditando todo el tiempo. Con lo cual estará más relajado y estable emocionalmente.

5 MEDITACION PARA DESAPARECER

- Tan sólo, haga como que desaparece. Imagínese cómo luciría el mundo sin usted, cuando lo haya abandonado, cuando se haya vuelto absolutamente transparente.

-Tan sólo por unos segundos, trate de no ser. En su propio hogar, actúe como si no estuviera. Puede intentarlo varias veces durante el día. Tan sólo medio segundo cada vez, bastará. Cuando se dé cuenta del hecho de que el mundo continúa perfectamente bien sin su presencia, estará desarrollando una gran receptividad, que le servirá para aplicar en todas las actividades que realice en su vida. Se sorprenderá al estar mucho más creativo en sus respuestas.

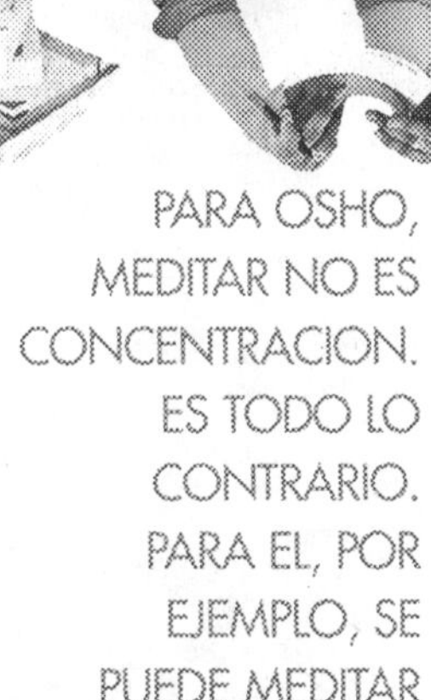

PARA OSHO, MEDITAR NO ES CONCENTRACION. ES TODO LO CONTRARIO. PARA EL, POR EJEMPLO, SE PUEDE MEDITAR MIENTRAS SE CORRE O SE LEE.

6 COMO ESTUDIAR "SIN CONCENTRARSE"

- No se concentre, si no creará problemas, porque todo se convierte en una distracción. Si trata de concentrarse para estudiar, el ruido del tráfico que entra por la ventana lo distraerá. La persona que esté en la otra habitación, también. Simplemente, relájese y observe su respiración.

- En ese observar, nada es excluido. La bocina de los autos: perfectamente bien, ¡acéptelo! El ruido que viene de la cocina: ¡acéptelo! Nada es rechazado en la meditación. Como en la vida. Notará que se sumerge cada vez más profundamente en la lectura, comprendiendo cada palabra de lo que está estudiando.

- Haga la prueba. Cuanto más resista los ruidos, menos concentración obtendrá. Y cuanto más acepte las interferencias sin resistirlas, más focalizado estará frente a su material de estudio.

7 POR LA NOCHE

• Meditación "si"

- Convierta la palabra "si" en un mantra (palabra utilizada para la meditación a través de la repetición constante).

- Antes de irse a dormir, repita "si", "si", "si". Que por diez minutos esa sea su oración. Luego duérmase.

- Notará que una sonrisa se le dibuja en el rostro y que todos los resentimientos desaparecen. Descansará muy profundamente y se levantará al otro día con una gran energía para encarar nuevos proyectos.

• Meditación de la cueva

- Apague la luz, siéntese en su cama y cierre los ojos. Imagínese a sí mismo en un bosque de árboles gigantes.

- Usted está parado allí y comienza a moverse. No diga: "quiero acercarme a ese árbol". Sólo déjese llevar por el movimiento.

- Caminando por el bosque cinco minutos, llegará a una cueva. Sienta todos los detalles. La tierra debajo de sus pies, toque con sus manos las paredes de piedra de la cueva. Cerca hay una cascada.

- Escuche el sonido del agua cayendo. Perciba también el silencio del bosque. Los pájaros están muy callados. Luego puede acostarse y dormirse. Este ejercicio meditativo actúa como una ducha interna, limpiando toda la suciedad que haya quedado en su mente luego de una jornada estresante.

• Meditación de la armadura

- Antes de acostarse, cuando se esté quitando la ropa, en ese momento comenzará esta meditación.

- Imagine que no sólo se saca las prendas, sino que también se quita de encima una pesada armadura de guerrero medieval.

- Mientras lo hace, respire profundamente y duérmase tranquilo. Sin armaduras ni limitaciones.

- Se recomienda actuar el gesto como si, efectivamente, fuera un guerrero que retorna exhausto de una batalla. Esta técnica relaja los músculos y favorece la digestión luego de una cena abundante.

• Meditación del regreso al útero

- Siéntese en la cama y cierre los ojos. Si el cuerpo empieza a inclinarse hacia adelante, permítaselo.

- Casi sin proponérselo, adopte la posición fetal, la que tiene el bebé antes de nacer en el vientre materno. Luego, escuche muy atentamente su respiración. Sólo escúchela: el aire entra, el aire sale... el aire entra, el aire sale...

- Sentirá que surge un tremendo silencio acompañado de una enorme claridad mental. Le parecerá que descansó durante todo el día, en vez de haber trabajado tan intensamente como lo hizo.

- Practique esta meditación de diez a veinte minutos. Luego duérmase. Estará completamente descansado, pero al mismo tiempo se sumergirá en un sueño muy profundo.

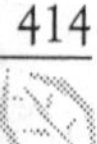

"SI NO HAY RESISTENCIA EN SU INTERIOR, LA TOTALIDAD DEL MUNDO SE ABRE PARA USTED."

Osho

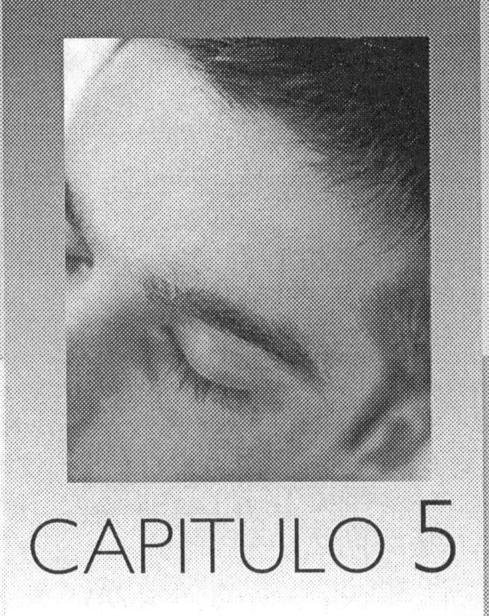

CAPITULO 5

Bioenérgetica

UNA FORMA DIFERENTE DE UNIFICAR EL CUERPO Y LA MENTE A TRAVÉS DE UN TRABAJO CORPORAL Y PSICOLÓGICO DIRIGIDO POR UN ESPECIALISTA.

¿Cómo usar nuestra fuerza vital? Según el doctor Alexander Lowen, su creador, la bioenergética es una técnica terapéutica que ayuda a una persona a vivir de una forma más integra y plena, gozando de todas las funciones de su cuerpo: la respiración, el movimiento, la sexualidad, las emociones y sentimientos. Integra el trabajo entre el cuerpo y la mente para ayudar a la gente a resolver sus problemas personales y estimular la cantidad de energía que poseemos.

¿Se puede integrar la mente con el cuerpo?

Generalmente vivimos disociados, partidos en dos. Somos una cabeza que piensa por un lado y un cuerpo que siente por otro. O soy sólo una parte de mi cuerpo, la dolorida. Si tenemos problemas de circulación en las piernas, un modo de vivir este síntoma disociado se expresaría de esta manera: "Estas piernas me tienen cansada, no me sirven para nada. Voy a ir al médico para que me dé algo para las piernas".

Pareciera que sólo vamos reconociendo como propias las partes del cuerpo que nos duelen. Qué pasa, qué cambia en nosotros si nos preguntamos: ¿Y nuestros pensamientos? ¿Cómo circulan? ¿Me permito sentir y dejar fluir, circular hacia afuera lo que siento?

¿Tengo pensamientos que me frenan? Por ejemplo: "Esto no es para mí" o "Yo esto no lo puedo hacer" o "Yo no soy merecedor de llevar una vida mejor ". ¿Puedo cambiar estos pensamientos que me frenan por otros que me permitan una circulación más libre y amplia por la vida? Por ejemplo: "Yo sé que de a poco, con paciencia, voy a ir logrando tener y hacer lo que quiero" o "Soy merecedor de esto y de mucho más".

Podemos seguir integrando e investigando dentro de nuestra personalidad preguntándonos: "¿Qué otras situaciones de mi vida me tienen cansado?" o "¿Qué viejo modo de ser mío me tiene cansado?"

¿Qué pasa si integramos todos estos sentimientos?

Primero me doy cuenta de qué es lo que no circula bien en mi vida en su totalidad. No solamente en las piernas. No circula mi modo de pensar con tantos pensamientos negativos y críticos. No circulan mis emociones hacia afuera. Tampoco todo está actuando en conjunto. Ni la sangre circula fluidamente por mis piernas.

El segundo paso es empezar a transformar nuestros pensamientos negativos en positivos. Cada vez que me encuentre pensando críticamente hacia mí, inmediatamente debo detener esta idea. Un ejemplo: Si pienso "Yo no sirvo para este trabajo" debo cambiarlo por "Sí, sirvo para este trabajo y para otros también. Sólo necesito tenerme más confianza, comprensión, amor, paciencia y tolerancia para llevarlo a cabo".

Es posible que al terminar este proceso de integración mente-cuerpo, haya disminuido o desaparecido mi dolor en las piernas. Y, de a poco, vuelva la circulación a su normalidad. Tal vez hasta me sienta mejor en general.

Este proceso no excluye alguna medicación que sea indicada por el médico. Son diferentes caminos que se complementan para ayudarnos a vivir mejor, sin tanto sufrimiento. También sirve que trabajemos a favor de una integración cuerpo-mente para prevenir enfermedades.

¿Por qué me enfermo con tanta frecuencia?

Hay muchos factores que inciden sobre nuestra persona, sobre nuestro cuerpo. Sobre todo, el no amarnos, el no escucharnos, comprendernos, tolerarnos. Trabajar doce horas diarias ininterrumpidamente olvidando a nuestro cuerpo y a sus necesidades: agua, alimento, oxígeno,

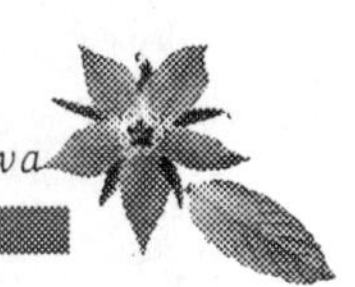

descanso. Diálogo con otra persona, afecto.

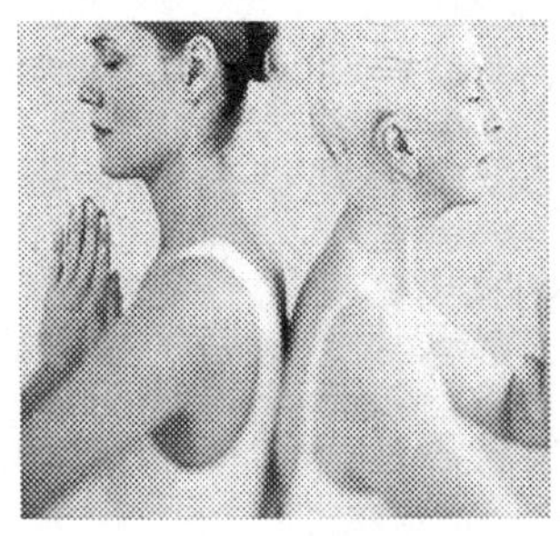

Tal vez hoy, aún después de trabajar 12 horas sin detenernos, no nos enfermemos, ni sintamos ningún trastorno grave, físico o emocional. Pero estos descuidos hacia nuestra persona, tarde o temprano los pagaremos muy caro, con problemas crónicos, o con enfermedades graves. Así se pueden acentuar las alergias, las dificultades bronquiales, hacerse más asiduos a los ataques de asma o aparecer trastornos intestinales, digestivos, insomnio, depresión, hipertensión o cualquier otro malestar.

¿Qué es lo que puedo hacer?

LOS EJERCICIOS DE BIOENERGETICA SON SENCILLOS Y PUEDEN REALIZARLOS PERSONAS DE TODAS LAS EDADES

Conocer, informarme, oírme y oír a mi cuerpo. Prestar atención a las señales que me envía. Por ejemplo, preguntarme y darme cuenta por qué esta semana sufro del hígado. ¿Es sólo porque comí lo que no debía?

El secreto está en integrar el cuerpo con las emociones, con mis movimientos, con mi respiración. Asentándome en la tierra. Recordando que no soy una máquina.

Lo ideal es escucharnos día a día para prevenir. Y no esperar al ataque de hígado, al dolor de cabeza para tomar conciencia.

Y si llegamos a un estado de enfermedad, aún allí podemos autoayudarnos. La enfermedad puede ser tomada como camino de aprendizaje, no como la tragedia que nos cayó encima. A veces necesitamos transitar por un dolor para darnos cuenta de que algo en nuestra vida no funciona y tenemos que intentar algún cambio. Tal vez nos demos cuenta de que no nos sirve vivir trabajando doce horas en forma ininterrumpida y disociada de nuestras necesidades, emociones, afectos; viviendo alejados sin entablar diálogo con nuestros hijos.

Una buena manera de empezar es oír y observar atentamente lo que necesito. Además, cada dos horas que trabajamos, detenernos cinco minutos para hacer tres respiraciones profundas y plenas. También podemos movilizar nuestro cuerpo. Estirarlo hacia adelante, hacia atrás, hacia arriba. Luego trabajar otras dos horas. Detenernos media hora para comer algo o almorzar. Así continuar luego otras dos horas y detenernos otros cinco minutos. Lo fundamental es encontrar un ritmo de trabajo. Pueden ser intervalos de 2 horas aproximadamente, pueden ser 3 horas también. Lo importante es no llegar hasta el límite del esfuerzo porque al cuerpo le cuesta mucho más trabajo recuperarse y casi nunca lo logra en su totalidad. Eso que no se recupera es energía vital, salud que se va perdiendo.

Al encontrar nuestro propio ritmo, mantenerlo y respetarlo, vamos a comprobar que nuestro tiempo rinde mucho más, trabajamos mucho mejor, más contentos, hasta disfrutando de nuestra labor y sin dejar nuestra salud en él.

DISTINTAS TAREAS

El ejemplo anterior de autoasistirnos a través de la Bioenergética, también es válido, por ejemplo, para el trabajo del ama de casa.

Pensemos por un instante en sus tareas: se levanta, prepara el desayuno para todos, viste a los chicos y los lleva al colegio. Luego sigue con infinidad de cosas más.

Sería conveniente que, en algún momento del día, se tome 5 minutos, haga 3 respiraciones profundas y plenas, o las que le sean necesarias para relajarse y armonizarse. Continuar con su labor por 2 horas. Detenerse 5 minutos. Estirar el cuerpo, hacia arriba, hacia abajo, hacia adelante, hacia atrás. Hay gente que necesita en estos momentos beber o comer una fruta, por ejemplo. Continuar por 2 horas y así sucesivamente. También puede intercalar en los momentos de descanso el ejercicio de asentamiento en la tierra", que luego explicaremos.

Otro aspecto en el que hace hincapié la Bioenergética para vivir mejor es en la autoexpresión.

¿Qué es la autoexpresión? A través del hablar, andar, trabajar, también con nuestra manera de estar sentados o parados, de mover nuestro cuerpo mientras hablamos, a través de estas actividades expresamos nuestra personalidad, nuestro modo de ser.

¿Qué ocurre cuando nuestra autoexpresión se bloquea, se halla coartada?

Muchas veces queremos gritarle a un hijo y callamos para no sentirnos culpables, o no sentir que somos "malos padres". Ese grito que no salió queda dentro del cuerpo junto con su emoción. Por eso a veces sentimos que tenemos "un nudo en la garganta" o ésta nos comienza a molestar o a doler porque esa tensión y emoción no se descargó hacia afuera. Esta situación también nos lleva a un sentimiento de frustración, de tristeza, malestar o de mayor enojo hacia nuestros hijos.

Hay personas que para sentirse queridas o por mandato familiar no expresan sus sentimientos y emociones. Esas emociones no expresadas pueden llegar a engordar el cuerpo, a limitar nuestra capacidad de goce y a disminuir nuestra energía.

Como todo organismo vivo, necesitamos autorregular nuestras emociones, movimientos y respiración para vivir sana y satisfactoriamente. ¿Cómo lo hacemos? **Primero:** dándonos cuenta de que estamos sintiendo emociones en esos momentos. **Segundo:** preguntándonos ¿qué estoy haciendo con este sentimiento? ¿lo estoy expresando hacia afuera o le estoy coartando su salida? Estas dos preguntas son un pequeño ejercicio que podemos hacer a diario.

Todos experimentamos satisfacción, placer y descarga de energía, a través del movimiento, de los gritos, de expresar el sentimiento de alegría hacia afuera. Este placer y satisfacción estimula a su vez al organismo a generar mayor energía. Esto se manifiesta a través del aumento del tono de voz, del color en la cara y, fundamentalmente, porque la respiración es más amplia, más profunda y plena.

El miedo, en cambio, tiende a inmovilizar nuestro cuerpo. Esto indica que hay una estrecha relación entre la autoexpresión y el nivel de energía que poseemos.

EJERCICIOS BIOENERGÉTICOS

Los ejercicios básicos de bioenergética son sencillos y pueden realizarlos personas de todas las edades. No implican destrezas ni habilidades especiales, ya que se busca movilizar el cuerpo en función del placer y del bienestar. Son posiciones con las que se debe tensar y relajar la musculatura y este simple hecho conduce a una percepción diferente del cuerpo a partir de la cual se produce un cambio en las emociones. Además, como cualquier otro entrenamiento físico regular, previenen todos los peligros del sedentarismo -cardiopatías, degeneraciones óseas, enfermedades psicosomáticas, várices- porque algunos de estos ejercicios buscan movilizar zonas del cuerpo que habitualmente no se mueven.

Son ejercicios corporales especiales que se pueden realizar en una rutina diaria. Tienen efectos sobre nuestras emociones, nuestra capacidad energética y nuestro cuerpo.

Alexander y Leslie Lowen han desarrollado ejercicios bioenergéticos con el fin de ampliar la conciencia de uno mismo, conocernos más, tener mayor contacto con nuestro cuerpo reconociendo nuestras tensiones, nuestras inhibiciones y movilizándolas.

Uno de los ejercicios fundamentales de la Bioenergética, que se utiliza para ayudarnos a sentir nuestros pies y piernas en mayor contacto con la realidad es "Asentar los pies sobre la tierra". Este ejercicio surgió a partir de la vivencia de varias personas que no podían concretar sus proyectos, no podían avanzar, ni "estar bien plantados en la tierra".

Ejercicio 1:

- Ubíquese de pie, con los pies ligeramente vueltos hacia adentro, las piernas separadas unos 25 cm.

- Ahora doble ligeramente las rodillas y vaya arrojando el peso del cuerpo hacia abajo, hacia los pies.

- Mientras, inhale y exhale profundamente. Sienta en cada exhalación que el cuerpo cae más hacia los pies, hacia el suelo. Permanezca 30 segundos en esa posición respirando normalmente.

• **Variante:** lentamente doble y enderece las rodillas 6 veces.

Preguntas:

- *¿Cómo se siente? ¿Inseguro sobre sus piernas?*
- *¿Siente un hormigueo o que las piernas le vibran?*
- *¿Experimenta una mejor sensación al tener sus pies ampliamente apoyados en el suelo?*
- *¿Se da cuenta de la flexibilidad que le proporcionan sus rodillas cuando no están rígidas, tiesas?*
- *¿Cómo es su respiración? ¿Es rítmica, cortada o contenida?*

Practicando diariamente este ejercicio irá obteniendo mayor fortaleza en lo físico y en su personalidad. Hay personas que van perdiendo la sensación de tiesura y fragilidad y el miedo a avanzar se va transformando en seguridad, confianza en sí mismo, en la sensación de que pueden sufrir sin quebrarse.

Ejercicio 2:

Suele suceder que el ama de casa se vaya cargando cotidianamente de enojos y frustraciones que luego vuelca sobre su marido o sobre sus hijos, los cuales no son, en realidad, los responsables de su sentimiento de enojo ni objetos apropiados para sufrir la descarga.

Una posibilidad de liberar tensiones es ponerse de pie frente a la cama. Es mejor si el colchón es de gomaespuma para que no se dañe la persona, ni la cama. Con los pies separados unos 45 cm y las rodillas ligeramente dobladas, cierre las manos, eleve los puños por encima de la cabeza, eleve los codos y échelos lo más atrás que pueda.

Ahora golpee fuertemente la cama con ambos puños, pero haga estos movimientos de modo relajado, sin forzar el movimiento. La tensión sale solamente a través de las manos, no contraiga hombros, cuello, ni cara. Inspire profundamente al elevar los brazos y al dejarlos caer exhale con un grito o puede utilizar palabras que expresen un sentimiento de enojo. Como "¡No!" "¡No quiero"! "¡No te soporto más"! "¡Te odio!".

Preguntas:

- *¿Puede sentir que sus golpes son efectivos, o los siente impotentes?*
- *¿Lo atemoriza la expresión de su enojo?*
- *¿O siente que es capaz de expresar su enojo?*

En tal caso, el uso repetido de este ejercicio reducirá su ansiedad y lo pondrá en conocimiento de su potencial expresivo.

EL ANALISIS BIOENERGETICO

La bioenergética contribuye a una parte importante del psicoanálisis que tomó en cuenta al discurso verbal, lingüístico y muchas veces se despreocupó del cuerpo. En el análisis bioenergético se integra el trabajo corporal con el proceso analítico.

Se piensa que los procesos de la mente -por ejemplo una depresión- se fijarían en el cuerpo como tensiones crónicas -por ejemplo hombros caídos y cabeza hacia adelante- que, en muchos casos, presentan un obstáculo importante para que los conflictos de un paciente puedan resolverse únicamente a través de la palabra. La intervención corporal parece necesaria cuando el paciente necesita liberar las energías situadas en el origen de un conflicto que no puede ser puesto en palabras. Cuanta más energía disponible tiene una persona más viva se sentiría, por lo cual, en muchos casos, el objetivo de la terapia consistirá en disolver las tensiones corporales para luego elaborarlas analíticamente.

EL OBJETICO DE ESTA TECNICA ES INTEGRAR EL TRABAJO ENTRE EL CUERPO Y LA MENTE PARA TRATAR DE RESOLVER PROBLEMAS PERSONALES Y ESTIMULAR LA ENERGIA QUE SE POSEE

Para David Szyniak, psicoanalista especializado en análisis bioenergético, es conveniente utilizar la bioenergética dentro de un dispositivo analítico que ha bautizado como "intervención corporal en psicoanálisis", porque de ese modo se llega a una comprensión más completa de los conflictos. En ocasiones la palabra sola no alcanza, mientras que el método del caballete (ver recuadro Análisis Comparado) puede provocar una liberación de emociones que *no siempre conducirá* a la resolución de los conflictos del paciente.

EL CUERPO DESCONOCIDO

Si bien nació en el ámbito psicoterapéutico, actualmente la bioenergética se aplica en diferentes campos: investigación, conflictos en la tercera edad, trabajos corporales, procesos de aprendizaje. Según David Szyniak "hay algo desconocido en el cuerpo que se puede investigar no sólo desde el campo psicológico sino, también, con ejercicios que permitan percibir de otra manera la imagen corporal y los gestos."

Así, por ejemplo, los ejercicios bioenergéticos para la salud no son psicoterapéuticos. Consisten en posturas de tensión de la musculatura y relajación que hacen que cada una de las personas se dé cuenta de que tiene un cuerpo conocido y un cuerpo desconocido. El cuerpo desconocido tiene que ver con la expresión de los afectos, las emociones o la tensión corporal y puede empezar a conocerse a partir del movimiento en el cuerpo.

En la práctica de ejercicios bioenergéticos, además de realizar diferentes posiciones corporales se incluye un momento para la elaboración verbal: siempre al final de cada trabajo el coordinador reúne al grupo en una ronda y se conversa acerca de la experiencia.

De este modo cada uno tiene la posibilidad de incorporar en la cabeza la experiencia vivida con el cuerpo. "Creo que es importante distinguir entre organismo y cuerpo", sugiere Szyniak, "cuerpo humano no se nace; se hace", insiste y aclara: "Se hace sexuado y con conflictos; yo creo que eso es salud, que cada uno pueda hacerse cargo de sus tensiones y de sus conflictos"

¿QUE ES LA ENERGIA?

La energía tiene la característica de que no se puede definir sino por sus efectos. Es capacidad de trabajo. Una bombita eléctica tiene energía pero uno no puede verla, se da cuenta de que tiene energía porque hay luz. Para los chinos hay una energía vital Chi, para los yoguis se llama Prana y los japoneses la nombran Ki. En las personas se habla de más o menos cantidad de energía según la intensidad de sus movimientos o el tono de su voz. Freud postuló que algo de la energía humana se vincula con la energía sexual, es decir, con todas las expresiones de afecto, contacto y deseo que constituyen a un individuo. Según Lowen, cuanto mayor es la cantidad de energía de una persona más alegre y vital se encuentra, ya que este concepto está íntimamente relacionado con la personalidad.

ANALISIS COMPARADO

TERAPIA PSICOANALITICA (Sigmund Freud)

- *El paciente se acuesta en el diván y habla.*
- *La técnica es la asociación libre de ideas.*
- *El terapeuta utiliza lo dicho por el paciente como material para el análisis.*

TERAPIA BIOENERGETICA (Alexander Lowen)

- *El paciente se recuesta apoyando la parte superior de la espalda sobre un caballete.*
- *La técnica es respirar profundamente y gritar. La persona se acuesta y empieza a respirar.*
- *El terapeuta observa el cuerpo del paciente y las emociones aparecidas luego del ejercicio del caballete -generalmente el llanto-, y la conversación posterior como material para el análisis.*

"LO MÁS BELLO QUE PODEMOS EXPERIMENTAR ES EL MISTERIO DE LAS COSAS."

Albert Einstein

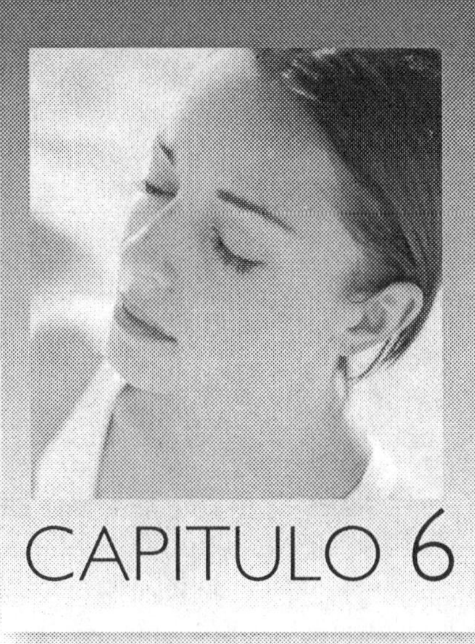

CAPITULO 6

Hipnosis

VOLVER AL PASADO PARA DESCUBRIR TRAUMAS Y SUPERARLOS PERMITE ASEGURARNOS UN FUTURO MÁS TRANQUILO Y FRUCTÍFERO A TODO NIVEL.

La hipnosis se utilizaba desde antes de la era cristiana en Egipto y en Grecia. Se la conocía como la ciencia oculta y la practicaban los sacerdotes considerados como milagreros. En la actualidad crece la tendencia a utilizarla como un método terapéutico que permite que el sujeto llevado al trance recuerde experiencias vividas en momentos anteriores -incluso al del nacimiento- para descubrir en qué etapa de su vida se produjo algún trauma que perturba su presente. A partir del diagnóstico realizado a través de la hipnosis, el terapeuta se encuentra en condiciones de decidir cuál es el tratamiento a aplicar, que puede incluir o no la sugestión hipnótica como método terapéutico.

OLVIDAR LOS VIEJOS ESTEREOTIPOS

La hipnosis ya no es la clase de espectáculo que se hace para reírse de las desprevenidas víctimas al hacerlas ladrar como perritos. Muchos médicos y profesionales de la salud mental utilizan la hipnosis para ayudar a sus pacientes a controlar el dolor, dejar el cigarrillo, perder peso, curar el insomnio, reducir la ansiedad y mejorar sus habilidades atléticas. "Se pueden quitar las fobias, depresiones, adicciones al alcohol, a la droga, al tabaco, dolores de piernas, huesos, bajar de peso controlando la glándula tiroides a través de la mente, y conseguir mayor concentración y , por lo tanto, dedicación al estudio", aseguran estos especialistas.

UNA TECNICA UTIL PARA REFLOTAR CONFLICTOS DEL PASADO QUE ESTAN PERTURBANDO EL PRESENTE

Para dejar de fumar, la hipnosis tiene una tasa de éxito de entre el 15 y el 20 por ciento, un poco mayor que la de la acupuntura, pero un poco más baja que la de algunos grupos de apoyo, según datos arrojados por el American Council on Science and Health.

Para controlar el peso es más eficaz sólo durante el primer tiempo. Algunos estudios demostraron que los beneficios se esfuman al poco tiempo. Sin embargo, sus defensores aseguran que la hipnosis resulta más efectiva que la terapia convencional para descubrir cuáles son los factores emocionales que causan la adicción a la comida, y esto, al ser resuelto, ayudará a la persona a dejar de comer en exceso.

La palabra trance tampoco significa un modo de ser de zombie que puede ser manipulado, tal como se suele creer. En realidad, el trance o el estado de sugestión hipnótica, es una condición similar a una situación de reposo. La respiración se vuelve cada vez más regular, el cuerpo se relaja, y la mente está abierta y atenta. Es un estado de la mente en el que la persona sale de su forma habitual de conciencia, haya sido o no espresamente hipnotizada. La hipnosis nada más intensifica el efecto.

Es como ir al cine. Cuando se entra a la sala y se sienta uno está consciente de las cabezas que están delante, el ruido y el crack de los papeles de caramelos. Una vez que la pantalla se llena con imágenes, uno va siendo absorbido gradualmente y las sensaciones periféricas comienzan a desaparecer. Esto ocurre porque se ha entrado en un estado de concentración focalizada.

LA HIPNOSIS REGRESIVA: UNA VARIANTE AUDAZ

La mayoría de los psicoterapeutas llegan con la hipnosis sólo hasta el momento de la concepción del individuo, pero existe otro grupo de practicantes, los regresionistas, que afirman que se puede llegar más allá: hasta la vida o vidas que el paciente tuvo antes de ésta. Claro, en este punto es inevitable entrar en un conflicto de credibilidad. ¿Existen o no otras vidas?

En la hipnosis regresiva se le ordena a la persona retroceder desde su edad actual hasta la etapa de la vida uterina y de ahí se lo guía hasta su

vida anterior, con fechas, nombres, acontecimientos. Si es su segunda, tercera vida, recordará. Si, en cambio, ésta es su primera encarnación, sus imágenes serán en blanco.

Sin embargo los terapeutas regresionistas son cautos. Afirman que no se debe engañar a la gente haciéndole creer que mediante la hipnosis puede volver a una vida anterior, ya que ésta sería una interpretación anticientífica. En cambio, aseguran que a través de este método se puede tratar de actualizar y de evocar en el sujeto todas sus experiencias pasadas debido a que todos los estímulos quedan grabados en el cerebro humano a pesar de que con el transcurso de los años los olvida.

Esto ayudaría al paciente del mismo modo que la actualización de un trauma de la infancia puede resolver un problema del presente, según la concepción clásica de la psicología freudiana. La base de la psicología está asentada en la concepción de que todo ser humano tiene una serie de experiencias y escucha centenares y miles de cosas que puede ir guardando el inconsciente. Por ejemplo, sus experiencias infantiles y juveniles, los mapas que vio en la escuela, las historias, un estilo de hablar que escuchó.

El estado de relajación receptiva que se consigue mediante la hipnosis ayudaría a limpiar los obstáculos y ampliar el camino de la memoria.

LA REENCARNACION, EL KARMA Y LA CURACION

SE PUEDE LOGRAR LA AUTOHIPNOSIS .EN UN ESPACIO Y MOMENTO TRANQUILO EN EL QUE SE VISUALICE O REPITA UN MISMO MENSAJE

Los regresionistas creen que se da la visión de otras vidas porque los seres humanos somos producto de una reencarnación. Según esta teoría la llamada "muerte" no es el fin de la vida, sino que es el tránsito del alma del medio material a un plano espiritual. En dicho plano, el alma permanece los primeros tiempos para analizar si cumplió su plan cuando estuvo en la Tierra. Los maestros espirituales le ayudan a aceptar en qué condiciones va a venir la próxima vez y el nuevo Karma que tendrá para pagar sus deudas existenciales. El espíritu saldría del cuerpo y se quedaría un tiempo largo o corto en dicho plano llamado bardo o limbo, para luego atravesar arriba una especie de límite. Ciertos regresionistas afirman haberse encontrado con espíritus de doce mil años atrás.

Según los regresionistas, los espíritus bajan con su Karma bajo el brazo. "Karma" es una palabra griega que significa "acción" y toda acción tiene una reacción. Todos traemos un Karma bueno o malo originado en nuestras propias acciones. Por lo tanto, el destino se lo hace la misma persona. Solo hay dos cosas seguras cuando se vuelve a reencarnar: el momento del nacimiento y el de la muerte. Karma es el destino, el modo de vida que escogió la persona cuando estuvo en el Limbo y señala el motivo y día de su muerte.

Se lo llama la Ley de causa y efecto, porque según ella todo lo que nos ocurre en esta vida es consecuencia de una acción anterior -ya sea de esta encarnación o de una vida pasada- y todo lo que nos suceda en el futuro depende de nuestras acciones del presente.

Las enfermedades, sobre todo las emocionales, son producto de un trauma originado en algún momento del pasado y, probablemente, se deba a un error que hemos cometido, voluntaria o involuntariamente.

¿Cómo se produce la curación bajo hipnosis?

Nadie sabe exactamente cómo trabaja, pero funcionaría más o menos como la psicoterapia tradicional, en que la persona regresa a sus años de infancia y recuerda con emoción ciertos hechos traumáticos, mediante un proceso llamado "catarsis". Se puede entender entonces cómo se formaron ciertos comportamientos o síntomas actuales. Esto es lo que se llama memoria catártica y se considera la base de la cura.

Los regresionistas consideran que tienen un campo más amplio de activar esta memoria ya que los recuerdos no terminan en la infancia. La regresión va mucho más allá, a otras vidas, y muchos pacientes tienen ese tipo de recuerdos.

¿Cuáles son los principios que debe seguir una persona que acepta la reencarnación como una verdad?

Lo que la gente debe hacer es vivir con comprensión, compasión y amor. De esta manera no se crean consecuencias de acción o Karma. Según esta concepción, si trabajamos aminorando la violencia, el odio y si reducimos las emociones negativas, entonces retornamos con un nivel superior en nuestra próxima vida. Esto quiere decir que estamos aquí para aprender y evolucionar, nos llevamos los conocimientos y los traemos al volver a nacer. La enfermedad, de este modo, tendría un sentido, y si descubrimos su significado hemos aprendido una lección que nos habrá llevado un paso más cerca de la perfección espiritual.

AUTOHIPNOSIS: COMO ENTRAR EN TRANCE

En primer lugar decida cuál es el problema que debe resolver y cuáles son las actitudes que deberá implementar para lograrlo.

Si quiere perder peso, ¿dejará de comer grasas o se ha propuesto hacer ejercicio todos los días?

Luego convierta esta meta en un mensaje para su cuerpo, utilizando palabras o bien, imágenes visuales. Puede figurarse a usted mismo feliz comiendo una ensalada mientras rechaza una hamburguesa. Un mensaje verbal adecuado podría ser "prefiero las comidas saludables y bajas en grasas". La clave: el mensaje debe ser focalizado en el objetivo, directo y breve.

A continuación determine cuál es el mejor entorno para sus sesiones de autohipnosis. Para concentrarse ¿necesitará recostarse en una habitación oscura con sus ojos cerrados? o ¿bien usted puede simplemente sentarse en silencio en su escritorio?

Es importante que encuentre un espacio y un momento donde nadie lo moleste o distraiga. Cada dos horas dispóngase confortablemente en el sitio elegido y visualice o repita el mensaje para sí mismo durante 90 segundos.

Mantenga esta actitud hasta que comience a ver resultados. Generalmente esto dura una semana. Luego, experimente si necesita conti-

nuar con el mismo mensaje o debe cambiarlo para seguir logrando sus metas. La mayoría de las personas podrían alcanzar sus metas con el mensaje correcto y la motivación, aseguran los hipnólogos.

"TODO HOMBRE ES ÚTIL A LA HUMANIDAD POR EL SIMPLE HECHO DE EXISTIR."

Jean-Jacques Rousseau

"ES EXCELENTE

TENER LA FUERZA DE UN

GIGANTE, PERO NO ES DE

HOMBRE SABIO USARLA

COMO TAL".

Sagrada tradición

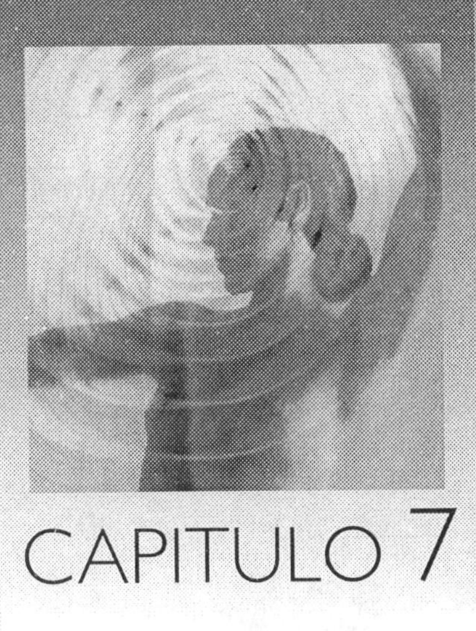

CAPITULO 7

Musicoterapia

LA MAYORÍA DE LA GENTE SE DELEITA CON MELODÍAS DIVERSAS SÓLO COMO UN MERO ENTRETENIMIENTO, PERO DETRÁS DE CADA SONIDO HAY PROFUNDAS CLAVES DE CURACIÓN DE PROBLEMAS TAN DIVERSOS COMO LA CEFALEA, LA ANOREXIA O LA ADICCIÓN A LAS DROGAS.

Una de las definiciones más frecuentes de la musicoterapia afirma que es una disciplina paramédica que utiliza el sonido, la música y el movimiento, para producir efectos terapéuticos. Un inglés llamado Robert Burton fue el primero en escribir sobre los poderes curativos de la música. Pero en una época en que la actitud general en Europa Occidental hacia la enfermedad era principalmente religiosa, la disciplina cayó bajo la influencia espiritual y mística de la Iglesia.

En nuestra era racional, muchos se inclinan a creer que no existen poderes ni encantos más que

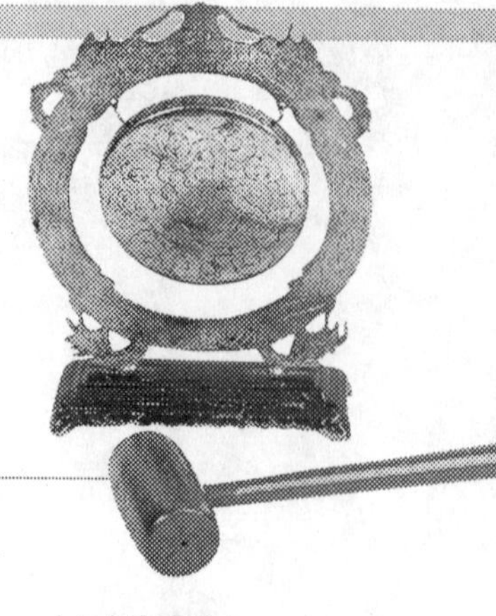

aquellos que pueden ser explicados en términos científicos. Es por eso que ya se puede explicar por qué algunos fanáticos se ponen histéricos al escuchar rock, y por qué en este siglo de ruidos y nervios, la Musicoterapia está cobrando mayor importancia como tratamiento para muchos tipos de disturbios psicofísicos.

POR QUE ESCUCHAMOS MUSICA

Mediante la comunicación musical (voz, instrumentos o juegos con la música), la gente en general puede establecer un vínculo mucho más abierto y libre.

¿Por qué escuchamos una música en particular y no cualquier otra? ¿Por qué tarareamos una canción que escuchamos hace tres días, espontáneamente? La música es un lenguaje no verbal, pero también es preverbal. Permite la manifestación de emociones y sentimientos, de contenidos intrapsíquicos, sin la limitación de la palabra. Todas las discapacidades (desde las más graves hasta las más leves) pueden ser abordadas por la Musicoterapia: salud mental, patologías motoras, dificultades de comunicación (afásicos), y muchísimas más. Allí donde la posibilidad de comunicación está quebrada, esta terapia permite expresarse prescindiendo de la palabra.

LA MUSICA NO TIENE FRONTERAS NI EDAD. LA VARIEDAD DE MELODIAS CON FINES TERAPEUTICOS ES MUY AMPLIA.

En el campo de la prevención, los musicoterapeutas también trabajan. La violencia y la agresión son sus problemas a tratar preferidos. Se realizan talleres en los que los jóvenes vuelcan todas sus tensiones por medio de la composición musical, la improvisación, el canto y el trabajo con instrumentos.

Hoy en día, en todo el mundo serias investigaciones avalan la influencia terapéutica de la música. Las del médico francés contemporáneo Alfred Tomatis son un ejemplo. Este especialista afirma que los sonidos en frecuencias altas dan energía a quienes los escuchan, mientras que los de baja frecuencia cansan a sus oyentes.

Otra importante contribución a la Musicoterapia se la debemos a una violoncelista inglesa, Juliette Alvin. Ella se especializó en la rehabilitación de niños con deficiencia mental, problemas locomotores y neurológicos.

El musicoterapeuta Jacques Jost también efectuó valiosos aportes. Producía en sus pacientes estados de catarsis mediante la escucha de ciertos fragmentos musicales, para luego neutralizar los elementos negativos y provocar las transformaciones deseadas.

En la actualidad, el musicoterapeuta occidental trabaja integrado a un equipo interdisciplinario (médicos, psicólogos, kinesiólogos, fonoaudiólogos, terapeutas corporales, etcétera).

Todo esto da fe del gran efecto que la música tiene, prácticamente, en todas las personas. Diferentes partes del cuerpo resuenan con los distintos sonidos y notas, y, lo que es más importante, ciertos tipos de música resuenan de manera poderosa en el espíritu humano. Esto nos brinda la posibilidad de determinar a diario qué música puede tonificar mejor nuestro espíritu. La aparición de las cintas de casete y los discos compactos ha posibilitado captar la mejor sonoridad del mundo y que la reproduzcamos en casa, en el automóvil o mientras corremos. Los que tienen el don de cantar o tocar un instrumento experimentan una dimensión añadida en la vida, aunque es cierto que muchas personas que podrían dedicarse a ello no lo hacen sólo por falta de confianza en sí mismas o en sus capacidades.

En nuestra cultura, la música es una verdadera terapia para millones de personas, tanto si la interpretan como si la escuchan. Alcanza su mayor importancia cuando se convierte en parte de la vida espiritual, donde puede combinarse con la más sentida poesía que haya conocido el mundo, o penetrar en nosotros con profundos acordes que nos hablan del infinito y de nuestra parte en esa realidad. Toda tradición religiosa de cierta importancia contiene música, que encarna la espiritualidad y los deseos de las personas.

POR QUE LA MUSICA

Las fibras internas y espirituales que toca la música son comunes al ser humano, y no sólo nos estamos refiriendo a las diferencias culturales y sociales de este momento de la historia. De hecho, cualquiera de nosotros es sensiblemente distinto de alguien que vivió en el mismo sitio cincuenta años atrás. Sin embargo, en todos estos casos la emoción de la música, la relación de los hombres y la sociedad con ella, los ecos que ella despierta en el alma son, podría decirse, idénticos. Tenemos la facultad de no vernos reflejados en lo que otra cultura lejana piensa acerca del matrimonio, la organización del trabajo o las premisas sociales. Pero en la manera de relacionarse cada individuo con la música, desde el principio de los tiempos, los seres humanos mantenemos una admirable y conmovedora identificación con ella.

La música, más allá de estilos, gustos, cuestiones comerciales o culturales, es siempre música del alma. Moviliza lo más profundo del ser humano. Toca las fibras a las que no llega ningún otro medio. Es por ello que se la utiliza no sólo con fines culturales, de comunicación o de goce estético, sino, también, con fines terapéuticos. Esto no se refiere sólo a lo específico como la Musicoterapia, sino a muchas otras actividades relacionadas con el bienestar psicofísico de la persona, en las cuales la inclusión de la música potencia y optimiza los resultados que se buscan.

Así, podemos verificar la utilización de música en actividades relacionadas con el adelgazamiento, la educación especial o las actividades físicas enfocadas a la meditación activa y la ejercitación energética.

Si nuestra intención es aprovechar las energías desperdiciadas reacomodándolas y aprendiendo a utilizarlas en todo su potencial, será la música la que mejor sostendrá nuestro espíritu en el proceso de este aprendizaje y en su práctica diaria. Porque es siempre música del alma, cuando nos conectamos con ella lo que estamos haciendo es crear una corriente de alimentación dinámica de nuestra alma que nos genera una situación óptima para avanzar hacia la meta propuesta.

LOS BENEFICIOS PROFUNDOS DE LA MUSICA

Empieza el día y, automáticamente, uno pone el compacto preferido y la música comienza a invadirnos. Nos preparamos para ir a trabajar, o nos ponemos a estudiar para un examen difícil, o sino sólo escuchamos. Nos relajamos y permitimos que el ritmo y la melodía nos invada. Lo hacemos porque nos hace muy bien. Nunca nos preguntamos más. Pero... ¿cuáles son los beneficios profundos que nos brinda la música?

-En quien la escucha, la música produce una respuesta afectiva, hace aflorar recuerdos, pensamientos, emociones e imágenes que permanecían enterradas en nuestro inconsciente.

-Sirve para expresarse cuando faltan las palabras, por ende aumenta la interacción social y ofrece a la persona los recursos para manifestar emociones dentro de un grupo. Gracias a la música, los seres humanos se vuelven más receptivos y comprensivos.

-El shock emocional de la música puede provocar en una persona respuestas físicas involuntarias en su respiración, en su ritmo cardíaco y en la regularidad de la circulación sanguínea. Tiende a demorar la fatiga y puede prolongar la extensión de los reflejos musculares que utilizamos a la hora de escribir o dibujar.

-Eleva la autoestima y los sentimientos de orgullo del individuo. Es además una fuente inagotable de gratificación tanto para quien la ejecuta como para quien la recibe.

-Los objetivos de la Musicoterapia pueden ser educacionales, recreativos, de rehabilitación, preventivos o psicoterapéuticos. Los métodos de tratamiento tienden a desarrollar la escucha, la improvisación, la actuación, la composición y el movimiento.

-Como en todos los seres vivos, la música es dueña de una alternancia de tensión y relajación, de actividad y reposo. De esta manera, los tiempos lentos, suaves y las armonías simples contribuyen a suavizar la actividad física y a aumentar la actividad contemplativa. Por el contrario, los staccatos, las armonías complejas y disonantes y los cambios repentinos de dinámica estimulan la agitación y reducen la concentración mental.

-Por otro lado, la música es capaz de despertar las fuerzas instintivas, desde el sexo o la sensualidad hasta la euforia o la agresividad. Sus principales efectos psicológicos sobre el individuo pueden dar origen a un proceso de comunicación, autoidentificación y autoexpresión, al tiempo que promueven la fantasía.

COMO SE APLICA

El trabajo del musicoterapeuta se expresa en tres canales distintos de lenguaje -el sonoro, el corporal y el verbal- de manera integrada, con el siguiente esquema de acción:

- ✔ **Relajación.** *Para obtener concentración o predisposición al tratamiento.*
- ✔ **Actividad rítmica simple.** *A fin de acercar al paciente a un canal distinto de comunicación, estimulando la participación dentro del grupo.*
- ✔ **Sonidos instrumentales y vocales.** *Explorarlos para su posterior uso expresivo.*
- ✔ **Audiciones musicales.** *Para familiarizar al paciente con estímulos sonoros variados y acceder a un conocimiento de las reacciones y actitudes propias de cada uno.*
- ✔ **Improvisación.** *Permite observar el comportamiento y las posibilidades de expresión y creación.*

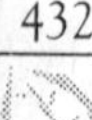

El número de sesiones debe oscilar entre una y tres por semana, según crea conveniente el especialista en cada caso. Al comenzar el tratamiento se debe elegir una música que se ajuste al estado de ánimo del paciente (melancólico, si está triste; vivaz, si está alegre). Estabilizado el paciente, se efectúa la terapia de acuerdo con la dolencia que padece, utilizando una música sedante o estimulante, según el caso.

PARA QUIEN ES EFECTIVA

✔**Discapacitados físicos.** La terapia, en estos casos, ofrece al paciente el mayor número de contactos perceptuales posibles con su entorno. El dinamismo de la música ayuda a recobrar el ritmo físico a los que padecen de una coordinación musical defectuosa.

✔**Enfermos psíquicos.** Estos pacientes necesitan sentirse seguros y la música les ofrece esta seguridad, además de ayudarlos a reducir o eliminar las diferencias con los demás enfermos. A través de la repetición de una estructura musical determinada, obtienen una gran ayuda para aliviar el temor ante lo desconocido. Este tipo de terapias suelen ser mucho más eficaces si se desarrollan en grupo y se utilizan instrumentos musicales simples.

✔**Disminuidos auditivos.** La música es un remedio inmejorable, entendida como simples vibraciones rítmicas. Estas vibraciones pueden ser sentidas por la piel, los músculos y hasta por el sistema nervioso del paciente. Instrumentos como el piano, el tambor, el arpa y sobre todo la pandereta están expresamente indicados para este tipo de terapias.

✔**Drogadependientes.** Se los trata durante el duro proceso de recuperación mediante audiciones, improvisaciones, ejercicios de creatividad musical, técnicas que pueden desarrollarse tanto solos como en grupo.

✔**Personas de la tercera edad.** Se trata de estimularles el recuerdo y la preservación de la memoria, seleccionando música de su pasado. Al mismo tiempo, la terapia con música intenta atacar su ansiedad.

✔**Otros trastornos.** La Musicoterapia también ha demostrado su eficacia en el tratamiento de otras dolencias físicas como son las distrofias musculares, la poliomelitis y algunas enfermedades respiratorias. Del mismo modo, la música ha demostrado ser una gran ayuda para personas que sufren algún tipo de disminución sensorial, como la ceguera.

RECOMENDACIONES DE MUSICA CLASICA PARA CURAR EL CUERPO Y EL ALMA

Cada persona es un mundo aparte. Es muy difícil -y peligroso- atribuirle poderes curativos a algunas músicas específicas frente a trastornos determinados. De todos modos, la historia atribuye a ciertas composiciones clásicas una íntima relación con la mejoría de ciertos problemas, sobretodo de tipo psicológico. La siguiente selección no pretende ser una guía de tratamientos, sino una orientación musical para que cada uno pueda probar con las distintas melodías que pueden ayudarle a sentirse mejor.

TONO INTESTINAL:

- *Romanzas para piano, Schumann.*
-*Requiem op.48, Fauré.*
-*Canto Indio, Rimsky Korsakov.*

INSOMNIO:

-*Nocturno op.9 n°2, Chopin.*
-*Adagio para cuerdas, Barber.*
-*Preludio para la siesta de un fauno, Debussy.*

CEFALEAS Y JAQUECAS:

-*Serenata, Schubert.*
-*Largo de Jerjes, Haendel.*
-*Sueño de amor, Liszt.*

DEPRESION NERVIOSA:

-*Música acuática, Haendel.*
-*Sinfonía n° 8, Dvorak.*
-*Concierto para piano n° 2, Rachmaninov.*

ANOREXIA:

-*Marcha de Tannhauser, Wagner.*
-*Sinfonía n° 5, Dvorak.*
-*Aida, Verdi.*

EXCITACION SEXUAL EN LA PAREJA:

Propuesta musical para un proceso de cuatro fases: relajación, estimulación, vigorización y clímax.

RELAJACION:

-*Vals op.39 n°15 , Brahms.*
-*Minuetto, Beethoven.*
-*Barcarola, Offenbach.*

ESTIMULACION:

-*Marcha de Tannhauser, Wagner.*
-*Obertura de Rienzi, Wagner.*
-*Aida, Verdi.*

VIGORIZACION:

-*Marcha de pompa y circunstancia, Elgar.*
-*Marcha eslava, Tchaikovsky.*
-*Marcha turca, Mozart.*

CLIMAX:

-*Daphnis y Cloe, Ravel.*
-*Serenata, Toselli.*
-*Adagio, Albinoni.*

"LA MÚSICA DEBE SER VIVIDA
ANTES QUE EXPLICADA."

Anónimo

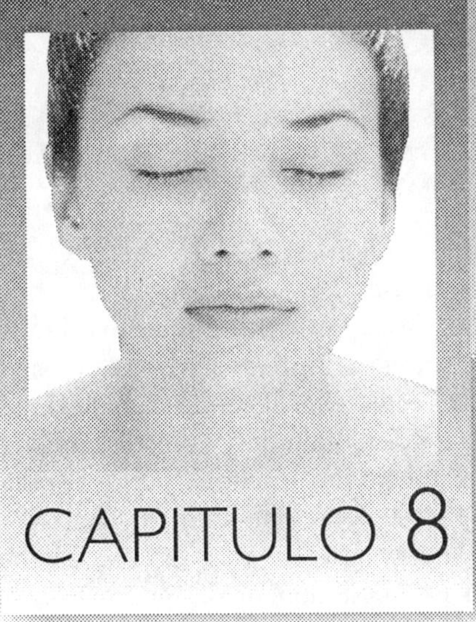

CAPITULO 8

Neurolingüística

UNA TERAPIA PSICOLÓGICA QUE PUEDE APRENDERSE FÁCILMENTE Y CON LA QUE ES POSIBLE PREPARAR NUESTRA MENTE PARA CONSEGUIR RESULTADOS QUE PARECEN INALCANZABLES.

Este método que se abrevia como PNL, etimológicamente proviene de "neuro", que hace alusión al cerebro, y "lingüística", que se refiere al lenguaje. Programar es poner a punto un plan o procedimiento. La PNL es el estudio de cómo el lenguaje, tanto el verbal como el no verbal, afecta a nuestro sistema nervioso. Nuestra capacidad para hacer cualquier cosa en la vida está basada en la aptitud para dirigir nuestro propio sistema nervioso, y los que consiguen cosas sobresalientes lo hacen mediante determinadas comunicaciones con ese sistema y a través de él.

Puede ser que usted nunca antes haya escuchado de esta nueva ciencia justamente porque en el pasado su enseñanza estuvo limitada a los terapeutas. En una ocasión un practicante de PNL se hizo cargo de una mujer que desde hacía tres meses estaba siendo tratada sin éxito por reacciones fóbicas, y en menos de 45 minutos el practicante logró hacerle desaparecer ese síntoma (el mismo resultado puede conseguirse en cinco o diez minutos). La PNL proporciona un marco de referencia sistemático para manejar nuestro propio cerebro. Nos enseña cómo dirigir, no sólo los propios estados y comportamientos, sino, incluso, los de los demás. En una palabra, es la ciencia la que le enseñará cómo dirigir el propio cerebro de manera óptima para lograr los resultados que desee. Uno de sus postulados es que todos los sistemas neurológicos se parecen, de manera que si alguien en el mundo puede hacer una cosa, usted también puede, siempre que rija o gobierne su sistema nervioso puntualmente del mismo modo. Este proceso consiste en descubrir exacta y específicamente lo que hacen las personas para obtener un cierto resultado y se denomina modelado.

Los principales creadores de la PNL fueron John Grinder y Richard Bandler. El primero es uno de los lingüístas más destacados del mundo, Bandler es matemático, psicólogo gestáltico y experto en informática. Estos dos hombres decidieron asociar su talento para una tarea extraordinaria: salir a modelar la conducta de los mejores en su actividad.

CLAVES PARA APRENDER A PENSAR

✔ A un perro se le pueden enseñar patrones para mejorar un comportamiento, y lo mismo pasa con las personas. Pero lo que usted tiene que comprender es un proceso, un marco de referencia, una disciplina que le permitirá reproducir la excelencia dondequiera que la encuentre.

✔ Para modelar la excelencia es preciso convertirse en un detective un investigador, en alguien que plantea preguntas interminables y que persigue todas las claves de aquello que produce la excelencia. Construir a partir de los éxitos de otros es uno de los aspectos fundamentales del aprendizaje.

✔ Blandler y Grinder descubrieron que son tres los ingredientes básicos que deben copiarse para reproducir cualquier forma de excelencia humana. Son, en realidad, las tres formas de acción mental y física que guardan una relación directa con la calidad de los resultados que obtenemos. Se las considera como las tres puertas de acceso a un espectacular banquete.

✔ La primera puerta representa el sistema de creencias de una persona. Lo que una persona cree, lo que juzga factible o no, en gran medida determina lo que es capaz de hacer o no. Hay un antiguo refrán que dice: tanto si crees que puedes hacer una cosa como si no, tienes razón. Hasta cierto punto esto es verdad, ya que cuando uno considera que no puede hacer algo, envía a su sistema nervioso mensajes coherentes que limitan o suprimen su capacidad para hacer precisamente ese algo.

PROGRAMAR ES PONER A PUNTO UN PLAN O PROCEDIMIENTO PARA SUPERAR DETERMINADAS SITUACIONES FISICAS COMO MENTALES

✔ La segunda puerta que debe abrirse es la de la sintaxis mental de una persona, que es el modo en que los individuos organizan sus pensamientos. Dicha sintaxis es como un código. Un número de teléfono consta de siete dígitos, pero hay que marcarlos en el orden correcto para establecer contacto con la persona con quien se desea hablar.

✔ La tercera puerta es la fisiología. Entre la mente y el cuerpo existe una vinculación total. El modo en que utiliza usted su fisiología (la manera de respirar, las posturas y actitudes corporales, las expresiones faciales, la naturaleza y la calidad de sus movimientos) determinan efectivamente el estado en que se encuentra. Y éste, a su vez, determina la variedad y la calidad de los comportamientos a su alcance.

✔ La PNL es una herramienta poderosa, pero sólo es eso: un camino que usted puede utilizar para desarrollar sus propios planteamientos, sus propias estrategias y sus propias intuiciones. No existe la estrategia que sirva para cualquier situación.

Comprender su estado es la clave para entender el cambio y para alcanzar la excelencia. Casi todos los deseos de las personas hacen referencia a algún tipo de estado. Haga una relación de las cosas que anhela en la vida. ¿Quiere tener amor? Pues bien, el amor es un estado, un sentimiento o emoción, que se comunica a usted mismo y percibe como resultado de ciertos estímulos exteriores. De manera que la llave del amor, la alegría, de ese poder que el hombre siempre ha buscado -la posibilidad de ser el dueño de su propia vida- , estriba en saber cómo dirigir sus estados y cómo usarlos. Antes de poder dirigir su vida, debe comprender cómo se forman sus experiencias.

PERCIBIR Y ENTENDER

UNO DE LOS EJERCICIOS PROPONE VISUALIZAR IMAGENES POSITIVAS Y NEGATIVAS A TRAVES DE TRES MODALIDADES: VISUAL, AUDITIVA Y CINESTESICA

Los seres humanos reciben y representan la información del medio ambiente gracias a unos receptores especializados: los órganos de cuatro de los cinco sentidos, que le comunican impresiones ópticas (vista), acústicas (oído), olfativas (olfato) y táctiles (sistema cinestésico). La mayor parte de las decisiones que afectan su comportamiento procede primariamente de sólo tres de estos sentidos: el visual, el auditivo y el **cinestésico**.

Estos receptores transmiten los estímulos externos al cerebro. Este, a través del proceso de generalización, distorsión y supresión, filtra esas señales eléctricas y las transforma en una representación interna.

Este proceso de filtrado explica la inmensa variedad de la percepción humana. Dos personas que hayan visto el mismo accidente de tránsito tal vez lo cuenten de maneras muy distintas. Uno prestó más atención a lo que vio, y el otro a lo que oyó; lo observaron desde ángulos diferentes.

En PNL se cree que la persona que tiene fe posee más fuerza que otras noventa y nueve que sólo tengan intereses. Precisamente, porque, una orden directa al sistema nervioso, cuando uno cree que algo es verdadero, se pone en un estado tal como si lo fuese.

Si usted cree en el triunfo tiene mucho camino recorrido para alcanzarlo; si cree en el fracaso, esos mensajes lo llevarán, sin duda, a tal experiencia. Recuerde que usted tiene razón tanto si dice que puede como si afirma todo lo contrario. Ambas convicciones tienen una gran potencia. La cuestión es saber qué clase de creencias nos conviene albergar, y cómo desarrollarlas.

Un modo de cambiar las creencias consiste en vivir una experiencia que las refute. Por eso muchos realizan la práctica de andar sobre las brasas. A nadie le importa que la gente aprenda a caminar sobre ellas, pero sí que aprenda que puede hacer cosas aunque las tuviera por imposibles. Cuando una persona se ve capaz de hacer lo que antes creía imposible, reconsiderará todo su sistema de creencias.

UN CAMINO DIFERENTE

El modelo de cambio que enseña la PNL (Programación Neuro-Lingüística) es muy diferente del que utilizan muchas escuelas terapéuticas. En muchas de ellas está difundida la creencia de que, para cambiar, uno tiene que retroceder hacia ciertas experiencias negativas, profundamente arraigadas, y vivirlas otra vez. La idea es que las experiencias negativas de la vida se acumulen dentro de las personas como un líquido dentro de un recipiente, hasta que finalmente no haya cabida para ellas y se desborden o revienten. Según dicen los psicólogos, la única manera de establecer contacto con este proceso es volver a experimentar aquellos hechos y angustias para tratar de liberarse de una vez.

La terapia tradicional produce logros. Pero la cuestión es: ¿no podrían obtenerse los mismos resultados con menos dolor para el paciente y en menos tiempo? La respuesta es sí. La terapia queda superada desde el momento en que uno puede cambiar en cuestión de instantes cualquier sensación, emoción o comportamiento propio.

No es necesario volver a pasar por momentos dolorosos para cambiar nuestro estado. Lo que se debe hacer es cambiar la representación interna negativa por otra positiva, que se movilice automáticamente y lo conduzca a obtener resultados más eficaces.

Si usted quiere puede dirigir su cerebro para generar cualquier estado o conducta que favorezca a sus objetivos o necesidades. Practíquelos y muy pronto verá los resultados.

1 EJERCICIO

REPRESENTACION POSITIVA Y NEGATIVA

Parte 1: Es muy importante que practique este ejercicio, si desea lo puede hacer con otra persona, leyendo alternativamente las instrucciones antes de responder.

Piense en un recuerdo muy agradable. Da lo mismo que sea reciente o lejano. Limítese a cerrar los ojos, relájese y piense en ello. Ahora tome esa imagen y hágala más y más brillante. A medida que aumente el brillo, fíjese cómo cambia su estado. Empiece a acercar la imagen mental ampliando su tamaño. ¿Qué ocurre mientras manipula esa imagen?: verá que la intensidad de la experiencia cambia. Para la gran mayoría de las personas, recrear un recuerdo agradable y hacerlo más grande, brillante y próximo hace que la imagen sea más poderosa y agradable. Aumenta la fuerza y el placer de la representación interna, y lo pone en un estado más vigoroso y alegre.

Todas las personas tienen acceso a las tres modalidades de representación: visual, auditiva y cinestésica. Pero cada individuo las utiliza en medidas diferentes. Algunos acceden a su propio cerebro dentro de un marco de referencia visual, y reaccionan frente a las imágenes que ven en su cabeza. Otros son, básicamente, auditivos, y los demás, cinestésicos; lo cual significa que reaccionan con más fuerza frente a lo que oyen o sienten respectivamente. Por eso, después de haber variado el marco de referencia visual ensaye lo mismo con los demás sistemas de representación.

Vuelva al recuerdo agradable que ha utilizado hasta ahora. Aumente el volumen de las voces o de los sonidos que oyó. Deles más ritmo, profundidad y cámbieles el timbre. Luego, realice lo mismo con las submodalidades cinestésicas. Haga que el recuerdo sea más cálido, suave y acariciador que antes. ¿Qué pasa con sus sensaciones después de esta experiencia?

No todas las personas reaccionan de la misma manera. Muchos hallarán que la imagen gana al hacerla más brillante y grande. Esto da más intensidad a la representación interna, la hace más atractiva y, sobre todo, lo pone en un estado positivo, dueño de sus recursos.

Parte 2: Haga lo mismo con una imagen negativa. Piense en algo que lo contrarió y le hizo daño. Ahora tome esa representación y auméntele el brillo. Acérquela más y agrándela. ¿Qué ocurre en su cerebro? Muchos sienten que se ha intensificado su estado negativo, las sensaciones molestas o dolorosas que experimentaron la primera vez vuelven con más fuerza. Ahora revierta la imagen a las condiciones iniciales. ¿Qué ocurre cuando la hace más pequeña, oscura y distante? Descubrirá que las sensaciones negativas van perdiendo su fuerza.

Tome esa imagen para hacerla más pequeña. Dese cuenta de lo que ocurre mientras esa experiencia se encoge. Ahora desenfóquela, hágala más borrosa, atenuada y difícil de ver. Conseguido esto, aléjela, llévela tan lejos de usted que apenas pueda distinguirla. Por último, tome esa representación y empújela hacia un sol imaginario. Tome nota de lo que ve, oye y siente mientras aquélla desaparece del mundo.

Haga lo mismo con la modalidad auditiva. Baje el volumen de las voces que oye; trate que suenen mal, quíteles el ritmo. Ahora hágalo con sus percepciones cinestésicas; que la imagen acabe siendo floja e insustancial, ajena a usted. ¿Qué ha ocurrido con la imagen negativa durante todo este proceso dirigido por usted? Si lo ha hecho bien, la imagen pierde su poder..., se hace menos potente, dolorosa, incluso llega a dejar de existir. Es decir, que se puede tomar algo que ha causado un gran dolor en el pasado y quitarle fuerza, hasta hacer que se disuelva o desaparezca por completo.

Estos breves ejercicios pueden bastar para darle una idea del poder de esta técnica. En cuestión de minutos habrá experimentado un sentimiento positivo para reforzarlo e intensificarlo, y también habrá logrado desprenderse de una imagen negativa.

Comiéncelos ya mismo, cierre los ojos y concéntrese para que esa experiencia negativa que tanto lo preocupa desaparezca por completo de su vida. Tenga en cuenta que no todas las personas que practican esta técnica obtienen los mismos resultados. Si llega a notar que su sentimiento positivo no se ha intensificado al finalizar el ejercicio, no se decepcione. Vuelva a intentarlo con más esmero y tranquilidad.

2 EJERCICIO

EL PATRON DEL TRIS-TRAS

En este momento quizá usted piense: "el cambio suena muy bien, pero ¿cómo voy a lograr no volver a mi estado anterior? Sé que puedo variar mi humor en un momento, y eso vale mucho, pero mejor sería si se consiguiera un cambio más automático y sobre todo más consistente."

Eso puede conseguirse con ayuda de lo que se conoce como: el método del tris-tras . Sirve para tratar un gran número de los problemas crónicos y los hábitos perjudicales que se crean las personas. Con este patrón se toman las representaciones internas que lo colocan en un estado de impotencia, y se disparan automáticamente otras representaciones internas nuevas que lo pondrán en pleno dominio de sus recursos, tal como lo deseaba. Una vez que haya descubierto qué tipo de representación interna lo induce, por ejemplo, a comer más de lo necesario, mediante este patrón creará una nueva representación interna, centrada en otra cosa que tenga más fuerza y que, al ser vista u oída, lo induzca a apartar de sí la comida. Si asocia las dos representaciones, cada vez que piense en comer algo que no debe la primera llamará automáticamente a la segunda y lo pondrá a usted en condiciones de no querer más alimentos. Lo mejor del patrón del tris-tras es que una vez implantado con eficacia no resulta preciso recordarlo constantemente. El proceso se desencadena en forma automática, sin ningún esfuerzo consciente. Preste atención y vea cómo funciona:

- **PRIMERA FASE:** Identifique el comportamiento que desea cambiar. Luego, fórmese una representación de dicha conducta como si la estuviese viendo con sus propios ojos. Si, por ejemplo, quiere dejar de morderse las uñas, represente su propia imagen y cómo levanta la mano para acercar los dedos a los labios, y cómo se pone a morder sus uñas.

- **SEGUNDA FASE:** Una vez que tiene una imagen clara del comportamiento que se quiere cambiar, es preciso formarse una representación diferente, cómo sería si el cambio deseado se hubiera realizado ya, y de lo que tal modificación significaría para usted. Volviendo al ejemplo anterior, trate de imaginar cómo retira los dedos de la boca, cómo se ejerce una ligera presión sobre los dedos cuya uña iba a roer, y considere sus manos perfectamente cuidadas, al mismo tiempo que se contempla a sí mismo como una persona elegantemente vestida, de magnífica presencia, muy seguro y dueño de sí.

TERCERA FASE: En un tris-tras, permute las dos imágenes de manera que la experiencia torpe y triste dispare automáticamente la experiencia de seguridad y dominio. Cuando se ha conseguido montar este mecanismo de disparo, cualquier suceso de los que desencadenaban en usted el deseo de morderse las uñas suscitará luego un estado distinto, en el que aspirará a la aproximación hacia esa imagen ideal de uno mismo. Es decir, le habrá abierto a su cerebro un camino totalmente distinto para reaccionar frente a lo que en el pasado suscitaba una reacción negativa.

Estas son la instrucciones para hacer el tris-tras: empiece formándose una imagen brillante y grande del comportamiento que quiere cambiar. Luego, en el rincón de abajo, a la derecha de esa imagen, superponga otra imagen pequeña y oscura (que sea la que usted quiere lograr). Ahora tome esa imagen pequeña y, en menos de un segundo, aumente el tamaño y el brillo de la imagen que usted desea abandonar. Al mismo tiempo, pronunciará usted la palabra "zumbaaa" con todo el vigor y el entusiasmo que pueda. Usted debe estar pensando en lo infantil que parece hacer esto; sin embargo, al decir "zumbaaa" con gran énfasis usted le envía a su cerebro una serie de poderosas señales positivas. Una vez que haya construido mentalmente las imágenes, el proceso de sustitución debe efectuarse por completo en menos tiempo del que necesite para decir "zumbaaa". Ahora tiene usted delante una imagen grande, brillante, nítida y coloreada de cómo desea ser. La vieja imagen de lo que usted era ha quedado aplastada y hecha polvo.

La clave para implantar este patrón reside en la velocidad y en la repetición frecuente. Es necesario que usted vea y sienta de verdad cómo se dilata la representación pequeña y oscura para convertirse en grande y brillante, y cómo ésta invade la imagen anterior, destruyéndola y sustituyéndola por un cuadro aún más grande y magnífico de como quiere usted que sean las cosas. En ese momento experimentará la maravillosa sensación de ver las cosas tal como quiere que sean. Entonces abra un momento los ojos para romper ese estado y vuelva a cerrarlos para repetir otra vez la operación del tris-tras. Empiece por contemplar en tamaño muy grande lo que usted quiere cambiar, y luego haga que la figura pequeña crezca y brille. Haga una pausa para recrearse en la experiencia. Abra los ojos, ciérrelos. Vea lo que hay que cambiar. Observe la imagen originaria y cómo quiere cambiarla. "Zumbaaa" otra vez. Hágalo cinco o seis veces, tan rápido como pueda.

Puede hacer lo mismo con los temores o las frustraciones. Propóngase algo que teme hacer. Luego represéntelo funcionando como a usted le gustaría. Haga que ese cuadro sea excitante. Y, entonces, cambie, tris-tras, siete veces seguidas las dos escenas. Hecho esto, piense en lo que le daba miedo. ¿Qué le sugiere ahora? Si la rutina se ha ejecutado eficazmente, tan pronto como usted quiera pensar en lo que temía, automáticamente se encontrará imaginando la situación como a usted le gustaría que fuese.

3 EJERCICIO
DEPRESION

Todos tienen algún conocido que por más que las cosas le hayan salido bien en un noventa y nueve por ciento del día, regresa a su hogar en estado de depresión total. ¿Por qué? Porque una cosa entre cien resultó mal. De eso que salió mal seguramente hace una imagen enorme, chillona y aplastante, que convierte todo lo demás en sucesos diminutos, muertos e insignificantes.

Muchas personas pasan toda su vida diciendo: "siempre estoy deprimido". Lo dicen casi con orgullo, porque el estar deprimidos ha llegado a ser parte de su manera de ver el mundo.

Nadie está siempre deprimido. Este estado no es una situación permanente, como quedarse manco o tuerto. Es un estado, y las personas pueden entrar en él o dejarlo. En realidad, muchos de los individuos que pasan por una depresión han tenido en su vida numerosas experiencias felices..., quizá más que otros. Lo que ocurre es que no se representan dichas experiencias de una manera brillante y grandiosa. Haga una pausa para recordar algún acontecimiento que sucedió la semana pasada, y luego alejarlo mentalmente. ¿Le parece ahora una experiencia tan reciente? Y si hubiera elegido acercarla, ¿no parecería entonces más viva? Algunas personas toman sus experiencias felices del momento y las distancian como si hubieran ocurrido hace mucho tiempo; en cambio, nunca apartan sus problemas.

Algunos podrán decir: "¡un momento! ¡Las cosas no se cambian con tanta facilidad! " ¿Por qué no? Muchas veces se comprende más fácilmente una cosa en un relámpago de claridad que en años de meditación. Así trabaja el cerebro. Si usted hace algo, si produce un cambio en su cerebro ahora mismo, si modifica su estado y su comportamiento, se habrá demostrado a sí mismo, de la manera más espectacular, lo que se puede hacer, con lo cual recibe un impulso más poderoso que si se dedicase a meditar angustiosamente durante un mes. La física cuántica enseña que las cosas no varían en forma gradual a lo largo del tiempo, sino en saltos discontinuos llamados cuánticos. Todos pasan repentinamente de un nivel de experiencia a otro. Si a usted no le gusta lo que siente, cambie la manera en que se representa las cosas. Es así de sencillo.

Nadie dice conscientemente: "quiero estar deprimido". Pero, ¿cómo se comportan? Por lo general suelen andar con los ojos bajos , dejan caer los hombros, practican una respiración débil y superficial. Hacen todo lo necesario para que su organismo entre en una fisiología desanimada.

¿Acaso han decidido estar deprimidos? Por supuesto que sí. La depresión es un resultado, y su creación exige imágenes corporales muy concretas. Lo más espectacular de todo esto es que, con la misma facilidad, se puede crear el resultado llamado éxtasis. Ahora usted puede cambiar su estado depresivo en cuestión de segundos. No hace falta que se ponga a profundizar en las imágenes que se está formando mentalmente. Basta con que cambie su fisiología y notará de inmediato una transformación en su modo de ser.

Si usted se pone firme, si echa los hombros hacia atrás, respira hondo y levanta la vista (lo cual equivale a una condición de dominio de los recursos fisiológicos), no puede estar deprimido. Inténtelo ahora mismo. Póngase de pie, bien erguido, cuadre los hombros y muévase con energía. Vea si puede sentirse deprimido en esa postura. Descubrirá que resulta casi imposible. Lo que pasa es que su cuerpo le está enviando al cerebro un mensaje de atención, de vitalidad y control de los recursos. Y eso es lo que realiza.

Piense en algo que imagine no ser capaz de hacer, pero que le gustaría realizar. Y ahora, ¿cómo se pondría usted si supiera hacerlo? ¿Cómo hablaría? ¿Cómo respiraría? Colóquese ahora mismo, de la manera más coherente posible, en la que podría ser su fisiología si supiera hacerlo. Haga que todo su cuerpo le comunique el mismo mensaje. Que su postura, su respiración y sus facciones reflejen el estado que usted tendría si pudiera. Ahora, observe las diferencias entre esa postura y la anterior. Si consigue mantener coherentemente la fisiología adecuada, se notará capaz de enfrentarse a aquello que antes le sobrepasaba.

4 EJERCICIO

COMO HACER PARA QUE LA RELACION AMOROSA NO SE DETERIORE

Para muchos el amor es una experiencia maravillosa, etérea y casi mística. Desde el punto de vista de la teoría del modelado, observamos que el amor es un estado y que, al igual que cualquier otra situación, se produce en virtud de un determinado conjunto de actos o de estímulos percibidos de una manera determinada. ¿Cómo se enamora la gente? Entre los ingredientes perceptibles del enamoramiento, uno de los más notables es el que consiste en asociarse con todo lo que le gusta de la persona amada y disociarse de todo lo demás. A veces puede ser un estado embotador y desorientador, porque no es equilibrado; no se establece un balance de las cualidades buenas y malas de la persona para ver lo que sale, sino que se lo asocia totalmente con el pequeño número de rasgos de esa persona que lo "intoxican". En ese momento ni siquiera percibe los defectos de su pareja.

¿Por qué se estropean las relaciones? Esto, obviamente, depende de muchos factores. Uno de ellos puede ser que usted deje de asociarse con los rasgos de la otra persona que al principio le gustaban. Lo que suele ocurrir, en realidad, es que se llega a asociar con todas las experiencias desagradables sufridas en la relación, mientras se disocia de los ratos agradables que se compartieron. ¿Cómo sucede esto? Quizá se haya formado una imagen grande y predominante de cómo el otro tiene la costumbre de perder la tapa del dentífrico o dejar la ropa tirada por el suelo. A lo mejor es que él ya no le escribe cartas cariñosas. Hay que aclarar que no es malo plantearse las cosas de esta manera; simplemente, hay que tener presente que dicho modo de representarnos nuestras experiencias sin duda no mejorará nuestras relaciones. Muy distinto sería si, por ejemplo, en medio de una discusión, recordase usted la primera vez que se besaron o anduvieron con las manos unidas, o aquella vez que el otro hizo por usted algo realmente fuera de lo común, y se diese a esa representación preferencia en cuanto a tamaño, brillantez y proximidad. A partir de un estado así, ¿cómo trataría a la persona amada? La respuesta, no lo dude, yace dentro de su cerebro.

"LOS LÍMITES DE MI LENGUAJE,
SON LOS LÍMITES DE MI MUNDO."

Ludwig Wittgenstein

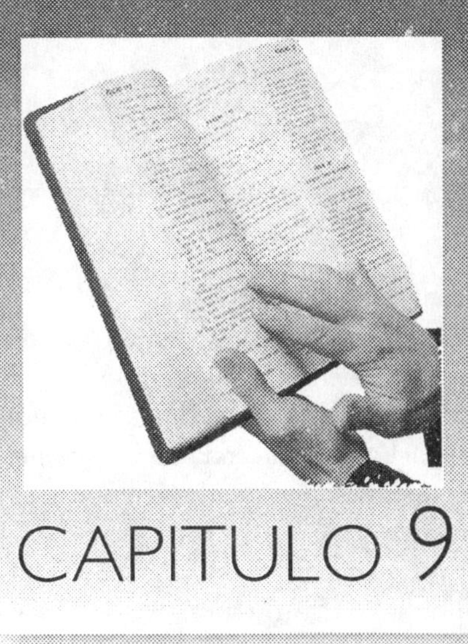

CAPITULO 9

Oración

LA CREENCIA Y LA FE EN ALGO SUPERIOR -SIN IMPORTAR LA RELIGIÓN- SON MUY IMPORTANTES PARA MANTENER LA SALUD ESPIRITUAL Y FÍSICA COMO PARA RECUPERARSE DE UNA ENFERMEDAD.

La oración es prácticamente universal. Es algo reconocido, incluso entre los ateos que no creen en Dios, que existe una fuerza creativa que pertenece o que se encuentra dentro del universo y es responsable de la organización de la materia y de la energía tal como las entendemos.

Reconociendo esta fuerza, puede pensarse que uno podría de alguna forma conectar, interactuar o comunicarse con ella. Sin duda, también hay un pequeño número de personas para las que el universo es un conjunto de sucesos aleatorios, sin la influencia de ninguna fuerza creativa u organizadora.

Sin embargo, la mayoría de las personas reconocen a Dios, o al equivalente de Dios, como una parte real de sus vidas y de sus conciencias.

Un gran número de esas personas con regularidad se comunica con su Dios a través de la oración, que está formalizada en los rituales de todas las instituciones religiosas, mientras que muchos también la practican en la intimidad de sus hogares y de sus vidas. Esto es aplicable a nuestra cultura occidental, mayoritariamente cristiana, pero en muchas otras culturas y partes del mundo la oración se practica aún más extensamente que en la nuestra.

La plegaria ha sido definida como la relación consciente con Dios, o con lo que uno reconozca como la fuerza creativa y organizadora del universo. Existen varios tipos de oración, caracterizados de diversas formas por los distintos pensadores sobre el tema pero, habitualmente, se incluyen estos elementos:

- *Intercesión, en la que se solicita algo*
- *Confesión, en la que se admite algo*
- *Gratitud, en la que se loa a Dios*
- *Comunión silenciosa, en la que existe una fusión de la conciencia individual con la conciencia universal.*

Para comprender por qué la oración puede incluirse en un libro sobre terapias, conviene apreciar que ésta tiene un poder curativo. La plegaria nos ayuda a comprender muchas cosas fundamentales para nuestras vidas.

- *Cada uno de nosotros pertenece a la familia de todos los seres vivos, aunque a veces nos sintamos solos o aislados.*
- *El cabeza de familia es Dios, o la fuerza creativa del universo, la forma más elevada de inteligencia, aunque encontremos muestras de estupidez y voluntad destructiva en nuestro entorno.*
- *El universo es un buen lugar para vivir, lleno de belleza, vitalidad y orden, aunque en él hallemos pruebas de fealdad, decadencia y desorden por medio de nuestros ojos corporales.*
- *En nuestro universo podemos encontrar paz y justicia, aunque tengamos que luchar para encontrarlas, y muchos de nosotros estemos privados de ellas.*

Estos pensamientos y otros similares tienen poder curativo, ya que alivian nuestros peores temores y disminuyen nuestras más terribles ansiedades. Nos dicen que lo que vemos a nuestro alrededor no constituye toda la realidad, sino sólo una pequeña fracción de ésta; que existen mundos maravillosos y bellos mucho más allá de la pequeña parcela en la que actualmente luchamos para vivir.

Cuando oramos, afirmamos y reafirmamos aquello que no podemos

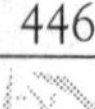

ver, pero que es algo a lo que pertenecemos. De un modo misterioso pe-ro real, la plegaria nos lleva hacia la curación de muchas de las cosas que creemos que no van bien en nuestras personas y en nuestras vidas.

"LA FE NO ES CREER LO QUE NO VIMOS,
SINO CREER LO QUE NO VEMOS."

Miguel de Unamuno

"Todos los metodos son buenos cuando se cree en su eficacia."

Mika Waltari

CAPITULO 10

Rebirthing

ENFERMEDADES Y BLOQUEOS PSICOLÓGICOS SON LA CAUSA DE UNA RESPIRACIÓN DEFICIENTE INICIADA EN EL PRECISO INSTANTE DE NACER. A TRAVÉS DE TÉCNICAS ESPECIFICAS SE PUEDEN TRANSFORMAR ESQUEMAS DE PENSAMIENTOS NEGATIVOS PROFUNDAMENTE ARRAIGADOS EN ACTITUDES POSITIVAS.

Durante nueve meses no conocimos otra cosa que no fuera el interior del útero de nuestra madre. Era cálido y confortable hasta que nos quedó chico. Lo que necesitábamos era que se nos mostrara que el mundo exterior era un sitio más interesante, con muchas más posibilidades que el útero, y que podía ser tan confortable, seguro y placentero como el lugar en que habíamos estado.

Sin embargo, como nuestra salida del útero suele ser traumática, nos pasamos la vida intentando regresar a él, sin advertir ni experimentar la amplia gama de posibilidades que existen aquí afuera, en el mundo de todos los días.

Por suerte, las cosas han cambiado bastante desde que el obstetra francés Frederic LeBoyer trae al mundo a los bebés en un ambiente de luces tenues y con pocos sonidos. Coloca a cada niño sobre el estómago de la madre, lo sostiene con suavidad y espera hasta que aprenda a respirar por sí mismo. No corta el cordón umbilical hasta que no deja de mostrar pulsaciones, e introduce al bebé suavemente en un baño de agua tibia para demostrarle que fuera del útero existen experiencias cómodas y agradables (por ese motivo, se comprobó que la inmersión en agua tibia de un adulto recrea en él sensaciones de estar en el útero). En el baño, los músculos del bebé se relajan, con lo cual experimenta movimientos y puede que esboce una sonrisa. Los denominados "bebés Le Boyer" se muestran más relajados, lloran poco o nada, son más despiertos, tienen menos miedo y casi nunca se enferman.

Al mismo tiempo que el doctor Le Boyer desarrollaba su sistema en Francia, Leonard Orr descubría en California una manera de ayudar a una persona de cualquier edad a entrar en contacto con su "trauma natal" y a eliminarlo de su consciencia. Lo llamó Rebirthing (Renacimiento).

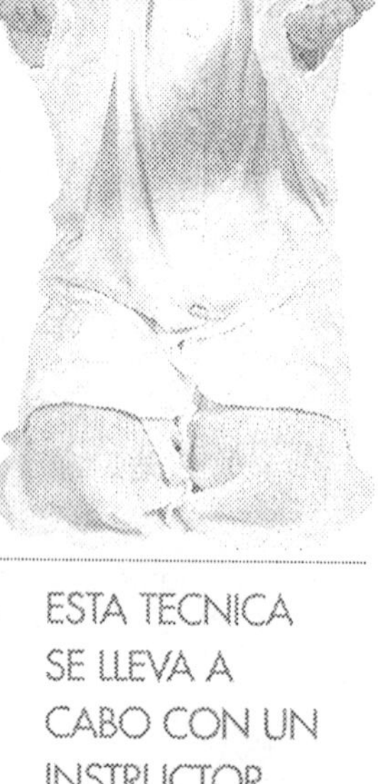

CARACTERISTICAS PRINCIPALES

Objetivos

La finalidad del Rebirthing consiste en recordar y "volver a experimentar" el propio nacimiento. Revivir fisiológica, psicológica y espiritualmente el momento en que uno aspiró su primera bocanada de aire y superar el trauma que aquello le causó.

Respiración

Es una técnica en la que el renacido (paciente o practicante) inhala profundamente llevando la respiración a la parte alta del pecho, hacia esa zona de los pulmones que, en general, no se utiliza, y luego, sin ninguna pausa, une la exhalación, dejándola salir sin retener el aire. Es una exhalación que se hace sin esfuerzo, pues es sólo la consecuencia de la liberación de la respiración -producida al relajar los músculos intercostales que elevaban la caja torácica- y del descenso del diafragma. Por abrir un espacio en los pulmones que no se suele usar, la llaman "superventilación" (diferente de la hiperventilación).

ESTA TECNICA SE LLEVA A CABO CON UN INSTRUCTOR QUIEN GUIA Y ACOMPAÑA A LA PERSONA EN SU PROCESO DE RENACIMIENTO

Por qué renacemos

Esta forma de respirar nos relaja, y luego permite que surgan recuerdos de nuestro pasado, incluso de nuestro propio nacimiento y, en ciertas oportunidades, hasta de nuestra vida dentro del vientre materno.

No es hiperventilación

Se insiste en la inhalación y no se fuerza a la exhalación, por lo que no se produce una excesiva eliminación de anhídrido carbónico, causa principal del denominado "síndrome de hiperventilación".

El "renacedor" y el "renacido".

Aunque se ha comprobado que las prácticas de la respiración de Rebirthing son absolutamente inofensivas es fundamental efectuar las primeras respiraciones con un Renacedor (instructor) experimentado, quien deberá guiar la respiración, acompañar el proceso del Renacido (practicante) y contener sus explosiones emocionales (si surgieran), siempre cuidando de no interferir en el proceso.

Por este motivo, es indispensable que el Renacedor, además de conocer la teoría del Rebirthing, haya trabajado su propio proceso de Renacimiento con Renacedores más experimentados que él. Y que, a su vez, continúe tomando sesiones y cursos para poder perfeccionarse.

Cuánto practicar

Lo habitual son ciclos de 10 a 15 sesiones individuales (o más, si se cree necesario), que duran entre 2 horas y 2 horas y media, incluyendo alrededor de una hora de respiración especial. El Renacedor le indicará al Renacido en qué momento podrá comenzar a respirar solo, en su casa, durante una hora, ya que una vez dominada la técnica se la puede utilizar siempre.

Importancia del agua

Una experiencia fundamental de Rebirthing es la respiración sumergidos en aguas caliente o fría con un tubo de oxígeno o snorkel. Pero únicamente debe realizarse luego de haber practicado suficientes respiraciones "en seco".

Nacimiento traumático

El Rebirthing asegura que muchas de nuestras impresiones del presente son negativas porque nadie supo lo que necesitábamos al nacer. Por el contrario; obtuvimos: luces demasiado brillantes para nuestros ojos sensibles, sonidos muy estridentes para nuestros oídos, tactos de manos y tejidos demasiado ásperos para nuestra piel delicada. Nos agitaron boca abajo, tomados por los talones y nos dieron "golpecitos" que nos produjeron dolor. Y es así como asociamos la respiración con el dolor y, desde entonces, nuestra respiración ha sido muy poco profunda.

Dolores psicológicos

El recuerdo del dolor físico a veces no es nada en comparación con el recuerdo del dolor psíquico del nacimiento. La naturaleza nos prepara para que al nacer podamos recibir oxígeno a través del cordón umbilical, mientras aprendemos a respirar en la atmósfera (una experiencia totalmente nueva después de haber estado en un medio líquido). Pero... ¿qué sucede? Se nos corta el cordón umbilical inmediatamente, lo que nos produce el pánico de sentirnos morir ni bien nacemos. Otro dolor psíquico importante tiene lugar cuando en la maternidad se nos arrebata del lado de nuestra madre. La mayor parte de las personas no se recupera nunca del mal trato que supone esa separación entre la mamá y su hijo.

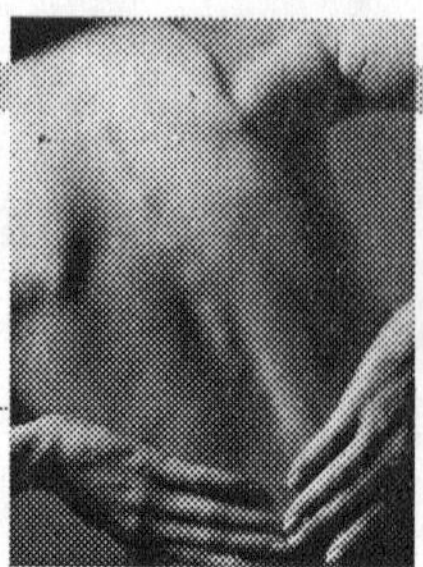

BENEFICIOS PARA LA SALUD

Según el Rebirthing, muchas enfermedades existen cuando el cuerpo manifiesta ciertos pensamientos. Por ese motivo es posible cambiar de opinión sobre lo que nos pasa. Una vez que se comprende el mensaje que el cuerpo nos revela, la enfermedad se alivia, a veces hasta de manera espontánea. Veamos qué tipos de problemas físicos encontraron un feliz término:

MUCHOS PROBLEMAS FISICOS ESTAN RELACIONADOS CON TRAUMAS DEL NACIMIENTO. EL REBIRTHING AYUDA A SUPERARLOS.

- ✔ *Colitis ulcerosa*
- ✔ *Catarro común*
- ✔ *Dolores de espalda*
- ✔ *Sinusitis*
- ✔ *Problemas de garganta y oídos*
- ✔ *Dificultades respiratorias*
- ✔ *Artritis*
- ✔ *Dermatitis, acné y soriasis*
- ✔ *Jaquecas*
- ✔ *Trastornos cervicales*
- ✔ *Dolores de estómago*
- ✔ *Anorgasmia*
- ✔ *Hemorroides*
- ✔ *Insomnio*
- ✔ *Diabetes*
- ✔ *Epilepsia*

Por otro lado, se producen los siguientes cambios psicológicos y espirituales:

-La gente experimenta una sensación de paz en su vida cotidiana.

-El cuerpo físico se convierte en un lugar más placentero para estar.

-Hasta el simple hecho de caminar puede producir un inmenso placer.

-Se necesita dormir mucho menos.

-La energía que antes se usaba para reprimir traumas se libera y se utiliza para actividades más gratificantes.

-La gente "renacida" se vuelve más hermosa. Adquiere un aspecto más juvenil.

-También aumenta la prosperidad, porque la gente logra desembarazarse de la idea que arrastra desde su nacimiento de que "no hay suficiente aire". Eso, cuando la persona crece, luego se traduce en "no hay suficiente amor", "no hay suficiente dinero", etcétera. Por ejemplo, si un bebé no obtuvo la leche materna que deseaba o no la obtuvo en cantidad suficiente, puede ser que de adulto el sentimiento de carencia se refuerce aún más.

OBSTACULOS QUE NOS IMPIDEN "RENACER" A LA FELICIDAD

Según Leonard Orr, el creador del Rebirthing, renacer implica superar estas barreras inconscientes con una profunda y sincera voluntad de positivizar nuestro pensamiento. Aquí analizamos algunas de esas "piedras" que se interponen en nuestro camino hacia una vida más plena:

1) EL TRAUMA DEL NACIMIENTO

Así comienza a enquistarse el popular pensamiento de "el mundo está en mi contra". Al nacer, solemos sacar conclusiones muy complejas. El útero era un lugar cómodo en el que todas nuestras necesidades fisiológicas estaban cubiertas. Cuando se nos sacó de ese entorno ideal, experimentamos una considerable cantidad de dolor e incomodidad. Recordando ese momento, es así como mucha gente vive literalmente su vida como pidiendo perdón por existir. Algunas de las generalizaciones que nuestra mente pudo hacer cuando nacimos fueron:

-*"Estar fuera del útero es desagradable"*
-*"No puedo confiar en la gente"*
-*"Si esto es así, no se si quiero estar aquí"*
-*"No tengo suficiente... (aire, cariño, etcétera)*

Entre otras cosas, el trauma del nacimiento es uno de los motivos por los que a las personas no les gusta levantarse por la mañana. La cama simula la experiencia del útero. Según el Rebirthing, todos los días, al despertarnos se estimula el recuerdo de los dolores del nacimiento. Por otra parte, los baños y duchas calientes estimulan también nuestro recuerdo profundo de la experiencia dentro del útero. Hasta fumar, para muchos, puede simbolizar el reencuentro con el útero, tratando de tener los pulmones llenos como los tenían antes de nacer.

También la impaciencia, la hostilidad y la susceptibilidad de tener enfermedades y accidentes pueden relacionarse, en ciertas ocasiones, con el trauma del nacimiento. Otras personas sienten todo el tiempo o un excesivo calor o un excesivo frío, y nunca en toda su vida llegan a conocer un estado físico cómodo debido a alguna experiencia desagradable que tuvieron al nacer. Para el Rebirthing, si este mundo no es placentero es debido a las decisiones negativas que "tomamos al nacer", decisiones que generaron resultados negativos. La experiencia del Renacimiento se creó para que fuese posible "regresar al útero y volver a nacer", para solucionar de raíz todos nuestros problemas actuales.

2) EL SÍNDROME DE LA DESAPROBACIÓN DE LOS PADRES

Es otro importante motivo de miedo y de programación mental negativa. El síndrome de la desaprobación de los padres puede manifestarse a través de distintas formas. Dos de las más comunes son: la hora de irse a acostar y la educación para ir al baño.

Según el Rebirthing, el sueño guarda relación con el trauma del nacimiento y con estar en el útero. Nos hemos pasado la vida protegiéndonos de un mundo hostil durante las horas en que estamos despiertos. De tanto protegernos todo el día, experimentamos tanta tensión que nos cansamos y nos dan ganas de irnos a acostar. Queremos descansar del mundo y por eso regresamos al útero/dormitorio. Apagamos la luz para que esté oscuro, como estaba el útero. Nos metemos bajo las cobijas, que simulan la presión de las paredes del útero y que aumentan la temperatura de nuestro cuerpo. Y luego entramos en un estado de conciencia preverbal denominado "sueño". Así, al acostarnos hemos recreado la experiencia uterina.

Luego está la educación para ir al baño. Si hemos tenido una educación desagradable en este sentido, y nos "conectamos" con esas emociones negativas cada vez que entramos al baño, no será extraño que nos resulte difícil estar alegres y sentir bienestar. Los problemas de estreñimiento y diarreas, por ejemplo, muchas veces tienen que ver con la educación que recibimos para ir al baño.

"TODA LA SABIDURÍA PUEDE EXPRESARSE EN DOS LÍNEAS: LO QUE SE HACE POR TI, PERMITE QUE SE HAGA; LO QUE TÚ MISMO DEBES HACER, ASEGÚRATE DE REALIZARLO."

Proverbio Hindú

CAPITULO 11

Terapia Gestalt

ES UN ENFOQUE PSICOLÓGICO DIFERENTE BASADO EN EL SENTIR Y EXPERIMENTAR PARA QUE LA PERSONA SEA MÁS CONSCIENTE DE SÍ MISMA.

Esta terapia se creó como un nuevo enfoque práctico y a la vez profundo bajo la estela de la psicología humanista. Fritz Perls, un psicoanalista alemán, fue su principal fundador y la terapia tuvo su mayor difusión en los años 60. En la actualidad es una de las principales psicoterapias en Estados Unidos y experimenta un fuerte desarrollo en Europa y América Latina.

"Gestalt" es una palabra alemana tomada de la psicología de la percepción que significa *"forma"* y de esta corriente Perls adoptó la concepción de

que la persona es una totalidad y no la suma de sus funciones o partes. Esta visión holística hace que en la terapia se integren tanto la parte corporal, como la mental y la emocional.
Más que una teoría de la psiquis, es un eficaz abordaje terapéutico y una filosofía de vida que prima la conciencia (*awareness*, darse cuenta), la propia responsabilidad de los procesos en curso y la fe en la sabiduría intrínseca del organismo (la persona total que somos) para auto-regularse de forma adecuada con un medio cambiante.

Antepone la espontaneidad al control; la vivencia, a la evitación de lo molesto y doloroso; el sentir, a la racionalización; la comprensión global de los procesos, a la dicotomía de los aparentes opuestos... y requiere del terapeuta un uso de sí como instrumento (emocional, corporal, intelectual) que transmita una determinada actitud vital en vez de practicar únicamente una técnica útil contra la neurosis.

Hay tres premisas que fundamentan la Gestalt como una terapia con sus aplicaciones en el campo de la psicología clínica.

1ª. El darse cuenta: *sólo cuando el individuo se da cuenta de lo que hace y de cómo lo hace podrá cambiar su conducta.*

2ª. La homeostasis: *proceso mediante el cual el organismo interactúa con el ambiente para mantener el equilibrio.*

3ª. El contacto: *es imprescindible para el crecimiento y el desarrollo del ser humano.*

ESTE ENFOQUE ES MAS PRACTICO QUE TEORICO. ES UNA TERAPIA NO INTERPRETATIVA CON UN CONCEPTO INTEGRADOR DE LA MENTE, EL CUERPO Y EL ESPIRITU.

1. DARSE CUENTA

El darse cuenta es la capacidad que tiene cada ser humano para percibir lo que está sucediendo, aquí y ahora, dentro de sí mismo y en el mundo que lo rodea.

En esta experiencia, en el aquí y el ahora, se pueden distinguir tres tipos de darse cuenta, que se denominan "áreas del darse cuenta" o "zonas de contacto".

a) El darse cuenta del mundo o zona externa

Se relaciona con el contacto sensorial. Nos permite ponernos en contacto con los objetos y acontecimientos del mundo que nos rodea, de todo aquello que está fuera y de lo que ocurre más allá de nuestra piel.

- **Fórmulas:** "Yo veo, toco, oigo, huelo,...";
  "yo percibo, aquí y ahora,...";...

b) El darse cuenta de sí mismo o zona interna

Comprende todas aquellas sensaciones y sentimientos que ocurren dentro de nosotros. Nos permite ponernos en contacto con nosotros mismos.

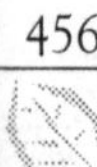

• **Fórmulas:** "Yo siento, me siento..."; "yo siento, aquí y ahora,...";...

Para ponerse en contacto con uno mismo es conveniente hacerse las siguientes preguntas: ¿qué estoy sintiendo?, ¿dónde lo estoy sintiendo?, ¿cómo lo estoy sintiendo?

c) El darse cuenta de la fantasía o zona intermedia

Incluye toda la actividad mental (pensar, imaginar, recordar, planificar...). Nos permite ponernos en contacto con nuestras fantasías.

• **Fórmulas:** "Yo pienso, imagino, recuerdo, deseo..."; "yo pienso, aquí y ahora..."

2. HOMEOSTASIS

Ningún organismo es autosuficiente, sino que en todo momento forma parte de un campo que lo incluye tanto a él como a su ambiente.

Este equilibrio homeostático (o proceso de autorregulación) es sinónimo de salud, puesto que si el cuerpo permanece en estado de desequilibrio con su entorno durante mucho tiempo, enferma al no poder satisfacer sus necesidades.

3. CONTACTO

EN LA TERAPIA GESTALT SE ACOSTUMBRA A TRABAJAR EN GRUPO. EXPRESAR Y COMPARTIR LOS CONFLICTOS SIGNIFICA EMPEZAR A RECONOCERLOS

Cada persona tiene su espacio vital dentro del cual, y dependiendo del momento, puede recibir o abrirse a determinadas personas, pero nadie puede invadir su espacio. Si esto ocurre, se siente amenazada su integridad e individualidad.

Cuando hacemos demasiado hincapié en sostener rígidamente ese espacio vital, corremos el riesgo de reducir el contacto con los demás.

Esta reducción del contacto conduce al hombre a la soledad que, sin embargo, elige como opción más segura y menos generadora de angustia.

La mayoría de las veces esta reducción del contacto se realiza por temor y, aunque el deseo de contactar con los demás sea grande, ese miedo que sentimos cuando alguien se acerca nos impide retirar nuestros límites y abrirnos.

Cuando sucede lo contrario, es decir, cuando nuestro Yo está en continuo contacto con el mundo, mostrando una extraversión compulsiva, se pierde esa intimidad creativa y de concentración, se diluye los límites del Yo, lo que hace a veces difícil distinguir entre el ambiente y el yo.

EL TRABAJO GESTALTICO

El objetivo de un encuentro gestáltico es descubrir e incrementar el darse cuenta; no está diseñado para lograr una catarsis, aunque si la expresión se diera honestamente, no se interferirá con ella.

El terapeuta se centra en el "qué" y en el "cómo". "Qué" y "cómo" proceden de la observación exacta, "por qué" conduce a la especulación.

Pasos por los que atraviesa un experimento o trabajo gestáltico:

1°) Preparación del campo de trabajo

a) *Tener la voluntad de explorar la perspectiva de la otra persona.*

b) *No interrumpir a la persona, sino permitirle que desarrolle los sentimientos e ideas que espontáneamente surjan en él, en ese momento, con el propósito de entender más plenamente qué está sucediendo con el paciente.*

2°) Negociación o consenso entre el terapeuta y el paciente

a) *Hacer saber al paciente que la terapia gestáltica implica experimentación.*

b) *Que el paciente acceda a llevar a cabo la experimentación.*

c) *Hacer notar al paciente que no está solo en este proceso, sino que el terapeuta lo acompaña en su aventura.*

EN ESTA TERAPIA TODO ES LLEVADO AL "AQUI Y AHORA" Y SI ES POSIBLE SE RECURRE A LA REPRESENTACION O DRAMATIZACION

3°) Generación de autoapoyo tanto para el paciente como para el terapeuta

El terapeuta debe establecer las condiciones tanto en su cuerpo como en el ambiente, que den un apoyo óptimo para él y para el paciente (cuidar su posición, su respiración, así como los distractores potenciales; de tal manera que todo lo que de él emane esté bien fundamentado y plenamente basado en su organismo total).

4°) Exploración del nivel del "darse cuenta"

Sólo cuando el terapeuta puede atender a la conducta no verbal del paciente y, casi en forma simultánea, a sus propias sensaciones, será capaz de tener una figura clara de lo que está sucediendo con él y con el paciente.

5°) Graduación y selección del experimento

a) *Focalización (da el proceso y la dirección de la sesión terapéutica) y Tema (da su contenido). Un tema traerá a colación otro y otro, de entre los que el terapeuta escogerá el que considere más importante.*

b) *Graduar el nivel de dificultad del experimento, para alcanzar el nivel óptimo de ejecución para el paciente en ese momento.*

6°) Localizar y movilizar la energía congelada en el paciente

Encontrar dónde está activada la energía del paciente o dónde está estancada (por lo general, una persona va a tener la necesidad de sacar a flote áreas de su vida en las que ha invertido grandes cantidades de energía o donde, por el contrario, siente una carencia de ésta).

7°) Focalización

Para poder desarrollar un experimento o trabajo terapéutico se necesita encontrar un suceso que necesite seguimiento o ser trabajado. La focalización será la que defina el proceso a llevar a cabo y la dirección que éste tendrá durante la sesión terapéutica.

8°) Actuación

Actuar la situación inconclusa que está emergiendo en la conciencia, generalmente conlleva un alto grado de ansiedad, que tiene la posibilidad de expresarse libremente dentro de la actuación, lo que favorece que la energía antes bloqueada pueda, al fin, expresarse.

9°) Relajación

a) *En posición cómoda, respirar profunda y lentamente hasta lograr un estado de serenidad interior.*

b) *Enfocar la atención en cada una de las partes del cuerpo.*

10°) Asimilación de lo sucedido

a) Preguntarle al paciente cuál fue su experiencia.

b) Facilitar que integre esa vivencia en su vida diaria.

TRABAJO CON LAS POLARIDADES

Todo evento se relaciona con un punto cero a partir del cual se realiza una diferenciación de opuestos. Estos opuestos manifiestan, en su concepto específico, una gran afinidad entre sí. Al permanecer atentos al centro, podemos adquirir una capacidad creativa para ver ambas partes de un suceso y completar una mitad incompleta. Al evitar una visión unilateral logramos una comprensión mucho más profunda de la estructura y función del organismo.

En términos de polaridades, los sentimientos negativos suelen coincidir con el opuesto que no logra emerger como figura y desequilibra la percepción de su otra polaridad (la aceptada y aceptable). Las emociones negativas son, ciertamente, esenciales para la dicotomía de la personalidad. No sólo tenemos el deber de exponerlas, sino también el de transformarlas en energías cooperadoras. Durante este proceso encontramos una fase transitoria: el disgusto, vía la codicia, se transforma en discriminación; la ansiedad, vía la excitación, en un interés específico como la hostilidad, excitación sexual, entusiasmo, iniciativa, etc.; el miedo, vía la sospecha, se transforma en experimentación, esto es, en una ampliación de las órbitas de la propia vida; y la vergüenza, vía el exhibicionismo, en autoexpresión.

La filosofía básica de la terapia Gestalt es la diferenciación e integración de la naturaleza. La diferenciación conduce por sí misma a polaridades. Como dualidades, estas polaridades se pelearán fácilmente y se paralizarán mutuamente. Al integrar rasgos opuestos, completamos nuevamente a la persona. Por ejemplo: debilidad y bravuconería se integran con una silenciosa firmeza. Tal persona tendrá la posibilidad de ver la imagen total (una Gestalt) sin perder los detalles. De este modo, obtiene una mejor perspectiva que le permite enfrentar la situación mediante la movilización de sus propios recursos.

LA FUNCION DE LOS SUEÑOS

Los sueños ocupan un lugar especial en la terapia Gestalt por la inmediatez con que pueden ser vividos y experimentados por el soñante.

La técnica que se utiliza para trabajar los sueños y llegar a darse cuenta de su significado para la persona que sueña, consiste en pedirle primeramente al soñante que relate el sueño en primera persona y en presente; es decir, que lo relate como si estuviera pasando en ese mismo momento. Mediante este sencillo mecanismo, la persona se compenetra más íntimamente con su sueño que si hablara simplemente de él. A continuación, se trata de localizar el sueño en el espacio, distribuyendo las distintas partes de que se compone como si se lo estuviera representando en un escenario. Así, el sueño se convierte en una experiencia nueva y viva que hace que el individuo adquiera un mayor compromiso con lo que está sucediendo en su sueño.

Se trata de que este ser humano se dé cuenta de aquellas partes suyas que están proyectadas, ya sea en personas, en objetos o conceptos. La alienación se produce cuando el interesado niega por ella la existencia de partes que le pertenecen. "Ese no soy yo" decimos, cuando algunos aspectos de nosotros no nos gustan. Esto empobrece al individuo, y sus intercambios con el mundo se hacen más reducidos y deformes. Pero los sueños no son simples proyecciones, sino que también podrá verse a través de ellos, el tipo de contacto que está estableciendo el paciente con los demás, la activación de sus angustias, temores y todas las características que puede asumir el contacto en cada persona y en cada momento.

UN ENFOQUE INTEGRADOR

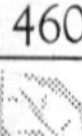

La Gestalt es un modelo terapéutico relativamente nuevo. Su ideología, tomada de numerosas fuentes, propone un enfoque práctico y atrayente. Veamos:

- El enfoque gestáltico es más práctico que teórico. Es una terapia no interpretativa con un concepto integrador de las diferentes facetas del ser humano (mental, emocional y corporal).

- La terapia gestáltica centra su objetivo en la forma de interacción o contacto que se establece entre la persona y su entorno.

- El proceso terapéutico consiste en devolver al individuo su unidad tomando conciencia de sí mismo a través de las emociones y el cuerpo.

- En vez de intentar resucitar el pasado y tener una visión completa de la vida de la persona se pretende ayudar a obtener una conciencia activa del presente.

- Los conflictos siempre se expresan y actualizan en el "aquí y ahora", no se investiga tanto por qué se ha llegado a cierto punto, sino cómo funciona la dinámica.

- La persona experimenta y expresa su realidad en lugar de explicar. Se utilizan técnicas como la *silla vacía*, que consiste en poner los sentimientos o una parte de sí proyectados imaginariamente en la silla, para iniciar un diálogo enriquecedor. O se utiliza la *representación* de los diferentes aspectos de su personalidad.

- La Gestalt crea un espacio en el que es posible percibir atentamente lo que uno experimenta para llegar a reconocerse autor de la propia acción. Esta tarea implica desandar lo aprendido, comprender que a partir del malestar se disparan las respuestas automáticas y los patrones erróneos que repetimos en nuestra vida. Revisar esos patrones y trabajar en el aprendizaje de nuevas formas de actuar significa enfrentarse primeramente a la angustia que nos puede producir el "no saber".

COMO ES LA TERAPIA GESTALT

El terapeuta gestáltico es más humano y cercano. No suele ofrecer diagnósticos y no aconseja qué se debe hacer, sino que facilita las herramientas para que la persona pueda darse cuenta de su problema y de cómo puede solventarlo. Ayuda a expresar abiertamente las necesidades, emociones y resentimientos que se experimentan.

El marco terapéutico suele ser un lugar sencillo y acogedor, con frecuencia se trabaja sentados en el suelo con almohadones. Los conflictos se expresan y actualizan en el "aquí y ahora" a través de diversas técnicas. Se trata de sentir y tomar conciencia más que de pensar o imaginar.

En la terapia individual se acostumbra a realizar una sesión semanal de una hora de duración aproximadamente. La terapia suele durar un año como mínimo, aunque a los 3 o 6 meses ya se aprecian cambios.

"HAY TANTAS REALIDADES COMO PUNTOS DE VISTA. EL PUNTO DE VISTA CREA EL PANORAMA."

José Ortega y Gasset

"IMPORTA MUCHO MAS LO QUE TU PIENSAS DE TI MISMO, QUE LO QUE OTROS OPINAN DE TI."

Séneca

CAPITULO 12

Terapia de vidas pasadas

ESTA TERAPIA PERMITE EXPLORAR LAS RAZONES DE MUCHOS DE LOS MALES QUE AFECTAN EN EL PRESENTE, CON LA CREENCIA DE QUE TODOS HEMOS VIVIDO EN OTRO TIEMPO Y EN OTRO LUGAR, ANTES DE QUE NUESTRA ALMA SE HAYA REENCARNADO EN ESTA VIDA.

La idea de haber sido una princesa egipcia en una vida y un tiempo pasado tal vez le resulte descabellada pero, diga la verdad. ¿no siente un poco de curiosidad? Sin duda, por más que nos parezcan puras habladurías, cuando escuchamos relatos sobre vidas anteriores dichos con tanta convicción, o esas experiencias de personas a quienes se diagnosticó muerte clínica y luego volvieron al mundo terrenal, no podemos dejar de preguntarnos, aunque sea muy en secreto ¿será cierto? Sin embargo dar una respuesta absoluta es verdaderamente difícil, por lo menos sin caer en la ignorancia de la simplificación. Es por eso que no vamos a ofrecerle un extenso tratado de especulaciones científico-filosóficas sobre las infinitas respuestas posibles sino que iremos directo al punto que nos interesa. ¿Cómo funciona una práctica polémica, que está adquiriendo cada vez mayor difusión y que, según quienes la probaron, ayuda a estar mejor? Hoy son muchos los terapeutas que la están incluyendo en su trabajo clínico. La llaman Terapia de Vidas Pasadas. Veremos de qué se trata, cuáles son los beneficios qué promete y cuáles sus limitaciones.

DESCUBRIENDOSE A SI MISMO

¿Para qué puede servirle enterarse de que fue quemado en una hoguera o que hace mil años usted era un guerrero que murió en combate? La respuesta es fácil si uno siente especial atracción por el esoterismo, tan de moda últimamente: para satisfacer la sed por lo desconocido, para tener una experiencia impactante, o entretenerse de un modo fuera de lo común. Pero a nadie que tenga problemas muy concretos para resolver se le ocurriría perder su tiempo en cosas raras. La vida, por lo que se sabe, es una sola, y si existe algo más después de la muerte y cómo será, en tal caso es una cuestión que cada uno resuelve según su conciencia religiosa. Sin embargo, que exista la posibilidad eventual de regresar al pasado podría tener, según quienes dominan esta técnica, un interés verdaderamente práctico para lograr en esta vida el ansiado bienestar. Tanto el cuerpo como la mente y las emociones, y todo lo que tiene que ver con la evolución espiritual se vería modificado y beneficiado por una experiencia de este tipo. Una de las diferencias fundamentales entre esta forma de terapia y las ortodoxas es que lo que se descubre no es producto de la asociación de ideas. No es solamente una maquinación intelectual, sino que se viven -se reviven para ser más exactos- las sensaciones que quedaron grabadas en nuestro inconsciente hace mucho tiempo, y que nos marcaron para siempre. De este modo, lo que se detecta es tan movilizador que uno no puede seguir actuando como lo venía haciendo. Veamos cómo puede influir en el presente:

- ✔ *Creer en la inmortalidad nos impulsa a ser responsables en este mundo porque significa que mañana viviremos en el mundo que estamos construyendo hoy.*
- ✔ *Cuando entendemos que, inevitablemente, vamos a sufrir las consecuencias de nuestras acciones, prestaremos más atención a nuestros actos.*
- ✔ *Al darnos cuenta de que el vacío interior que sentimos puede llenarse con el conocimiento infinito de nuestra propia naturaleza, dejamos de sentirnos vulnerables y angustiados.*
- ✔ *Desaparece el miedo frente a lo desconocido y ya no nos escondemos cuando nos toca enfrentar las adversidades de la vida: el dolor, la muerte y la enfermedad se convierten en experiencias de aprendizaje.*

✔ *Aprendemos a vencer los obstáculos que nos paralizan en el presente: temor al vacío, terror a la ocuridad, claustrofobia, miedo a los demás. Sentimos que es posible superarlos y transformarlos en energía positiva.*

✔ *Descubrimos el origen de muchos rencores, resentimientos y toda clase de sentimientos negativos que no nos dejan vivir en paz.*

✔ *Cuando uno consigue sacar a luz los traumas antiguos puede dominarlos y luego aprovecharlos positivamente.*

UNA TERAPIA NADA CONVENCIONAL

MUCHAS DE LAS ACTITUDES QUE POSEEMOS TIENEN SUS RAZONES EN COSAS QUE SE HICIERON EN EL PASADO. ES POSIBLE REPARAR ERRORES Y REDIMIR CULPAS PASADAS.

La Terapia de Vidas Pasadas se basa en la idea de que todos hemos vivido en otro tiempo y en otro lugar, antes de que nuestra alma se haya reencarnado en esta vida. Sin embargo para utilizar esta técnica no es necesario creer total y ciegamente en este postulado. Cualquiera que sienta curiosidad puede recurrir a ella como un método alternativo para explorar las razones de muchos de los males que la afectan hoy. Sin embargo es conveniente aclarar que está desaconsejada a los cardíacos y a los hiperemotivos, para quienes revivir su pasado podría colocarlos frente a emociones muy fuertes que representan un peligro muy real. Del mismo modo, las personas muy sensibles deben hacerlo en compañía de un amigo que conozca la técnica de ida y vuelta. Salvo estas excepciones no existe ningun problema para someterse a esta experiencia ya que uno puede interrumpir las rememoraciones cuando siente que son amenazadoras. Una parte del cerebro estará manteniendo todo el tiempo la situación bajo control.

Como dijimos no es necesario adherir a la teoría de la reencarnación, sin embargo, sepamos de qué se trata.

LA REENCARNACION

Todas las religiones mencionan en alguna parte de su literatura la posibilidad de la reencarnación: la judía, la cristiana, la musulmana y la budista. La reencarnación es la teoría que dice que la esencia del hombre, su alma, sobrevive a la muerte y vuelve a nacer otra vez en un cuerpo físico donde encuentra una nueva oportunidad para evolucionar y crecer en todo lo que respecta al conocimiento y la sabiduría. Podemos ser varones, mujeres, miembros de una raza o de otra, ricos o pobres, y en cada una de nuestras vidas abarcamos toda la gama de matices que hay entre el bien y el mal. Nuestra identidad actual está conformada por una sumatoria de nuestras experiencias pasadas. Descubrir que nuestras acciones pasadas fueron creando las situaciones difíciles y nuestros peores rasgos de carácter con los que ahora tenemos que enfrentarnos, así como lo bueno de lo que ahora estamos disfrutando, no debe interpretarse como la posibilidad de hacer cualquier cosa en esta vida puesto que tendremos la oportunidad de redimirnos más adelante. En cada nueva vida tenemos la misión de mejorarnos y evolucionar hasta alcanzar el grado máximo de evolución, algo así como la perfección espiritual.

Otro de los postulados de esta teoría afirma que a través de nuestras vidas hemos ido conociendo otras almas con las que hemos experimentado amor, amistad, compartido experiencias de aprendizaje y hemos establecido vínculos fuertes y profundos. Al parecer, elegimos para reencarnarnos momentos históricos y lugares cercanos. Esto explica las extrañas e imprevistas afinidades que sentimos hacia personas que acabamos de conocer. Probablemente sus almas hayan hecho el compromiso de trabajar juntas durante varias vidas para llevar a cabo determinados cambios espirituales, sociales o tecnológicos en el mundo. Los cuerpos que habitamos son nuestros disfraces para los papeles que actuamos durante nuestras apariciones en el escenario del planeta Tierra. Y nuestra conciencia o nuestro ser no es ni masculino ni femenino, ni negro o blanco, ni de ningún otro color... simplemente es.

EL KARMA

Es la ley de causa y efecto que dice que toda deuda cósmica ha de ser pagada antes o después. Es una ley de libertad, una ley flexible que permite al hombre evolucionar puesto que nadie está condenado por toda la eternidad. A todos se nos ofrecen numerosas oportunidades. No se trata, como muchos interpretan erróneamente, de un sistema de recompensas y castigos, sino de un medio de aprendizaje para evolucionar hacia la auténtica sabiduría. El creer en la ley del Karma nos impulsa a tener acciones que sean más positivas para nosotros y para los demás.

Según la teoría de la regresión, todas las almas fueron creadas en el mismo momento hace muchísimo tiempo. Algunas almas han vivido más vidas que otras. Algunas comprenden y aprueban sus asignaturas kármicas la primera vez. Otras deben repetir una asignatura una o más veces para comprender. El hecho de que estemos aquí todavía, involucrados en los ciclos de la vida, muerte y renacimiento indica que todavía tenemos lecciones que aprender. Pero no todo el tiempo todas las almas están en este mundo. Las almas que no están encarnadas tienen períodos de aprendizaje y crecimiento en planos de existencia no-físicos en los que el tiempo, como nosotros lo medimos en el mundo físico, no existe. Mientras están aprendiendo en esos planos, también están observando y esperando las condiciones óptimas para que ocurra una experiencia ulterior en el plano físico.

REGRESAR A UNA VIDA PASADA

Regresión a vidas pasadas significa sintonizar con el pensamiento profundo para traer a la memoria los recuerdos de las vivencias pasadas. Esto puede hacerse utilizando técnicas muy diferentes. A veces, espontáneamente uno comienza a relatar una historia y empieza a sentir que la está viviendo otra vez, se siente como transportado en el espacio y en el tiempo y que vuelve a ser aquello que fue. Se cree que los niños son quienes más tienen experiencias de tipo espontaneamente pero se van autorreprimiendo a medida que se hacen mayores. En la Terapia de Vidas Pasadas lo que se intenta es traer a la memoria lo que muy probablemente -convengamos que en todo lo que tiene que ver con los conocimientos sobre el alma humana y la ciencia en general nunca se está ciento por ciento seguro- sean recuerdos de vidas anteriores.

VOLVER A LA NIÑEZ

Uno de los errores frecuentes entre quienes creen en la regresión a vidas pasadas es que piensan que las soluciones de la mayoría de los problemas en esta vida los van a encontrar en el pasado más remoto. En realidad, una gran cantidad de los problemas que afectan nuestra vida diaria tienen su origen en los primeros años de la vida actual. Por eso es siempre aconsejable volver a los años de infancia cuando se está tratando con problemas específicos, particularmente los que tienen que ver con la baja autoestima. La razón de esto es que los niños son muy vulnerables en sus primeros años ya que sus ondas cerebrales dominantes son similares a las producidas por la hipnosis, lo que los hace susceptibles de programar sin las funciones lógicas y racionales. Esto quiere decir que si a un chico, en su infancia, constantemente le dicen que es estúpido y que no puede aprender, por más que tenga una capacidad inmensa va a funcionar muy por debajo de la media. Su subconciente se ha convencido por medio de la repetición. Las imágenes pobres de sí mismo son, a menudo, el resultado de cosas que se le han dicho de niño sin pensar: sos torpe, lento, vago, feo, gordo, esquelético estúpido, nunca hacés nada bien, nunca vas a ser un hombre, parecés una nena , ¿por qué sos tan malo? Los mismos efectos programadores son ejercidos por la publicidad. Dicen que si llevamos ciertas firmas de ropa y usamos determinadas marcas de productos tendremos éxito. Se nos imponen símbolos que se convierten en patrones para medir la propia valía, la personalidad y el carácter. Esto explica por qué hay tantos jóvenes frustrados e infelices: han sido programados para esperar sólo cosas superficiales.

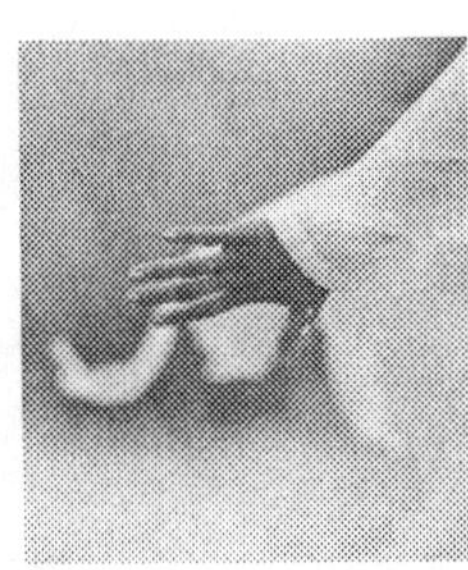

TECNICAS PARA REGRESAR AL PASADO

LAS TECNICAS PARA VOLVER AL PASADO PUEDEN APRENDERSE O SER APLICADAS POR UN ESPECIALISTA

La relajación

La relajación sirve para abrirse eliminando las barreras, como los prejuicios y las inhibiciones, que nos impiden conectarnos con nuestro inconciente kármico. Además prepara al cuerpo para escapar de su vida actual, devolviendo al espíritu su virginidad, dejando que los recuerdos aparezcan en el nivel de la conciencia.

Poniéndose en contacto con su alma va a comprender de dónde provienen sus problemas, aprenderá a solucionarlos, a utilizar su potencia dormida. De este modo su vida dejará de ser mediocre y florecerá su talento, sus sentimientos podrán surgir libremente y se enriquecerá su vida profesional. Su espíritu alcanzará un grado más alto de evolución. Recuéstese sobre una alfombra o siéntese en un sillón y, con los ojos cerrados, comience a respirar suave y pausadamente. Luego piense en cada una de las partes de su cuerpo desde los pies hasta la cabeza y vaya deteniéndose en cada zona en que sienta una tensión especial. Para aflojarse repita mentalmente "Siento el calor y la energía que circula por mi cuerpo y que elimina las tensiones". Cuando se encuentre totalmente relajado concéntrese en el punto medio ente los ojos y la nariz y repita "El tiempo dejó de existir. Me encuentro ahora en el tiempo universal y voy a hacia los recuerdos guardados, voy a descubrir lo que siempre he sabido. Con calma, confianza y determinación escucharé los sonidos y las voces del pasado, después ampliaré mi campo de visión y descubriré una vida entera, mi vida anterior, lo que hice en ella, lo que me enseña..."

La cuenta regresiva

La hipnosis convencional es el método que se utiliza más frecuentemente para regresar a las vidas pasadas. La técnica que los hipnotizadores suelen aplicar es la de la cuenta descendente que usted también puede aprender. Relájese respirando lentamente y en el momento en que inicia el camino hacia una luz blanca empiece a contar mentalmente, al tiempo que hace una respiración abdominal suave y repita:

Voy hacia la luz... 10... No puede sucederme nada... 9... Me siento protegido... 8... Estoy cada vez más cerca.... 7... Hay alguien o algo cerca... 6... Me espera... 5... Siento los recuerdo del pasado.... 4... Estoy cerca de la luz... 3... La bruma se disipa.... 2... Me hundo en el pasado... 1... Ya estoy en mi otra vida...

Volver al vientre materno

Es otra de las variantes para alcanzar las vidas precedentes. Ciertos especialistas, entre los cuales figuran algunos psicoanalistas, afirman que todos tenemos la nostalgia del feto y que deseamos retornar al ambiente suave y cálido del líquido amniótico. La técnica para volver al vientre materno es comenzar evocando un recuerdo de los 15 años, luego de los diez y de los cuatro. Reviva esas lejanas sensaciones de la infancia. ¿En la compañía de quién se encontraba? ¿Cuál era el clima? ¿Cómo eran las calles, el paisaje? ¿Qué ocurría en esos días? ¿Amaba a alguien, odiaba a alguien? ¿Estaba enojado, aburrido? ¿Dónde están sus padres? Refiérase a días especiales como el primer día de clase, los cumpleaños, las vacaciones. Hable en presente y en voz alta y grábelo o esté con un amigo de confianza que oficiará de guía en la regresión. Una vez que revivió un recuerdo preciso no piense en otra cosa y deténgase. No le cuente a nadie ni se obsesione con lo que descubrió; deje que el recuerdo actúe y madure en algún lugar de su conciencia. A la vez siguiente ya podrá remontarse hasta el vientre de su madre. Esta técnica permite encontrar las vidas más recientes, incluso la inmediatamente anterior a nuestro nacimiento.

Las preguntas guía

A veces es difícil empezar a reconocerse, o los recuerdos tardan en aparecer. Para hacer más fácil este paso formúlese o que su compañero o guía en esta experiencia le formule con voz suave y pausada las siguientes preguntas.

¿Dónde estoy? ¿Solo? ¿Con quién? ¿Qué hago? ¿Estoy al aire libre o en el interior? ¿Cómo estoy vestido? ¿Cómo me siento? ¿Qué oigo? ¿Cuál es el color de mi piel? ¿Cómo es mi físico: alto, bajo, gordo, flexible, rígido? ¿Cómo es el clima: cálido, frío, templado?

¿Qué clase de paisaje me rodea: desierto, mar, bosque, ciudad, pueblo, campo, valle, acantilados, montaña? ¿Qué estoy haciendo?

Me miro las manos: ¿tengo alguna joya o algún objeto?

Levanto la cabeza: ¿qué veo a mi alrededor? ¿Soy un hombre o una mujer? ¿Qué edad tengo? ¿Soy un bebé, un niño, un adolescente, un joven, un adulto, un anciano? ¿Tengo amigos, parientes u otras personas cerca mío? ¿En qué época estoy? Para individualizar sus sensaciones utilice pares de palabras: agradable o difícil, duro o suave, frío o caliente, pesado o liviano, vivo o inerte, agudo o grave, liso o rugoso.

PRINCIPIOS BASICOS DE LA REGRESION

- Muchas de las actitudes que tenemos tienen sus razones en cosas que hicimos en el pasado.
- Es posible reparar el Karma y redimir culpas pasadas.
- Explorar el pasado es una manera más de fortalecer la identidad del presente.
- El viaje a vidas anteriores puede hacerse conducido por un especialista o utilizando la técnica uno mismo.
- No hace falta tener la certeza de haber vivido anteriormente; el hecho de ejercitarse en la búsqueda de los recuerdos ya es movilizador y produce efectos en nuestra forma de vivir actual.
- Es totalmente legítimo reservarse el beneficio de la duda sobre la teoría de la reencarnación. Sin embargo esto sería válido también a la inversa, ya que el hombre moderno no siempre es tan entendido en todo como supone que es.
- Cuando se rememora una vida demasiado penosa o peligrosa, es posible interrumpir ese recuerdo acudiendo a su yo actual: basta con llamarse por su nombre y las imágenes del pasado se desvanecerán.
- Para efectuar el viaje a través del tiempo es necesario estar protegido: un mantra -una palabra sagrada como "om", "paz", "amor"- o una oración implorando protección y serenidad, son las mejores ayudas.
- El pasado se presenta en desorden sin ajustarse a una cronología. Sólo a través de la experiencia y de numerosas regresiones logrará reconstruir la historia de su alma a través de sus largas peregrinaciones terrestres.

LAS APLICACIONES TERAPEUTICAS

Tal vez usted no se haya convencido de la existencia de una vida anterior y piense que las regresiones son sólo ejercicios de imaginación, visualización creativa o autosugestión: aún así eso no cambia el hecho de que esas experiencias le den una perspectiva mejor para resolver sus traumas, miedos y enfermedades físicas. Con esta técnica se logran abrir los caminos hacia las soluciones de muchos problemas:

- ✔ *Se desarrollan el equilibrio, la conciencia social y la tolerancia religiosa y racial.*
- ✔ *Se consiguen desterrar los sentimientos de culpabilidad*
- ✔ *Permite ahondar en las potencialidades personales y, de este modo, abrir las posibilidades creativas.*
- ✔ *El hecho de que la energía circule libremente por los canales de la creatividad nos convierte en individuos más sanos porque nos aleja de la frustración.*
- ✔ *Ayuda a descubrir lo que verdaderamente se quiere ser en la vida: el reconocer la misión que nos fue encomendada nos permite darnos cuenta de por qué estamos insatisfechos con lo que hacemos y poder empezar a cambiarlo.*
- ✔ *Aprendemos a modificar comportamientos adictivos, con las drogas, el alcohol, los cigarrillos, los sedantes o la comida, ya que se pueden encontrar las causas más profundas que desarrollaron un carácter adictivo.*
- ✔ *Hubo casos en que se logró establecer el origen de una alergia y hasta la predisposición inexplicable a sufrir accidentes.*

"EL NACIMIENTO Y LA MUERTE NO SON DOS ESTADOS DISTINTOS, SINO DOS ASPECTOS DEL MISMO ESTADO."

Mahatma Gandhi

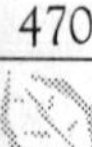

CAPITULO 13

Visualización

IMAGINAR Y VERSE EN SITUACIONES POSITIVAS PUEDE AYUDAR A SUPERAR MOMENTOS TRAUMÁTICOS COMO CONFLICTOS FAMILIARES, LABORALES Y HASTA ENFERMEDADES.

La visualización es una forma de pensamiento humano y, por lo tanto, universal. Es un lenguaje que todos poseemos, bastante distinto del lenguaje cultural que aprendemos en casa y en la escuela.

Es el lenguaje de nuestros sueños. En lugar de palabras e ideas, la visualización emplea imágenes y símbolos. Se da de forma espontánea, como en los sueños, que son una expresión del subconsciente.

La mente consciente nos habla con palabras; la insconciente, con imágenes. Nos han enseñado a prestar atención sólo a las palabras, pero, tomando consciencia de las imágenes que forman parte de nuestra estructura, conseguimos acceder a todo un mundo de información importante para nosotros, que, sin embargo, hemos sido educados para ignorar.

La visualización dirigida es una técnica terapeútica. Está diseñada para ayudar a que las personas aprendan el arte de conseguir acceder a su mundo interior y utilizarla en su propio beneficio. Cuando un individuo aprende a entrar en este mundo, puede hacerlo repetidamente para poder luchar contra una amplia variedad de problemas. También constituye un método eficaz para establecer metas y objetivos que pueden llegar a materializarse.

RELAJARSE ANTES DE VISUALIZAR ELIMINA LAS TENSIONES QUE PUEDAN INTERFERIR CON LA CONCENTRACION

HIPNOSIS Y VISUALIZACION DIRIGIDA

Son técnicas similares, pero puede hacerse una distinción. Se ha dicho que la hipnosis es una forma muy autoritaria de practicar una visualización dirigida, mientras que ésta es una forma muy permisiva de practicar la hipnosis. La visualización dirigida permite, mientras que la hipnosis tiende a dar órdenes.

Por tanto, parece que abrirse a las imágenes de uno mismo puede ser una buena forma de ver lo que intentamos hacer. Se ha dicho que la visualización constituye la herramienta de navegación de la totalidad de la persona.

Existen muchas aplicaciones prácticas de la visualización:

- *Ayuda a relajarse.*
- *Aumenta la tolerancia frente a situaciones especialmente difíciles.*
- *Proporciona un alivio directo del dolor.*
- *Desarrolla una mayor comprensión sobre los sentimientos y el comportamiento.*
- *Transforma pautas problemáticas en alternativas más funcionales.*
- *Ayuda a afirmar las propias fuerzas.*
- *Extrae el significado personal de una enfermedad.*
- *Actúa como un ensayo para una situación difícil que se debe afrontar.*
- *Afirma los aspectos positivos del cambio.*
- *Favorece la curación física.*

Como puede verse con bastante claridad, esta lista cubre un amplio abanico de temas relacionados con el crecimiento personal y con la salud física y emocional.

UN METODO SIEMPRE A MANO

La visualización tiene una idoneidad única que permite ser empleada para tratarse uno mismo en casa. Deben comprenderse sus principios básicos y efectuar una sesión bajo la dirección de un instructor cualificado para practicarla en forma eficaz. Una vez que lo hayamos hecho, es fácil llevarla a cabo y proseguir con ella mientras su uso sea benficioso.

Además es algo muy agradable entrar en el mundo de las imágenes siempre que queramos; también puede emplearse como complemento de la meditación.

Existen dos formas principales de familiarizarse con la visualización como terapia. La primera es asitir a uno de los varios cursos que explican la terapia; la segunda, aprender de alguien conocido que tenga una formación adecuada y que haya adquirido la suficiente experiencia para ayudar a otros.

Actualmente hay miles de personas en esta última categoría, incluyendo médicos, enfermeras, sacerdotes y asistentes sociales, además de personas corrientes.

COMO VISUALIZAR MEJOR

Para visualizar hay que elegir con precisión el objetivo que deseamos alcanzar y llevar a la mente las imágenes que lo representan, acompañadas de colores, sonidos y sensaciones agradables, como alegría, paz. sosiego, etcétera. Cuanto más intensos sean los elementos que incorporemos en la película más poderoso será el efecto que ejercerá la mente. Para lograrlo siga los siguientes pasos:

1. Relájese: para realizar con eficacia este tipo de ejercicios, porque permite que las imágenes fluyan en la mente sin distracciones. Recostarse y concentrarse en la eliminación de tensiones musculares, empezando por los pies y terminando por la cabeza, con una suave música de fondo, es la forma más común de relajarse. Se relaja cada parte del cuerpo llevando a ella la atención.

2. Imaginarse en un entorno idílico: puede ser en una playa o caminando por un bosque . En caso de enfermedad, esta visualización otorga fuerza y serenidad para afrontarla y ayuda al cuerpo a fortalecer sus sistema inmunitario. Cada persona debe recrear el paisaje en función de sus gustos, llenándolo de detalles placenteros.

3. Resolver problemas: visualizando una escena de alegría y risas, en la que hay entendimiento se puede sanar la relación con otra persona. Mire a los ojos de la otra persona y fúndase en un cálido abrazo con ella. Así será más fácil que ocurra en la realidad.

4. Recordar situaciones pasadas: en lo posible positivas para sacar fuerzas de aquel suceso y utilizarlas en el momento actual. Son muchos los acontecimientos, personasy sensaciones que se pueden recuperar a través de la visualización, pero todas deben tener en común su capacidad de contrarrestar el pesimismo, el nerviosismo y la falta de autoestima.

ESTUDIA EL PASADO SI QUIERES
PRONOSTICAR EL FUTURO.

"EL ODIO NUNCA ES
VENCIDO POR EL ODIO,
SINO POR EL AMOR".

Buda

Sección 6

Introducción

TRATAMIENTOS NATURALES PARA LA BELLEZA DEL CUERPO

Salud es belleza, y belleza, salud. La juventud no es una cuestión de edad ni una etapa de la vida, sino un estado del cuerpo en su totalidad.

Dieta equilibrada, limpieza externa, buen descanso, ejercicio, atención y cuidado son imprescindibles aliados a la hora de lucir una piel joven. No hay que olvidar que la piel es nuestra "carta de presentación", y bien vale la pena cuidarla. Pero no se trata sólo de una cuestión estética; ya que es, fundamentalmente, nuestro órgano más extenso pero también el más importante de nuestro cuerpo, en cuanto nos sirve de barrera y relación con el medio ambiente. A través de ella nos protegemos y ponemos en contacto con los factores externos, nos liberamos de toxinas y regulamos la temperatura corporal. Por todas estas razones su cuidado es importante para mantener nuestra salud y belleza. ¿Por dónde empezar? Ahora se lo contamos en esta sección.

"LA MITAD DE LA
BELLEZA DEPENDE
DE LA PERSONA Y
LA OTRA MITAD, DE
QUIEN LA MIRA"

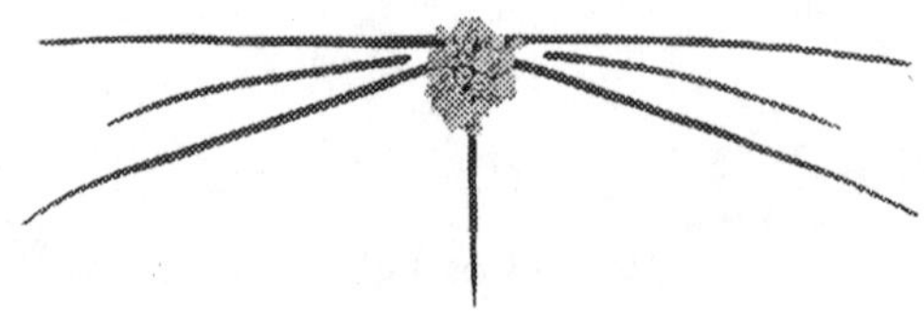

CAPITULO I

Algas

POR ABUNDAR EN LOS MARES, SER RICAS EN NUTRIENTES MINERALES, PROTEÍNAS Y TENER UN BAJO CONTENIDO DE CALORÍAS, ES MUY PROBABLE QUE LAS ALGAS SEAN EL ALIMENTO MÁS SALUDABLE DEL FUTURO

Imagine un alimento vegetal que crezca en estado salvaje, que sea rico en nutrientes, bajo en calorías, muy sabroso y que pueda ser cosechado con el mínimo impacto ecológico. No, no se trata de un producto de la fantasía futurista; esas plantas existen en la actualidad y la mayoría de nosotros las conocemos con el nombre de algas, aunque algunos las denominen vegetales de mar. Crecen abundantemente en el fondo de los océanos -que, como sabemos, representan cerca de las tres cuartas partes de la superficie terrestre-, formando inmensos y casi vírgenes jardines subacuáticos.

LOS VERDADEROS PULMONES DEL PLANETA

Si la naturaleza entera fuese vista como un gigantesco sistema económico, las algas serían sus más importantes contribuyentes. Estos organismos absorben más energía del sol que todas las plantas de tierra firme juntas y, en comparación, la selva del Mato Grosso es apenas un pequeño espacio verde. Las algas son los más importantes pulmones del planeta. Al poseer clorofila pueden descomponer el anhídrido carbónico que hay en el agua, asimilar así el carbono y desprender el oxígeno. Por otra parte, las algas son el sustento básico de muchos habitantes acuáticos. Los pequeños animales que se nutren de este pasto marino son, a la larga, el alimento de los grandes cetáceos y los peces, muchos de los cuales integran la dieta del hombre.

Pero además del oxígeno, las algas prestan otros servicios que son fundamentales para la salud del ser humano. Constituyen la única fuente del cinco por ciento del iodo que se usa en la industria farmacéutica, y son la materia prima esencial de los alginatos, productos empleados en sopas y mayonesas, así como en el tratamiento antiflama de papel y telas. De estas curiosas plantas también se extrae el agar-agar, un valioso medio de cultivo de bacterias para investigación científica y que suele utilizarse en la elaboración de gelatinas comestibles. Asimismo, los estabilizadores de cremas heladas, los agentes que aclaran el vino y la cerveza, el material usado por los dentistas para sacar impresiones molares y los extractos para preparar cosméticos y champúes también se hacen a partir de las algas.

DIEZ VECES MAS CALCIO QUE LA LECHE

A LAS ALGAS MUCHOS TAMBIÉN LA DENOMINAN "VEGETALES DEL MAR".

Pero la más importante de las funciones que desempeña es en forma de un saludable alimento. Hay miles de especies, pero sólo alrededor de una docena es consumida en forma habitual por el hombre, aunque no en todas las latitudes, como es fácil imaginar. El Hijiki, por ejemplo, es una variedad de color oscuro y rico sabor que contiene diez veces más calcio que la leche, cuatro veces más hierro que un bife de hígado y menos de un gramo de grasa por porción. Otras, como la laminaria, tienen propiedades terapéuticas y han reducido tumores mamarios en ratas de laboratorio, de acuerdo con los resultados de varias investigaciones científicas. Esto explica por qué las mujeres japonesas premenopáusicas -en el país oriental, las algas integran el uno por ciento de la dieta nacional- desarrollan menos cáncer de pecho que las mujeres occidentales.

Como si esto fuera poco, a las virtudes terapéuticas de las algas debe agregarse su contribución para la disminución del contenido de la sal en las dietas. Una variedad de algas marinas que se consume en el norte del Japón podría ser, si no la solución definitiva, al menos una importante ayuda para hacer descender la presión arterial elevada, trastorno que afecta al 25 por ciento de la población occidental. Según expertos de la Universidad de Shimane, las algas marrones -como se las conoce- tienen la propiedad de atrapar el exceso de sodio contenido en los alimentos que se ingieren. Estos vegetales actúan mediante una reacción química que intercambia en el intestino, por el potasio que contienen el sodio de los alimentos, que posteriormente es excretado del organismo, por. De esta manera se evita la acción hipertensora nociva del sodio.

ALIMENTO POCO CONVENCIONAL

Pese a todo, estos vegetales marinos no gozan de la preferencia de los consumidores a la hora de seleccionar una comida, probablemente por desconocer sus beneficiosas propiedades, aunque también debe reconocerse que no se asemejan en nada a los alimentos que consumimos usualmente. Coloreadas en una gama de verdes, marrones y negros, las algas no tienen el mismo aspecto que los vegetales de tierra firme, además de que el sabor y la textura no equivalen al que de manera cotidiana apreciamos en la cocina. Una solución, entonces, es consumirlas a través de píldoras o polvo aditivo. A partir de los descubrimientos mencionados anteriormente, un laboratorio nipón logró desarrollar la fibra activa de las algas a través de la elaboración de tabletas fácilmente ingeribles durante las comidas y que pueden incorporarse a la dieta alimentaria de cualquier persona, sin importar los límites de edad.

Sin embargo, y más allá de su influencia saludable, es necesaria una advertencia: las algas tienen enormes cantidades de minerales, incluyendo sodio (después de todo, provienen del agua salada). Las variedades secas y empacadas pueden aportar en una sola porción 232 miligramos de sodio, casi el 10 por ciento del máximo diario recomendado. Se aconseja entonces remojarlas en agua antes de servirlas, porque así perderán entre el 60 y el 80 por ciento de sodio y potasio.

CINCO VARIEDADES NUTRITIVAS

Tipo	Calorías	Proteínas	Grasa	Calcio	Hierro
1. Hijiki	280	0,84 g	0,12 g	212 mg	4,4 mg
2. Dulse	264	3,8 g	0,48 g	44,8 mg	22,7 mg
3. Kelp	241	1,1 g	0,16 g	121,2 mg	2,2 mg
4. Laver	318	5,3 g	0,10 g	71,2 mg	3,5 mg
5. Alaria	262	1,9 g	0,22 g	196,9 mg	1,9 mg

"EN EL RETIRO SE FORMA EL TALENTO, EN EL TORRENTE DEL MUNDO SE FORMA EL CARACTER".

Goethe

CAPITULO 2

Arcilla

LA CURA Y LOS TRATAMIENTOS COSMÉTICOS CON ARCILLA SON TAN PRIMITIVOS Y SIMPLES COMO SUENA; SIN EMBARGO LA FORMA DE UTILIZARLA PARA QUE SEA EFECTIVA GUARDA ALGUNOS SECRETOS.

La arcilla se utiliza desde hace miles de años como medicina y, a pesar de eso, se tardó muchos años en descubrir cuáles eran los factores que la hacían tan eficiente.

Hasta hace pocos años, todas las propiedades de la arcilla se atribuían a su acción absorbente, comparándola con una especie de esponja mineral. Esta teoría no podía explicar por qué podía eliminar los componentes nocivos y perjudiciales, dejando intactos los que el organismo necesitaba. Parecía un raro capricho de la naturaleza, algo beneficioso pero incomprensible y casi mágico porque se suponía que algunas dolencias podían curarse por el mero hecho de colocar arcilla sobre la zona dolorida.

Para todos estos fenómenos se necesitaba una explicación científica sobre el modo de curar de la arcilla, y ahora podemos decir que, en efecto, durante los últimos años se han disipado las incógnitas que rodeaban este fenómeno.

La arcilla es un silicato de aluminio, polímero compuesto que se propaga en cadenas infinitas, las cuales se agrupan en planos que constituyen un armazón con amplias cavidades internas en donde se sitúan los iones alcalinos y los oligoelementos (hierro, cromo, manganeso y otros). Merced a dichas cavidades, la arcilla es capaz de absorber gases y moléculas orgánicas; pero, además, puede actuar como intercambiador de iones sustituyendo los que sobran en los tejidos por los que se encuentran recluidos dentro de la estructura de la arcilla. De este modo se establece un equilibrio biológico en el que se suministran nuevos iones al organismo mientras se eliminan los nocivos. Este es el esclarecimiento del enigma de la acción prácticamente inmediata de la arcilla en caso de calambres: al aplicar la arcilla, el ion potásico, cuya ausencia desencadena la contracción dolorosa, llega al músculo contraído y el calambre cede. En el estómago, por ejemplo, al tomar agua de arcilla el ion de hidrógeno del jugo gástrico se sustituye por potasio, lo que hace que disminuya la acidez, se cure la gastritis y se evite la formación de úlceras. Veamos ahora cómo podemos utilizar la arcilla en la vida cotidiana:

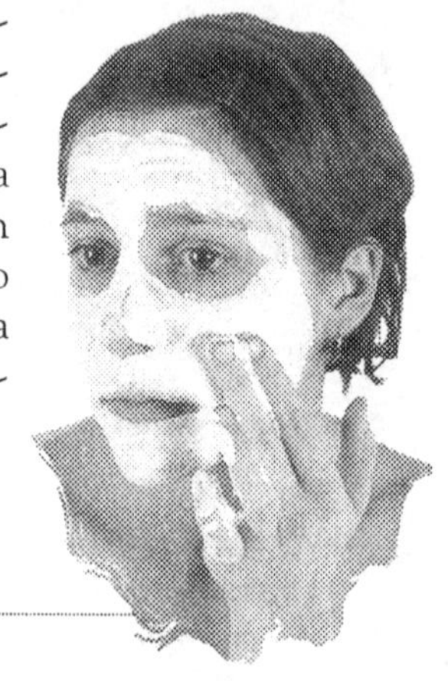

LOS PODERES CURATIVOS

Capacidad de absorción

LA ARCILLA PUEDE UTILIZARSE FRIA, TIBIA O CALIENTE, DEPENDIENDO DEL PROBLEMA QUE SE DESEE TRATAR

A través de la facultad de absorción de la arcilla, ésta puede limpiar las impurezas de los tejidos, neutralizarlas y eliminarlas.

Por otro lado, la absorción permite la salida de las impurezas que están en estado de suspensión en el líquido del cuerpo (sangre, linfa, bilis).

El científico frances Raymond Dextreit está seguro de los poderes antisépticos y antibióticos de la arcilla, pero esto es un enigma para él. Como ocurre con todos los remedios naturales, la arcilla no actúa específicamente sobre una o más variedades de bacterias; más bien previene su proliferación reforzando las defensas del organismo. Al actuar en todas direcciones, a veces hace más lentos los movimientos del intestino, provocando un estreñimiento temporal. En este caso, es mejor complementar su acción con un poco de hierbas laxantes (espino, cerval, sena, ruibarbo, etcétera).

Además, al contribuir con la neutralización de los desechos nitrogenados y con la eliminación de los ácidos, la arcilla favorece un pH adecuado en la sangre. Como ya se dijo anteriormente, las propiedades de la arcilla no la convierten en un "curalotodo". Simplemente es un remedio natural que tiene propiedades que pueden ayudar a solucionar numerosas dolencias del organismo.

EXISTEN MUCHAS VARIEDADES Y COLORES DE ARCILLA (VERDE, ROJO, AMARILLO Y BLANCO), POR ESO SE DEBE CONSULTAR CON UN ESPECIALISTA CUAL ES LA INDICADA PARA CADA CASO.

LA ELECCION DE LA ARCILLA

Modo de elegirla

La arcilla puede obtenerse en herboristerías y otros establecimientos naturistas. También la venden en forma de tubos en los supermercados de productos dietéticos. Si se la consigue en forma de tubo para cerámica hay que asegurarse de que sea "virgen", esto quiere decir, que la hayan extraído de la fuente natural sin efectuar un posterior tratamiento. Jamás se debe utilizar arcilla cocida o mezclada con substancias medicinales u otros aditivos.

Existen muchas variedades y colores de arcilla (verde, rojo, amarillo, blanco, etcétera). Es importante encontrar la más apropiada para la enfermedad o el temperamento del paciente, porque la misma arcilla puede producir un resultado maravilloso en una persona y ser inservible para otra.

Consejos para tener en cuenta antes de usar la arcilla

Cuanto más se exponga al sol, al aire y a la lluvia, más activa será; esto permitirá que la arcilla ejercite su propiedad de absorber y almacenar una parte notable de la energía de otros elementos, sobre todo del sol. Es posible que sus partículas infinitesimales constituyan otros tantos condensadores capaces de liberar su energía. Es posible decir que la acción revitalizadora de la arcilla tiene la propiedad de atraer el magnetismo del sol si se expone primero a su luz.

Las precauciones

1) La arcilla no puede convivir con la presencia de productos farmacéuticos (ni siquiera la medicina homeopática); por lo tanto, no es aconsejable combinar su utilización con tratamientos médicos; a veces, los pacientes que se encuentran en esta situación se muestran ansiosos por saber si pueden comenzar a utilizar la arcilla antes de terminar el tratamiento, cosa que no es recomendable, sobre todo si se usa por vía interna, ya que las medicinas inhiben sus propiedades. Es mejor esperar hasta que se esté preparado para utilizar solamente el método natural de beber arcilla. No obstante, es posible, en ocasiones, combinar su aplicación externa con el tratamiento médico, especialmente para aquellas personas que aún dudan de su eficacia.

2) Como la arcilla es tan poderosa, es aconsejable que diez días antes de comenzar el tratamiento se haga un régimen de infusiones y alimentos depurativos -principalmente frutas y verduras- para reducir la cantidad de toxinas en el organismo. En todos los casos, el tratamiento de arcilla debe acompañarse con hábitos de comida sana.

Los usos de la arcilla

Si bien el uso de la arcilla se remonta a los antiguos egipcios, hoy en día ya se desarrolló toda una industria en torno a su utilización. A continuación le damos las formas más frecuentes de usarla:

Uso interno

- Modo de prepararla: esta infusión se debe preparar con algunas horas o incluso con una noche de antelación. Hay que poner una cucharadita de arcilla en medio vaso de agua sin hervir (nunca se debe dejar una cucharita metálica en contacto con ella).

- Forma de administrarla: los mejores horarios para beberla es por la mañana o por la noche al irse a la cama.

El primer tratamiento de arcilla dura tres semanas; tras descansar una, se prosigue ininterrumpidamente durante los meses siguientes, a razón de una semana de tratamiento y otra de descanso. La dosis media es una cucharadita para los adultos, y media para los niños de menos de diez años.

Uso externo

• **Modo de prepararla:** la arcilla no debe prepararse en un recipiente pequeño, sino en uno profundo: en un lavatorio o en un balde de gran profundidad para mezclas. Se debe utilizar un recipiente de loza de barro, porcelana, madera o cristal, pero nunca de metal (aluminio, cobre, hierro) o plástico.

• **Modo de prepararla:** se le debe añadir agua sin hervir en el recipiente hasta que alcance aproximadamente un centímetro por encima de la arcilla. Dejar descansar la mezcla durante algunas horas sin tocarla, porque cuando se agita se hace más espesa y se vuelve suave y, por lo tanto, impermeable, por lo que sus posibilidades de absorción son entonces mucho más reducidas. La arcilla preparada debe ser una pasta suave, pero muy homogénea y no muy concentrada: sólo lo suficiente para evitar que se derrame. Cuando sea posible, colocar el recipiente al sol, cubriéndolo con una gasa para impedir la entrada de impurezas.

• **Forma de administrarla:** La arcilla puede utilizarse fría, templada o caliente, según el problema específico a tratar. Para calentarla se deben utilizar dos ollas, una en donde vaya la mezcla y otra más grande llena de agua que vaya sobre el fuego; es decir, a baño de María.

La aplicación puede durar desde una hora a toda la noche, según los casos. De esta manera cuando se trate de un órgano interno (riñón, hígado, estómago, etcétera), podemos dejar la arcilla dos horas como mínimo y cuatro como máximo.

Una vez usada la arcilla se la debe tirar porque está desvitalizada e impregnada de las toxinas que absorbe.

Baños de arcilla

La utilización de lodo con elevado contenido mineral es muy común que se utilice en las clínicas y en los mismos lugares en que se encuentra naturalmente. Si no fuera posible acudir a los balnearios por los gas-

tos que esto acarrea, se puede obtener beneficio de las ventajas de los baños de lodo con una mezcla de arcilla y agua.

• Indicaciones

Si usted tiene un jardín, cave un hoyo lo suficientemente largo y profundo como para sumergir el cuerpo en él, una vez que esté lleno de lodo. Para protegerse del frío, haga esto sólo en tiempo cálido, cuando la arcilla pueda exponerse a la luz del sol. Es importante tener en cuenta que estos baños se pueden tomar dentro de un pozo, barril, etc., pero nunca en una bañadera porque la arcilla taparía las cañerías.

Los baños se pueden comenzar a hacer con 5 a 10 minutos de duración, aumentando después a 15 ó 20 minutos. Si siente fatiga, tómelos cada dos días o dos veces por semana. Pasado un mes de tratamiento, descanse otro mes antes de seguir.

•Recomendaciones

Son especialmente recomendados para las personas con reumatismo y artritis, afecciones óseas, para ciertos problemas de la piel y de la sangre y en ciertos casos de parálisis.

• Limo

Son los depósitos de arcilla arenosa que deja el agua al retirarse. Sus propiedades son variables, pero definidas. Los antiguos depósitos de limo constituyen los *loess* (tierra amarilla), cuyas capas sucesivas presentan distintos aspectos. El nivel superior, rojizo y bastante arenoso, es muy rico en tierra cultivable. Es "la terre a brique" (tierra ladrillo) de los distritos de París. Todas estas tierras pueden utilizarse cuando no se tenga arcilla auténtica. Pero sólo para uso externo.

LA ARCILLA JAMAS DEBE MEZCLARSE CON OTROS PRODUCTOS

• Polvo de arcilla

Es aconsejable su uso para echar polvos a los niños en lugar de talco, que generalmente tiene sustancias medicinales pero no arcilla. No dude en utilizar polvo de arcilla para los granos de los niños, haciendo que los beban si es necesario.

•Recomendaciones

Sobre las úlceras, la arcilla pulverizada realiza una acción antiséptica, favoreciendo la reconstrucción de los tejidos dañados: echarla sobre abscesos, cicatrices, inflamaciones, eczemas, etc.

TODO LO QUE CURA

✔ **Acné**

Beber medio vaso de arcilla líquida por las mañanas con el estómago vacío hará que el cuerpo se deshaga de gran parte de los productos tóxicos. Alternar con la arcilla líquida todas las semanas.

✔ **Alergias**

Tomar medio vaso de arcilla líquida cada mañana. Aplicar arcilla en la zona del hígado antes de acostarse puede ser de gran ayuda.

✔ **Anemia**

Lo más recomendable es tomar arcilla líquida por las mañanas con el estómago vacío, comer muchas verduras y granos verdes.

✔ **Artritis**

Aplicar arcilla en los lugares más afectados y dejarla en el lugar varias horas. Por lo general, es mejor hacerlo antes de irse a la cama y dejar que actúe toda la noche.

✔ **Dolores de cabeza**

Se puede aplicar arcilla en la frente durante una hora a hora y media. Si el dolor es persistente se puede aplicar la arcilla también en la nuca.

COSMETICOS DE ARCILLA

Champú

La arcilla resulta excelente para lavar regularmente los cabellos, pues tiene un pH ácido natural similar al de la piel. Es recomendable en especial para el cuero cabelludo graso; para combatirlo, hacer una pasta clara con agua y aplicar como champú. Dejar actuar durante media hora por lo menos, y enjuagar.

HAY UNA GRAN VARIEDAD DE PRODUCTOS CON ARCILLA QUE SE UTILIZAN PARA LA BELLEZA Y LA SALUD DE LA PIEL

Jabón

Mezclada con miel y aceite de oliva, la arcilla constituye un jabón muy eficaz: elimina la suciedad, actúa como un desodorante natural y equilibra la piel.

Mascarilla de limpieza profunda

Tal vez la forma más sencilla de utilizar la arcilla sea como embellecedor de la piel: cuando se aplica en forma de mascarilla se acelera la oxidación y la circulación, las funciones de defensa se ven estimuladas y la temperatura del cuerpo se eleva ligeramente. Así, la arcilla actúa más bien como un masaje ligero; además, al igual que cualquier otro producto natural, equilibra y revitaliza.

LAS IDEAS MAS IMPORTANTES

- *La arcilla es un silicato de aluminio, polímero compuesto que se propaga en cadenas infinitas, las cuales se agrupan en planos que constituyen un armazón con amplias cavidades internas en donde se sitúan los iones alcalinos y los oligoelementos (hierro, cromo, manganeso y otros).*

- *El equilibrio biológico se logra cuando la arcilla suministra nuevos iones al organismo mientras se eliminan los nocivos.*

- *La arcilla puede obtenerse en herboristerías, establecimientos naturistas y dietéticos.*

- *Existen muchas variedades y colores de arcilla (verde, rojo, amarillo, blanco, etcétera), pero es importante encontrar la más apropiada para la enfermedad o temperamento del paciente, porque la misma arcilla puede producir un resultado maravilloso en una persona y no en otra.*

- *La arcilla no puede mezclarse con productos farmacéuticos (ni siquiera la medicina homeopática).*

- *Jamás se debe utilizar arcilla cocida o mezclada con substancias medicinales u otros aditivos.*

- *Cuanto más se exponga al sol, al aire y a la lluvia, más activa será; esto permitiré que la arcilla ejercite su propiedad de absorber y almacenar una parte notable de la energía de otros elementos, sobre todo del sol.*

- *Como la arcilla es tan poderosa, es aconsejable que diez días antes de comenzar el tratamiento se haga un régimen de infusiones y alimentos depurativos -consumir principalmente frutas y verduras y dejar de lado el azúcar, el alcohol, o los productos químicos- para reducir la cantidad de toxinas en el organismo.*

- *La arcilla también puede ser utilizada como cosmético.*

EL MEJOR COSMÉTICO PARA LA BELLEZA ES LA FELICIDAD

"LA BELLEZA

ES EL ACUERDO ENTRE

EL CONTENIDO Y

LA FORMA."

Henrik Ibsen

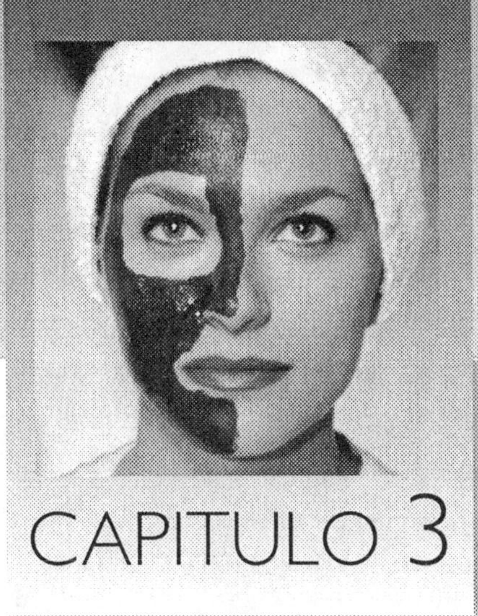

CAPITULO 3

Fangoterapia

UNA TÉCNICA MILENARIA QUE HIDRATA, REJUVENECE Y CURA CIERTAS AFECCIONES DE LA PIEL. SUS SECRETOS, FORMAS DE UTILIZARLA Y BENEFICIOS, AHORA MISMO SE LOS CONTAMOS.

La fangoterapia como tratamiento terapéutico y cosmético es tan antiguo que las primeras civilizaciones que vivieron cerca del mar ya la implementaban hace miles de años.

Existen diferentes tipos de fangos. Están los volcánicos, los de laguna y los fangos de mar. Las personas que vivían cerca de estos lugares utilizaban intuitivamente el fango para calmar dolores, aliviar irritaciones de la piel y molestias musculares. Sin querer se dieron cuenta de que la tierra les estaba haciendo un regalo incalculable: un remedio.

Los barros son los hermanos marinos de la arcilla, ya que los más usados en cosmética son los derivados del mar o de zonas costeras. Según su composición y el lugar de donde son extraídos, existen tres grandes tipos de fangos:

✔ **De mar:** son los que provienen de las orillas del Mar Muerto, en Israel, y son especialmente apreciados por su alto contenido en minerales y principios activos. Poseen, sobre todo, cobre y manganeso, dos oligoelementos muy importantes para la salud de la piel.

✔ **De laguna:** como su nombre lo indica, son barros que provienen de extensas zonas de lagunas. No hay específicos, pero es necesario que reúnan propiedades curativas.

✔ **Volcánicos:** hay tres regiones en el mundo que tienen buena calidad de fango volcánico: en la Argentina, se puede encontrar en las provincias de Mendoza y Neuquen, en el sur de Italia y en Japón.

Muy versátiles, con los barros pueden realizarse numerosos tratamientos cosméticos, como baños depurativos, mascarillas faciales y peelings o envolturas corporales.

EL FANGO SE PUEDE UTILIZAR TANTO CON FINES TERAPEUTICOS COMO COSMETICOS

LAS PROPIEDADES CURATIVAS

En el fango la concentración de minerales es superior a la de las aguas termales ya que el fango es el resultado del agua subterránea que, al subir a la superficie, impulsada por el calor, arrastra todos los minerales (hierro, magnesio, manganeso, azufre, zinc, fósforo y cobre), oligoelementos y minerales geológicos (silicatos, feldespatos, cuarzo, mica, etcétera) del centro de la tierra y los deposita cerca de la superficie, donde se acumulan. Al evaporar el agua, el fango queda libre de contaminación, ya que las bacterias se desarrollan fácilmente en la humedad, logrando con esto conservar intacta su riqueza, volviéndose más activo, concentrado, maximizando todas sus aptitudes curativas. Es decir, con este proceso de deshidratación se garantiza la pureza y el equilibrio de la composición, por no contener ningún aditivo conservante, ni similares.

La utilización terapéutica del fango volcánico es ideal para:

- **Problemas articulares:** inflamación de articulaciones y absorción de edemas.

- **Problemas musculares:** al reponer magnesio y fósforo, se recuperan los niveles adecuados de energía, el músculo puede drenar el ácido láctico, recargar magnesio y entonces se reduce el dolor muscular.

- **Problemas de la piel:** se aplica para la psoriasis, el acné y la prevención del envejecimiento cutáneo. Al reponer la carga de minerales, las células de la piel pueden tener una actividad enzimática más intensa, lo que revitalizará los tejidos.

- **Celulitis y flaccidez de la piel:** mediante la tonificación por el aporte de magnesio y fósforo y por el efecto tensor que produce. Ade-

más, los silicatos alisan la piel, dejándola más suave.

Entre las propiedades terapéuticas dermo-cosméticas del fango termal se destacan:

- Su acción desinflamatoria, calmante y su gran poder de absorción.
- Actúa como estimulante de la formación cutánea, depurando la piel y favoreciendo la pérdida del ácido úrico.
- Favorece la reproducción celular.
- Estimula la circulación.
- Produce una hiperactivación orgánica.
- Realiza un profundo pulido de la piel.
- Actúa eliminando el exceso de grasa cutánea.

Su función está dada por la absorción de minerales y oligoelementos que a nivel celular aseguran el desarrollo óptimo de los procesos biológicos relacionados con la salud, la belleza y el equilibrio general del organismo. Al ser un proceso natural activo su fórmula está balanceada por la naturaleza. Entre sus propiedades se pueden contar:

• *Descongestivo* • *Regenerativo* • *Depurador* • *Aclarante*
• *Desintoxicante* • *Antiséptico* • *Tonificante* • *Hidratante*.

BELLEZA NATURAL PARA TODO EL CUERPO

Básicamente, la fangoterapia se aplica dos veces por semana, y cada sesión suele durar, aproximadamente, una hora y media. Tiene como acción en sí misma la tonificación y reactivación de los procesos enzimáticos de la piel y de los tejidos subcutáneos (grasa y músculo). El fango natural no necesita ninguna preparación previa, excepto si se quiere calentar. En ese caso es preferible hacerlo a baño de María. Si el fango es deshidratado no es necesario el uso de aditivos y conservantes, ya que es el agua el principal factor contaminante. Ahora sí veamos cuáles son los beneficios cosméticos del fango que éste puede ofrecer:

Tratamientos corporales: el fango es un material ideal para hacer un peeling corporal. Para ello se aplica una capa fina de barro y se espera a que se seque. Luego, se realiza un suave masaje estimulante y se procede a retirar con una ducha. El fango marino también posee propiedades anticelúliticas y, después de aplicarlo, se coloca un plástico transparente y se deja actuar durante 20 minutos.

Para eliminar la grasitud del cabello: el tratamiento consiste en diluir el barro con un poco de agua y aplicarlo mediante un suave masaje; se deja actuar unos 15 minutos antes de lavarse el pelo de forma habitual. Con este tratamiento se eliminan los depósitos grasos del pelo y la caspa del cuero cabelludo.

Aplicaciones faciales: el barro tiene la propiedad de retener agua. Por eso es un producto hidratante que aumenta el contenido acuoso de las células, al tiempo que limpia los poros y elimina las células muertas y las impurezas. Además, remineraliza la piel. En general, en aplicaciones faciales los barros se aplican tibios, en forma de mascara, y se dejan actuar durante unos 30 minutos. Los tratamientos faciales más comunes y que mejores resultados dan son los siguientes:

1 **Acné:** se aplica con muy buenos resultados ya que el fango tiene cobre y zinc, que son desinfectantes y desintoxicantes.

2 **Envejecimiento cutáneo:** en todas las células permanentemente ocurren procesos que tienen que ver con preservar la vitalidad, la elasticidad y el contenido de agua en la piel. Todos estos fenómenos dependen de las enzimas y si no hay una buena carga de minerales en el líquido que baña las células, entonces las enzimas no funcionan. Por eso cuando la piel envejece, disminuye su posibilidad de regenerarse, ya que las células van perdiendo energía. En la medida en que haya una buena reposición de minerales, esas mismas células podrán tener una actividad enzimática mucho más intensa, lo que las hará revitalizar. Entonces, el hecho de reponer minerales directamente a través de la piel, es lo que hace que el fango sea tan beneficioso.

COMO POTENCIAR LOS EFECTOS DEL FANGO

Los activadores son soluciones líquidas que se agregan al fango para potenciar sus efectos naturales. Básicamente son cuatro:

Activador humectante y tonificante: contiene aceite de rosas, propilenglicol, glicerina y extracto de hamamelis y tiene como finalidad tonificar, suavizar y humectar las pieles descuidadas.

Activador aclarante de máculas: esta solución posee peróxido de hidrógeno, ácido glicólico y aceite de rosas, con ellos reduce los signos de envejecimiento. Es aclarante (erradica manchas causadas por el sol, la vejez, etcétera) y exfoliante natural (descama las células muertas).

Activador antiseborreico y depurativo: compuesto por extracto de malva, alcanfor, ácido bórico y aceite de rosas, con la tarea purificante, desintoxicante y antiseborreica, es decir limpiar la piel de impurezas, grasas y demás particularidades propias de cada persona.

Activador descongestivo y sedante: formado esencialmente por diferentes extractos (manzanilla, borraja, nogal y encina) más el agregado del aceite de eucalipto, que llevan a cabo la función de refrescar, descongestionar y sedar, o sea relajar, bajar la temperatura de la piel originada por factores climáticos o por tensiones nerviosas.

"HAY UN LIBRO ABIERTO SIEMPRE PARA TODOS LOS OJOS: LA NATURALEZA".

Jean-Jacques Rousseau

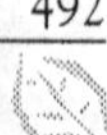

CAPITULO 4

Hidroterapia

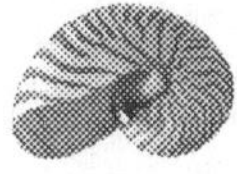

ES SABIDO QUE EL CUERPO HUMANO ESTÁ COMPUESTO MAYORITARIAMENTE POR AGUA. LA HIDROTERAPIA ES UNA TERAPIA BASADA EN ESTE ELEMENTO QUE TRATA AL ORGANISMO DE DIFERENTES FORMAS SIN AGREDIRLO.

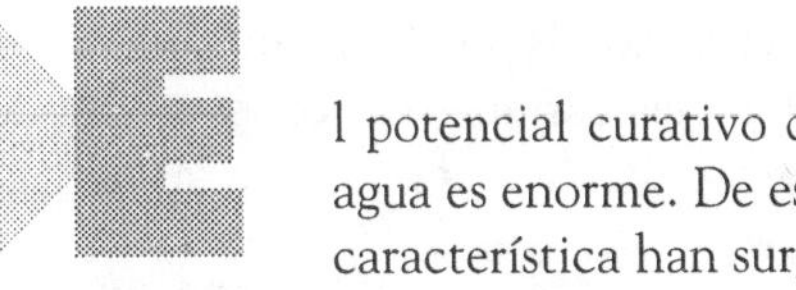

El potencial curativo del agua es enorme. De esta característica han surgido, durante cientos de años, muchas formas de aprovecharla. El agua no sólo actúa por propia virtud revitalizante sino, también, porque es portadora de energías etéreas, especialmente caloríficas. Resulta un vehículo perfecto para tratar el cuerpo con calor y frío, por sus capacidades como conductora de las vibraciones térmicas y su adaptabilidad a toda superficie.

El simple baño o ducha que toda persona debe practicar en forma diaria es fortificante, calmante, activador de la nutrición, eliminador de impurezas, calorífico en invierno y resfrescante en verano y, por supuesto, el mayor factor de limpieza y salud dérmica.

LAS REACCIONES ORGANICAS

El efecto concreto de la hidroterapia sobre el organismo estriba en las reacciones de éste que son, básicamente tres:

- *Reacción nerviosa, con producción de corriente electromagnética en el organismo.*
- *Reacción circulatoria, con modificación de la irrigación sanguínea de los órganos.*
- *Reacción térmica, puesto que se producen modificaciones en la temperatura.*

Desde el punto de vista de la reacción del sistema nervioso, el agua fría lo estimula y fortifica, mejora sus funciones y lo predispone para toda clase de trabajo, tanto intelectual como físico. La reacción segura y fácil de bienestar que deriva de un baño frío de no más de medio minuto puede comprobarse de manera inmediata.

En cuanto a la reacción del aparato circulatorio, el agua favorece el trabajo del corazón y baja la presión de la sangre.

POR QUE FUNCIONA Y CUALES SON SUS EFECTOS

EL SIMPLE BAÑO DIARIO ES FORTIFICANTE, CALMANTE Y DESINTOXICANTE

El principal efecto de las aplicaciones de agua con fines terapéuticos es la desintoxicación del organismo, que se manifiesta claramente en expulsiones o eliminaciones de toxinas o detritos enfermizos. Se ha comprobado científicamente que la hidroterapia, entre otros efectos benéficos desintoxicantes, aumenta la eliminación de ácido úrico y de materias nitrogenadas, como así también, la toxicidad y cantidad de orina y sudor, además de promover la expulsión de venenos metálicos (drogas).

Esta expulsión de sustancias extrañas es consecuencia del aumento de las oxidaciones orgánicas y del avivamiento de las defensas, estimuladas por la acción del agua.

La hidroterapia llama a la sangre, que arrastra los desechos y aporta oxígeno. La descongestión y la limpieza de la zona enferma permiten la libre circulación del fluido nervioso, atraído también por el propio sistema nervioso simpático como consecuencia de los efectos electromagnéticos del agua fría.

El agua a baja temperatura tonifica los órganos, devolviendo el tono normal a los tejidos relajados por la intoxicación y la inflamación, lo que implica, además, un inmediato efecto de rejuvenecimiento.

Al actuar sobre la piel, en principio la hace palidecer por contracción de sus arterias, las cuales enseguida se dilatan por reacción y la piel se "sonrosa". Este movimiento alternado constituye una verdadera gimnasia de la piel que favorece todas sus principales funciones:

LOS AYUNOS EN LOS QUE SOLO SE BEBE AGUA SON LOS MEJORES PARA LOGRAR UNA PURIFICACION INTERNA. PERO SIEMPRE SE DEBEN HACER BAJO CONTROL MEDICO.

- *eliminadora*
- *termorreguladora*
- *absorbente*
- *protectora*
- *táctil*

Cuando mejora la irrigación sanguínea todo órgano mejora y aumenta en vitalidad. El agua caliente también mejora la circulación, por acción directa.

También es importante señalar que con la acción externa del agua se beneficia notoriamente la nutrición. Al aumentar las oxidaciones, el baño frío favorece la asimilación de las sustancias nutrientes y la eliminación de los desechos orgánicos, y estimula los órganos encargados de transformar los alimentos. Además, aumenta el número de glóbulos rojos.

CONSEJOS PARA EL USO CURATIVO DEL AGUA

✔ Las aplicaciones hidroterapéuticas deben efectuarse alejadas de las horas de la digestión, para no perturbar este proceso. Al menos hay que dejar un lapso de dos horas después de las comidas.

✔ No aplicar agua fría a un enfermo con frío o con las extremidades frías.

✔ En general, no aplicar agua caliente a un paciente febril; primero es necesario sacarle el exceso de calor por medio de aplicaciones frías.

✔ Para que toda aplicación fría sea útil, previamente se debe almacenar calor mediante ejercicios de precalentamiento o calor externo (abrigo, fricciones con las manos, etc.), consiguiendo así la reacción deseada. La piel y, en especial los pies, deben estar calientes.

✔ En cuadros que presenten debilidad, utilizar agua caliente (siempre que no haya fiebre).

✔ Es muy recomendable beber bastante agua en ayunas y a media tarde, y más bien poca, durante las comidas.

✔ Después de una aplicación de hidroterapia, la persona no debe secarse, sino dejar la piel mojada y permitir que se seque espontáneamente al aire, lo que restablece de manera suave y lenta el equilibrio térmico.

✔ Las toallas o paños que se utilicen deben sumergirse en el agua fría y luego estrujarse parcialmente.

✔ Después de la aplicación de agua fría debemos impulsar la mayor reacción de calor, reforzándola con abrigo, ejercicios, paseos o caminatas, según las circunstancias.

LAS APLICACIONES GENERALES Y LOCALES

En hidroterapia se habla de aplicaciones locales o generales, con o sin percusión. Se denomina percusión a la aplicación de agua que produce choque o impacto físico sobre el cuerpo, como las duchas y los chorros, en oposición a otras técnicas donde el contacto es más suave, como en los baños de inmersión.

Si la percusión es fuerte, se considera a la aplicación como estimulante de las funciones orgánicas. Si es suave, será calmante o sedativa.

LOS TRATAMIENTOS CON AGUA CALIENTE ABREN LOS POROS Y FACILITAN UNA LIMPIEZA PROFUNDA

APLICACIONES GENERALES CON PERCUSION

✓ Ducha Fría

- Su duración es de entre 2 y 15 segundos.
- Se debe hacer que el agua caiga desde lo alto de la cabeza y moje todo el cuerpo. De este modo es excelente para depresiones, neurastenias, histerias, enfermos convalecientes, diabéticos y reumáticos.
- En caso de insomnio, excitabilidad excesiva y debilidad, se debe dejar caer el chorro de la ducha principalmente sobre la columna vertebral obteniendo un efecto sedante.
- Puede darse un malestar conocido como cefalea hidroterápica, que es un dolor de cabeza producido por la caída del agua sobre ella. En este caso, comience la ducha con poca fuerza y por las piernas, subiendo de a poco y aumentando paulatinamente la fuerza del agua.

✓ Ducha Caliente

- Su duración es de entre 45 segundos y 2 minutos.
- De corta duración, es tónica. De mayor duración, se considera relajante.
- Se debe hacer que el agua caiga desde lo alto de la cabeza y moje todo el cuerpo.
- Es indicada en presencia de dolores no inflamatorios, para personas nerviosas o que no soportan el agua fría, y para pacientes débiles o desmineralizados cuyo organismo produce poco calor.
- Su uso es temporal.

✓ Ducha Templada

- Su duración es de entre 1 y 2 minutos.
- Se debe hacer que el agua caiga desde lo alto de la cabeza y moje todo el cuerpo.
- Es muy recomendable en casos espasmódicos y de exceso de tensión arterial.
- En caso de anemia o excitabilidad excesiva y debilidad, se debe realizar una ducha corta (hasta 45 segundos).

✓ Ducha Progresiva

- Comenzar con una temperatura de 35 a 38 grados durante 40 segundos.
- Ir disminuyendo lentamente esta temperatura, agregando agua fría al chorro, pasando así a tibia y por fin, a fría.
- Es utilizable en casos de problemas cardiovasculares y de los vasos sanguíneos, porque evita la impresión y mantiene el enrojecimiento y la irrigación sanguínea de la piel (vasodilatación) iniciada por el agua caliente.

✓ Ducha Escocesa

- Su duración es de entre 20 y 25 segundos.
- Se realiza una ducha caliente, seguida de inmediato por una fría de corta duración (5 a 7 segundos).
- Es recomendabble para reumatismo, diabetes y neuralgias.
- Para muchas personas resulta difícil de soportar.

✓ Duchas Frías Progresivas

- Su duración es de entre 15 y 30 segundos.
- Partiendo de una temperatura de 25 grados, cada día se toma una ducha más fría, durante un máximo de diez días.
- Se utiliza este procedimiento para acostumbrarse a las duchas frías.

✓ Ducha Alternativa

- Su duración es de entre 20 y 25 segundos cada vez.
- Es una ducha escocesa repetida varias veces en una misma sesión.
- Tiene efecto revulsivo (descongestiona, quita irritación).

✓ Chorro General

- Su duración es de entre 1 y 5 minutos.
- Se realiza con una pequeña manguera o con una regadera a la que se le ha quitado el dispensador de agua. También puede usarse un tubo de goma conectado directamente a una canilla.
- Hay que procurar que la punta de la manguera esté cerca del cuerpo, para que el agua caiga con suavidad.
- Se comienza por la parte posterior de las piernas, se va subiendo por los muslos, las nalgas y el dorso hasta llegar a los hombros; entonces se deja caer el agua como una capa suave por delante y por detrás.
- Otra versión de esta aplicación es echarle a la persona grandes oleadas de agua con un balde, que la mojen completamente. Esto puede repetirse hasta 20 veces; pero sólo con personas fuertes y robustas.
- Esta práctica es tónica y fortificante, muy recomendable para personas sanas.

✓ Chorro Fulgurante

- Su duración es de entre 3 y 8 minutos.
- Se proyecta un chorro de agua fría con una manguera sobre el cuerpo de la persona, a una distancia de 3 a 5 metros.
- Se dirige primero a la parte posterior de los pies, se sube paulatinamente por muslos, nalgas y espalda, regándolos bien; luego se procede en forma análoga por la parte delantera del cuerpo.
- La fuerza del chorro no debe ser excesiva ni provocar daño.
- Produce una reacción inmediata, tonifica y purifica enormemente.
- En personas habituadas a la hidroterapia se puede practicar diariamente.
- En obesos y artríticos es especialmente útil; descarga las grasas gracias a los efectos mecánicos del chorro y a los efectos activadores de la nutrición del agua fría.

✓ Baño de Lluvia

- Su duración es de entre 2 y 17 minutos.
- Se realiza exponiendo el cuerpo en movimiento a la acción de la lluvia natural.
- Es de gran poder vitalizante y la más natural de las prácticas hidroterapéuticas.
- Esta práctica es recomendable realizada en un lugar libre de contaminación ambiental.

APLICACIONES GENERALES SIN PERCUSION

LOS BAÑOS DE INMERSION TEMPLADOS SON IDEALES PARA CALMAR LOS DOLORES PRODUCIDOS POR COLICOS

✓ Baño de Inmersión Frío

- Su duración es de entre 4 y 30 segundos.
- La temperatura del agua debe estar entre los 8 y los 15 grados.
- Es tónico y excitante.
- Se recomienda, especialmente, para depresiones y en presencia de infecciones.
- Es excelente para ser tomado por personas sanas al levantarse de la cama, pues en invierno predispone contra el frío gracias a la gran actividad orgánica que despierta, y predispone al trabajo.

✓ Baño de Inmersión Caliente

- Su duración es de entre 5 y 15 minutos.
- La temperatura del agua debe ser mayor a los 37 grados.
- Es tónico hasta el tiempo indicado; si se extiende más, tiende a convertirse en sedante y sudativo.
- Se lo emplea en el tratamiento de la obesidad.
- En caso de enfermedad, se envuelve la cabeza del paciente con un paño mojado en agua fría.

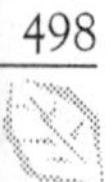

✔ Baño de Inmersión Templado

- Su duración es de entre 10 y 30 minutos.
- La temperatura del agua debe estar entre los 34 y los 37 grados.
- Es sedativo.
- Se recomienda para cólicos hepáticos y nefríticos, hernia estrangulada y estados nerviosos en general.

✔ Baño de Río

- Su duración es de entre 4 y 20 minutos.
- Sus resultados dependen de la temperatura ambiente, la fuerza del agua de ese río, los movimientos del bañista, etc.
- Es la manera más natural de aplicar agua al cuerpo humano, superior a cualquier baño casero. El organismo está expuesto al sol, al aire libre, en contacto con la tierra.
- Salvo contadas excepciones que el médico evaluará, este baño es aplicable a cualquier persona en cualquier circunstancia.
- Es un baño higiénico de primer orden.

✔ Afusiones

- Su duración es de entre 5 y 15 minutos.
- Se realizan en pequeñas bañeras o simplemente con el agua en una palangana.
- Se moja todo el cuerpo con una esponja, un paño o la mano, sea de pie o sentados.
- Deben ir seguidas de fricción seca con las manos o con un paño.

✔ Fricción General

- Su duración es de entre 1 y 2 minutos.
- Se frota con vigor todo el cuerpo con un paño embebido en agua fría o caliente.
- Se comienza por el pecho y se frota luego sucesivamente el vientre, la espalda, los brazos, los muslos, las piernas y los pies.
- Se seca enseguida con toalla y se da una fricción en toda la piel con las manos.
- Cuando la fricción es fría, resulta agradable vestirse luego con la piel húmeda.
- Se practica, generalmente, por las mañanas, al levantarse.
- Para favorecer el sueño, puede darse antes de acostarse de la cintura para abajo.

✔ Lociones

- Su duración es de entre 1 y 15 minutos.
- Se empapa una esponja y se la exprime varias veces sobre los hombros, permaneciendo la persona derecha.
- Es muy útil en casos de fiebre.
- Ocasionalmente pueden sustituir a los baños en cuadros febriles moderados.

APLICACIONES LOCALES CON PERCUSION

LA DUCHA FRIA ES ESTIMULANTE Y LA CALIENTE ES DESINTOXICANTE DE LOS ORGANOS INTERNOS

• Duchas Locales

- Esta es la denominación general de duchas que se dan en lugares específicos del cuerpo y que en particular se denominan de acuerdo con esto: ducha dorsal, ducha abdominal, ducha torácica, etc.
- El chorro debe dirigirse específicamente al sitio indicado.
- Por lo demás, se realiza en la misma forma y cumple las mismas funciones que las duchas descritas en "Aplicaciones Generales con Percusión".

• Ducha Local Fría

- Su duración es variable; un límite natural es el enrojecimiento de la piel.
- Dirigir el chorro al sitio enfermo o señalado por el médico.
- Se utiliza en casos de deficiencia de actividad en los órganos.
- Es estimulante.

• Ducha Local Caliente

- Su duración es larga, hasta el máximo enrojecimiento de la piel, y movida ligeramente para que traspase un poco los límites del órgano al que se aplica.
- El agua debe mantenerse a una temperatura de 40 a 45 grados.
- Combate el dolor y la excitación refleja, es revulsiva, y activa el funcionamiento de los órganos involucrados, liberándolos de sustancias nocivas.
- También es útil en casos de congestión de los órganos, cólicos e inflamaciones internas.

• Chorros Locales

- Se efectúan valiéndose de las mismas técnicas que se explicaron al hablar del Chorro General.
- Sus efectos son análogos a los de las duchas locales, y también reciben el nombre de la zona a la que se aplican (chorro cefálico, chorro facial, chorro braquial, etc.).

• Golpes de Agua Fría

- Se realizan golpeando vigorosamente el pecho con un trapo mojado en agua fría.
- Es un poderoso medio de excitación vital.
- Se utiliza con muy buenos efectos en casos de asfixia, síncope, desfallecimiento, colapso circulatorio, intoxicación profunda.
- En ciertos casos, y administrado por un especialista, llega a ser tan eficaz como la respiración artificial.

•Baños de Pies en Agua Corriente

- Su duración es de entre 2 y 5 minutos cuando es fría, y unos 10 minutos cuando es caliente (de 38 a 40 grados).
- Se realiza en ríos, arroyos, o bañeras especiales.

- Es descongestionante de las partes superiores del organismo.
- Se complementa con fricciones en los pies.
- Es constrictor de los vasos de la pelvis, por lo cual sirve en las hemorragias uterinas.
- Cuando es caliente, se usa contra dolores de piernas y pies, inflamación de articulaciones, falta o problemas en la menstruación, y congestión en la cabeza.

APLICACIONES LOCALES SIN PERCUSION

• Duchas Suaves

- La temperatura debe ser de entre 40 y 45 grados.
- Debe darse de modo que el agua no golpee la piel, sino que el chorro fluya sobre ella deslizándose en una suave capa por sobre toda la región tratada.
- Se usa en estados irritativos de la piel (urticaria, prurito, etc.), y en dolores abdominales intensos.

• Baño Parcial o de Medio Cuerpo

- Se utiliza bañera común, introduciendo en el agua pies, piernas y pelvis hasta la cintura.
- Dura de 10 segundos a 5 minutos y, a veces, se puede complementar friccionando el resto del cuerpo con el agua de la bañera o bien aplicando un chorro en la espalda.
- Es tónico y de rápido efecto. Calmante de estados de excitabilidad nerviosa, actúa sobre el alcoholismo, el delirio, el insomnio y la insolación.
- Una variante es el baño parcial progresivamente frío. Comienza con una temperatura de 30 grados y va disminuyendo hasta 25; al mismo tiempo se vierte agua en el pecho y la espalda a una temperatura más baja (de 15 a 20 grados) durante 5 a 15 minutos.

• Baños de Asiento

- Su duración es de entre 10 segundos y 20 minutos.
- Se realiza sentándose en pequeñas bañeras o una palangana grande, y conviene que el agua llegue hasta el ombligo.
- Tiene un poder derivativo y eliminatorio de las sustancias químicas por las vías inferiores (riñones, intestinos, piel del vientre).
- Su acción es excelente en todos los estados congestivos de las partes superiores del organismo (dolores de cabeza, insolaciones, congestiones bronquiales, etcétera).
- Para la falta de tonicidad en órganos de la pelvis (incontinencia urinaria, estreñimiento, atonía vesicular), las inflamaciones de esta zona (útero, ovario, etc.), y las hemorroides, el baño debe durar entre 3 y 6 minutos.
- Para estados espasmódicos de las vísceras del bajo vientre (retención de orina por enfriamiento) se lo toma caliente,

de 3 a 5 minutos.

- Para dolores por inflamación de útero o vejiga se lo toma caliente, entre 15 a 60 minutos.
- Suelen complementarse con una fricción del vientre con un paño algo áspero que se mueve dentro del agua.

• Baños Genitales

- Tienen un gran poder eliminador, debido al estímulo o vibración nerviosa que producen.

• Baño Genital Masculino

- Dentro de una bañera llena de agua muy fría se pone una banqueta o cajón que sobresalga ligeramente de la superficie del agua.
- La persona se sienta con los pies apoyados en el piso, de modo que el agua no la toque directamente.
- Entonces introduce el pene en el agua, con el glande cubierto por el prepucio.
- Tomando con los dedos de la mano izquierda la piel o prepucio y tirando ligeramente para que el glande quede adentro del agua lo friccionará constantemente con un paño, dentro del agua.
- Dura entre 5 y 10 minutos.

• Baño Genital Femenino

- Se dispone de la misma forma que el masculino.
- Con un paño que se debe mojar constantemente en el agua fría para que no se caliente. La mujer frotará suavemente el borde de los labios mayores de su vagina.

LA ACTIVIDAD ES INDISPENSABLE
PARA MANTENER EL BIENESTAR.

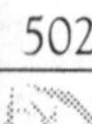

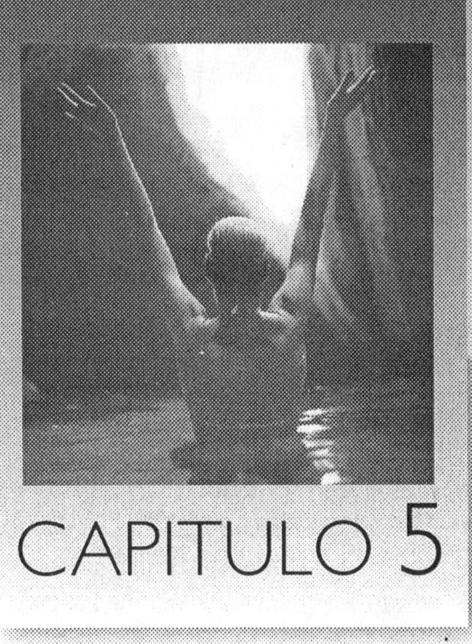

CAPITULO 5

Talasoterapia

EN EL AGUA SALADA DE LOS OCÉANOS SE ENCUENTRA UNA TERAPIA DISTINTA Y PLACENTERA, CAPAZ DE LOGRAR RESULTADOS ASOMBROSOS.

Sin que un requisito sea saber nadar, un tratamiento tan antiguo como la humanidad espera en la orilla de los mares a los estresados, los deportistas, las madres que acaban de dar a luz y a todos aquellos que superaron los 50.

La cura por el agua de mar, de eso se trata. La talasoterapia -término que proviene del griego *thàlassa*, que justamente significa "mar"- es el conjunto de beneficios que provee una estadía en el medio marino. Para que esas ventajas se reflejen en el cuerpo hay que pasar un promedio de 20 días en una costa marítima. Esos beneficios se centran básicamente en el baño de agua salada y en el rato que se permanece sobre la arena de la playa. La terapia es más eficaz si se efectúa durante la mañana ya que la brisa marina desaloja cualquier impureza que se deposita sobre la superficie del agua durante la pleamar.

Al estar rodeado del agua de mar, se produce en la superficie cutánea un recambio de elementos -sobre todo de iodo y sodio- por el mecanismo denominado ósmosis (el pasaje de sustancias en ambas direcciones a través de una membrana). Mediante el movimiento de las olas, el mar ejerce sobre el cuerpo una acción tonificante, es decir un hidromasaje natural. Por esto, el sólo hecho de ingresar al agua brinda una sensación placentera, la energía se renueva y crece la vitalidad en forma instantánea.

Cada día son más los médicos que recomiendan la talasoterapia a las madres que acaban de dar a luz, los deportistas fatigados y las personas estresadas. Para las pequeñas depresiones, los problemas para conciliar el sueño, la recuperación de infecciones, el período postoperatorio y, en general, para quienes aceptan a regañadientes los cambios que el paso del tiempo va operando en su cuerpo, la cura marina parece ser una de las soluciones más solicitadas.

UN ABRACADABRA DE 48 HORAS

IDEAL PARA DEPORTISTAS FATIGADOS QUE NECESITAN RECUPERAR SUS FUERZAS

Las personas que viven en los centros urbanos y durante el día son un engranaje más de las tensiones de la vida cotidiana son los mejores candidatos a una terapia marina. De hecho, a partir de los cuarenta años tanto hombres como mujeres empiezan a estar por debajo del pico de sus destrezas físicas y mentales.

Sin que importe cuál es nuestra edad, casi todos llegamos al día viernes arrastrándonos. El fin de semana suena como la palabra mágica que nos salvará del colapso. Sin embargo, muchas veces dos días no son suficientes para la recuperación. Entonces, ni bien sienta que el lunes le pesa sobre la espalda aún antes de salir de su casa, preste atención a su cuerpo que está lanzando un descomunal S.O.S.

Ese primer síntoma estará seguido por otros que pueden sintetizarse en dificultades de concentración y problemas para trabajar y tomar decisiones. Al poco tiempo sentirá que las ideas abandonan la cabeza como si se trataran de pájaros desbandados y, lo que es peor, se perderá vitalidad y andará por la vida como un caballo cansado. Este es el momento ideal para tirar la toalla y dedicar como mínimo 8 días a la talasoterapia.

UN RESCATE ACUATICO

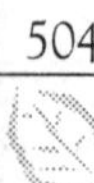

Desde ya le anticipamos que un tratamiento marino con todas las letras provoca una verdadera ruptura en la rutina diaria. Este punto de quiebre es sumamente necesario ya que la otra salida, mucho más difundida que la talasoterapia, lo conduce al peligroso camino de los psicoestimulantes. Esa ruptura apunta a un cambio de ritmo en el organismo que permite seguir en marcha, pero recordando que podemos conectarnos con él de una manera menos anárquica. Créase o no, al sumergirse en el mar el cuerpo siente el impacto inmediatamente y el espíritu se expande. Como si fuera una paradoja, el primer impacto de la cura es fatigar al organismo biológicamente. Igual que un barco náufrago, el agua salada nos hace tocar fondo para luego sacarnos a la superficie. Por esto, la gente que inicia el tratamiento siente durante los primeros días una gran necesidad de dormir varias horas extras o, por lo menos, recostarse.

Días más tarde el casco cansado del cuerpo recobra en el mar los minerales que fue perdiendo, fundamentalmente el magnesio, el fósforo y el calcio. Cada uno tiene una manera personal de chequear el buen rumbo del proceso ya que durante este período aumenta el hambre, la sed y el buen humor.

LA TALASOTERAPIA SE PUEDE PRACTICAR EN PILETAS DE AGUA SALADA

Se puede hacer un baño a primera hora de la mañana durante 30 minutos, otro a la media mañana durante 15 minutos y una tercera inmersión por la tarde.

LA CURA POR EL AGUA

En la franja que abarca los 50 y 60 años de edad se corre el riesgo de permitir que un sedentarismo precoz se adueñe del cuerpo prematuramente. En parte se debe a que se pierden las ganas de moverse por el dolor que esto provoca en las articulaciones. Lo único que hay que hacer es reaccionar contra ese estado de cosas, que es más psicológico que médico. La talasoterapia es una cura apropiada para estos casos, ya que el medio acuático restablece el tono muscular y permite recuperar la movilidad sin mayor esfuerzo.

No se necesita ir al mar para emprender la talasoterapia. Basta con concurrir a una pileta de agua salada, que por varias razones es preferible en el caso de personas que superaron los 50. En primer lugar, porque se evita estar a merced de las olas que agitan el agua de algunos mares. Una gran ventaja, si se quiere aprender a nadar sin correr espantado hasta la orilla con cada rompiente. El medio acuático también permite hacer gimnasia y practicar deportes. Hoy en día, la relajación con música también está incluida entre esas posibilidades.

Una combinación de todas estas actividades permite recuperar sus capacidades físicas a los que superaron el punto medio de su curva vital.

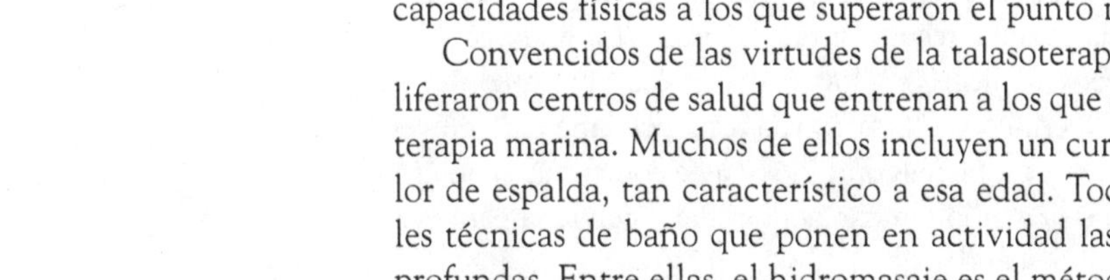

Convencidos de las virtudes de la talasoterapia, en varios países proliferaron centros de salud que entrenan a los que deciden emprender una terapia marina. Muchos de ellos incluyen un curso para controlar el dolor de espalda, tan característico a esa edad. Todo consiste en enseñarles técnicas de baño que ponen en actividad las masas musculares más profundas. Entre ellas, el hidromasaje es el método más agradable, eficaz y el que más adeptos enrola en sus filas.

Los que de todos modos prefieren ir a la playa, pueden permanecer cerca de la orilla aferrados con las manos a un sostén y hacer la bicicleta durante 5 minutos. El que no sepa nadar, puede simular los movimientos primero con los brazos y luego con las piernas. Las señoras que tienen problemas de várices y celulitis deberían caminar por la orilla, con el agua hasta las caderas durante 10 minutos a la mañana y a la tarde. Si siente frío no debe permanecer en el agua.

LOS DEPORTISTAS CANSADOS

La fatiga que produce la actividad deportiva se traduce en una disminución del desempeño y luego en una pérdida de la vitalidad. Más aún, los músculos y tendones pueden resentirse como consecuencia de un cuadro general de abatimiento.

EL TRATAMIENTO CONSISTE EN TRES SESIONES DIARIAS DE 30 MINUTOS CADA UNA

En un caso así, urge actuar lo antes posible para que durante un entrenamiento o en el transcurso de una competición no se produzcan lesiones o, peor aún, se caiga en la tentación del doping para poder seguir adelante. El medio marino permite recargar las baterías sin correr riesgos de desgarramientos ni surmenage.

Ante una lesión, lo más recomendable es aplicar un baño marino en la zona dolorida ya que el agua salada tiene efectos analgésicos y antiinflamatorios. Es frecuente que se incorpore en el tratamiento un baño de algas, porque tienen efecto descontracturante y nutritivo como consecuencia de su alto contenido de potasio.

LAS MADRES Y LOS ENFERMOS

Para quienes se recuperan de una infección o deben pasar por un postoperatorio de quince días en cama, la talasoterapia también resulta una gran ayuda. Permanecer recostado y sometido a una inmovilidad casi absoluta provoca fatiga, dolores y debilidad en los miembros inferiores. La escasez de movimiento disminuye el contenido mineral de los músculos, huesos y articulaciones. La composición mineral del agua salada le permitirá al organismo recuperarlos sin pérdida de tiempo ya que activa la circulación y, por lo tanto, incrementa la oxigenación celular.

En cuanto a las madres que acaban de dar a luz, el postparto representa un período de muchos cambios y tensiones. Cada día son más numerosas las instituciones dedicadas a la talasoterapia que proponen un tratamiento conjunto de la madre y el bebé. Lo ideal es que el restablecimiento postparto se prolongue durante 3 meses por lo menos ya que ese es el tiempo mínimo que necesitan para cicatrizar una cesárea, recuperar el peso normal y endurecer los tejidos. Los ejercicios que se realicen en el agua deben estar orientados a la reeducación muscular del perineo y a fortalecer la zona pelviana para prevenir todos los riesgos y no tener problemas urinarios. Debe comenzarse con una gimnasia que haga trabajar la región lumbar, abdominal y pelviana para evitar que los órganos puedan descender.

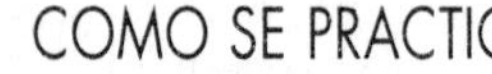

COMO SE PRACTICA LA TALASOTERAPIA

✔ No es necesario saber nadar para realizar un tratamiento de talasoterapia.

✔ Tampoco es imprescindible viajar hasta la costa marítima ya que una pileta de agua salada puede ser un buen paliativo, aunque no es lo ideal, ya que el movimiento de las olas actúa sobre el cuerpo como un hidromasaje natural. De todos modos los baños cumplen su cometido.

✔ Empiece una sesión a la mañana temprano. Báñese en el mar durante 30 minutos. Luego vuelva a sumergirse 15 minutos a las 10 horas y la misma cantidad de tiempo a las 16 horas, aproximadamente.

✔ Si siente frío o se acalambra no permanezca en el agua.

✔ Si no sabe nadar, camine o haga ejercicios rítmicamente.

✔ Por ejemplo, abriendo las piernas y juntándolas siguiendo la línea vertical del cuerpo, sin doblar las rodillas. Repita el mismo ejercicio 15 veces y después hágalo de espalda al mar.

✔ Abra los brazos siguiendo la línea de los hombros. Flexione los codos y lleve ambas muñecas hasta el pecho.

✔ Mantenga los brazos extendidos y gire las muñecas diez veces hacia adelante y luego otras diez hacia atrás.

✔ Boca arriba, tómese de algún elemento fijo con ambas manos por detrás de la cabeza. Flexione las rodillas y gire el torso alternativamente hacia la izquierda y derecha sin doblar la espalda. Repita 30 veces.

✔ Haga patada de crawl iniciando el movimiento desde las caderas y apenas flexionando las rodillas. No saque las piernas fuera del agua y patee intensamente sin doblar el torso. Repita lo mismo boca abajo.

✔ Flotar es un excelente ejercicio. Practíquelo durante 5 minutos y juegue tratando de sacar del agua primero un pie y luego el otro. Sin dejar de flotar intente alzar ambas manos para aplaudir fuera del agua.

✔ La personas que sepan nadar pueden practicar el estilo pecho y crawl para que la masa de agua que se desplaza debajo del cuerpo con cada propulsión trabaje modelando el pecho, el abdomen y las caderas.

✔ El movimiento de los miembros inferiores y superiores fortalece los brazos, antebrazos, hombros, glúteos, pelvis, muslos y pantorrillas.

✔ Evite los horarios del mediodía tanto para bañarse como para caminar.

✔ No se bañe en el mar después de las 17 horas porque entonces comienza la pleamar y el agua se enrarece y se vuelve densa.

✔ Para que el tratamiento comience a dar sus frutos debe prolongarse por lo menos durante 8 días consecutivos.

LOS MILAGROS DEL MAR MUERTO

EL AGUA SALADA ACELERA LA RECUPERACION EN CASOS DE CONVALECENCIA

La psoriasis es una de las enfermedades de la piel más comunes. No es contagiosa y, aunque se desconoce su origen, se calcula que afecta a un 2,5 por ciento de la población. Produce descamación de la piel en algunas partes del cuerpo, como los codos, las rodillas, las uñas, la zona lumbar, el cuero cabelludo, las palmas de las manos o las plantas de los pies.

Hasta el momento no existe ningún tratamiento que se haga cargo de ella de manera definitiva. Las mayores aspiraciones de los especialistas apuntan a que no vuelva a aparecer en escena por largo rato. Sin embargo,

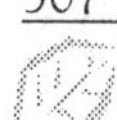

reincide. Puede comenzar en la infancia o aparecer a cualquier edad.

Con el cometido de eliminar la piel que se descama, tradicionalmente se utilizan sustancias tales como el ácido salicílico, los derivados del alquitrán o los corticoides.

Mientras la industria farmacéutica no ceja en su empeño de encontrar una solución definitiva, los habitantes de las costas que rodean al Mar Muerto presencian un desfile de 5.000 personas que acuden día tras día para bañarse en esas aguas. La leyenda de que el Mar Muerto cura la psoriasis traspasó las fronteras y gente de todas las latitudes del mundo emprenden el camino hacia estas regiones.

Tres factores confluyen en las virtudes atribuidas a esas aguas: el sol, la composición del agua y el aire.

A 400 metros por debajo del nivel del mar, el Mar Muerto es el punto de menor altura de la tierra. Esto hace que la radiación solar se modifique antes de llegar a la piel, de manera tal que se reciben más rayos ultravioleta A y menos rayos ultravioleta B que en cualquier otro lugar del planeta. Esto permite estar al sol durante cualquier hora del día sin exponerse al peligro de las quemaduras.

Por otra parte, el agua del Mar Muerto contiene un 30 por ciento de sales minerales diferentes. Entre ellas, las que más abundan son magnesio, sodio, sulfatos, calcio, potasio, bromuro y carbonatos. Las personas con artrisis psoriásica obtuvieron muy buenos resultados en el tratamiento que emprendieron. Por último, el aire de la región aporta el tercer componente terapéutico gracias a la presión atmosférica que rige a esa altura y al predominio de bromo, un tranquilizante natural.

Los instructores de la zona recomiendan tomar baños de sol de 15 minutos, pero en algunos casos los tratamientos se prolongan por 6 horas.

Según una estadística realizada en Copenhague, un 95 por ciento de los dinamarqueses que padecen de psoriasis logran curarse luego de concurrir al Mar Muerto.

LAS IDEAS BASICAS

EL AGUA SALADA PRODUCE EN LA PIEL UN RECAMBIO DE IODO Y SODIO.

- Al estar en contacto con el agua salada, se produce en la superficie cutánea un recambio de elementos -sobre todo de iodo y sodio- por el mecanismo denominado ósmosis.
- Está especialmente indicada para las madres que acaban de dar a luz, los deportistas fatigados, los estresados, las personas deprimidas, los que padecen insomnio, para la recuperación de infecciones, el período postoperatorio y, en general, contra todo proceso de envejecimiento.
- El primer impacto de la cura fatiga al organismo biológicamente. Durante los primeros días se siente una gran necesidad de dormir varias horas extras o, por lo menos, de permanecer acostado. El cuerpo se recobra en poco tiempo.
- Báñese a la mañana temprano durante 30 minutos, 15 minutos

a las 10 horas y otro tanto, a las 16 horas.

- Si siente frío o se acalambra no permanezca en el agua.
- Si no sabe nadar, camine o haga ejercicios rítmicamente.
- La personas que sepan nadar pueden practicar el estilo pecho y crawl para que la masa de agua que se desplaza debajo del cuerpo con cada propulsión trabaje modelando el pecho, el abdomen y las caderas.
- Evite los horarios del mediodía.
- No se bañe en el mar después de las 17 horas porque entonces comienza la pleamar y el agua se enrarece y se vuelve densa.
- El tratamiento debe prolongarse por lo menos durante 8 días consecutivos.

"LA MEJOR VIDA NO ES LA MÁS LARGA, SINO LA MAS RICA EN BUENAS ACCIONES."

Marie Curie

"CUANDO CAMBIAMOS INTERIORMENTE, DEBEMOS CAMBIAR TAMBIEN LOS OBJETOS QUE NOS RODEAN."

Anäis Nin

CAPITULO 6

Vaporterapia

SIRVE PARA TRATAR AFECCIONES RESPIRATORIAS Y PURIFICAR LA PIEL ELIMINANDO TODAS LAS TOXINAS DE LA MUCOSA Y EL ORGANISMO.

Los efectos terapéuticos del vapor son infinitos y muchas veces inexplorados. Agua en estado de ebullición, algunos complementos y listo. No hace falta mucho más. Siempre a mano, sobre todo cuando los rigores del frío se hacen sentir. Pero, lamentablemente, es muy común que la gente no sepa cómo utilizar este método natural a la hora de eliminar toxinas de su organismo a través de la mucosa y de la piel.

Si lo que deseamos es pasar un invierno con un buen nivel de inmunidad y sobrellevar rápidamente resfríos y otras afecciones comunes de esta época, apelando a un camino natural y sin contraindicaciones, le ofrecemos esta guía de procedimientos, especial para que usted también domine fácilmente este arte de inhalar vapor y gozar de innumerables beneficios para su salud.

Vayamos por partes: ¿sabía que los baños e inhalaciones de vapor nos ayudan a contrarrestar no sólo trastornos respiratorios sino, también, problemas dermatológicos y reumáticos? Así es, porque los efectos de la vaporterapia son múltiples. Veamos:

1) EFECTO TIPICO DEL AGUA

El vapor llega a los sitios más recónditos de nuestros pulmones.

2) DEPURATIVO, EXPECTORANTE Y ANTIINFECCIOSO

Actúa sobre las membranas mucosas del sistema respiratorio.

3) TERMAL

Con el vapor se dilatan las glándulas sudoríparas.

LOS 6 CONSEJOS FUNDAMENTALES PARA COMENZAR EL TRATAMIENTO

Existe un procedimiento necesario para que la terapia con el vapor sea más efectiva. Aquí le brindamos los detalles más importantes a tener en cuenta antes de iniciar un tratamiento:

LAS INHALACIONES MEJORAN LAS AFECCIONES RESPIRATORIAS, LOS TRASTORNOS DE LA PIEL, EL SISTEMA INMUNOLOGICO Y EL SISTEMA NERVIOSO

1) Después de comer, ¡no!

Recuerde que la aplicación de vapor es como bañarse en agua. Podría sufrir un trastorno digestivo.

2) Con el calor, no llegue al límite.

Evite forzar su organismo aguantando demasiado el calor. Cada uno tiene un umbral de aguante que no debe traspasar. Cuidado, porque si no, podemos producir un efecto contrario al buscado.

3) Tomar agua antes y después, muy buena medida.

Es imprescindible que beba bastante agua antes y después de cada sesión de vaporterapia.

4) Un rato antes, haga sus necesidades.

En la medida de lo posible, elimine la orina y las heces antes de iniciar el tratamiento con vapor. ¿Por qué? Para evitar efectos secundarios y eliminar mejor las toxinas.

5) Chequee la temperatura de sus pies.

Si están muy fríos quiere decir que no posee una buena actividad circulatoria. Sugerencia: caliéntelos antes poniéndose medias de lana.

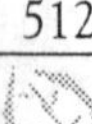

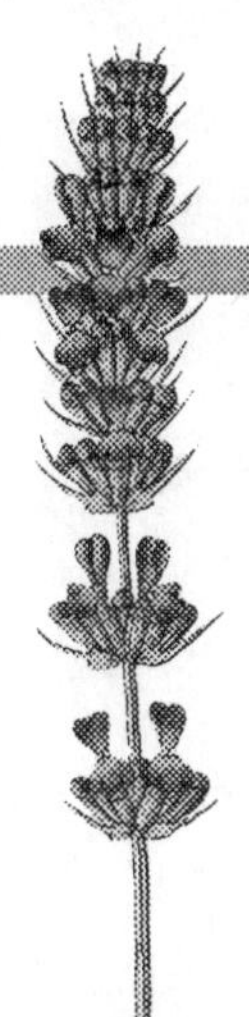

6) Al finalizar, reposo y abrigo obligatorios.

Después de la sesión de vaporterapia, descanse lo suficiente y abríguese bien. Piense que la humedad transmite fácilmente el frío al cuerpo.

¿EN QUE NOS BENEFICIA?

Sucede como con cualquier medicamento. En algunos casos, la vaporterapia es lo más aconsejable; en otros, está contraindicada. Es por ese motivo que resulta fundamental consultar siempre a su médico.

¿Usted desea saber en qué casos la vaporterapia demostró su efectividad? Preste atención:

SU GRAN EFECTO SEDANTE LOGRA QUE UN BAÑO DE VAPOR DEPURATIVO SEA TAMBIEN RELAJANTE

- ...a los pulmones, vías respiratorias altas y bronquios

A través de inhalaciones, el vapor es muy aconsejable para las afecciones respiratorias. Sobre las mucosas ejerce un efecto parecido al que provoca sobre la piel: hidrata, dilata los vasos sanguíneos, depura y calma. Para combatir la tos, la faringitis, la bronquitis y los resfríos, es un remedio casero ideal.

- ... al sistema nervioso

Si usted es una de las millones de personas en el mundo que padece estrés y ansiedad, una buena noticia: el vapor ofrece un comprobado efecto sedante sobre el sistema nervioso.

- ... al reumatismo

Respuesta muy simple: el calor calma el dolor. También, la depuración que se produce con la vaporterapia optimiza el proceso reumático a mediano y largo plazo.

- ... a los trastornos de la piel

Se trata de una alternativa muy efectiva contra los eczemas y las pieles extremadamente secas. ¿Por qué? Por su efecto regenerador, limpiador e hidratante.

-... a nuestro sistema inmunológico

Las aplicaciones de vapor nos depuran de sustancias nocivas para el organismo a través de las mucosas y la piel. Entonces, si se eliminan las toxinas, estaremos más sanos y podremos prevenir contagios.

-...para bajar de peso

Al subir la temperatura a nivel del tejido subcutáneo, incrementamos el metabolismo de la grasa y facilitamos su eliminación. Por este motivo los baños de vapor son tan útiles en los tratamientos para adelgazar. Además, son muy efectivos porque el calor también reduce la retención de líquidos.

EL TRADICIONAL METODO POR INHALACION

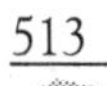

En la actualidad, el mercado ofrece vaporizadores que se utilizan especialmente para humedecer el ambiente en las habitaciones de los niños pequeños y de los ancianos. A estos aparatos se les pueden agregar esencias medicinales para optimizar sus efectos.

Pero el advenimiento de esta alternativa más moderna de ninguna manera sustituyó al sistema tradicional de inhalación.

¿En qué consiste el tratamiento por inhalación? Es la aplicación de vapor de agua por las vías respiratorias. Pero mejor veamos cuál es el procedimiento más indicado para llevarlo a cabo:

A) Ponga agua hirviendo (o algún tipo de infusión o tisana) en una olla mediana. Prepare una manta pequeña o una sábana para taparse y un embudo hecho con papel por usted mismo.

B) Coloque el agujero pequeño del embudo en contacto con su boca y dirija el agujero grande hacia la olla. Como variante puede usar un inhalador de plástico, que puede adquirir en cualquier farmacia.

C) El único inconveniente de este sistema es que el agua se enfría rápidamente. Pero por otro lado ofrece una gran ventaja: es un método muy barato y accesible. Además, no nos exige tolerar todo el vapor en la cara.

D) Hay personas que prefieren ayudarse colocando un paraguas para sujetar la sábana, formando una especie de carpa pequeña. Esto facilita la aspiración del vapor.

E) Recuerde que el agua debe estar bien caliente. Por tal motivo, no se acerque demasiado a los vahos. Así evitará quemaduras.

F) Tenga en cuenta que para gozar realmente de los beneficios de la inhalación de vapor, la aplicación debe durar entre 10 y 45 minutos.

COMO HACER UN BAÑO TURCO CASERO

Todos hemos escuchado hablar de las maravillas de un baño turco, y muchos han tenido la suerte de tomar uno en algún centro especializado en este tipo de tratamientos. Pero si le dijéramos que usted puede preparar un buen baño turco en su propia casa, sin tener que invertir una gran suma de dinero, ¿qué pensaría?, ¿que no es posible? Ya mismo vamos a demostrarle que es algo que puede convertirse en realidad. Esto es lo que debe hacer:

Paso 1: llene una olla con agua hirviendo, prepare una silla de madera y varias mantas o sábanas.

Paso 2: coloque la olla con agua hirviendo debajo de la silla y tome asiento.

Paso 3: cúbrase -incluyendo a la silla- con una manta de fibra natural bien grande. Si, además, pone una sábana de algodón debajo de la manta, la aplicación puede ser más profunda. Un secreto: si por otra parte coloca un plástico entre la manta y la sábana, como este material es impermeable y aislante, ayudará a conservar el calor y la humedad.

Paso 4: observe cómo el vapor se difunde por debajo de la manta hacia su cuerpo -excluyendo la cabeza-, elevando la temperatura y favoreciendo la transpiración.

Paso 5: no tenga la manta todo el tiempo pegada a su cuerpo, así podrá airearse y hacer que el vapor también entre en contacto con su piel.

Paso 6: si no quiere descuidar ningún detalle, durante el procedimiento ponga los pies en una palangana o balde con agua caliente. ¿Objetivo? Que no se le enfríen, ya que a ellos, prácticamente, no les llegará el calor que emana de la olla.

Paso 7: tenga a mano otro recipiente con agua caliente, por si se le enfría el agua. Realice este baño turco casero durante 10 o 15 minutos.

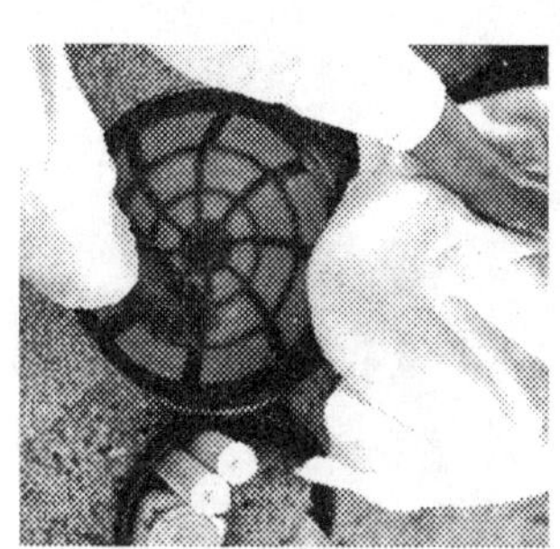

CON LA INHALACION DE VAPOR LA MUCOSA DE LOS BRONQUIOS SE RELAJA, POR ESO ES ACONSEJADO PARA LOS TRASTORNOS RESPIRATORIOS

BAÑO DE VAPOR PARA PIES

Esta es otra forma de realizar la vaporterapia. Descubra cómo llevarla a cabo de manera fácil y sin gastar mucho dinero:

- *Desnúdese de la cintura para abajo.*
- *Sobre una palangana llena de agua hirviendo coloque una tabla de madera que le permita apoyar los pies.*
- *Siéntese en una silla y póngase un plástico o una sábana que llegue hasta el piso alrededor de la cintura. La idea es cubrir por completo la mitad inferior de su cuerpo.*
- *Evite que la tela se le pegue mucho a la piel, porque el vapor concentrado puede provocarle quemaduras.*
- *Prolongue el baño durante 15 o 20 minutos.*
- *Cuando termine, friccione con agua fría las zonas húmedas y seque con cuidado.*

• **Beneficios**: *es recomendable para alteraciones de los pies como transpiración olorosa, problemas reumáticos de los miembros inferiores, callos o uñas encarnadas.*

LIMPIEZA DE PIEL

La vaporización para la cara con fines de limpieza también tiene sus secretos. Veamos cuáles son:

- *Higienice bien la cara con tónico y leche limpiadora.*
- *Coloque en un recipiente dos litros de agua hirviendo.*
- *Inclínese sobre él con una toalla grande que tape tanto el recipiente como la cabeza.*
- *Conserve la cara a unos 20 centímetros de distancia durante 10 minutos, aproximadamente.*
- *Si siente un calor excesivo, aléjese y descanse unos segundos.*
- *Cuando termine el tratamiento de limpieza, lávese bien la cara con agua fría y luego aplíquese una crema hidratante.*

BENEFICIOS DEL VAPOR SOBRE LA PIEL

1-Abre los poros y facilita una limpieza profunda.

2-Estimula la circulación periférica, brindando una mayor oxigenación y nutrición a los tejidos.

3-Las personas con pieles sensibles deben evitar este tratamiento.

4-Los beneficios se pueden multiplicar añadiendo al agua hirviendo unas gotas de aceite esencial (ocho gotas) o la planta seca (tres cucharadas) de...

*... **Manzanilla.** *Especial para pieles secas con tendencias alérgicas.*

*... **Limón.** *Especial para las pieles grasas.*

*... **Geranio.** *Especial para eczemas o herpes, porque actúa como desinfectante.*

*... **Enebro.** *Especial para pieles grasas y con acné, porque aumenta la función de limpieza.*

*... **Lavanda.** *Especial para después de afeitarse por su función descongestiva, calmante y regeneradora.*

PLANTAS CURATIVAS, COMPLEMENTOS IDEALES

Las plantas medicinales potencian los efectos propios de la vaporterapia con sus cualidades específicas. Para las inhalaciones es conveniente una dosis de 5 a 8 gotas como máximo. Por otra parte, para las aplicaciones generales es conveniente agregar entre 15 y 20 gotas, ya que la concentración de la esencia usada disminuye al difundirse en el aire. Aquí le ofrecemos una lista con las especies más efectivas y sus beneficios al ser complementadas con el tratamiento con vapor:

INCLUIR PLANTAS EN EL TRATAMIENTO POTENCIA SU EFECTO CURATIVO, TANTO A NIVEL FISICO COMO MENTAL

Malva: Sus flores casi no poseen olor, pero tienen propiedades suavizantes sobre la piel y hacen más fluidas las secreciones bronquiales. Usarlas con vapor es aconsejable para combatir trastornos dermatológicos y respiratorios.

Manzanilla: Posee propiedades cosméticas y sedantes. La vaporterapia realizada con su infusión tranquiliza la mente y alivia problemas de la piel.

Menta: Constituye un excelente remedio casero para los resfríos muy fuertes. Las personas con pieles sensibles deben tener cuidado, ya que su aceite esencial es irritante.

Lavanda: Su gran efecto sedante logra que un baño de vapor depurativo sea también relajante. El abuso de esencia de lavanda puede ser irritante. Por ese motivo es preferible usar flores frescas o secas.

Tomillo: Es antiséptico, por lo tanto efectivo en trastornos infecciosos, ya sean de los pulmones como de la piel. Los expertos aconsejan que esté fresco y recién hervido.

Eucalipto: Es la alternativa ideal para combatir trastornos respiratorios. Tanto sus hojas, como su esencia y sus frutos son muy efectivos.

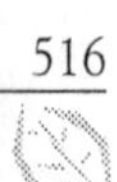

Cebolla: Además de ser antiséptica, actúa como tranquilizante natural. Los trastornos de la piel que provocan irritación y pican mucho pueden ser calmados con esta planta.

Apio: Es depurativo y diurético. Se suele aplicar en forma de caldo. Para eso, se aconseja hervirlo en agua unos minutos antes de hacer las inhalaciones de su vapor.

Ajo: Ya sea crudo (machacado y hervido algunos minutos), como en forma de tintura (agregue unas 30 gotas al agua en ebullición), es un potente descongestionante bronquial, antirreumático y antiséptico.

Pino: Otorga muy buenos resultados hacer una tisana con sus yemas o sus hojas. También puede agregar unas gotas de su aceite esencial a la preparación (aproximadamente seis en inhalaciones, y el doble en baños de vapor). Frente a afecciones respiratorias es muy efectivo. Por otra parte, se destaca por revertir trastornos reumáticos.

"VERDADERO" Y "FALSO" DE LA VAPORTERAPIA

EL VAPOR ABRE LOS POROS Y FACILITA UNA LIMPIEZA PROFUNDA DE LA PIEL

La vaporterapia posee un profundo y benéfico efecto sobre las vías respiratorias.

Verdadero. La inhalación de vapor hace más fluidas las secreciones. Además, gracias al calor, la mucosa de los bronquios se relaja. Por eso es un método tan aconsejado para los trastornos respiratorios.

Hasta en la bañadera, mientras nos bañamos, podemos realizar un tratamiento con vapor.

Verdadero. Si bien el agua de la bañadera no es vapor, sí desprende vahos que respiramos, lo que es de mucha utilidad cuando se está iniciando un proceso de resfrío. Recuerde que, después del baño caliente, es necesario abrigarse bien para no tomar frío.

Algunas formas de inhalar vapor son desaconsejables para niños pequeños y gente mayor.

Verdadero. Pero no porque les vaya a hacer mal. A pesar de todos sus beneficios, los especialistas se encargan siempre de desalentar el uso de este procedimiento con niños muy pequeños y con ancianos, básicamente, por lo incómodo que puede resultar en estos casos.

Durante la vaporterapia, debemos tener cuidado con algunos aceites esenciales, porque pueden ser perjudiciales.

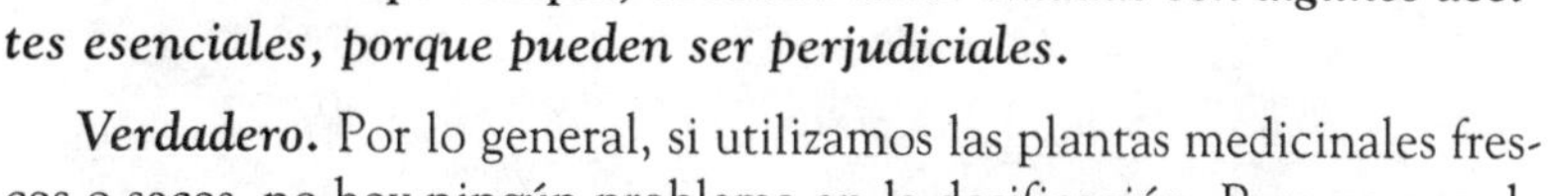

Verdadero. Por lo general, si utilizamos las plantas medicinales frescas o secas, no hay ningún problema en la dosificación. Pero no sucede lo mismo con los aceites esenciales, que en dosis elevadas pueden ser irritantes, especialmente para personas alérgicas o sensibles.

La vaporterapia es muy aconsejable para dolores de cabeza y cuadros de hipertensión arterial.

Falso. Nunca deben hacerse aplicaciones de vapor en casos de dolor de cabeza -pueden aumentarlo- o de hipertensión arterial. Tampoco en cuadros de arteriosclerosis, enfermedades crónicas graves o terminales, insuficiencia cardíaca y várices. ¿Por qué? Porque el calor, frente a estos trastornos, en vez de ayudar, podría perjudicar.

Los baños de vapor, por sí solos, no son capaces de hacernos perder peso, ni tampoco nos brindan muchos más beneficios que no sean respiratorios.

Falso. Los baños de vapor son sedantes y nos hacen transpirar muchísimo. Podemos llegar a perder hasta un kilo y medio por sesión. Además, estimula la secreción renal, aumenta la densidad urinaria y disminuye los niveles de colesterol, azúcar en la sangre y ácido úrico.

Los principios de la vaporterapia no pueden aplicarse en los baños de cabeza y pecho.

Falso. Para el baño de cabeza y pecho el sistema es el mismo que en las inhalaciones. La única diferencia es que este baño abarca una mayor sección del cuerpo. La exigencia es cubrirse el pecho, el cuello y la cabeza con una sábana y una manta, sentándose delante de una olla con agua hirviendo y hierbas. Al finalizar el baño, hay que realizar una fricción con agua fría sobre las zonas húmedas y luego abrigarnos inmediatamente. Otra diferencia: el baño de cabeza y tórax es, además, eficaz en caso de palpitaciones cardíacas, por su efecto sedante sobre el corazón.

"SÓLO HAY UN RINCÓN EN EL UNIVERSO
QUE A BUEN SEGURO PUEDES MEJORAR,
Y ESE RINCÓN ERES TÚ."

Aldous Huxley

Sección 7

Introducción

HOMEOPATIA

La Homeopatía ingresó al tercer milenio con un status muy particular: sin dejar de ser una medicina alternativa, goza de prestigio en la medicina tradicional, aunque siga sin ser coronada con una aceptación académica u oficial. Este prestigio se debe a los créditos que le da el hecho de haberse practicado con éxito en los últimos dos siglos.

UN PRESTIGIO BIEN GANADO

La Homeopatía comenzó a desarrollarse hace poco menos de 200 años como una reacción directa contra las prácticas dañinas de la medicina de aquel tiempo. Y es, sin duda, la primera de las Medicinas Alternativas, la madre de ese concepto, la que inició el camino de revisar muchas ideas que eran aceptadas académicamente aunque en su aplicación práctica causaran más daño que el que reparaban.

Ya en el siglo XIX, la Homeopatía fue usada con gran éxito en la lucha contra el cólera. En la Segunda Guerra Mundial se utilizó con éxito, por ejemplo, en el tratamiento de las quemaduras con gas mostaza.

En el año 1986 se produjo un importante progreso para la aceptación de la Homeopatía, porque se demostró por medios científicos tradicionales que era eficaz en la prevención de la fiebre del heno.

Pero quizá el paso más importante hacia el reconocimiento ortodoxo se dio en el año 1995, cuando un grupo de científicos de la Universidad de Glasgow realizó una serie de pruebas controladas que demostraron que el polen y los ácaros domésticos a una potencia de 30 (ver más delante de qué se trata el proceso homeopático de potenciación) eran más eficaces que los placebos en el tratamiento de la fiebre del heno y el asma.

LA FUERZA VITAL

En el centro de la doctrina homeopática está el concepto de Fuerza Vital: una elocuente declaración de la importancia del rol unificador de la consciencia individual de la persona. La prescripción homeopática se dirige directamente a esta Fuerza Vital, considerada la llave de los poderes autocurativos del organismo humano.

Muchos pacientes, decepcionados por las herramientas tecnológicas de la medicina -que a veces resultan muy agresivas y se aplican a discreción-, como las drogas que provocan hábito, la radiación, la quimioterapia, los abusos quirúrgicos y demás, han vuelto su mirada a las posibilidades de una aproximación más natural a la salud.

Por supuesto que el problema no está en la tecnología médica en sí, que por el contrario ha hecho posible curaciones de enfermedades que hace no mucho tiempo eran mortales, sino en la mala utilización que a veces se hace de ella. Se ha comprobado estadísticamente el abuso de estas tecnologías, que va desde la prescripción indiscriminada de drogas, hasta la derivación innecesaria a tratamientos duros sin probar antes otras posibilidades o, por poner un ejemplo típico de la última década, la práctica innecesaria de la operación cesárea en partos que podían ser normales. Afortunadamente se dan dos hechos que, contrarrestan en buena medida esta situación: uno es que por supuesto, dentro de la misma medicina tradicional hay una mayoría de profesionales serios que combaten este comercio de la salud; el otro, que muchas personas han podido descubrir en los últimos años otras alternativas terapéuticas que, además de ayudar a la curación, enseñan un concepto global de salud.

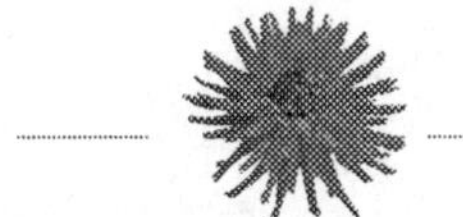

"EL IDEAL MÁS ELEVADO DE UNA CURACIÓN ES RESTABLECER LA SALUD, DE MANERA RÁPIDA, SUAVE Y PERMANENTE."

Samuel Hahnemann

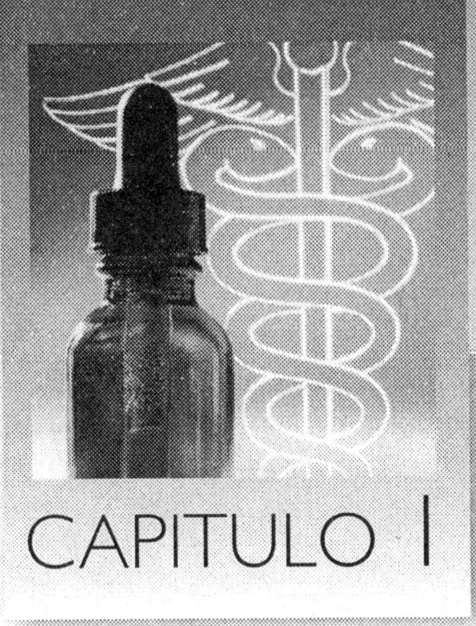

CAPITULO I

Las bases de la Homeopatía

UNA MEDICINA CUYAS BASES FUNDACIONALES SON COMPLETAMENTE OPUESTAS A LA ALOPATÍA Y CADA VEZ TIENE MÁS ADEPTOS POR CONSIDERAR AL INDIVIDUO EN SU TOTALIDAD Y NO A LA ENFERMEDAD COMO UN HECHO AISLADO DE LA PERSONA.

La doctrina homeopática, básica y esencialmente, consiste en una serie de principios que guían al profesional en la selección de la medicina apropiada para tratar cada enfermedad en cada paciente individual. Para ello debe conocer los efectos que cada droga o remedio produce tanto en lo global como en lo individual, para estar seguro de que su elección es correcta para el caso específico que está tratando.

La preocupación central de la Homeopatía se centra en cómo usar sus drogas para tratar a ca-

da enfermo en particular.

ALOPATIA Y HOMEOPATIA

LOS REMEDIOS HOMEOPATICOS SE PRESENTAN EN POLVO, GOTAS O GLOBULOS Y, ADEMAS, SE PREPARAN EN FARMACIAS ESPECIALIZADAS

La Homeopatía es una especialidad médica que se añade al conocimiento que un profesional ha logrado a lo largo de su formación básica como médico. Un homeópata puede tener cualquier otra especialidad: clínico, cirujano, nutricionista, etc. Lo que lo hace homeópata es la aplicación del sistema formal de drogas terapéuticas que han seguido los homeópatas y que fuera formulado en primera instancia por Samuel Hahnemann (1755-1843), el hombre que dio origen a esta ciencia que fuera luego expandida y reelaborada por innumerables seguidores hasta nuestros días.

La Homeopatía, y esta aclaración es muy útil para aquellas personas que nunca se acercaron a ella y pueden verla así, no es una medicina de hierbas. Tampoco es un régimen o una dieta. La Homeopatía es, antes que nada, una filosofía de la salud y un sistema formal de uso de drogas terapéuticas que sigue los principios establecidos por Hahnemann al comienzo del siglo XIX.

A la medicina ortodoxa que se practicaba en su tiempo, Hahnemann la denominó "alopatía", palabra que formó del griego "allos" (distinto, diferente) y pathein (enfermedad, dolencia). Opuso a esta medicina su propio sistema, que denominó Homeopatía: del griego "homoion" (igual, similar) y "pathein". En las dos denominaciones, Hahnemann quiso marcar la diferencia entre ambos sistemas.

La medicina tradicional, aún hoy, procede según el principio de que un síntoma de una enfermedad se cura atacándolo directamente, hasta su supresión. Un buen ejemplo es el tratamiento del dolor: la medicina alopática tiene para los dolores generales una suerte de panacea llamada aspirina; su mecanismo actúa sobre el sistema nervioso y resulta en un alivio o desaparición del dolor.

Pero la aspirina cura solamente el dolor, no cura la causa que lo produjo. Es decir: no está yendo a la causa profunda e interna del dolor. Si ese dolor respondía a una causa muy evidente, por ejemplo una muela en mal estado, seguramente el paciente complementaría hasta cierto punto el tratamiento de su dolencia yendo a un odontólogo. Pero si se tratara, por ejemplo, de un dolor de cabeza con la aspirina se diluyó, probablemente esa persona no se preocupará más por ello hasta que el síntoma reaparezca.

En Homeopatía, esto no tiene demasiado sentido. Lo que tiene sentido es la prevención por una parte y por la otra, la búsqueda de causas profundas y, a partir de las mismas, del remedio adecuado para cada caso y necesidad.

SITOMAS Y REMEDIOS

En la medicina tradicional, el vasto surtido de antibióticos, antihistamínicos, tranquilizantes, laxantes y demás resultan representantes del concepto alopático desde sus mismas denominaciones, que en general incluyen el prefijo "anti". La droga es algo contrario al síntoma que ataca. Si tengo fiebre, la droga baja la temperatura del cuerpo.

Desde sus comienzos mismos, es decir a partir de las ideas de Hahnemann, la Homeopatía se ha manejado con el concepto exactamente contrario: el remedio apropiado para una enfermedad es aquel que en una persona sana produciría el mismo cuadro de síntomas que exhibe el paciente enfermo.

Esta no es una idea original de Hahnemann. De hecho, él reconoce su deuda con Hipócrates, en cuyos escritos ya aparece el principio que luego los romanos describieron en la frase "Similia similibus curantur" ("lo similar cura lo similar").

CONOCER EL TODO

La diferencia básica entre la Homeopatía y la alopatía (es decir, la medicina tradicional), es que la Homeopatía no confía en los nombres de las enfermedades. No se guía solamente por un síntoma específico ni adopta automáticamente una solución ya prescrita para un problema.

Para curar, para saber qué es curable en cada enfermedad, es necesario conocerla tanto en sus manifestaciones individuales como generales. En cada caso individual de una enfermedad determinada, el profesional puede ver un grupo de síntomas diferenciados que presenta su paciente y, comparando la totalidad de los síntomas de este paciente individual, con la sintomatología global que caracteriza a esa clase de enfermedad. Así, el homeópata puede guiarse para la elección del remedio para ese caso específico. Este conocimiento más global de las enfermedades requiere, es obvio, un gran entrenamiento médico y una extensa experiencia clínica.

DISTINTAS CLASES DE DOLENCIAS

En Homeopatía hay un gran grupo de enfermedades aparentes que se denominan "indisposiciones". Esta clase de enfermedades aparentes se caracteriza por tener un origen exclusivamente basado en factores externos: malos hábitos de vida, factores de entorno, problemas e inconvenientes en el ámbito laboral, etc. Esta clase de dolencias puede desaparecer si la causa externa es removida.

Un profesional perceptivo puede discernir rápidamente cuando se trata de una de estas "indisposiciones", reconocer las causas externas y cambiarlas, por supuesto cuando esto es posible (justamente al ser externas, a veces no están en manos del profesional y ni siquiera del paciente).

Otra clase de dolencias, que habitualmente se considera que necesitan de la intervención del cirujano, pueden, a veces, encontrar otro camino en la Homeopatía. Muchos homeópatas son capaces de curar ciertos casos de apendicitis o cálculos renales mediante el uso de remedios homeopáticos. Un correcto diagnóstico del cuadro que se presenta en cada caso individual es lo que da la pauta del camino a seguir.

Obviamente, la Homeopatía no tiene intervención en ciertos casos que sólo se resuelven mediante la cirugía, como por ejemplo fracturas o problemas orgánicos no susceptibles de tratamiento médico. Luego de una intervención quirúrgica, es probable que el paciente no responda a tratamientos homeopáticos hasta que haya recobrado totalmente su completa salud.

Una de las más problemáticas clases de dolencias con que se topa la Homeopatía en estos tiempos es la enfermedad crónica resultante del uso de drogas alopáticas.

Los homeópatas se encuentran con condiciones crónicas que se remontan al uso de medicación local (dirigida sólo a un síntoma), antibióticos y otras drogas que apuntan a remover el síntoma superficial pero no la causa interna de la enfermedad.

Esto puede ser grave con vistas al futuro: si una persona tiene ardor gástrico y simplemente toma un digestivo, probablemente la causa profunda de su dolencia siga avanzando hasta que se haga grave, crónica o incurable, dependiendo de cuál fuera el verdadero origen del síntoma.

Al actuar de manera preventiva, la Homeopatía puede eliminar estos elementos que trastornan la salud en la vida del paciente.

Mediante la guía en la dieta, el ejercicio, la higiene adecuada y el cese total de los malos hábitos, puede revertirse esta situación. Así, incluso después de haber hecho uso del vasto armamento de drogas disponible, el homeópata puede dar a su paciente la posibilidad de retornar al equilibrio de su salud.

DROGAS Y REMEDIOS

El profesional debe saber, también, qué poderes curativos hay en las medicinas que tiene a su disposición, y la búsqueda experimental de información acerca de las propiedades curativas de una multitud de remedios ha ocupado mucho tiempo y esfuerzo a los homeópatas.

A diferencia de lo que sucede en la medicina alopática, la cual deriva su conocimiento de los remedios por la experimentación en animales y los test en personas que padecen la enfermedad, la Homeopatía sostiene que sus medicinas deben ser testeadas en pacientes saludables, porque sólo en ese caso la droga podrá mostrarse en todos sus aspectos en forma pura, sin interferencia de lo que pueda producirse por la interacción con el proceso de la enfermedad.

LA PREMISA DE LA HOMEOPATIA ES: "SIMILIA SIMILIBUS CURANTUR", LO SIMILAR CURA LO SIMILAR.

FUERZA VITAL ESPIRITUAL

Un concepto esencial de la Homeopatía es, como ya mencionamos, el de Fuerza Vital. El propio Samuel Hahnemann describió esto en su obra *Organon of Medicine*, donde dice:

"En un hombre cuya salud está en perfectas condiciones, la Fuerza Vital espiritual es la fuente energética que anima al cuerpo material (organismo) y conserva todas sus partes en una admirable armonía y vital operatividad. Mientras que el organismo sin la Fuerza Vital no es capaz de sentir, funcionar ni autopreservarse".

Al hablar de "funcionamiento del organismo" Hahnemann no se refiere sólo a las funciones vitales biológicas mínimas, sino a la reacción e interacción con el entorno y los otros seres humanos en aspectos creativos, laborales, sociales y económicos. Todo este conjunto es animado por la Fuerza Vital.

Esta concepción vitalista es el corazón mismo de la filosofía homeopática, y lo que más la distingue de la medicina ortodoxa. En todo caso, el principio vitalista es una característica común a muchas concepciones holísticas que van desde la idea de energía Chi de los chinos, pasando por el Kundalini de los hindúes, hasta la terapia reicheana moderna.

La Homeopatía busca tratar las enfermedades desde esta visión vitalista.

¿Cómo llegó Hahnemann a la idea de Fuerza Vital? A partir de sus experiencias con los remedios.

Cuando descubrió que cuanto más los diluía, más potencia tenían, Hahnemann dedujo que dentro del organismo debía haber alguna clase de energía sutil que respondiera a esas pequeñas provocaciones de las drogas y despertara el proceso de autocuración.

A esa energía es a la que Hahnemann llamó Fuerza Vital. Es la fuerza responsable del buen funcionamiento del organismo. Si esta Fuerza Vital es intensa, las tensiones y los ataques externos, incluso si son graves, pueden ser contrarrestados rápidamente. El organismo se recupera enseguida de esos ataques, manteniéndose en equilibrio y buena salud.

Si en cambio la Fuerza Vital es débil, el organismo no poseerá entonces la energía necesaria para combatir la enfermedad, que de ese modo se instalará debilitando progresivamente más y más a la Fuerza Vital.

Esta fuerza puede verse perturbada por muchísimos factores. La enfermedad sobreviene bajo los "ataques" de cosas tan diversas como la tensión, los cambios ambientales, los problemas hereditarios, una dieta mal equilibrada o la falta de ejercicios.

Por eso, al elaborar el cuadro de síntomas, el homeópata tiene en consideración las posibles maneras en que los factores externos (el clima, las estaciones, hasta las horas del día) influyen y pueden mejorar o empeorar a determinado paciente. Porque los síntomas de la enfermedad son la manifestación externa del trabajo de autocuración que está llevando a cabo la Fuerza Vital, por lo cual toda ayuda (cambios en factores externos) será de gran importancia en el camino hacia la recuperación de la salud.

LOS SINTOMAS Y SU SIGNIFICADO

En la medicina ortodoxa, se tiende a reducir el diagnóstico a la identificación de las causas materiales como gérmenes, virus o disturbios en el equilibrio químico y, por lo tanto, el tratamiento se orienta a atacar esa causa material. Por eso la medicina alopática da gran importancia al estudio de los sucesos patológicos del organismo, los análisis químicos, los estudios microscópicos, etcétera.

Veamos el concepto contrario: como la Homeopatía ve a la enfermedad como un trastorno dinámico de la Fuerza Vital, cada material que evidencia una enfermedad es considerado el resultado de esa enfermedad antes que la causa. Por eso los datos de laboratorio no son de excesiva importancia para la Homeopatía.

Los síntomas de una enfermedad pueden definirse como los cambios en las funciones y sensaciones del organismo que se hacen perceptibles para el paciente o el médico. Desde el punto de vista homeopático, estos síntomas son la única fuente de información que puede tenerse acerca de la verdadera naturaleza de una enfermedad. Son la expresión visible de la reacción de la Fuerza Vital contra el proceso de la enfermedad.

En realidad, la Homeopatía ve la aparición de los síntomas como una expresión de un proceso curativo que se puso en marcha. A partir de ello, el profesional toma las medidas y adopta las terapias y drogas que considera necesarias para estimular la reacción de la Fuerza Vital y ayudar a completar el proceso de curación que ya se había puesto en marcha antes de su intervención.

Para comparar esta idea con la que se tiene la medicina clásica, tomemos el ejemplo de la fiebre:

En general, en Occidente se consumen grandes cantidades de aspirinas y antifebriles alopáticos para reducir la fiebre. La fiebre muy alta, es sabido, puede llegar a ser peligrosa en sí misma. Pero en la mayoría de los casos no es más que la expresión de la reacción del cuerpo contra un proceso que lo está mortificando. Y la mejor conducta no es bajar abruptamente la fiebre, porque se interrumpe el proceso de autopreservación que el organismo está llevando a cabo. Esto debe ser controlado por un profesional, obviamente; no estamos diciendo que "es bueno" tener fiebre y dejarla comportarse como quiera. Pero el profesional homeópata sabe que cuando la fiebre se eleva unos grados produce cambios radicales en el entorno interno del organismo que, por ejemplo, impiden la vida o reproducción de ciertas bacterias que pueden estar atacándolo. Es un proceso de eliminación que, bajo control profesional, permite que sea el cuerpo mismo quien reacomode sus funciones y devuelva el equilibrio a la salud.

Las descargas naturales del organismo, como orina, erupciones de la piel, sudor, heces, tienen un significado muy importante en cuan-

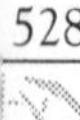

to a que el cuerpo se deshace de materias tóxicas y sustancias de desperdicio. Estas descargas ayudan a mantener el balance normal de las funciones orgánicas: ingestión y excreción, asimilación, etc.

En muchas ocasiones, la actitud de la medicina alopática es suprimir una u otra de esas descargas de manera inmediata, antes de proceder a curar las causas de una manifestación determinada. Por ejemplo, la presencia de diarrea es inmediatamente medicada con una droga que la neutraliza; con más frecuencia aún, se hace lo mismo con las erupciones cutáneas. La Homeopatía, desde cuyo punto de vista esta clase de descargas son maneras que tiene el organismo de purificarse, considera que la supresión de las mismas puede ser no sólo inconveniente sino, en ciertos casos, hasta peligrosa, al punto de derivar en serios trastornos crónicos.

"NO SE ESTÁ ENFERMO
PORQUE SE TIENE UNA ENFERMEDAD
SINO QUE SE TIENE UNA
ENFERMEDAD PORQUE SE ESTÁ ENFERMO."

Maimónides

"EN EL INTERIOR DE CADA PACIENTE HABITA UN MEDICO Y NOSOTROS, EN TANTO TALES, CUMPLIMOS CON NUESTRA MISION CUANDO PONEMOS AL PACIENTE EN CONTACTO CON EL MEDICO QUE LLEVA ADENTRO".

Doctor Albert Schweitzer

Premio Nobel de la Paz (1952)

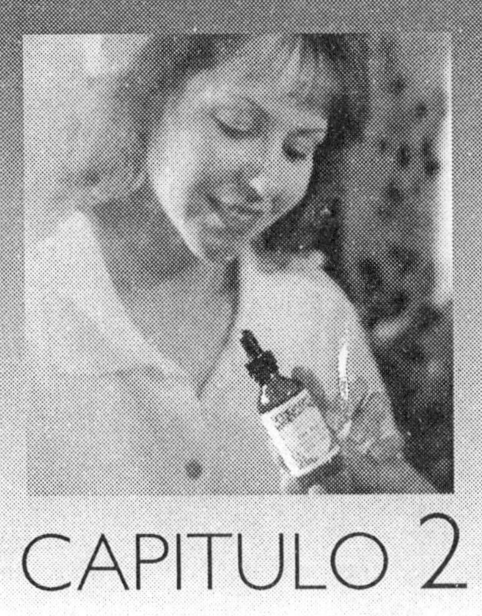

CAPITULO 2

Teoría y práctica

DESDE LA CONSULTA MISMA HASTA LA FORMA DE DIAGNOSTICAR Y MEDICAR, LA HOMEOPATÍA ES UNA CIENCIA COMPLETAMENTE DIFERENTE A CUALQUIER OTRO MÉTODO DE CURACIÓN.

De acuerdo con la idea vitalista básica que alimenta la Homeopatía, cuando alguien se enferma lo hace "desde adentro hacia fuera". Cuando algún trastorno comienza a crecer en el interior del organismo, comienzan a presentarse desequilibrios en la Fuerza Vital. Uno de los homeópatas más famosos de los últimos años, James Tyler Kent, dice que "como en la economía, las verdaderas enfermedades fluyen desde el centro hacia la *periferia*". Para entender esta idea, debemos introducirnos en los distintos aspectos y conceptos que presenta la doctrina ho-

meopática, porque se trata de algo totalmente distinto de lo que la mayoría de las personas está acostumbrada a entender por "tratamiento" médico.

ENTRANDO EN TEMA CON UN PROFESIONAL

Si usted es una persona que nunca tuvo relación con la Homeopatía y, quizá por sugerencia de alguien de su entorno, acude por primera vez, al consultorio de un profesional homeópata, sin tener mucha idea de qué va a hacer allí es probable que su primera impresión sea de sorpresa ante la manera en que éste lo atienda, la cual es totalmente distinta de la que usted está acostumbrado en la consulta alopática.

El homeópata utilizará mucho tiempo, seguramente más de una hora y a veces más de dos, para examinarlo a fondo y poder tener un amplio y detallado panorama de la historia de sus dolencias.

También es probable que el profesional lo sorprenda con algunas preguntas que quizá no esperaba en una consulta médica. Por ejemplo, qué le gusta comer y qué no le gusta, sus actividades, sus gustos en sus relaciones con otras personas, etc. Puede proceder, asimismo, a realizarle algunos estudios de rutina, como análisis de sangre, radiografías y otras investigaciones, pero no basará su diagnóstico en los resultados de esos exámenes, sino en lo que pudo observar de usted durante los mismos. Y se mostrará interesado no sólo en su físico sino también en su estado psicológico y, en general, en sus respuestas ante temas tan diversos como los cambios del tiempo u otros factores externos.

Usted sentirá, a poco de relacionarse con el homeópata, que le interesa como individuo. Que lo que necesita saber acerca de su persona es la información que lo distingue, no la que lo iguala con otro que padece la misma dolencia. El propósito de los cuestionarios extensos a que se verá sometido es que el homeópata tenga un retrato de usted como individuo que le permita elegir el remedio apropiado para tratar la totalidad de sus síntomas.

CUANTO MAS DILUIDO ESTA UN REMEDIO, MAS FUERTE ES Y MAYOR ES EL NUMERO O LA POTENCIA. UN REMEDIO MENOS DILUIDO NO ES TAN FUERTE Y TIENE UN NUMERO O POTENCIA MENOR.

EL REMEDIO UNICO

La meta final de la Homeopatía es tratar la sintomatología completa de un paciente mediante un único remedio cuyos efectos conocidos sean más cercanamente similares a la sintomatología de la enfermedad. La Homeopatía no hace hincapié más que en un remedio a la vez, porque los efectos de remedios dados en combinación son desconocidos.

Esta idea del Remedio Único contrasta totalmente con la medicina tradicional. Un paciente puede salir del consultorio alopático con media docena de recetas de distintas drogas, para tomarlas al mismo tiempo contra distintos problemas o, incluso, algunas para contrarrestar los efectos secundarios de otras drogas.

La inclinación a tratar a su paciente con un único remedio es una reafirmación de la Homeopatía acerca de su idea de ver al paciente como una totalidad, como algo íntegro. Todas las dolencias de la persona enferma son examinadas a la vez, y se determina un remedio único que actúe sobre la totalidad de ellas. Nunca un síntoma puede ser tratado en forma individual.

LA POTENCIACION

Uno de los elementos de la Homeopatía más difíciles de entender para mucha gente es que esta doctrina utilice dosis extremadamente pequeñas del remedio similar indicado para determinado paciente. Estamos mucho más acostumbrados a la idea de que a más cantidad mayor o más rápido resultado. En la medicina tradicional se habla, incluso, de terapias agresivas o dosis de ataque. Esto es totalmente ajeno a la idea homeopática.

En la época de Hahnemann era común en la medicina el uso de medidas drásticas, como administrar fuertes dosis de substancias tóxicas o efectuar sangrías. Cuando Hahnemann desarrolló su Ley de los Similares (principio básico de la Homeopatía), comenzó a usar las dosis grandes que eran comunes en su tiempo. Como los remedios que él administraba producían síntomas similares a los que el paciente sufría, Hahnemann pudo observar que la dosis producía un agravamiento de la sintomatología pero que, en cuanto comenzaba a reducir la dosis los síntomas también se reducían y comenzaba un proceso curativo.

A partir de esto, Hahnemann desarrolló un método de disolución de sus remedios según el cual llegaba a un punto en que apenas había algunas moléculas de la sustancia medicinal original en la preparación que se daba al paciente. Este proceso de repetida subdivisión y disolución mediante mezcla, batido u otro sistema se convirtió en una de las cosas más particulares de la Homeopatía, llamada "potenciación".

El principio que estableció Hahnemann se explicita de esta manera: "para la más alta potencia en una preparación homeopática, la más pequeña dosis de sustancia medicinal en la solución".

A partir de este principio, podríamos decir que una buena definición de la Homeopatía es que sus preparados de alta potencia trabajan en un nivel mucho más profundo que la esfera fisiológica superficial de las drogas ordinarias.

TRATAMIENTOS CRONICOS

Un paciente que tenga una enfermedad crónica y esté bajo tratamiento homeopático, en general recibe una única dosis de remedio muy potenciado que no repetirá en largo tiempo. Es muy común en Homeopatía que una persona en estado de tratamiento crónico no visite a su homeópata más que una vez cada varios meses, y reciba sus dosis con esa frecuencia.

Este es un contraste total con la medicina alopática, en la cual las condiciones crónicas son tratadas con fuertes y repetidas dosis de drogas o de combinaciones de drogas en tratamientos que no deben ser discontinuados.

En teoría, entonces, la Homeopatía presenta una alternativa a los altos costos y los considerables riesgos relacionados con las drogas de los tratamientos tradicionales.

Por supuesto que la Homeopatía no puede tratar cualquier enfermedad crónica. Sigue dependiendo de la cirugía en muchos casos, y en otros los daños causados por la enfermedad han provocado un disturbio tal en el organismo que ya los remedios homeopáticos no pueden tener efecto.

Pero en casos en los cuales el paciente es susceptible de tratamiento médico sin cirugía, la Homeopatía ofrece una alternativa que, al basarse en dosis extremadamente pequeñas de droga, produce el menor desequilibrio posible en el interior del organismo. Se ha comprobado en muchos casos que con el tratamiento homeopático se desarrolla e incrementa una resistencia a la enfermedad en el paciente, mejorando su calidad de vida general.

LA SABIDURIA HOLISTICA

El peligro que puede haber en los tratamientos de la medicina ortodoxa, hoy como en tiempos de Hahnemann, reside en su focalización en un síntoma único excluyendo todas las otras facetas del estado del ser del paciente. La medicina tradicional no lo individualiza como persona, sino que lo trata como un "caso" de una "enfermedad", sin preocuparse por los muchos aspectos que diferencian a ese individuo de otros que padezcan la "misma" enfermedad. Todas esas palabras entre comillas obedecen a que esos son conceptos que la Homeopatía no comparte. Una enfermedad no es un nombre, sino una serie de circunstancias que, con una misma base, varían muchísimo de un paciente a otro como varía y se diferencia una persona de cualquier otra.

SAMUEL HAHNEMANN, FUNDADOR DE LA HOMEOPATIA

MIASMA Y ENFERMEDADES

Samuel Hahnemann sostenía que las enfermedades entran al cuerpo en forma de miasmas. Un miasma es una sustancia imperceptible y sutil, tan inmaterial como la misma fuerza vital. Toma dominio sobre ésta provocando, entonces, que se exprese a través de síntomas externos que develan un desarreglo interno.

Mucho antes de que, hacia finales del siglo XIX, Pasteur o Koch hablaran de la teoría de los gérmenes como causantes de enfermedades, Hahnemann ya había escrito que los miasmas contienen organismos vivientes. En esto, Hahnemann se adelantaba al concepto de la infección microbiana.

Los homeópatas modernos, en tanto, definen un miasma como una obstrucción o una distorsión del flujo normal de energía en el mecanismo autorregulador del organismo humano. También como una debilidad profundamente arraigada que obstaculiza la acción del remedio.

En otras palabras, un miasma es el efecto crónico de una enfermedad

subyacente que siempre ha estado presente en un individuo (o que incluso puede haber estado presente en generaciones anteriores).

ENFERMEDADES AGUDAS Y ENFERMEDADES CRONICAS

Las enfermedades miasmáticas se dividen, principalmente, en dos categorías:

Agudas: la enfermedad aguda, o miasma agudo, es relativamente corta en duración y rápida en su desarrollo, y tiene un curso definido que consiste en tres fases: un período de aparición, un período de progreso y un período de declinación. Todas las enfermedades agudas tienen una tendencia a no permitir la recuperación, y resultan peligrosas porque pueden provocar la muerte del paciente antes de que llegue el período de declinación del miasma. La fuerza vital es, generalmente, capaz de curarse a sí misma en caso de una enfermedad aguda, siempre que el ataque al organismo no haya sido tan violento como para producir la muerte inmediata (por ejemplo, infarto agudo de miocardio). En las enfermedades agudas, la Homeopatía interviene para aliviar los sufrimientos del paciente, prevenir la muerte y agilizar y hacer más veloz el retorno a las condiciones de salud.

Crónicas: en los casos de males crónicos, que son también miasmáticos en su carácter (es decir, que fluyen dentro del cuerpo desde el centro hacia fuera), el curso de la enfermedad tiende a no recuperarse. Estas tienen también un período de aparición, uno de desarrollo, pero no un período de declinación. Bajo ciertas circunstancias, como cuando un paciente se encuentra en una situación libre de estrés o cuando se presenta una enfermedad aguda, la que es crónica puede entrar en un momento de quietud y sus síntomas virtualmente desaparecer, pero cada vez que retornen condiciones adversas el paciente verá volver la enfermedad con mayor fuerza. A causa de que la fuerza vital en este caso no tiene suficiente capacidad como para librar al organismo de la enfermedad crónica, el paciente no podrá ser curado por tratamiento alguno. Hahnemann sostenía, incluso, que no hay enfermedad aguda sin enfermedad crónica. La Homeopatía puede, sin embargo, brindar una efectiva senda de bienestar dentro de lo que es una enfermedad crónica.

LEY DE LOS SIMILARES

Buceando en los escritos e investigaciones de ilustres antecesores empíricos como Hipócrates, Paracelso y otros, Samuel Hahnemann dedujo que la curación de las enfermedades se hallaba en la base de las similitudes, aunque no necesariamente los reportes de los investigadores fueran conscientes de ese principio. Hahnemann generalizó que toda enfermedad es curada activamente por la introducción de un segundo estado de enfermedad similar pero más fuerte que el original. Encontró evidencia sobre esta idea no sólo en sus estudios históricos de investigador sino en la cura accidental de pacientes cuya enfermedad particular se curó al contraer otra similar.

Claro que, en principio, era muy peligroso curar introduciendo una enfermedad naturalmente más potente en un paciente. Pero Hahnemann ya había mostrado que las drogas pueden producir artificialmente enfermedades en el interior del organismo. A partir de estas experiencias, formuló y desarrolló su Ley de los Similares.

Una dolencia es curada por otra similar pero más fuerte -sea ésta natural o provocada por drogas-, por un proceso de desplazamiento. En el curso de sus experiencias, Hahnemann observó otro fenómeno que lo ayudó a entender mejor el proceso de la acción curativa de los medicamentos similares: cuando una droga era administrada a una persona sana, producía dos grupos de síntomas consecutivos y opuestos, que Hahnemann llamó efectos primarios y secundarios de la droga. Al principio pensó que ambos efectos, primario y secundario, eran verdaderos síntomas de la droga. Pero luego identificó los efectos secundarios con la reacción de la fuerza vital ante la enfermedad. Un ejemplo del mismo Hahnemann en su libro *Organon of Medicine* es muy claro: "Luego de la constipación producida por el opio (efecto primario) aparece la diarrea (efecto secundario) como reacción".

"LAS VERDADERAS ENFERMEDADES FLUYEN DESDE EL CENTRO HACIA LA PERIFERIA".

James Tyler Kent

CAPITULO 3

Los remedios homeopáticos

SE LOS PREPARA DE UNA FORMA ESPECIAL, CON DILUCIONES Y POTENCIACIONES, RESPETANDO LAS INDICACIONES DEL MÉDICO HOMEÓPATA.

Los remedios homeopáticos comprenden unas dos mil sustancias diferentes derivadas de los reinos mineral, vegetal y animal. Entre las de origen mineral, hay elementos y sales que han demostrado jugar un importante papel en el funcionamiento del organismo humano. Algunos de los más frecuentes remedios homeopáticos (como el sulfuro, la silica y otros) son también producidos por el organismo como oligoelementos o aparecen en distintos tejidos del cuerpo. Otros minerales tales como el arsénico o el mercurio son tóxicos para el cuerpo, pero preparados como remedios potenciados homeopáticos, esa toxicidad desaparece y se convierten en aplicaciones válidas para un amplio rango de dolencias.

Algunos de los remedios minerales como la silica son considerados inertes fuera de la práctica homeopática. Otros son reconocidos por cumplir distintos roles en el funcionamiento del organismo pero se cree que tienen un limitado uso como drogas; de todos modos, mediante el proceso de potenciación, sustancias de propiedades insospechadas hasta ahora han derivado en usos medicinales efectivos.

Los remedios homeopáticos de origen vegetal comprenden una cantidad de plantas que tienen una larga historia de uso medicinal, así como muchas otras que durante largo tiempo se consideraron de efecto tóxico para el organismo. Entre las primeras se cuentan, por ejemplo, la chamomilla, la belladonna o la ipecacuanha, de las cuales se conocen sus propiedades curativas desde hace siglos. Los remedios vegetales incluyen también plantas cuyo valor medicinal era desconocido hasta el advenimiento de la Homeopatía, como por ejemplo el lycopodium.

En general, las plantas comestibles no son utilizadas en Homeopatía, porque no suelen tener efecto como drogas. Hay excepciones y, por supuesto, muy conocidas, como la cebolla, cuyos efectos benéficos son muy utilizados.

Las sustancias derivadas de animales son particularmente interesantes. Incluyen, por ejemplo, el veneno de varios animales, como ser serpientes, abejas, la tarántula, etc. Todas estas sustancias son potenciadas y tiene un amplio espectro de aplicaciones y usos. La tinta de la sepia es un ejemplo de sustancia considerada inocua y sin uso hasta su introducción en la Homeopatía por parte de Hahnemann.

Hay también otra clase de sustancias homeopáticas que se derivan de materiales tales como pus, bacterias, etc. Estas sustancias se identifican con el sufijo "inum."

Antes de que la medicina alopática introdujera la práctica de la vacunación, ya los homeópatas habían potenciado algunos productos de enfermedad como la saliva de perro rabioso, para tratar víctimas de esa enfermedad. El empleo de una sustancia que es idéntica a la enfermedad se conoce como Isopatía. Hoy en día los homeópatas tienden a no utilizar criterios isopáticos en sus tratamientos, prefiriendo el uso de sustancias similares y no idénticas.

ASPECTOS GENERALES DE LA ELABORACION

En cuanto al proceso de elaboración de estos remedios, este ha de ser muy preciso.

En los casos derivados de extractos de animales o plantas, es decir sustancias solubles, la materia prima es disuelta en alcohol y agua, en una proporción aproximada de 90% de alcohol puro y 10% de agua destilada, la cual puede variar para algunos específicos.

En general, estas mezclas deben dejarse en reposo entre 2 y 4 semanas. Durante ese lapso la preparación se agita de tanto en tanto. Final-

mente, se la filtra con una prensa especial. El líquido que resulta de este proceso es conocido como "tintura" o "tintura madre".

En el caso de materias primas insolubles, como por ejemplo los grafitos, el carbonato de calcio o el oro, estas materias deben hacerse solubles, lo que se logra con un proceso conocido como trituración (en este proceso, la materia es molida constantemente hasta que se convierte en soluble). Recién luego de la trituración estas sustancias pueden ser diluidas y utilizadas en la misma forma que las naturalmente solubles.

LA PREPARACION Y POTENCIACION DE LOS REMEDIOS

LOS REMEDIOS HOMEOPATICOS SE ELABORAN A PARTIR DE EXTRACTOS VEGETALES, ANIMALES Y MINERALES, QUE ABARCAN DESDE SUSTANCIAS TOXICAS COMO EL VENENO DE SERPIENTE Y EL MERCURIO HASTA ALIMENTOS COMUNES COMO LA AVENA Y LA CEBOLLA.

Ya hemos comentado que en Homeopatía un remedio es más potente cuanto más diluido está.

Para producir los distintos grados de potencia de un remedio específico, se diluye la tintura madre en agua y alcohol, siguiendo una escala que determina paso a paso qué grado de potencia tendrá el preparado final. Entre uno y otro paso, la tintura diluida debe ser agitada con mucha energía. La dilución más habitual (hay otras escalas) es de 1 en 100. Esto significa que para obtener, por ejemplo, Arnica 1, hay que mezclar 1 gota de tintura madre de arnica con 99 gotas de una mezcla de alcohol y agua y agitar enérgicamente. El número que acompaña el nombre de un remedio homeopático indica la cantidad de veces que este ha sido diluido y agitado.

Para la segunda disolución, es decir para obtener Arnica 2, hay que mezclar 1 gota de Arnica 1 (es decir, la mezcla ya diluida y agitada de la que hablamos en el párrafo anterior) con 99 gotas de mezcla de alcohol y agua. Para Arnica 3, mezclaríamos Arnica 2 con alcohol y agua y así sucesivamente.

COMO SE PREPARA UN REMEDIO HOMEOPATICO

A modo de ejemplo ilustrativo, daremos aquí el "paso a paso" de la preparación de un remedio homeopático. Se trata del Allium, un remedio basado en la cebolla, una planta de reconocidas virtudes curativas en muchas de sus formas y utilizaciones, que tiene una gran valía homeopática.

Primer Paso

Tomar cebollas frescas, preferiblemente cosechadas en una huerta orgánica, ya que no deben contener ninguna clase de aditivo, fertilizante o químico utilizados en el proceso de cultivo. Lavarlas bien con agua, quitarle las capas externas y, por fin, cortarlas en trozos más bien grandes.

Segundo Paso

Colocar las cebollas cortadas en un frasco de vidrio de boca ancha y bien gran-

de. Verter sobre las cebollas una mezcla de alcohol puro y agua.

Tercer Paso

Cerrar el frasco de vidrio con una tapa hermética. Dejar reposar la mezcla entre 2 y 4 semanas. Durante ese periodo, agitar de vez en cuando la mezcla.

Cuarto Paso

Pasado el tiempo de reposo, hay que colar esa mezcla utilizando un filtro grande de gasa. El resultante será un líquido de color marrón, es decir la tintura madre propiamente dicha. Colar este líquido en un frasco de vidrio oscuro.

Quinto Paso

Mezclar una gota de esa tintura madre con 99 gotas de mezcla de alcohol y agua, y agitar enérgicamente. Con esto se habrá llegado a la obtención de Allium 1.

Sexto Paso

La mezcla puede diluirse y agitarse varias veces, usando para cada dilución una gota de la dilución anterior y 99 de alcohol y agua. Con cada nueva dilución se irá obteniendo sucesivamente Allium 2, Allium 3, etc. Este remedio puede usarse directamente en este estado líquido, o si no, continuar con los siguientes pasos:

Séptimo Paso

Tomar comprimidos de lactosa (azúcar de la leche), que se obtienen en cualquier farmacia homeopática. Añadir a estos comprimidos unas pocas gotas del remedio potenciado. Luego, remover los comprimidos para asegurarse de que cada uno haya entrado en contacto con el remedio potenciado.

Octavo Paso

Guardar los comprimidos en un frasco de vidrio oscuro con tapa hermética. Conservar en un sitio seco, oscuro y fresco.

"ELIMINAR LOS SÍNTOMAS PUEDE QUE NO DEVUELVA LA SALUD AL ENFERMO.
PERO CURADO EL PACIENTE, LOS SÍNTOMAS DESAPARECERÁN Y SE RESTAURARÁ LA SALUD."

J. T. Kent

CAPITULO 4

Vida sana y equilibrada

EN HOMEOPATÍA LOS FACTORES GENÉTICOS DESEMPEÑAN UN IMPORTANTE PAPEL EN LA DETERMINACIÓN DE LA ENFERMEDAD PERO, SIN DUDA, QUE UNA DE LAS COSAS MÁS IMPORTANTES A TENER EN CUENTA A LA HORA DE PENSAR EN ELEMENTOS QUE PUEDEN EVITAR, CAUSAR O AGRAVAR LAS ENFERMEDADES, ES EL ESTILO DE VIDA DEL PACIENTE.

Cuanto menor sea la carga sobre cuerpo y mente del paciente, mayor efectividad y duración tendrá la acción de un remedio homeopático.

Los niveles de estrés, la forma de sueño, la dieta, la realización o no de ejercicios, son todos factores que el homeópata debe tener en cuenta a la hora de elegir el remedio para un determinado paciente.

También la actitud y el equilibrio emocionales se constituyen en factores importantes. Una actitud negativa ante la vida sin dudas provocará estrés y atentará contra el bienestar emocional de la persona, debilitando su Fuerza Vital.

UNA VIDA SALUDABLE SIEMPRE MEJORA LAS POSIBILIDADES DE CURACION

LOS FACTORES AMBIENTALES

La manera en que los factores y elementos ambientales afectan a las personas y, específicamente, a los síntomas de una enfermedad, tiene gran importancia para un profesional homeópata, porque a partir de ellos puede determinar el tipo constitucional (ver capítulo siguiente) de cada persona y decidir los remedios a utilizar con ella en cada caso.

El clima en general, las temperaturas, incluso la hora del día, influyen en cada persona de manera totalmente distinta a otra.

Por dar algunos ejemplos: hay personas que ante una tormenta eléctrica sienten inquietud e irritabilidad nerviosa, mientras que otras por el contrario se relajan y sienten una sensación de serenidad; entre dos personas de esta última clase puede haber una a la cual el aire de mar le proporcione vigor y energía mientras que a otra le resulte agotador; y entre dos personas que tienen esta última característica, quizá una es muy enérgica y creativa al despertarse mientras que la otra apenas puede levantarse por las mañanas pero está en la plenitud de sus fuerzas por las noches.

De esta forma, las combinaciones son infinitas, porque una persona puede compartir un rasgo con otra pero nadie es exactamente igual a otro.

Todos estos datos mínimos y personales son de sumo interés para un homeópata.

LA MEJOR ACTIVIDAD FISICA ES LA QUE RELAJA Y DA PLACER

EL EJERCICIO COMO HABITO DIARIO

Un homeópata debe tomar muy en cuenta el aspecto físico de una persona y sus hábitos y niveles de actividad física, ya sea en su entorno de hogar como al aire libre y en el ámbito laboral.

Cada característica en este sentido revela un aspecto de la personalidad del paciente, que puede definirlo, para su terapeuta. De hecho los tipos constitutivos, de los que más adelante nos ocuparemos extensamente, tienen ciertas características básicas. Por citar algunos casos, el tipo constitutivo Phosphorus incluye personas que, por lo general, se sienten cansadas y apagadas, mientras que los del tipo Natrum Muriaticum siempre se muestran inquietos y agitados, así como las personas tipificadas como Sulphur suelen ser perezosas e indolentes.

Como es sabido, algunas características están presentes en la naturaleza de cada persona. No resulta fácil ni habitual que alguien naturalmente perezoso sea hiperactivo en algún momento de su vida.

Los profesionales homeópatas se encuentran con un problema en estos días, porque las características de la vida moderna llevan a que las personas tiendan a ser sedentarias y a pasar la mayor parte del tiempo sentadas, y el esfuerzo físico es algo cada vez más inusual.

Sin embargo el cuerpo humano está diseñado para realizar una am-

plia actividad muscular y si ésta no se cumple, el organismo deja de funcionar como debería. Por eso los profesionales homeópatas estimulan mucho la realización de ejercicios físicos en forma habitual y regular.

Lo ideal, por supuesto, es una rutina de ejercicios controlada por un especialista. Pero antes de llegar a eso, muchas personas ya habían abandonado, sólo ante la idea. Lo cierto es que esto se basa en un hecho concreto: quien ha llevado una vida sedentaria durante años no puede -ni debe- empezar de un día para otro con una programa de actividad física exigente.

Y mucho menos con los programas de ejercicios físicos que se dan hoy en día en muchos gimnasios particulares, en los cuales el standard de calidad de los profesores de gimnasia ha descendido abruptamente. Así como no todas las medicinas alternativas sirven, no todos los ejercicios físicos son útiles. Hay que tratar de evitar los que se parecen más a una rutina recreativa basada en el baile y el golpeteo sobre el suelo, porque además de extenuar inútilmente a la persona pueden traer daños serios en articulaciones, columna vertebral, etc.

En realidad, para el común de la gente habituada a la vida detrás de un escritorio, lo ideal es comenzar por un incremento de la actividad física a partir de las propias rutinas que viene cumpliendo. Es decir, comenzar a aplicar pequeños cambios a las mismas actividades: bajar del transporte que lo lleva a la oficina unas paradas antes y caminar enérgicamente esa distancia, subir por escaleras en lugar de usar ascensores y modificaciones por el estilo.

Pronto estará listo para pasar a realizar alguna rutina de ejercicios, los cuales deben comenzar siempre muy suavemente. En un término no muy largo de tiempo, estará en condiciones de tener una actividad física interesante, incluso intensa.

Entonces, seguramente, la persona descubrirá algo asombroso: que su cuerpo responde mucho más de lo que pensaba y que, además, la excusa que siempre había dado de que no había tiempo para recreación y ejercicios en la vida agitada que vivimos era un pretexto, porque la actividad física es algo que, cuando se torna hábito, gratifica de tal forma que uno se hace un momento para realizarla naturalmente.

"LA PRIMERA HORA DE LA MAÑANA
ES EL TIMÓN DE LA JORNADA."

Henry W. Beecher

"EL TRABAJO ES TODO LO QUE SE ESTA OBLIGADO A HACER; EL JUEGO ES LO QUE SE HACE SIN ESTAR OBLIGADO A ELLO."

Mark Twain

CAPITULO 5

Los tipos constitutivos

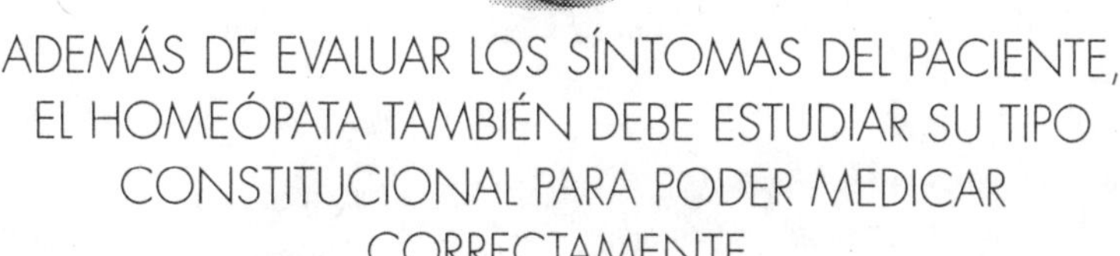

ADEMÁS DE EVALUAR LOS SÍNTOMAS DEL PACIENTE, EL HOMEÓPATA TAMBIÉN DEBE ESTUDIAR SU TIPO CONSTITUCIONAL PARA PODER MEDICAR CORRECTAMENTE.

Concretamente, se trata de una teoría que divide a las personas en determinados grupos según su constitución desde el punto de vista homeopático. ¿Qué es lo que la Homeopatía considera la "constitución" de una persona?: su estructura física, intelectual y emocional, tanto en los aspectos heredados como adquiridos.

Analizando muy diversos factores, el profesional determina a qué tipo pertenece una persona y a partir de allí puede tratarla con mayor certeza en cuanto a los remedios que le dará. Por supuesto, hay una correspondencia entre los remedios y los tipos: una persona Lycopodium responderá en forma excelente al remedio lycopodium, incluso al margen de la enfermedad que padezca.

Existen quince Tipos Constitutivos principales, que marcan entre sí diferencias en cuanto a personalidad, temperamento y físico. Para obtener esta información sobre un paciente, el homeópata lo somete a extensos cuestionarios acerca de todos los aspectos de su vida, desde los emocionales a los alimentarios.

Cuando ha establecido este tipo, el homeópata puede empezar a trabajar en un Remedio Constitucional. Esto es: el mejor remedio para esa persona en particular.

En los casos de enfermedades agudas (es decir, las que se presentan de pronto y tienen una corta duración), el profesional puede llegar a recetar aún sin conocer el Tipo Constitutivo del paciente, porque los remedios homeopáticos, en general, son de rápida y efectiva acción. Pero cuando se trata de una enfermedad crónica, entonces el homeópata debe llegar mucho más profundamente en la historia personal y clínica de su paciente, para lo cual resulta imprescindible conocer el Tipo Constitutivo .

Tratar una enfermedad con un remedio constitucional ayuda a descifrar los motivos subyacentes que la causaron. Curan, puede decirse, en un nivel muy profundo.

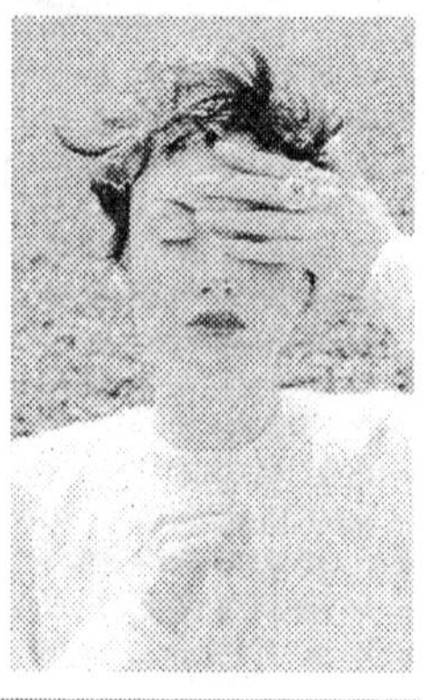

LAS PERSONAS PUEDEN CONSERVAR UN TIPO CONSTITUCIONAL A LO LARGO DE SU VIDA O IR CAMBIANDO CON LOS AÑOS

COMO SE ANALIZA UN TIPO CONSTITUTIVO

Para clasificar a un persona dentro de alguno de los 15 principales tipos constitutivos, el profesional toma en cuenta, entre otros, los siguientes factores:

- ✔ *Síntomas de la enfermedad.*
- ✔ *Temores del paciente.*
- ✔ *Hábitos alimenticios.*
- ✔ *Respuesta a factores generales: clima, las estaciones, la temperatura, las horas del día.*
- ✔ *Aspecto físico de la persona.*
- ✔ *Zonas débiles de su cuerpo.*
- ✔ *Personalidad.*
- ✔ *Temperamento.*

Las posibles combinaciones entre estos factores principales son casi infinitas, y no hay que olvidar que el homeópata aún evalúa más aspectos secundarios.

La diferente respuesta de cada uno a factores generales puede variar sensiblemente las condiciones de la salud, mejorándolas o empeorándolas. Lo mismo los hábitos alimenticios: el que a una persona le atraigan sobremanera los dulces y a otra le repelan le dan al profesional muchas pistas. Igualmente se consideran las características emocionales: hay personas de naturaleza optimista, y otras negativas o irritables, con toda la gama que existe entre ambos extremos. En cuanto a los temores resultan muy reveladores: antes de recetar, el profesional los analiza, tanto en lo que hace a miedos prácticos (a los reptiles, por ejemplo) como a emocionales (a la muerte, al fracaso).

Con todo este bagaje de información, podemos establecer el Tipo Constitutivo.

"EL EXCESO DE LUZ ES COMO EL EXCESO DE SOMBRA: NO DEJA VER."

Octavio Paz

"Quien no admite
consejos, no puede
ser ayudado."

Benjamin Franklin

CAPITULO 6

Los tipos constitutivos y sus remedios

LOS QUINCE REMEDIOS PRINCIPALES DE LA HOMEOPATÍA TIENEN UNA AMPLÍSIMA GAMA DE UTILIZACIONES Y SON EFECTIVOS EN MUCHOS CUADROS CLÍNICOS PERO, ADEMÁS, CADA UNO DE ELLOS RESPONDE A UN TIPO CONSTITUTIVO. EN ESTE CAPÍTULO LOS ANALIZAREMOS UNO POR UNO, DANDO LAS CARACTERÍSTICAS PRINCIPALES QUE IDENTIFICAN A CADA TIPO Y LAS PROPIEDADES DE CADA REMEDIO.

1 TIPO CONSTITUTIVO LYCOPODIUM

Se trata de personas en general de características ligadas con la intelectualidad y que, habitualmente, ocupan cargos jerárquicos y prestigiosos, como puede ser en el área de la diplomacia, la abogacía, la medicina y los sectores ejecutivos. Muestran siempre un aire de dominio sobre sí mismos, serenidad y seguridad, trasmiten estabilidad y cierta indiferencia que inspira respeto, pero que oculta una característica de cierta inadaptación.

Aspecto Físico

En general acostumbran a mostrar un aspecto muy distinguido, podría decirse altivo. Suelen ser personas altas, de piel cetrina, con la parte superior del cuerpo delgada y fibrosa aunque de músculos poco desarrollados, que no toleran bien la exigencia y tiemblan con el esfuerzo. Sus fosas nasales tienden a ensancharse y los músculos faciales, a menudo, muestran contracciones. Es común que tengan líneas verticales marcadas por sobre la nariz. Las canas o la calvicie prematura no son raras en este grupo. Las zonas débiles de su cuerpo son: piel, cerebro, pulmones, órganos digestivos (en especial los intestinos), el costado derecho del cuerpo, el hígado, los riñones, la vejiga y la próstata.

Características Generales

Prefieren los ambientes y climas fríos, y los alimentos y bebidas calientes. Se sienten bien por la noche, desarrollando actividad, así como al aflojarse las ropas; pocas cosas los ponen peor que las ropas ajustadas. Tampoco se sienten bien sin una dieta moderada, es decir que les caen mal tanto los excesos de comida como los ayunos. No están a gusto en habitaciones con poca ventilación, ni les place acostarse sobre el lado derecho. Sus horas malas son entre las 4 y las 8, tanto de la mañana como de la tarde.

Temores

Tienen miedo a estar solos, a la oscuridad, a los fantasmas. Por otra parte, o atemorizan por igual las multitudes y los espacios cerrados. Sus miedos principales, de todos modos, son el fracaso y la muerte.

Hábitos Alimenticios

Prefieren las mezclas de alimentos. Puestos a elegir, su lista de comidas preferidas incluye invariablemente las legumbres, la cebolla, las ostras y otros mariscos, el aceite de oliva, el repollo, los dulces como tortas, masas, chocolate y galletas y, en general, los alimentos y bebidas calientes.

Temperamento y Personalidad

En general son personas muy inseguras en el fondo. Se resisten a los cambios, los nuevos desafíos les provocan inquietud y a veces desasosiego. Suelen exagerar la verdad para elevar su autoestima. Exteriormente son autodisciplinados, pero rápidamente son vencidos por sus debilidades internas que se expresan en cosas como la ansiedad por alimentos dulces o la promiscuidad sexual. A pesar de la propia, la debilidad ajena los irrita. No toleran las enfermedades. Parecen disfrutar mucho de las compañías, pero no se comprometen con las relaciones.

Remedio Constitucional lycopodium
(Lycopodium Clavatum):

El lycopodium clavatum o lycopodium es conocido, también, por los siguientes nombres:

- *Musgo de trébol.*
- *Cuerno de ciervo.*
- *Pezuña de lobo.*

Ya en el siglo XVII, este polvo extraído del polen o las esporas era usado para tratar la gota y las dificultades para orinar. Los médicos árabes, en tanto, utilizaron siempre esta hierba de hoja perenne para disolver cálculos renales y curar trastornos del estómago. El polvo de polen con que se elabora el Lycopodium es altamente inflamable y resistente al agua. Llegó a ser usado para fabricar fuegos artificiales.

Usos Principales

- *Trastornos digestivos.*
- *Dilatación de la próstata.*
- *Problemas emocionales originados en inseguridad.*
- *Trastornos localizados en el lado derecho del cuerpo.*
- *Dolencias de vejiga y riñones.*
- *Ansiedad.*
- *Flatulencias.*
- *Irritabilidad e ira.*
- *Caída del cabello.*

Otras Aplicaciones

Este remedio actúa muy eficazmente en casos de indigestión (en especial provocada por comer muy tarde en la noche), náuseas, vómitos, apetito voraz seguido de molestia estomacal, estreñimiento, hemorragias, dolores por flatulencias. Los hombres aprovechan este remedio para el tratamiento de la próstata dilatada, así como de la orina cuando se pone rojiza por el sedimento arenoso que provocan los cálculos renales.

Actúa con gran eficacia sobre trastornos emocionales originados por inseguridad: nerviosismo, ansiedad, cobardía, impaciencia, insomnio, temor a la soledad, temores nocturnos y pánico al despertar.

También funciona a la perfección en el síndrome de fatiga crónica, la caída del cabello y la psoriasis en las manos, la tos seca y persistente, el cansancio causado por la gripe, los dolores neurálgicos y las afecciones de garganta.

-Su efecto sobre los síntomas es más efectivo y rápido con el aire fresco, aflojando las ropas del paciente, por la noche, con alimentos y bebidas calientes.

-Los síntomas tratados con lycopodium empeoran acostándose sobre el lado derecho, en habitaciones mal ventiladas, con ropas ajustadas, comiendo excesivamente, y entre las 4 y las 8 de la mañana o la tarde, especialmente en primavera.

Se elabora a partir de las diminutas esporas y el polvo amarillo que se quita de las espigas florecidas de la planta fresca que se recogen en el verano. Su lugar de origen está en las montañas y bosques del hemisferio norte.

2 TIPO CONSTITUTIVO ARSEN. ALB.

Se trata de personas en general nerviosas, ambiciosas, inquietas, siempre preocupadas por su salud y la de sus seres cercanos. Por otra parte, son las personas más refinadas, elegantes y delicadas que se puedan conocer. Muy críticos, casi intolerantes, no soportan el desorden en ninguna forma. En general son de un pesimismo muy marcado. Y suelen vivir anhelando ser confortados por otros.

Aspecto Físico

Suelen mostrar rasgos muy finos y delicados y piel pálida, la cual a menudo está surcada por arrugas de preocupación. Son delgados, sumamente elegantes, pulcros, de aspecto aristocrático. Sus movimientos son rápidos y eléctricos, y son muy pero muy inquietos. Las zonas débiles de su cuerpo son la piel, el corazón, las membranas mucosas, las vías respiratorias, el hígado, el estómago y los intestinos.

Características Generales

Prefieren los ambientes y climas templados. Se sienten bien acostados y con la cabeza en alto, o bien en pleno movimiento. No se llevan nada bien con el frío ni con el clima seco y ventoso. En la misma vertiente, no les gustan ni bebidas ni comidas frías. Su peor momento del día es entre la medianoche y las dos de la madrugada, y no toleran acostarse sobre el lado derecho de su cuerpo.

Temores

Tienen miedo a estar solos y a ser atacados por ladrones, a la oscuridad, incluso a los fantasmas. Su temor a morir por envenenamiento o contaminación de alimentos en mal estado es casi una paranoia.

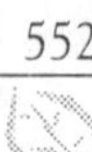

No quieren oír hablar de enfermedades incurables ni de muerte, y también son para ellos fantasmas, la pobreza y las enfermedades de sus familiares de entorno cercano.

Hábitos Alimenticios

Prefieren alimentos y bebidas tibias y su salud mejora con estos. En cuanto a las características de los alimentos, sus preferidos son los ácidos (encurtidos, vinagre, limón), los dulces (y además los asimilan a la perfección) y los grasos (como el aceite de oliva).

Temperamento y Personalidad

En general son personas meticulosas, detallistas, casi obsesivas. Son demasiado perfeccionistas, y eso los lleva a situaciones extremas de "blanco" o "negro". Son capaces de abandonarlo todo si no han logrado llegar a su meta con excelencia. Suelen planear al detalle todos los aspectos de su vida, lo que oculta en realidad su inseguridad. Por protegerse contra todo pueden devenir tiránicos. Una característica difícil de los Arsen. alb. es su manera frontal de expresar su intolerancia por las ideas y creencias que no comparten.

Remedio Constitucional arsen. alb. (Arsenicum Album):

El arsenicum album o arsénico es conocido también por el siguiente nombre:

-Óxido arsénico.

Obviamente, su mayor fama la alcanzó como veneno mortal. Produce un agudo dolor en el tracto digestivo con vómitos y convulsiones que llevan a la muerte. Su alto poder se debe a que ni siquiera el fuego puede destruirlo porque se trata de un veneno metálico. En tiempos antiguos, también fue utilizado para el tratamiento de la sífilis. En Homeopatía se lo usa para actuar sobre las membranas mucosas de los aparatos digestivo y respiratorio.

Usos Principales

- *Trastornos digestivos e inflamaciones de las membranas mucosas en el tracto digestivo.*
- *Enfermedades caracterizadas por dolores abrasadores que mejoran con el calor.*
- *Ansiedad y temor con raíces en una profunda inseguridad.*
- *Fiebre en niños.*
- *Úlceras bucales.*
- *Gastroenteritis.*

Otras Aplicaciones

Este remedio actúa muy eficazmente en casos de niños con diarreas, mejorando de inmediato la deshidratación que ese síntoma conlleva. También se lo usa para el asma con fatiga grave, el escozor provocado por úlceras bucales y los labios secos y agrietados.

Actúa sobre el cansancio producido por enfermedad física como anemia, asma o esfuerzo mental excesivo, la inflamación de los ojos y los dolores de cabeza con mareos y vómitos. Mejora los cuadros de retención de líquidos.

Se administra en casos de fiebre cuando el paciente está muy caliente pero siente frío. Es fundamentalmente eficaz para diversos trastornos digestivos; consumo excesivo de frutas y verduras, alimentos helados, vómitos, intoxicación, ingesta excesiva de alcohol.

Una de sus principales indicaciones es para tratar la ansiedad debida a inseguridad y a hipersensibilidad.

-Su efecto sobre los síntomas es más efectivo y rápido en un ambiente donde haya movimiento, templado, con el paciente acostado y con la cabeza en alto.

-Los síntomas tratados con arsen. alb. empeoran en clima frío, con las bebidas y alimentos fríos, acostándose sobre el lado derecho, y a partir de la medianoche.

Su principal componente es un mineral llamado arsenopirita, cuyos cristales poseen un brillo metálico y cuando se calientan despiden un aroma similar al ajo. Se lo encuentra más comúnmente en Noruega, Suecia, Alemania, Canadá e Inglaterra.

3 TIPO CONSTITUTIVO LACHESIS

En general son personas ambiciosas, muy creativas, sumamente perceptivas. Su forma de vivir es tan intensa y al límite que suelen sentir una suerte de congestión física y mental, la cual sólo logran aliviar mediante alguna clase de descarga, que se da tanto en formas físicas como hemorragias nasales frecuentes o a través de expresar enérgicamente sus ideas y puntos de vista.

Aspecto Físico

Suelen ser personas con tendencia al exceso de peso y con un cierto aspecto hinchado, en general pelirrojas y pecosas, o bien en el otro extremo: delgadas, de pelo oscuro y muy enérgicas. Una característica común es que, a menudo, se las ve pasarse la punta de la lengua por el labio superior. El cutis, generalmente, es pálido con matices hacia el púrpura.

Las zonas débiles de su cuerpo son el sistema nervioso, los órganos reproductores en el caso de las mujeres, la sangre, la circulación y el costado izquierdo del cuerpo.

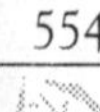

Características Generales

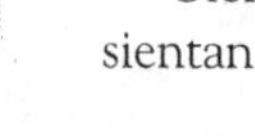

Sienten gran agrado por las bebidas frías y el aire fresco. Les sientan perfectamente todas las descargas físicas, como por ejemplo, en las mujeres, la evacuación menstrual. En cambio les va mal al dormir, con el calor o el contacto directo del sol, y con ropas ajustadas. No les gustan las bebidas calientes, y las mujeres la pasan mal en la menopausia.

Temores

Sus temores básicos se relacionan con el agua. También temen a los extraños y a los delincuentes. En cuanto a la parte física, tienen mucho miedo al envenenamiento, a la asfixia y a la muerte.

Hábitos Alimenticios

Comen con alegría y placer todos los alimentos ácidos, como los encurtidos y el limón. Gustan también de los alimentos con féculas (pan, arroz), del alcohol y de las ostras. El trigo les sienta muy mal, y su rechazo por las bebidas calientes excluye el café, al cual toleran bien (excepto las mujeres durante la menopausia).

Temperamento y Personalidad

Suelen ser la clase de personas que abraza causas universales e ideologías marcadas. Viven contradiciendo a los demás. Aunque son de manifestación inconstante y esporádica, poseen una gran energía creativa. Son egocéntricas con respecto a sus relaciones, celosas, conflictivas, y tienden a vivir relaciones de amor-odio. Se resisten a asumir los compromisos de relación, y no les gusta el encierro.

Remedio Constitucional lachesis (Trigonocephalus Lachesis / Lachesis Muta):

El trigonocephalus lachesis o laquesida se conoce también por el siguiente nombre:

-Surukuku.

Este remedio proviene de una serpiente muy agresiva, una cazadora feroz cuya mordedura es inmediatamente fatal. Las sustancias tóxicas de este veneno atacan el control nervioso del corazón, produciendo la muerte. El nombre vulgar de esta serpiente, surukuku, proviene del zumbido que emite mientras acecha a su presa.

Usos Principales

-Problemas circulatorios.
-Trastornos vasculares.
-Afecciones del lado izquierdo que empeoran al reprimir descargas físicas o emocionales.
-Heridas que tardan en cicatrizar.
-Trastornos de la menopausia.
-Trastornos menstruales y premenstruales.

Otras Aplicaciones

Actúa fundamentalmente sobre el sistema circulatorio y la sangre. Se pueden tratar venas varicosas, así como venas obstruidas o palpitación venosa. El corazón débil, el pulso rápido e irregular, las palpitaciones, las dificultades respiratorias y las anginas son tratadas con este remedio.

Cura afecciones de garganta, trastornos del sistema nervioso y desmayos. También es eficaz en: cicatrización lenta, hemorragias nasales, forúnculos, heridas con borde azulado, sudores y temblores, dolor estomacal con vómitos en casos de apendicitis y trastornos gastrointestinales, úlceras estomacales, hemorroides sangrantes, fiebre.

En las mujeres, resulta muy útil durante la menopausia. Moligera todos los síntomas, tales como el sofoco menopáusico. Ayuda mucho en el síndrome premenstrual, y alivia el dolor menstrual espasmódico y congestivo gracias a que mejora el flujo sanguíneo.

-Su efecto sobre los síntomas es más efectivo con las descargas físicas, el aire fresco, las comidas y las bebidas frías.

-Los síntomas tratados con lachesis empeoran con las bebidas calientes, al dormir, con ropa ajustada, con el calor o la luz directa del sol, con el alcohol y durante la menopausia.

El veneno de esta serpiente actúa sobre la sangre, haciéndola más fluida. Uno de los principales seguidores de Hahnemann, el doctor Constantine Hering, usó su propio organismo para experimentar la efectividad de este remedio. La surukuku es original de Sudamérica.

4 TIPO CONSTITUTIVO AZUFRE

Se trata de personas marcadamente egoístas y también muy pedantes. Todo el tiempo sienten una enorme necesidad de ser reconocidos. Así como tienen inagotable energía para desarrollar su inventiva y el pensamiento imaginativo, en los aspectos prácticos son verdaderos inútiles.

Aspecto Físico

Hay dos tipos básicos que caracterizan a este grupo: pueden ser corpulentos, de cara roja y actitud alegre o, si no, desgarbados y altos, delgados y de hombros caídos. En cualquiera de los casos, tienen cabello seco y grueso, sin brillo, y la piel seca, áspera y escamosa. Una característica típica es que aunque estén vestidos de gala siempre trasmiten una imagen de desprolijidad. Las zonas débiles de su cuerpo son el recto, las membranas mucosas de los intestinos, el costado izquierdo del cuerpo, la piel, las plantas de los pies y la circulación.

Características Generales

Prefieren los ambientes y el aire secos y tibios. El agotamiento físico no los abate sino que, por el contrario, los potencia. Les hace bien acostarse sobre el lado derecho. No soportan las habitaciones mal ventiladas, no les gusta el calor en la cama ni estar mucho tiempo de pie. Su peor momento es alrededor de las 11 de la mañana.

Temores

Básicamente, sus temores más marcados pasan por el miedo al fracaso en su profesión. En otro aspecto, suelen tener miedo a las alturas, y su imaginación desbordada les hace temer a toda clase de fantasmas.

Hábitos Alimenticios

Comen con mayor gusto los alimentos dulces y los grasos como papas fritas, cremas, quesos y carnes. También aman los alimentos condimentados y, los ácidos, como los encurtidos. En cuanto a alimentos crudos, prefieren las ensaladas. Adoran las ostras y el alcohol. Por el contrario, les disgustan mucho y además les caen mal los huevos, la leche y las bebidas calientes en general.

Temperamento y Personalidad

Comúnmente se encuentran dentro de este grupo muchos ejecutivos de sexo masculino, que parecen siempre pletóricos de ideas aunque en total desorden. En muchos casos son personas perezosas que carecen de voluntad práctica y fallan en su iniciativa. Tienden a ser beligerantes y parecen adorar el criticar hasta lo más insignificante que haga otra persona. Por otro lado, son caritativos y entregan generosamente lo suyo, sea tiempo o dinero. Son fácilmente irascibles, pero esa ira se apaga muy pronto. Viven sumergidos en el pensamiento, por lo que sus sentimientos permanecen resguardados.

Remedio Constitucional azufre (Sulphur):

El sulphur o azufre se conoce también por el siguiente nombre:
-Flores de azufre.

En medicina, el azufre se utiliza hace al menos dos mil años. En la alopatía aún se lo utiliza para tratar en forma externa trastornos de la piel como el acné. Antiguamente, la melaza de azufre era administrada a niños para limpiarles los intestinos. También, en el siglo XVI, se quemaban flores de azufre para fumigar las habitaciones de los hospitales.

Usos Principales

- *Problemas de piel.*
- *Eczemas con piel inflamada.*
- *Trastornos de la mujer.*
- *Problemas digestivos.*
- *Fatiga mental.*
- *Diarrea.*

- Aftas.
- Sarpullido producido por pañales.

Otras Aplicaciones

En las mujeres, el azufre se usa para tratar los síntomas del síndrome premenstrual (dolores de cabeza, insomnio, irritabilidad) y también de la menopausia (sofocones, mareos, sudores). Es muy útil en cuanto a la fatiga mental, la falta de energía y de fuerza de voluntad, la falta de memoria, la irritabilidad, la depresión, el despertar prematuro y otros trastornos del sueño.

También es efectivo en migrañas, dolores de cabeza, fiebre, ojos inyectados en sangre y conjuntivitis, dolores lumbares, tos con estornudos y catarros crónicos con mucosidad verdosa y densa.

Pero su uso principal es en problemas de la piel: aftas, eczemas, sarpullido y demás, así como el cuero cabelludo seco. En cuanto a las dolencias digestivas, sirve para diarrea crónica, hemorroides con ardor y picazón, enrojecimiento y picazones alrededor del ano, indigestiones, tendencia a vomitar los alimentos.

-Su efecto sobre los síntomas es más efectivo con el aire fresco, tibio y seco, y al acostarse sobre el lado derecho.

-Los síntomas tratados con azufre empeoran por la mañana y por la noche, con el calor de la cama, al llevar demasiada ropa, con el alcohol y alrededor de las 11 de la mañana.

Del azufre mineral se extrae un polvo amarillo fino que se llama flores de azufre; al calentarse, las flores de azufre despiden un potente desinfectante: el bióxido de sulfuro. Este mineral se encuentra principalmente en los cráteres volcánicos y en manantiales de aguas calientes en Sicilia, Italia y Estados Unidos.

5 TIPO CONSTITUTIVO NATRUM. MUR.

Se trata de personas muy sensibles y refinadas. En una gran proporción este grupo está conformado por mujeres. Se sienten fácilmente heridas por las ofensas y no manejan bien las críticas que reciben. El resultado suele ser que, a pesar de aparentar estoicismo y seguridad en sí mismas, se vuelven personas introvertidas. Aunque deseen la compañía de sus semejantes, suelen imponerse a sí mismas la soledad.

Aspecto Físico

Por lo común son personas de pelo rubio aunque también se presentan colores oscuros, suelen tener cutis pálido y brillante, ligeramente hinchado. A menudo una línea está presente en mitad del labio inferior. La contextura de su cuerpo puede ser casi cuadrada o en forma de pera. Sus zonas débiles son la piel, la mente, el aparato digestivo, la sangre y los músculos.

Características Generales

Prefieren los ambientes y el aire frescos. Algunas actividades como ayunar o transpirar los energizan mucho. Descansan con comodidad en un lecho más bien duro. Sus condiciones empeoran entre las 9 y las 11 de la mañana, así como con el calor, el sol pesado y el aire de mar. Tampoco se llevan bien con el frío y el tiempo tormentoso, ni con los esfuerzos excesivos. No les resulta bueno acostarse sobre el lado izquierdo.

Temores

Suelen mostrar aprensión a perder el control y terminar enloqueciendo. Los aterroriza la posibilidad de que los hieran emocionalmente. No les gustan los espacios cerrados ni las multitudes, sienten miedo en la oscuridad y temen a los ladrones. Su principal pavor es la muerte, pero temen a posibilidades más cotidianas como fracasar en su trabajo, llegar tarde o soportar una tormenta eléctrica.

Hábitos Alimenticios

Son amantes de los alimentos ácidos y amargos, algo ideal para ellos es la cerveza y el sauerkraut. También les gustan mucho las féculas, pan, arroz, y la leche, pero todas estas cosas suelen caerles mal. No soportan el pollo ni el café. Una característica: aman o bien odian la sal y los alimentos salados.

Temperamento y Personalidad

En general son personas que se muestran serias, casi rígidas y pueden despertar muy malhumoradas y pesimistas. Muchas veces parecen bruscos e impacientes, aunque son capaces de ensimismarse profundamente. Tienden a recorrer el camino más complicado para llegar a algo y son inflexibles en exceso. Lloran y se ponen mal ante la menor ofensa, aunque no buscan y de hecho detestan la compasión de los demás. La música puede hacerlos llorar de emoción y, comúnmente, son honestos e idealistas.

Remedio Constitucional natrum. mur. (Natrum Muriaticum):

El natrum muriaticum o, simplemente, la sal, se conoce también por los siguientes nombres:

- *Cloruro de sodio.*
- *Halita.*
- *Sal de roca.*

Este remedio tiene una larga historia: siempre ha sido una valiosísima fuente mineral. Tanto el sodio como el cloro son oligoelementos fundamentales, y, en general, están presentes en casi toda dieta. Una curiosidad: la palabra "salario" deriva del latín "salarium", que se refería al hecho de que les pagaban con sal a los soldados .

Usos Principales

- *Trastornos emocionales y aflicciones, en especial originadas en sentimientos reprimidos.*
- *Dolencias que, en general, empeoran con el calor.*
- *Enfermedades acompañadas por descargas.*
- *Catarro.*
- *Resfríos.*
- *Llagas.*
- *Cansancio de ojos.*
- *Gingivitis.*

Otras Aplicaciones

Entre los muchos otros usos, podemos hablar del tratamiento de ansiedades y depresiones originadas en pesares reprimidos. En las mujeres, la falta de menstruación causada por shock o aflicción es atendida con este remedio, así como las menstruaciones irregulares o el malestar general de este período.

Es eficaz en la cura de las encías inflamadas, los labios secos y agrietados, la halitosis (mal aliento) y las úlceras bucales. También en los problemas de piel: forúnculos, granos, padrastros, verrugas y el dolor de estos males. Sirve para la anemia, el bocio, el estreñimiento con deposiciones secas y duras, las fisuras anales sangrantes, el flujo urinario retrasado y el dolor de espalda.

También se utiliza para el tratamiento de enfermedades como resfríos y catarro, con descargas acuosas y mucosidad abundante. Otras dolencias: migrañas, líneas en zigzag ante los ojos, dolores de cabeza y vista cansada.

-Su efecto sobre los síntomas es más efectivo con el aire fresco, después de transpirar, en una cama dura, con compresas frías y con el ayuno.

-Los síntomas tratados con natrum. mur. empeoran en climas fríos y tormentosos, con el sol y el aire de mar, con el esfuerzo excesivo, con el calor y la mala ventilación y, especialmente, entre las 9 y las 11 de la mañana.

La sal de roca se forma por la evaporación de aguas salinas, en general proveniente de lagos. De ésta se extrae tanto la sal común de mesa como la que se usa para elaborar el remedio homeopático. Grandes zonas son el Mar Muerto, Estados Unidos, Europa y la India.

6 TIPO CONSTITUTIVO SILICEA

Se trata de personas frágiles y pasivas en su aspecto y apariencia, pero en realidad obstinadas y tenaces. Suelen mostrarse muy susceptibles, lo que se debe a su gran inseguridad interna, mientras que su miedo a tomar responsabilidades las hace o bien vacilantes o bien esquemáticas e inflexibles cuando deben emprender algo nuevo. Son, en general, personas amistosas y sensibles.

Aspecto Físico

De huesos pequeños, más bien delgadas, suelen tener el cabello lacio y fino, y un aspecto general de prolijidad y pulcritud. Su piel se irrita y

supura con facilidad tardando en cicatrizar ante los menores roces. Sus uñas son quebradizas, toscas, amarillentas. Tienden a presentar los labios, y la comisura de la boca agrietados. Las zonas débiles de su cuerpo son las glándulas, el sistema nervioso, la piel, los tejidos y los huesos.

Características Generales

Les gusta estar abrigados, sobre todo en la cabeza, y disfrutan a pleno del verano. En cambio la pasan mal con la humedad, con el frío y, en especial, cuando hay luna nueva. No les gusta acostarse sobre el lado derecho y no se sienten a gusto al bañarse o nadar.

Temores

Sus mayores temores se centran en tres circunstancias: miedo a estar solos, a la pobreza, y, en particular, a la locura.

Hábitos Alimenticios

Prefieren los alimentos fríos y, entre ellos, las verduras crudas, los helados y las ensaladas. No les gustan mucho la carne ni el queso y tienen problemas con la leche: es común que de bebés no se amamanten normalmente. También les disgustan los alimentos calientes en general.

Temperamento y Personalidad

Comúnmente son personas que carecen de energía tanto física como mental, y suelen temer sentirse abrumadas. Sin embargo, cuando se entregan a un desafío se muestran tenaces y determinadas. Pero dado que en el fondo no son decididos, se sienten fácilmente presionados en el trabajo y, cuando pueden, descargan sus frustraciones con sus subordinados. Como recelan de sentirse heridos por no recibir en la misma medida que dan, no se comprometen a fondo en las relaciones. Trabajando son obsesivos y detallistas, y pueden llegar al agotamiento por su capacidad de hacerlo sin interrupción. Sus aspiraciones se ven limitadas por su miedo al fracaso.

Remedio Constitucional silicea (Silicea Terra):

El Silicea Terra o sílice es conocido también por los siguientes nombres:

-Cuarzo.
-Sílex.
-Cristal de roca.

Este elemento tiene una presencia muy notable en la naturaleza. Las plantas lo absorben por sus tallos mientras la mayoría de las rocas lo tienen como su principal componente. También hay sílice en el material que une todas las estructuras del cuerpo, llamado tejido conectivo.

Usos Principales

- *Desnutrición general, que conduce a infecciones recurrentes.*
- *Afecciones de los huesos y la piel.*
- *Problemas del sistema nervioso.*
- *Eliminación de cuerpos extraños (astillas, etc.).*
- *Migrañas.*
- *Debilidad física y emocional.*

Otras Aplicaciones

Este remedio se administra en problemas como las migrañas, en las que el dolor comienza en la nuca y se extiende por encima de los ojos, o en la incapacidad de eliminar las heces, que permanecen en el recto con peligro de infección. También combate la presencia de fluido en el oído medio ("oído pegajoso"), el catarro crónico, la sudoración excesiva, las consecuencias del estrés y el exceso de trabajo tales como las alteraciones del sueño.

Su utilización principal, sin embargo, tiene que ver con la desnutrición, las debilidades físicas y emocionales, el debilitamiento del sistema inmunológico y las infecciones recurrentes como el resfrío, la gripe y las infecciones del oído.

Ayuda a eliminar las astillas de los tejidos y, en general, en las afecciones relacionadas con la piel y los huesos: uñas débiles y quebradizas, cutis con granos o aspecto enfermizo, fracturas que tardan en soldar, crecimiento óseo lento, etc.

-Su efecto sobre los síntomas es más efectivo y rápido en un clima de calor y humedad, en el verano; también al abrigarse, en especial en la cabeza.

-Los síntomas tratados con silicea empeoran por la mañana, con el aire frío y la luna nueva, al desvestirse, al mojarse y andar, y con las corrientes de aire.

Este elemento está presente en casi toda la naturaleza. Las rocas de sílex son duras y muy fuertes y se componen de sílice. Por su parte, el cristal de roca es la variedad incolora del cuarzo.

7 TIPO CONSTITUTIVO ARGENT. NIT.

Se trata de personas en general impulsivas, que suelen obrar y pensar con mucha agilidad. Habitualmente se desempeñan en labores en las que puedan utilizar estas características básicas de rapidez y dinamismo, y suelen poseer muy buena memoria. En general, se mueven en áreas donde lo importante es el desempeño personal.

Aspecto Físico

Comúnmente se muestran propensos a sudores nerviosos y abundantes. Presentan habitualmente rasgos más bien hundidos, que favorecen la aparición prematura de arrugas y líneas en el rostro. Un Argent. nit.

suele representar más edad que la que realmente tiene. Las zonas débiles de su cuerpo son las membranas mucosas, el estómago, los ojos, los intestinos y el costado izquierdo de su cuerpo.

Características Generales

Prefieren los ambientes frescos y al aire libre. No se llevan bien con los climas templados ni con las tensiones emocionales. No toleran bien el exceso de trabajo. Las mujeres Argent. nit. suelen empeorar con la menstruación, y ambos sexos empeoran de noche y si se acuestan sobre el costado izquierdo.

Temores

Suelen mostrar temor a perder el control y también a enloquecer. A estar solos y a ser atacados por ladrones. Tienen mucho miedo al fracaso profesional y a las enfermedades incurables, por supuesto también a la muerte. En cuanto a su entorno, no toleran los espacios cerrados y las multitudes, no se llevan bien con los edificios altos y las alturas en general, y sienten una gran culpa por llegar tarde.

Hábitos Alimenticios

Prefieren por igual y con pasión las comidas saladas y las dulces, y no toleran los alimentos fríos. Una característica: aman o bien odian el queso. Los dulces les provocan deseos casi ansiosos pero habitualmente les caen mal.

Temperamento y Personalidad

En general son personas a las que les trae dificultades el dominar su mente y sus emociones. Suelen llorar con la misma facilidad con que pierden la paciencia. Sin embargo, son extrovertidas y alegres, aunque también impresionables. Muy ansiosas, pueden mostrarse agitadas y con aprensión ante pequeñas cosas que viven como catástrofes, tales como perder un autobús. Estas características los llevan, a veces, a temores irracionales.

Remedio Constitucional argent. nit. (Argentum Nitricum):

El argentum nitricum o nitrato de plata es conocido también por los siguientes nombres:

- *Piedra del Diablo.*
- *Piedra del Infierno.*
- *Cáustico Lunar.*

Este remedio tiene una larga historia en la medicina. Se lo usó para tratar dolencias como la epilepsia, las verrugas, para cauterizar heridas o tratar infecciones post-parto. Es un gran antibacteriano, pero en cantidades grandes es sumamente tóxico y puede dañar seriamente las vías respiratorias, el bazo, los riñones y el hígado.

Usos Principales

- *Trastornos digestivos, en especial provocados por excitación nerviosa o ingestión excesiva de dulces.*
- *Afecciones caracterizadas por ansiedad, que demandan consumo de dulces.*
- *Fobias, temores y ansiedades en general.*
- *Diarrea.*
- *Laringitis.*

Otras Aplicaciones

Entre los muchos otros usos, podemos hablar del tratamiento de ansiedades y temores provocados por un exceso imaginativo de parte del paciente, lo que incluye el pánico ante situaciones súbitas e inesperadas, miedo escénico o claustrofobia, sentimientos que suelen ir acompañados por la certeza (imaginaria) de que algo espantoso está a punto de sucederles.

También se usa este remedio para tratar diarreas, vómitos y flatulencia, o dolores de cabeza de origen estomacal y nervioso-digestivo. Sirve, asimismo, para dolores con cólicos, el asma y la laringitis.

Otras aplicaciones incluyen: epilepsia, mareos, ronquera, irritación de garganta y mareos. En las mujeres, es muy efectivo contra la inflamación de membranas mucosas, de los ojos y, en especial, de la conjuntivitis, así como para sensaciones de pesadez uterina debidas a menstruación o prolapso.

-Su efecto sobre los síntomas es más efectivo y rápido en un ambiente fresco.

-Los síntomas tratados con argen. nit. empeoran en clima templado, por la noche, con el exceso de trabajo, con la tensión emocional, con el tiempo caluroso y en ambientes de mucho movimiento o conversación.

Se extrae principalmente de un mineral llamado acantita, que es el principal constitutivo de la plata. Es más común en Sudamérica, Estados Unidos y Noruega.

8 TIPO CONSTITUTIVO CALC. CARB.

Se trata de personas generalmente muy saludables, diligentes y entusiastas, en especial en sus tareas. Son de naturaleza contemplativa, tímida, aunque exteriormente se muestran con un aspecto fuerte y actitud estoica. En la enfermedad tienden a deprimirse y a volverse muy introspectivos. Necesitan mucha atención, ser tranquilizados y motivados.

Aspecto Físico

No es extraño que una persona de este grupo sufra de algún problema o anomalía ósea o articular, como por ejemplo desviación de columna o escoliosis. Es común que suden en la cabeza. Como suelen ser de mucho apetito tienden al exceso de peso y, por ende, a la pereza y la apa-

tía. Su tez es pálida, su cabello grueso y a menudo rizado, y su piel presenta poros muy grandes.

Las zonas débiles de su cuerpo son las glándulas, la nariz, la garganta, los oídos, la piel, los intestinos, y los huesos y dientes.

Características Generales

Prefieren los ambientes y climas secos, y se sienten mucho mejor en las últimas horas de la mañana.

Se llevan mal con el frío y la humedad, después de hacer esfuerzos y suelen abatirse, las mujeres la pasan mal antes de la menstruación, y sus peores momentos son en la primavera y con luna llena.

Temores

Temen a la oscuridad, a los fantasmas, a los espacios cerrados. Los aterran las tormentas eléctricas, los ratones y la pobreza. Sus miedos más profundos se relacionan con las enfermedades incurables, el cáncer, la locura y la muerte.

EL DIAGNÓSTICO CORRECTO DETERMINA LA TIPOLOGÍA Y, POR LO TANTO, LA DIRECCIÓN DEL TRATAMIENTO.

Hábitos Alimenticios

Les encantan las comidas muy dulces, las galletas, el chocolate, las masas. Adoran las ostras y los huevos, consumen muchos alimentos con féculas, arroz, pan, y alimentos ácidos como encurtidos y aceitunas. También adoran las bebidas frías y el helado. En cambio, el café y la leche no sólo les desagradan sino que les provocan problemas digestivos. Una característica: puede llegar a gustarles alguna cosa inverosímil, como comer tierra.

Temperamento y Personalidad

Como temen al fracaso y no les gusta pasar turbaciones, pueden parecer a veces retraídos y autocompasivos. Son muy obsesivos, al punto de irritar a su entorno y, además, ansiosos y siempre preocupados. Suelen dormir mal. Odian ver situaciones injustas o pobreza. También son impresionables, cautelosos, tranquilos y muy sensibles.

Remedio Constitucional calc. carb. (Calcarea Carbonica):

El calc. carb. es conocido también por el siguiente nombre:

- *Carbonato de calcio*.

Esta es apenas una de las muchas sales de calcio que se utilizan en la Homeopatía. En este caso, se la extrae de las conchas de las ostras. El nácar de las mismas contiene carbonato de calcio. Con sólo 10 gramos de polvo de conchas de ostra se podrían producir billones de kilos de remedio homeopático calc. carb. a potencia 6.

Usos Principales

- *Dolor de articulaciones y huesos.*
- *Dolor de espaldas.*
- *Dentición dolorosa.*
- *Desarrollo óseo lento.*
- *Enfermedades caracterizadas por ansiedad, temores, sudor abundante y de mal olor y sensibilidad al frío.*
- *Oído pegajoso.*
- *Cansancio.*
- *Aftas.*
- *Menstruación abundante.*
- *Síndrome premenstrual.*

Otras Aplicaciones

Este remedio se utiliza, también, para infecciones del oído con supuración maloliente, infecciones oculares con enrojecimiento del blanco del ojo, eczemas, síndrome premenstrual, trastornos menstruales y digestivos, menopausia. Sirve para la amigdalitis y el estreñimiento y, en especial, se usa en casos de transpiración abundante y maloliente.

-Su efecto sobre los síntomas es más efectivo y rápido a última hora de la mañana, después del desayuno, con clima seco y tendiéndose sobre el costado derecho.

-Los síntomas tratados con calc. carb. empeoran con el frío y la humedad, el esfuerzo físico, la transpiración y antes de la menstruación.

Se encuentra en el nácar de las conchas de ostra, que se raspa con un instrumento cortante y se muele hasta que queda convertida en el polvo que se usará para el remedio homeopático.

9 TIPO CONSTITUTIVO GRAPHITES.

Se trata de personas en general ansiosas, tímidas, indecisas, aprensivas, asustadizas y pálidas. Sus principales atracciones son el trabajo al aire libre y las tareas manuales, pero ellos mismos sienten que son lentos mentalmente (aunque no sea así) y les resulta arduo cualquier esfuerzo mental sostenido.

Aspecto Físico

Suelen tener pelo oscuro y piel pálida, áspera y tirando a seca. Muchas veces presentan también rasgos toscos. Pueden presentar una costra en el cuero cabelludo que les produce picazón, suelen tener exceso de peso o ser obesos. Se ruborizan tan fácilmente como transpiran, carecen de resistencia y, a veces, su piel tiende a agrietarse detrás de las orejas y en las comisuras de los labios.

Las zonas débiles de su cuerpo son las membranas mucosas, el metabolismo, la piel y las uñas, y el costado izquierdo del cuerpo.

Características Generales

Prefieren los ambientes y climas templados, pero necesitan del aire fresco. Sus momentos mejores son tres: después de comer, cuando duermen y cuando están en la oscuridad.

Se llevan mal con el aire frío, las corrientes, la humedad y también los lugares más ventilados. Suelen estar mal por la mañana y por la noche, y las mujeres especialmente durante la menstruación. No congenian con alimentos dulces ni con los mariscos. No les gusta acostarse sobre el lado izquierdo.

Temores

Son, en este sentido, bastante elementales. Le tienen miedo básicamente a la locura, a las tormentas y a la muerte.

Hábitos Alimenticios

Prefieren bebidas frías y de sabor amargo (por ejemplo la cerveza). No les gustan los alimentos muy dulce y tampoco la sal ni los mariscos. No pueden saltearse una comida, porque en ese caso pueden sufrir dolores de cabeza. El cerdo les trae trastornos digestivos.

Temperamento y Personalidad

En general son personas lentas para reaccionar a cualquier estímulo externo. Suelen mostrar frecuentes cambios de humor, son gruñones, por momentos letárgicos e impacientes, agitados e irritables durante las mañanas y hasta bien entrado el día. No tienen entusiasmo por nada que les suponga sostener un esfuerzo mental. Suelen sentirse infelices, y escuchar música les hace caer en autocompasión y llanto. Se hunden con facilidad en el desaliento.

Remedio Constitucional Graphites (Graphite):

El graphite o grafito es conocido también por el siguiente nombre:

-Plumbagina.

Es una forma del carbón. El nombre proviene del griego "graphein", que significa "escribir". No en vano es el principal componente de los lápices, aunque también se usa en ceras, lubricantes, baterías y motores eléctricos. Hahnemann, el precursor de la Homeopatía, conoció las virtudes del grafito al enterarse de que los obreros de una fábrica de espejos lo utilizaban para curar sus llagas. En general es muy útil para los trastornos de piel y el metabolismo.

Usos Principales

-Enfermedades de la piel.
-Eczemas.
-Úlceras (en especial provocadas por debilidad de la pared estomacal).
-Formaciones anormales de las uñas, obesidad y problemas de piel

causados por desequilibrios del metabolismo.
- Catarro.

Otras Aplicaciones

Este remedio se utiliza, también, para enfermedades como: caída del cabello, llagas, sudores calientes después de hemorragias nasales, calambres y entumecimiento de miembros, inflamaciones glandulares, catarro (en especial cuando la piel de la nariz se resquebrajó de tanto sonar o se presentan eczemas), y en las mujeres en casos de hinchazón de los pechos, menstruación atrasada o muy irregular, estreñimiento y ovarios dilatados.

Es excelente en supuraciones, psoriasis, piel seca y agrietada, queloides y formaciones anormales de las uñas.

-Su efecto sobre los síntomas es más efectivo y rápido en un ambiente templado aunque con aire fresco, en la oscuridad, cuando el paciente duerme o después de comer.

-Los síntomas tratados con graphites empeoran con el aire frío, alimentos dulces y mariscos, acostándose sobre el lado izquierdo, y en las mujeres durante la menstruación.

Se encuentra principalmente en rocas cristalinas, en el granito y en el mármol. Proviene especialmente de México, Estados Unidos, Canadá y Sri Lanka.

10 TIPO CONSTITUTIVO IGNATIA

En una proporción mayoritaria, los componentes de este grupo son de sexo femenino. En general son personas de altos ideales y grandes expectativas, muy nerviosas, tendientes a echarse la culpa de todo lo que sale mal. Las características principales son sensibilidad, nivel cultural, sentido del arte y fragilidad emocional.

Aspecto Físico

Suelen mostrar una expresión tensa y son propensos a tics nerviosos. Las mujeres suelen ser delgadas, con labios agrietados y rostro algo hundido, de cabello oscuro y círculos azulados alrededor de los ojos. Es habitual que bostecen, parpadeen, suspiren repetidamente. Les cuesta liberar sus emociones profundas.

Las zonas débiles de su cuerpo son la mente y el sistema nervioso.

Características Generales

Prefieren los ambientes y climas templados, se sienten bien después de orinar y de comer, y cambian permanentemente de posición. Se llevan mal con el aire frío y con el olor a tabaco. Tampoco reaccionan bien al roce y a las caricias, y ante trastornos emocionales como la ira y la aflicción.

Temores

Tienen mucho miedo a ser dañados en lo emocional, así como a perder su autocontrol. No les gustan para nada los lugares cerrados pero tampoco las multitudes, y temen a ladrones y a seres marginales.

Hábitos Alimenticios

Prefieren alimentos ácidos y productos lácteos. Les gustan mucho los encurtidos, el vinagre, la manteca, el queso y el pan. El café les encanta pero les cae terriblemente. No toleran bien la fruta, el alcohol y los alimentos dulces.

Temperamento y Personalidad

Es muy común ver en las personas de este grupo actitudes contradictorias, como mostrarse perceptivas e irracionales a la vez. Buscan la perfección en quienes están en su entorno, lo que los lleva a frecuentes actitudes histéricas y exageradas. Tienen una extrema sensibilidad, pero sin embargo, se les hace casi imposible expresar bien sus sentimientos y emociones, en especial las aflicciones. Pueden mostrar crispación, mal humor y, aunque el amor los defraude, suelen seguir vinculados con esa persona.

Remedio Constitucional ignatia (Ignatia Amara / Strychnos Ignatii):

El Ignatia es conocido también por el siguiente nombre:

-Poroto de San Ignacio.

Ignatia es un árbol grande que tiene largas ramas y flores blancas. Los indios de las Filipinas solían usar semillas de Ignatia como amuleto contra cualquier enfermedad o dolencia. Fue introducida en Europa en el siglo XVII por los jesuitas españoles, y la medicina tradicional la ha usado para el tratamiento de la epilepsia, el cólera y la gota. Este árbol y sus semillas, que contienen el potente veneno conocido como estricnina, toman su nombre de San Ignacio de Loyola (1491-1556), fundador de la Orden Jesuita.

Usos Principales

- *Problemas emocionales.*
- *Aflicción aguda, por ejemplo derivada de pérdidas afectivas (rupturas, muerte).*
- *Tos y dolor de garganta.*
- *Trastornos con síntomas variables y contradictorios.*
- *Dolores de cabeza.*
- *Ausencia de menstruación.*
- *Depresión, insomnio.*

Otras Aplicaciones

Se utiliza también para enfermedades como: fiebre con escalofríos y mucha sed, desmayos en situaciones de claustrofobia, sensibilidad al dolor, tos con picazón de garganta, dolores abdominales, deseos de comer alimentos extraños durante una enfermedad. En las mujeres, ayuda en casos de prolapso del recto con dolor agudo ascendente, espasmos uterinos dolorosos durante la menstruación, hemorroides y estreñimiento emocional.

En general alivia toda enfermedad que resulte de alteraciones emocionales extremas, tales como ira, represión de emociones, un shock o una pérdida afectiva importante. Es clave en la histeria y el insomnio.

-Su efecto sobre los síntomas es más efectivo y rápido en un ambiente templado, y con los cambios de posición, después de orinar, después de comer.

-Los síntomas tratados con Graphites empeoran con el aire frío, el tacto, el café y el tabaco, los olores fuertes, y con cualquier trastorno emocional como ira o pena.

Cada vaina de Ignatia contiene aproximadamente de 10 a 20 semillas, que se separan de la pulpa y se convierten en polvo para la elaboración homeopática. Es un árbol originario de las Indias orientales, China y las Islas Filipinas. .

11 TIPO CONSTITUTIVO MERC. SOL.

Se trata, en general, de personas cerradas, muy introvertidas que, sin embargo, tienen un profundo fondo emocional. Su apariencia indiferente y arrogante, en realidad, oculta sus falencias de comunicación.

Aspecto Físico

Son personas de nariz afilada, cabellos rubios, piel suave, lisa y traslúcida, y expresión despreocupada e indiferente aunque internamente sean impulsados por la agitación.

Las zonas débiles de su cuerpo son la piel, las membranas mucosas del sistema respiratorio e intestinos, las glándulas salivales y amígdalas, el hígado, los huesos y articulaciones, y la sangre.

Características Generales

Prefieren los ambientes y climas moderados y para sentirse bien necesitan descansar. No suelen estar bien por la noche, cuando tienen calor en la cama, al transpirar y con los cambios de temperatura en general. No pueden acostarse sobre el lado derecho.

Temores

No les gustan para nada las tormentas. Temen a la muerte y a la locura, a los ladrones, y constantemente piensan en la salud de su familia.

Hábitos Alimenticios

Adoran la manteca y los limones. Les gusta mucho el pan, y prefieren las bebidas frías, especialmente leche y cerveza. No sienten agrado por la carne, los alimentos dulces, la sal, el café y el alcohol, exceptuando la cerveza.

Temperamento y Personalidad

Son muy conservadores, pero esto es a causa de su gran inseguridad. Suelen, por la misma razón, ser suspicaces y muy cautelosos al tratar con otras personas. Cuando están enfermos se vuelven lentos, como aturdidos, pierden la memoria y la voluntad. Son inquietos mentalmente y muy ansiosos. Necesitan mucho orden y estabilidad externa. No les gusta que los critiquen ni los contradigan, y no toleran las ofensas.

Remedio Constitucional merc. sol. (Mercurius Solubilis Hahnemanni):

El merc. sol. o mercurio es conocido también por el siguiente nombre:

-*Azogue*.

Desde una tumba egipcia del año 1500 antes de Cristo, pasando por los antiguos chinos y los hindúes, el mercurio siempre estuvo presente en las civilizaciones desarrolladas y fue utilizado en medicina. A pesar de ser tóxico, se lo usó contra la sífilis y para equilibrar las secreciones orgánicas. Se sigue usando en nuestros días, por ejemplo, en empastes dentales.

Usos Principales

-*Afecciones acompañadas de abundante supuración maloliente*.
-*Trastornos de boca y garganta*.
-*Halitosis*.
-*Gingivitis*.
-*Amigdalitis*.

Otras Aplicaciones

Se utiliza en una amplia variedad de dolencias, en especial las que se acompañan de secreciones que producen ardor o una sensibilidad asociada al calor y al frío. En cuanto a garganta y boca, se trata la salivación excesiva, las aftas orales, la gingivitis, las amígdalas, el mal aliento, las encías infectadas, garganta roja e inflamada y las úlceras bucales dolorosas. También funciona muy bien en enfermedades oculares: picazón, ojos llorosos y doloridos, conjuntivitis crónica con párpados rojos, etc. Asimismo, los problemas nasales derivados de alergias o resfríos: mucosidad acuosa y brillante, descarga nasal violenta y estornudos que provocan ardor.

Otras especificaciones son: glándulas inflamadas, dolor de articulaciones, dolor de oído con supuración maloliente, tos espasmódica, dolor neurálgico, fiebre con sudoración grasa, dolor de cabeza intenso.

-Su efecto sobre los síntomas es más efectivo y rápido con el descanso y a temperaturas moderadas.

-Los síntomas tratados con merc. sol. empeoran con los cambios de temperatura, si hay demasiado calor en la cama, con la transpiración, y por la noche.

El mercurio está contenido en las cavidades de la roca. Suele formarse con el mineral cinabrio, que se encuentra en zonas volcánicas y manantiales calientes. El mercurio líquido se disuelve en ácido nítrico y se forma un precipitado negruzco, que se filtra y se convierte en polvo homeopático. El mineral cinabrio se encuentra principalmente en España, Italia, Estados Unidos, Perú y China.

12 TIPO CONSTITUTIVO PHOS.

En general, las personas de este grupo son abiertas, afectuosas, expresivas y expansivas. Trasmiten gran empatía y se dan de manera abierta. Suelen tener talento artístico. Pero en la práctica la mayoría de las veces prometen u ofrecen más de lo que al final realmente dan, puesto que su energía y entusiasmo son de efímero alcance.

Aspecto Físico

Suelen ser delgados, altos, de piel pálida y fina que se ruboriza con facilidad. Su cabello puede ser oscuro o rubio, muchas veces con reflejos cobrizos. Es común que tengan mucha gracia para vestir, aunque también extravagancia. Las zonas débiles de su cuerpo son la circulación, el costado izquierdo del cuerpo, los órganos digestivos, el estómago, el hígado, los pulmones.

Características Generales

Prefieren el aire fresco y les encanta dormir. No hay nada mejor para ellos que acostarse sobre el lado derecho y recibir caricias. Pero no están bien con tiempo tormentoso, al acostarse sobre el lado izquierdo y cuando se ven sometidos a esfuerzos mentales y físicos. Durante la mañana y durante la noche están más vulnerables.

Temores

Tienen miedo a la oscuridad y a los fantasmas, a las tormentas eléctricas y a los ladrones, a las enfermedades, al cáncer, a la muerte. Temen mucho al fracaso en lo profesional, y a estar solos.

Hábitos Alimenticios

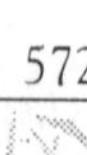

Comen con preferencia alimentos salados y comidas condimentadas. Les gustan mucho las bebidas gaseosas y frías, el helado, el queso, el vino y los comestibles dulces en general. No sienten ninguna atracción por los pescados, la fruta y los tomates, y las comidas y bebidas calientes les caen mal, así como la leche.

Temperamento y Personalidad

Tienen una naturaleza imaginativa y efervescente, pero que necesita de mucho estímulo externo para expresarse. Tienden a devenir apáticos e irritables. En situaciones de enfermedad necesitan de muchos cuidados y afectos, y hasta de caricias. Siempre quieren ser el centro de la atención, aunque a veces la presión los desanima y entonces pasan casi a la indiferencia. Son optimistas.

Remedio Constitucional phos. (Phosphorus):

El phos. o Phosphorus es conocido también por el siguiente nombre:

-Fósforo.

El fósforo fue utilizado desde hace mucho tiempo por la medicina tradicional para tratar enfermedades tales como reumatismo, neumonía, sarampión, epilepsia, dolores de cabeza y malaria. Es, por cierto, uno de los minerales más importantes para la vida. Está presente en los dientes y huesos, en el ADN y en los fluidos corporales, y hasta en el residuo de la orina evaporada.

Usos Principales

- *Hemorragias.*
- *Problemas circulatorios.*
- *Ansiedades y temores.*
- *Afecciones respiratorias.*
- *Trastornos digestivos.*
- *Dolores abrasadores.*
- *Laringitis.*
- *Náuseas y vómitos.*

Otras Aplicaciones

Alivia problemas respiratorios tales como asma, bronquitis, neumonía, tirantez del pecho o esternón, tos seca con picazón de garganta que llega a provocar vómitos y flema veteada de sangre. Sirve, también, para dolores de cabeza y laringitis, que suelen empeorar antes de una tormenta eléctrica. En cuanto al sistema digestivo, es indicado para náuseas y vómitos provocados por envenenamiento con alimentos o por estrés, así como úlceras, gastroenteritis, acedía y salivación excesiva.

Es muy efectivo en el tratamiento de la tensión nerviosa, el insomnio y el agotamiento provocados por ansiedades y temores. También en lo que hace a hemorragias: nasales, encías sangrantes, sangrado interno de la pared estomacal, flujo menstrual excesivo.

-Su efecto sobre los síntomas es más efectivo y rápido con el aire fresco, al dormir, o con caricias y contacto de piel.

-Los síntomas tratados con phos. empeoran con las comidas y bebidas calientes, con el clima tormentoso, con esfuerzo excesivo y por las noches.

Hacia el año 1700, el fósforo blanco corriente comenzó a utilizarse en la fabricación de fuegos artificiales y fósforos de uso personal. Más adelante, dado que este elemento es tóxico, se lo reemplazó por el fósforo rojo. Esta sustancia se encuentra en los fosfatos y en la materia viva.

13 TIPO CONSTITUTIVO PULSATILLA

En la mayoría de los casos, los integrantes de este grupo son mujeres. Es común que hagan amistades con mucha facilidad, aunque a menudo dependen del apoyo de los demás y buscan los consejos y los aceptan con agradecimiento. Suelen tener buen carácter. Son personas amables, tímidas y bondadosas.

Aspecto Físico

Suelen ser algo entradas en carnes, de ojos claros, muchas veces azules, y pelo rubio. La piel blanca con tez sonrosada que se ruboriza con mucha facilidad. Los ojos suelen desarrollar orzuelos bastante seguido.

Las zonas débiles de su cuerpo son las venas, la vejiga, los intestinos, el estómago y los órganos reproductivos femeninos.

Características Generales

El aire fresco y condiciones climáticas secas y más bien frías son ideales. También los hace sentir bien el movimiento suave. Pero no toleran bien el calor, la falta de ventilación, el enfriarse repentinamente, ni tampoco estar mucho tiempo de pie o acostarse sobre el lado izquierdo. Las mujeres la pasan mal antes de la menstruación.

Temores

Tienen miedo de la oscuridad y los fantasmas, los espacios cerrados, las multitudes. Pero los tres grandes miedos son la soledad, la locura y la muerte.

Hábitos Alimenticios

Prefieren, sin lugar a dudas, los alimentos suculentos y los dulces: tortas recargadas, chocolates, masas con crema. Adoran el postre de maní. Aunque rara vez tienen sed, les gustan mucho las bebidas frías. En cambio no toleran los alimentos condimentados, los huevos, la fruta, el cerdo, la manteca. Cualquier clase de mezcla de alimentos les cae mal.

Temperamento y Personalidad

Siempre intentan evitar toda clase de confrontación, casi nunca expresan ira y quieren mantener la paz a toda costa. Semejante flexibilidad puede parecer y ser, a veces, indecisión. Pero a pesar de la doci-

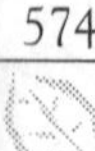

lidad externa en el trato, son personas de una gran fuerza moral. Lloran con facilidad pero sin reservas, lo que muestra un aspecto seguro en su carácter. Son personas a las que mueve más la emotividad que el pensamiento.

Remedio Constitucional pulsatilla (Pulsatilla Nigricans / Anemone Pratensis):

La pulsatilla es conocida también por los siguientes nombres:

-Anémona.
-Anémona de la pradera.

Esta planta perenne tiene un sabor acre, amargo, y si se la mastica provoca una quemazón en lengua y garganta. Es utilizada hace mucho por la medicina alopática. En el siglo XVIII se trataba con ella enfermedades como depresión, caries, catarata y úlcera. En Homeopatía tiene un amplio espectro de uso.

Usos Principales

-Trastornos digestivos provocados por comidas suculentas y grasas.
-Enfermedades acompañadas de descarga amarillo verdosa abundante.
-Problemas emocionales, ansiedades y depresión.
-Trastornos de la mujer.
-Sabañones.
-Acné.
-Resfríos.
-Tos.
-Micción frecuente.
-Gastroenteritis, indigestión.
-Dolor de parto.
-Migrañas.
-Reumatismo.
-Orzuelos.
-Sinusitis.

Otras Aplicaciones

Es de relevante acción en el tratamiento de problemas femeninos. Abarca toda la gama de inconvenientes menstruales y menopáusicos, que a menudo se caracterizan por depresión, llanto y necesidad compulsiva de recibir afecto y comprensión. También es efectiva en depresiones, venas varicosas, hemorragias nasales, fiebre sin sed, dolores de cabeza localizados sobre los ojos, osteoartritis y reumatismo y dolores lumbares.

Se usa especialmente en afecciones con descargas abundantes, infecciones catarrales, obstrucción nasal, sinusitis y tos con flema amarillo verdosa.

-Su efecto sobre los síntomas es más efectivo y rápido con el aire fresco, y con ejercicios suaves. Para su aplicación, resultan fundamentales el afecto y la comprensión.

-Los síntomas tratados con Pulsatilla empeoran con las comidas grasas o suculentas, con el calor y por la noche.

Para preparar el remedio homeopático, la planta florecida de la pulsatilla nigricans se reduce a pulpa y se exprime su jugo. Se trata de una planta originaria de Escandinavia, Dinamarca, Alemania y Rusia.

14 TIPO CONSTITUTIVO SEPIA

En la mayoría de los casos, los integrantes de este grupo son mujeres que abrigan profundos resentimientos. Se trata de esa clase de personas que viven la vida desde la posición de mártires, y en realidad se sienten abrumadas por toda responsabilidad.

Aspecto Físico

Son personas de cutis cetrino, ojos pardos, cabellos oscuros, altas, delgadas, elegantes, de caderas angostas. La zona de nariz y mejillas suele mostrar la presencia de una pigmentación amarillo pardusca. Las mujeres de este grupo son muy elegantes, angulosas, con cierto toque de masculinidad. Siempre se sientan de piernas cruzadas, debido a una sensación de debilidad en su zona pélvica. Su aspecto, a veces, es lánguido y abatido. Las zonas débiles de su cuerpo son la piel, la circulación venosa, los órganos reproductores femeninos y, en general, el costado izquierdo de su cuerpo.

Características Generales

Quienes pertenecen a este grupo se sienten a gusto con todo lo que sea templado, con el aire fresco, estando ocupados y con el ejercicio físico enérgico. En cambio no están a gusto con el clima desapacible, aunque le gusten las tormentas eléctricas. Se sienten mal a primera hora de la mañana, al acostarse sobre el lado izquierdo, y antes de la menstruación.

Temores

Suelen mostrar temor a estar solos. En la vida cotidiana les aterra la pobreza. Y el gran miedo es la muerte.

Hábitos Alimenticios

Les gustan los encurtidos, el vinagre, las aceitunas, el limón y, en general todo lo que sea ácido. También son así en las bebidas. Disfrutan de los dulces y del alcohol, mientras que la leche y el cerdo les caen muy mal.

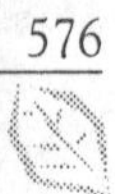

Temperamento y Personalidad

Suelen ser irritables en la intimidad y amables y extrovertidas en sociedad. Adoran la danza. En general la personalidad de las mujeres Sepia es independiente, buscan la realización profesional y se preocupan mucho por sus metas y por su carrera. Disimulan con una gran dureza su vulnerabilidad. Aunque no faltan casos de personalidades inmersas en un marcado sentido del deber doméstico que no se expresa sino a través de la calidad de esposa y madre. En general son siempre personas obstinadas, y odian ser contradecidas.

Remedio Constitucional sepia (Sepia Officinalis):

La sepia es conocida también por el siguiente nombre:

-*Tinta del Calamar.*

La más antigua utilización de la tinta del calamar fue como pigmento para las pinturas artísticas. Sin embargo, la medicina tradicional también la usó para tratar los cálculos renales y la gonorrea. En el siglo I antes de Cristo, Discórides utilizó esta tinta para combatir la caída del cabello. Es uno de los remedios homeopáticos más indicados para trastornos femeninos.

Usos Principales

-*Trastornos de la mujer: malestares relacionados con el desequilibrio hormonal, síndrome premenstrual, menopausia.*
-*Afecciones caracterizadas por agotamiento.*
-*Aftas*

Otras Aplicaciones

Es muy efectiva en el tratamiento de afecciones relacionadas con el agotamiento como el dolor de espalda o el dolor en el costado debido a debilidad muscular. Se usa también en trastornos digestivos y similares, tales como indigestión con leche o alimentos rasos, flatulencias, sensibilidad abdominal. También para dolores de cabeza con náuseas, catarro con sabor salado debido a resfrío o alergia, mareos, manchas cutáneas, sudoración abundante, pies sudorosos, caída del cabello.

-Su efecto sobre los síntomas es más efectivo y rápido en un ambiente templado y con aire fresco, después de comer y al dormir.

-Los síntomas tratados con sepia empeoran con la fatiga física y mental, antes de la menstruación, con el tiempo tormentoso y por la mañana.

Se utilizan los pigmentos puros de la tinta de este molusco emparentado con el pulpo y la jibia. Se encuentra, principalmente, en el mar Mediterráneo.

15 TIPO CONSTITUTIVO NUX VOMICA

Se trata de una clase de personas que se empeña en trabajar lo más duramente que les sea posible. Son muy críticos y parecen buscar la perfección, aunque no toleran las críticas sobre lo que ellos hacen. Son muy nerviosos, competitivos y enérgicos.

Aspecto Físico

Son personas propensas a tener arrugas en la cara. Enrojecen con facilidad cuando se ponen nerviosos. Suelen ser delgados, de aspecto muy tenso, tez cetrina, atildados, con círculos oscuros debajo de los ojos y un aire irascible. Son muy elegantes.

Las zonas débiles de su cuerpo son los nervios, intestinos, hígado, pulmones y estómago.

Características Generales

Quienes pertenecen a este grupo se sienten a gusto con todo lo que sea templado y con la humedad. Están a pleno en el momento de acostarse a dormir la siesta, al levantarse por la mañana o al irse a dormir por la noche. Disfrutan de todo lo que sea lavado y compresas. En cambio, no se llevan bien con el clima invernal, seco o ventoso. No están bien después de comer, con el ruido, con el agotamiento mental, con los alimentos condimentados, y su peor momento es entre las 3 y las 4 de la mañana.

Temores

Aparte del temor a las multitudes y los espacios públicos, los grandes miedos de este grupo pasan por el fracaso en la profesión y la muerte.

Hábitos Alimenticios

Carnes grasas, cremas, quesos y todo alimento suculento está dentro de sus preferencias. En cambio no les gustan el alcohol ni el café, ni mucho menos los alimentos condimentados, todos los cuales les caen muy mal.

Temperamento y Personalidad

Se los suele encontrar en puestos de mando, gerencias y dirección empresarial, puesto que son de naturaleza ambiciosos y les encanta tomar decisiones. Tienen mucha facilidad y claridad de expresión, y saben usar el sarcasmo en su provecho. Pero también estallan con gran facilidad y son muy impacientes. Tienen fuertes impulsos sexuales y se llevan mal con las enfermedades, volviéndose impulsivos y molestos. Su ambición puede llevarlos al consumo de drogas o alcohol aunque esto les haga muy mal.

Remedio Constitucional nux vomica (Strychnos Nux Vomica):

La nux vomica es conocida también por los siguientes nombres:
-Nuez vómica.
-Botón de cuáquero.

De este árbol se extrae la estricnina, presente en sus semillas. Esta sustancia, en dosis elevadas, provoca trastornos graves en el sistema nervioso. Sin embargo en dosis adecuadas estimula el apetito y ayuda a la digestión y la micción. En la Edad Media la estricnina fue usada como antídoto para la peste.

Usos Principales

-Trastornos digestivos, en especial originados en ira reprimida.
-Irritabilidad.
-Resfríos y gripe.
-Estreñimiento.
-Cistitis.
-Náuseas matinales.
-Cansancio.
-Dolores de parto.

Otras Aplicaciones

Es muy efectiva para resfríos con congestión nasal nocturna y nariz goteante durante el día, tos seca acompañada de náusea o tos con dolor de laringe, gripe con fiebre y músculos rígidos, dolores de cabeza y migrañas debidas a resaca. En las mujeres, se usa para menstruaciones prematuras, abundantes o irregulares, y para mareos premenstruales. También para la cistitis o micción frecuente, calambres y mareos del embarazo y dolores de parto.

Se indica expresamente en cuadros de hipersensibilidad e irritabilidad y sus consecuencias, como insomnio y trastornos digestivos. También para calambres abdominales producidos por diarrea, dolores de cólico e indigestión.

-Su efecto sobre los síntomas es más efectivo y rápido en un ambiente templado, al dormir, y al quedarse el paciente a solas por la noche.

-Los síntomas tratados con nux vomica empeoran con el clima seco, frío e invernal, el viento, y especialmente entre 3 y 4 de la mañana. Con el ruido, el tacto y el agotamiento mental.

En las frutas secas de este árbol, dentro de su dura cáscara, hay una pulpa blanda y gelatinosa que contiene las semillas, de color claro, similares a botones. La estricnina también está en las hojas y la corteza del árbol. Crece principalmente en Australia, India, Birmania, China y Tailandia.

"IGUAL VIRTUD ES

MODERARSE EN EL GOZO

QUE MODERARSE

EN EL DOLOR."

Séneca

CAPITULO 7

Guía práctica de primeros auxilios

A CONTINUACIÓN VEREMOS ALGUNAS APLICACIONES PRÁCTICAS DE LA HOMEOPATÍA EN SITUACIONES COTIDIANAS COMO PEQUEÑAS EMERGENCIAS, ENFERMEDADES MENORES O SITUACIONES QUE REQUIEREN DE PRIMEROS AUXILIOS. PARA SUPLIR LAS NECESIDADES DE REMEDIOS EN MOMENTOS COMO LOS DESCRIPTOS, NO NECESARIAMENTE HAY QUE TENER UN HOMEÓPATA AL LADO. MUCHOS NEGOCIOS Y FARMACIAS VENDEN PRÁCTICOS KITS DE PRIMEROS AUXILIOS QUE, POR SUPUESTO, RECOMENDAMOS TENER SIEMPRE EN EL HOGAR.

KIT HOMEOPÁTICO ELEMENTAL PARA PRIMEROS AUXILIOS

El botiquín elemental mínimo que puede tener en su hogar para atender primeros auxilios mediante remedios homeopáticos no necesita ser muy amplio. En cuanto a la dosificación de cada remedio, en el apartado correspondiente a cada caso se la especifica, aunque en general las potencias utilizadas en primeros auxilios van de 6 a 30.

Los remedios deben ser conservados en un lugar seco, oscuro y fresco, siempre fuera del alcance de los niños. Bajo estas condiciones, conservan sus propiedades durante años.

Los remedios que no pueden faltar en el kit homeopático de emergencia son los siguientes:

- *Arnica*
- *Ledum*
- *Rhus toxicodendron*
- *Ruta Graveolens*
- *Apis*
- *Tabacum*
- *Urtica*
- *Silicea*
- *Nux Vomica*
- *Phosphorus*
- *Cantharis*
- *Euphrasia*
- *Hypericum*
- *Bryonia*
- *Glonoinum*

LOS MEDICAMENTOS NO DEBEN DEJARSE ABIERTOS DURANTE MUCHO TIEMPO.

Un remedio como Arnica no debería faltar en ningún botiquín, ni siquiera en uno alopático. Se lo puede hallar en forma de tintura, crema o pastillas, y en el aspecto emocional es una gran ayuda para estabilizar los nervios cuando una persona sufrió un accidente o lesión, mientras que en la parte física es un gran aliado para reducir hinchazones y cicatrizar tejidos.

Algunos de estos remedios pueden guardarse también en el botiquín en forma de cremas y ungüentos. En esta clase de presentaciones pueden comprarse ya preparados. Los que no deben faltar son:

- *Crema de Arnica*
- *Pomada de Urtica*
- *Crema de Caléndula*

También pueden comprarse ya preparadas las tinturas homeopáticas, que es importante incorporar a nuestro kit de primeros auxilios. Las principales son:

- *Tintura de Arnica*
- *Tintura de Hypericum*
- *Tintura de Caléndula*
- *Tintura de Euphrasia*
- *Tintura de Pyrethrum*

Con estas tinturas se pueden preparar, además, lociones homeopáti-

cas. Salvo indicación específica en otro sentido, las lociones se preparan según la siguiente proporción:

- *10 gotas de tintura.*
- *1 litro de agua hervida y enfriada.*

Con estos mínimos elementos, usted estará preparado para afrontar la mayoría de los accidentes y emergencias que pueden presentarse a diario. Para saber qué hacer en cada caso, consulte la guía que presentamos a continuación.

Pero antes de pasar a la guía, estableceremos las pautas básicas para su uso:

MUCHOS REMEDIOS SE GUARDAN EN FORMA DE CREMA.

- ✔ *Durante el tiempo que ingiera los remedios homeopáticos, suspenda el café, el alcohol, el tabaco, los alimentos condimentados y cualquier cosa con sabor fuerte (como la pasta dental).*
- ✔ *Evite usar perfumes ni productos de limpieza muy perfumados mientras esté tomando los remedios.*
- ✔ *No mezcle los remedios con alimentos ni bebidas. Después de comer o beber deberá esperar al menos una hora para ingerir un remedio homeopático.*
- ✔ *No manipule mucho los remedios. Use una cuchara limpia y seca, y procure no dejarlos abiertos mucho tiempo ni los exponga al calor ni al frío excesivos.*
- ✔ *No tome más de un remedio a la vez. Siga las indicaciones con cuidado, sin improvisar ni experimentar. Cuando tenga dudas, consulte directamente a un profesional.*

GUIA ALFABETICA DE PRIMEROS AUXILIOS HOMEOPATICOS

Ampollas en la Piel

Se trata de burbujas de líquido que se forman debajo de la piel como resultado de una quemadura o una fricción.

Si la ampolla se revienta sola, hay que lavar la zona con una solución de Hypericum.

Si arde y provoca picazón, hay que aplicar una compresa fría para calmar la zona afectada y administrar Cantharis 6, cuatro veces por día, hasta que desaparezcan los síntomas.

Las ampollas provocan mucha picazón cuando están muy rojas e hinchadas. En estos casos, se puede administrar Rhus Toxicodendron 6, cuatro veces por día, hasta que desaparezcan los síntomas.

Astillas

El riesgo de una astilla es que al penetrar de bajo de la piel rompiéndola, puede provocar infección. Hay que retirar la astilla con muchísimo cuidado, usando una pinza pequeña esterilizada (puede ser de las que se usan en depilación).

Es importante, si la persona no está vacunada contra el tétanos, consultar enseguida a un profesional.

En cuanto al dolor punzante y ardiente de la herida, se puede aplicar una compresa tibia (incluso, antes de retirar la astilla, la compresa la ayuda a salir a la superficie de la piel). Para prevenir todo riesgo, administrar Silicea 6, ingiriéndola 4 veces al día hasta un máximo de 14 días.

Cirugías y operaciones odontológicas

Por supuesto que no estamos incluyendo una operación en la categoría de "accidentes" que requieren primeros auxilios, pero como siempre una intervención quirúrgica involucra pérdida de sangre y alguna clase de daño en tejidos, los remedios homeopáticos pueden ser de gran ayuda en los procesos post-operatorios.

Arnica 30 es el remedio primario para las operaciones, se administra tanto antes como después de la operación. También es indicada en casos de heridas que no cicatrizan rápido y, por supuesto, cuando el paciente no se siente bien tras una operación.

Si el paciente muestra signos de aprehensión o temor antes de una operación, se le puede administrar Aconita 30; es especialmente adecuada para niños, o adultos que no dominen sus temores. También puede ayudar, luego de una operación, al paciente que se muestre inquieto y se revuelva en su lecho.

Después de una operación puede administrarse Hypericum 200. Es muy útil cuando lo comprometido son zonas ricas en tejido nervioso.

Cuando las cicatrices de una intervención quirúrgica son especialmente dolorosas, punzantes o irritantes, lo indicado es Staphisagria.

En el caso de las operaciones odontológicas, los remedios homeopáticos pueden ayudar a reducir sensiblemente el dolor e, incluso, a que la dosis necesaria de anestesia para intervenir sea mínima. Como muchos de los anestésicos alopáticos usados en las práctica odontológica son antídotos de los remedios homeopáticos, los siguientes remedios son de especial importancia para pacientes que estén bajo tratamiento homeopático:

-Hypericum 200, administrado justo antes del uso del torno u otro instrumento. A veces llega a suplantar totalmente a la novocaína.

-Loción de caléndula (diez gotas de tintura de caléndula en medio litro de agua) es muy utilizada para un enjuague bucal luego de la extracción de un diente o muela. Reduce mucho el riesgo de infección, controla la hemorragia y acelera el proceso de cicatrización y sanación.

Esguinces

Los síntomas básicos de un esguince son hinchazón, agarrotamiento y fuerte dolor cada vez que se intenta utilizar el músculo afectado. Son causados por una excesiva distensión de los ligamentos que unen las articulaciones, y pueden ser suaves pero también revestir cierta gravedad.

Si el dolor y la hinchazón son muy notorios y no se alivian rápidamente, se debe consultar a un especialista para el tratamiento correspondiente.

Cuando se produce una torcedura, lo primero que hay que hacer es colocar la parte afectada en una posición muy cómoda.

Si el esguince fue en la zona del tobillo, hay que aplicar por frotación una crema de Arnica y luego vendar con firmeza.

La hinchazón que acompaña a este problema puede tratarse aplicando una compresa fría previamente embebida en una solución de agua fría con diez gotas de tintura de Arnica.

El tirón en tendones y ligamentos, que produce mucho dolor y un agarrotamiento de la zona, se trata con Arnica 30 cada 30 minutos hasta un máximo de 10 dosis, luego de las cuales hay que continuar con la administración de Ruta 6 cada 8 horas hasta la desaparición de los síntomas.

Las articulaciones hinchadas y calientes y los músculos distendidos, cuya característica es que el dolor sea agudo al empezar a moverse pero vaya desapareciendo a medida que se mueve, se tratan también con Arnica 30 cada 30 minutos hasta un máximo de 10 dosis, pero continuando luego con Rhus Toxicodendron 6 cada 8 horas hasta la desaparición de los síntomas.

Fracturas

Usualmente, aunque no siempre, se observa una obvia deformidad cuando un hueso está roto. Ante la menor sospecha de fractura tras un golpe, hay que tener extremo cuidado de no mover los fragmentos rotos del hueso; es aconsejable utilizar una tablilla. Casi todas las fracturas causan dolor e hinchazón, e impiden el movimiento. Una o dos dosis de Arnica 200 pueden administrarse inmediatamente después de producida la fractura. Esta dosis debe ser seguida de Arnica 30 dos o tres veces al día por algunos días para ayudar a absorber la sangre extravasada y reducir la hinchazón. Esta segunda etapa puede hacerse también con Ledum 30.

Luego de esto, se puede seguir con Symphytum 6, que es indicado para cualquier fractura y ayuda a una más rápida unión de los huesos rotos. Es indicado especialmente para los huesos largos. También puede tratarse con Symphytum un problema de tardanza en la unión o en las dificultades de movilidad resultantes de la fractura.

Las fracturas en personas de edad avanzada deben ser tratadas con Calcio Fósforo 30. Se administra dos veces por semana. Si hay demora en la unión de los huesos, el tratamiento puede extenderse hasta que sea necesario.

Cuando el hueso fracturado presenta una gran herida o moretón y todo el cuerpo siente una sensación de estar dolorido, se puede utilizar Ruta, remedio que también es muy efectivo para las fracturas y fisuras de costilla, caso en el cual se deben consumir tres dosis, una por día.

Golpe de Calor

Se llama así a la súbita pérdida de líquidos al exponerse a un clima demasiado caluroso y húmedo.

Ante este síntoma, lo primero es poner a la persona a resguardo del calor, en un sitio fresco y silencioso. Luego hay que hacerle beber varios sorbos de agua salada (que se prepara con una cucharada de té de sal por litro de agua).

Si la persona se queja de dolor de cabeza muy agudo que parece agravarse ante el menor movimiento, y además tiene náuseas, el tratamiento es Bryonia 30 cada 5 minutos, hasta un máximo de 10 dosis.

Si el dolor de cabeza, en cambio, es explosivo y palpitante, y la persona tiene el rostro muy caliente y la piel sudorosa, la indicación apropiada es Glonoinum 30 cada 5 minutos, hasta un máximo de 10 dosis.

Hematomas y moretones

Los familiares signos de dolor, hinchazón y coloración de la piel son resultado del daño sufrido por el suave tejido exterior de la piel, con acumulación de sangre. En estos casos hay que estar alertas sobre posible sangrado interior o daño orgánico interno, principalmente cuando hubo golpes en la cabeza, el pecho o el abdomen. La aplicación inmediata de compresas frías pueden ayudar a reducir la hinchazón.

Se recomienda en estos casos la administración inmediata de una dosis de Arnica 200. Si no se dispone de Arnica 200, puede administrarse Arnica 30 dos o tres veces al día durante algunos días, de acuerdo con la severidad del hematoma. Este remedio aliviará el dolor y ayudará a la reabsorción de la sangre.

Luego de haber administrado Arnica, y en caso de que el hematoma o moretón no haya desaparecido aún, puede administrarse Ledum 12 o Ledum 6, en especial si las zonas afectadas se perciben frías y entumecidas. Ledum es considerado el mejor de los remedios para hematomas en los ojos, porque provee alivio inmediato al dolor y reduce rápidamente la consecuente coloración o amoratamiento.

Para los hematomas en huesos o heridas en el tejido que cubre los huesos, lo adecuado es administrar Ruta.

En caso de hematomas o moretones en general, y en especial para hematomas musculares o músculos cansados por exceso de ejercicio, es de gran ayuda aplicar compresas embebidas en loción de Arnica. Esta loción se prepara con cinco gotas de tintura de Arnica en medio litro de agua fría. Pero atención: nunca aplique loción de Arnica a la piel arañada, herida o cortada; puede producir una reacción tóxica. Del mismo modo, no deje la compresa por mucho tiempo sobre la piel, porque mucha gente es muy sensible a este remedio y puede devenir en irritaciones.

Hemorragia nasal

Una hemorragia nasal puede ser consecuencia de golpes o heridas en la nariz, así como de sonarse con mucha fuerza.

Lo primero que se debe hacer para detener la hemorragia es sentarse con la cabeza bien hacia atrás, apretándose la parte inferior de las fosas nasales con energía durante algunos minutos, soltando luego muy lentamente. Por supuesto, si tras esto la hemorragia sigue siendo abundante hay que consultar de inmediato con un profesional.

Cuando se trata de una hemorragia provocada por una lesión o herida, se debe administrar Arnica 6 cada 2 minutos hasta un máximo de 10 dosis.

En cambio, si el sangrado es producto de una manera violenta de sonarse la nariz, hay que tomar Phosphorus 6 cada 2 minutos hasta un máximo de 10 dosis.

Heridas cortantes

Si la piel presenta cortes producidos por algún instrumento filoso o rasgaduras irregulares, algunas estructuras internas pueden haber sido dañadas, como por ejemplo vasos sanguíneos, nervios, músculos o tendones. La pérdida de sangre puede ser controlada haciendo presión local sobre el corte o mediante un torniquete (con los torniquetes hay que manejarse con gran cuidado y atención, y asegurarse de aflojarlos a intervalos de no más de media hora).

Por supuesto que en caso de cortes muy profundos es necesario recurrir inmediatamente a la asistencia quirúrgica, única manera de reparar daños serios. En caso de cortes menores, primero hay que dejar salir una pequeña cantidad de sangre que limpiará la herida desde adentro.

Luego puede usarse loción de Caléndula o Hypericum (diez gotas de tintura en medio litro de agua fría). Se aplicará en forma externa, mojando luego un apósito y colocándolo sobre la herida para unir la piel abierta. Estos dos remedios restauran con rapidez la herida y combaten las posibilidades de infección, por lo cual no es necesario el uso de remedios alopáticos. El apósito colocado en la herida debe ser humedecido por su parte externa con gotas de la loción durante el primer día de aplicado.

Caléndula 30 puede ser administrada internamente dos veces por día en combinación con el apósito externo, para acelerar el proceso de sanación.

En casos de cortes causados por instrumentos filosos, que producen un dolor irritante, el remedio homeopático usado comúnmente es Staphisagria 30.

Para heridas lacerantes severas que muestran desgarro, o que hayan hecho extensivo el daño a los tejidos subcutáneos, hay que acudir a lo quirúrgico de inmediato, pero mientras tanto puede administrarse algo de lo siguiente:

-Arnica 200, una o dos dosis. También Arnica 30.

-Loción de Hypericum en forma externa.

Las heridas cortantes severas muchas veces comprometen algún nervio, por lo que el remedio recomendado después de la Arnica es Hypericum tres veces por día; si el dolor es muy fuerte, Hypericum 30 una vez por hora hasta que la persona sienta que se alivia. A partir de eso, Arnica 6 puede ser administrado dos veces al día; el número de días dependerá de lo severa que haya sido la herida. Arnica ayuda a una cicatrización mucho más rápida.

Heridas punzantes

En el caso de las heridas punzantes causadas por un objeto afilado, la piel puede no sufrir daños graves, pero los tejidos internos se verán muy lastimados y las infecciones pueden aparecer en lo profundo de la herida.

En esta clase de heridas debe ser considerada de inmediato la posibilidad del tétanos, y si la persona no ha sido vacunada recientemente contra esta enfermedad debe acudir inmediatamente a un centro específico para recibir su dosis.

Las heridas punzantes en el pecho o el abdomen son particularmente delicadas porque suelen afectar órganos importantes y provocar inmediatas hemorragias, por lo que se necesita rápida atención médica.

Para esta clase de heridas, el remedio homeopático indicado es Ledum 30, el cual incluso ayuda a prevenir el tétanos; no obstante, sin la atención directa de un médico homeópata la persona debe asegurarse de que se le administre igual una dosis antitetánica alopática.

Ledum también promueve la sanación de las heridas en partes del cuerpo ricas en nervios. Se debe administrar tres veces al día, durante dos o tres días. El paciente atendido con Ledum es frío, y las zonas heridas se sentirán frescas al tacto; aplicaciones frescas aliviarán el dolor.

Otro remedio para esta clase de heridas es Hypericum, que también ayuda mucho a las heridas en nervios. Hypericum 6 puede administrarse una vez que haya cesado la administración de Ledum. Este remedio es indicado especialmente para heridas muy dolorosas, o para heridas que provocan dolor en forma de punzadas en la zona afectada. De todos modos, si las zonas afectadas permanecen frías y húmedas o son muy sensibles al tacto y mejoran con aplicaciones frías, en lugar de Hypericum es mejor pasar de Ledum 30 a Ledum 6.

Lesiones por aplastamiento o presión

Hypericum 30 es lo recomendado para lesiones en nervios o en partes del cuerpo que sean ricas en tejidos nerviosos, así como para el tratamiento de dedos o yemas de dedos aplastados, sean de manos o pies, particularmente cuando la zona afectada queda muy sensible al contacto.

Mareos

Los típicos mareos de los viajes se deben a que el movimiento de autos, barcos, aviones o trenes puede alterar el equilibrio del oído interno, provocando así el mareo.

En este caso, los remedios homeopáticos pueden tomarse una hora antes del viaje para prevenir el síntoma.

Cuando la persona siente náuseas, mareos, cuando hay desmayo, sensibilidad al frío, sudoración, cuando se siente como si uno tuviera una tela apretada alrededor de la cabeza, y estas sensaciones empeoran con el humo del tabaco, la indicación homeopática es ingerir Tabacum 6 cada 15 minutos, hasta un máximo de 10 dosis.

Cuando los síntomas, además del mareo, incluyen sensibilidad al frío, arcadas, dolor arriba de los ojos o en la nuca, y todo esto empeora con el humo del tabaco, la comida y el café, el tratamiento es administrar Nux Vomica 6 cada 15 minutos, hasta un máximo de 10 dosis.

Ojos, lesiones y golpes

Tanto la introducción de un cuerpo extraño como cualquier golpe o herida puede dañar fácilmente la delicada constitución de los ojos. Por eso, se trata de una zona que hay que cuidar mucho.

En general, cualquier clase de herida en un ojo, por leve que parezca, debe ser examinada por un especialista. Cuando se trata de que algún elemento filoso o puntiagudo ha penetrado en el ojo, o lo ha salpicado accidentalmente algún producto químico, el consejo es llamar a una ambulancia para ser trasladado de inmediato a un centro de atención.

En el caso de un cuerpo ajeno que represente problema menor, he aquí algunas posibles soluciones:

Si se trata de algo que penetró en el ojo, como por ejemplo arena o polvo, hay que tratar de quitarlo mediante suaves baños con agua fría.

Una vez despejado el ojo de lo que se había introducido allí, hay que lavarlo con una solución de Hypericum para prevenir la posibilidad de una infección.

También puede suceder que, luego de haber retirado el cuerpo extraño del ojo, continúen las molestias e incluso el dolor. En este caso, hay que hacer lavajes con una solución de Euphrasia cada 4 horas, hasta que el síntoma desaparezca.

Cuando se trata del llamado "ojo en compota", es decir que hay un hematoma alrededor del ojo, la indicación es Arnica 6 cada 2 horas hasta un máximo de 4 dosis.

Si el dolor es muy agudo después de quitar el cuerpo extraño , además del lavaje se puede ingerir Euprhasia 6 cada 2 horas hasta un máximo de 3 dosis. Para el dolor persistente del "ojo en compota" o magulladuras en la zona, la indicación es Ledum 6 cada 2 horas hasta un máximo de 10 dosis.

Parto

Arnica es una indicación apropiada para antes del momento del parto. Ayuda al nacimiento, alivia los dolores de parto, y hace que la madre se recupere más rápidamente después de dar a luz. Arnica es recomendable también para el recién nacido, lo ayuda a recobrarse del llamado trauma del nacimiento y reduce en gran medida los riesgos de daño en el niño en los alumbramientos dificultosos.

Picaduras de abejas o avispas

Como es sabido, además del dolor o la molesta hinchazón que provocan muchas picaduras, en este caso hay siempre riesgo de infección.

Lo primero que hay que hacer es tratar de retirar el aguijón que el insecto clavó en la piel, usando para ello unas pinzas pequeñas esterilizadas (pueden ser de las que se usan para depilación). Inmediatamente después, hay que aplicar sobre la picadura un poco de tintura de Pyrethrum.

Si unos minutos después de producida la picadura se muestra roja, hinchada y caliente, la indicación apropiada es Apis 30 cada 15 minutos, hasta un máximo de 6 dosis.

Cuando la picadura se presenta hinchada y como magullada, y además duele, el tratamiento a seguir es Arnica 30 cada 5 minutos hasta un máximo de 10 dosis, y luego Ledum 6 cada 8 horas durante un máximo de 3 días.

Quemaduras

Las quemaduras menores solamente presentan un fuerte enrojecimiento a nivel superficial de la piel. Quemaduras más severas pueden provocar daños muy grandes a la piel. Y, en este caso hay gran peligro de infecciones.

En primer término, puede presentarse un shock y el paciente debe ser tratado inmediatamente. Enseguida hay que poner una venda sobre la zona quemada sin tratar de sacar los restos de ropa quemada que hubiere en la herida.

Los homeópatas sostienen que el mejor primer auxilio ante una quemadura menor es exponer al calor la zona afectada, mientras no se sienta un dolor insoportable.

Este procedimiento es considerado más apropiado que introducir la quemadura en agua fría, que suele aumentar la intensidad del dolor.

Para una quemadura menor de primer grado, se puede utilizar una venda embebida en loción de Urtica Urens (10 gotas de tintura en medio litro de agua), que además calma mucho el dolor. Urtica también se consigue en forma de pomada.

También pueden usarse las lociones de Hypericum o Caléndula, preparadas en la misma proporción que la Urtica, dadas sus propiedades antisépticas.

También puede consumirse en forma interna Urtica Urens 30.

Para quemaduras de segundo grado, que presentan ulceraciones leves, lo indicado es Causticum 30 en forma interna, o loción Hypericum para tratamiento externo. Para prevenir escaldamiento, luego de la cura inicial puede administrarse externamente loción de Caléndula.

En caso de quemaduras severas, en especial las de tercer grado en las cuales la piel fue consumida, primero se administra Arnica 200 para el shock, o Aconita si el paciente está en pánico. Cuando la persona sienta que el dolor comienza a aliviar luego de ser atendida, se le puede administrar Cantharis 30. Otro remedio para aliviar el dolor de quemaduras severas es Urtica 30.

La quemadura puede formar una ampolla con dolor punzante y abrasador. Cuando ésta es la situación, la indicación es Arnica 30 cada 15 minutos hasta un máximo de 3 dosis, siguiendo luego con Cantharis 30 cada 15 minutos hasta un máximo de 6 dosis.

Si la quemadura duele en forma constante y causa escozor ininterrumpido, se puede administrar Urtica 6 cada 15 minutos, hasta un máximo de 10 dosis.

Raspones y magulladuras cortantes

Si un raspón ha sangrado puede producirse infección. Hay que limpiar la herida con una gasa embebida en una solución de Caléndula. Luego puede aplicarse crema de caléndula y cubrir el raspón con gasas esterilizadas.

Si la herida que muestra el magullón es moderada, puede administrarse Arnica 30 cada 2 horas hasta un máximo de 6 dosis, continuando luego 3 veces por día hasta un máximo de 3 días.

Cuando la zona aparece fría y como entumecida, y al aplicar compresas frías se siente suavizar la herida, la indicación es Ledum 6 cada 2 horas hasta un máximo de 6 dosis, continuando luego 3 veces por día hasta un máximo de 3 días. En caso de que el raspón o magulladura provoque un dolor nervioso punzante, el tratamiento es Hypericum 30 cada 2 horas hasta un máximo de 3 días.

Shock

En mayor o menor medida, los shocks se dan ante un accidente, ataque o enfermedad repentina. Son resultado de un disturbio en la circulación sanguínea, pérdida de sangre u otras causas. Al reducirse el volumen de sangre que retorna al corazón, el sistema nervioso y algunos tejidos no reciben una adecuada cantidad del oxígeno transportado por la sangre. La persona palidece, su piel se puebla de sudor frío. El pulso es rápido y se debilita progresivamente.

El shock es una condición seria y rápidamente deben instrumentarse los primeros auxilios tradicionales. La persona debe ser controlada y su temor disipado antes de que el shock se agrave, y recostada en un lecho cómodo con sábanas flojas; puede cubrírsela con una manta para que el frío no empeore su situación, pero siempre permitiendo que el aire fresco llegue a sus pulmones.

Ahora podemos utilizar los remedios homeopáticos. Los elegidos para este caso han de ser Arnica y Aconita. Deben seguirse las siguientes indicaciones:

Arnica es apropiado si el estado de shock fue causado por accidente con herida sangrante, golpe físico, caída o similares. Alivia el dolor, la pérdida de sangre y los síntomas del shock en general. Los pacientes suelen estar mentalmente embotados, confusos, a veces en estado cercano al comatoso, y es común que digan en su delirio que no necesitan un doctor e intenten alejar la ayuda, cuando es evidente que la necesitan y mucho.

En caso de que el paciente esté inconsciente, se le debe poner Arnica en la lengua. Administrar Arnica 30 cada hora hasta que mejore.

Por su parte, la Aconita está indicada para shocks con pánico. El paciente muestra tremenda ansiedad, miedo, mucha inquietud. En algunos casos, la persona puede sentir que está en peligro de muerte y que esto sucederá sin remedio en los próximos minutos.

La Aconita es un excelente remedio para utilizar en personas que sufrieron choques de automóviles, quemaduras severas y otros episodios traumáticos y aterrorizantes, y hay que apurarse a controlar ese miedo para contrarrestar los efectos del shock. Administrar Aconita 30 cada hora hasta que la persona mejore.

Torceduras y distensiones

(Ver también "Esguinces")

Esta clase de episodios, causados por movimientos súbitos, malos giros o pisadas fallidas entre otras posibilidades, lesionan los músculos y los ligamentos que unen los músculos al hueso. Dolor, imposibilidad de movimientos e hinchazón local siguen inmediatamente a la torcedura. Lo primero, por supuesto, es acudir a un especialista que determine si no hubo fractura de huesos lo cual, a veces, se esconde tras una lesión de esta clase.

Luego de una torcedura, hay que administrar inmediatamente Arnica 30 en forma interna, cinco o seis dosis a intervalos de una hora. Paralelamente, puede utilizarse loción de Arnica (cinco gotas de tintura de Arnica en medio litro de agua fría) humedeciendo con ella un paño y aplicándolo en forma de compresa sobre la zona afectada, apretándolo con un firme vendaje.

Pero hay que cuidarse de no aplicar loción de Arnica directamente sobre la piel si ésta presenta cortes.

Los atletas pueden realizarse fricciones con loción de Arnica tanto antes como después de sus prácticas deportivas, previniendo así dolores musculares y calambres debidos al sobreejercicio. Para daños musculares con hematoma, el mejor remedio es Arnica 6.

Después de Arnica, puede aplicarse Rhus Toxicodendron 6 ó 12 dos o tres veces al día hasta que todo signo de la torcedura haya desaparecido por completo. Este remedio es válido también como preventivo en actividades que pueden producir calambres y agarrotamiento.

Para torceduras, dislocaciones, sinovitis, e inflamación de ligamentos, rodilla o muñecas, se recomienda utilizar Ruta. Si el problema es cercano al hueso y los tejidos que lo cubren fueron dañados, lo apropiado es Ruta 6. Se trata de un remedio de acción más profunda que el Rhus Toxicodendron, y se usa cuando la lesión es más severa. Ruta es ideal para la dolencia conocida como codo de tenista.

Tanto Ruta como Rhus Toxicodendron son usados para cuadros crónicos que resultan de la repetición de usos inapropiados que derivan en lesiones permanentes. Ciertas ocupaciones u oficios llevan a un efecto acumulativo que acaba en dolores y lesiones presentes casi en cada momento.

Por supuesto que lo ideal es interrumpir inmediatamente esa actividad, pero no siempre es posible; por ejemplo, muchos pianistas tienen problemas de túnel carpiano, y es obvio que no pueden tan simplemente cambiar de actividad. En esos casos, la ayuda de estos remedios homeopáticos se vuelve fundamental.

Para dolor en los tendones del talón, Ruta es mejor que Rhus.

Para personas que tengan tobillos y pies débiles, y que a menudo padezcan torceduras de tobillo simplemente por caminar, es indicada la administración de Ledum 6.

Cuando la articulación cercana a una torcedura se presenta hinchada y distendida con algún fluido o con mucho dolor al menor contacto, lo indicado es Bryonia 30. Una vez que desaparece la hinchazón, puede seguirse el tratamiento reemplazando Bryonia por Rhus Toxicodendron 6.

"EL HOMBRE ES UN EXPERIMENTO; EL TIEMPO DEMOSTRARÁ SI VALÍA LA PENA."

Mark Twain

"EL MAS DEBIL DE LOS
HOMBRES ES EL QUE NO
PUEDE GUARDAR UN
SECRETO; EL MAS FUERTE,
EL QUE PUEDE CONTENER
SU IRA O SU COLERA;
EL MAS RICO, EL QUE
SE CONTENTA CON LO
QUE TIENE."

Proverbio árabe

CAPITULO 8

Los principales medicamentos homeopáticos

ADEMÁS DE LOS REMEDIOS DIRECTAMENTE RELACIONADOS CON EL TIPO CONSTITUTIVO EXISTEN OTROS TREINTA DE USO COMÚN PARA TRATAR NUMEROSAS ENFERMEDADES.

Además de los quince remedios constitutivos, hay unos treinta remedios homeopáticos que son los de uso más frecuente, esos a los que el homeópata acude con mayor asiduidad.

A continuación desarrollaremos una guía de estos remedios más comunes, en la que se indica en qué trastornos corrientes pueden utilizarse.

ACONITE (ACONITUM NAPELLUS)

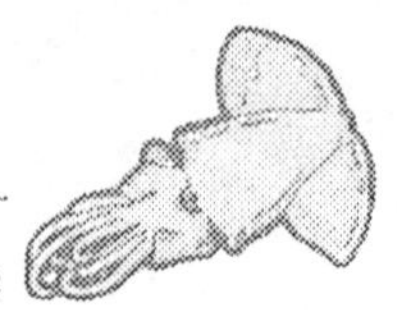

Planta mortal, usada históricamente para envenenar las flechas. Se la conoce como capucha de monje, gorra de fraile y veneno de lobo. Para preparar el remedio homeopático se usan la raíz, las hojas frescas y las flores.

Se usa para tratar: Dolor ardiente, entumecimiento, shock, temor, infecciones agudas con inicio repentino (sobre todo en personas sanas expuestas a cambios de clima bruscos) y personas con miedo a morir cuando están enfermas.

ALLIUM (ALLIUM CEPA)

La cebolla es sin duda una de las plantas más antiguas del mundo en cuanto a cultivos y usos medicinales. Originariamente, se desarrolló en el sudeste de Asia hace miles de años. Para preparar el remedio homeopático se usa el bulbo fresco de la cebolla roja.

Se usa para tratar: Dolor ardiente o neurálgico, síntomas o dolores que pasan de un costado a otro y trastornos con descargas ardientes y abundantes.

APIS (APIS MELLIFICA/ A. MELLIFERA

Una de las tantas sustancias que la abeja brinda al hombre, así como la miel, la cera, el propóleos, la jalea real. Para preparar el remedio homeopático se usa toda la abeja viva.

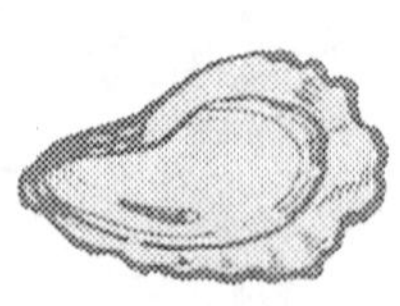

Se usa para tratar: Fiebre con falta de sed y piel seca, hinchazones duras, síntomas que comienzan en el lado derecho y luego pasan al izquierdo y dolor ardiente y punzante que empeora con el calor y mejora con el frío.

ARNICA (ARNICA MONTANA)

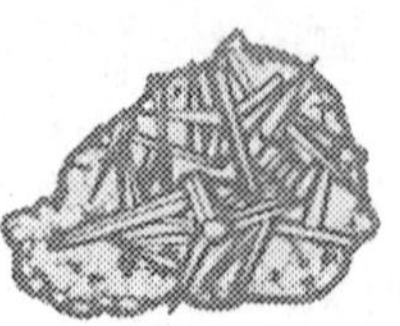

Ya desde el siglo XVI esta hierba era famosa entre los campesinos por su poder cicatrizante y como remedio para dolores musculares. Crece en Europa y en Siberia. Para preparar el remedio homeopático se usa la planta en flor, entera y fresca.

Se usa para tratar: Shock emocional, dolor, hemorragias por daños, magulladuras.

BELLADONNA (ATROPA BELLADONNA)

Tiene un lejano pasado como planta usada en magia y brujería, aunque también hace mucho que se usa como colirio. Crece en toda Europa. Para preparar el remedio homeopático se usan hojas y flores frescas.

Se usa para tratar: Pupilas dilatadas, fiebre alta, sensibilidad a la luz y el ruido, afecciones agudas de inicio repentino.

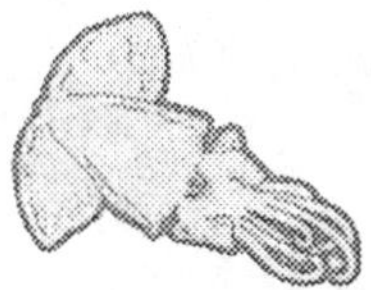

AURUM MET. (AURUM METALLICUM)

Entre todas sus virtudes y las mil cosas por las que es apreciado, el oro fue usado también en la antigüedad como remedio para afecciones cardiacas. Aun hoy se usa para artritis y algunas formas de cáncer.

Se usa para tratar: Hipersensibilidad general a ruidos, sabor, olores y tacto, trastornos vasculares, congestión de la sangre, depresión e ideas suicidas.

BRYONIA (BRYONIA ALBA)

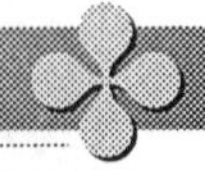

Se trata de una planta muy venenosa, de olor y sabor muy amargos, que es capaz de provocar la muerte en horas. Se la conoce también como lúpulo silvestre. Crece en Europa Central y en el sur. Para preparar el remedio homeopático se usa la raíz fresca.

Se usa para tratar: Dolencias agudas de desarrollo lento, sequedad de la boca y los labios.

CALC. PHOS. (CALCAREA PHOSPHORICA)

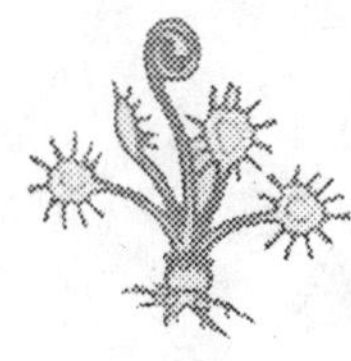

El fosfato de calcio es el principal componente de los huesos humanos y los dientes. Se prepara químicamente a partir del ácido fosfórico y el hidróxido de calcio diluidos.

Se usa para tratar: Problemas digestivos, debilidad mental y física, dolor de huesos y dientes, sensación de descontento, problemas de crecimiento.

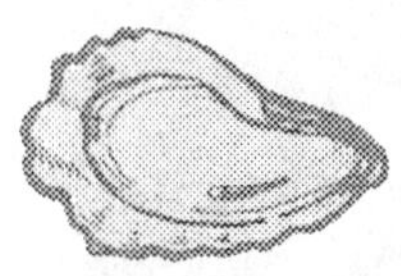

CARBO VEG. (CARBO VEGITABILIS)

El carbón vegetal, en medicina, fue usado como desinfectante y desodorante. Se lo suele elaborar a partir de madera de haya, abedul o álamo, y es más común en el hemisferio norte.

Se usa para tratar: Dolencias que afectan la circulación venosa y la digestión, agotamiento, piel fría y húmeda.

IPECAC. (CEPHAELIS IPECACUANHA)

Esta planta fue descubierta, en cuanto a su uso medicinal, por un monje portugués que vivió en Brasil hacia el año 1600. Llegó luego a Eu-

ropa, hacia 1730. Su nombre popular es Ipecacuanha. Para preparar el remedio homeopático se usa su raíz seca.

Se usa para tratar: Dificultad para respirar, sensación de ahogo, náusea constante.

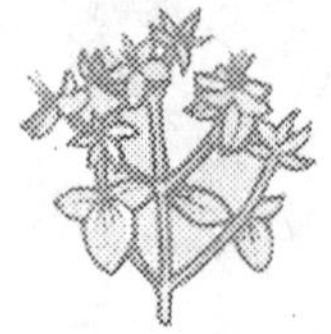

CHINA (*CHINA OFFICINALIS/ CINCHONA SUCCIRUBRA*)

Se elabora a partir de la quina, o corteza de cinchona, o corteza de jesuita. Conocida como Quinina, el creador de la homeopatía, Hahnemann, la probó sobre sí mismo. Para preparar el remedio homeopático se usa la corteza seca.

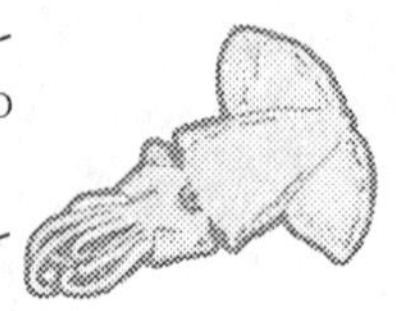

Se usa para tratar: Debilidad por pérdida de fluidos corporales, agotamiento nervioso.

CIMIC. (*CIMICIFUGA RACEMOSA/ ACTAEA RACEMOSA*)

Los indios de América usaban esta planta como antídoto del veneno de víbora. Su raíz masticada actúa como sedante. Se la conoce vulgarmente como Raíz de Cascabel, y para preparar el remedio homeopático se usan el rizoma y la raíz fresca.

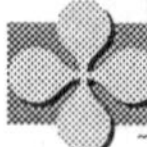

Se usa para tratar: Dolores de cabeza y problemas en la nuca, tristeza, trastornos del embarazo, alumbramiento y la menopausia.

COLOCYNTHIS (*CITRULLUS COLOCYNTHIS*)

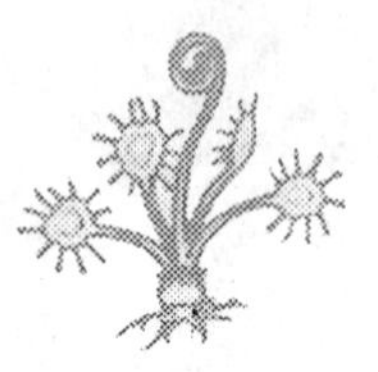

Esta fruta, la coloquíntida, fue un purgante muy usado en la antigua Grecia. Crece en general en las regiones secas y cálidas. Para preparar el remedio homeopático se usa la fruta seca, sin las semillas.

Se usa para tratar: Problemas digestivos, dolores de cabeza debidos a ira o turbación, dolores neurálgicos.

CUPRUM MET. (*CUPRUM METALLICUM*)

El cobre puede resultar tóxico en dosis elevadas, así llega a provocar parálisis y muerte. De todos modos, desde hace siglos se lo utilizaba para fabricar un ungüento para curar heridas.

Se usa para tratar: Cansancio por esfuerzo mental, problemas respiratorios, calambres y espasmos musculares.

DROSERA (*DROSERA ROTUNDIFOLIA*)

Se trata de una planta carnívora llamada Rocío de Sol, que atrapa insectos y los digiere con un fluido que segregan sus glándulas. Crece tanto en Europa como en China y América del Sur. Para preparar el remedio homeopático se usa la planta entera, fresca y en flor.

Se usa para tratar: Dolores de crecimiento y de los huesos, inquietud, tos ferina.

 EUPHRASIA (EUPHRASYA OFFICINALIS/ E. STRICTA)

Ya hacia el 1300 esta flor silvestre, conocida también como anagálides, se usaba como remedio ocular. Es originaria de Europa. Para preparar el remedio homeopático se usa la planta entera, en flor.

Se usa para tratar: Lagrimeo y picazón de los ojos, inflamaciones oculares, heridas de los ojos.

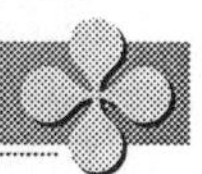 FERRUM PHOS. (FERRUM PHOSPHORICUM)

Se trata de una sal elaborada a partir del fosfato de hierro. Entre otras funciones, fortalece las paredes de los vasos sanguíneos reduciendo las probabilidades de congestión.

Se usa para tratar: Tos, resfríos, infecciones leves, fiebres.

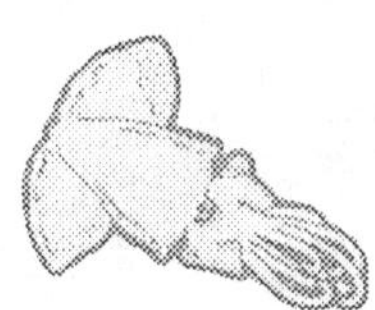

 GELSEMIUM (GELSEMIUM SEMPERVIRENS)

Conocida como Jazmín de Carolina, jazmín amarillo o falso jazmín, esta planta es sumamente venenosa. Originaria del sur de Estados Unidos, sus virtudes fueron descubiertas por azar, cuando un granjero a mediados del siglo XIX comió por accidente esta planta y se curó de la fiebre. Para preparar el remedio homeopático se usa la raíz fresca.

Se usa para tratar: Temores, fobias, trastornos del sistema nervioso, dolores de cabeza y oculares.

 HAMAMELIS (VIRGINIANA)

La virginiana o aliso moteado fue empleada antiguamente como loción para la piel. Originaria del este de Estados Unidos y Canadá, fue trasladada y crece también en Europa. Para preparar el remedio homeopático se usa la corteza fresca de las ramas y la capa externa de la raíz.

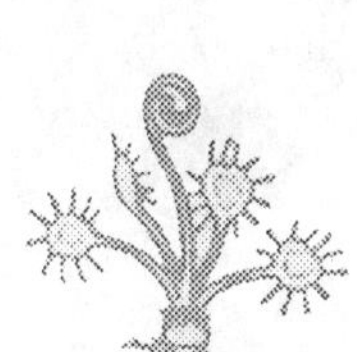

Se usa para tratar: Venas débiles e inflamadas, hemorragia nasal, debilidad por pérdida de sangre, magulladuras, depresión.

 HEPAR SULPH. (HEPAR SULPHURIS CALCAREUM)

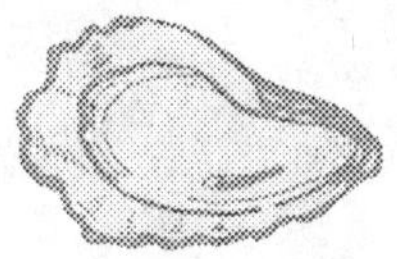

El sulfuro de calcio era utilizado hace siglos en forma externa, para tratar reumatismo, sarna, gota y bocio. Se prepara químicamente calentando juntos polvo de concha de ostra y flores de sulfuro.

Se usa para tratar: Infección con pus, dolor de garganta, secreciones de olor agrio, sensibilidad al ruido.

 HYPERICUM (HYPERICUM PERFORATUM)

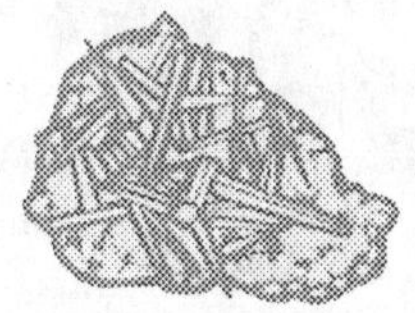

Hierba de flores brillantes conocida como Hierba de San Juan, es originaria de Europa y Asia aunque hoy crece en todo el mundo. Para preparar el remedio homeopático se usa toda la planta en flor, fresca.

Se usa para tratar: Asma, dolor punzante, lesiones de los nervios, dolor nervioso.

KALI BICH. *(KALI BICHROMICUM)*

Este remedio se hace a base de bicromato de potasio, preparado químicamente añadiendo cromato de potasio amarillo en una solución de ácido más fuerte. Tiene además un amplio uso industrial, por ejemplo en fotografía y en la fabricación de colorantes.

Se usa para tratar: Mucosidad espesa, viscosa, amarilla o blanca, y otras formas de descarga.

KALI PHOS *(KALI PHOSPHORICUM)*

El fosfato de potasio se utiliza en el organismo para almacenar energía en las células y asegurar un funcionamiento saludable en los huesos.

Se usa para tratar: Agotamiento físico y mental, aversión a la compañía, descarga con pus.

LEDUM *(LEDUM PALUSTRE)*

Conocido como romero silvestre o té de los pantanos, crece en el hemisferio Norte, sobre todo en Escandinavia, Canadá e Irlanda. Para preparar el remedio homeopático se usa la planta fresca en flor.

Se usa para tratar: Infecciones de heridas, picaduras, cortes y raspaduras, dolor reumático, heridas oculares.

TARENTULA *(LYCOSA TARENTULA/ TARENTULA HISPANICA)*

A diferencia de la tarántula de América del Sur, esta variedad llamada araña "lobo" no es peligrosa para los humanos. Se la encuentra en Europa, especialmente en la ciudad italiana de Tarento, de donde proviene el nombre. Para preparar el remedio homeopático se usa toda la araña viva.

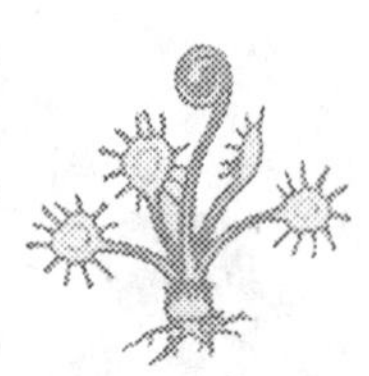

Se usa para tratar: Inquietud, problemas cardiacos y ováricos.

CANTHARIS *(LYTTA VESICATORIA/ CANTHARIS VESICATORIA)*

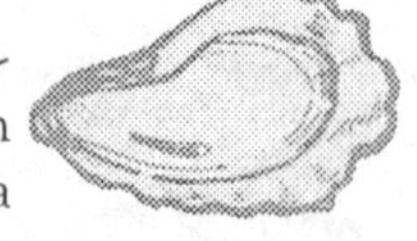

La cantárida es un escarabajo verde y brillante que segrega una sustancia irritante, utilizada hace siglos para tratar las verrugas. Abunda en el Sur de Francia y España. Para preparar el remedio homeopático se usa todo el escarabajo vivo.

Se usa para tratar: Quemaduras, picaduras, dolor ardiente y punzante.

RHUS TOX. *(RHUS TOXIXODENDRON/ R. RADICANS)*

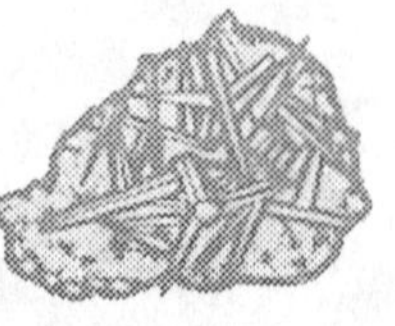

Esta hiedra venenosa es originaria de todo el territorio canadiense y de EE.UU. En medicina tradicional se usa para tratar el reumatismo. Para preparar el remedio homeopático se usan las hojas frescas

Se usa para tratar: Afecciones cutáneas con picazón, piel roja y ardiente, problemas musculares y articulares, rigidez y dolor.

RUTA GRAV. (RUTA GRAVEOLENS)

La ruda tuvo históricamente infinidad de usos: contra la tos, el crup, los cólicos y el dolor de cabeza. Para preparar el remedio homeopático se usa el jugo extraído de la planta fresca entera antes de que florezca.

Se usa para tratar: Vista cansada, huesos y músculos magullados y doloridos.

THUJA (THUJA OCCIDENTALIS)

Esta conífera es conocida como cedro blanco o árbol de la vida. Los extractos de este árbol nunca se usaron en la medicina tradicional. Originario de Canadá y EE.UU. Para preparar el remedio homeopático se usan ramas y hojas frescas.

Se usa para tratar: Problemas del tracto urinario, problemas en las uñas, catarro verde o verde amarillento, verrugas.

URTICA (URTICA URENS)

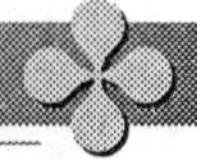

La ortiga enana proviene de una semilla común que crece en el mundo entero. Históricamente se usó como antídoto, y para tratar diabetes, hemorragia nasal y hemorroides. Para preparar el remedio homeopático se usa toda la planta fresca.

Se usa para tratar: Dolor reumático, quemaduras con picazón, picadura de insecto, problemas cutáneos con ardor y picazón.

"EL ESFUERZO POR UNIR SABIDURÍA Y ACCIÓN SE LOGRA POCAS VECES Y DURA POCO."

Albert Einstein

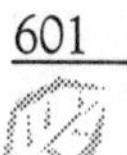

"LA SABIDURIA

ES HIJA DE LA

EXPERIENCIA."

Leonardo Da Vinci

CAPITULO 9

Tabla completa de los remedios menores

ESTOS SON LOS MEDICAMENTOS MENOS UTILIZADOS POR LOS MÉDICOS HOMEÓPATAS, PERO QUE IGUAL SE TIENEN QUE TENER EN CUENTA A LA HORA DE INICIAR UN TRATAMIENTO.

Además de los 45 Remedios hasta aquí analizados (15 constitucionales y 30 de uso habitual), hay muchísimos otros medicamentos homeopáticos que o bien son de uso menos frecuente, o demasiado específicos, o simplemente aún no están totalmente investigados sus poderes curativos. De estos llamados "remedios menores" ofrecemos a continuación una tabla en la cual hay más de 100 de ellos, cada uno con la función curativa principal para la que puede ser usado.

REMEDIO	USO PRINCIPAL
AETHUSA *(AETHUSA CYNAPIUM)*	vómitos violentos.
AGARICUS *(AGARICUS MUSCARIUS / AMANITA MUSCARIA)*	alteraciones nerviosas.
AILANTHUS *(AILANTHUS GLANDULOSA / A. ALTISSIMA)*	fiebre glandular.
ALOE *(ALOE SOCOTRINA/ A. FEROX)*	congestión.
ALUMINA *(ALUMINIUM OXIDE)*	estreñimiento grave.
AMMON. CARB. *(AMMONIUM CARBONICUM)*	falta de oxigenación en los tejidos.
AMMON. MUR. *(AMMONIUM MURIATICUM)*	afecciones pulmonares.
ANACARD. OR. *(ANACARDIUM ORIENTALE/ SEMECARPUS ANACARDIUM)*	personas con complejo de inferioridad.
ANTIM. TART. *(ANTIMONIUM TARTARICUM)*	personas con asma, demasiado débiles como para eliminar la flema.
ARANEA DIAD. *(ARANEA DIADEMA/ A. DIADEMATUS)*	trastornos del sistema nervioso.
ARGENT. MET. *(ARGENTIUM METALLICUM)*	artritis y reumatismo.
ARSEN. IOD. *(ARSENICUM IODATUM)*	niños hiperactivos e infecciones de pecho.

REMEDIO	USO PRINCIPAL
ARUM TRIPH. *(ARUM TRIPHYLLUM)*	fiebre del heno.
AVENA *(AVENA SATIVA)*	agotamiento nervioso.
BAPTISIA *(BAPTISIA TINCTORIA)*	afecciones agudas.
BARYTA CARB. *(BARYTA CARBONICA)*	nivel intelectual dudoso.
BELLIS *(BELLIS PERENNIS)*	magullones y dolor.
BENZ. AC. *(BENZOICUM ACIDUM)*	artritis y gota.
BERBERIS *(BERBERIS VULGARIS)*	infecciones renales.
BOTHROPS *(BOTHROPS LANCEOLATUS/ LACHESIS LANCEOLATUS)*	trombosis y hemorragias.
BUFO *(BUFO RANA)*	epilepsia seguida de dolor de cabeza intenso.
CACTUS GRAND. *(CACTUS GRANDIFLORUS/ SELINESEREUS GRANDIFLORUS)*	angina con dolor intenso y opresivo.
CALC. FLUOR. *(CALCAREA FLUORICA)*	mantiene la elasticidad de los tejidos y disuelve las excrecencias de hueso duro.
CALC. SULPH. *(CALCAREA SULPHURICA)*	supuración y heridas que tardan en cicatrizar.
CALENDULA *(CALENDULA OFFICINALIS)*	favorece la cicatrización y ayuda a controlar la hemorragia.
CAPSICUM *(CAPSICUM FRUTESCENS)*	dolor punzante en vejiga, muslos, oídos, espalda y cuello.
CAULOPHYLLUM *(CAULOPHYLLUM THALICTROIDES)*	reumatismo y parto que no se desarrolla adecuadamente.

REMEDIO	USO PRINCIPAL
CAUSTICUM *(CAUSTICUM HAHNEMANNI)*	debilidad y parálisis de los nervios de los músculos de la vejiga, de las cuerdas vocales y la laringe.
CEANOTHUS *(CEANOTHUS AMERICANUS)*	dolor, inflamación y dilatación.
CHELIDONIUM *(CHELIDONIUM MAJUS)*	trastornos hepáticos y biliares.
CICUTA *(CICUTA VIROSA)*	contracciones nerviosas y espasmódicas.
COFFEA *(COFFEA ARABICA/ C. CRUDA)*	actividad mental excesiva.
COLCHICUM *(COLCHICUM AUTUMNALE)*	trastornos digestivos.
CONIUM *(CONIUM)*	dilatación glandular.
CROCUS *(CROCUS SATIVUS)*	síntomas emocionales.
CROTALUS HOR. *(CROTALUS HORRIDUS)*	ayuda a detener las hemorragias.
CYCLAMEN *(CYCLAMEN EUROPAEUM)*	regula el ciclo menstrual y trata los dolores de cabeza intensos.
STRAMONIUM *(DATURA STRAMONIUM)*	trastornos del sistema nervioso.
STAPHYSAGRIA *(DELPHINIUM STAPHYSAGRIA)*	trastornos de los nervios.
DIGITALIS *(DIGITALIS PURPUREA)*	pulso lento o irregular.

REMEDIO	USO PRINCIPAL
ELAPS *(ELAPS CORALLINUS/ MICRURUS CORALLINUS)*	hemorragias abundantes y descargas oscuras.
EQUISETUM *(EQUISETUM HIEMALE Y E. ARVENSE)*	vejiga irritable.
EUPATOR. *(EUPATORIUM PERFOLATIUM)*	gripe y dolencias febriles.
FERRUM MET. *(FERRUM METALLICUM)*	personas débiles y sensibles al frío.
FLUOR. AC. *(FLUORICUM ACIDUM)*	trastornos que afectan los tejidos fibrosos.
GLONOIN *(GLONOINUM)*	trastornos como la insolación.
HYDRASTIS *(HYDRASTIS CANADENSIS)*	enfermedades de las membranas mucosas.
HYOSCYAMUS *(HYOSCYAMUS NIGER)*	trastornos emocionales.
IODUM *(IODUM)*	tiroides hiperactiva.
KALI BROM. *(KALI BROMATUM)*	problemas en el sistema nervioso.
KALI CARB. *(KALI CARBONICUM)*	trastornos de músculos y columna.
KALI IOD. *(KALI IODATUM)*	afecciones glandulares.
KALI MUR. *(KALI MURIATICUM)*	inflamación de las membranas mucosas.
LAC CAN. *(LAC CANINUM)*	dolores de garganta y erosión cervical.
LACTRODECTUS MAC. *(LACTRODECTUS MACTANS)*	dolor de pecho intenso.
LILIUM *(LILIUM TIGRINUM)*	trastornos de los órganos reproductores femeninos.

REMEDIO	USO PRINCIPAL
LYCOPUS *(LYCOPUS VIRGINICUS)*	remedio cardiaco.
MAG. CARB. *(MAGNESIA CARBÓNICA)*	trastornos del sentido del gusto.
MAG. PHOS. *(MAGNESIA PHOSPHORICA)*	trastornos de los nervios y los músculos.
CHAMOMILLA *(MATRICARIA RECUTITA)*	problemas dentales de la infancia.
MEDORRHIMUN *(MEDORRHIMUN)*	enfermedades crónicas y recurrentes de la pelvis.
MER. COR. *(MERCURIUS CORROSIVUS)*	tratamiento de úlceras.
MERC. DULC. *(MERCURIUS DULCIS)*	niños delgados con glándulas del cuello inflamadas.
MOSCHUS *(MOSCHUS MOSCHIFERUS)*	excitación histérica y personas hipocondríacas.
MYGALE LAS. *(MYGALE LASIODORA/ M. AVICULARIA/ ARANEA AVICULARIA)*	trastornos nerviosos.
NAJA *(NAJA NAJA/ N. TRIPUDIANS)*	problemas vasculares del corazón.
NAT. CARB. *(NATRUM CARBONICUM)*	problemas digestivos.
NAT. PHOS. *(NATRUM PHOSPHORICUM)*	indigestión con eructos agrios.
NAT. SULPH. *(NATRUM SULPHURICUM)*	afecciones del hígado con ictericia, asma y bronquitis.
TABACUM *(NICOTIANA TABACUM)*	náuseas, vómitos y mareos graves.
NITRIC AC. *(NITRIC ACIDUM)*	dolor lacerante.
NUX MOSCH. *(NUX MOSCHATA/ MYRISTICA FRAGRANS)*	enfermedad mental y trastornos digestivos.

REMEDIO	USO PRINCIPAL
PETROLEUM *(OLEUM PETRAE)*	afecciones cutáneas.
PEONIA *(PAEONIA OFFICINALIS)*	tratamiento de hemorroides.
OPIUM *(PAPAVER SOMNIFERUM)*	apatía y estado de sobreexcitación.
PHOS. AC. *(PHOSPHORICUM ACIDUM)*	apatía y decaimiento.
PHYTOLACCA *(PHYTOLACCA DECANDRA)*	problemas glandulares.
PICRIC. AC. *(PICRICUM ACIDUM)*	fatiga mental grave.
PLATINO *(PLATINUM METALLICUM)*	afecciones de los órganos reproductores femeninos.
PLUMBUM MET. *(PLUMBUM METALLICUM)*	enfermedades escleróticas.
PODOPHYLLUM *(PODOPHYLLUM PELTATUM)*	gastroenteritis.
PSORINUM *(PSORINUM)*	trastornos de la piel.
PYROGENIUM *(PYROGENIUM)*	síntomas de envenenamiento de la sangre.
RADIUM BROM. *(RADIUM BROMATUM)*	trastornos cutáneos.
RHODODENDRON *(RHODODENDRON CHRISANTHEMUM)*	artritis, gota y reumatismo.
SABADILLA *(SABADILLA OFFICINARUM/ ASAGRAEA OFFICINALIS)*	tratamientos de resfríos y fiebre del heno.

REMEDIO	USO PRINCIPAL
SABAL *(SABAL SERRULATA)*	dilatación de la glándula prostática.
SANGUINARIA *(SANGUINARIA CANADENSIS)*	problemas respiratorios.
SANICULA *(SANICULA AQUA)*	estreñimiento, diarrea, vómitos y mareos con náusea.
SECALE *(SECALE CORNUTUM)*	problemas circulatorios.
SARSAPARRILLA *(SMILAX OFFICINALIS/ S. MEDICA)*	dolencias del aparato urinario.
DULCAMARA *(SOLANUM DULCAMARA)*	trastornos producidos por la exposición al frío o a los cambios bruscos de temperatura.
SPIGELIA *(SPIGELIA ANTHELMIA)*	problemas cardiacos.
SPONGIA *(SPONGIA TOSTA)*	tos aguda y seca.
STANNUM MET. *(STANNUM METALLICUM)*	neuralgias.
SYPHILINUM *(SYPHILINUM)*	inflamación del iris.
TARENTULA CUB. *(TARENTULA CUBENSIS)*	trastornos sépticos.
TEREBINTH. *(TEREBINTHINAE OLEUM)*	inflamación de la uretra.
TEUCRIUM MAR. VER. *(TEUCRIUM MARUM VERUM)*	pólipos.

REMEDIO	USO PRINCIPAL
THERIDION *(THERIDION CURASSAVICUM)*	inflamación de columna.
TUBERCULINUM *(TUBERCULINUM KOCH Y T. BOVUN)*	ganglios del cuello.
VERAT. ALB. *(VERATRUM ALBUM)*	desmayo o colapso.
VIPERA *(VIPERA COMMUNIS)*	flebitis.
VITEX AGNUS CASTUS *(VITEX AGNUS CASTUS)*	depresión posparto.
ZINC. MET. *(ZINCUM METALLICUM)*	tensión y falta de sueño.

ENCICLOPEDIA
DE LA SALUD ALTERNATIVA

DICCIONARIO ALTERNATIVO

GUIA PRACTICA

DE ENFERMEDADES Y SU TRATAMIENTO CON MEDICINAS ALTERNATIVAS

En esta guía, el lector hallará una amplísima variedad de enfermedades, seguidas de sus síntomas, causas, consecuencias y en especial de la conducta a seguir para su tratamiento con distintas terapias alternativas, además de los remedios homeopáticos que las curan.

En cada caso, el paciente deberá comparar sus síntomas con los señalados en cada enfermedad, así como las condiciones conexas (cuándo se mejoran y agravan los síntomas, etcétera), sin que sea necesario una coincidencia absoluta entre lo que siente y el detalle que damos. A partir de esta comparación, podrá acudir a la terapia o remedio especificado.

En cada artículo se recomiendan especialmente y se detallan las alternativas que pueden llevarse a cabo incluso en el propio hogar, y se mencionan además las disciplinas que sirven para el caso pero que deben ser llevadas a cabo con asistencia de un especialista.

Siempre, ante el menor agravamiento de los síntomas deberá acudir a una consulta profesional.

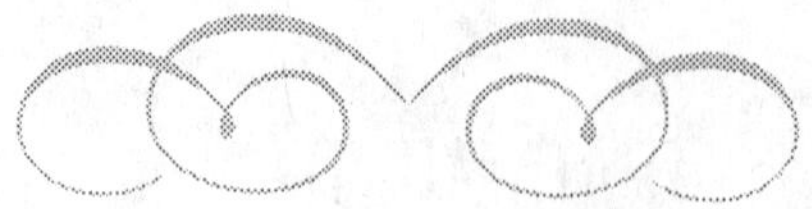

ABSCESOS

Causas

Problemas varios. Se trata de una zona localizada de inflamación debajo de la piel que se cicatriza formando gradualmente un nódulo compacto que contiene pus.

Terapias

Una vez formado el nódulo descripto, la única manera de solucionar el problema es mediante la incisión y el drenaje. Sí puede ayudarse en la prevención mediante conductas dietarias correctas.

Dieta y nutricion

La piel requiere un equilibrio que asegure su espesor, humedad y elasticidad, relacionado íntimamente con el equilibrio de otros sistemas del cuerpo. La dieta juega un importantísimo rol en todos ellos. En el caso específico de la piel, es importante proveerla de la dosis adecuada de estas vitaminas y suplementos:

- *Aceite de onagra u otras fuentes de ácido gamma-linoleico*
- *Cinc*
- *Selenio*
- *Magnesio*
- *Lípidos marinos obtenidos de aceites de pescado*
- *Vitaminas A, E y el complejo B.*

Aromaterapia

- *Lavanda*
- *Bergamota (compresas)*
- *Ajo*

Remedio homeopatico

- Merc. Sol, Hepar Sulph., Silica.

Tratamientos complementarios

Fitoterapia, Medicina Tradicional China, Terapia sacro-craneana, Flores de Bach, Hidroterapia, Medicina energética, Ayurveda.

ACNE

Causas

Cambios hormonales, en especial durante la pubertad. Es típico de la adolescencia, y se manifiesta, en algún grado, en el 80 por ciento de los adolescentes. Su principal causa es el efecto de las hormonas sexuales que surgen en el complejo de los bulbos pilíferos y las glándulas sebáceas. Las causas se intensifican con el consumo exagerado de grasas y fritos, desgraciadamente común en la adolescencia.

SINTOMAS

Espinillas, picazón, pústulas con centro aplastado. Suele comenzar en forma de inflamación alrededor del folículo de un pelo. Habitualmente el síntoma se hace más notorio al intentar eliminarlo con las manos, de lo cual generalmente resulta una infección secundaria.

Los síntomas mejoran con la actividad física y empeoran durante la menstruación.

TERAPIAS

Además de los métodos citados, se trata limpiando la piel y en casos graves tomando fármacos antibacterianos y antiinflamatorios. En algunos casos muy avanzados hay que eliminar la capa exterior de la piel con *dermabrasión*.

FITOTERAPIA

Para infusiones

- Bardana, equinácea, diente de león, amor de hortelano, lengua de vaca, trébol rojo.

Para compresas

- Hierba centella, pamplina y flor de saúco, combinadas en partes iguales, hervidas y aplicando su vapor con mucho cuidado sobre el rostro.

AROMATERAPIA

Verter cinco gotas de aceite de limón, 5 de ciprés y 5 de enebro en 60 g de agua, mezclar bien y aplicar sobre la zona afectada varias veces al día. Para aplicaciones nocturnas se usa la misma mezcla de esencias con un aceite excipiente.

DIETA Y NUTRICION

Resulta fundamental evitar las dietas grasas y aumentar la cantidad de vegetales y frutas. Una dieta rica en fibras también contribuye mucho.

Asi mismo hay que suplementar con los siguientes elementos:

- *Vitamina A*
- *Betacaroteno*
- *Cinc*
- *Complejo vitamínico B*
- *Vitamina C*

REMEDIO HOMEOPATICO

Kali Brom. 6, cuatro veces por día hasta un máximo de 14 días.

TRATAMIENTOS COMPLEMENTARIOS

Reflexología
Tratamiento del estrés
Colorterapia
Osteopatía
Medicina Tradicional China
Hidroterapia.

ADICCIONES

CAUSAS Y SINTOMAS

Aunque es lo primero que viene a la mente, cuando hablamos de adicciones no sólo se trata de drogas o alcohol. El mundo contemporáneo es claramente adictivo. El impulso de la sociedad de consumo es ese: debemos querer más, más y más. Y este es el principio básico de las adicciones. Cuando una persona es adicta a algo (drogas, alcohol, trabajo, comida), quiere cada vez más de ello. Y más, y más. La idea de la adicción es que hay huecos en el interior de la persona que se ven como necesidades o carencias dolorosas, y esos huecos pueden llenarse con alguna cosa y así disipar el dolor. Pero, respondiendo a este mundo en el que se nos enseña a querer siempre más, la persona puede sentirse bien unos momentos cuando "tapa el hueco", pero enseguida el malestar vuelve y necesita "taparlo más", y así es como se va agregando más y más de lo mismo, en un proceso que puede volverse irreversible.

Las adicciones más comunes que vemos en estos días son:

• A *la comida:* muchas veces tienen que ver con la depresión y la soledad.

• A *drogas y alcohol:* relacionadas generalmente con evitar ser consciente de las cosas que están mal.

• A *objetos:* que supuestamente proporcionan sensaciones de poder y son ostentosas extensiones del yo.

• A *personas:* por la necesidad de sentirse aceptado y apoyado en las propias incapacidad y debilidad.

TERAPIA DE GRUPO

Para la mayoría de las personas resulta de enorme utilidad el reunirse con otras que afronten retos similares al suyo. Esto proporciona una contención en la que las personas se sienten apoyadas unas con otras, y sobre todo comprendidas a fondo.

FITOTERAPIA

Cuando una persona está agotada - por el mismo mecanismo de la adicción- y por lo tanto es más vulnerable al proceso adictivo, el sistema nervioso puede ser ayudado con estas plantas:

- **Verbena, avena, scutellaria** o **regaliz** en infusión, tres veces por día, evitando el consumo de cafeína, alcohol y tabaco. Ayudan al sistema nervioso y las glándulas adrenales agotadas.

- **Ginseng y astrágalo:** ayudan a remontar la fatiga y el agotamiento nervioso, aportando una inyección de energía.

- **Bardana, trébol rojo y diente de león.** Para limpiar el cuerpo, especialmente cuando se consume mucha cafeína y alcohol.

TRATAMIENTO DEL ESTRES

Cuando las relaciones no son todo lo verdaderas, afectuosas y justas que podrían ser y el trabajo no produce en la persona un real sentimiento de afirmación y vocación, el estrés empieza a ser protagonista de los sentimientos y potencialidades, anulándolos. Las respuestas a una interrogación sincera acerca de en qué punto se halla una persona lo ayudarán en gran medida a mejorar y fortalecer su contacto con lo externo y esto preservará su sentimiento de integridad y dignidad, lo cual alejará los principios básicos de las adicciones.

DIETA Y NUTRICION

Las tareas que debemos realizar se apoyan en un programa de nutrición adecuado, piedra angular de la salud. Esto además nos hace sentir plenos y fuertes, alejándonos de toda noción de debilidad y carencia.

AROMATERAPIA

Pueden usarse unas cuantas gotas de estos aceites para un baño a primera hora de la mañana, que estimulará la liberación de energía y fortalecerá el ánimo:

- Salvia romana
- Menta
- Albahaca
- Romero

FLORES DE BACH

Para mantenerse firme cuando se intenta enfrentar una adicción, una ayuda indicada es el alerce.

Terapia Fisica

Una rutina de ejercicios y vida sana es quizá el más claro reaseguro contra la posibilidad de caer en una adicción.

Tratamientos complementarios

Acupuntura, Biofeedback, Hidroterapia, Hipnoterapia, Quiropraxia, Kinesiología, Meditación.

AFONIA

Causas

Gritar en exceso o cantar forzando la voz.

Síntomas

Ronquera y pérdida de voz, picazón de laringe. Los síntomas mejoran con el aire fresco. Empeoran alrededor del mediodía.

Remedio homeopatico

Argen. Nit 6, cuatro veces al día hasta un máximo de 6 días.

AFTAS CON DESCARGA LECHOSA

Causas

Estrés, exceso de trabajo, embarazo.

Síntomas

Picazón (peor antes de la menstruación y después de orinar), depresión, ansiedad, dolor de cabeza crónico, aumento del apetito, verrugas vaginales, erosión cervical.

Los síntomas mejoran cuando se está ligeramente estreñido, y empeoran antes y después de la menstruación, después de un esfuerzo, con el tiempo frío, húmedo y ventoso, durante el embarazo y al aplicar calor en la zona vulvar.

Remedio homeopatico

Calc. Carb. 6, seis veces al día hasta un máximo de 5 días.

AFTAS CON DESCARGA MALOLIENTE

Causas

Menopausia, desequilibrio hormonal.

Sintomas

Dolor y ardor de vagina, úlceras en los labios, marcada picazón vaginal y vulvar, irritabilidad, descarga blanca (que empeora después del acto sexual).

Los síntomas mejoran al comer, al dormir, con el ejercicio y al aplicar calor sobre la zona vulvar. Empeoran con el frío, el exceso de cansancio y el humo de tabaco.

Remedio homeopático

Sepia 6, 6 veces al día hasta un máximo de 5 días.

AFTAS CON DOLOR ARDIENTE

Causas

Estrés, o después de otra enfermedad.

Sintomas

Picazón y dolor vaginal, incluso

durante el acto sexual, descarga maloliente amarillenta o blanca, estreñimiento y diarrea alternativamente, picazón en el recto con o sin inflamación, flatulencias malolientes.

Los síntomas mejoran con el aire fresco y el calor seco. Empeoran con el frío y la humedad, con el alcohol, por la mañana, por la noche, permaneciendo en cama.

REMEDIO HOMEOPATICO

Sulphur 6, 6 veces al día hasta un máximo de 5 días.

ALERGIAS

CAUSAS Y SINTOMAS

Una alergia es una reacción del sistema inmunológico a alguna sustancia o elemento que para la mayoría de la gente resulta inocuo. Se manifiestan de muy diversas maneras, como reacción a elementos tales como polvo, polen, agentes químicos, emanaciones animales, etcétera. Básicamente, puede hablarse de dos clases de alergias: las causadas por factores del entorno y las alergias a alimentos.

Entre los factores del entorno, la causa más común es el polen de diversas plantas. Pero también provocan la reacción alérgica elementos como el polvo de hogar, insectos, humedad, moho o humo de cigarrillo. Menos común pero en algunos casos mucho más serio es el efecto de productos cosméticos, perfumes, los agentes de limpieza hogareña, el gas de las cocinas, elementos de la ropa que usamos e incluso algunos materiales utilizados por el dentista. En cuanto a las alergias provocadas por los alimentos, estos efectos recién comenzaron a estudiarse en los años '40, gracias al doctor Theron Randolph, precursor de la Medicina Ambiental. Hay que distinguir entre la reacción alérgica a los alimentos y otros efectos relacionados con deficiencias enzimáticas o intoxicaciones. Muchos alimentos causan alergias: la leche, el germen de trigo, los huevos blancos, tomates, soja, chocolate y muchos aditivos que se usan en la elaboración industrial de alimentos.

TERAPIAS

DIETA Y NUTRICION

Es obvio que, siendo los alimentos una de las causas principales de alergias, el trabajo sobre la dieta debe ser exhaustivo y dirigido por un profesional. Una de las alternativas que dan mejores resultados es la llamada Dieta Rotativa. De acuerdo con famosos médicos como el doctor Braly, es la mejor manera de prevenir y evitar cualquier alergia alimenticia. Consiste básicamente en rotar los alimentos en períodos de cuatro días. Esto significa que la persona que come determinado alimento hoy no lo repetirá en los siguientes cuatro días. Según los estudios de muchos profesionales, esto previene exitosamente la alergia alimentaria.

FITOTERAPIA

Para los trastornos alérgicos se ha demostrado la eficacia de la pimienta de Cayena como antiinflamatorio en combinación con hierbas laxantes para limpiar el intestino. Para efectos asociados a una alergia también son de utilidad:

- *Silimarín (extracto del cardo mariano)*
- *Muérdago*
- *Manzanilla*
- *Arnica*
- *Eupatorio*
- *Regaliz*
- *Equinácea*
- *Astrágalo*

ACUPUNTURA

La alergia es considerada básicamente una deficiencia del sistema inmunológico. Mediante un tratamiento regular de acupuntura es posible restaurar el equilibrio general de este sistema, reduciendo rápidamente los síntomas más habituales: las migrañas y las congestiones respiratorias.

AROMATERAPIA

Para controlar el estrés y calmar las reacciones alérgicas, pueden utilizarse aceites de:

- *Melisa*
- *Charmomita*
- *Lavanda*

REMEDIO HOMEOPATICO

La homeopatía ha probado tener éxito rotundo en el tratamiento de las alergias. Pero más que en ningún otro caso se necesita un extenso y detallado tratamiento a cargo de un profesional, puesto que las causas de una alergia y sus efectos pueden tener tan variado origen y ser resultado de la combinación de tantos factores que resulta casi imposible hablar de un remedio que sirva para cualquier caso.

TRATAMIENTOS COMPLEMENTARIOS

Hipnoterapia, Programación neurolingüística, Reflexología, Shiatzu, Bodywork, Osteopatía.

ALIMENTACION, TRASTORNOS

CAUSAS

Cuando una persona tiene problemas en su actitud ante la comida y en sus hábitos alimentarios, suelen provocarse cambios en la ingestión de alimentos que afectan la salud. Existen diversas sintomatologías relacionadas con la ingestión de alimentos y/o bebidas:

SINTOMAS

Variaciones extremas en la dieta: en muchas situaciones las personas adoptan dietas que por distintos motivos son deficientes en nutrientes esenciales. Esto puede ser necesario en caso de ciertas enfermedades, ya que a corto plazo tienen efectos desintoxicantes pero su práctica prolongada traería consecuencias indeseables. Lo mismo sucede con un ayuno. También debe considerarse la *ignorancia* acerca de lo que es una correcta nutrición; el caso típico es el adolescente que no es consciente de que hamburguesas, papas fritas y bebidas colas no constituyen una decisión saludable.

Falta de apetito: puede estar asociada a una hiperactividad de la tiroides, o bien casos de diabetes, o sobrealimentación compulsiva.

Anorexia: síntoma que ha sido ampliamente estudiado en los últimos tiempos, se relaciona con la interacción entre la persona (en especial la mujer) y lo sociocultural. La sociedad crea modelos artificiales e irreales que la persona de todos modos intenta alcanzar, al punto de caer en actitudes perjudiciales para su salud. En este caso, el trastorno es la decisión enfermiza de no ingerir alimentos.

Bulimia: íntimamente relacionada con la anorexia, en este caso puede haber ingestión normal o exagerada de alimentos, combinada con la inducción del vómito. Tanto la bulimia como la anorexia reflejan una profunda situación de estrés, angustia y depresión y son claros signos de profundos desequilibrios emocionales en la vida de quien las padece.

TERAPIA DE GRUPO

Tanto la anorexia nerviosa como la bulimia suelen responder bien a este tratamiento, en el cual el apoyo de otras personas que han padecido lo mismo resulta un punto clave.

DIETA Y NUTRICION

Obviamente en estos casos se necesita un programa óptimo de nutrición. Algunos datos específicos:

- La anorexia y la bulimia producen una deficiencia de magnesio que lleva al cansancio, depresión, náuseas y otros síntomas, por lo que siempre está indicada una suplementación de este elemento.

- En la anorexia nerviosa también suele darse una deficiencia de cinc, por lo que es adecuado un suplemento de 45 miligramos diarios.

- La deficiencia de Vitamina B12 es a la vez síntoma y causa de anorexia.

TRATAMIENTO DEL ESTRES

En el origen de estos trastornos suelen estar las dificultades de relación en el hogar, especialmente y en el trabajo, en segundo término. Examinando en detalle las interacciones personales se entrará en un camino de recuperación de base.

MEDITACION

Nuestro interior contiene nuestra propia imagen de salud, por lo que una técnica de meditación ayudaría a conectarse con esa imagen a diario, evitando en gran medida los impulsos que llevan a trastornos alimentarios.

TERAPIA FISICA

Un buen programa de ejercicios no solo estimula el apetito sino que combate la depresión y tiende a equilibrar el peso. Andar a pie o nadar son actividades simples y efectivas al alcance de cualquier persona.

FITOTERAPIA

- Para la pérdida de apetito, es indicado el hidrastis (excepto durante embarazo).

- El astrágalo estimula el apetito.

- El hiperico o hierba de San Juan puede contribuir con el tratamiento de la anorexia.

- Una fórmula que estimula el apetito es la siguiente: mezclar partes iguales de hojas de toronjil, centaura menor, hojas de ortiga y bayas de enebro, luego preparar una infusión con una cucharada de la mezcla por cada taza de agua hirviendo; beber una taza al día, endulzada con miel.

TRATAMIENTOS COMPLEMENTARIOS

Biofeedback, Yoga, Hidroterapia, Hipnoterapia, Medicina Tradicional China.

ALOPECIA

VER "CAÍDA DEL CABELLO"

AMIGDALITIS CON DOLOR ARDIENTE QUE SUBE HASTA LA CABEZA

CAUSAS

Enfriamiento de la cabeza e infección.

SINTOMAS

Garganta dolorida y sensible, cara enrojecida, pupilas dilatadas, fiebre alta, cuello sensible y rígido, espasmos de dolor al moverse.

Los síntomas mejoran al estar de pie o sentado en posición erguida y empeoran con el movimiento, la luz y el ruido.

REMEDIO HOMEOPATICO

Belladona 30, cada 2 horas hasta un máximo de 10 dosis.

AMIGDALITIS CON DOLOR PUNZANTE EN LA GARGANTA

CAUSAS

Infección.

SÍNTOMAS

Dolor de garganta con sensación de tener una espina atascada, a veces presencia de pus, sensibilidad emocional, inflamación de las glándulas del cuello, ronquera o pérdida de voz, dolor de oído al tragar.

Los síntomas mejoran al abrigarse el cuello, al comer, con lo templado. Empeoran con el tacto, después de desvestirse, con el aire frío y las corrientes.

REMEDIO HOMEOPATICO

Hepar Sulph. 6, cada dos horas hasta un máximo de 10 dosis.

AMIGDALITIS CON MAL ALIENTO

CAUSAS

Infección.

SINTOMAS

La saliva produce ardor al tragar, la garganta está inflamada y roja, la lengua muestra una capa amarilla en la que se ven las marcas de los dientes, dolor al tragar, secreción de mucha saliva durante el sueño.

Los síntomas mejoran al abrigarse, con reposo. Empeoran al transpirar, por la noche, con temperaturas extremas.

REMEDIO HOMEOPATICO

Merc. Sol. 6, cada dos horas hasta un máximo de 10 dosis.

ANOREXIA

VER "ALIMENTACIÓN, TRASTORNOS"

ANSIEDAD CON PANICO

CAUSAS

Al ser el transtorno esencial de nuestros tiempos, sus causas son tantas y tan variadas que no pueden acotarse a una mera lista. Cada caso tiene sus propias historias y circunstancias. Cada caso, en cierta medida, es único. Lo que es bueno saber es que puede eliminarse sin fármacos tóxicos. En el fondo de toda ansiedad está el miedo. Identificar su raíz puede llevar a la aceptación y permitir su superación.

SINTOMAS

Ansiedad genuina: la persona comienza a sentirse amenazada y a perder el control, a causa de lo que siente acerca de sí misma y su entorno. Suele sentir una profunda incomodidad siempre latente, de la que no puede despegarse. Todo esto conlleva un enorme desgaste emocional y lleva a un inevitable deterioro en las relaciones y las capacidades. Puede durar años y convertirse en una pesadilla. Pero hay que saber que siempre, sea cual fuere el caso, es reversible.

Nerviosismo: una forma leve de la ansiedad que puede relacionarse con sensaciones como falta de confianza, timidez, inseguridad, torpeza. Su único riesgo real es que progrese hacia estadios de angustia más profundos.

Pánico: sensación aguda, extrema, de la angustia. La persona que lo padece se siente rodeada, atrapada, e incapaz de escapar de esa estado. La reacción del pánico tiene manifestaciones físicas como pulso muy acelerado, sudor excesivo, problemas de respiración, sensación de muerte, mente nublada, y muchas más, siempre combinados. Resulta casi imposible superar este síntoma sin ayuda externa.

DIETA Y NUTRICION

Es buena medida reducir el consumo de cafeína. Contra los síntomas neuropsiquiátricos resulta muy eficaz el aminoácido acetil L-carnitina, en dosis de 250 miligramos hasta cuatro veces por día.

BIORRETROALIMENTACION

Es una técnica probada, cuya capacidad de controlar la angustia es muy alta. En principio debe buscarse un profesional experimentado que enseñe las técnicas, pero una vez aprendidas éstas, la rutina de ejercicios puede ser llevada adelante por el paciente solo.

MEDITACION

Mejora y a veces supera los síntomas de desgaste emocional. En el momento en que la ansiedad ataca, echar mano de una técnica de meditación resulta de elevada eficacia, incluso en caso de ataque de pánico.

HIDROTERAPIA

Baños tibios y calientes son remedios ancestrales contra la angustia, extremadamente relajantes. Trabajan en distintos niveles:

- Separan a la persona del ambiente conflictivo
- Proporcionan sensación de bienestar y dan tiempo para que los mecanismos internos de defensa y curación puedan actuar
- Relajan todos los músculos tensos y reducen las pulsaciones

AROMATERAPIA

Añadir al baño caliente uno o varios de estos aceites:

- *rosa*
- *neroli*
- *espliego*
- *pachuli*
- *sándalo*
- *geranio*
- *ilang-ilang*

También se los puede emplear en inhalaciones con un pañuelo o en la almohada, o para masaje corporal relajante.

TERAPIA FISICA

Caminar a un ritmo de 100 latidos cardíacos por minuto es muy efectivo para reducir la ansiedad, y provee muchos otros beneficios. Todos los síntomas físicos de la ansiedad también mejoran.

TRATAMIENTOS COMPLEMENTARIOS

Yoga, Hipnoterapia, Medicina Tradicional China, Ayurveda, Psicoterapias, Flores de Bach, Talasoterapia, Qui Gong, Tai Chi Chuan, Digitopuntura, Terapia del Sonido, Musicoterapia, Visualizaciones.

ANSIEDAD, FALTA DE CONFIANZA

CAUSAS

Surge ante acontecimientos venideros.

SINTOMAS

Trastornos del sueño, constante análisis de lo que se hizo durante el día, aprensión a desempeñarse en público, alteraciones del apetito.

Los síntomas mejoran en un entorno frío, con bebidas y alimentos calientes después de medianoche, con movimiento. Empeoran en habitaciones mal ventiladas, con exceso de comida.

REMEDIO HOMEOPATICO

Lycopodium 6, cada 2 horas hasta un máximo de 10 dosis.

ANSIEDAD, INQUIETUD

CAUSAS

Inseguridad profunda.

SINTOMAS

Sensibilidad al frío, cansancio, pulso acelerado, piel fría y húmeda.

Los síntomas mejoran en tiempo templado, con bebidas y alimentos calientes, al acostarse. Empeoran entre la medianoche y las 2 de la mañana, con alimentos y bebidas frías, con climas secos y ventosos.

REMEDIO HOMEOPATICO

Arsen. Alb. 6, cada 2 horas hasta un máximo de 10 dosis.

ANSIEDAD, NERVIOSISMO

CAUSAS

Exceso de trabajo.

SINTOMAS

Nerviosismo, temores diversos.

Los síntomas mejoran con masajes, aire fresco, palabras tranquilizadoras, al dormir. Empeoran con el esfuerzo mental, el ejercicio, antes de las tormentas, con alimentos y bebidas calientes.

REMEDIO HOMEOPATICO

Phos. 6, cada 2 horas hasta un máximo de 10 dosis.

ANSIEDAD, TEMOR A LA DEMENCIA

CAUSAS

Exceso de trabajo.

SINTOMAS

Obsesión con el trabajo seguida de sensación de fracaso y derrota, falta de memoria, depresión, temores, mala disposición al diálogo.

Los síntomas mejoran por la mañana, con ligero estreñimiento. Empeoran con el ejercicio, entorno fresco, corrientes de aire, entre las 2 y las 3 de la mañana.

REMEDIO HOMEOPATICO

Calc. Carb. 6, cada 2 horas hasta un máximo de 10 dosis.

APNEA

VER "TRASTORNOS DEL SUEÑO"

ARTICULACIONES, DOLOR

CAUSAS

La articulación es donde se juntan dos o más huesos, y su función es facili-

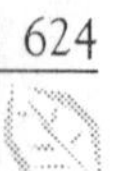

tar el movimiento. Está formada por huesos, cartílago -material suave y duro que cubre el extremo de los huesos-, la cavidad articular -área cerrada recubierta de tejido- y ligamentos -tiras de tejido que actúan como soporte. Existen tres causas basicas para el dolor articular:

- Inflamación provocada por hinchazón en la articulación, que provoca que se segregue demasiado líquido en la cavidad articular.
- Irritación por algún cuerpo extraño suelto en la cavidad articular.
- Deterioro, como resultado de una lesión o del envejecimiento.

Sintomas

Dolor, dificultad o imposibilidad de movimiento.

Dieta y Nutricion

No conviene subir de peso porque aumentaría la carga sobre la articulación resentida. En algûnos casos de artritis reumatoide no se toleran algunos alimentos como cereales, granos, lácteos, café, cítricos, carnes rojas y derivados del cerdo. Elementos beneficiosos son el aceite de onagra (contiene ácido gamma-linoleico), los aceites marinos, la vitamina B2 y el selenio.

Hidroterapia

Trata los síntomas de dolor articular mejor que los de cualqier otra afección. Tiene efectos calmantes y curativos. Los distintos modos de aplicación son:

- Baños de agua caliente y fría para curar inflamación
- Natación para ejercitar articulaciones rígidas.
- Compresas calientes y cataplasmas que aportan calor y efectos curativos a las zonas afectadas.
- Compresas frías aplicadas durante 20 segundos, retirándolas otros 20 y siguiendo así por 6 a 9 minutos para reducir la hinchazón aguda.

Reflexologia

Desde el hueco de la parte exterior del pie hacia el talón, trabaje en una línea con el pulgar para tratar problemas de rodilla.

Meditación

Reduce el dolor y el espasmo muscular; utilice cualquier método de relajación.

Terapia física

No trabaje mientras haya inflamación. Descanse en cama o silla reclinable colocando la zona dolorida en posición cómoda. Reemprenda gradualmente toda actividad cuando el dolor lo permita. Pero no olvide que el descanso muy polongado hace perder tono muscular.

Fitoterapia

- *Reina de los prados (analgésico).*
- *Jengibre (antiinflamatorio).*
- *Árnica en crema o ungüento.*
- *Matricaria (artritis reumatoide)*
- *Cataplasma de partes iguales de pimienta de Cayena, hojas de gordolobo y olmo mojadas con vinagre de sidra (artritis, reumatismo).*
- *Cola de caballo (cataplasma contra artritis).*

Tratamientos complementarios

Hipnoterapia, Programación neurolíngüística, Reflexología, Shiatzu, Bodywork, Osteopatía.

ARTRITIS

Causas

Se trata de una inflamación de las articulaciones, tendones, ligamentos y/o cartílagos. Puede afectar cualquier parte del cuerpo: pies, rodillas hombros, dedos, espalda... Ataca a personas de cualquier edad. Es causada por una amplia variedad de factores, que incluyen alteraciones del envejecimiento, inestabilidad de las articulaciones, alteraciones bioquímicas, factores hormonales, predisposición genética. También el estrés contribuye, puesto que interfiere con la producción de progesterona y la hormona tiroides, por lo cual muchas mujeres desarrollan problemas en la etapa de la posmenopausia.

Sintomas

Dolor, dificultad o imposibilidad de movimiento.

Dieta y nutricion

Básicamente hay que disminuir o incluso eliminar el consumo de carnes grasas, huevos, margarina y productos lácteos, así como cafeína, alcohol, tabaco y azúcar. Para la prevención de la artritis es importante incrementar el selenio y el magnesio, además de, por supuesto, el calcio, elemento fundamental para los problemas vinculados con los huesos.

Bodywork

La artritis está muy directamente relacionada con dificultades posturales. Tendones y ligamentos pueden torcerse o estirarse como resultado de movimientos, golpes, ejercicios o la acción de la edad, que los hace tornarse más rígidos. El trabajo de estas técnicas corporales puede restaurar la apropiada y normal postura corporal mediante masajes y movimientos de reeducación que alivian o eliminan las limitaciones propias de este síntoma.

Acupuntura

Para la visión de este método terapeutico, la artritis es el resultado de un problema inmuno-químico que impide a las células del sistema inmunológico reconocer la superficie de la articulación como parte del mismo. La acupuntura reduce la agresividad del organismo contra sí mismo y sus propios tejidos, promoviendo el reconocimiento de la superficie de las articulaciones. Una frecuencia terapéutica de tres veces a la semana reduce las inflamaciones, el dolor y la incomodidad.

Hidroterapia

Tiene efectos calmantes y curativos. Los distintos modos de aplicación son:

- Baños de agua caliente y fría para curar la inflamación
- Natación para ejercitar articulaciones rígidas.
- Compresas calientes y cataplasmas que aportan calor y efectos curativos a las zonas afectadas.

- Compresas frías aplicadas durante 20 segundos, retirándolas otros 20 y siguiendo así por 6 a 9 minutos para reducir la hinchazón aguda.

Meditacion

Reduce el dolor y el espasmo muscular; utilice cualquier método de relajación.

Fitoterapia

- *Matricaria (artritis reumatoide)*
- *Cataplasma de partes iguales de pimienta de Cayena, hojas de gordolobo y olmo mojadas con vinagre de sidra (artritis, reumatismo).*
- *Cola de caballo (cataplasma contra artritis).*
- *Reina de los prados (analgésico).*
- *Jengibre (antiinflamatorio).*
- *Árnica en crema o ungüento.*

Tratamientos complementarios

Quiropraxia, Acupresión, Ayurve-

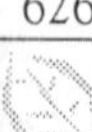

da, Flores de Bach, Aromaterapia, Reflexología, Osteopatía.

ASMA

CAUSAS

Es una enfermedad especialmente preocupante en niños y adolescentes. Se manifiesta generalmente en forma de ataques, luego de los cuales la persona se siente en un estado completamente normal de salud. Un gran número de alergias relacionadas con lo ambiental están detrás de un episodio de asma, incluyendo elementos determinantes o detonadores como polvo, humedad, emanaciones animales, detergentes, petroquímicos, sensibilidad a la aspirina, aire frío, etcétera.

SINTOMAS

Los ataques normalmente comienzan característicamente con una obstrucción de los pasajes bronquiales, a veces con excesiva excreción de mucosa, lo que resulta de esto una muy difícil respiración. El ataque suele comenzar con una tos seguida de progresiva dificultad respiratoria.

DIETA Y NUTRICION

En el tratamiento del asma es fundamental una dieta tendiente a reforzar el sistema inmunológico, que también debe buscar eliminar las posibilidades de alergias a los alimentos, corregir problemas digestivos, establecer un apropiado balance de los ácidos grasos esenciales y suplementar todos los nutrientes esenciales del sistema inmunológico. Es correcto evitar en lo posible todos los aditivos y conservantes, por lo que hay que consumir la menor cantidad de alimentos procesados industrialmente que sea posible.

Las vitaminas A B, C y E, el betacaroteno, el selenio y el cinc mejoran probadamente la función inmunitaria del organismo. Grandes dosis del complejo vitamínico B disminuyen la presión adversa del sistema inmunológico. Una baja ingestión de grasas y una buena de fibras mejoran esta función. La vitamina A también aumenta la inmunidad. Un suplemento de selenio incrementa la actividad de las células inmunitarias.

La melatonina modula la liberación natural de esteroides y el movimiento del cinc. Estos dos elementos pueden recuperar la producción de hormonas tímicas, fortaleciendo el sistema inmunológico.

El magnesio por vía intravenosa resulta muy efectivo en el asma severa. La baja ingestión de este mineral se relaciona con mayor riesgo de dificultad respiratoria.

FITOTERAPIA

- *Énula campana*
- *Regaliz*
- *Tusílago*
- *Tomillo*
- *Belcho*

AROMATERAPIA

Hay dos maneras de utilizar estos aceites esenciales: aplicando unas gotas en un pañuelo y haciendo frecuentes inhalaciones, o bien mezclándolos con un aceite corporal o excipiente para realizar masajes de pecho y espalda. Pueden mezclarse de la forma que cada paciente considere mejor:

- *Incienso*
- *Salvia*
- *Eucalipto*
- *Salvia*

TRATAMIENTOS COMPLEMENTARIOS

Hidroterapia, Acupuntura, Acupresión, Terapia Física.

ATAQUES NERVIOSOS

CAUSAS

Una crisis, ataque o convulsión se produce cuando una súbita y desordenada descarga eléctrica de las células nerviosas del cerebro envían señales extrañas a través del sistema lo que provoca los resultados característicos que se tipifican como un ataque. Las personas propensas a esta clase de ataques deben evitar las pantallas y los focos intermitentes o las luces centelleantes como las de discotecas. Otras causas posibles se relacionan con tumores cercanos al cortex motriz, traumatismos -en general entre los seis meses y los dos años después de una lesión en la cabeza- infecciones como la encefalitis y los abscesos cerebrales, enfermedades degenerativas como la esclerosis múltiple o problemas vasculares, en especial la trombosis y las embolias.

SINTOMAS

Los ataques como manifestaciones de desórdenes del sistema nervioso pueden dividirse en distintas categorías:

Ataque psicomotor: su duración puede durar desde unos pocos segundos hasta varios días. Durante el ataque la persona no sufre una amnesia sino que puede experimentar algo parecido a un sueño. Las cosas parecen lejanas, y hasta puede experimentar una sensación de alucinación o de revivir un pasado supuesto. A la vista de quienes lo rodean, la persona parece actuar automáticamente, mostrando movimientos repetitivos del rostro o extremidades.

Ataque epiléptico: es una repentina y drástica convulsión generalizada. En la mitad de los casos está precedido por un "aura", una sensación que advierte lo que está por pasar. Luego se produce una súbita pérdida de conciencia que hace caer al suelo a la persona. Se produce entonces una serie de movimientos violentos y bruscos de todo el cuerpo y un espasmo de todos los músculos, para caer en una suerte de coma profundo. El paciente despierta luego del ataque en un estado de total confusión, y cae después en un sueño muy profundo, de muchas horas.

Pequeño mal: se trata de ataques muy breves, que incluso pueden pasar desapercibidos para el entorno. Aunque la persona pierde la conciencia, normalmente no cae al suelo. El ataque se nota porque la persona queda inmóvil, con la mirada perdida y es incapaz de responder en una conversación. Luego de un período de entre 2 y 15 segundos, recupera de golpe la conciencia y continúa con lo que hacía cuando la interrumpió el ataque.

DIETA Y NUTRICION

Muchos estudios han sugerido que la falta de magnesio puede predisponer a estos ataques. Por eso es útil un aporte extra de este elemento en la dieta. También se ha relacionado, en la incidencia sobre estos ataques, la deficiencia en sangre y tejidos de otro mineral, el manganeso. También puede relacionarse con ellos la deficiencia severa de vitamina B6.

Una nutrición óptima sin lugar a dudas contribuye a la prevención de ataques, ya que asegura una optimización de la circulación de la sangre hacia las células cerebrales. En niños con epilepsia, una dieta sin gluten como la que se usa para los pacientes celíacos es positivamente eficaz para limitar los ataques. La utilización de fármacos anticonvulsivos puede causar deficiencia de nutrientes como la tiamina, las vitaminas B12, D y E y el ácido fólico, los cuales deben ser suplementados.

Biorretroalimentacion

Como ha sido demostrado por distintas investigaciones y estudios, la frecuencia de ataques puede reducirse hasta un 35 por ciento mediante el entrenamiento con biorretroalimentación. En principio debe buscarse a un profesional experimentado que enseñe las técnicas, pero una vez aprendidas estas, la rutina de ejercicios puede ser llevada adelante por el paciente solo.

Meditacion

Cualquier técnica de relajación ayuda a reducir la frecuencia de los ataques e incluso su grado de severidad.

Acupresion

En caso de verse ante una persona que sufre un ataque, debe mantener la calma. Hay que retirar todo mueble cercano para que la persona tenga el espacio despejado y no se vea afectada. Se le debe colocar un pañuelo doblado entre los dientes, desabrocharle la ropa y colocarle una toalla mojada en la cabeza. Cuando la persona quede inmóvil, hay que presionar su meridiano de la vejiga a lo largo de la columna vertebral, los vasos gobernantes 14 y 26, y los puntos vejiga 60 y CV 12. Se presiona con fuerza sobre el tendón de Aquiles y se pellizca el dedo gordo del pie con el pulgar y el índice. Por fin, hay que presionar con fuerza sobre las palmas de las manos.

(Para la ubicación de los puntos, ver ilustración en el artículo "Acupresión").

AUTISMO

Causas y sintomas

Se trata de una enfermedad severa, un desorden de conducta crónico que no tiene una única causa conocida ni una cura definida. Algunas técnicas y medicinas complementarias pueden, sin embargo, ayudar en cierta forma a un paciente autista a participar de la sociedad con distinto grado de éxito.

Es un síndrome con una combinación de desórdenes y conductas anormales. Se sospecha de una causa genética en muchos casos de autismo. Otras causas probables incluyen: defectos cerebrales, intoxicación por plomo, defectos en el proceso de aislamiento de las fibras nerviosas, infecciones virales como cytomegalovirus durante el embarazo, alergias alimentarias, parásitos, deficiencia de enzimas digestivas, etcétera.

Terapias que mejoran las manifestaciones de la enfermedad:

Suplementos vitamínicos del complejo B, y de elementos como el magnesio, cuya deficiencia promueve la hiperirritabilidad y la hipersensibilidad. También es importante un alto nivel de vitamina C. La dimetiglicina (DMG) demostró en diversos estudios su buen resultado sobre el autismo, mejorando el comportamiento general del paciente y en especial su contacto visual.

En general, parece ser que la disminución de lácteos y derivados del gluten ayuda al autista en lo relativo a la capacidad de aprender y la socialización. Esto es a causa de la disminución de péptidos contenidos en esos alimentos.

También son recomendables las terapias físicas simples, que pueden ayudar al proceso de socialización.

BOCA, ZONAS ULCEROSAS O PUNTOS

Causas

Existen muchas clases de manchas bucales, la mayoría de las cuales desaparecen con relativa rapidez. Las causas van desde un herpes causado por virus hasta un mordisco accidental en la mejilla. También puede tratarse de una infección provocada por el hongo *candida albicans* llamada muguet, que se combate con antimicóticos y es una señal de que hay un importante desequilibrio en la población bacteriana, muchas veces tras un excesivo uso de antibióticos. Cualquier mancha o punto en la boca debe considerarse sospechosa si dura más de unos pocos días.

Sintomas

Además de las manchas o puntos, en el caso del muguet se verifica la aparición de placas lisas de color blanco en la boca y en otras partes del tracto digestivo.

Fitoterapia

- *Eneldo*
- *Hidrastis*
- *Diente de león*
- *Ajo*

Remedio homeopatico

Natrum Mur. 6, 4 veces por día, hasta un máximo de 5 días.

BRONQUITIS

Causas

Es una inflamación severa de los conductos bronquiales. Puede ser causada por una infección, por la exposición a aire frío, o agentes nocivos externos. También algunas formas de alergia causan síntomas de bronquitis.

Sintomas

Fiebre, tos, a veces acompañada de infección bacteriana e irritación de los bronquios.

Dieta y nutricion

En el momento en que se está padeciendo la bronquitis es bueno alimentar-se con comidas calientes, y también con muchas especias, que ayudan a abrir los conductos respiratorios. En especial hay que acudir al ajo, las cebollas, los ajíes y la mostaza.

Además, es importante una dieta que levante las defensas inmunitarias, y tomar muchísimo jugo de frutas.

Hay que suplementar especialmente la vitamina A, vitamina C, cinc y selenio.

Hidroterapia

Baños calientes con vapores son muy efectivos, así como las fricciones en pecho y espalda con agua caliente.

Fitoterapia

- *Equinácea*
- *Lobelia*
- *Manzanilla*
- *Hidrastis*
- *Hipérico*

BULIMIA

Ver "Alimentación, trastornos":

CAIDA DEL CABELLO

Causas y Sintomas

La pérdida parcial o completa del cabello, llamada alopecía, se da usualmente en el cuero cabelludo y principalmente en los hombres, aunque en realidad se denomina así a la pérdida en cualquier parte del cuerpo. La más común es el denominado patrón de calvicie masculina o alopecía hereditaria. En esta condición, el pelo se pierde principalmente en la corona y de allí hacia adelante, que es a veces reemplazado por otro mucho más fino y débil. El nombre de alopecía hereditaria o androgénica se debe a que la padecen los hombres y, generalmente la heredaron. Pero también las mujeres pueden sufrir este síntoma, en especial durante la menopausia. También hay que considerar causas emocionales en la pérdida del cabello.

Dieta y Nutricion

Una dieta variada, pero que especialmente cuente con alta presencia de papas, pepinos, ajíes verdes y rojos y coles de Bruselas, todos estos, ricos en siliconas, otorgan fuerza al cabello. También son importantes los alimentos ricos en hierro, como algunas carnes. Para la salud capilar es preferible la leche de cabra a la de vaca. También pueden suplementarse los siguientes elementos:

- *Cinc*
- *Aminoácidos y suplementos proteínicos*
- *Hierro*
- *Complejo vitamínico B*
- *Oligoelementos*

Aromaterapia

Para caída temporaria del cabello, aceites de:

- *Lavanda*
- *Tomillo*
- *Salvia*
- *Romero*

Fitoterapia

Se pueden realizar masajes en el cuero cabelludo usando un aceite realizado con una parte de romero por cada dos partes de aceite de almendras.

También se puede usar como tónico diariamente el té de salvia, aplicado al cuero cabelludo.

Remedio Homeopatico

Lycopodium 6, cada 12 horas hasta un máximo de 1 mes. Arnica, Acidum Nit.

Tratamientos Complementarios

Acupuntura, Acupresión, Medicina tradicional china.

CALAMBRES MUSCULARES

Causas

Los músculos abundan en células "especializadas" en contracción y relajación, que crean el movimiento. Los músculos tienen un cierto nivel de contracción constante llamado tono muscular. Una excesiva contracción provoca espasmos y calambres. Suele suceder especialmente a personas sedentarias, no habituadas al ejercicio.

Sintomas

Dolor y eventualmente ardor extremo asociado con las áreas en donde el tono muscular se tornó excesivo o lo sucedido en el músculo afectó los tejidos y/o nervios asociados.

Dieta y nutricion

Una dieta variada en la que debe haber mucha presencia de alimentos ricos en calcio y magnesio, como los vegetales verdes, frutas, yogur, semillas de sésamo. Hay que evitar el consumo excesivo de cítricos, carne, hígado y granos. La idea es una dieta alcalina (muchos vegetales y frutas) que no produzca pérdida o desbalance de calcio en el organismo.

Se pueden tomar suplementos de:

- *Vitamina E (400 mg tres veces al día)*
- *Magnesio*
- *Calcio*
- *Potasio*
- *Vitamina C*
- *Siliconas*
- *Niacina*
- *Acido fólico*
- *Vitamina A*

Aromaterapia

Aceites esenciales de:

- *Romero*
- *Lavanda*
- *Mejorana*
- *Chamomila*
- *Salvia*

Fitoterapia

Beber una decocción de corteza de romero o tomar una cucharada de tintura de corteza de romero hasta cuatro veces al día. Para un alivio momentáneo, aplicar como ungüento una mezcla de igual cantidad de lobelia y corteza de romero.

Hidroterapia

Baño de inmersión, lo más caliente que pueda soportarlo sin quemarse. Relaja los músculos absolutamente.

Tratamientos complementarios

Acupuntura, Quiropraxia, Osteopatía, Tratamiento del estrés, Reflexología, Rolfing, Yoga, Terapia de masajes.

CALAMBRES GRAVES EN LOS PIES O LAS PIERNAS

Causas

Pérdida de sal del organismo y escalofríos repentinos.

Síntomas

Espasmos musculares violentos en los dedos de los pies, los tobillos y las piernas, que pueden calmarse aplicando una presión firme sobre la parte afectada.

Los síntomas empeoran con el movimiento y la presión suave.

Remedio homeopatico

Cuprum Met. 6, 4 veces por día

hasta un máximo de 14 días.

CALAMBRES POR FATIGA MUSCULAR

CAUSAS

Fatiga muscular que se ocasiona por un exceso de ejercicio.

SINTOMAS

Sensación de que las extremidades han sido golpeadas.

Este síntoma mejora al empezar a moverse, y empeora con el calor, la presión suave y el movimiento prolongado.

REMEDIO HOMEOPATICO

Arnica 6, cuatro veces por día hasta un máximo de 14 días.

CALCULOS EN EL RIÑON

CAUSAS

Las piedras se forman por precipitación de un número de minerales y soluciones salinas en la orina. En muchos casos, se comprueba un exceso de calcio en estas piedras.

SINTOMAS

Pueden no manifestar ningún síntoma notable. A veces puede presentarse un súbito dolor radiando desde la parte baja de la espalda hacia el abdomen. Y puede asociarse con náuseas, vómitos y posiblemente sangre en la orina. Este dolor finalmente puede llegar a hacerse muy agudo, según se dice, comparable al dolor del parto.

DIETA Y NUTRICION

Básicamente hay tres grandes pasos a dar: aumentar las fibras y la ingestión de vegetales verdes, y reducir drásticamente el consumo de azúcar refinada. Deben beberse al menos ocho vasos de agua por día. Una dieta con mucha presencia de vegetales ayuda a impedir cálculos. Los alimentos que puede incrementar para no contribuir a la formación de cálculos son los damascos, el arroz y el té de kombucha. Debe evitar en lo posible la sal, el azúcar, los derivados lácteos, el alcohol, la cafeína, los carbohidratos refinados, el chocolate y los pimientos. Resulta bueno suplementar los siguientes elementos:

- *Magnesio (200 mg dos veces por día)*
- *Vitamina B6 (50 mg tres veces al día)*
- *Vitamina C (6 g por día)*
- *Vitamina A*

AROMATERAPIA

Friegas con aceite de junípero.

REMEDIO HOMEOPATICO

Berberis.

HIDROTERAPIA

Baños calientes tres veces al día, o compresas calientes en la zona baja de la espalda y el abdomen hasta cinco veces al día.

TRATAMIENTOS COMPLEMENTARIOS

Reflexología, Acupuntura, Acupresión, Terapia Física.

CANDIDIASIS

CAUSAS

Se produce por la acción de un agente llamado candida (Candida

Albicans) normalmente confinado al intestino grueso, la vagina o la piel. Cuando el balance de la función intestinal es alterado por una deficiencia inmunológica u otros factores, la candida prolifera infectando otros tejidos. Al volverse patológica, se convierte en un hongo que puede comprometer severamente la salud. Según algunos especialistas, el uso de antibióticos, tan importantes para tantas enfermedades, puede sin embargo promover la candidiasis porque atacan la flora intestinal.

SINTOMAS

Fatiga crónica, que aumenta luego de comer; depresión; problemas gastrointestinales; alergias; agravamiento del síndrome premenstrual; sensibilidad extrema a agentes químicos; infecciones urinarias.

DIETA Y NUTRICION

Hay que evitar el azúcar en todas sus formas: fructosa, dextrosa, sacarosa, jugos de frutas, miel, productos lácteos (contienen lactosa), papas (cuyo almidón se convierte en azúcar). Una suplementación dietaria adecuada debería incluir:

- *Vitamina C (8 a 10 gramos por día)*
- *Vitamina E (400 mg diarios)*
- *Cinc (25 a 50 mg diarios)*
- *Lactobacillus acidophilus (una cucharada tres veces al día)*.

TRATAMIENTOS COMPLEMENTARIOS

Aunque el tratamiento básico es la dieta, puede complementarse con ayuda profesional de los siguientes campos: Acupuntura, Acupresión, Homeopatía, Aromaterapia, Colonterapia, Medicina Tradicional china.

CATARRO CON EXTREMA SENSIBILIDAD A LOS OLORES FUERTES

CAUSAS

Contaminación y ejercicio físico enérgico.

SINTOMAS

Posibles hemorragias, sensación de que la cara está cubierta por telarañas, las costras y grietas del interior de la nariz hacen que sea difícil sonarse.

Los síntomas mejoran al dormir, y empeoran con los alimentos fríos, dulces o con los mariscos.

REMEDIO HOMEOPATICO

Graphites 6, cuatro veces por día hasta un máximo de 14 días.

CATARRO CON NARIZ CONSTANTEMENTE GOTEANTE

CAUSAS

Infección.

SINTOMAS

La nariz chorrea constantemente, la descarga nasal es amarilla o verde y poco densa, la mucosidad espesa gotea por detrás de la garganta.

Los síntomas mejoran y empeoran por factores no especificados.

REMEDIO HOMEOPATICO

Hydrastis 6, cuatro veces por día hasta un máximo de 14 días.

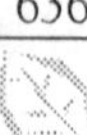

CATARRO ESPESO CON MUCOSIDAD

CAUSAS

Infección y alergia.

SINTOMAS

Catarro que se produce en la segunda etapa de un resfrío. La mucosidad se descarga por la nariz o por la parte de atrás de la garganta.

Los síntomas mejoran con las bebidas frías y el masaje, y empeoran, con el aire fresco, los alimentos grasos, las corrientes y durante la menstruación.

REMEDIO HOMEOPATICO

Kali Mur. 6, cuatro veces por día, hasta un máximo de 14 días.

CATARRO, MUCOSIDAD GELATINOSA

CAUSA

Infección y alergia.

SINTOMAS

Mucosidad excesiva, transparente y fluida. Pérdida del olfato y el gusto.

Los síntomas mejoran con el descanso, el ayuno y el aire fresco. Empeora con el sol, el esfuerzo, la humedad, el exceso de sal y el calor.

REMEDIO HOMEOPATICO

Natrum Mur. 6, cuatro veces por día hasta un máximo de 14 días.

CELULITIS

CAUSAS

No se trata, estrictamente hablando, de una enfermedad, pero sí es un síntoma que atormenta especialmente a las mujeres. En general se considera que en su origen hay un aumento de células grasas en determinado radio de masa corporal, por lo cual siempre se recomienda reducir el contenido de grasas y la masa muscular. Concretamente, se produce cuando se forma una masa fibroide de proteínas que se acumula en el espacio entre las células que no pueden ser eliminadas por el sistema linfático.

SINTOMAS

Se presenta especialmente en piernas, brazos, abdomen y nalgas, en forma de antiestéticos hoyuelos en la piel.

DIETA Y NUTRICION

En general se recomienda a las personas afectadas una dieta baja en complejos de carbohidratos y azúcares. También beber grandes cantidades diarias de agua filtrada. Es aconsejable no consumir proteínas en la cena.

AROMATERAPIA

Trabajar con aceites de:

- *Junípero*
- *Limón*
- *Romero*
- *Lavanda*
- *Geranio*

FITOTERAPIA

Mezclar partes iguales de tintura de raíz de cola de caballo y de *gotu kola*, y tomar una cucharada y media cuatro veces al día.

También se pueden aplicar masajes o compresas embebidas en aceite de abedul blanco por la mañana y por la tarde, combinando con loción de raíz de cola de caballo dos veces al día.

Es muy benéfico el aceite de aloe vera colocado directamente sobre la zona afectada.

TRATAMIENTOS COMPLEMENTARIOS

Masajes linfáticos, Digitopuntura, Medicina Tradicional china, Rolfing, Reflexología, Terapia de ayuno, Shiatsu.

CIRCULACION, PROBLEMAS VARIOS

CAUSAS

Distintos problemas en las arterias y venas del cuerpo. Todos ellos pueden producir grandes malestares e incluso discapacidades que pueden interferir con el trabajo habitual de una persona. En muchos casos pueden llegar a convertirse en sintomas crónicos, con todo lo que ello implica.

SINTOMAS

Se relacionan directamente con la calidad de la irrigación sanguínea que corre hacia la parte afectada o en cualquier impedancia en la circulación de la sangre desde esa parte. Veamos los síntomas de algunas dolencias posibles:

Hinchazón: Los problemas circulatorios pueden producir edemas o hinchazones en pies y manos cuando se fuerza la acumulación de líquidos en los tejidos blandos porque cambia la presión en las extremidades. Otras enfermedades que pueden causar la hinchazón en manos y, especialmente en pies son las insuficiencias renal, cardíaca o hepática, y también los bajos niveles de seroproteína.

Dolor al hacer esfuerzos: Se lo conoce como "claudicación intermitente". Es un típico síntoma que señala el bloqueo de una o varias arterias que van hacia las extremidades. Es el mismo proceso que produce dolor en el pecho al bloquearse las arterias coronarias. Si se da en las piernas, aparece en forma intensa después de algún esfuerzo, y desaparece gradualmente cuando el esfuerzo cesó.

Ulceración: En puntos de presión como por ejemplo el tobillo, la piel puede estropearse formando úlceras cuando la circulación en venas o arterias es deficiente.

Enrojecimiento y palidez: Cuando hay alguna obstrucción arterial, es común que las extremidades palidezcan notoriamente al ser levantadas y enrojezcan al bajarse.

TERAPIA FISICA

Cuando se lo practica en forma regular, el ejercicio promueve el desarrollo de canales colaterales alrededor de los bloques arteriales. Los mejores ejercicios para un problema relacionado con la circulación son andar sobre un terreno llano y nadar, los cuales además mantienen en forma la musculatura y bajo control el peso.

El ejercicio debe ser habitual y no debe practicarse al punto de provocar dolor.

DIETA Y NUTRICION

El control del peso es de suma importancia en cualquier problema relacionado con las venas.

Un desayuno para promover una buena circulación desde el primer momento del día debe contener fibras, vitaminas y muy pocas grasas, y reemplazar el café por alguna infusión de hierbas.

MASAJES

Para tonificar la circulación se puede practicar un masaje sobre el centro energético del cuerpo, haciendo suave presión circular unos dos dedos por encima del ombligo.

REMEDIO HOMEOPATICO

Haramelis 30, cada 12 horas hasta un máximo de 7 días.

TRATAMIENTOS COMPLEMENTARIOS

Hidroterapia, Acupuntura, Acupresión, Terapia Física, Medicina tradicional china, Biofeedback, Magnetoterapia, Medicina Ortomolecular.

CIRROSIS

CAUSAS

Un grupo ede enfermedades crónicas del hígado asociadas con cambios anormales en la arquitectura microscópica (células intersticiales) del órgano que causa inflamaciones y endurecimiento. El hígado se daña y no cumple sus principales funciones, como filtrar la sangre, producir bilis que ayuda a la digestión y asimilación de vitaminas grasas y graso-solubles, producción de bilirrubina, etc.

SINTOMAS

Durante un periodo en general largo de latencia, la cirrosis no presenta síntomas notorios. Luego se presentan los síntomas de una enfermedad del hígado: fatiga crónica, constiopación o diarrea, cambios alternativos en el color de las deposiciones, fiebre, frecuentes indigestiones, dolores abdominales, vómitos de sangre, piel amarilla, hinchazón de vientre y luego del cuerpo en general. El agravamiento de los síntomas de la cirrosis puede llevar a la muerte.

DIETA Y NUTRICION

Se deben incluir en la dieta en buena cantidad: semillas, nueces, granos enteros, leche de soja, cabra, arroz y/o nueces, porotos, legumbres, brotes de soja, tofu. La dieta tiene que tener en general una orientación baja en proteínas. Hay que evitar las grasas procesadas, la margarina, los aceites hidrogenados y las comidas procesadas. Se deben incrementar los alimentos ricos en aminoácidos y potasio, tales como la banana, los cereales, el arroz, la levadura de cerveza y la melaza. También, beber grandes cantidades de agua filtrada. Y evitar las proteínas animales tales como el pescado crudo, y en general reducir el pescado en general. Por supuesto, hay que eliminar por completo la ingesta de alcohol.

AROMATERAPIA

Los aromas esenciales de los siguientes aceites contribuyen a aliviar los síntomas:

- Romero
- Junípero
- Rosa

AYURVEDA

Beber media cucharada de té en jugo de aloe vera antes cada comida de la siguiente mezcla:

- 200 mg de *kutki*
- 500 mg de *shanka pushpi*
- 300 mg de *guduchi*

FITOTERAPIA

La leche de cardo puede contribuir a aliviar los síntomas de cirrosis porque ayuda a reconstituir las células del hígado. El principio activo de esta leche, llamado silymarin, es sintetizado también en extractos comerciales que cumplen la misma función. La dosis adecuada es de 70 a 200 miligramos diarios de silymarin.

HIDROTERAPIA

El baño de inmersión a temperatura corporal durante un mínimo de dos horas es efectivo para reducir la retención de líquidos en pacientes que sufren de cirrosis.

Aplicaciones de fricciones frías estimulan las funciones del hígado.

MEDICINA TRADICIONAL CHINA

Es de gran efectividad la hierba china *chai-hu* (bupleurum).

TRATAMIENTOS COMPLEMENTARIOS

Homeopatía, Acupuntura, Acupresión, Colonterapia, Terapia Física, Reflexología, Medicina Naturopática, Terapia lumínica, Terapia hipertérmica, Técnica Alexander.

CISTITIS

CAUSAS

Se refiere a irritaciones o infecciones bacterianas que se presentan en algún sector entre la vagina y la uretra (por donde la orina viene de la vejiga). Estos episodios pueden suceder en forma aislada o recurrente, e incluso convertirse en una condición crónica. Esta infección de la vejiga es común en mujeres a raíz de la actividad sexual, y también en la menopausia porque al decrecer los niveles de estrógeno las bacterias son más proclives a adherirse al conducto de la vejiga o al tejido vaginal.

SINTOMAS

Sensación de que permanentemente sale una gota de orina por la uretra, ardor, dolor al orinar, constante sensación de ganas de orinar, frecuente micción nocturna, a veces coloración roja de la orina, y muchas veces sentimientos de ira o resentimiento. Dolor lumbar y ardor, sensación de que la vejiga nunca se vacía.

Los síntomas mejoran con lo templado, masajes suaves, por la noche y con el buen sueño. Empeoran con el movimiento, por la tarde, con café o agua fría, al presionar la vejiga, bebiendo poco líquido.

FITOTERAPIA

Las infusiones calientes en general ayudan a mejorar los síntomas. La caléndula es especialmente antiséptica.

Unas hojas de malvavisco en polvo, que se consiguen en herboristerías y casas naturistas, sirven para un excelente té del que pueden tomarse 2 a 4 tazas por día.

Para realizar lavados vaginales, puede usarse la siguiente mezcla: poner en el agua a hervir ajo, caléndula, equinácea y llantén fresco, colar y usar el líquido para lavajes.

Otra ducha vaginal posible es mezclando tres cucharadas de vinagre de manzana puro en un cuarto litro de agua.

También puede beber jugo de ajo diluido en agua.

DIETA Y NUTRICION

Debe evitar las comidas muy dulces y los azúcares en general. Debe buscarse una dieta fresca y rica en vegetales, semillas, frutas secas, fibras y granos en general. Evitar las carnes rojas, grasas saturadas, azúcar, sal, cafeína y alcohol.

Es buena medida complementar con los siguientes elementos:

- *Vitamina C*
- *Betacaroteno*
- *Selenio*
- *Cinc*

REMEDIO HOMEOPATICO

Staphysagria 6, cada 30 minutos hasta un máximo de 10 dosis. Cantharis 30, cada 30 minutos hasta un máximo de 10 dosis (requiere imprescindible consulta médica).

TRATAMIENTOS COMPLEMENTARIOS

Terapia Física, Reflexología, Medicina Naturopática, Terapia hipertérmica, Ayurveda, Medicina Tradicional China, Flores de Bach.

CISTITIS CON DOLOR

CAUSAS

Además de las citadas: estrés, alimentos muy condimentados, alcohol, falta de sueño.

SINTOMAS

Poca orina a pesar de la sensación permanente, irritabilidad, sensibilidad al frío, deseos de soledad.

Los síntomas mejoran con lo templado, el sueño, al lavarse, al atardecer. Empeoran con tiempo frío y ventoso, alimentos condimentados, ruido, entre las 3 y las 5 de la mañana.

REMEDIO HOMEOPATICO

Nux Vomica 6, cada 30 minutos hasta un máximo de 10 dosis.

COLESTEROL

CAUSA

Antes que nada hay que aclarar una vez más el colesterol es una sustancia esencial para nuestro organismo, y no el "demoni". El 80 por ciento del colesterol de nuestros tejidos es fabricado por el propio cuerpo a partir de grasas, proteínas y cabohidratos, y sólo el restante 20 por ciento entra a través de alimentos.

Este componente vital integra las paredes de todas las células del cuerpo y es precursor de las hormonas adrenales esteroides que regulan desde el metabolismo de los huesos y la glucosa hasta las respuestas inmunes. Su aumento en el torrente sanguíneo se debe generalmente a un aumento de la síntesis dentro del cuerpo y no de la ingestión de colesterol en la dieta.

El problema es cuando su aumento es tal que el cuerpo tiene problemas para deshacerse de él.

Hay dos clases: el HDL -un tercio del total- que protege contra la formación de placas o ateromas que pueden invadir los vasos sanguíneos y bloquear el flujo de sangre. El LDL, por su parte, *estimula*, la formación de placas en los vasos, de modo que cuanto menor sea su presencia, mejor.

Lo importante es la relación entre ambos colesteroles. La proporción ideal máxima es 5 a 1; de allí para arriba puede haber riesgo de enfermedad cardíaca. Un ejemplo: si el colesterol LDL es 200 y el HDL es 50, la proporción es 4 a 1.

SINTOMAS

No es una enfermedad en sí, no tiene síntomas propios.

TERAPIA FISICA

El ejercicio es básico, porque la ciencia demostró que baja el nivel de colesterol LDL y *sube* el HDL.

FITOTERAPIA

Puede utilizar las siguientes plantas:

- *Ajo (600 a 900 miligramos al día reducen el colesterol)*
- *Semilla de sésamo (contiene sesamina, que lo reduce)*
- *Grosella*
- *Guggula (reduce el LDL y sube mucho el HDL)*

DIETA Y NUTRICION

Es la terapia fundamental para

este problema. Debe apuntarse no sólo a comidas que no aporten LDL sino que también eleven el HDL. Algunas especificaciones:

- La vitamina C (incluso en dosis bajas como 500 mg diarios) aumenta el HDL
- La vitamina B6 reduce el LDL
- Los aceites de pescado suben el HDL
- El magnesio reduce el nivel total
- La niacina (de 500 a 1.000 mg diarios) baja el LDL y sube el HDL.
- Se ha demostrado que un máximo de siete huevos a la semana no tiene efecto significativo en el nivel total de colesterol, y las personas sanas pueden comerlos sin problema.

MEDITACION

Se comprobó que la Meditación Trascendental practicada con regularidad diaria ayuda a bajar el colesterol.

TRATAMIENTOS COMPLEMENTARIOS

Homeopatía, Acupuntura, Acupresión, Colonterapia, Terapia Física, Reflexología, Medicina Naturopática, Shiatsu, Hidroterapia, Terapia lumínica, Ayurveda, Colorterapia, Terapia hipertérmica, Técnica Alexander, Talasoterapia.

COLICOS (NIÑOS)

CAUSAS Y SINTOMAS

Dolores espasmódicos en el abdomen, acompañados de irritabilidad y llanto. En casos de niños de pocos meses de vida, los cólicos se relacionan también con la presencia de gases u otras irritaciones digestivas. Los cólicos suelen provenir de una condición interna altamente alcalina, alta en sodio, y se originan a menudo por haber tragado mucho aire, por sobrealimentación con desórdenes horarios, y también por ciertas causas emocionales.

AYURVEDA

El niño puede beber un té realizado con semillas de anís, a razón de una cucharada de té por cada taza de agua. También se puede utilizar una pasta hecha con *asafetida* (una cucharada de la hierba por cada 8 cucharadas de agua) para aplicar sobre el vientre y masajear suavemente toda la zona con la yema de los dedos.

DIETA Y NUTRICION

A pesar de que la leche materna es no sólo recomendable sino irreemplazable, también es cierto que a veces la lactancia puede producir cólicos, a causa de alguna comida irritante que haya comido la madre y que el bebé de alguna manera recibe a través de la leche. Las comidas más propiciadoras de este síntoma son la leche, la soja, los huevos, los cereales, el germen de trigo. Los más comunes productores de gases en niño y madre son el ajo, la cebolla, las legumbres y el repollo.

Puede darle de beber al niño una mixtura de vinagre de manzana: una cucharada en un vaso pequeño de agua.

FITOTERAPIA

Preparar una infusión de semillas de eneldo, y dar a beber inmediatamente de producido el síntoma.

REMEDIO HOMEOPATICO

Chamomilla, Colocynthis, Nux Vomica, Magnesium phos.

COLICOS DE BEBE (MENOS DE 3 MESES)

CAUSAS

Tragar aire al comer, flatulencias, deshidratación.

SINTOMAS

Irritabilidad, llanto furioso, estómago hinchado, dolor punzante y repentino, y boca seca.

Los síntomas mejoran con masaje suave sobre el estómago, el aire fresco, el movimiento. Empeoran con el calor, con el ruido y la luz brillante, por la noche.

REMEDIO HOMEOPATICO

Colocynthis 6, cada 5 minutos hasta un máximo de 10 dosis.

COLITIS

CAUSAS

Está relacionada con el colon. Las causas de esta infección son múltiples, y suelen asociarse con intoxicacones, desórdenes inmunológicos y alergias varias.

SINTOMAS

Inflamación y posible ulceración del tracto digestivo. Diarrea, fiebre, anorexia, pérdida de peso, gases, dolores estomacales. Puede haber deposiciones con sangre si se presenta sangría intestinal.

DIETA Y NUTRICION

En principio puede aconsejarse una dieta de eliminación, para descartar posibles alimentos que estén provocando una reacción alérgica y podrían complicar el problema. Suplementos de magnesio, calcio hierro, potasio y multivitamínicos son adecuados y necesarios para contrarrestar la pérdida de nutrientes. Para prevenir la colitis, pocas cosas son más efectivas que una dieta muy rica en fibras. También son muy recomendables los brotes vegetales, y especialmente los brotes de algas marinas llamadas *wakame*, *hijiki* y *kombu*.

FITOTERAPIA

- Chamomilla y pimienta para gases y cólicos.
- Raíz de malvavisco o plátano para efectos antiespasmódicos.

REMEDIO HOMEOPATICO

Colosynthis, Brionia, Belladonna.

TRATAMIENTOS COMPLEMENTARIOS

Colonterapia, Medicina Tradicional China, Reflexología, Medicina Naturopática, Técnica Alexander, Ayurveda, Terapia celular, Magnetoterapia.

CONJUNTIVITIS

CAUSAS

Se trata de una inflamación de la membrana conjuntiva, la membrana mucosa que rodea el ojo. Las causas son varias, siendo las principales: infecciones, alergias, estrés, deficiencia de nutrientes.

SINTOMAS

Descarga lacrimosa del ojo, a veces con pus; dolor, hinchazón, enrojecimiento, intolerancia a la luz.

NUTRICION

Para prevenir esta y otras dolencias de los ojos son muy importantes los niveles de los siguientes elementos:

- *Cinc*
- *Selenio*

- *Vitamina C (ácido ascórbico)*
- *Vitamina A*
- *Vitamina E*
- *Flavonoides (se encuentran en las plantas y tienen amplios efectos antiinflamatorios y antioxidantes).*

METODO DE BATES

Consiste en la práctica de ciertos ejercicios específicos diarios destinados al fortalecimiento de los músculos oculares. En algunas personas, incluso, la eficacia ha sido tal que reemplazó el uso de anteojos. Es especialmente efectivo cuando la inflamación ocular es notable.

FITOTERAPIA

Varias hierbas son propicias para atender las dificultades oculares:

- *Hierba centella*
- *Pamplina*
- *Flor de saúco*
- *Maravilla*
- *Diente de león*
- *Zanahoria*
- *Borraja*
- *Hidrastis*
- *Eufrasia roja*
- *Pepino*
- *Manzanilla*

HIDROTERAPIA

Proporciona un rápido alivio sin necesidad de agregados o ingredientes especiales. Hay que aplicar una toallas mojadas sobre el ojo, alternando entre frías y tibias.

ACUPRESION

Los siguientes puntos pueden aliviar los síntomas en los ojos:

- Intestino grueso: 4
- Estómago: 3
- Vesícula biliar: 20

El punto Intestino grueso 4 no debe ser sometido a presión en caso de embarazo.

REMEDIO HOMEOPATICO

Staphysagria 6, cada hora hasta un máximo de 10 dosis. Pulsatilla 6, cada hora hasta un máximo de 10 dosis. Euphrasia 6, cada hora hasta un máximo de 10 dosis.

TERAPIA AMBIENTAL

En la sociedad urbana, la contaminación del aire resulta un gravísimo problema. Y es, además, una de las más importantes causas de irritaciones oculares de toda clase. Para solventar este problema en el hogar existen filtros de aire, pero en las calles resulta difícil evitar la influencia de esta contaminación. Por supuesto, cada uno debería tomar conciencia y tratar de contribuir a no contaminar el ambiente.

TRATAMIENTOS COMPLEMENTARIOS

Terapia Física, Reflexología, Medicina Tradicional China, Iridiología, Terapia de Polaridad.

CONJUNTIVITIS, PARPADOS HINCHADOS CON DESCARGA ARDIENTE

CAUSA

Alergia e infección.

SINTOMAS

Los párpados están hinchados y arden, los ojos lloran constantemente, la descarga nasal es blanda. Dentro de los párpados pueden formarse pequeñas ampollas.

Los síntomas mejoran con el café y el mantener los ojos cerrados. Con la luz, el tiempo cálido y ventoso y el mantenerse dentro de la casa, los sín-

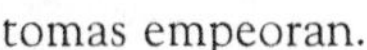

tomas empeoran.

Remedio homeopatico

Euphrasia 6, cada hora hasta un máximo de 10 dosis.

CONSTIPACION

Ver "Estreñimiento"

CONVULSION

Causas y sintomas

Una variedad de contracciones involuntarias de los músculos, desde leves a severas, provocadas por súbitos e incontrolados cambios en la actividad eléctrica del cerebro. Se expresa con movimientos muy violentos, a veces acompañados de sensación de miedo, posibles alucinaciones, y a veces lapsus de conciencia. En las causas basales puede haber distintos problemas médicos como ataques, tumores cerebrales, consecuencias del alcohol o las drogas, disturbios metabólicos, desórdenes neurológicos, etcétera. Algunas convulsiones asociadas incluso con breve pérdida de conciencia a partir de infecciones del oído medio o tonsilitis pueden darse en niños de tres meses a cinco años de edad, y usualmente no son un problema serio.

Dieta y nutricion

Están totalmente contraindicados el alcohol, la cafeína, las bebidas colas, el chocolate y el té.

Es importante mantener en sus niveles adecuados elementos tales como:

- *Vitamina B6*
- *Vitamina B1*
- *Niacina (Vitamina B3)*
- *Magnesio*
- *Manganeso*
- *Vitamina D*

Acupresión

Puede presionarse el punto conocido como centro del filtro nasal, ubicado justo encima del labio superior debajo de la nariz.

Aromaterapia

Aceites esenciales de Chamomila, Lavanda, Neroli, colocando varias gotas en un pañuelo.

Fitoterapia

Raíz de valeriana en infusión.

Hidroterapia

Baños de inmersión con agua caliente.

Tratamientos complementarios

Homeopatía, Acupuntura, Terapia Física, Reflexología, Terapia de Masajes, Medicina Naturopática, Medicina Tradicional china, Terapia lumínica.

DEPRESION

Causas

Pocos problemas están, desgraciadamente, tan extendidos en la sociedad actual. Una depresión puede tener diversos grados, yendo desde leve hasta ser una enfermedad grave que puede arrastrarse por años y complicarse con otros problemas psiquiátricos hasta poner en peligro la vida del paciente. Los casos leves no deben preocupar porque suelen ser producto de un momento en especial, y suelen arreglarse con un sueño reparador o un reencuentro afectivo. Pero hay que atender con rapidez los casos cuando la depresión se profundiza.

Sintomas

Pérdida de concentración, irritabilidad que afecta la capacidad de razonamiento. Pueden verificarse también síntomas físicos como falta de apetito, estreñimiento e insomnio. El resultado final es que la persona se encuentra sin defensas, desesperanzada por completo.

Hay casos en que la depresión, en determinado momento, empieza a remitir por sí misma, pero sólo para volver más tarde y comenzar así un ciclo de idas y vueltas conocido como la "enfermedad bipolar", de naturaleza cíclica.

Dieta y nutricion

Los cambios de humor se mantienen dentro de un margen controlado mediante una nutrición óptima. Las personas con depresión suelen mostrar deficiencias de ciertos nutrientes como el magnesio, las vitaminas B6, B2 y B12, la fieninalina o el ácido fólico. Los fármacos para tratar la depresión suelen reducir los niveles vitamínicos del organismo.

Biorretroalimentacion

Sus efectos benéficos sobre la depresión fueron probados hace años. En principio debe buscarse un profesional experimentado que enseñe las técnicas, pero una vez aprendidas estas, la rutina de ejercicios puede ser llevada adelante por el paciente solo.

Meditacion

Contra la depresión es efectivo desarrollar la capacidad de dirigir la mente hacia un lugar interior de calma y serenidad. Todas las técnicas sirven, pero es mejor aprenderlas antes de enfermarse.

Aromaterapia

Usados en baños o en masajes corporales, los siguientes aceites energizan el ánimo:

- *espliego*
- *limón*
- *naranja*
- *neroli*

- *rosa*
- *bergamota*
- *jazmín*
- *ylang - ylang*
- *salvia romana*

Fitoterapia

- *Hierba de San Juan*
- *Toronjil*
- *Flor de tilo*
- *Albahaca*
- *Scutellaria*
- *Borraja*

Flores de Bach

Estos remedios pueden tomarse solos o combinados:

- *Castaño común (desesperación profunda)*
- *Sauce (resentimiento)*
- *Aulaga (desesperanza)*

Tratamiento del estres

Cuando la depresión se instala, quizá sea tarde. Por eso hay que evaluar, mientras se está saludable, las relaciones interpersonales y laborales para generar los cambios que promuevan su equilibrio.

Remedio homeopatico

Ignatia 6, cuatro veces por día hasta un máximo de 7 días.

Tratamientos complementarios

Acupuntura, Terapia Física, Reflexología, Masajes, Medicina Naturopática, Medicina tradicional china, Terapia lumínica, Meditación, Psicoterapias, Talasoterapia, Ayurveda, Qigong, Yoga.

DEPRESION CON HUMOR VARIABLE

Causas

Pena.

Sintomas

Llanto repentino o risas sin motivo, sensación de culpa, histeria, sensibilidad al ruido, tendencia a reprimir emociones.

Los síntomas mejoran con el calor, al comer, al caminar. Empeoran con el frío, con el abrigo, los olores fuertes, el café y los estimulantes.

Remedio homeopatico

Ignatia 6, 3 veces por día hasta un máximo de 14 días.

DEPRESION CON LLANTO ABUNDANTE

Causas

Cambios hormonales.

Sintomas

Falta de autoestima y de fuerza de voluntad, autocompasión, necesidad de consuelo, lágrimas ante cualquier cosa.

Los síntomas mejoran con el ejercicio suave, el llanto, el aire fresco y las bebidas frías. Empeoran con el calor, los alimentos suculentos y grasos, en el crepúsculo.

Remedio homeopatico

Pulsatilla 6, tres veces por día hasta un máximo de 14 días.

DERMATITIS

Causas

Más de la mitad de las afecciones de piel se relacionan con ella. Es una in-

flamación superficial crónica de la piel. También se la conoce como eczema. Existen varias clases:

Demartitis Atópica: inflamación superficial con picazón que generalmente se manifiesta en pacientes con antecedentes alérgicos, tales como asma o fiebre de heno. Suelen hacerse pruebas de alergia y tratamientos de desensibilización.

Dermatitis de Contacto: inflamación producida por sustancias que entran en contacto con la piel. La reacción suele producirse tras la exposición repetida al agente irritante (por ejemplo, la hiedra venenosa).

Dermatitis Seborreica: inflamación superficial crónica con picazón, enrojecimiento y descamación. Suele darse conjuntamente con el acné, la caspa u otras afecciones de las pieles grasas.

Neurodermatitis: inflamación crónica con escamas gruesas y secas e intensa picazón. Tiene un fuerte componente psicológico en sus orígenes.

En general, la picazón y los cambios en la piel empeoran al rascarse, práctica que tiende a aumentar con la tensión y el estrés.

SINTOMAS

Supuración, enrojecimiento, decamación, formación de costras; en algunos casos, con vesículas.

AROMATERAPIA

- Aceites de manzanilla, espliego y geranio pueden utilizarse en el baño, en compresas o en un aceite excipiente para masajes (nunca aplicar sobre piel agrietada).
- Se puede aplicar aceite puro de espliego una vez por hora sobre la piel afectada durante los momentos agudos del síntoma.

DIETA Y NUTRICION

Es muy útil para la prevención. La piel requiere un equilibrio que asegure su espesor, humedad y elasticidad. Relacionado íntimamente con el equilibrio de otros sistemas del cuerpo, la dieta juega un importantísimo rol en todos ellos. En el caso específico de la piel, es importante proveerla de la dosis adecuada de estas vitaminas y suplementos:

- *Aceite de onagra u otras fuentes de ácido gamma-linoleico*
- *Cinc*
- *Selenio*
- *Magnesio*
- *Lípidos marinos obtenidos de aceites de pescado*
- *Vitaminas A, E y el complejo B.*

FITOTERAPIA

Pueden utilizarse las siguientes hierbas:

- *Trébol rojo*
- *Raíz de bardana*
- *Ortigas*
- *Pamplina*
- *Consuelda*
- *Reina de los prados en compresa o ungüento*

TRATAMIENTO DEL ESTRES

La dermatitis, en no pocos casos, resulta un reflejo de la agitación de la vida cotidiana. Por eso es de gran importancia obervar las propias relaciones en el trabajo o el hogar, para empezar a buscar la manera de conducirlas en forma más justa, cariñosa y amable.

TRATAMIENTOS COMPLEMENTARIOS

Homeopatía, Acupuntura, Terapia Física, Medicina Naturopática, Medicina tradicional china, Flores de Bach.

DIABETES, SINTOMAS O INDICIOS

CAUSAS Y SINTOMAS

A veces puede sospecharse la existencia de un caso oculto de diabetes, en especial cuando la persona tiene antecedentes familiares. La enfermedad puede comenzar a manifestarse con alguna infección coincidente, exceso de apetito, sed y orina, quizás en el marco de una pérdida de peso o debilidad general. Ante esta sintomatología, hay que buscar enseguida la ayuda médica.

Cuando los niveles de azúcar se acercan a los límites de normalidad, es el momento de tomar medidas. En la categoría más numerosa de pacientes, que son los que no dependen de la insulina, la tendencia a la diabetes puede mantenerse a raya con los cuidados adecuados. Cuando la enfermedad estuvo presente por años, ya manifiesta sus consecuencias graves, como problemas diversos de circulación, desarreglos visuales, nefritis e insuficiencia renal. Por eso las personas con tendencia a la diabetes deben cuidarse muy bien.

DIETA Y NUTRICION

El perfil de un diabético potencial suele ser la tendencia al exceso de peso, por lo que su control siempre es una buena medida.

Aunque la gente no considere que fumar es parte de la nutrición, lo es: forma parte de la ecuación general químico-metabólica. El consumo de tabaco se relaciona con el desarrollo de diabetes.

El suplemento de magnesio es aconsejado, porque los diabéticos tienen bajos niveles de este elemento.

Cuando no se presenta aún la enfermedad, es útil el consumo de niacina que preserva la integridad de las células del páncreas. Algunos estudios muestran que la dieta vegetariana reduce la posibilidad de que se dé esta enfermedad. La vitamina E, los preparados de aceite de pescado y el aceite de onagra son eficaces en el control de los niveles de azúcar en sangre.

TRATAMIENTO DEL ESTRES

Está ampliamente demostrado que el estrés es un factor de enome importancia en el desarrollo de una diabetes. Por lo tanto, trabajar sobre este tema es una adecuadísima medida de prevención.

FITOTERAPIA

- Aloe, que además baja la presión.
- Alholva, que tiene probados efectos en bajar el azúcar en sangre y sobre la excreción de azúcar en la orina.

YOGA

Algunos ejercicios básicos, como el de la Cobra, son ideales para mantener los niveles de energía que frecuentemente en los diabéticos están bajos.

TRATAMIENTOS COMPLEMENTARIOS

Homeopatía, Acupuntura, Terapia Física, Reiki, Terapia de Masajes, Medicina Naturopática, Medicina tradicional china, Flores de Bach, Qui Gong, Yoga.

DIARREA

Ver también el artículo "Problemas intestinales"

CAUSAS

Intolerancia a determinado alimento, estallido de ira, enfriamiento durante el verano.

SINTOMAS

Deposiciones amarillas, mucha flatulencia, la punta de la lengua roja, orinar puede ser doloroso.

Los síntomas mejoran con el aire fresco, con el ayuno. Empeoran con el tiempo caluroso, al comer y beber, a primera hora de la mañana.

Remedio homeopatico

Aloe 6, cada hora hasta un máximo de 10 dosis.

DIARREA CON IRRITACION ANAL

Causas

Ingestión de alimentos no tolerados.

Sintomas

Necesidad urgente de defecar a primara hora de la mañana, incluso antes de la hora en que habitualmente se despierta, posibles hemorroides.

Remedio homeopatico

Sulphur. 6, cada 30 minutos hasta un máximo de 10 dosis.

DIARREA POR EXCITACION NERVIOSA

Causas

Ansiedad nerviosa, temor.

Sintomas

Deposiciones verdosas, mucha flatulencia, deseo de alimentos salados.

Los síntomas mejoran con el aire frío o fresco. Empeoran con lo templado, por la noche.

Remedio homeopatico

Argen. Nit. 6, cada 30 minutos hasta un máximo de 10 dosis.

DOLOR ABDOMINAL

Causas

Puede originarse tanto en la pared abdominal como en las estructuras que hay por debajo. Es una zona donde uno puede tener mucha percepción personal acerca de si es superficial o más interno. El superficial puede deberse a una compresión de los nervios superficiales o a inflamación El dolor proveniente de los músculos y tejidos blandos es más estable y pesado, y suele relacionarse con el movimiento.

El dolor que surge de la cavidad abdominal puede ser producido por situaciones que causan tensión o presión en estructuras sensibles al dolor. Los tumores y los quistes provocan una presión directa. Un espasmo o una obstrucción intestinal provocan estiramiento de los tejidos y distensión abdominal.

Para establecer un grado de prioridades, debemos saber que hay que acudir enseguida al médico especialmente cuando:

- Existe una hinchazón notoria.
- Hay sensibilidad al tacto asociada con la incidencia del dolor.
- El dolor es severo y no cesa en ningún momento.
- Hay perturbación de la conciencia que lleva a prolongada reducción de la cantidad de líquido que se ingiere.
- Aparecen náuseas o vómitos prolongados, o vómito con sangre.
- Se produce diarrea prolongada.
- Hay síntomas de deshidratación.

Sintomas

Dolor agudo y localizado.

Fitoterapia

Utilice infusiones de estas plantas, todas ellas pueden combinarse:

- *Canela*
- *Hinojo*

- *Manzanilla*
- *Menta*
- *Jengibre*
- *Toronjil*

DIETA Y NUTRICION

Como regla general, debe reducirse el consumo de sustancias que sean irritantes gástricos, como alcohol y café. Debe comerse regular y moderadamente, prefiriendo alimentos frescos y comiéndolos en un ambiente sereno y relajado.

HIDROTERAPIA

El espasmo intestinal y el malestar abdominal suelen hallar alivio en los baños tibios y calientes, consiguiéndose una relajación general.

ACUPRESION

Puede trabajarse con presión los siguientes puntos

- **CV 12** (regula el sistema digestivo).
- **Estómago 25** (problemas intestinales, diarrea).
- **Estómago 36** (tonifica todo el organismo a través del sistema digestivo).

REFLEXOLOGIA

Utilice estas técnicas:

a) Sostenga el pie por su parte media y presione firmemente con el pulgar de la otra mano sobre la parte interior del talón. Esto alivia el dolor abdomial causado por trastornos emocionales.

b) Para el estreñimiento, presione con el pulgar en el sentido de las agujas del reloj en el centro de la planta del pie derecho.

MEDITACION

La tensión abdominal se alivia sensiblemente con la relajación profunda. Es fundamental practicar diariamente mientras uno está bien, para poder usarlo con mayor eficacia cuando se sienta el malestar.

TRATAMIENTO DEL ESTRES

Examine las tensiones de su vida y trate de modificarlas regulando las situaciones de ansiedad ya que acrecientan el dolor y, peor aún, desarticulan muchos intentos por eliminarlo.

TRATAMIENTOS COMPLEMENTARIOS

Homeopatía, Acupuntura, Medicina tradicional china, Terapia del Sonido, Terapia Reconstructiva, Programación neurolingüística, Flores de Bach, Magnetoterapia, Yoga.

DOLOR CRONICO

CAUSAS Y SINTOMAS

El dolor es una característica de la mayoría de las dolencias, pero debe ser atendido en forma particular el dolor crónico o continuado. Su tratamiento es distinto al del dolor agudo y debe ser considerado en forma independiente de la enfermedad que lo causó.

¿Qué es el dolor? Las sensaciones dolorosas son impulos nerviosos en los componentes sensoriales de los nervios periféricos que llegan a todo el cuerpo. La interpretación de estos impulsos la realiza el cerebro. Entre los dos extremos se realizan los tratamientos: los ungüentos actúan sobre los nervios periféricos, los fármacos sobre el cerebro.

La intensidad del dolor que alguien sufre -lo que se llama el umbral del dolor- es un límite que varía de acuerdo a cada persona; de hecho, sucede que si el cerebro está distraído un dolor puede cesar momentáneamente.

Últimamente se ha investigado mucho sobre ciertas sustancias naturales que produce el cerebro, llamadas *endor-*

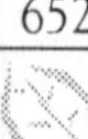

finas, capaces de reducir el dolor. Factores como el ejercicio, la visualización y la dieta influyen en los niveles de endorfinas.

DIETA Y NUTRICION

Cuando el estrés de una afección se suma al componente del dolor se reducen en forma notable los niveles de vitaminas y otros nutrientes del organismo. Las pautas dietéticas deben ser óptimas para poder equilibrar esto. Entre los complementos dietarios, la *melatonina* es muy importante porque mejora la actividad de las endorfinas.

ACUPRESION Y ACUPUNTURA

La acupresión es especialmente útil para el dolor de la parte inferior de la espalda y en otras clases de dolor. La acupuntura, que debe ser practicada por un profesional, reduce considerablemente el dolor en cabeza, hombros, cuello, brazos y en general en la parte superior del cuerpo.

TERAPIA DE GRUPO

Una lesión traumática puede dejar secuelas de dolor en forma duradera. Hasta se da el caso del "dolor fantasma", que se experimenta en extremidades que se han amputado. Por esta razón han surgido muchas tendencias grupales de tratamiento, clínicas del dolor grupos terapéuticos y demás, donde se aúnan en un mismo esfuerzo la terapia psicológica y el ejercicio físico, la visualización y el asesoramiento social y familiar. En un alto porcentaje de casos, los resultados de estas terapias asociadas son buenos.

FITOTERAPIA

Puede usar preparados de las siguientes plantas:

- *Sarapia*
- *Bromelia*
- *Árnica*
- *Hipérico*
- *Capsaina*
- *Jengibre*

MEDITACION, VISUALIZACION, YOGA

Numerosas investigaciones confirman que la autohipnosis y la visualización reducen el dolor. Por supuesto que son métodos que requieren un aprendizaje guiado por un experto pero una vez que se los domina se los puede practicar de por vida.

La capacidad de entrar en nuestro centro de calma y serenidad a través de la meditación resulta de gran beneficio. Y es buena medida comenzar a prepararse para ello mucho antes de sufrir el dolor.

El Hatha Yoga, la meditación, la respiración conciente y la concentración mental tienen una demostrada efectividad a largo plazo en la reducción del dolor.

DOLOR DE GARGANTA

CAUSAS

Habitualmente es indicativo de una infección bacteriana o virósica. Suele estar precedida por una sensación de carraspera. Esta es la etapa en que debe atacarse el síntoma para que no progrese. Este dolor puede ser un anuncio de un resfrío que comienza, o de una faringitis bacteriana. También aparece por inflamación de las glandulas de la zona delantera del cuello. Asimismo es posible que se deba a la acción de algunos agentes externos irritantes: humo, polución, polvo, agentes químicos.

SINTOMAS

Dolor, carraspera, sensación de raspado al tragar, disfonía.

FITOTERAPIA

Utilice infusiones de estas plantas para hacer gárgaras:

- *Equinácea*
- *Hidrastis*
- *Salvia roja*
- *Centella*

DIETA Y NUTRICION

Además de la habitual dieta sana, en caso de dolor de garganta puede suplementarse con dos elementos. El primero es una pastilla que contiene 30 mg de vitamina C y 15 mg de cinc, muy eficaz para detener el avance del dolor. La otra es aumentar la dosis diaria de vitamina C durante el período del síntoma, hasta 3.000 o 4.000 mg al día.

HIDROTERAPIA

Pueden hacerse inhalaciones del vapor obtenido de agua destilada con unas gotas de tintura de benzoína.

ACUPRESION

Puede trabajarse con presión los puntos Pulmón 10 y CV 22.

(Para la ubicación de los puntos, ver ilustración en el artículo "Acupresión").

AROMATERAPIA

Hay dos procedimientos a seguir:

a) Mezcle nueve gotas de salvia romana con nueve de aceite de sándalo, agregue siete gotas de jengibre y con esta preparación masajee con la palma de sus manos la zona del cuello, la cara y la parte superior del pecho.

b) Añada dos gotas de aceite esencial de té y dos de sándalo a un vaso de agua y haga gárgaras tres veces por día.

TRATAMIENTOS COMPLEMENTARIOS

Homeopatía, Acupuntura, Terapia Física, Reflexología, Terapia de Masajes, Medicina Naturopática, Medicina Tradicional china, Colorterapia.

DOLOR DE PANZA (NIÑOS)

CAUSAS Y SINTOMAS

Mientras un chico esté creciendo, los dolores estomacales serán un síntoma recurrente. Las causas más comunes se relacionan con lo emocional y con comidas. En los niños más grandes –a partir de 10 años-, en casi todos los casos hay que estar atentos a un componente emocional. También deben considerarse posibles alergias a los alimentos. Cuando el dolor estomacal es acompañado de otros síntomas como vómitos, fiebre, diarrea, pérdida de apetito o cambios en el peso, debe consultarse de inmediato al médico.

DIETA Y NUTRICION

Los hábitos alimentarios, incluyendo la forma en que un chico come, contribuyen mucho al dolor. Como sucede con los adultos, comer rápido o en movimiento es un camino a la indigestión. Otra cosa que no ayuda al proceso digestivo es consumir alimentos con excesiva cantidad de aditivos, azúcar, sal y grasas.

AYURVEDA

Los remedios ayurvédicos funcionan tanto en cólicos de bebé como en dolor estomacal de niños grandes. Debe beberse una cucharada de té de hinojo y anís cada hora. También funciona el uso tópico de la hierba *asafetida*.

FITOTERAPIA

Infusiones de las siguientes hierbas:

- *Chamomila*
- *Arbol de limón (es una hierba, no la planta del cítrico)*

- *Anís*
- *Menta*

TRATAMIENTOS COMPLEMENTARIOS

Homeopatía, Digitopuntura, Reflexología, Reiki, Masajes, Medicina Tradicional china, Yoga, Visualización.

DOLOR DE CABEZA CON SENSACION DE ESTALLIDO Y TRITURACION

CAUSAS

Tensión o preocupación, reumatismo en el cuello, exposición al viento frío y seco.

SINTOMAS

Dolor agudo y punzante como consecuencia del más leve movimiento del ojo. Sensación de que la cabeza va a romperse en pedazos.

Para mejorar los síntomas, se debe aplicar sobre la cabeza una presión firme y compresas. El ruido, la excitación, el movimiento y la luz brillante, los empeoran.

REMEDIO HOMEOPATICO

Bryonia 30, cada 10 - 15 minutos hasta un máximo de 10 dosis.

DOLOR DE CABEZA DE ORIGEN MUSCULAR

CAUSAS

Tensión o preocupación. Se producen como consecuencia de un espasmo o una tirantez en los músculos, especialmente los de la parte posterior del cuello y los hombros, provocando una tensión constante en los tejidos que cubren el pericráneo, que ocasiona el dolor. Otros dolores de cabeza menos frecuentes son producidos por inflamaciones como la sinusitis o la meningitis, y también por fatiga visual.

SINTOMAS

Dolor agudo y punzante, o sensación de latidos.

YOGA

Los ejercicios de relajación y respiración profunda son muy eficaces para liberar la tensión de los músculos.

MASAJE

Practicarse un automasaje en los músculos de cuello y hombros puede ser de gran ayuda. Una opción aún mejor es pedir a alguien ligado a nuestros afectos que nos lo practique. Una presión ligera con las yemas de los dedos sobre las sienes puede disminuir el dolor rápidamente. Con un suave movimiento circular se afloja la tensión muscular.

REMEDIO HOMEOPATICO

Bryonia 30, cada 10 - 15 minutos hasta un máximo de 10 dosis. Como complemento, para reumatismo, neuralgia y rigidez al moverse: Rhus Toxicodendrum 4.

DOLOR DE CABEZA DE ORIGEN VASCULAR

CAUSAS

Son los dolores más habituales, y se deben a factores que causan dilatación o bien constricción de las pequeñas arterias de la cabeza, modificando su calibre.

La causa puede hallarse también en la sensibilidad a ciertos alimentos, por lo que a veces es útil replantear la dieta.

Sintomas

Dolor agudo y punzante, trastornos de la visión, náuseas.

Para mejorar los síntomas, se debe aplicar sobre la cabeza una presión firme y fresca.

Tratamiento del estres

Este trastorno está relacionado con la gran mayoría de los dolores de cabeza de tipo vascular. Las tensiones más comunes provienen de las relaciones personales, el trabajo y los factores ambientales (como sustancias que provocan alergias, dietas muy tóxicas, etcétera). Haga un análisis detallado de sus situaciones cotidianas de tensión, porque en ellas hallará la clave para aliviar el síntoma.

Dieta y nutricion

Si está padeciendo este síntoma, debe reducir al mínimo el consumo de:

- *Infusiones con cafeína*
- *Chocolates*
- *Quesos*
- *Alcohol*

Aromaterapia

Emplee, en inhalación o ingesta, baños de inmersión o masajes en rostro y cabeza, alguno de los siguientes aceites:

- *Eucalipto*
- *Pimienta negra*
- *Rosa*
- *Romero*
- *Toronjil*
- *Menta*
- *Espliego*
- *Mejorana*

Acupresion

Puede utilizarse presión sobre los siguientes puntos:

Vesícula Biliar 14
Vesícula Biliar 20
Intestino Grueso 4
Hígado 3

(Para la ubicación de los puntos, ver ilustración en el artículo "Acupresión").

Hidroterapia

Bañarse en agua caliente ayuda mucho en el dolor de cabeza.

Terapia fisica

Camine regularmente, por alguna zona alejada del tráfico y lo más tranquila que sea posible. Si es necesario, utilice auto para alejarse y llegar a un lugar apropiado. El cambio de ambiente y ritmo beneficiará el síntoma.

Remedio homeopatico

Cimicifuga 4 para la neuralgia, la migraña cervical y el dolor severo de cabeza y ojos, cada 10 - 15 minutos hasta un máximo de 10 dosis.

DOLOR DE CABEZA INTENSO QUE SE PRODUCE REPENTINAMENTE

Causas

La exposición a las corrientes de aire. Shock o susto.

Sintomas

Dolor fuerte que se produce repentinamente. Ansiedad grave con temor a morir.

Estos síntomas pueden mejorarse con el aire fresco y tibio. Con el tiempo muy caluroso y el humo del tabaco, empeoran.

Remedio homeopatico

Aconite 30, cada 10 -15 minutos, hasta un máximo de 10 dosis.

DOLOR DE CABEZA PALPITANTE A CAUSA DEL CALOR

Causa

La alta temperatura.

Sintomas

Dolor de cabeza con sensación de estallido y palpitaciones. Enrojecimiento del rostro y pupilas dilatadas. Si el dolor es muy fuerte, puede asociarse al delirio.

Los síntomas mejoran al estar de pie o sentado en posición erguida, y empeoran con el movimiento, el ruido y al acostarse.

Remedio homeopatico

Belladona 30, cada 10 - 15 minutos, hasta un máximo de 10 dosis.

DOLOR DE CABEZA POR RESACA, CON NÁUSEA

Causas

Consumo excesivo de alcohol o café.

Sintomas

Mareos, irritabilidad, dolor de cabeza con sensación de gran peso sobre ella.

Para mejorar los síntomas hay que aplicar una presión firme sobre la zona afectada, lavarse la cabeza y dormir. El ruido, el tacto y el clima frío y ventoso producen que los síntomas empeoren.

Remedio homeopatico

Nux Vomica 6, cada hora, hasta un máximo de 6 dosis.

DOLOR DE CABEZA POR TENSION MUSCULAR EN EL CUELLO

Causas

Tensión emocional, vista cansada, espasmos en los músculos del cuello y la espalda.

Sintomas

Dolor de ojos y en la parte superior de la cabeza y rigidez del cuello que se extiende a los hombros.

Los síntomas mejoran con lo templado y la comida, y empeoran durante la menstruación, las corrientes de aire y el frío.

Remedio homeopatico

Cimic 6, cada hora, hasta un máximo de 6 dosis.

DOLOR DE CABEZA PROVOCADO POR TENSION EMOCIONAL

Causas

Problema emotivo.

Sintomas

Dolor muy fuerte y sensación de tener una faja ajustada a la altura de la frente.

Los síntomas mejoran al comer, después de orinar, al descansar y con el calor y la presión firme. El frío, el café, el humo de tabaco, los olores fuertes y el alcohol, los empeoran.

REMEDIO HOMEOPATICO

Ignatia 30, cada 10 - 15 minutos, hasta un máximo de 10 dosis.

DOLOR DE ESPALDA

CAUSAS

Este dolor puede generarse en distintas fuentes y por muy diferentes motivos. Se manifiesta en músculos, articulaciones, ligamentos, tendones y hu'esos, e incluso puede provenir de otras zonas y sistemas del cuerpo.

De las muchas causas, las más comunes se relacionan con:

Una presión sobre un nervio que va desde la espalda hacia la pierna, que puede proceder de un disco vertebral fuera de lugar o del desplazamiento de una vértebra sobre otra.

Otra causa es la inflamación y el espasmo de los músculos, debido a alguna lesión, a un desgaste crónico del músculo o al sobreesfuerzo. El espasmo o el hormigueo, en estos casos, suelen ser una reacción de protección del músculo para evitar mover alguna parte del mismo.

SINTOMAS

Tiende a ser un dolor agudo, relacionado con el movimiento y que causa alguna limitación de la movilidad. Si es en la zona inferior de la espalda, suele externderse hacia las piernas con sensación de hormigueo o entumecimiento de la parte inferior de la pierna o del pie.

TERAPIA FISICA

Se deben realizar movimientos y estiraciones suaves, preferiblemente durante un baño caliente que ayude a distender y a mantener el tono muscular, elongando hasta los límites de un dolor razonable. A la vez, es importante el reposo adecuado de la zona afectada; pero sin exagerar, porque el descanso prolongado afecta la tonicidad muscular, y entonces el músculo va perdiendo fuerza y ello facilita la aparición de sobrecargas y dislocaciones, por lo que el período de recuperación se prolongará.

HIDROTERAPIA

En casos de dolor de espalda y de cuello, los baños calientes son de suma efectividad. Relajan los músculos de todo el cuerpo, distienden la musculatura, y de hecho facilitan el movimiento de la zona afectada porque el agua neutraliza en parte la gravedad.

En las primeras 48 horas son útiles las compresas frías. Ayudan a combatir espasmos e inflamación, y alivian el dolor por entumecimiento.

- Aplique sobre la zona afectada durante 20 minutos, con períodos de descanso de 20 minutos.

Transcurridas las primeras 48 horas luego de la lesión o la aparición del síntoma, una terapia eficaz es la alternancia de baños calientes y fríos, porque estimula la circulación y dirige las energías curativas del organismo hacia la zona afectada.

- Aplique una ducha bien caliente en la zona afectada durante un minuto.
- Enseguida salpique la zona con agua fría durante 30 segundos.
- Repita este proceso durante 6 a 9 minutos.

AROMATERAPIA

La hidroterapia puede complementarse con aceites esenciales como los siguientes:

- *Manzanilla*
- *Espliego*

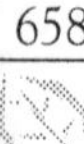

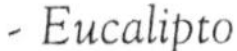

- *Eucalipto*

Añádalos al agua del baño para aumentar el efecto relajante. También puede utilizarlos en las compresas que aplique en la zona afectada.

ACUPRESION

Para fortalecer la parte inferior de la espalda puede hacer presión sobre el punto Riñón 3, entre la parte interior del tobillo y el tendón de Aquiles.

(Para la ubicación de los puntos, ver ilustración en el artículo "Acupresión").

REMEDIO HOMEOPATICO

Arnica montana o Hypericum, hasta un máximo de 10 dosis. Pueden usarse en tabletas o crema tópica, y conjuntamente con otros productos. Proporcionan rápido y duradero alivio, aún en problemas severos de ligamentos.

TRATAMIENTO DEL ESTRES

El estrés provoca espasmo muscular, que lleva a sentir más dolor. Por eso hay que evitar caer en un círculo vicioso. Puede necesitarse un fármaco contra el dolor, y es fundamental recibir apoyo físico y emocional del entorno.

MEDITACION

Con técnicas de relajación puede combatir la tendencia a ponerse tenso cuando el dolor está en fase aguda. Una vez superada esta, mientras está usted en recuperación medite acerca de las maneras en que podrá evitar ese dolor en un futuro (cambios de hábitos, etc.)

YOGA

La indicada es la variante Hatha Yoga. Con ella se consigue un equilibrio entre todos los grupos musculares del cuerpo en un contexto de serenidad mental emocional y espiritual. Es eficaz aún en el dolor de espalda crónico.

FITOTERAPIA

Para alivio del dolor

- *Hierba de San Juan*
- *Piscídea*
- *Guayaco*
- *Valeriana*

Para la inflamación

- *Sauce negro*
- *Proboscídea*
- *Reina de los prados*
- *Chopo blanco*

MASAJES

Reducen el espasmo muscular, disminuyen el dolor y la tracción que ejerce el músculo contraído en su punto de unión con otras estructuras. Un masaje en profundidad provee alivio del dolor, relajación general y sensación de bienestar lo que potencia la mejoría.

TECNICA ALEXANDER

Ayuda a prevenir o aliviar el dolor, liberando la tensión, mejorando la postura y la respiración y devolviendo naturalidad al cuerpo.

Para el alivio de la tensión en la espalda puede hacer lo siguiente;

- Con la mano izquierda, sostenga su brazo derecho por el codo.
- Lleve el puño derecho hacia la espalda.
- Golpéese sobre la espalda, especialmente hacia el cuello, con la parte inferior del puño relajado.

Esto es eficaz para controlar la presión ejercida y relaja la espalda.

REFLEXOLOGIA

Para tratar problemas relacionados con la parte superior de la espalda, presione con su dedo pulgar sobre el reflejo de las áreas cervical y torácico-espinal, que se encuentran en el borde interior del pie, empezando debajo del dedo gordo y extendiéndose por la bola del pie hasta la mitad del empeine.

TRATAMIENTOS COMPLEMENTARIOS

Acupuntura, Medicina Naturopática, Medicina tradicional china, Terapia del Sonido, Qui Gong, Musicoterapia, Talasoterapia.

DOLOR DE GARGANTA AGUDO

CAUSAS

Exposición al clima frío y ventoso. Un susto grave.

SINTOMAS

Inicio repentino del dolor de garganta, ansiedad extrema, amígdalas inflamadas, garganta roja, piel seca y caliente, mucha sed. Los síntomas mejoran con el aire fresco, y empeoran en habitaciones calientes, con la música y el humo del tabaco.

REMEDIO HOMEOPATICO

Aconite 30, cada 2 horas hasta un máximo de 10 dosis.

DOLOR DE GARGANTA CON ARDOR

CAUSAS

Exposición al clima frío y húmedo. Enfriamiento rápido después de transpirar.

SINTOMAS

Dolor de garganta agudo, saliva espesa, posibles llagas, voz ronca, puede ir acompañada de urticaria.

Los síntomas mejoran con el movimiento y lo templado. Empeoran con el reposo, el tiempo húmedo o frío y sobre todo por la noche.

REMEDIO HOMEOPATICO

Dulcamara 6, cada 2 horas hasta un máximo de 10 dosis.

DOLOR DE GARGANTA HASTA EL CUELLO Y LOS OIDOS

CAUSAS

Infección viral, sobre todo en verano.

SINTOMAS

Mal sabor, dolor al tragar, agotamiento, debilidad, calor y frío a intervalos.

Los síntomas mejoran con el ejercicio, el aire fresco, los estimulantes y el calor local. Empeoran, con el sol, la niebla, la humedad y las tensiones emocionales.

REMEDIO HOMEOPATICO

Gelsemium 6, cada 2 horas hasta un máximo de 10 dosis.

DOLOR DE MUELAS

CAUSAS

En la mayoría de los casos, la causa se halla en una infección de la raíz del diente. Un antibiótico es la indicación habitual, y actúa rápidamente.

Estas infecciones pueden originarse en una dieta inadecuada y en especial rica en azúcares, que corrompen los dientes. Y por supuesto, en el cuidado deficiente de la dentadura.

SINTOMAS

Dolor intenso, sensación de palpitación en la zona afectada.

DIETA Y NUTRICION

Una receta eficaz es la siguiente: tome algún aceite excipiente (por ejemplo de oliva) y agréguele enebro, pimienta negra, menta, clavo y salvia. Moje pequeños trozos de algodón en la mezcla y aplíquelos directamente sobre las encías en la zona del dolor.

FITOTERAPIA

- *Toronjil*
- *Clavo*
- *Eneldo*
- *Ajo*

AROMATERAPIA

Puede trabajar con inhalación o buches de aceites esenciales de:

- *Manzanilla*
- *Salvia*
- *Pimienta negra*
- *Menta*
- *Clavo*
- *Hinojo*
- *Mirra*
- *Enebro*

ACUPRESION

Aplique presión en el punto Intestino Grueso 4, para un alivio temporal.

(Para la ubicación de los puntos, ver ilustración en el artículo "Acupresión").

DOLOR DE MUELAS INSOPORTABLE

CAUSAS

Caries.

SINTOMAS

Irritabilidad, deseo de quedarse a solas. Los síntomas mejoran al recibir comprensión afectiva, y empeoran con los alimentos y bebidas tibios, el aire frío y por la noche.

REMEDIO HOMEOPATICO

Chamomilla 6, cada 5 minutos hasta un máximo de 10 dosis

DOLOR DE MUELAS PALPITANTE

CAUSAS

Infección.

SINTOMAS

Las mejillas y las encías están doloridas, hinchadas y calientes al tacto. El dolor aumenta gradualmente hasta un nivel atroz y luego disminuye.

Los síntomas mejoran con los alimentos (aunque comer resulta doloroso), y empeoran por la noche, con el aire fresco y luego de las comidas.

REMEDIO HOMEOPATICO

Belladona 6, cada 5 minutos hasta un máximo de 10 dosis.

DOLOR DE MUELAS PUNZANTE FUERTE

Causas

Caries.

Sintomas

Incapacidad para relajarse, reacción excesiva al dolor e incapacidad para conciliar el sueño.

El agua helada en la boca mejora los síntomas; el calor y las comidas calientes, los empeora.

Remedio homeopatico

Coffea 6, cada 5 minutos, hasta un máximo de 10 dosis.

DOLOR DE OIDO AGUDO

Causas

Exposición al aire frío y las corrientes.

Sintomas

Irritabilidad y dolor agudo.

Los síntomas mejoran al aplicar compresas tibias en la frente y al abrigarse la cabeza. Con un enfriamiento o al tocar el oído afectado, los síntomas empeoran.

Remedio homeopatico

Hepar Sulph. 6, cada 30 minutos hasta que consulte al médico.

DOLOR DE OIDO PALPITANTE CON ENROJECIMIENTO

Causas

Enfriamiento de la cabeza, infección.

Sintomas

El oído afectado tiene un color rojo brillante, los ojos pueden estar muy abiertos y fijos, dolor palpitante.

Los síntomas mejoran al aplicar compresas frías en la frente y al ponerse de pie o sentarse en posición erguida. Con el movimiento, la luz, el ruido y la presión, los síntomas empeoran.

Remedio homeopatico

Belladona 30, cada 30 minutos hasta que consulte al médico.

DOLOR DE PECHO PROVOCADO POR LA TOS

Causas

Resfrío o gripe y tensión.

Sintomas

Dolor de cabeza, sed extrema, sensación del cuerpo seco. La tos puede ir acompañada de fiebre.

Los síntomas mejoran en un entorno fresco y al aplicar una presión firme y fresca sobre la cabeza y el pecho. La luz, el movimiento y el ruido, provocan que los síntomas empeoren.

Remedio homeopatico

Bryonia 30, cada 4 horas hasta un máximo de 10 dosis.

DOLOR DE PECHO

Causas

Existen distintos tipos de dolor de pecho con diferentes causales. Lo que sucede es que resulta de suma importancia poder decidir en su propia casa qué tendencia tiene ese dolor, porque

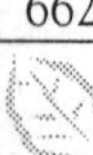

por supuesto entre otras cosas puede ser indicativo de un ataque cardíaco. Usted no podrá diagnosticar en su hogar, pero probablemente sí decidir si el síntoma es grave o no lo es tanto.

SINTOMAS

Es muy probable que se trate de algo grave si el dolor:

- Afecta una zona relativamente amplia.

- Está acompañado de hormigueo doloroso en el brazo, el cuello o la mandíbula.

- Provoca una sensación de tirantez o presión, más que una punzada aguda.

Cuando uno o más de estos síntomas se presenta, es prudente dirigirse con rapidez al servicio de emergencias más cercano.

Si la molestia en el pecho no reviste estas características, probablemente sea más seguro quedarse en casa. Si el dolor es agudo y muy localizado, es probable que se trate de algo superficial.

El origen probable de muchos dolores de pecho que no deben inquietar en demasía puede ser:

- Un esfuerzo muscular.

- Una costilla fisurada o rota tras algún accidente.

- Asociado con problemas digestivos.

- Síndromes varios, relacionados con las costillas, sus cartílagos, los nervios intercostales que recorren el pecho.

- Herpes zoster (averigüe si no se ha presentado alguna erupción en su piel).

TERAPIAS

En general, se ha avanzado mucho en la prevención cardiovascular: tratando con medidas preventivas las obstrucciones arteriales se logran grandes resultados.

DIETA Y NUTRICION

El proceso de acumulación de grasas en las arterias, como las coronarias, puede prevenirse e incluso revertirse mediante un programa de dieta específico para el sistema cardiovascular. En general se trata de dietas muy ricas en fibras y muy bajas en grasas saturadas con abundancia de verduras crudas, frutas y panes integrales, y con suplementación vitamínica, de minerales y de otras sustancias como antioxidantes (vitaminas C y E, betacaroteno, coenzima Q, selenio, cinc).

MEDITACION

En general se recomienda, más que una meditación específica, el poder hacerse tiempo para actividades recreativas y que satisfagan espiritualmente. De todos modos, un tipo de meditación profunda puede conectarlo con su más íntima serenidad interior, y esta conexión puede tener benéficos efectos sobre los procesos fisiológicos de su organismo. Es probable que esto, unido a dieta y ejercicio físico, revierta los síntomas aún en casos de cierta gravedad.

REMEDIO HOMEOPATICO

Bryonia 30, cada 2 horas hasta un máximo de 10 dosis.

TRATAMIENTOS COMPLEMENTARIOS

Acupuntura, Shiatsu, Ayurveda, Yoga, Terapia Física, Reflexología, Terapia de Masajes, Medicina Tradicional china, Tai Chi Chuan, Quiropraxia, Técnica Alexander.

DOLORES DE PARTO CON ELIMINACION DE ORINA O HECES

CAUSAS

Espasmo en el cuello del útero.

SINTOMAS

Contracciones ineficaces, irritabilidad, dolor en recto, impaciencia.

Los síntomas mejoran con lo templado, al lavarse, con compresas, al atardecer. Empeoran con el frío, el ruido, el estrés.

REMEDIO HOMEOPATICO

Nux Vomica 30, cada 5 minutos hasta un máximo de 10 dosis.

DOLORES DE PARTO CON INTENSO LLANTO

CAUSAS

Agotamiento, mala posición del bebé.

SINTOMAS

Lentitud en el trabajo de parto.

Los síntomas mejoran con el movimiento suave, con la compresión, con las compresas frías. Empeoran con temperaturas extremas, el calor, la presión.

REMEDIO HOMEOPATICO

Pulsatilla 30, cada 5 minutos hasta un máximo de 10 dosis.

DOLORES DE PARTO INSOPORTABLES

CAUSAS

Sensibilidad extrema al dolor.

SINTOMAS

Nerviosismo e intranquilidad entre las contracciones, gritos cuando estas se producen.

Los síntomas mejoran con lo templado, al chupar hielo. Empeoran con las emociones extremas, los olores fuertes, el frío, la noche, el ruido.

REMEDIO HOMEOPATICO

Coffea 30, cada 5 minutos hasta un máximo de 10 dosis.

DUELO CON DOLOR CONTENIDO

CAUSAS

Inicio lento de la sensación de pena.

SINTOMAS

Suspiros y llanto inapropiados, también risas, histeria con rápidos cambios de humor, autocompasión.

Los síntomas mejoran con el calor, al orinar, al caminar, al comer. Empeoran con el aire fresco, con el café y el tabaco.

REMEDIO HOMEOPATICO

Ignatia 6, cada 2 horas hasta un máximo de 10 dosis, y luego 4 veces por día hasta un máximo de 14 días.

DUELO

CAUSAS:

Inicio repentino de la sensación de pena.

SINTOMAS

Inquietud profunda, miedo a morir.

Los síntomas mejoran con el aire fresco. Empeoran al atardecer y por la noche, con humo de tabaco, con música.

REMEDIO HOMEOPATICO

ACONITE 30, CA-

DA HORA HASTA UN MÁECZEMA HUMEDO CON PIEL AGRIETADA

CAUSAS

Alergias, estrés crónico, shock o susto.

SINTOMAS

Piel muy agrietada y sensible, al más leve rasguño puede haber pus en la herida, costras verdosas, ardor, picazón.

Los síntomas mejoran con aire tibio y tiempo seco. Empeoran con clima húmedo, lluvioso, invernal.

REMEDIO HOMEOPATICO

Petroleum 6, cuatro veces por día hasta un máximo de 14 días.

ECZEMA HUMEDO

CAUSAS

Alergias, tendencias hereditarias.

SINTOMAS

Piel áspera, seca y agrietada, concentración del síntoma en palmas de las manos y detrás de las orejas.

Los síntomas mejoran al dormir. Empeoran con alimentos dulces, durante la menstruación.

REMEDIO HOMEOPATICO

Graphites 6, cuatro veces por día hasta un máximo de 14 días.

ECZEMA SECO

CAUSAS

Alergias, tendencias hereditarias.

SINTOMAS

Piel áspera, seca y roja, picazón, a veces diarrea, deseo de beber alcohol y comer alimentos dulces o condimentados.

Los síntomas mejoran con el aire fresco. Empeoran con el calor excesivo, a primera hora de la mañana, al lavarse.

REMEDIO HOMEOPATICO

Sulphur. 6, cuatro veces por día hasta un máximo de 14 días.

EMBARAZO

SINTOMAS Y TRATAMIENTO GENERAL

Durante el primer trimestre el útero, un órgano pequeño y duro, se vuelve un saco suave y esférico en donde el bebé se sentirá cómodo. Para el final de este primer trimestre el útero se habrá expandido hacia fuera de la cavidad pélvica y tocado la pared abdominal. Así continuará creciendo hasta el fin del embarazo. La cervix es, antes del embarazo, firme y musculosa. En el primer trimestre comienza a ablandarse, debido a la aparición de mayor número de vasos sanguíneos y glándulas mucosas cervicales. Apenas producida la concepción, la vagina empieza a experimentar un aumento del flujo sanguíneo, por lo que su color suele oscurecerse. Durante el embarazo las paredes vaginales se estirarán y elongarán, haciéndose más elásticas y preparándose para el trabajo que deberán hacer en el momento del parto. La entrada vaginal y la vulva en sí se hinchan, y las descargas vaginales se vuelven más espesas, blancas y ácidas, para ayudar a prevenir infecciones. Los pechos, a partir del primer trimestre, empiezan a crecer y a ponerse más duros. La areola y los pezones se hacen más grandes y oscuros.

Durante el período del embarazo la madre debe evitar totalmente el cigarrillo y el alcohol. Lo mismo para las drogas como marihuana, cocaína, heroína, crack o LSD. También debe evitar los medicamentos que contengan lithium (como muchos antidepresivos) o tetraciclina (un difundido antibiótico). Debe cuidarse mucho de los pesticidas, los productos de petróleo y el café, y cualquier clase de medicamento, así sea una aspirina, debe ser muy cuidadosamente dosificado y, de ser posible, directamente evitado. También la exposición a los rayos X.

La nutrición de la embarazada debe ser cuidada y seguida muy de cerca por un especialista.

Durante el período puede realizarse y es muy recomendable alguna actividad física, en especial el Yoga.

EMBARAZO, ACIDEZ CON ARDOR

CAUSAS

Bebida y comida.

SINTOMAS

Sed intensa, deseo de estimulantes, sensación de vacío estomacal, flatulencias intensas, ardor en la lengua.

Los síntomas mejoran con el calor y al comer aunque produzca acidez. Empeoran con el aire fresco, las corrientes de aire, después de comer.

REMEDIO HOMEOPATICO

Capsicum 6, cuatro veces por día hasta un máximo de 7 días.

EMBARAZO, ACIDEZ CON NAUSEA

CAUSAS

Ver u oler comida.

SINTOMAS

Sensación de frío en la boca del estómago, vómitos, deseos de bebidas gaseosas.

Los síntomas mejoran al inclinarse hacia delante. Empeoran por la noche, con la falta de sueño y el esfuerzo mental, con el movimiento.

REMEDIO HOMEOPATICO

Causticum 6, cuatro veces por día hasta un máximo de 7 días.

EMBARAZO, CALAMBRES

CAUSAS

Diversas.

SINTOMAS

Calambres en pantorrillas, y plantas de los pies, vómitos y diarrea asociados, entumecimiento de manos y pies, irritabilidad, agotamiento.

Los síntomas mejoran con lo templado, al caminar. Empeoran por la noche, con el tiempo lluvioso.

Remedio homeopatico

Verat. Alb. 6, 4 veces por día hasta un máximo de 7 días.

EMBARAZO, NAUSEA CON ANGUSTIA

Causas

Náuseas al atardecer.

Sintomas

Boca seca pero sin sed, deseo intenso de dulces, estómago ruidoso, sensación de presión bajo el esternón luego de comer.

Los síntomas mejoran con compresas frías en el estómago, al levantar las manos encima de la cabeza, con la comprensión afectiva, al llorar, con ejercicio suave y aire fresco. Empeoran en habitaciones mal ventiladas, al atardecer, con alimentos grasos y comidas suculentas.

Remedio homeopatico

Pulsatilla 6, cada 2 horas hasta un máximo de 3 días.

EMBARAZO, NAUSEAS

Causas

Náuseas matutinas.

Sintomas

Irritabilidad, vómitos de pequeñas cantidades de comida y mucosidad, espasmos, deseo intenso de alimentos grasos, aversión a la carne y el tabaco, boca seca, lengua muy sucia.

Los síntomas mejoran con lo templado, al dormir, al lavarse, con compresas en el estómago, al atardecer, a solas. Empeoran con el tiempo frío y ventoso, los estimulantes, el estrés, los alimentos condimentados.

Remedio homeopatico

Nux vomica 6, cada 2 horas hasta un máximo de 3 días.

EMBARAZO, VOMITOS Y NAUSEA CONSTANTE

Causas

Inclinarse hacia adelante.

Sintomas

Se vomitan líquidos y sólidos, el vómito no alivia la náusea, exceso de saliva, mareos, ausencia de sed.

Los síntomas mejoran con el aire fresco. Empeoran con el movimiento, al acostarse, con las molestias y con el estrés.

Remedio homeopatico

Ipecac 6, cada 2 horas hasta un máximo de 3 días.

ENFERMEDAD DE PARKINSON

Causas

La causa aún es en gran parte desconocida, aunque involucra a dos sustancias químicas cerebrales, la dopa-

mina y la acetilalcolina. Una deficiencia de dopamina en el cerebro puede provenir de deficiencias nutricionales, enfermedades vasculares cerebrales, (bloqueo de vasos sanguíneos cerebrales), efectos secundarios de drogas antipsicóticas, intoxicación de monóxido de carbono, abuso de drogas o bien una rara infección llamada encefalitis letárgica. Se trata de un lento y progresivo desorden del sistema nervioso. En un período de 10 a 15 años puede llevar a severísima incapacidad y a la muerte.

SINTOMAS

Los cuatro síntomas principales son: lentitud de movimientos, inestabilidad postural, rigidez muscular y temblores. Los tratamientos actuales suelen usar fuertes combinaciones de drogas y ejercicios de movilidad.

TERAPIAS

Algunas terapias alternativas pueden contribuir a una mejor calidad de vida del paciente. Por ejemplo:

DIETA Y NUTRICION

Es bueno incrementar la vitamina B6, que se encuentra en todos los granos, todas las frutas secas, bananas, papas, hígado y pescado. También es importante la vitamina C, que ayuda a hacer más leves los ataques.

FITOTERAPIA

Puede ser benéfica la tintura de pasionaria; hay que tomar una cucharada de té tres veces al día.

HIDROTERAPIA

Los baños de inmersión dos veces al día contribuyen a mejorar el estado general del paciente.

TRATAMIENTOS COMPLEMENTARIOS

Reflexología, Terapia de Masajes, Medicina Ortomolecular, Terapia sacro-craneana, Terapia celular, Medicina Tradicional china, Medicina naturopática.

ENVENENAMIENTO QUIMICO

CAUSAS

La sobreexposición a elementos químicos puede provocar graves consecuencias. Suele suceder ante la exposición a químicos en el hogar (sustancias usadas en la limpieza o DDT clorofenotano, por ejemplo) o por elementos químicos manejados diariamente en el trabajo.

SINTOMAS

Puede manifestarse en la piel como sarpullidos y erupciones, así como expresarse mediante trastornos de riñones o hígado. En general requiere una rápida consulta médica.

DIETA Y NUTRICION

Para prevenir en el hogar, es bueno comer la mayor cantidad posible de alimentos orgánicos, así como una dieta alta en fibras. Alimentos recomendados son: arroz, lentejas, almendras, espinaca, ajo, cebolla, bananas, yogur y pescado.

En algunos casos una dosis grande de ciertas vitaminas y complementos puede ayudar al síntoma. Por ejemplo:

- *Complejo vitamínico B con inositol.*
- *Vitamina E*
- *Proteínas suplementarias libres de aminoácidos.*
- *Vitamina C con bioflavonoides*
- *Selenio*
- *Cápsulas de ajo*
- *Coenzima Q-10*

FITOTERAPIA

Algunas hierbas pueden ayudar a la regeneración de las células del hígado, combinadas con otras que ayuden a la eliminación de desechos del organismo. Una buena combinación es mezclar tinturas de cardo, orozús y diente de león en partes iguales, y tomar una cucharada de té tres veces por día.

TRATAMIENTOS COMPLEMENTARIOS

Homeopatía, Medicina Tradicional china, Oxigenoterapia, Medicina naturopática.

ESTREÑIMIENTO

CAUSAS

Puede ser causada por un amplio número de factores y condiciones, incluyendo dieta pobre y mala nutrición, alergia a alimentos, mala postura, problemas emocionales, ansiedad, desbalance de estrógenos y progesterona y el efecto de numerosas drogas.

SINTOMAS

Dificultad seria para defecar. A veces puede alternarse con diarrea y calambres estomacales en lo que se conoce como síndrome de intestino irritable.

DIETA Y NUTRICION

Una mala dieta es la principal causa de constipación. Hay que evitar las comidas rápidas, las comidas con mucha grasa, el exceso de azúcar y de sal. Una carencia de fibras en la dieta es también un signo importante que lleva al estreñimiento.

La dieta ideal es un apropiado balance de proteínas, carbohidratos, vitaminas y minerales. Es recomendable una dieta en la que el 60 por ciento sean frutas y vegetales, y el 40 por ciento carbohidratos (20 por ciento derivados de granos, pan y cereales, 15 por ciento proteínas y 5 por ciento de grasas).

La terapia de jugos puede ayudar a mejorar el estreñimiento. Algunas posibilidades de combinaciones para jugos son:

- *Zanahoria y manzana en partes iguales.*
- *Una parte de apio, una de manzana y dos de zanahoria*
- *Una parte de espinaca y cuatro partes de zanahoria*

TRATAMIENTO DEL ESTRES

Es una importante causa de desórdenes digestivos e intestinales, por lo cual un análisis de las conductas de interrelación con el entorno familiar y laboral resulta imprescindible para encaminar los mecanismos para corregir las angustias.

FITOTERAPIA

Los especialistas recomiendan el uso de estas hierbas:

- *Aloe*
- *Cáscara sagrada*
- *Henna*
- *Ruibarbo*
- *Raíz de diente de león*

AYURVEDA

Una fómula tradicional de esta medicina para curar la constipación consiste en aplicar al paciente una enema hecha con una cocción de *dashamoola* (una mezcla de diez hierbas que se consigue hecha).

ACUPRESIÓN

Puede activar el movimiento intestinal presionando el punto CV6.

(Para la ubicación de los puntos, ver ilustración en el artículo "Acupresión").

REMEDIO HOMEOPATICO

Nux Vomica, Silicea, Alumina, Brionia, Natrum Mur.

TRATAMIENTOS COMPLEMENTARIOS

Hidroterapia, Medicina Tradicional china, Biofeedback, Hipnoterapia, Magnetoterapia, Medicina ortomolecular, Osteopatía, Bodywork, Reflexología, Shiatzu.

ESTREÑIMIENTO CON GRAN NECESIDAD DE DEFECAR

CAUSAS

Uso crónico de laxantes, vida sedentaria, calambres y espasmos anales.

SINTOMAS

Se eliminan pocas o ninguna hez a pesar de la necesidad que se siente. Sensibilidad extrema al ruido y el tacto, irritabilidad, ira.

Los síntomas mejoran con el calor, con la siesta, al atardecer.

REMEDIO HOMEOPATICO

Nux Vomica 6, cada 2 horas hasta un máximo de 10 dosis.

ESTRES

CAUSAS

Se estima que hoy en día alrededor del 70 por ciento de las visitas al consultorio médico son por desórdenes relacionados de alguna manera con el estrés. Podría definírselo como una reacción de defensa del organismo ante estímulos agresivos o interferencias en el normal funcionamiento. Está relacionado con condiciones internas como enfermedad, dolor o conflictos emocionales, o externas como problemas financieros o muertes en la familia. Incluso una situación nueva –un nuevo matrimonio, una mudanza, un ascenso laboral- pueden repercutir negativamente. Por otra parte, está relacionado con dietas pobres, reacciones alérgicas, o desbalances bioquímicos del organismo.

SINTOMAS

Inquietud, ansiedad, palpitaciones, pérdida de control, ataques de pánico, falta de objetivos. Además, una enorme lista de enfermedades orgánicas que se originan o se potencian por el estrés (desde trastronos hepáticos hasta cardíacos).

TERAPIAS

El estrés responde a una cantidad de variables tan grande que no puede hablarse de un tratamiento exclusivo. Lo mejor será lograr una combinación de terapias que incluya:

- Dieta sana, equilibrada y no tóxica.
- Práctica de Yoga, Meditación, Tai Chi Chuan y/o Técnicas de relajación.
- Práctica de deportes y ejercicios físicos, en forma regular y controlada.
- Artes: pintar, hacer música, cantar, bailar. Toda actividad que impulse la creatividad personal aleja el estrés.
- Utilización de terapias o psicoterapias para trabajar sobre las relaciones con el entorno familiar, laboral y social.

Además, algunos consejos específicos son los siguientes:

DIETA Y NUTRICION

Reducir el consumo de cafeína, alcohol y excitantes de todo tipo.

BIORRETROALIMENTACION

Debe buscarse un profesional ex-

perimentado que enseñe las técnicas, pero una vez aprendidas pueden ser llevadas adelante por el paciente solo.

MEDITACION

Cualquiera de las técnicas disponibles mejoran y a veces dejan atrás el desgaste emocional que el estrés produce.

HIDROTERAPIA

Baños tibios y calientes son remedios ancestrales contra la angustia y el estrés, porque son extremadamente relajantes. Trabajan en distintos niveles:

- Separan a la persona del ambiente conflictivo.
- Proporcionan sensación de bienestar y dan tiempo para que los mecanismos de defensa y curación puedan actuar.
- Relajan todos los músculos tensos y reducen las pulsaciones

AROMATERAPIA

Añadir al baño caliente uno o varios de estos aceites:

- *rosa*
- *espliego*
- *pachuli*
- *sándalo*
- *geranio*
- *ilang-ilang*

También se los puede emplear en inhalaciones o para masaje corporal.

TRATAMIENTOS COMPLEMENTARIOS

Yoga, Hipnoterapia, Medicina Tradicional China, Ayurveda, Psicoterapias, Flores de Bach, Talasoterapia, Qui Gong, Tai Chi Chuan, Digitopuntura, Terapia del Sonido, Musicoterapia, Visualizaciones.ximo de 10 dosis.

FATIGA CRONICA

Causas

Shock o Estrés, agotamiento nervioso por exceso de trabajo. La fatiga recién fue objeto de atención hace pocos años, hasta que se la tipificó como enfermedad bajo el nombre de Síndrome de Fatiga Crónica (SFC). El paciente más habitual de SFC es del sexo femenino (ocasionalmente puede ser masculino), en general joven e inteligente, anteriormente activa y enérgica, que de pronto casi no puede hacer nada. La incapacidad resultante de este síndrome es bastante severa y requiere largos períodos de reposo e incluso dejar de trabajar. Su duración puede durar desde algunas semanas hasta años. El SFC fue estudiado ampliamente pero sigue sin saberse a ciencia cierta sus causas y procesos neoorgánicos. Sólo puede decirse que la fatiga es un síntoma inespecífico que refleja una pérdida de energía vital.

Sintomas

Sensación general de cansancio, claramente diferenciada de la somnolencia o de la sensación de debilidad. Drástica pérdida de energía, necesidad de tumbarse a menudo, incapacidad de afrontar actividades sociales, episodios de fiebre leve a intervalos. Ansiedad, miedo a morir, irritabilidad, temor a perder el control, fatiga muscular severa, sensibilidad al tacto.

Terapia musical

Escuchar música serenamente alivia mucho la tensión, y contribuye a obtener la relajación necesaria para tratar los ataques de fatiga provocados por estrés. En muchos grupos de terapia el sonido musical ayuda a que las personas se relajen y compartan sus problemas.

Tratamiento del estres

El SFC puede ser una tensión adicional a las que se presenten diariamente. Resulta, entonces, muy efectivo en esta etapa olvidarse por un tiempo de las discusiones, las peleas personales y el mal humor, para permitir que el organismo se concentre en la lucha contra la enfermedad.

Dieta y nutricion

La administración de suplementos vitamínicos es muy importante, ya que en estos casos las deficiencias son múltiples y deben realizarse todos los esfuerzos para suplir todos lo nutrientes requeridos. En la base de casi todos los casos de fatiga se puede hallar alguna deficiencia de uno o varios nutrientes básicos. Por ejemplo:

- Reducción de magnesio en los glóbulos rojos. Tomar suplementos de este elemento proporciona una mejoría estimada entre el 50 y el 80 por ciento.

- La fatiga se asocia con una ingestión elevada de azúcares, porque estos reducen las vitaminas y otros nutrientes.

- Deficiencia de vitamina B. Durante el síndrome, se precisan 250 mg diarios durante al menos un mes para mejorar los síntomas.

- El uso de aceite de pescado durante el SFC produce mejoría en numerosos casos.

TERAPIA FISICA

Hacer ejercicio es fundamental. La fatiga es una deficiencia de ejercicio regular.

ACUPRESION

La resistencia física puede aumentarse trabajando con presión el punto Intestino grueso 10, a unos tres dedos por debajo del codo, en línea con el dedo índice; se promueve un sentimiento general de bienestar y se reduce la fatiga.*(Para la ubicación de los puntos, ver ilustración en el artículo "Acupresión").*

MEDITACION

La capacidad de conectarse con los centros internos de serenidad y calma resultan fundamentales en esta situación. Se necesita cubrir la necesidad de recuperar energía tras un ataque de fatiga para que el cuerpo pueda restablecer el equilibrio perturbado.

REMEDIO HOMEOPATICO

Kali Phos. 30, 2 veces por día hasta un máximo de 14 días.

FIEBRE DEL HENO CON DESCARGA NASAL ARDIENTE

CAUSA

Alergia.

SINTOMAS

Dolor en la frente, ojos llorosos, descarga nasal abundante y ardiente que lastima el labio superior. Los síntomas mejoran en habitaciones frías y con aire fresco. Empeoran en habitaciones calientes, y con los alimentos y bebidas tibios.

REMEDIO HOMEOPATICO

Allium 6, cada vez que lo necesite hasta un máximo de 10 dosis

FIEBRE DEL HENO CON DESEO CONSTANTE DE ESTORNUDAR

CAUSA

Alergia.

SINTOMAS

Fosas nasales lastimadas, rojas y doloridas, ardor de garganta y tos irritante, descarga nasal espesa de color miel. Lo síntomas mejoran por factores no especificados, y empeoran al estornudar y con lo templado.

REMEDIO HOMEOPATICO

Arsen. Iod. 6, cada vez que lo necesite hasta un máximo de 10 dosis

FIEBRE DEL HENO CON DOLOR DE GARGANTA

CAUSA

Alergia.

SINTOMAS

El tragar es muy doloroso, párpados rojos e hinchados, dolor de cabeza, ojos acuosos, estornudos violentos, dolor de garganta que suele comenzar en el costado izquierdo. Los síntomas mejoran al comer, con las bebidas tibias y con el abrigo. Empeoran con el frío y con las bebidas frías.

REMEDIO HOMEOPATICO

Sabadilla 6, cada vez que lo necesite hasta un máximo de 10 dosis.

FIEBRE DEL HENO EN LA QUE LOS OJOS SON LOS PRINCIPALES AFECTADOS

CAUSA

Alergia.

SINTOMAS

Los ojos están hinchados y son sensibles a la luz brillante, la descarga nasal es blanda, la mucosidad gotea por la parte posterior de la garganta. Los síntomas mejoran con el café y al acostarse en una habitación a oscuras. Empeoran, dentro de la casa, con luz brillante, y con el tiempo cálido y ventoso.

REMEDIO HOMEOPATICO

Euphrasia 6, cada vez que lo necesite hasta un máximo de 10 dosis.

FIEBRE INFANTIL

CAUSAS Y SINTOMAS

Infinidad de dolencias causan fiebre, como resfríos, gripes, infecciones virales, situaciones emotivas o de estrés, etcétera. En este tema, hay una diferencia sustancial entre la ciencia tradicional y las medicinas alternativas. Los médicos tradicionales atacan la fiebre como un síntoma, dando medicamentos para bajarla. Pero si la fiebre es un mecanismo de defensa del organismo para destruir virus y bacterias, no siempre será bueno bajarla completamente, hacerla desaparecer. A veces puede ser prudente mantenerla controlada pero no bajarla del todo, porque eso sólo haría prolongar más el tiempo de la enfermedad.

FITOTERAPIA

Té de hojas de menta para aliviar las molestias de la fiebre.

HIDROTERAPIA

Si la fiebre es alta, se puede introducir al niño en un baño de inmersión caliente e ir enfriando la temperatura del agua hasta llegar a temperatura ambiente; enseguida sacar abrigado al niño y acostarlo

REMEDIO HOMEOPATICO

Ferrum Phos., Gelsemiun, Pulsatilla, Aconita.

FIEBRE INFANTIL CON ANSIEDAD

CAUSAS

Infecciones gastrointestinales.

SINTOMAS

Dolor ardiente en extremidades, sensibilidad al frío, agotamiento, inquietud. Los síntomas mejoran con compresas frías en la cabeza. Empeoran con alimentos y bebidas frías, tiempo ventoso, entre la medianoche y las 2 de la mañana. Rápida consulta médica.

REMEDIO HOMEOPATICO

Arsen Alb. 6, cada hora, hasta un máximo de 10 dosis.

FIEBRE INFANTIL CON CARA ENROJECIDA

CAUSAS

Inicio repentino.

SINTOMAS

Piel seca y caliente, temperatura alta con pulso martillante. Los síntomas mejoran con lo templado, permaneciendo erguido. Empeoran con el movimiento, la luz, el ruido, la presión, por la noche.

REMEDIO HOMEOPATICO

Belladonna 30, cada hora, hasta un máximo de 10 dosis. Consultar al médico.

FIEBRE INFANTIL CON COMIENZO DE INFECCION

CAUSAS

Inicio gradual.

SINTOMAS

Pulso débil y rápido, mejillas rojas,

temblores, dolor de cabeza, sudor. Los síntomas mejoran con compresas frías en la cabeza. Empeoran con el movimiento y el calor excesivo.

Remedio homeopatico

Ferrum Phos. 30, cada hora, hasta un máximo de 10 dosis.

FIEBRE INFANTIL CON TEMOR

Causas

Exposición a frío y viento, inicio repentino.

Sintomas

Sed, inquietud, palidez. Los síntomas mejoran con el aire fresco.

Remedio homeopatico

Aconite 30, cada hora, hasta un máximo de 10 dosis. Rápida consulta médica.

FOBIAS

Causas

El miedo está en la raíz de toda fobia. Los miedos de cualquier humano, en algunos se convierten en un síntoma grave.

Sintomas

Quien padece una fobia se ve incapacitado en muchos aspectos de su vida, más allá del que afecte su fobia. Suele haber ataques de pánico y descargas agudas de ansiedad.

Terapia de grupo

Es un trabajo muy beneficioso. Algunos hacen pasar a la persona por una etapa de desensibilización, enfrentándola al temor, de forma progresiva hasta que pueda tolerar la experiencia por períodos más largos, con una compañía y finalmente sola.

Meditacion

Para las fobias, es importante poder experimentar la sensación de fortaleza interior. Esto da seguridad.

Visualizacion

Consiste en visualizarse en la situación que se teme o haciendo lo que le da miedo. La persona debe ser asistida por alguien experimentado, pero cuando se domina la técnica la puede repetir sola.

Tratamientos complementarios

Homeopatía, Medicina tradicional china, Yoga, Qui Gong.

FORUNCULOS CON PUS

Causas

Infección.

Sintomas

El forúnculo es muy sensible, siempre a punto de estallar. Los síntomas mejoran al aplicar compresas tibias. Empeoran con el frío y las corrientes.

Remedio homeopatico

Hepar Sulph. 6, cada hora hasta un máximo de 10 dosis.

FORUNCULOS EN FORMACION

Causas

Infección.

Sintomas

La piel afectada está dura, redondeada, y la hinchazón es seca, ardiente, dolorosa y roja. Los síntomas mejoran al aplicar leve presión. Empeoran con el frío.

Remedio homeopatico

Belladonna 30, cada hora hasta un máximo de 10 dosis.

GARGANTA ROJA Y MUY INFLAMADA

Causas

Alergia.

Sintomas

Dolor ardiente y punzante. Depresión, irritabilidad. La parte de atrás de la garganta está roja, brillante e inflamada.

Los síntomas mejoran con el aire fresco, al aflojar la ropa y al aplicar compresas frías en la garganta. Empeoran al dormir, con el tacto, el calor, y en habitaciones mal ventiladas.

Remedio homeopatico

Apis 30, cada 2 horas hasta un máximo de 10 dosis.

GASTRITIS

Causas y Sintomas

Es una inflamación estomacal, generalmente con componentes virales (en un alto porcentaje de gastritis se verifica la presencia de la bacteria *Helicobacter pylori*). Puede ser inducida químicamente por medicación como la aspirina y el ibupofreno, además de muchos antibióticos. También por los esteroides.

Dieta y nutricion

Según muchos estudios, el hongo comestible *shitake* activa el sistema inmunológico y tiene un fuerte efecto antiviral. Es también muy recomendable complementar con la vitamina C, el beta-caroteno, el cinc y en general los suplementos multivitamínicos.

Fitoterapia

Es muy útil la *equinácea*, tanto en tintura (una cucharada de té tres veces al día) como en té (una a la mañana y una a la tarde).

Tratamientos complementarios

Homeopatía, Medicina Tradicional china, Ayurveda.

GASTROENTERITIS CON DIFERENTES CLASES DE HECES

Causas

Infección viral, alimentos suculentos y grasos, estrés.

Sintomas

Ruido y borboteo en el estómago, las deposiciones no se parecen en tex-

tura o color, sensación de presión bajo el esternón después de comer, vómitos, depresión, autocompasión.

Los síntomas mejoran con el aire fresco y las bebidas frías, al llorar. Empeoran al atardecer y por la noche en habitaciones calientes, con alimentos grasos.

Remedio homeopatico

Pulsatilla 6, cada hora hasta un máximo de 10 dosis.

GASTROENTERITIS CON DOLOR AGUDO Y/O CALAMBRE

Causas

Infección viral, ira, indignación.

Sintomas

Dolor de cólico que mejora al doblarse, posible diarrea, irritabilidad, sensibilidad extrema.

Los síntomas mejoran con el aire templado y al dormir. Empeoran al comer y beber, alrededor de las 4 de la tarde.

Remedio homeopatico

Colocynthis 6, cada hora hasta un máximo de 10 dosis.

GINGIVITIS (INFLAMACION DE ENCIAS), ENCIAS SANGRANTES CON MAL ALIENTO

Causas

Trastorno de encías e higiene bucal deficiente.

Sintomas

Exceso de saliva, sensación de que los dientes se encuentran flojos, las encías están blandas, esponjosas y sangran fácilmente.

Los síntomas se mejoran con el reposo y al abrigarse. Empeoran con las temperaturas extremas y después de transpirar por la noche.

Remedio homeopatico

Merc Sol 6, cada 4 horas hasta un máximo de 3 días.

GINGIVITIS, ENCIAS INFLAMADAS Y SANGRANTES CON ULCERAS

Causas

Sistema inmunológico debilitado.

Sintomas

Posibles úlceras bucales y llagas, sabor a pus en la boca, dientes sensibles al calor y al frío.

Los síntomas pueden mejorarse con el ayuno y el aire fresco. Empeoran con el calor, el sol, el ruido y el movimiento.

Remedio homeopatico

Natrum Mur 6, cada 4 horas hasta un máximo de 3 días.

GOTA

Causas

La causa subyacente de la gota es desconocida. Se trata de una clase de artritis que se suele atribuir a problemas de metabolismo o renales. Una excesiva producción de ácido úrico puede ser resultado de defectos enzimáticos,

metabólicos, anemia crónica, enfermedad del riñón u otras condiciones complejas.

SINTOMAS

Dolor, dificultad o imposibilidad de movimiento.

DIETA Y NUTRICION

Básicamente hay que disminuir o incluso eliminar el consumo de carnes grasas, huevos, margarina y productos lácteos, así como cafeína, alcohol, tabaco y azúcar. Para la prevención, es importante incrementar el selenio y el magnesio, además de, por supuesto, el calcio, elemento fundamental para los problemas relacionados con la artritis.

ACUPUNTURA

Para la visión de esta ciencia, cualquier forma de artritis es el resultado de un problema inmuno-químico que impide a las células del sistema inmunológico reconocer la superficie de la articulación como parte del mismo. La acupuntura reduce la agresividad del organismo contra sí mismo y sus propios tejidos, promoviendo el reconocimiento de la superficie de las articulaciones. Una frecuencia terapéutica de tres veces a la semana reduce rápidamente las inflamaciones y por lo tanto el dolor y la incomodidad.

HIDROTERAPIA

Tiene efectos calmantes y curativos. Los distintos modos de aplicación son:

- Baños de agua caliente y fría para curar la inflamación.
- Natación para ejercitar articulaciones rígidas.
- Compresas calientes y cataplasmas que aportan calor y efectos curativos a las zonas afectadas.
- Compresas frías aplicadas durante 20 segundos, retirándolas otros 20 y siguiendo así por 6 a 9 minutos para reducir la hinchazón aguda.

MEDITACION

Reduce el dolor y el espasmo muscular; puede utilizarse cualquier método de relajación.

FITOTERAPIA

- *Cataplasma de partes iguales de pimienta de Cayena, hojas de gordolobo y olmo mojadas con vinagre de sidra.*
- *Cola de caballo (cataplasma).*
- *Reina de los prados (analgésico).*
- *Jengibre (antiinflamatorio).*
- *Arnica en crema o ungüento.*

TRATAMIENTOS COMPLEMENTARIOS

Quiropraxia, Acupresión, Ayurveda, Flores de Bach, Aromaterapia, Reflexología, Osteopatía.

GRANOS ASOCIADOS CON DESEQUILIBRIO HORMONAL

CAUSAS

Cambios hormonales, en especial durante la pubertad, o asociados a menstruaciones escasas o tardías.

SINTOMAS

Granos en el momento de los cambios hormonales, mucho dolor al tacto.

Los síntomas mejoran con el aire fresco, los ejercicios leves, compresas frías y la comprensión afectiva. Empeoran con alimentos suculentos y grasos, al atardecer y por la noche.

REMEDIO HOMEOPATICO

Pulsatilla 6, tres veces por día hasta un máximo de 14 días.

GRANOS CON MUCHO DOLOR Y PUS

CAUSAS

Cambios hormonales, en especial durante la pubertad.

SINTOMAS

Espinillas más grandes en la frente, mucho dolor al tacto.

Los síntomas mejoran con lo templado, con compresas tibias. Empeoran con el frío, en las corrientes, por la mañana.

REMEDIO HOMEOPATICO

Hepar Sulph. 6, tres veces por día hasta un máximo de 14 días.

GRIPE

CAUSAS

Este término define una serie de síntomas que también se agrupan bajo la denominación "Influenza". Es uno de los cuadros clínicos más difíciles de comprender, ya que su definición depende en gran medida de cada persona que lo padece. De todos modos, podría globalmente dividirse en:

Epidémica: una enfermedad virósica que podría calificarse de grave. Se da en ciclos, de modo que cada año una cepa distinta de la misma domina sobre las demás. Por eso se aconseja la vacunación anual, en especial para ancianos y niños.

Común: enfermedad virósica con algunos de los síntomas de la epidémica, pero que dura de uno a tres días, nada más. Los síntomas pueden ser severos en ese tiempo, pero al ser una enfermedad corta no trae complicaciones. Esta es una dolencia local, mientras que la gripe epidémica es a nivel mundial.

SINTOMAS

Se dividen en dos clases generales, y cada persona sufre una de estas dos:

Síntomas respiratorios: las personas que los padecen experimentan los mismos de un resfrío, a los que se agrega fiebre –a veces con escalofríos-, dolor de cabeza y dolor muscular generalizado.

Síntomas gastrointestinales: se experimentan vómitos, náuseas, calambres abdominales, diarrea, y se repiten el dolor de cabeza, muscular y la fiebre. Al ser una sintomatología muy similar, se la suele confundir con la Gastroenteritis Virósica, pero la diferencia es que esta última no provoca fiebre ni dolor muscular.

ACUPRESION

A partir de los primeros síntomas, para repeler la infección se aplica presión en los puntos Pulmón 7 e Intestino grueso 4. Para la fiebre y si se presenta diarrea, se presiona el punto Intestino grueso 11. La digestión se regula con CV 12. Los problemas intestinales derivados se tratan presionando Estómago 25, y para mejorar la resistencia a la enfermedad se presiona el punto Estómago 36.

(Para la ubicación de los puntos, ver ilustración en el artículo "Acupresión").

AROMATERAPIA

Puede tratarse de estas tres maneras:

a) Para las náuseas, agregue cuatro gotas de menta a un vaso de agua con miel y bébalo.

b) Tome un baño caliente añadiendo al agua de la bañera: dos gotas de aceite de geranio, dos de aceite de bayas de enebro y dos de aceite de menta.

c) Inhale en forma de vapor un prepa-

rado hecho con agua, dos gotas de jengibre, cuatro de cedro y cuatro de manzanilla.

REMEDIO HOMEOPATICO

Baptisia (síntomas gastrointestinales), cada 2 horas hasta un máximo de 10 dosis. Gelsemium (fiebre con escalofríos). Eupatorium Perf. (dolor en los huesos).

MASAJE

Para el dolor de extremidades y síntomas generales puede aplicarse un masaje general con aceite de eucalipto. También puede usarse aceite de sándalo, que restituye a la piel la humedad perdida durante la gripe. Para las secuelas, cuando el paciente se encuentre abatido y decaído, el masaje debe hacerse con aceite de jazmín (antidepresivo) y manzanilla (relajante).

HERBOTERAPIA

Para la tos: Tusílago, tomillo, gordolobo, cerezas silvestres, malvavisco.

Para la fiebre: Maravilla, eupatorio, violeta, equinácea, reina de los prados, sándalo, sauce.

Para la diarrea: Zanahoria, maravilla, menta, ajo, tusílago, reina de los prados.

Para las náuseas: Ajedrea, menta romana, hidrastis, maravilla.

Para calambres musculares: Manzanilla, belladona, espliego, hinojo, maravilla.

GRIPE CON DOLOR DE CABEZA AGUDO Y PALPITANTE

CAUSAS

Estrés e infección.

SINTOMAS

Irritabilidad, deshidratación, dolor de cabeza violento que empeora al toser o al mover los ojos ligeramente.

Los síntomas mejoran al dormir, en un entorno fresco y al aplicar una presión firme sobre la cabeza. La excitación, el ruido, el movimiento, la luz brillante, el comer y el toser provocan que los síntomas empeoren.

REMEDIO HOMEOPATICO

Bryonia 30, cada 2 horas hasta un máximo de 10 dosis.

GRIPE CON ESCALOFRIOS Y DEBILIDAD

CAUSAS

Infección y preocupación por un acontecimiento venidero.

SINTOMAS

Ausencia de sed a pesar de la fiebre, dolor de cabeza, fatiga, dolor de huesos y de garganta, escalofríos a lo largo de la columna.

Los síntomas mejoran con el movimiento, el aire fresco, el alcohol y después de orinar. Empeoran, con la humedad, el humo del tabaco y sobre todo a primeras horas de la mañana y últimas de las noche.

REMEDIO HOMEOPATICO

Gelsemium 6, cada 2 horas hasta un máximo de 10 dosis.

GRIPE CON FIEBRE ALTA

CAUSAS

Frío, humedad o calor excesivo en

la cabeza e infección.

SINTOMAS

Posible confusión y delirio, ojos muy abiertos, mirada fija, fiebre alta que aparece repentinamente.

Los síntomas mejoran al quedarse de pie o sentado en posición erguida y en habitaciones calientes. Empeoran con el movimiento, el ruido, el calor del sol, la luz y al acostarse.

REMEDIO HOMEOPATICO

Belladona 30, cada 2 horas hasta un máximo de 10 dosis.

GRIPE CON INQUIETUD

CAUSAS

Infección, shock emocional o susto, exposición al clima seco, frío y ventoso o muy caluroso.

SINTOMAS

Fiebre alta que aparece repentinamente y dolor de garganta.

Los síntomas mejoran con el aire fresco, y empeoran en habitaciones calientes, con el humo del tabaco y con la música.

REMEDIO HOMEOPATICO

Aconite 30, cada 2 horas hasta un máximo de 10 dosis.

HALITOSIS, MAL ALIENTO ASOCIADO CON CARIES Y GINGIVITIS

CAUSAS

Sinusitis, amigdalitis, gingivitis, y caries dental.

SINTOMAS

La lengua está amarilla y espesa, hay exceso de saliva, el aliento y la transpiración tienen mal olor.

Los síntomas mejoran con el reposo y el abrigo, y empeoran con el frío, las temperaturas extremas y después de transpirar durante la noche.

REMEDIO HOMEOPATICO

Merc. Sol. 6, tres veces por día, hasta un máximo de 7 días.

HALITOSIS, MAL ALIENTO

CAUSAS

Infecciones bucales y úlceras de estómago, sinusitis, afecciones en los pulmones, hígado, riñones y sangre, causas metabólicas e incluso psicológicas.

SINTOMAS

Mal olor en la boca.

FITOTERAPIA

- *Alcaravea*
- *Eneldo*
- *Equinácea*
- *Hidrastis*

DIETA Y NUTRICION

El equilibrio de la dieta y sus niveles de nutrición más una adecuada complementación con minerales y vitaminas son de enorme utilidad para la prevención y el tratamiento de la halitosis y de muchas otras enfermedades que contribuyen a producirlo. Una persona sana y bien alimentada tiene, sí o sí, buen aliento. Esto se debe a que los alimentos muy complejos, como las carnes, necesitan de un mayor número de procesos metabólicos para su digestión, lo que ya de por sí provoca olores. Al ser más fáciles de digerir, el problema disminuye con las frutas y las verduras.

HEMORROIDES

CAUSAS

Venas hinchadas e inflamadas que aparecen sobre o en el interior del conducto anal, produciendo dolor y hemorragias. Son más habituales en personas cuyas dietas abundan en carnes y son bajas en fibras y producen deposiciones gruesas con dificultad para salir. En el interior de la hemorroide puede formarse un coágulo de sangre.

SINTOMAS

Sensación de dolor y ardor en el ano, las hemorroides sangran y se sienten rígidas y tensas.

Los síntomas mejoran con dieta magra. Empeoran con el tiempo caluroso y húmedo, la presión y el movimiento.

DIETA Y NUTRICION

Una dieta baja en grasas y rica en fibras previene las hemorroides. Es importante el control del peso.

FITOTERAPIA E HIDROTERAPIA

Tome un baño de asiento sentándose sobre una pequeña palangana con agua caliente que no queme. Antes habrá dejado en esa agua caliente una bolsa de hilo para infusiones con: llantén, hidrastis aloe vera, hamamelis, geranio, rusco y fluronoide.

REMEDIO HOMEOPATICO

Hamamelis 6, cuatro veces por día hasta un máximo de 5 días.

HINCHAZON ABDOMINAL

CAUSAS Y SINTOMAS

Puede estar provocada por distintas situaciones:

Indigestión: especialmente luego de comer platos picantes, muy grasos o difíciles de digerir, o bien cuando se produce en el organismo una reducción de las enzimas digestivas.

Acumulación de gases: los gases intestinales se presentan a veces en cantidades excesivas o quedan atrapados en las curvas intestinales.

Retención de líquidos: es un síntoma que se da en casos de insuficiencia cardíaca o hepática, y también en el período premenstrual de la mujer.

Exceso de comida: el habitual estado de "sentirse lleno" luego de haber comido abundantemente.

Exceso de peso: es importante controlar habitualmente nuestro peso y comprobar que esté dentro de las cifras proporcionales a nuestra persona que cualquier médico puede darnos.

Obstrucciones: cualquier bloqueo en alguna parte del vientre puede ser causante de hinchazón, desde el estreñimiento hasta una adhesión de tejido después de una intervención quirúrgica.

Ileo: se trata de la pérdida de actividad peristáltica que se produce cuando la acción muscular de la pared intestinal se hace lenta o directamente se paraliza. Puede ser por una enfermedad o luego de una operación abdominal.

Derrame de un vaso sanguíneo: causado por una lesión en el abdomen o enfermedad de los vasos sanguíneos.

Derrame de un órgano hueco: como en el caso de colitis ulcerosa o de perforación de úlcera.

FITOTERAPIA

Utilice infusiones de estas plantas:

- Manzanilla: (es relajante y actúa como antiespasmódico)
- Menta: (antiespasmódica y anti-inflamatoria)
- Arándano: (calma espasmos y calambres)
- Hidrastis: (tonifica la membrana musculosa que recubre los intestinos.

DIETA Y NUTRICION

Ateniendose a la dieta pueden evitarse síntomas como indigestión, exceso de peso y acumulación de gases. Se aconseja tomar tres comidas moderadas al día, preferir los alimentos frescos a los enlatados, usar hierbas en lugar de especias para condimentar y reducir drásticamente la cantidad de grasas.

Hidroterapia

Cuando la causa de hinchazón es estreñimiento, una aplicación de enemas suaves alivia mucho. El equipo para enemas se consigue en cualquier farmacia. Use agua tibia o una solución ligeramente jabonosa, y evite soluciones irritantes. Y recuerde que esto no arregla el estreñimiento, sólo estimula el movimiento intestinal.

Los baños alivian las molestias producidas por gases simples.

Acupresion

Puede trabajarse con presión los siguientes puntos:

- Vaso Concepción 17
- Vaso Concepción 12
- Hígado 13
- Estómago 36
- Bazo 6
- Hígado 3
- Estómago 44

(Para la ubicación de los puntos, ver ilustración en el artículo "Acupresión").

HINCHAZON CON FLATULENCIAS

Causas

Exceso de comida, ingestión de grasas suculentas, cenar muy tarde.

Sintomas

Sensación de ardor estomacal con muchas flatulencias, aversión a la carne y la leche.

Los síntomas mejoran al aire fresco, después de eructar. Empeoran con aire frío, con alimentos ricos en féculas, vinagre, sal, pimienta, y a primera hora de la mañana.

Remedio homeopatico

Alumina 6, cada 2 horas hasta un máximo de 10 dosis.

HINCHAZON NERVIOSA

Causas

Aprensión nerviosa.

Sintomas

Se hincha aunque coma poco, estreñimiento que impide eliminar heces, molestias en abdomen que no se alivian eliminando flatulencias.

Los síntomas mejoran en entorno fresco, con comidas calientes, después de medianoche. Empeoran después de comer, con ropas ajustadas, entre las 4 y las 8 de la mañana.

Remedio homeopatico

Lycopodium 6, cada 30 minutos hasta un máximo de 10 dosis.

HIPERTENSION ARTERIAL

Causas

Cada vez que el corazón late, se produce un punto de tensión en las arterias que llevan la sangre a todos los tejidos del cuerpo. Esto se denomina *presión sistólica*, es de 120 milímetros y tiende a subir gradualmente con la edad porque las arterias envejecen y van perdiendo elasticidad. La presión de las arterias entre dos latidos cuando el corazón reposa se denomina *presión diastólica* y normalmente es de 80 milímetros. Cualquier aumento en estas medidas 120-80 puede provocar problemas. Esto, que se denomina hipertensión, es causado por la contracción de minúsculos músculos de las paredes de las arterias más pequeñas, las arteriolas, por todo el cuerpo, de modo que el caudal se hace más estrecho y la presión en el sistema aumenta. Esto sucede cuando hay un incremento de las sustancias químicas que circulan por el flujo sanguíneo.

El cerebro y el sistema nervioso controlan este flujo en forma voluntaria; por lo tanto, hay posibilidades de controlar en forma significativa la presión arterial.

La hipertensión causa un deterioro progresivo en las arterias, que se manifiesta principalmente en forma de depósitos llamados placas o ateromas en las paredes de las arterias; estas placas van creciendo hasta poder llegar a obstruir parcial o totalmente el flujo de sangre irrigado por una arteria hacia el tejido. Esta situación es responsable de ataques cardíacos, cerebrovasculares e insuficiencias renales.

Sintomas

Esto es lo más peligroso de la hipertensión: no hay síntomas hasta que no se produce un episodio grave (a menos que se la descubra casualmente por otros exámenes o motivos clínicos). Si no hubo un episodio grave, puede comenzar a producirse daño en órganos, y recién empezar a sentirse alteraciones como dolor de cabeza o mareos.

Por eso, *es de suma importancia controlarse con cierta regularidad la presión arterial.*

Esta nunca debe sobrepasar los 140-90 mm. Incluso es bueno aprender a hacerlo en el hogar, porque está científicamente comprobado que en consulta las personas tiene marcan más altas de lo habitual.

Tratamiento del estres

El estrés provocado por las relaciones conflictivas en el hogar y, especialmente, el mundo laboral, afectan a casi todas las personas. Está absolutamente comprobada la relación entre estrés y aumento de la presión. Es una de las primeras áreas que hay que trabajar.

Dieta y nutricion

Resulta esencial para esta enfermedad. Deben evitarse:

- *El sodio (no solo la sal, sino muchas comidas elaboradas como los alimentos enlatados, las conservas, los caldos deshidratados, los embutidos)*
- *Las grasas saturadas (carnes rojas, mantecas, cremas)*
- *El alcohol*
- *El cigarrillo*
- *El colesterol*

Se deben preferir:

- *Las fibras*
- *Las grasas no saturadas (aceite de oliva)*
- *Las verduras y frutas*
- *Incrementar la ingesta de calcio, magnesio, potasio y vitamina C.*

Terapia fisica

El ejercicio tiene acción directa sobre la hipertensión. Se debe caminar al menos media hora *todos los días*, sin excepción. Esto asegura una buena protección contra esta grave enfermedad, porque la presión se regulariza.

Meditacion

Practicadas con regularidad, las técnicas de meditación tienen efecto sobre la presión y la disminuyen.

Fitoterapia

Las bayas de espino ayudan a mejorar la circulación,

Flores de Bach

Se puede trabajar con una selección de remedios florales relacionados con el estado de ánimo y la personalidad, como madreselva y rosa silvestre.

(Consultar el capítulo correspondiente a "Flores de Bach").

ICTERICIA

Causas

Las causas pueden hallarse dentro o fuera del hígado. En este órgano la situación puede ser aguda, como por ejemplo una degeneración de su tejido llamada cirrosis. Fuera del hígado, la causa suele ser obstructiva, como por ejemplo un cálculo alojado en el conducto de la bilis o un tumor que presiona el tracto biliar. Síntomas asociados son: coloración parda de la orina, deposiciones de color claro, picazón en la piel y penetrante mal aliento.

Sintomas

Coloración amarillenta de la piel y el blanco de los ojos que indica la dificultad del hígado y el tracto biliar de excretar la bilis en el tracto intestinal y eliminarla del cuerpo.

Dieta y nutricion

El dilema consiste en que una dieta adecuada es esencial para curar esto pero una inflamación de hígado suele provocar pérdida de apetito. Por lo tanto es importante una incrementación de vitaminas y minerales. Pero atención: si hay excreción insuficiente debida a estos problemas, se puede provocar una excesiva acumulación de nutrientes; por eso, en estas crisis suele tomarse menos de la dosis indicada de minerales y vitaminas, porque se absorben mucho más.

Terapia fisica

En presencia de cualquier problema de hígado es conveniente reducir al mínimo la actividad física. Pero sí, mínimamente, hay que realizar flexiones de brazos y piernas a intervalos regulares para preservar la movilidad de las articulaciones y estimular la circulación.

Fitoterapia

Utilice alguno de estos preparados:

- Hacer una infusión con una parte de flores de achicoria, una de asperilla, dos partes de verónica, dos de raíz de diente de león. Basta una cucharada de la mezcla por cada taza de agua hirviendo. Beba una taza al día, sin endulzar.
- Infusión con una parte de corteza de arraclán, cinco partes de raíz de gatuña, cinco de raíz de genciana amarilla y diez partes de hojas de menta. Se agrega dos cucharaditas de la mezcla por cada taza de agua hirviendo. Beber una taza y media al día.
- Infusión con una parte de corteza de arraclán, dos partes de asperilla, tres partes de flores de romero y seis de celidonia mayor. Se agregan cuatro cucharaditas de mezcla por cada taza de agua hirviendo. Beber media taza en ayunas y media antes de acostarse.

IMPOTENCIA Y EYACULACION PRECOZ

CAUSAS Y SINTOMAS

Se define como la imposibildiad de lograr o mantener la erección peneana, y por lo tanto mantener normalmente relaciones sexuales con penetración vaginal. Hay básicamente dos formas de impotencia: primaria y secundaria. La impotencia primaria no es muy frecuente, y suele estar asociada a graves problemas psicopatológicos; suele incluir el miedo irracional a las relaciones, miedo a la privacidad y la intimidad, extremos sentimientos de culpa o ansiedad; cuando padece de impotencia primaria, un hombre no puede mantener nunca relaciones sexuales. La impotencia secundaria es la más común, y se estima que en un 80 por ciento la causa es psicológica. En estos casos, quienes la padecen no pueden tener sexo satisfactorio en un 35 o 40 por ciento de las veces que lo intentan. Entran en juego factores como la autoestima, la inmadurez, la excesiva ansiedad ante el acto sexual, e incluso la depresión juega un importante rol. En alrededor de un 20 por ciento de los casos, puede haber causas físicas para que el paciente no pueda tener o mantener su erección.

Un hecho muy importante es comprobar si la persona que padece una impotencia secundaria tiene o no erecciones nocturnas. Si se comprueba que las tiene (suelen darse en la fase REM del sueño), la causa de su impotencia es casi seguramente de índole totalmente psicológica. La forma habitual de comprobación es envolver el pene en un anillo de papel; si este anillo aparece desgarrado por la mañana, es que hubo erección o erecciones durante el sueño.

La eyaculación precoz es una forma de impotencia, en la cual el hombre no puede controlar la emisión de esperma, eyaculando aún antes de penetrar a la mujer o apenas lo hace.

Si la impotencia tiene causas físicas, debe ser tratada por medios médicos tradicionales. Para las causas psicológicas, en cambio, además de las terapias tradicionales hay muchas disciplinas alternativas que pueden ayudar.

FITOTERAPIA Y REMEDIOS HOMEOPATICOS

El corianto y el Gingko Biloba son efectivos para tratar la impotencia porque tienen la propiedad de estimular el flujo vascular del pene. El corianto, además, aumenta la libido y hace más corto el período refractario después de eyacular, por lo que pueden retomarse más rápidamente las relaciones sexuales.

El ginseng siberiano o *Panax ginseng* puede contribuir en la medida en que aumenta los deseos sexuales notoriamente.

Strychnos Nux Vomica es especialmente efectiva contra la impotencia, anulando el efecto del alcohol y el cigarrillo.

DIETA Y NUTRICION

El alcohol y el cigarrillo deben ser erradicados por completo. Además de eso, en general toda dieta equilibrada tiende a energizar y a la vez desintoxicar el organismo, por lo cual favorece las funciones vasculares.

EJERCICIO PARA LA EYACULACION PRECOZ

El hombre debe sentarse en una silla, más bien al borde de la misma, con la espalda perfectamente derecha. Esta silla, o banco, debe tener una altura si es posible exactamente igual a la de sus piernas desde la rodilla hacia abajo, para que naturalmente al sentarse las piernas formen un ángulo de 90° con los muslos. La columna vertebral debe permanecer recta. Una vez ubicado así, debe inclinar apenas el tórax hacia delante, unos 15 grados con respecto de la vertical. Luego hay que cerrar la boca, y dirigir la mirada hacia un punto imaginario situado a un metro de distancia en el suelo.

Entonces cruzará una pierna sobre la otra (es indistinto cuál sobre cuál), y se tomará firmemente la rodilla de la pierna que quedó encima con ambas manos entrelazadas. Luego, hay que presionar la rodilla contra el cuerpo con firmeza, lo que tendrá como resultado que se tense todo el cuerpo. En ese momento, deberá inhalar muy lentamente por la nariz, mientras la boca permanece bien cerrada.

Es importante que esta inhalación sea lenta, sin la menor brusquedad, porque si no, puede producirse una tensión indebida en el pecho (recuérdese que todo el cuerpo está contraído por la tracción de la rodilla). Una vez que se ha inhalado todo el aire posible, hay que echar el estómago hacia adentro, contraer el esfínter anal y accionar el músculo del pene como si quisiera alzarlo y acercarlo hacia el cuerpo. La contracción del ano será acompañada por un ligero movimiento de elevación de las nalgas, como si fuera a levantarse de la silla.

Se mantiene el cuerpo íntegro en estado de contracción durante unos pocos segundos, hasta que el mismo cuerpo imponga la necesidad de expulsar el aire. Entonces debe abrir la boca apenas, y exhalar muy lentamente el aire de los pulmones. Soltar las manos, aflojar la tensión de todos los músculos y nervios y retornar el tórax a la posición inicial, relajándose.

Lo descrito hasta aquí demora aproximadamente unos 15 segundos. Después de descansar unos instantes, se inicia de nuevo el ciclo, hasta completar un total de diez veces en cada sesión.

En cuanto a los movimientos indicados, la contracción del esfínter anal es simplemente un movimiento hacia adentro como si se quisiera retener las ganas de defecar, y el movimiento del pene es como cuando se retiene la orina. Si se efectúa correctamente este movimiento, se debe tener la clara sensación de que el pene se eleva y se acerca como si se tirara de él con una cuerda. Esta sensación puede ser leve al principio, pero con la práctica se torna bien notable.

Tras un tiempo de practicar diariamente un ciclo de diez sesiones de este ejercicio, el hombre podrá utilizar esos movimientos de contracción del ano y el pene en el momento en que sienta que está por eyacular, y el entrenamiento hará que la sensación pre-orgásmica se diluya, pudiendo el hombre continuar la práctica del acto sexual, durante el cual el hombre podrá controlar su eyaculación el tiempo que considere necesario.

INCONTINENCIA POR ESTRES

CAUSAS

Debilidad muscular en la base pélvica.

SINTOMAS

Pérdida inadvertida de orina al toser, estornudar o caminar.

Los síntomas mejoran con las bebidas frías, al sentarse, al lavarse. Empeoran al estornudar, caminar, toser o sonarse la nariz, con el frío.

REMEDIO HOMEOPATICO

Causticum 6, 4 veces por día hasta un máximo de 21 días.

INDIGESTION

CAUSAS

Ingestión de alimentos suculentos y grasos, y/o en exceso; tensión emocional, cambios hormonales por menstruación o embarazo.

Sintomas

Los síntomas, solos o asociados, hablan de una serie de factores. Puede que se hayan comido alimentos difíciles de digerir aún en las mejores circunstancias, o que exista una deficiencia en las enzimas que los digieren, o que se coma en exceso; también que se haya comido rápido.

Ardor: una sensación de calor a la altura del plexo solar o que se extiende hacia el pecho, y puede acompañarse de una regurgitación ácida en la garganta.

Sensación de hinchazón: en la mayoría de los casos, provocada por un exceso de gases, producto de la digestión incompleta.

Dolor de estómago: sensación de calambre en la parte superior del abdomen después de la comida. Suele asociarse también a excesos de café o té.

Resaca de comida: se da frecuentemente después de ingerir una gran cantidad de comida grasa y/o vino de baja calidad. Al cabo de un rato aparecen síntomas intestinales como flatulencias, olores extraños y cambios en el aspecto de las deposiciones.

Dieta y nutricion

Es obvio que se trata de la medida primera. Los alimentos muy grasos o picantes provocan los síntomas antedichos, mientras que una dieta equilibrada en nutrientes promueve el sano funcionamiento del tracto gastrointestinal todo el tiempo.

Un suplemento abundante de vitamina C (1.000 a 1.300 mg diarios) puede inhibir la actividad de un organismo denominado helicobacteria, que reduce el contenido de ácido ascórbico de la pared del estómago y está implicado en muchos casos de úlcera.

Fitoterapia

- Jengibre, para ayudar al dolor y el reflujo ácido.
- Romero, manzanilla y toronjil para calmar las tensiones que pueden causar trastornos estomacales.
- Menta, para la digestión y asiento estomacal.
- Olmo americano, alivia la digestión ácida y suaviza la pared interna del estómago.
- Malvavisco y reina de los prados, contra el dolor producido por inflamación de la pared estomacal interna.
- Hinojo y cardamomo, para reducir la hinchazón y los gases.

Tratamiento del estres

El estrés tiene efecto directo sobre las paredes del estómago. Es habitual que mejorar las relaciones laborales e interpersonales alivie toda tensión en el cuerpo y por lo tanto los síntomas disminuyan.

Hidroterapia

Ante el estrés, es muy relajante tomar un baño tibio o caliente. Relaja rápidamente los músculos, promueve un ritmo sereno de respiración y desvanece las tensiones.

Aromaterapia

El baño puede complementarse añadiendo aceites aromáticos como:

- *Espliego*
- *Sándalo*
- *Ylang - ylang*
- *Pachuli*
- *Neroli*
- *Rosa*

Terapia de masajes

Colocando la punta de los dedos de una mano sobre los dedos de la otra, apoye y siga la dirección del intestino grueso con un suave masaje de presión.

INDIGESTION CON FLATULENCIA EXCESIVA

CAUSAS

Exceso de comida, cenar demasiado tarde, ingestión de alimentos grasos suculentos.

SINTOMAS

Ardor estomacal que se extiende hacia la espalda, digestión lenta y con dolor, aversión a carne y leche, dolor de cabeza, deseo de alimentos salados, ácidos o dulces y de café.

Los síntomas mejoran con el aire frío y fresco, eructando. Empeoran con el clima caluroso y lluvioso, al acostarse, al atardecer.

REMEDIO HOMEOPATICO

Carbo. Veg. 30, cada 10 a 15 minutos hasta un máximo de 7 dosis.

INDIGESTION CON NÁUSEAS DOLOROSAS

CAUSAS

Agotamiento físico y mental producido por estrés.

SINTOMAS

Agotamiento, irritabilidad, falta de sueño, acidez luego de comer con muy mal sabor en la boca, intenso deseo de alimentos grasos y alcohol, actitud crítica hacia los demás.

Los síntomas mejoran con el calor y el sueño, aplicando una presión firme sobre el estómago, al atardecer, cuando el paciente queda a solas. Empeoran con el clima frío y ventoso, con los alimentos grasos y el alcohol, con el ruido.

REMEDIO HOMEOPATICO

Nux. Vomica 6, cada 10 a 15 minutos hasta un máximo de 7 dosis.

INDIGESTION CON NAUSEAS Y VOMITOS

CAUSAS

Ingestión de alimentos suculentos y grasos, tensión emocional, cambios hormonales por menstruación o embarazo.

SINTOMAS

Aceleración cardíaca, sensación de presión bajo el esternón, mal sabor en la boca, dolor de cabeza alrededor de los ojos, depresión, autocompasión, llanto.

Los síntomas mejoran con el aire fresco, el ejercicio suave, al llorar, al levantar las manos por encima de la cabeza, con el ejercicio suave. Empeoran al atardecer y por la noche, en habitaciones mal ventiladas.

REMEDIO HOMEOPATICO

Pulsatilla 6, cada 10 a 15 minutos hasta un máximo de 7 dosis.

INSOMNIO

CAUSAS

Emociones repentinas derivadas de noticias buenas o malas.

SINTOMAS

Exceso de actividad mental, no hay sueño.

Los síntomas mejoran al chupar hielo. Empeoran con las pastillas para dormir, el ruido, los olores fuertes, el aire fresco y el frío.

Remedio homeopatico

Coffea 30, 1 hora antes de acostarse durante 10 noches; repetir la dosis en caso de despertarse y no poder volver a dormir.

INSOMNIO CON IRRITABILIDAD

Causas

Agotamiento, estrés, sobreexcitación.

Sintomas

Dificultad de sueño, tendencia a despertar a la madrugada, irritabilidad marcada, visión pesimista.

Los síntomas mejoran con lo templado, al dormir, al atardecer, a solas. Empeoran con el alcohol, el ruido, la comida en exceso.

Remedio homeopatico

Nux Vomica 30, 1 hora antes de acostarse durante 10 noches; repetir la dosis en caso de despertarse y no poder volver a dormir.

INSOMNIO CON TEMOR A NO VOLVER A DORMIR

Causas

Pena, tensión emocional.

Sintomas

Temor al acercarse la hora de acostarse, constantes bostezos, cambios de humor intempestivos, pesadillas.

Los síntomas mejoran con el caminar, comer, orinar. Empeoran con el aire fresco, el frío, el abrigo, el alcohol, el café.

Remedio homeopatico

Ignatia 30, una hora antes de acostarse durante 10 noches; repetir la dosis en caso de despertarse y no poder volver a dormir.

INSOMNIO CON TEMOR INTENSO

Causas

Shock o susto.

Sintomas

Intenso miedo a morir, nerviosismo, inquietud, pesadillas.

Los síntomas mejoran con el aire fresco. Empeoran con el humo del tabaco, la música, al atardecer.

Remedio homeopatico

Aconite 30, 1 hora antes de acostarse durante 10 noches; repetir la dosis en caso de despertarse y no poder volver a dormir.

INSOMNIO EN BEBES

Causas

Primera dentición.

Sintomas

Ojos entreabiertos al dormir, gemidos durante el sueño, irritabilidad al despertar.

Los síntomas mejoran al alzarlo y con el clima lluvioso y cálido. Empeoran con el exceso de calor, por la noche, con tiempo frío y ventoso.

Remedio Homeopatico

Chamomilla 30, una hora antes de irse el bebé a dormir y si despierta en la noche, hasta un máximo de 10 dosis.

INSOMNIO EN NIÑOS

Causas

Sobreexcitación.

Sintomas

Estimulación extrema que impide el sueño.

Los síntomas mejoran con lo templado. Empeoran con el exceso de excitación, con el ruido, con olores fuertes.

Remedio Homeopatico

Coffea 6, una hora antes de irse el niño a dormir y si despierta en la noche, hasta un máximo de 10 dosis.

INTESTINALES, PROBLEMAS

Causas y sintomas

Podríamos arreglárnoslas para vivir sin estómago, pero jamás sin intestinos. Allí se produce la mayor parte de la digestión o descomposición de los alimentos, así como la mayor parte de la absorción de nutrientes.

Las variaciones en el buen funcionamiento de los procesos intestinales provocan diversos síntomas:

Dolor: en especial debido a espasmos en los músculos de la pared intestinal, se experimenta en infecciones agudas como la colitis, la gastroenteritis viral, o el síndrome del intestino irritable, perturbando la acción rítmica de los músculos intestinales por toxinas, influencias emocionales, reacciones alérgicas a alimentos y otros motivos.

Estreñimiento: puede deberse a diversos factores. Uno de los principales es la falla en la actividad peristáltica, que es la contracción del colon para mover su contenido. Algunos factores que lo propician son la vida sedentaria, algunos estados de metabolismo reducido, la depresión, el hipertiroidismo. Otra posibilidad es una incapacidad de relajar los músculos del esfínter anal, lo cual se produce en estados de ansiedad y tensión, y puede llegar a durar por años. Otra causa son las deposiciones duras, resultado de la combinación de factores dietéticos como una dieta rica en grasas y la retención de heces por demasiado tiempo.

Diarrea: es la hiperactividad intestinal, debida a distintos factores. Una infección generalizada, un síndrome gripal, o una infección localizada en los intestinos, la intoxicación por alimentos o trastornos metabólicos como diabetes o hipertiroidismo.También hay síndromes que la provocan: el del intestino irritable, una disfunción crónica, influencias psicológicas, intolerancia a algunos alimentos, la enfermedad de Chron y la colitis ulcerosa.

Hinchazón, gases: son consecuencia de digestión incompleta o deficiente, que producen excesos de gas. Este exceso puede producir calambres e hinchazón. Las deficiencias en el proceso digestivo pueden atribuirse generalmente a falta de secreción de enzimas digestivas por parte, en especial, del páncreas. (Ver también "Hinchazón").

Flatulencias: aunque el paso de gases a través del recto debe considerarse normal, se denomina flatulencia cuando se convierte en maloliente y socialmente embarazoso.

Dieta y nutricion

Los problemas intestinales son el ámbito en donde más que en ningún otro, hay que adoptar una conducta óptima en cuanto a nutrición, para reducir la influencia de los factores que los producen.

La vitamina A es demostrablemente eficaz para tratar la diarrea infantil. El estreñimiento en niños suele estar asociado a la alergia a la leche de vaca.

Tanto el estreñimiento como la diarrea se asocian a la sensibilidad a ciertos alimentos, por lo que es bueno realizar un estudio para descartarlos de la dieta personal.

Biorretroalimentacion

Tiene excelentes resultados en el estreñimiento crónico, el síndrome del intestino irritable y la incontinencia fecal. En principio debe buscarse un profesional experimentado que enseñe las técnicas, pero una vez aprendidas estas la rutina de ejercicios puede ser llevada adelante por el paciente solo.

Meditacion

Cualquier técnica de relajación y meditación, al aliviar tensiones, ayuda con los problemas intestinales.

Acupresion

Coloque una mano de manera reconfortante justo por debajo del ombligo y con la otra presione el interior de cada pierna unos tres dedos por debajo de la rodilla, en la hendidura de detrás del hueso de la espinilla.

Fitoterapia

- Menta (para contracciones musculares y malestar)
- Reina de los prados (estómago revuelto, diarrea)
- Manzanilla y toronjil (diarrea)
- Regaliz, jengibre, raíz de lengua de vaca, diente de león, bardana (estreñimiento)
- Agrimonia, arrayán, raíz de consuelda (diarrea en adultos)

Reflexologia

a) Realizar un masaje con el dedo pulgar en tres filas horizontales por debajo del reflejo del diafragma. Combinar con movimientos relajantes para liberar las emociones contenidas. Sirve para el estreñimiento y para limpiar y equilibrar la zona del páncreas y el estómago.

b) Sostenga el pie por su parte media y presione firmemente con el pulgar de la otra mano sobre la parte interior del talón. Esto alivia el dolor abdomial causado por trastornos emocionales.

c) Para el estreñimiento, presione con el pulgar en el sentido de las agujas del reloj en el centro de la planta del pie derecho.

Tratamientos complementarios

Homeopatía, Medicina Tradicional china, Ayurveda, Qui Gong, Aromaterapia, Medicina Herbal China, Flores de Bach, Hidroterapia.

INTESTINO PEREZOSO

Causas

Dieta baja en fibras.

Sintomas

Estreñimiento, ausencia de deseo de defecar hasta que el recto está totalmente lleno. Heces blandas y arcillosas, sensación de bloqueo de las deposiciones en la parte superior izquierda del abdomen, confusión, aprensión.

Los síntomas mejoran con lo templado, con los alimentos tibios. Empeoran con aire frío, con alimentos ricos en féculas, vinagre, sal, pimienta, y a primera hora de la mañana.

Remedio homeopatico

Alumina 6, cada 2 horas hasta un máximo de 10 dosis.

IRA

Causas

Miedo a acontecimientos futuros.

Sintomas

Inseguridad, cobardía que conduce a estallidos de ira, conducta violenta.

Los síntomas mejoran con los alimentos y bebidas calientes, después de medianoche, con la comprensión afectiva. Empeoran con el exceso de comida, entre las 4 y las 8 de la tarde, con ropa ajustada.

Remedio homeopatico

Lycopodium 6, cada 30 minutos hasta un máximo de 10 dosis.

IRRITABILIDAD

Causas

Cansancio y agotamiento, exceso de trabajo y/o de comidas y alcohol.

Sintomas

Impaciencia, imposibilidad de convivir, el más leve incidente provoca angustia devastadora aunque pasa rápidamente.

Los síntomas mejoran con lo templado, al dormir, al atardecer. Empeoran con el frío, con alimentos condimentados, por la noche, con el ruido.

Remedio homeopatico

Nux Vomica 6, cada 30 minutos hasta un máximo de 10 dosis.bajar la presión y regular el ritmo cardíaco.

Flores de Bach

Se puede trabajar con una selección de remedios florales relacionados con el estado de ánimo y la personalidad, como madreselva y rosa silvestre.

(Consultar el capítulo correspondiente a "Flores de Bach").

LABIOS CORTADOS O AGRIETADOS

Causas

Se debe habitualmente a la acción del frío y/o la humedad. Las grietas, especialmente en la comisura de los labios, pueden estar mostrando una deficiencia de vitaminas del complejo B y de minerales.

Sintomas

Los labios están hinchados y arden, la boca puede secarse.

Fitoterapia

- *Eneldo*
- *Hidrastis*

Remedio homeopatico

Natrum Mur. 6, cuatro veces por día, hasta un máximo de 5 días.

LARINGITIS CON FIEBRE ALTA

Causas

Shock emocional, clima frío, seco y/o ventoso.

Sintomas

Ronquera, pérdida de la voz, ansiedad, inquietud, en niños puede ser acompañada por un inicio de Crup.

Los síntomas mejoran con el aire fresco. Empeoran en habitaciones calientes, al atardecer y la noche, con el humo del tabaco, con la música.

Remedio homeopatico

Aconite 30, cuatro veces al día hasta un máximo de 7 días.

LARINGITIS CON GARGANTA SECA Y TOS VIOLENTA

Causas

Tiempo frío, seco y/o ventoso, susto o pérdida repentina.

Sintomas

Tos ocasionada por mucosidad que gotea en la parte posterior de la garganta, a veces tan violenta que puede provocar una pérdida accidental de orina; depresión, sensibilidad extrema al sufrimiento ajeno, pérdida de voz a veces indolora.

Los síntomas mejoran al dormir, con el masaje, con aire fresco, al beber. Empeoran con alimentos y bebidas calientes al reír y hablar, entre la puesta del sol y la medianoche.

Remedio homeopatico

Causticum 6, cuatro veces al día hasta un máximo de 7 días.

LARINGITIS CON TOS SECA Y COSQUILLLEANTE

CAUSAS

Cambios de temperatura.

SINTOMAS

Garganta seca y dolorida, pérdida de la voz, sed de bebidas frías, vómitos, intenso deseo de compañía y comprensión afectiva. Los síntomas mejoran con el tiempo cálido y húmedo. Empeoran con alimentos dulces, con café.

REMEDIO HOMEOPATICO

Phos 6, 4 veces al día hasta un máximo de 7 días.

LARINGITIS, CON RONQUERA

CAUSAS

Cualquier inflamación o infección de la laringe. La ronquera puede ser provocada por algún elemento que interfiera en el normal funcionamiento de las cuerdas vocales. La determinación del origen concreto depende de las características de la ronquera, si es aguda, crónica, etcétera. Los orígenes más comunes son tres:

Inflamación: El factor más habitual, además de las infecciones, es el sobreesfuerzo, que puede llevar a la formación de nódulos; es habitual en cantantes o personas que hablan en público.También puede ser por la inhalación de sustancias irritantes del aire.

Infecciones: La más habitual es el resfrío. La garganta y los bronquios también suelen ser afectados por infecciones bacterianas primarias, y por complicaciones del síndrome gripal y del propio resfrío.

Tumores: El que afecta más habitualmente a la laringe se denomina nódulo. Se trata de una clase de tumor benigno que se desarrolla a un ritmo muy lento, hasta alcanzar un tamaño no muy grande. Un pequeño porcentaje puede desarrollarse como tumor maligno.

SINTOMAS

Ronquera, pérdida de la voz. En niños puede ser acompañada por un inicio de Crup.

FITOTERAPIA

Para la utilización de estas plantas, se debe realizar una infusión con las hojas de cualquiera de ellas o combinadas y hacer gárgaras con ese líquido durante 10 segundos cada 4 horas.

- *Frambuesa*
- *Olmo*
- *Hidrastis*
- *Tusílago*
- *Gordolobo*
- *Llantén*

DIETA Y NUTRICION

Para combatir la inflamación, es eficaz un aumento en la ingesta diaria de vitamina C, hasta 3.000 mg al día.

LLAGAS EN LOS LABIOS Y ALREDEDOR DE LA BOCA

CAUSAS

Infección y tensión emocional.

SINTOMAS

Los labios están hinchados y arden, hay ampollas sobre las llagas, la boca está seca, hay una grieta profunda y dolorosa en medio del labio inferior. Los síntomas mejoran con el aire fresco y el ayuno, y empeoran con el sol, el ruido, el movimiento, el tiempo frío y tormentoso y la conversación.

REMEDIO HOMEOPATICO

Natrum Mur. 6, 4 veces por día, hasta un máximo de 5 días.

MANOS Y PIES FRIOS CON ARDOR

CAUSAS

Enfermedad de Raynaud.

SINTOMAS

Dedos azules o blancos, el resto del cuerpo frío.

Los síntomas mejoran con el aire fresco y circulante, tapándose y frotando y estirando los dedos de manos y pies. Empeoran con el calor y lo templado.

REMEDIO HOMEOPATICO

Secale 6, cada 30 minutos hasta un máximo de 10 dosis.

MANOS Y PIES FRIOS CON MANCHAS EN LA PIEL

CAUSAS

Riego sanguíneo deficiente por espasmos en las paredes de los vasos.

SINTOMAS

Piel azul y helada, venas salientes, manchas, picazón en toda la piel.

Los síntomas mejoran con el aire fresco y circulante, tapándose y frotando y estirando los dedos de manos y pies. Empeoran con el calor y la humedad, al atardecer, con los alimentos grasos.

REMEDIO HOMEOPATICO

Carbo Veg. 6, cada 30 minutos hasta un máximo de 10 dosis.

MAREOS, VERTIGO Y SIMILARES

CAUSAS

Suelen confundirse habitualmente los síntomas de mareo, vértigo, tinnitus (silbido en los oídos) y pérdida de equilibrio. Pero pueden tener distintas causas.

Mareo: en principio, puede ser causado por algo del sistema emocional, por el cerebro o un defecto en el oído interno. A veces se relaciona con presión sanguínea alta o baja. Y se da también en el contexto de una conmoción emocional. Puede acarrear desorientación, sensación de desmayo, aturdimiento, hasta euforia.

Vértigo: esta palabra se refiere específicamente a la sensación de dar vueltas. Si

cierra los ojos y alguien le hace dar vueltas durante 15 segundos, lo experimentará.

Tinnitus: se trata de una nota musical continuada, generalmente muy aguda, que parece provenir del interior de la cabeza o del mismo oído.

Pérdida de equilibrio: además de ser causado por medios físicos -resbalón, etcétera, puede aparecer sin causa aparente. O tratarse de un trastorno temporal en los conductos semicirculares del oído interno, ya que este órgano tiene mucha importancia en la determinación del equilibrio y la orientación.

TRATAMIENTO DEL ESTRES

Estos síntomas están relacionados con la dinámica circulatoria, y sus alteraciones suelen estar vinculadas con el excesivo estrés, por lo cual resulta importante que analice sus tensiones y estilo de vida.

DIETA Y NUTRICION

Los mareos que se repiten a intervalos regulares a veces son causados por un exceso de grasas y sal en la dieta, además del sobrepeso. Conviene revisar esto inmediatamente.

ACUPRESION

Para conseguir un efecto estabilizador cuando esté mareado estimule el punto situado detrás de la oreja.

FITOTERAPIA

Pueden utilizarse preparados realizados con las siguientes plantas:

- *Espino albar*
- *Menta*
- *Salvia*
- *Ruda*
- *Espliego*
- *Toronjil*

REMEDIO HOMEOPATICO

Chamomilla 30, cada 4 horas hasta un máximo de 6 dosis.

MENOPAUSIA CON AUMENTO DE PESO Y ATAQUES DE PANICO

CAUSAS

Exceso de trabajo, causas emocionales.

SINTOMAS

Pérdida de memoria, falta de concentración, ansiedad, miedo a la demencia, fobias, sudor en la cara, aftas, mareos repentinos, dolor de espalda, venas varicosas, zumbidos en los oídos. Los síntomas mejoran por la mañana, con ligero estreñimiento. Empeoran con las corrientes, el frío, el esfuerzo, entre las 2 y las 3 de la mañana.

REMEDIO HOMEOPATICO

Calc. Carb. 30, cada 12 horas hasta un máximo de 7 días.

MENOPAUSIA CON AVERSION AL SEXO

CAUSAS

Desequilibrio hormonal.

SINTOMAS

Sequedad durante el acto sexual y por lo tanto dolor vaginal, ansiedad, sofocos, sentimiento de vacío estomacal, mareos repentinos, indiferencia, deseos de llorar, irritabilidad. Los síntomas mejoran al comer, al dormir, con ejercicio, con el tiempo tormentoso. Empeoran con el frío, el tabaco, la fatiga mental, el calor, la humedad, por la mañana y al atardecer, antes de las tormentas.

REMEDIO HOMEOPATICO

Sepia 30, cada 12 horas hasta un máximo de 7 días.

MENOPAUSIA CON TRASTORNOS DE CONDUCTA

CAUSAS

Shock emocional o físico, menstruación interrumpida en menopausia prematura.

SINTOMAS

Congestión en todo el cuerpo, mareos, desmayos, sobreexcitación, migrañas, dificultad respiratoria, insomnio.

Los síntomas mejoran con el frío. Empeoran con el tacto, las bebidas calientes, al dormir, al despertarse.

REMEDIO HOMEOPATICO

Lachesis 30, cada 12 horas hasta un máximo de 7 días.

MENSTRUACION

CAUSAS

El proceso de la menstruación está controlado por tres hormonas, que son segregadas por la glándula pituitaria anterior:

- La hormona luteinizante actúa durante todo el ciclo, es responsable de la ovulación y del desarrollo del cuerpo lúteo a partir de los folículos de células residuales.

- La hormona foliculoestimulante se ocupa de promover el crecimiento del Folículo de Graaf, una estructura ovárica que contiene el óvulo en desarrollo y segrega estrógeno.

- La prolactina mantiene el cuerpo lúteo hasta el final del ciclo menstrual (también durante el embarazo).

La glándula pituitaria se relaciona también con procesos nerviosos y cerebrales, y puede decirse que todo el proceso de la reproducción en la mujer está sometido a una gran variedad de factores e influencias, las cuales en algún punto pueden perturbar su funcionamiento.

SINTOMAS

Retardo en el comienzo de los ciclos menstruales: este síntoma en realidad no debe preocupar, porque la edad para que se inicie la menstruación es muy variable. Conviene esperar sin ansiedad.

Menstruación excesiva, irregular o muy prolongada: las causas son diversas, como tumores fibroides o desequilibrios hormonales. (*Ver también: "Menstruación excesiva", "Menstruación excesiva con mareos"*).

Amenorrea (Ausencia de menstruación): si la mujer tuvo siempre menstruación regular, en lo primero que debe pensar es en un embarazo. Otras causas se asocian a un régimen adelgazante prolongado, la bulimia y la anorexia, o a una notable reducción de los tejidos grasos del cuerpo provocada por ejercicio físico prolongado. (*Ver también: "Menstruación, Ausencia"*).

Dismenorrea (menstruación dolorosa): los calambres menstruales se relacionan con ansiedad y tensión nerviosa, situaciones de estrés alto, y son más comunes en mujeres jóvenes. (*Ver también: "Menstruación dolorosa"*).

Derrames vaginales: son pequeñas hemorragias entre períodos menstruales normales. Pueden asociarse a veces a relaciones sexuales o al uso de tampones. Pero conviene practicar enseguida un Papanicolau porque también puede indicar una displaxia cervical o un tumor.

Síndrome premenstrual (SPM): una serie de variados síntomas que aparecen antes de la menstruación como irritabilidad, depresión, dolor de cabeza, hinchazón de pechos. Muchos de estos síntomas pueden explicarse por la variación en los niveles de serotonina, aunque también pueden deberse a los niveles bajos de calcio, vitamina B6 y magnesio. (*Ver también: "Síndrome Premenstrual" y artículos siguientes*).

Menopausia: Entre los 40 y 55 años hay un cese de producción de hormonas que puede ser lento o repentino. Como esas hormonas afectan los vasos sanguíneos, se producen molestos sofocos. Debe seguirse con cuidado la evolución, porque esto puede acelerar enfermedades coronarias o la osteoporosis.

Dieta y nutricion

En general, deben ingerirse el calcio, el magnesio y la vitamina B; resulta beneficioso el aceite de onagra.

Terapia fisica

Las mujeres sedentarias que practican ejercicios regularmente reducen los síntomas del SPM. Pero un ejercicio muy intenso puede afectar y hasta detener el ciclo menstrual.

Fitoterapia

- Para los síntomas generales: decocción, tintura o cápsulas de sauzgatillo, diariamente.
- Para el sofoco menopáusico: prepare un té con hojas de salvia y de grosellero negro; beba tres veces al día.
- Para el dolor menstrual: infusión mezcla de hojas de frambuesa, centella, flor de Pascua y ñame, tres veces al día.
- Diente de león y perejil como diuréticos.
- Para hemorragias fuertes: té de centella, hojas de frambuesa, bolsa de pastor y ortiga, cada tres horas antes del período.
- Pasionaria y scutellaria para la tensión y la ansiedad.

Masajes

Para aliviar el dolor menstrual puede aplicarse un lento masaje describiendo anchos círculos en la zona del sacro y los lumbares, empezando con las palmas de las manos y luego usando los pulgares con los que debe describir círculos hacia arriba y hacia abajo.

Meditacion

La serenidad interior influye mucho sobre el equilibrio hormonal. La comprensión afectiva y el control de las tensiones benefician el funcionamiento de todo el aparato reproductor.

Acupresion

Puede trabajar con presión sobre los siguientes puntos:

Pericardio 6
Bazo 6
Hígado 13
Hígado 3
Riñón 3
Riñón 6

(*Para la ubicación de los puntos, ver ilustración en el artículo "Acupresión"*).

Tratamientos complementarios

Homeopatía, Medicina Tradicional china, Flores de Bach, Qui Gong, Musicoterapia, Yoga, Colorterapia.

MENSTRUACION DOLOROSA

Causas

Desequilibrio hormonal.

Sintomas

Calambres dolorosos, deseos de llorar, sensibilidad estomacal, dolor desgarrador en el bajo vientre, migraña o diarrea asociadas, depresión y autocompasión. Los síntomas mejoran con la comprensión afectiva y el llanto, el ejercicio suave, las bebidas frías, las compresas y el aire fresco. Empeoran con el calor, las temperaturas extremas, los alimentos suculentos, al atardecer, por la noche.

Remedio homeopatico

Pulsatilla 30, cada hora hasta un máximo de 10 dosis.

MENSTRUACION DOLOROSA CON MARCADA INDIFERENCIA

Causas

Desequilibrio hormonal.

Sintomas

Indiferencia hacia los seres queridos, dolor agudo en el bajo vientre, llanto, migraña, acné, mareos, sudores. Los síntomas mejoran con el ejercicio y las compresas calientes, al comer y al dormir. Empeoran con el frío, el esfuerzo, el humo del tabaco, al atardecer.

Remedio homeopatico

Sepia 30, cada hora hasta un máximo de 10 dosis.

MENSTRUACION EXCESIVA CON MAREOS

Causas

Estrés, desequilibrio hormonal, proximidad de la menopausia.

Sintomas

Calambres que llegan a provocar mareos, descarga vaginal con picazón, molestias visuales, deseos de llorar, indiferencia a los seres queridos. Los síntomas mejoran con la comprensión afectiva y el llanto, el ejercicio suave, las bebidas frías, las compresas y el aire fresco. Empeoran con el frío, el humo del tabaco, el esfuerzo mental.

Remedio homeopatico

Sepia 30, cada 8 horas hasta un máximo de 10 dosis.

MENSTRUACION EXCESIVA

Causas

Estrés, exceso de trabajo.

Sintomas

Marcado aumento de peso antes de tiempo, calambres uterinos, sensibilidad al frío, sangre de color rojo brillante, ansiedad miedo a la demencia, dolor de espaldas, pesadez, sudores y confusión. Los síntomas mejoran por la mañana, con estreñimiento. Empeoran con el tiempo frío, el ejercicio, el humo del tabaco, a primeras horas del atardecer.

Remedio homeopatico

Calc. Carb. 30, cada 8 horas hasta un máximo de 10 dosis.

MENSTRUACION, AUSENCIA

Causas

Shock emocional, tensión.

Sintomas

Pesadez y dolor de ovarios, temor, ansiedad, dolor uterino, nerviosismo, humor variable, histeria, llanto y risa sin motivo y emociones reprimidas.

Los síntomas mejoran al comer, después de orinar y con el calor. Empeoran con el aire fresco, el frío, el café, el alcohol, el tabaco, por la mañana y después de las comidas.

Remedio homeopatico

Aconite 30, cada 12 horas hasta un máximo de 14 días.

MENTALES, PROBLEMAS

Causas

Resulta dificultoso lograr una correcta interpretación de los signos y síntomas de las enfermedades mentales, empezando porque existen muchas zonas intermedias entre lo que se llama "normal" y lo que se puede considerar "anormal". Cualquier persona suele sentirse por momentos al borde de la locura en medio del estrés frenético del mundo que la rodea, y en ese instante perder la concentración, olvidar lo que estaba pensando un segundo antes y sentirse agredida en forma directa y personal por todo el entorno. Durante ese preciso momento esta persona podría ser clasificada como un enfermo mental, pero basta que salga de donde está para tomar un poco de aire, para que la confusión se diluya y vuelva a su "normalidad". Un verdadero enfermo mental no es capaz de recuperar su equilibrio en corto tiempo ni puede hacer esfuerzo alguno para lograrlo.

Hay muchos síntomas a considerar, que se presentan en grados muy diversos: desde leve hasta muy severo, siendo estos últimos signo de enfermedad mental aguda.

Sintomas

Trastornos de Pensamiento: Pueden tener diversas expresiones: trastornos de la percepción como las alucinaciones; creencias falsas o erróneas como los *pensamientos delusorios*; o una falsa interpretación de la realidad, como el caso de la paranoia. Cuando varios síntomas se manifiestan al mismo tiempo pueden detectarse patrones de conducta significativos, denominados *síndromes*, de los que hay muchas clasificaciones.

Delirio: La mayoría de las veces puede darse en el contexto de una infección, una intoxicación o durante una abstinencia de drogas o alcohol. Es una afección aguda, y sus síntomas incluyen obnubilación mental, atención disminuida, actividad motriz excesiva, pensamientos delusorios y alucinaciones, hiperactividad de los órganos autónomos (sudor, pulso acelerado, fiebre) y trastornos afectivos.

Trastorno de atención: Lo que se denomina habitualmente una "ausencia" o momentánea falta de atención es la forma más leve de este transtorno. Suele suceder a raíz de un extremo cansancio o agotamiento mental. Cuando este síntoma se hace prolongado, puede aparecer una incapacidad para comprender ideas simples o instrucciones expresadas por otra persona. Suele solucionarse simplemente mediante el descanso correcto.

Trastornos del humor o de la afectividad: Los sentimientos de abatimiento y preocupación son universales, pero varían en intensidad y pueden llegar a convertirse en algo insoportable. El estrés o el cansancio extremo pueden hacer que una persona se sienta o bien de ánimo exacerbado y sobreexcitada o bien agotada y deprimida, ambas cosas de un modo desproporcionado en relación con la situación real. Por otra parte, la incapacidad de manifestar la afectividad -que es la expresión externa de las emociones y el estado de ánimo- puede llegar a ser, combinado con otros síntomas, un factor muy relevante.

Demencia: Combinación de síntomas: crónica, progresiva y degenerativa. Las primeras manifestaciones suelen ser sutiles desviaciones de la realidad. Tiene infinidad de causas, incluida una "causa desconocida". Sus síntomas principales son: pérdida gradual de la memoria, la intuición y la orientación, deterioro de la actividad mental en las áreas de cálculo y pensamiento abstracto, alteraciones generales del comportamiento, las actitudes, la higiene personal y el estado de ánimo, y muchos más.

DIETA Y NUTRICION

El profesor Linus Pauling, impulsor de la llamada Medicina y Psiquiatría Ortomolecular, ha tratado mucho el tema del efecto de la nutrición en el funcionamiento de la mente. Este científico y sus seguidores han demostrado que unas cuantas formas de disfunción mental mejoran claramente durante y después el uso de ciertas vitaminas en dosis mucho más elevadas que las recomendadas, lo que por supuesto ha generado polémica en las últimas décadas. La medicina ortomolecular se basa en la idea de que la molécula adecuada puede aportar un ingrediente deficitario a una célula nerviosa que funcione mal para restaurar su normalidad. Han podido demostrar que dosis muy altas de vitaminas producían este resultado.

TRATAMIENTO DEL ESTRES

Sin duda que la estabilidad mental depende en enorme medida de temas relacionados con las relaciones interpersonales y laborales. Es imposible prevenir problemas mentales si no se comienza por trabajar en la armonización de estas áreas.

MEDITACION

Las amenazas al equilibrio mental pueden contrarrestarse con la capacidad de dirigirse a un estado de sosiego interno en donde poder refugiarse de la confusión exterior. Por supuesto que esta capacidad debe desarrollarse en salud, para poder ser utilizada cuando la persona pase por un episodio problemático. Cualquiera de los tantos métodos existentes funciona a la perfección.

TERAPIA FISICA

Caminar, andar en bicicleta, nadar, o cualquier deporte de competición es un antídoto totalmente eficaz para aliviar cualquier síntoma mental, aumentando los niveles de energía y canalizando y concentrando la atención. Como la meditación, estos hábitos deben desarrollarse antes de que haya síntomas.

FLORES DE BACH

Es una de las terapias más especialmente indicadas para atender esta problemática. Los remedios eficaces son:

- *Para la desesperación profunda: ciruelo cerasífero.*
- *Para la indecisión o la falta de certezas: sclerantus.*
- *Para la angustia mental: agrimonia*

MICCION FRECUENTE POR DEBILIDAD PELVIANA

CAUSAS

Debilidad en los músculos de la base pelviana.

SINTOMAS

Ausencia de sed, llanto, autocompasión, escaldadura durante y después de la micción. Los síntomas mejoran con el ejercicio suave, el aire fresco, las bebidas y compresas frías. Empeoran con el calor, al acostarse, por la noche y al atardecer.

REMEDIO HOMEOPATICO

Pulsatilla 6, cada 2 horas hasta un máximo de 3 días.

MICCION FRECUENTE Y DIFICULTOSA

CAUSAS

Espasmo del músculo del cuello de la vejiga femenina.

SINTOMAS

Sangre en la orina, picazón en vulva y uretra, esfuerzo mayúsculo que elimina poca orina. Los síntomas mejoran con el calor, el sueño y la presión firme. Empeoran con tiempo frío, seco y ventoso, con movimiento y estimulantes.

REMEDIO HOMEOPATICO

Nux Vomica 6, cada 2 horas hasta un máximo de 3 días.

MIGRAÑA CON LLANTO

CAUSAS

Tensión emocional, ingestión de alimentos grasos, cambios hormonales.

SINTOMAS

La cabeza parece a punto de estallar. La más ligera perturbación le provoca llanto. Los síntomas mejoran con el ejercicio suave, la presión firme y compresas frías y el llanto. El calor y los alimentos suculentos empeoran los síntomas.

REMEDIO HOMEOPATICO

Pulsatilla 6, cada 15 minutos hasta un máximo de 10 dosis.

MIGRAÑA CON DESLUMBRAMIENTO Y PALPITACIÓN

CAUSAS

Cambios hormonales producidos por la menopausia o el SPM (Síndrome Premenstrual), pena y tensión.

SINTOMAS

Entumecimiento y cosquilleo de los labios y la lengua, dolor fuerte y palpitante. Los síntomas mejoran con el aire fresco, el ayuno y las compresas frías. Empeoran con la fatiga mental, el esfuerzo físico, la luz brillante, el ruido y la música.

REMEDIO HOMEOPATICO

Natrum Mur 6, cada 15 minutos hasta un máximo de 10 dosis.

MIGRAÑA CON DESEO DE CUBRIR LA CABEZA

CAUSAS

Estrés y agotamiento.

SINTOMAS

El dolor comienza en la nuca y se desplaza sobre un ojo. Los síntomas mejoran al abrigarse la cabeza, después de orinar y con el clima húmedo. Empeoran con el tiempo frío y ventoso.

REMEDIO HOMEOPATICO

Silicea 6, cada 15 minutos, hasta un máximo de 10 dosis.

MIGRAÑA CON DOLOR DEL LADO IZQUIERDO

CAUSAS

Estrés y alimentos indigestos.

SINTOMAS

Dolor de cabeza, náuseas y vómitos.

Los síntomas mejoran con reposo y aplicación de presión sobre la zona. Empeoran con alimentos pesados y movimiento.

Remedio homeopatico

Ipecac 6, cada 15 minutos, hasta un máximo de 10 dosis.

MIGRAÑA CON DOLOR EN EL OJO DERECHO

Causas

Cambios hormonales, sobre todo durante la menopausia.

Sintomas

Dolor agudo y repentino que comienza por la mañana en la nuca y se extiende hacia la frente. Los síntomas mejoran con las bebidas, los alimentos ácidos y al dormir. Empeoran con el sol y los dulces.

Remedio homeopatico

Sanguinaria 6, cada 15 minutos hasta un máximo de 10 dosis.

MOLESTIA CON DOLOR PERSISTENTE

Causas

Heridas en un nervio provocadas por un tratamiento dental.

Sintomas

El dolor continúa después del tratamiento o vuelve cuando la anestesia se va. Los síntomas mejoran al echar la cabeza hacia atrás, y empeoran en lugares mal ventilados, con el clima frío o húmedo.

Remedio homeopatico

Hypericum 6, cada 30 minutos hasta un máximo de 10 días y luego 4 veces por día hasta un máximo de 5 días.

MOLESTIA INMEDIATA DESPUES DEL TRATAMIENTO DENTAL

Causas

Heridas o pérdida de sangre durante el tratamiento dental.

Sintomas

Molestias inmediatamente después del tratamiento. Los síntomas mejoran con el movimiento y al acostarse con la cabeza más baja que los pies. Empeoran con el calor y al aplicar una presión sobre la zona afectada.

Remedio homeopatico

Arnica 30, cada hora hasta un máximo de 10 dosis.

NAUSEAS CONSTANTES

Causas

Estrés.

Sintomas

La náusea no se alivia con el vómito, dolor de abdomen, excreción o vómito de mucosidad verde, dolor de cabeza, sudor y diarrea.

Los síntomas mejoran por factores no específicos relacionados con cambio en la situación de estrés. Empeoran con el movimiento, al acostarse, en un auto, mirando objetos en movimiento.

Remedio homeopatico

Ipecac. 6, cada 15 minutos hasta un máximo de 10 dosis. Si los síntomas son leves: Ipecac. 6, cada hora hasta un máximo de 10 dosis

NERVIOSISMO EN LAS PIERNAS

Causas

Esfuerzo excesivo, exposición al tiempo frío y húmedo, esguince muscular.

Sintomas

Sensación de cosquilleo, ardor y picazón que mejora con el movimiento continuo.

El reposo y el tiempo frío y húmedo empeoran los síntomas.

Remedio homeopatico

Rhus Tox. 6, 4 veces por día hasta un máximo de 14 días.

OIDO, PERDIDA DE AUDICION

Causas

Puede clasificarse en *aguda* y *crónica*. La crónica es especialmente grave, puesto que conlleva una gradual y sutil alteración de la realidad, que la persona que la padece suele negar aunque a su alrededor sea notada por todos. Por supuesto la primera medida es someterse a un examen profundo a cargo de un profesional. Entre las causas principales de la pérdida de audición crónica está la *otosclerosis*, una enfermedad hereditaria, por la cual los huesillos del oido interno se funden entre sí y pierden la capacidad de vibrar ante el estímulo de las ondas sonoras. De ser este el caso, la solución es quirúrgica y se denomina estapedectomía.

Sintomas

Pérdida de audición, de estabilidad, sensación de extravío, de sentido de la realidad.

Prevencion

La alternativa más simple y menos utilizada por el común de la gente es prevenir afecciones auditivas utilizando protección en situaciones en las que el volumen amenaza con causar algún daño. La música alta es un caso típico de nuestros días. Otro es el ruido de los trenes subterráneos. Bastaría con utilizar protección directa en el oído para evitar daños graves.

Meditacion

La mejor medida es intentar contactarse con la calma y la seguridad interna a fin de sentirse seguro y tomar medidas que apunten a preservarse aunque vayan "contra la corriente" (como bajar el volumen de la música).

Fitoterapia

Pueden utilizarse preparados de las siguientes plantas:

- *Gingko biloba*
- *Equinácea*
- *Flor de gordolobo (en forma de tintura de aceite tibio)*
- *Hidrastis*

OIDO, INFECCION Y DOLOR

Causas

Muy común en niños, generalmente se debe a una infección o inflamación del oído medio, que es a menudo una consecuencia de la amigdalitis. Se la denomina Otitis Media. Es una infección bacteriana o virósica que obstruye la trompa de Eustaquio, produciendo un aumento de presión que provoca un fuerte dolor.

Cuando se trata de supuración, es habitualmente resultado de una infección de esa zona.

SINTOMAS

Dolor de oído, mucosidad o secreción en oídos. Los síntomas mejoran con lo templado. Empeoran con el esfuerzo, por la mañana.

AROMATERAPIA

Ingestión o inhalación de aceites esenciales de:

- *Albahaca*
- *Manzanilla*
- *Espliego*
- *Hisopo*
- *Rosa*
- *Ajedrea*
- *Cayeputi*

FITOTERAPIA

Puede utilizar preparados de las siguientes plantas; la mejor opción es en forma de gárgaras:

- *Sauce*
- *Olmo*
- *Tanaceto*
- *Gordolobo*
- *Menta*
- *Equinácea*
- *Hidrastis*

HIDROTERAPIA

Baños calientes de poca duración tienen efecto relajante y estimulan la circulación en las partes afectadas.

Inhalación de vapor: alivian la obstrucción y la inflamación; pueden agregarse unas gotas de tintura de benzoína.

DIETA Y NUTRICION

Resulta muy eficaz reducir o directamente eliminar durante el síntoma el consumo de grasas, colesterol, trigo, productos lácteos y azúcar. En el caso de los niños, parecería ser que algunos productos lácteos pueden predisponerlos a padecer otitis media y algunas infecciones respiratorias.

REMEDIO HOMEOPATICO

Kali Bich. 6, tres veces al día, hasta un máximo de 14 días.

OIDO, DOLOR POR FRIO

CAUSAS

Exposición a corrientes y tiempo frío y ventoso, tendencia al catarro.

SINTOMAS

Dolor de oído, mucosidad o secreción en oídos, glándulas del cuello hinchadas.

Los síntomas mejoran con lo templado. Empeoran con el esfuerzo, por la mañana.

REMEDIO HOMEOPATICO

Kali Bich. 6, tres veces al día, hasta un máximo de 14 días.

OJOS, PROBLEMAS

El ojo es un órgano de importancia vital cuya integridad ha de ser preservada a cualquier costo. Es imprescindible la consulta con un especialista en cuanto aparezca el menor síntoma de alguna anormalidad en los ojos o la visión. Una vez que el especialista haya podido diagnosticar que no existe alguna enfermedad ocular de cuidado, entonces puede pensarse sin riesgos en acudir a terapias que alivien los distintos síntomas, los cuales examinamos a continuación. Pero antes comentaremos algunos síntomas que deben remitirse directamente al especialista tradicional:

Visión doble: Una de las causas es un simple error refractivo, pero en algunos casos indica un problema en los nervios o los músculos que manejan el globo ocular. Si este síntoma deja de ser leve y no desaparece con unos momentos de reposo visual, no demore la consulta.

Pérdida de visión: Puede deberse a distintas enfermedades que atañen al campo visual de uno o de los dos ojos, por lo cual se requiere un exhaustivo examen oftalmológico para determinar el tratamiento a seguir.

Visión borrosa: Una de las afecciones que puede producir este síntoma es provocada por pequeños fragmentos de células que flotan dentro del ojo, denominadas "cuerpos flotantes". Al aparecer por primera vez son muy visibles, pero con el tiempo la visión se acostumbra a ellos y ya no los registra. Pero otra causa de visión borrosa son las cataratas, que generalmente terminan siendo tratadas quirúrgicamente, operación que hoy en día es sumamente sencilla. Esta afección es provocada por la aparición de una opacidad en el cristalino que interfiere con la visión, y debe ser diagnosticada certeramente por un especialista.

Enrojecimiento o irritación ocular: La más habitual de las causas es ambiental, debida a los muchos agentes irritantes que hay en nuestro entorno. La segunda causa más común es la conjuntivitis, una infección bacteriana que se trata muy eficazmente mediante el uso de antibióticos (ver "Conjuntivitis").

Dolores oculares: Podría significar un aumento en la presión en el interior del ojo. El dolor en un solo ojo o en la región de las cejas puede ser consecuencia de migraña, aun cuando se presente visión borrosa o parpadeo de ese ojo; en este caso, un médico debe determinar el diagnóstico. Muchas otras veces este dolor aparece, en personas que no usan anteojos, hacia el final de una jornada de trabajo, y es un posible indicio de que quizá necesitaría empezar a utilizar anteojos. Si este dolor aparece asociado a visión borrosa o reducción de la visión hay que hacer una inmediata consulta a un oftalmólogo.

Metodo de Bates

Consiste en la práctica de ciertos ejercicios específicos diarios destinados al fortalecimiento de los músculos oculares. En algunas personas, incluso, la eficacia ha sido tal que suplantó el uso de anteojos. Es especialmente efectivo cuando la inflamación ocular es notable.

Fitoterapia

Varias hierbas son propicias para atender las dificultades oculares:

- *Hierba centella*
- *Pamplina*
- *Flor de saúco*
- *Maravilla*
- *Diente de león*
- *Zanahoria*
- *Borraja*
- *Hidrastis*
- *Eufrasia roja*
- *Pepino*
- *Manzanilla*

Hidroterapia

Proporciona un rápido alivio de la fatiga ocular sin necesidad de agregados o ingredientes especiales. Hay que aplicar toallas mojadas sobre el ojo, alternando entre frías y tibias.

Dieta y nutricion

Una o dos cucharaditas diarias de aceite de hígado de bacalao resultan muy eficaces para evitar el aumento de la presión intraocular en las fases iniciales del glaucoma, una de las más graves enfermedades oculares.

Acupresion

Los siguientes puntos pueden aliviar

los síntomas en los ojos:

- *Intestino grueso 4*
- *Estómago 3*
- *Vesícula biliar 20*

El punto Intestino grueso 4 no debe ser sometido a presión en caso de embarazo.

REMEDIO HOMEOPATICO

Staphysagria 6, cada hora hasta un máximo de 10 dosis. Pulsatilla 6, cada hora hasta un máximo de 10 dosis.

TRATAMIENTOS COMPLEMENTARIOS

Terapia Física, Reflexología, Medicina tradicional China, Iridiología, Terapia de Polaridad.

OJOS DOLORIDOS

CAUSAS

El dolor por sí mismo puede causar un aumento en la presión ocular. Cuando no se usan anteojos de aumento, hay que observar si este dolor se manifiesta al final de una jornada de trabajo.

SINTOMAS

Dolor, sensación de presión en los globos oculares. Si el dolor está acompañado de visión borrosa o reducida, se debe acudir al especialista de inmediato.

Debe asegurarse de que el dolor en un ojo o en la región de las cejas, que a veces incluye un parpadeo involuntario, no sea consecuencia de una migraña, caso en que el tratamiento es totalmente distinto.

ACUPRESION

Puede acudirse a la presión de los siguientes puntos:

- *Vesícula biliar 20*
- *Estómago 3*
- *Intestino grueso 4*

(Para la ubicación de los puntos, ver ilustración en el artículo "Acupresión").

HIDROTERAPIA

El tratamiento es simple y consiste en aplicarse toallas mojadas sobre los ojos, alternando toallas tibias con otras frías. Proporciona un rápido alivio.

DIETA Y NUTRICION

El aumento de la presión intraocular en sus primeros estadios, e incluso en fases poco avanzadas de la enfermedad ocular, denominada glaucoma, puede ser combatido con eficacia y en forma segura mediante el aceite de hígado de bacalao, que además es muy rico en vitaminas D y A. Se deben beber de 1 a 2 cucharaditas diarias. Y puede también reemplazarse por cápsulas que, por supuesto, no tienen el fuerte olor a pescado del aceite.

OJOS HINCHADOS Y ENROJECIDOS

CAUSAS

La más habitual es ambiental y se debe a los agentes irritantes que nos rodean permanentemente, además de la conjuntivitis, infección bacteriana que se trata con ungüentos antibióticos.

SINTOMAS

Irritación, ojos llorosos, secreción.

FITOTERAPIA

Utilice preparados de estas plantas:

- *Zanahoria*
- *Borraja*
- *Maravilla*
- *Diente de león*
- *Centella*
- *Pepino*
- *Manzanilla*

- *Eufrasia roja*
- *Flor de saúco*
- *Hidrastis*

Combatir la polucion

El aire contaminado es un gravísimo problema en los ámbitos urbanos y constituye una causa muy habitual de irritación ocular. Los filtros de aire ayudan a superar este problema dentro del hogar, pero en las calles resulta difícil luchar contra esta contaminación.

OJOS, ARDOR

Causas

Trabajar con poca luz, y demasiada lectura o estudio.

Sintomas

Los ojos arden, están rojos y parecen calientes. Posible dolor de cabeza.

Los síntomas mejoran con el movimiento, y empeoran con el alcohol y el reposo o el acostarse.

Remedio homeopatico

Ruta Grav. 6, cuatro veces por día hasta un máximo de 7 días.

OJOS, CANSANCIO DE LA VISTA, DOLOR CON EL MOVIMIENTO

Causas

Trabajar con poca luz. Demasiado estudio o lectura.

Sintomas

Dolor sordo y agudo en los ojos al mirar arriba, abajo o a los costados.

Los síntomas mejoran con el aire fresco, el ayuno y al aplicar compresas frías sobre el ojo afectado. El sol, el esfuerzo mental o físico y la tensión emocional provocan que los síntomas empeoren.

Metodo de Bates

Consiste en la práctica diaria de ejercicios de fortalecimiento de los músculos oculares. Puede ser muy eficaz cuando la inflamación o la fatiga visual son notables.

Remedio homeopatico

Natrum Mur. 6, cuatro veces al día hasta un máximo de 7 días.

ORZUELOS

Causas

Infección.

Sintomas

Los orzuelos comienzan como pequeños forúnculos y luego desarrollan una punta de pus.

Los síntomas mejoran con el calor y empeoran por factores no especificados

Remedio homeopatico

Staphysagria 6, cada hora hasta un máximo de 10 dosis.

ORZUELOS, OJOS HINCHADOS CON PICAZON DE PARPADOS

Causas

Infección.

Sintomas

Los ojos están rojos e inflamados y los párpados pican.Los síntomas mejoran con el calor y empeoran por factores no especificados.

Remedio homeopatico

Pulsatilla 6, cada hora hasta un

máximo de 10 dosis.

OSTEOARTRITIS, DOLOR ACOMPAÑADO DE LLANTO

CAUSAS

Cambios hormonales asociados con el ciclo menstrual.

SINTOMAS

El dolor de las articulaciones pasa de un lado al otro. Deseo de comprensión afectiva y consuelo.

El síntoma mejora al llorar y con la comprensión y el ejercicio suave. Empeora con los alimentos suculentos y grasos, el calor, y sobre todo durante el atardecer y la noche.

REMEDIO HOMEOPATICO

Pulsatilla 6, cuatro veces por día hasta un máximo de 14 días.

OSTEOARTRITIS, DOLOR AGRAVADO POR LESIONES

CAUSAS

Lesión, como una caída o torcedura grave.

SINTOMAS

Deseo de estar solo, tendencia a tener sueños desagradables, el movimiento se vuelve difícil y todo el cuerpo parece estar en leve estado se shock por la lesión.

Los síntomas mejoran con el movimiento suave durante un breve período, y empeoran con el movimiento prolongado, el calor y una ligera presión.

REMEDIO HOMEOPATICO

Arnica 6, cuatro veces por día hasta un máximo de 14 días.

OSTEOARTRITIS, DOLOR AGUDO AL MOVERSE

CAUSAS:

Uso excesivo de las articulaciones o lesión.

SINTOMAS

Articulaciones calientes e inflamadas que duelen con el movimiento.

El síntoma mejora con compresas frías y una firme presión sobre la parte afectada. Empeora con el calor, con una leve presión, y con el movimiento.

REMEDIO HOMEOPATICO

Bryonia 6, cuatro veces por día hasta un máximo de 14 días.

OSTEOARTRITIS, DOLOR CON RIGIDEZ

CAUSAS

Clima frío y lluvioso, inactividad.

SINTOMAS

Rigidez y dolor de las articulaciones afectadas, sobre todo al despertarse. Inquietud e irritabilidad. Tendencia a soñar con ejercicios.

El síntoma mejora con el calor, el movimiento constante y el clima seco. Empeora al empezar a moverse, con tiempo lluvioso, frío y tormentoso, y por la noche.

REMEDIO HOMEOPATICO

Rhus. Tox 6, cuatro veces por día hasta un máximo de 14 días.

PANICO

CAUSAS

Al ser el trastorno esencial de nuestros tiempos, sus causas son tantas y tan variadas que no pueden acotarse a una mera lista. Cada caso tiene sus propias historia y circunstancias. Cada caso, en cierta medida, es único. Podría decirse que es un trastorno existencial.

Lo que es bueno saber es que puede eliminarse sin fármacos tóxicos. En el fondo de toda ansiedad está el miedo. Identificar su raíz puede llevar a la aceptación y permitir su superación.

SINTOMAS

Se manifiesta principalmente en dos formas, gneralmente combinadas:

Ansiedad genuina: La persona comienza a sentirse amenazada y a perder el control, a causa de lo que siente acerca de sí misma y su entorno. Suele sentir una profunda incomodidad siempre latente, de la que no puede despegarse. Todo esto conlleva un enorme desgaste emocional y lleva a un inevitable deterioro en las relaciones y las capacidades. Puede durar mucho tiempo y convertirse en una pesadilla. Pero hay que saber que siempre, sea cual fuere el caso, es reversible.

Pánico: Sensación aguda, extrema, de la angustia. La persona que lo padece se siente rodeada, atrapada, e incapaz de escapar de ese estado. La reacción del pánico tiene manifestaciones físicas como pulso muy acelerado, sudor excesivo, problemas de respiración, sensación de muerte, mente nublada, y muchos más, siempre combinados. Resulta casi imposible superar este síntoma sin ayuda externa.

DIETA Y NUTRICION

Es buena medida reducir el consumo de cafeína. Contra los síntomas neuropsiquiátricos resulta muy eficaz el amonoácido acetil L-carnitina, en dosis de 250 miligramos hasta cuatro veces por día.

BIORRETROALIMENTACION

Es una técnica probada, cuya capacidad de controlar la angustia es muy alta. En principio debe buscarse un profesional experimentado que enseñe las técnicas, pero una vez aprendidas estas la rutina de ejercicios puede ser llevada adelante solo por el paciente.

MEDITACION

Mejora y a veces supera los síntomas de desgaste emocional. En el momento en que la ansiedad ataca, echar mano de una técnica de meditación resulta de elevada eficacia, incluso en caso de ataque de pánico.

HIDROTERAPIA

Baños tibios y calientes son remedios ancestrales contra la angustia, extremadamente relajantes. Trabajan en distintos niveles:

- *Separan a la persona del ambiente conflictivo.*
- *Proporcionan sensación de bienestar y dan tiempo para que los mecanismos internos de defensa y curación puedan actuar.*
- *Relajan todos los músculos tensos y reducen las pulsaciones.*

Aromaterapia

Añadir al baño caliente uno o varios de estos aceites:

- *rosa*
- *neroli*
- *espliego*
- *pachuli*
- *sándalo*
- *geranio*
- *yiang - yiang*

También se los puede emplear en inhalaciones con un pañuelo o en la almohada, o para masaje corporal relajante.

Terapia Fisica

Caminar a un ritmo de 100 latidos cardíacos por minuto es muy efectivo para reducir la ansiedad, y provee muchos otros beneficios. Todos los síntomas físicos de la ansiedad también mejoran.

TRATAMIENTOS COMPLEMENTARIOS

Yoga, Hipnoterapia, Medicina Tradicional China, Ayurveda, Psicoterapias, Flores de Bach, Talasoterapia, Qui Gong, Tai Chi Chuan, Digitopuntura, Terapia del Sonido, Musicoterapia, Visualizaciones.

PARALISIS Y DEBILIDAD DE ORIGEN NERVIOSO

Causas

Hay muchas afecciones cuyos efectos varían desde una ligera debilidad hasta una parálisis inhabilitante. Muchos de estos síntomas pueden ser tratados con distintas medicinas alternativas

Sintomas

Debilidad: La debilidad generalizada se deriva del cansancio o tensión excesivos por una parte, o bien de infecciones virósicas como por ejemplo una gripe. También puede ser el síntoma central del síndrome de fatiga crónica. Por otra parte, puede tratarse de una debilidad localizada, causada por presión sobre un nervio o grupo de nervios o ser un síntoma neurológico específico de inflamación. Puede hallarse asociada a entumecimientos, hormigueo o sensaciones de frío o de calor

Parálisis localizada: Puede deberse a algún proceso que afecte a un nervio o grupo de nervios. Puede presentarse en cualquier zona del cuerpo, afectando el habla, la movilidad, la visión, etcétera.

Paraplejía: Es la paralización de las piernas, debida a una lesión de la espalda que ha dañado la médula espinal inferior.

Tetraplejía: Parálisis de todas las extremidades, en general provocada por una lesión en la médula espinal en la parte superior del cuello. Es resultado habitual de accidentes al montar en bicicleta o a caballo.

Hemiplejía: Parálisis de un lado del

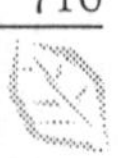

cuerpo, resultado en general de una interferencia en la circulación de la sangre hacia una parte del cerebro. Tambien se la conoce como *Apoplejía*. Si el hemisferio cerebral que se ocupa del habla es afectado, esta capacidad sufre consecuencias, como ulteriores cambios en la personalidad.

Hidroterapia

Beneficia todos los tipos de parálisis y debilidad. Cuando hay lesión en el músculo y el nervio, la natación es muy eficaz para maximizar el uso de las unidades nerviosas y musculares que han sobrevivido a la lesión. En caso de inflamación, los baños tibios o calientes estimulan la circulación de la sangre hacia la parte afectada.

Reflexología

Aplicando un masaje con el dedo pulgar sobre el reflejo de la pierna/brazo situado bajo el dedo pequeño del pie, puede impulsarse un movimiento cuidadoso de un brazo paralizado.

Yoga

A través de la concentración del yoga se impulsa el flujo de energía que surge de la unión de cuerpo, mente y espíritu. Los ejercicios de estiramiento reafirman y mejoran el funcionamiento de los músculos deteriorados.

Acupresion

Puede trabajarse sobre los siguientes puntos:

- *Intestino grueso 10*
- CV6
- *Pulmón 9*
- *Intestino grueso 4*
- *Estómago 36*
- *Riñón 3*

(Para la ubicación de los puntos, ver ilustración en el artículo "Acupresión").

Terapia fisica

Cuando hay debilidad, el descanso adecuado y la limitación de la actividad evitan lesiones de los músculos debilitados, permitiendo actuar a los mecanismos de curación del cuerpo. Luego hay que comenzar un progresivo regreso a la actividad para que el período recuperatorio se abrevie.

PECHOS, PROBLEMAS

Causas y sintomas

Existe, sin duda, una relación muy estrecha entre la salud general física, espiritual y psicológica, por lo que la primera medida para prevenir problemas en los senos es llevar una vida saludable: dieta sana, práctica de ejercicio aeróbico, mantener la serenidad interior y enfrentar con calma la tensión exterior. En el caso de la mujer, y teniendo en cuenta que es probable que en algún momento de su vida amamante a un bebé, el valor de una correcta alimentación se multiplica. En cuanto a los senos en sí, los síntomas específicos más comunes y sus causas son:

Hinchazón en los pechos: El factor más habitual para que los senos se hinchen es a consecuencia del ciclo menstrual, lo cual, como cualquiera sabe, es perfectamente normal. Una hinchazón anormal fuera del período menstrual o del embarazo es motivo para acudir inmediatamente a un examen médico.

Bultos en las mamas: Es de fundamental importancia para la salud y la prevención que la mujer se realice al menos una vez al mes un autoexamen de mamas. Encontrará rápida información de cómo hacerlo correctamente con cualquier profesional o clínica u hospital. De este modo, usted misma descubrirá la aparición de algún bulto. Es importante señalar que, aunque sea lo primero que se piense, la mayoría de los bultos *no indican tumores ni cáncer*. De todos modos, enseguida debe buscarse la opinión de un profesional.

Secreciones en los pechos: Hay dos situaciones en las cuales la aparición de secreciones en el pezón es normal. Una es, obviamente, la lactancia. Y también es normal que una pequeña secreción aparezca en el pezón durante el acto sexual por efecto de la excitación. Fuera de esto, cualquier síntoma así amerita la inmediata consulta.

Síndrome premenstrual: Los síntomas de este momento incluyen irritabilidad, letargo, depresión, tensión, falta de coordinación, dolor de cabeza y gran sensibilidad en los pechos.

TERAPIA FISICA

El ejercicio aeróbico reduce los síntomas premenstruales muy significativamente, combinado con un incremento en la ingesta de vitamina B6, magnesio y calcio.

DIETA Y NUTRICION

Tiene la mayor importancia en la salud de los pechos. Según muchas investigaciones cerca de la mitad de los casos de cáncer de mama se relacionan con una dieta inadecuada. Por eso es una buena medida reducir en un 20 por ciento la ingestión de grasas y aumentar en un 25 por ciento la de fibras. Por supuesto que hay que dejar de fumar, y evitar el uso de preparados con estrógenos y progesterona.

PECHOS, DOLOR EN GENERAL

CAUSAS

Cambios hormonales asociados con el fin del embarazo, amenaza de absceso en las mamas.

SINTOMAS

Pechos duros e inflamados, dolor de cabeza. Los síntomas mejoran con aire fresco, con presión firme y fría sobre los pechos. Empeoran con el movimiento, por la mañana, con tiempo frío, seco y ventoso.

REMEDIO HOMEOPATICO

Bryonia 6, cada 4 horas hasta un máximo de 5 días.

PECHOS, DOLOR POR HINCHAZON

CAUSAS

Cambios hormonales asociados con el comienzo del embarazo o síndrome premenstrual.

SINTOMAS

Pechos sensibles al tacto, pesadez en las piernas, deseos de apretarse los pechos.

Los síntomas mejoran con el ayuno, expresando emociones, dejando colgar los brazos. Empeoran al acostarse, con el frío.

REMEDIO HOMEOPATICO

Conium 6, cada 4 horas hasta un máximo de 5 días.

PERDIDA DE CONCIENCIA

CAUSAS

Las alteraciones de la conciencia remiten a problemas en la capacidad de percibir y recibir las sensaciones que el entorno emite en todo momento. Existen diversos estados de alteración de conciencia, con causas y síntomas variados y variables.

SINTOMAS

Trance: Es un estado a medio camino entre la vigilia y el sueño, y puede también ser inducido mediante hipnosis

u otras técnicas en las que la persona entra en estado alfa, tal cual sucede con algunos procesos de meditación. El estado alfa es aquel en que los ritmos cerebrales bajan de sus 13 a 30 ciclos por segundo habituales a 8 o 12 ciclos. De allí puede pasarse al estado theta (4 a 7 ciclos), que aparece en gneral durante los sueños o al realizar visualizaciones, y por fin al estado de sueño profundo, el ritmo delta de 1 a 3 ciclos.

Sueño: Es, por supuesto, un estado no solo normal sino deseable, y sólo lo mencionamos para completar el ítem anterior. La diferencia con otros estados de pérdida de conciencia es que al ser despertada la persona lleva a cabo sus actividades normales dentro del estado de vigilia.

Síncope o desmayo: Las causas pueden ser químicas (hiperventilación, hipoglucemia), cerebrales (ataques de epilepsia y otros), circulatorias, derivadas del corazón o de los vasos periféricos, o conmoción emocional.

Inconsciencia: Pérdida de conciencia en la cual la persona no puede ser despertada por un cierto tiempo. Suele darse en el contexto de alguna lesión cerebral, o de un accidente cerebrovascular.

Coma: Estado de profunda inconsciencia, de larga duración. Acompañado muchas veces de síntomas neurológicos de lesión cerebral severa. Requiere que se emplee asistencia de sistemas para mantener al paciente con vida.

Terapias

En caso de estar ante un episodio de pérdida de conciencia, hay que recostar a la persona que lo sufrió y desabrocharle las ropas. Luego hay que observar su respiración y asegurarse de que las vías respiratorias estén libres, ajustando la posición de su cabeza y retirando mucosidades que pueda haber en la boca. Se deben abrir ventanas o puertas para asegurar una adecuada ventilación. Si la persona no recupera la conciencia enseguida hay que apurarse a conseguir ayuda médica.

Flores de Bach

En muchos casos de inconsciencia repentina puede usarse sin riesgo el Remedio de Salvamento (*Rescue Remedy*), el más conocido de los remedios de Bach. Mucha gente lo lleva siempre encima para usarlo en esta y otras situaciones de emergencia. Se lo encuentra disponible en negocios de dietética y naturismo y herbolarios, y viene en frascos con cuentagotas. Hay que verter cuatro gotas en la boca de la persona desmayada, cuidando de que el gotero no toque los labios. Se puede repetir la toma cada 10 minutos.

El *Rescue Remedy* está compuesto por:

- *Jara (pánico)*
- *Balsamina (impaciencia y tensión)*
- *Ciruelo cerasífero (miedo a perder el control)*
- *Clemátide (centra la mente y evita desmayos)*
- *Leche de gallina (conmoción)*

PESO, TRASTORNOS

Causas y sintomas

Tanto la obesidad como la falta de peso son afecciones desgraciadamente cotidianas hoy por hoy. Un bombardeo de información propone cientos de maneras de controlar el peso y alcanzar el equilibrio correcto. Ante tanta confusión es bueno establecer algunos parámetros básicos:

- Los niveles de actividad física y ejercicios están directamente vinculados con los niveles de ingestión de alimentos para que el peso se mantenga dentro de márgenes saludables. En los distintos tipos de ejercicio hay diferencias en relación a su utilidad para este control de peso.

- Comer poco y entrenar en exceso es tan peligroso para la salud como el caso contrario. Puede producir una serie de consecuencias tales como deficiencias de nutrición o falta de menstruación en las mujeres.

- Comer demasiado y alimentos no adecuados lleva a un peso inadecuado y luego a la obesidad, que a su vez puede derivar en diabetes e hipertensión. El peso está estrechamente relacionado con la diabetes, que produce un ciclo nocivo para la salud. La obesidad se caracteriza por una resistencia a los efectos de la insulina, lo que trae una deficiente tolerancia de la glucosa (característica de la diabetes) y una disminución de la producción de calor en relación a los alimentos ingeridos, lo que conlleva la acumulación de más peso y así sucesivamente. Además, el exceso de peso es el principal factor del estilo de vida asociado con la hipertensión. Está claramente demostrado que una reducción del peso disminuye las mediciones de presión arterial.

- Es claro que quienes se encuentran en ambos extremos de la escala –mucha y poca ingesta de alimentos- son quienes están en problemas. Pero es importante aclarar que cada persona debería mantener su peso en el nivel que le resulte cómodo también psicológicamente. Porque entre salud e imagen hay que buscar un correcto equilibrio.

DIETA Y NUTRICION

Algunos puntos específicos de interés para una dieta sana y equilibrada:

- Las personas que usan edulcorantes artificiales tienen más posibilidades de ganar peso que las que no lo hacen. Téngalo muy en cuenta.

- El picolinato de plomo y la L-carnitina han producido reducciones de peso en estudios donde la ingestión de calorías se mantenía constante.

- Aunque aún debe probarse en más estudios, parece ser que la sustancia llamada 5-hidroxitritófano es efectiva para reducir el peso.

MEDITACION

Cualquier técnica que conecte con el equilibrio interior ayudará al equilibrio exterior.

EJERCICIO

- A tener en cuenta: una dieta por sí sola reduce la masa muscular y la grasa, lo que produce pérdida de la forma física. En cambio una dieta de reducción de calorías unida a ejercicios comportan sólo la reducción de grasas.

- La danza es excelente ejercicio además de valioso medio de autoexpresión.

- Caminar a paso rápido o andar en bicicleta producen una notable y equilibrada pérdida de peso.

- Recuerde que el ejercicio debe hacerse para disfrutar, no como una lucha por una ilusoria perfección.

ACUPRESION

Presione sobre el centro de la hendidura entre la nariz y los labios durante 10 segundos para estimular la pérdida de peso mientras sigue una dieta sana.

(Para la ubicación de los puntos, ver ilustración en el artículo "Acupresión").

TRATAMIENTOS COMPLEMENTARIOS

Homeopatía, Medicina Tradicional china, Oxigenoterapia, Medicina naturopática, Flores de Bach, Colorterapia, Qui Gong, Talasoterapia, Visualizaciones, Psicoterapias, Aromaterapia, Terapia de ayuno, Terapia de Polaridad.

PEZONES DOLORIDOS O AGRIETADOS

Causas

Limpieza incorrecta de los pezones luego del amamantamiento, el bebé no se agarra correctamente al amamantarse.

Sintomas

Inflamación, sensibilidad extrema. La succión del bebé se hace insoportable y provoca, enojo, rencor y quejas.

Los síntomas mejoran por factores no específicos. Empeoran con el calor y la noche.

Remedio homeopatico

Chamomilla 30, cada 4 horas hasta un máximo de 6 dosis.

PIEL PROBLEMAS VARIOS

Causas y sintomas

La piel es un órgano vital. La pérdida funcional de más de un cierto porcentaje provoca la muerte. Ejerce vitales funciones de protección, control de temperatura y líquidos, y percepción. Se trata de una compleja envoltura membranosa compuesta por la piel externa, el pelo, las uñas y el tejido subcutáneo. Se ubica en forma contigua a la membrana mucosa que cubre el tracto gastrointestinal y el respiratorio y facilita la transferencia de nutrientes alimentarios y del oxígeno del aire hacia las células del cuerpo.

Es un órgano muy versátil, ayuda a regular la temperatura corporal y controla el flujo de sales y líquidos que salen del cuerpo, nos protege contra lesiones físicas, microbianas y químicas, y es capaz de percibir una gran variedad de estímulos nocivos. Proporciona la cubierta elástica que permite el movimiento de todas las estructuras que hay debajo de ella.

Su salud depende de una serie de equilibrios como la producción de grasas y sudor, y existen muchas maneras en que la piel puede desviarse de su funcionamiento habitual.

Forúnculos y antrax: El ántrax aparece cuando un grupo de folículos infectados se funden para formar una bolsa de infección que se extiende; por eso el tratamiento suele incluir incisión y drenaje. Los forúnculos son nódulos inflamatorios que se forman alrededor de folículos pilosos, causados por una infección bacteriana. Forman un centro líquido desde el cual se derrama pus ya sea por incisión o espontáneamente.

Cándida: No se trata específicamente de un síntoma, sino que es un organismo. Es un hongo en forma de levadura que invade los tejidos, en especial el tracto gastrointestinal y la vagina. En un alto porcentaje de personas estos hongos se encuentran en forma habitual en el tracto intestinal, debido probablemente al consumo durante generaciones de alimentos basados en levadura como el pan y la cerveza. Si su número se multiplica exageradamente y se desborda, aparece la enfermedad conocida como *càndidiasis*. Muchos de sus efectos son de naturaleza alérgica. Hay posibilidades serias de que el uso de antibióticos, que destruyen la flora bacteriana normal del tracto intestinal, contribuyan a facilitar la reproducción de la cándida. El intestino sirve como reserva para la cándida que afecta la boca y la vagina.

La candidiasis es una importante característica del SIDA. Cualquier persona que padezca inmunodepresión producida por esteroides tiene mayor riesgo de infección de cándida, así como también los diabéticos son muy vulnerables.

Celulitis: Se trata de los depósitos de grasa que causan la llamada "piel de naranja" en nalgas y muslos, especialmente de la mujer. Para quienes lo sufren es una verdadera preocupación, pero es importante decir que se trata de algo totalmente irrelevante desde el punto de vista médico. Su único inconveniente es estético. Hoy no existe aún una terapia convencional reconocida que la solucione.

Herpes: Son provocados por un virus llamado *herpes simplex* que ingresa en los tejidos en los pimeros años de vida y puede permanecer en letargo por décadas. Hasta que un día aparecen en la piel o en las membranas mucosas pequeñas vesículas llenas de un líquido claro y rodeadas por una base inflamada. Suelen surgir por estrés emocional, por infecciones respiratorias o debido a una excesiva exposición solar.

Quistes: El más habitual es el sebáceo, que surge del bloqueo del conducto que va desde una glándula sebácea hacia la superficie, lo que produce un nódulo muy sensible al dolor, aunque a veces pueda ser imperceptible. Estos nódulos suelen estar llenos de líquido.

Pie de atleta, tiña: Son infecciones de hongos, muy habituales. Las de tiña aparecen en cuero cabelludo, uñas y tronco. El pie de atleta afecta en general la zona de la piel entre los dedos de los pies, aunque también suele extenderse. Se lo contagia por problemas de exposición a falta de higiene en duchas públicas, vestuarios, etc. Suelen tratarse tradicionalmente con *sulconazol*, un antimicótico eficaz y de escasos efectos secundarios.

Olor corporal: Suele emanar, al menos los más perceptibles, de glándulas sudoríparas ubicadas en axilas, ingles y pies. Es básicamente un problema de higiene, y socialmente trae inconvenientes. Los baños regulares no sólo minimizan este problema, sino que son en general beneficiosos para la piel, al eliminar residuos y sales excretadas de su superficie.

Parásitos: Los más comunes son los piojos y la sarna. En ambos casos, el origen está en una deficiencia de higiene. Se reproducen en lugares como las escuelas, afectando simultáneamente a amplios grupos de personas.

Picazones: Síntoma inequívoco de inflamación de la piel. Presente en casi todos los casos aquí tratados, también se da en ictericia e insuficiencia renal.

Erupciones: Comunes a varias de las afecciones tratadas en este apartado.

Tumores: Se trata de diversos tipos de lesiones cancerígenas que habitualmente pueden controlarse con la extirpación de la zona afectada, aunque suelen reaparecer. El caso del cáncer de piel es, en gran medida, resultado de una inadecuada exposición al sol.

Dieta y nutricion

La piel requiere un equilibrio que asegure su espesor, humedad y elasticidad. Relacionado íntimamente con el equilibrio de otros sistemas del cuerpo, la dieta juega un importantísimo rol en todos ellos. Un buen programa de nutrición resulta un aliado fundamental. En el caso específico de la piel, es importante proveerla de la dosis adecuada de estas vitaminas y suplementos:

- *Aceite de onagra u otras fuentes de ácido gamma-linoleico*
- *Cinc*
- *Selenio*
- *Magnesio*
- *Lípidos marinos obtenidos de aceites de pescado*
- *Vitaminas A, E y el complejo B.*

Fitoterapia

Resultan de gran ayuda las siguientes hierbas:

- Ungüentos o compresas realizadas con bardana, pamplina, reina de los prados y consuelda.

- Para pieles inflamadas, lociones preparadas con trébol rojo, raíz de bardana, ortigas y borraja.

Hidroterapia

Baños calientes, frecuentes y de corta duración. Limpian las pieles escocidas o inflamadas. Se combinan con la aplicación de aceites de aromaterapia, luego de secarse la piel suavemente y sin frotar.

Aromaterapia

- Para la tiña es muy útil aplicar con algodón sobre la zona afectada a intervalos cortos la siguiente mezcla: diez gotas de té, diez de aceite de espliego y cinco de geranio en aceite excipiente.
- Para el herpes, se puede aplicar regularmente la mezcla de seis gotas de aceite de bergamota, seis de eucalipto y seis de té en 60 g de aceite excipiente.
- Para el pie de atleta, aplicar aceite de espliego, té o limón en un baño caliente.
- Para los piojos: mezclar seis gotas de aceite de romero, cinco de geranio y seis de aceite de espliego con 60 g de aceite excipiente; aplicar sobre el cuero cabelludo con un masaje; luego envolver el pelo con un gorro o toalla durante dos horas; destapar, cepillar y lavar profundamente. Se repite diariamente mientras sea necesario.

POST-PARTO, CUIDADOS

Causas y sintomas

El cuidado del embarazo no termina con el nacimiento del bebé. Luego de que madre e hijo regresan al hogar, hay mucho para hacer en pos de su salud.

Durante los seis a diez meses después de producido el parto, el cuerpo de la madre empieza a retornar a su condición previa al embarazo. Sus órganos reproductivos comienzan a encogerse, y ella empieza a perder el peso aumentado durante el embarazo. Caen los niveles de estrógeno y progesterona y la vagina vuelve a adquirir el tono muscular original. El útero retoma gradualmente su tamaño natural.

Ahora bien, hay distintos desórdenes que pueden darse en este período posterior al nacimiento. Puede haber dolor interno, causado por contracciones uterinas remanentes, especialmente en las dos primeras semanas. El área perineal puede estar dolorida, especialmente si se le practicó episectomía o si sufrió desgarros en la zona. Los labios vaginales retoman su dimensión pero pueden verse algo estirados todavía, y oscurecidos por el estado post-parto. Y en especial hay que atender a los cambios emocionales que puede experimentar la madre.

Un nuevo hijo es una de las experiencias más movilizadoras que puede tener una persona. Algunas mujeres, por ejemplo, experimentan una excesiva ansiedad por cuidar al bebé. Otras, sensaciones que tienen mucho que ver con la depresión, al menos con un ánimo decaído sensiblemente. Las madres primerizas suelen caer en un período de agotamiento físico. A menos que la madre comience a descansar bien, la fatiga crecerá e impulsará estados anímicos de angustia y depresión.

Cuidados generales

El correcto cuidado de la zona del perineo es esencial en las primeras semanas del post-parto para prevenir posibles infecciones, especialmente en caso de haberse practicado episectomía o de desgarro. Debe evitarse el uso de tampones.

- Durante las primeras veinticuatro horas, es bueno aplicar en la zona del perineo hielo envueltos en toalla. Se pueden aplicar durante media hora y descansar quince minutos.
- Después del primer día, las duchas

vaginales tibias de veinte minutos reemplazan a la terapia fría.

- Si hay hinchazón, puede aplicarse una compresa fría con unas pocas gotas de aceite esencial de lavanda.

- Orinar puede provocar dolor o ardor durante la primera semana. Es importante hacer lavajes de toda la zona vaginal y anal para prevenir infecciones.

- Es probable que haya constipación o dificultad para defecar, o que el hacerlo sea doloroso. Es importante beber muchísimo líquido y comer mucha fibra como la que se encuentra en frutas frescas y vegetales.

- Probablemente la mayor dificulatades de este período sea ajustarse al nuevo esquema de sueño que impone un bebé. El cansancio por los repetidos despertares durante la noche es inevitable. La única medida a tomar es organizarse bien para tratar de aprovechar al máximo posible los periodos de sueño.

- Debe continuarse con suplementación de:

-Vitamina A
-Cinc
-Betacaroteno

- El remedio homeopático indicado para este período, especialmente para los primeros días, es Arnica.

- Es importante, dentro de lo posible, intentar retonificar músculos, tendones y ligamentos. Puede ser a través de técnicas suaves como el Yoga.

- Las técnicas de meditación pueden brindar un gran apoyo para este período difícil aunque hermoso.

PROBLEMAS URINARIOS

CAUSAS

Las unidades funcionales de los riñones se llaman nefronas. Cada una contiene un vaso sanguíneo enrollado alrededor de un tubito minúsculo, en el cual entra una pequeña arteria llevando la sangre con sustancias residuales y con el exceso de agua. Pasa por ese túbulo, y vuelve a la circulación purificada mientras los residuos y el exceso de agua forman la orina, que finalmente es eliminada por la vejiga. Por eso los riñones son los más importantes reguladores del equibrio de líquidos y ácido-alcalina, además de la concentración de muchos minerales y otras sustancias, y la excreción de nitrógeno.

Diversas dolencias pueden afectar este proceso. En los hombres, la función del riñón puede verse dañada por la aparición de tumores o inflamaciones en la próstata. Y en general, las pequeñas arterias de los riñones pueden bloquearse, así como los conductos urinarios ser taponados por cálculos o tumores.

SINTOMAS

Dolor o ardor al orinar: está indicando la posible presencia de bacterias, quizás alguna infección en curso.

Orina de aspecto turbio: una concentración excesiva, o bien restos de sangre, cristales o bacterias en la orina.

Fuerte olor en la orina: puede deberse al estancamiento de la orina provocado por un vaciamiento incompleto de la vejiga. Algunos alimentos, como los espárragos, también lo provocan.

Orinar frecuentemente con urgencia: la causa es una irritación en la pared de la vejiga; también puede estar llena por haberse vaciado en forma incompleta.

Incontinencia: es más común en la mujeres, y especialmente en ciertas situaciones como las del embarazo e inmediatamente después, o luego de los 40 años. En hombres, se asocia a postoperatorios de próstata.

Obstrucciones en el fluir de la orina: las razones más comunes son una piedra en el conducto urinario, que suele causar dolor o bien un agrandamiento de la vejiga. En un pequeño porcentaje de casos, la causa es una anomalía congénita.

DIETA Y NUTRICION

Una dieta de óptima nutrición mantiene la salud del tracto urinario, en especial el ingerir la cantidad y calidad diaria adecuada de líquidos. La cantidad mínima necesaria en forma de agua o jugos puede rondar entre los 4 y 8 vasos. Pero esto depende mucho de factores varios como la cantidad de sudor que produce una persona o la de alimentos ricos en agua que consuma.

Para prevenir el desarrollo de infecciones es aconsejable consumir de 200 a 400 miligramos diarios de *arándano en cápsulas*, que forma una barrera entre las células que recubren la parte interior de la vejiga y las bacterias que intentan adherirse a esta.

Hay que evitar el consumo de comidas picantes, café y alcohol. Cuando hay infecciones de vejiga no hay que tomar cítricos.

FITOTERAPIA

- Para la cistitis, prepare esto: durante 30 minutos hierva 115 gramos de cebada sin cáscara en medio litro de agua; cuele, agregue jugo de limón y miel; tome media taza varias veces al día.

- Otra receta para lo mismo: haga una infusión de buchú, barba de maíz, grama y hojas de malvavisco; tome una taza cada dos horas.

- 160 mg de serenoa repens dos veces al día durante cuatro meses, para el aumento de tamaño de la vejiga.

-Sándalo, equinácea e hidrastis contra las infecciones.

TERAPIA FISICA

Es importante para la incontinencia aprender a fortalecer los músculos de la pelvis. Para ello existen los "Ejercicios de Kegel", así llamados por el médico californiano que los desarrolló. Cuando vaya a orinar, intente detener el flujo de orina o hacerlo más lento, de este modo localizará fácil y rápidamente los músculos de la pelvis. Luego realice este movimiento de contracción y distensión voluntariamente, en series de 10 contracciones y distensiones todas las veces que desee al día.

REFLEXOLOGIA

El punto reflejo de la vejiga se halla en la parte blanda a mitad del interior del pie. Vacíe la vejiga y luego presione desde este punto, avanzando en líneas hasta la parte superior del pie y los dedos.

PROSTATA DILATADA

CAUSAS

Dilatación prostática.

SINTOMAS

Micción dificultosa, espasmos en vejiga y uretra, descarga del pene, sensación de frío en los genitales.

Los síntomas mejoran con lo templado. Empeoran con el frío.

REMEDIO HOMEOPATICO

Sabal 6, 4 veces por día hasta un máximo de 21 días.

RESFRIO

Causas

Es provocado por el *rinovirus* y se trata de una infección contagiosa. Se transmite por contacto de manos y de estas con la boca, y por el aire. Los antibióticos no sirven porque atacan las bacterias y esta infección es virósica. Puede complicarse con infecciones bacterianas secundarias como la sinusitis.

Sintomas

Estornudos, ojos llorosos e irritados, mucosidad excesiva, garganta rasposa, inflamación de los ganglios, congestión nasal y del pecho, tos, sed, fiebre.

Aromaterapia

Hay tres conductas básicas que esta terapia provee para los resfríos:

a) Mezcle agua con cuatro gotas de aceite esencial de té, cuatro de eucalipto y dos gotas de menta. Haga inhalaciones de vapor con este líquido, para un alivio general de los síntomas.

b) Agregue una gota de té a un vaso de agua y haga gárgaras habitualmente, para prevenir el resfrío.

c) Inhale eucalipto. Vierta una gota de este aceite esencial en un pañuelo y úselo regularmente; vierta otra gota en la almohada antes de irse a dormir.

Remedio homeopatico

Acónito 6 para los estornudos. Natruz Mur. para la nariz congestionada. Euphrasis 6 para los ojos llorosos.

Acupresion

Para evitar la congestión, son particularmente útiles los puntos Intestino Grueso 4 y 20. Para la tos y la dificultad respiratoria, hacer presión en Pulmón 1 y 5. Para la iritación de garganta, presionar Pulmón 10 y Vaso Concepción 22.

(Para la ubicación de los puntos, ver ilustración en el artículo "Acupresión").

Fitoterapia

Trabaje las siguientes plantas:

- *Milenrama*
- *Menta*
- *Flor de saúco*
- *Eupatorio*
- *Nébeda*

Reflexologia

a) Pellizque suavemente el reflejo correspondiente a la trompa de Eustaquio (que une el oído medio con la parte posterior de la garganta), que al estar la nariz congestionada podría estar bloqueada; elpunto se ubica entre los dedos tercero y cuarto del pie. Sostenga el pie con la otra mano mientras pellizca suavemente el punto.

b) Presione los reflejos de los senos paranasales a través de las yemas de los ocho dedos menores del pie (exceptuando pulgares). Algunos reflejos pueden ser más sensibles que otros; con una presión adecuada, la sensibilidad localizada en el dedo del pie en forma de dolor desaparece y de este modo se alivia la congestión de la cabeza.

Dieta y nutricion

Se debe aumentar la dosis diaria de vitamina C, pasando a ingerir entre 3.000 y 4.000 mg por día. Esto acorta la duración de los síntomas.

TRATAMIENTOS COMPLEMENTARIOS

Medicina tradicional china, Oxigenoterapia, Medicina naturopática, Medicina ortomolecular, Acupuntura, Shiatzu, Flores de Bach.

RESFRIO CON ESTORNUDOS, PRIMERAS ETAPAS

CAUSAS

Infección y tensión emocional.

SINTOMAS

El resfrío empieza con estornudos violentos y descarga catarral poco densa. La nariz puede estar obstruida y pueden aparecer llagas.

Los síntomas mejoran con el ayuno, el aire fresco y al aplicar compresas frías sobre los senos nasales. Empeoran con el calor del sol, el ruido, la conversación y con el tiempo frío y tormentoso.

REMEDIO HOMEOPATICO

Natrum Mur. 6, cada 2 horas hasta 4 dosis.

TRATAMIENTOS COMPLEMENTARIOS

Medicina Tradicional china, Oxigenoterapia, Medicina naturopática, Medicina ortomolecular, Acupuntura, Shiatzu, Flores de Bach.

RESFRIO CON IRRITABILIDAD

CAUSAS

Infección y tensión emocional.

SINTOMAS

Dolor de garganta, estornudos, dolor de cabeza, sensibilidad al frío, ojos acuosos, nariz goteante durante el día, y bloqueada durante la noche.

Los síntomas mejoran al dormir, con la presión firme, al lavarse y con compresas. Empeoran en lugares públicos, con el clima frío, seco y ventoso y después de excederse en la ingestión de alimentos condimentados y estimulantes (como por ejemplo el café).

REMEDIO HOMEOPATICO

Nux Vomica 6, cada 2 horas, hasta un máximo de 4 dosis.

RESFRIO CON MUCOSIDAD AMARILLA

CAUSAS

Infección.

SINTOMAS

Nariz obstruida durante la noche y chorreante durante el día, mucosidad blanda y amarilla, pérdida del olfato, pueden presentarse hemorragias nasales, ausencia de sed. Los síntomas mejoran con el ejercicio, el aire fresco, al llorar, con bebidas y compresas frías y al levantar las manos por encima de la cabeza. Empeoran con el sol, el calor y los alimentos suculentos y grasos.

REMEDIO HOMEOPATICO

Pulsatilla 6, cada 2 horas hasta un máximo de 4 dosis.

RESFRIO QUE APARECE LENTAMENTE

CAUSAS

Infección y calor excesivo sin transpiración.

SINTOMAS

Siente la boca caliente, pueden presentarse hemorragias nasales, la garganta está roja e inflamada.

Los síntomas mejoran al aplicar compresas frías sobre la frente y con el ejercicio suave. Empeoran con el aire fresco, el sol y el movimiento.

REMEDIO HOMEOPATICO

Ferrum Phos. 6, cada 2 horas hasta un máximo de 4 dosis.

RESPIRACION SIBILANTE O CON DIFICULTADES

CAUSAS

La causa más habitual es la constricción de los bronquiolos, los tubos bronquiales más pequeños. Estos contienen una capa muscular que les permite dilatarse y contraerse. Cuando esta contracción se hace prolongada, se llama broncoespasmo. Esto produce una sensación de falta de aliento y dificultad respiratoria que puede conducir a la ansiedad y al pánico, que a su vez aumentan la escasez de aire, en un círculo vicioso.

El asma produce característicamente el mismo síntoma. También las sustancias alergénicas del aire producen broncoespasmo. Otras causas son: infección crónica del árbol bronquial, hinchazón de los alveolos pulmonares (enfisema), la inflamación de los tejidos pulmonares con agua, el ataque congestivo al corazón, la presión ejercida por tumores en los conductos respiratorios.

SINTOMAS

Respiración ruidosa, con sonido similar al silbido que es más perceptible en la espiración.

FITOTERAPIA

- *Énula campana (contra enfisema, bronquitis y asma)*
- *Regaliz (bronquitis)*
- *Tusílago (asma, enfisema)*
- *Tomillo*
- *Belcho*

AROMATERAPIA

Hay dos maneras de utilizar estos aceites esenciales: aplicando una gotas en un pañuelo y haciendo frecuentes inhalaciones, o bien mezclándolos con un aceite corporal o excipiente para realizar masajes de pecho y espalda. Pueden mezclarse de la forma que cada paciente considere mejor:

- *Incienso*
- *Salvia*
- *Eucalipto*
- *Salvia*

REUMATISMO, DOLOR ALIVIADO CON MOVIMIENTO SUAVE PROLONGADO

CAUSAS

Inmovilidad.

SINTOMAS

Inquietud y dolor que empeora al empezar a moverse. Estos síntomas generalmente empeoran por la mañana, después de dormir o descansar, y con el tiempo frío y húmedo. El calor y el movimiento continuo los mejoran.

REMEDIO HOMEOPATICO

Rhus Tox 6, cuatro veces por día hasta un máximo de 14 días.

REUMATISMO, DOLOR CON LLANTO

CAUSAS

Cambios hormonales asociados con el

ciclo menstrual.

Sintomas

El dolor pasa de una articulación a otra acompañado de depresión y trastorno emocional. Deseo de mucha comprensión afectiva.

Los síntomas mejoran con el ejercicio suave, el aire fresco y el llanto, y empeoran con el calor, los alimentos suculentos y grasos, y con un trastorno emocional.

Remedio homeopatico

Pulsatilla 6, cuatro veces por día hasta un máximo de 14 días.

REUMATISMO, DOLOR EN LOS TENDONES

Causas

Lesión.

Sintomas

El dolor aparece después de una lesión en los tendones, o cuando el revestimiento de los huesos ha quedado dañado.

Los síntomas mejoran con el movimiento, y empeoran con el tiempo frío y húmedo y, fundamentalmente, después de descansar.

Remedio homeopatico

Ruta Grav. 6, cuatro veces por día hasta un máximo de 14 días.

REUMATISMO, DOLOR PROVOCADO POR EL MOVIMIENTO

Causas

La preocupación por el trabajo y las finanzas, el movimiento.

Sintomas

Agravamiento de los dolores con el movimiento y mejora con el reposo, tendencia a soñar con el trabajo.

Los síntomas mejoran al aplicar una presión sobre la parte afectada, y, fundamentalmente, con el descanso. Empeoran generalmente hacia las 3 de la mañana, y sobre todo con el movimiento y las corrientes de aire.

Remedio homeopatico

Bryonia 6, cuatro veces por día hasta un máximo de 14 días.

REUMATISMO, RIGIDEZ PROVOCADA POR CONTRACCION DE LOS TENDONES

Causas

Exposición al clima frío y seco.

Sintomas

Cuello rígido y dolores con espasmos musculares debidos a la contracción de los tendones.

Con el tiempo cálido y húmedo, los síntomas mejoran; con el tiempo frío, seco y ventoso, las corrientes de aire y los dulces y el café, empeoran.

Remedio homeopatico

Causticum 6, 4 veces por día hasta un máximo de 14 días.

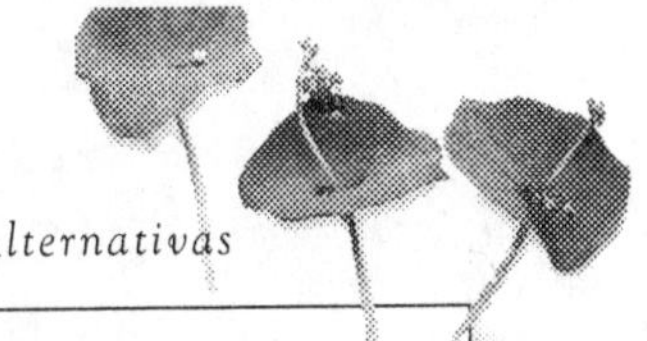

SABAÑONES CON VENAS HINCHADAS

Causas

Exposición al frío.

Sintomas

Hinchazón con inflamación y color azulado, dolor palpitante y ardiente que llega a provocar llanto, deseo de comprensión afectiva.

Los síntomas mejoran con el ejercicio suave, levantando las manos sobre la cabeza. Empeoran con el calor, las temperaturas extremas, al atardecer, de noche.

Remedio homeopatico

Pulsatilla 6, cada 30 minutos hasta un máximo de 6 dosis.

SABAÑONES

Causas

Exposición al frío.

Sintomas

La piel de la zona afectada está hinchada y roja, picazón.

Los síntomas mejoran con el movimiento lento. Empeoran con el frío, antes de las tormentas.

Remedio homeopatico

Agaricus 6, cada 30 minutos hasta un máximo de 6 dosis.

SHOCK

Causas

Inicio repentino.

Sintomas

Miedo a salir, parálisis emocional, miedo a morir, inquietud profunda.

Los síntomas mejoran con el aire fresco. Empeoran al atardecer, por la noche, con el humo del tabaco, con la música.

Remedio homeopatico

Aconite 30, cada 30 minutos hasta un máximo de 10 dosis.

SHOCK POR DUELO

Causas

Muerte súbita de un ser querido.

Sintomas

Deseo de soledad, disgusto por el contacto. Los síntomas mejoran con el movimiento, o al acostarse con la cabeza más baja que los pies. Empeoran con el calor, con el tacto o presión ligera.

Remedio homeopatico

Arnica 30, cada hora hasta un máximo de 10 dosis, y luego 4 veces por día hasta un máximo de 14 días.

SHOCK TRAS UN SUSTO

Causas

Shock emocional, miedo físico.

Sintomas

Debilidad mental y física con sensación de pesadez, aprensión a cualquier situación nueva.

Los síntomas mejoran con el alcohol, después de orinar, con el sudor. Empeoran con el calor, las malas noticias y la excitación.

Remedio homeopatico

Gelsemiun 30, cada 30 minutos hasta un máximo de 10 dosis.

SINDROME PREMENSTRUAL (SPM)

Causas

Desequilibrio hormonal, estrés, proximidad de la menopausia.

Sintomas

Irritabilidad, marcada indiferencia hacia los seres queridos, deseos de llorar, ira extrema, problemas en senos nasales, dolor de garganta, sofocos, fatiga por la mañana, aversión al acto sexual, deseos de alejarse de todo.

Los síntomas mejoran al comer, al dormir, con el ejercicio vigoroso y con el calor. Empeoran con el frío, el cansancio, el humo de tabaco, a primera hora del atardecer, antes de las tormentas.

Remedio homeopatico

Sepia 30, cada 12 horas hasta un máximo de 3 días, comenzando tres o cuatro días antes de la fecha estimada de la menstruación.

SINDROME PREMENSTRUAL CON CONGOJA MARCADA

Causas

Desequilibrio hormonal.

Sintomas

Exagerados deseos de llorar, autocompasión, llantos repentinos, indiferencia, depresión, falta de concentración, ansiedad, miedo a la demencia.

Los síntomas mejoran al llorar, con el ejercicio, con la comprensión afectiva. Empeoran con clima templado, al sol, con alimentos grasos, al atardecer y a la noche.

Remedio homeopatico

Pulsatilla 30, cada 12 horas hasta un máximo de 3 días, comenzando tres o cuatro días antes de la fecha estimada de la menstruación.

SINDROME PREMENSTRUAL CON RETENCION DE LÍQUIDOS

Causas

Desequilibrio hormonal, exceso de trabajo.

Sintomas

Dolor de articulaciones, depresión,

descarga vaginal, aftas, indiferencia, ganas de llorar, ansiedad irritabilidad, falta de concentración. Los síntomas mejoran por la mañana, con ligero estreñimiento. Empeoran con el tiempo frío y húmedo, con esfuerzo excesivo.

Remedio homeopatico

Clac. Carb. 30, cada 12 horas hasta un máximo dc 3 días, comenzando tres o cuatro días antes de la fecha estimada de la menstruación.

SINUSITIS

Causa

Los cuatro senos nasales son cavidades llenas de aire situadas en la frente, los pómulos y el interior del cráneo. La sinusitis se produce a causa de una inflamación de los senos que acaba bloqueando el conducto que une a estos con la cavidad nasal, lo que provoca una presión en los mismos que produce el característico dolor. Una forma de detectar la sinusitis es la sensibilidad que produce. Cuando existe inflamación en el seno frontal, una presión hacia arriba aplicada en el borde de la apertura ósea de los ojos puede provocar dolor. Cuando el seno maxilar, situado dentro del pómulo, está inflamado, se siente dolor al presionar debajo del pómulo con el pulgar hacia arriba.

Sintomas

Los signos más comunes son fiebre, dolores, congestión nasal y una secreción amarilla y pegajosa que aparece al sonarse la nariz.

Hidroterapia

Con la nariz bien limpia, tras haber hecho un hisopado, se pueden fluidificar las secreciones nasales inhalando vapor y aplicando compresas de agua fría sobre el seno afectado para aliviar el dolor.

Fitoterapia

Puede utilizar las siguientes plantas:

- Ajo
- Hidrastis
- Equinácea
- Propóleos de abejas

Remedio homeopatico

Pulsatilla 6, cada 2 horas hasta un máximo de 2 días.

SINUSITIS ACOMPAÑADA DE LLANTO

Causa

Infección.

Sintomas

Mucosidad amarilla, llanto, dolor encima de los ojos o en la mejilla derecha, actitud autocompasiva.

Los síntomas mejoran con el llanto, el ejercicio suave, el aire fresco y con las bebidas y compresas frías. Empeoran, con el sol, las temperaturas extremas, los alimentos grasos, y las habitaciones mal ventiladas.

Dieta y nutricion

Trate de evitar en sus comidas los alergenos y no ingiera toxinas, asegurándose a la vez que la dieta abunde en vitaminas C, E, y A. Estas características son reunidas por las verduras cultivadas en forma orgánica.

Remedio homeopatico

Pulsatilla 6, cada 2 horas hasta un máximo de 2 días.

SINUSITIS CON MUCOSIDAD VISCOSA

CAUSAS

Infección.

SINTOMAS

Mucosidad viscosa y elástica de color verde amarillento, estornudos violentos, pérdida del olfato, sensación de obstrucción a cada lado de la nariz.

Los síntomas mejoran al aplicar compresas calientes en los senos, y empeoran al beber cerveza, con el tiempo caluroso y después de desvestirse, por haberse enfriado.

REMEDIO HOMEOPATICO

Kali ßich. 6, cada 2 horas, hasta un máximo de dos días.

SINUSITIS CON SENSIBILIDAD FACIAL

CAUSAS

Infección y exposición al tiempo frío, seco y ventoso.

SINTOMAS

Los huesos faciales están muy sensibles, excesiva mucosidad amarilla, estornudos e irritabilidad.

Los síntomas mejoran al abrigarse la cabeza y al sentarse en un ambiente tibio, y empeoran, con las corrientes de aire y después de desvestirse, por haberse enfriado.

COMBATIR LA POLUCION

Trate de evitar las toxinas transportadas por el aire. De no ser posible, intente reducirlas al mínimo con aparatos renovadores de aire o filtrantes. Y trate de humedecer el aire.

REMEDIO HOMEOPAÁTICO

Hepar Sulph. 6, cada 2 horas, hasta un máximo de 2 días.

SISTEMA INMUNOLOGICO

CAUSAS Y SINTOMAS

Como mecanismo de defensa del organismo, el sistema inmunológico se encarga de detectar las amenazas y movilizar las defensas orgánicas. Las células de este sistema incluyen ciertos glóbulos blancos y algunos tejidos celulares relacionados. Una buena cantidad de estas células son producidas por el hígado, el bazo y la médula ósea. Algunas células que se identifican como "supresoras" y "colaboradoras" tienen la capacidad de unirse en forma selectiva a otras células, como una llave entrando en una cerradura, para transferir sustancias activas que viajan a varias partes del organismo a una fantástica velocidad. El sistema inmunológico funciona en forma óptima cuando existe un equilibrio general del organismo. En algunas personas o en diversas situaciones el sistema puede mostrarse poco activo e incluso directamente inactivo y no llevar a cabo la tarea de advertir y repeler "invasores". O, por al contrario, en ocasiones puede comportarse de manera excesivamente agresiva, produciendo inflamaciones innecesarias o directamente enfermedades en su propio organismo. Estas se denominan enfermedades autoinmunológicas. En los últimos años se ha estudiado mucho el sistema inmunitario y su relevancia en determinadas dolencias y trastornos. Se está trabajando en muchas áreas, como por ejemplo, la hipersensibilidad a ciertas sustancias. Algunos de los principales síntomas relacionados con este sistema son:

Choque anafiláctico: Es una reacción del sistema que se produce cuando este trabaja exageradamente ante un estímulo externo. Es poco habitual. Produce una respuesta total del cuerpo que se manifiesta en inflamación de los tejidos blandos, dificultad respiratoria, descenso de la presión arterial y alteraciones de conciencia, y en algún caso puede llevar a la muerte. El tratamiento clásico para actuar en esta emergencia es anular esta hiperreacción del cuerpo inyectando adrenalina.

Asma: Se trata de una dolencia muy difundida cuyas principales características son una respiración dificultosa e inadecuada.

Reacción autoinmunitaria: Es cuando el organismo se ataca a sí mismo con sustancias químicas que pueden dañar o destruir los tejidos, como en el caso de la artritis reumatoide grave, la espondilitis o el lupus.

Rinitis Alérgica: Este síntoma de una nariz muy congestionada es un indicador de una variedad de situaciones relacionadas con el aire inhalado, los alimentos e inclusive el sistema emocional.

Fiebre del heno: Alergia respiratoria bastante común que tiene su origen en el aire. Causa mucho dolor y puede acarrear complicaciones graves.

Sensibilidad a los alimentos: Entre las muchas afecciones relacionadas con la influencia de la alimentación en el sistema de defensas están el asma, la dermatitis atópica, la arritmia cardiaca, el estreñimiento, la enuresis nocturna, la migraña, la pérdida de audición, la esclerosis múltiple, la otitis media, la úlcera péptica, la hiperactividad infantil, la fatiga, la artritis reumatoide y el trastorno por défiti de atención.

Urticaria: Manifestación de la piel ante una reacción alérgica sistémica general. Puede ser indicadora de una reacción posterior más seria.

Mordeduras o picaduras de insectos: algunas pueden producir reacciones anafilácticas graves e incluso poner la vida en peligro.

DIETA Y NUTRICION

Los estudios realizados desde la década pasada nos acercan algunas conclusiones de sumo interés acerca de los efectos de ciertas sustancias sobre el sistema inmunológico. Todos ellos nos hablan de la importancia extrema de una dieta equilibrada:

- Las vitaminas A B, C y E, el betacaroteno, el selenio y el cinc mejoran probadamente la función inmunitaria del organismo.
- Grandes dosis del complejo vitamínico B disminuyen la presión adversa del sistema inmunológico.
- Una baja ingestión de grasa mejora esta función.
- Una ingestión diaria baja en nutrientes –que suele ser la norma en personas de edad avanzada- no mantiene una óptima inmunidad.
- La vitamina A aumenta la inmunidad y reduce la mortalidad en afectadospor el sarampión. Tanto el exceso como la deficiencia de hierro comprometen las funciones inmunológicas.
- Un suplemento de selenio aumenta la actividad de las células inmunitarias.
- La melatonina modula la liberación natural de esteroides y el movimiento del cinc. Estos dos elementos tomados en conjunto pueden recuperar la actividad plena de la producción de hormonas tímicas, fortaleciendo el sistema inmunológico.
- El magnesio por vía intravenosa resulta muy efectivo en el choque anafiláctico y en el asma severa. La baja ingestión de ese mineral se relaciona con mayor riesgo de dificultad respiratoria.
- Un 25 por ciento de las dermatitis atópicas se relacionan con la dieta y la sensibilidad a los alimentos. Lo mismo sucede con la artritis reumatoidea.
- El trastorno de déficit de atención está relacionado con el consumo de aromas y colorantes artificiales, cafeína, chocolate, azúcar blanco y glutamato monosódico.

Fitoterapia

Para los trastornos inmunitarios se ha demostrado la eficacia de:

- *Silimarín (extracto del cardo mariano)*
- *Muérdago*
- *Manzanilla*
- *Arnica*
- *Eupatorio*
- *Regaliz*
- *Equinácea*
- *Astrágalo*

Meditacion

El equilibrio es lo más importante para el correcto funcionamiento del sistema inmunológico, por lo que la meditación y la capacidad de conectarse con el centro interior resultan de una efectividad extrema.

Visualizacion

Promueve mejoras en alergias como el asma mediante técnicas que ayudan a conseguir la desensibilización y la reducción del estrés.

Acupresion

Presionar el punto Vesícula Biliar 2, situado en los extremos interiores de las cejas, en la parte de vello más espeso.

Terapia fisica

El ejercico aeróbico aumenta el número de células inmunitarias específicas. Practicarlo a diario fortalece el sistema. Correr y nadar, con una correcta técnica de respiración, ayuda mucho en las alergias respiratorias.

Terapia de respiracion

Las técnicas de respiración y relajación promueven el equilibrio del sistema inmunológico, combinándose muy efectivamente con masajes y con ejercicios aeróbicos.

Terapia con veneno de abejas

Tiene probado efecto en distintos trastornos inmunitarios, incluyendo las enfermedades autoinmunitarias. Las picaduras de abejas bajo condiciones controladas modifican la respuesta del sistema inmunológico produciendo mejoría en los síntomas de enfermedades tales como el lupus o la artritis reumatoide.

Tratamiento del estres

El estrés, probadamente, perjudica las defensas del organismo. Por eso es muy importante dedicar tiempo a analizar y reflexionar acerca de nuestras relaciones con el entorno y lo afectivo, para tratar de acomodar las situaciones que nos provocan estrés.

Terapia de masajes

Las dificultades respiratorias pueden combatirse aplicando un masaje horizontal en las costillas de debajo del pecho con el puño relajado y empleando la parte posterior de los nudillos. Así se liberan los musculos que están entre las costillas y la caja torácica puede moverse con mayor facilidad hacia arriba y hacia abajo para mejorar las condiciones de respiración.

Flores de Bach

- *Mimulus (miedo a las enfermedades)*
- *Balsamina (irritación en la piel, fiebre del heno)*
- *Clemátide (hipersensibilidad)*
- *Haya (intolerancia a ciertos alimentos)*

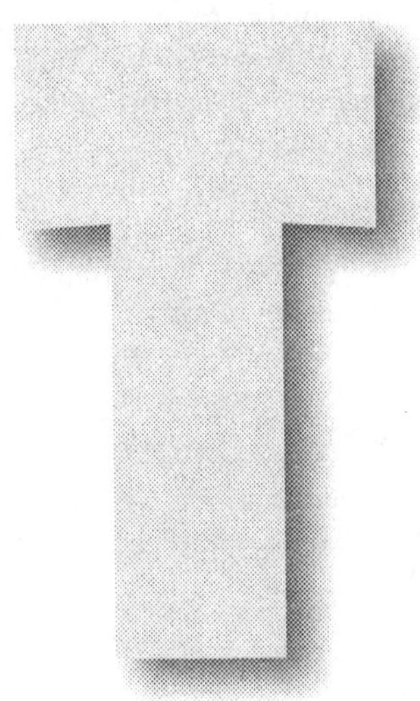

TEJIDOS, PROBLEMAS VARIOS

CAUSAS

Los tejidos blandos del cuerpo son atacados por varias afecciones además de la artritis, y generalmente estas afecciones van acompañadas de dolor e interfieren en el normal desarrollo de las actividades normales de una persona. Pueden producirse como resultado de algunos procesos del interior del cuerpo o bien de una lesión externa.

SINTOMAS

Síntomas relacionados con la función nerviosa: las dolencias más conocidas son el síndrome cervicobraquial y el síndrome del túnel carpiano, aunque existen algunas otras similares. Suelen desarrollarse por una combinación de factores: exceso de peso, sobreesfuerzo, malas posturas, dietas deficientes. Provocan, entre otras cosas, dolor, sensaciones de calor y frío, entumecimiento y hormigueo. Estos síntomas provienen de una presión sobre los troncos nerviosos que cruzan las extremidades. En muchos de estos casos la cirugía es la única alternativa de solución.

Lesiones en tejidos blandos: pueden agruparse bajo esta categoría las torceduras, contusiones y sobrecargas que suelen tratarse mediante el reposo y la inmovilización del miembro afectado.

Dolores y punzadas: molestias que no están relacionadas con ninguna articulación, pero que presentan similitud con las que provoca la artritis. Algunas posibilidades son el reumatismo no articular, la fascítis, la fibrositis y la periartritis.

Cuando tienen una forma más localizada, se habla de tendinitis de la muñeca o epicondilitis.

Estas molestias proceden de ligamentos, músculos o tendones, o de la ***fascia*** o *perimisio*, que es la lámina gruesa de tejido que recubre el músculo. En la mayoría de los casos se trata de una afección de tipo inflamatorio provocada por sobreesfuerzo.

TERAPIA FISICA

Un programa continuado de ejercicios, que fortalezca los músculos y evite la hipertensión muscular y la hiperflexión –es decir el doblar y extender en exceso las articulaciones y músculos- resulta la mejor prevención contra sobreesfuerzos y torceduras.

Para evitar afecciones como los síndromes cervicobraquial o del túnel carpiano o las llamadas lesiones de esfuerzo repetitivo, deben organizarse las actividades de trabajo de modo que las tareas repetitivas puedan alternarse con otros trabajos que no provoquen tensión en las mismas estructuras.

DIETA Y NUTRICION

En el caso del síndrome cervicobraquial, la medida fundamental es el control del peso, para no provocar una presión excesiva en los nervios del hombro y evitar así también otras situaciones que afecten a los tejidos blandos.

La piridoxina o vitamina B6 actúa sobre el umbral del dolor y controla la inflamación. Debe consumirse una dosis diaria de entre 100 y 200 miligramos.

MASAJES

Para relajar la espalda y refrescar los músculos doloridos puede aplicarse sobre la zona un suave movimiento circular como de "planchado" en cada lado de la espalda, cuidando de no presionar sobre la espina dorsal o sobre zonas que presentan contusiones o inflamaciones.

Para aliviar y relajar la parte superior de los muslos después de haber hecho ejercicios, puede aplicarse aceite en la zona y hacer un masaje con las palmas de las manos, con movimientos suaves pero rítmicos, aumentando un poco la presión cuando el movimiento es en dirección de ascenso como hacia el corazón.

YOGA

Los músculos pueden estar tensos a causa de la ansiedad, o bien del estrés, que suele provocar espasmos musculares que conllevan dolor. Además de ayudar a relajarse y promover el buen estado físico general, el yoga aumenta la flexibilidad de las articulaciones y la fuerza muscular.

HIDROTERAPIA

- Tanto para aliviar el dolor y la rigidez como para la relajación general, en todos los casos de molestias en las extremidades, los baños calientes resultan muy efectivos.

- Para una inflamación localizada resulta eficaz el baño con agua a presión, que provoca que los residuos irritantes sean arrastrados fuera del tejido afectado y que estimula la circulación sanguínea.

- En caso de torceduras agudas, resultan eficaces las compresas frías, que minimizan la hemorragia en los tejidos y la hinchazón.

TECNICA ALEXANDER

Esta técnica ayuda a mantener una posición corporal adecuada, lo cual es de suma importancia en esta clase de dolencias, en especial en el síndrome cervicobraquial.

TRATAMIENTOS COMPLEMENTARIOS

Medicina Tradicional china, Medicina ortomolecular, Acupuntura, Shiatzu, Flores de Bach, Colorterapia, Talasoterapia.

TEMOR A LA MUERTE

CAUSAS

Shock, inicio repentino.

SINTOMAS

Temor muy marcado a la muerte, a los espacios abiertos, inquietud permanente.

Los síntomas mejoran con el aire fresco. Empeoran con el café y el tabaco, con la música, al atardecer.

REMEDIO HOMEOPATICO

Aconite 30, cada 30 minutos hasta un máximo de 10 dosis.

TEMOR AL DENTISTA CON TEMBLORES

CAUSAS

Inicio gradual del temor.

SINTOMAS

Aprensión extrema que hace que todo el cuerpo tiemble. Sensación de que las piernas no pueden soportar el cuerpo.

Los síntomas mejoran con el aire fresco, el ejercicio, el alcohol y después de orinar. Empeoran con el calor y cuanto más se piensa en una visita al dentista.

REMEDIO HOMEOPATICO

Gelsemium 30, cada hora, mientras sea necesario.

TEMOR AL DENTISTA, PANICO AGUDO

CAUSA

Inicio repentino del temor.

SINTOMAS

Intensos sentimientos de ansiedad y pánico que pueden ser suficientemente graves para temer a la muerte como resultado de un tratamiento dental pendiente.

Este síntoma mejora con el aire fresco y empeora al pensar en una visita al dentista.

REMEDIO HOMEOPATICO

Aconite 30, cada hora, mientras sea necesario.

TEMOR COMPULSIVO

CAUSAS

Temor al fracaso.

SINTOMAS

Temor a multitudes, a las alturas, a llegar tarde. Temores irracionales en general, superstición, angustia de que algo horrible ocurrirá en cualquier momento.

Los síntomas mejoran con el aire fresco. Empeoran con lo templado, con alimentos dulces, por la noche, con la menstruación.

REMEDIO HOMEOPATICO

Argen. Nit. 6, cada 30 minutos hasta un máximo de 10 dosis, y luego 4 veces por día hasta un máximo de 14 días.

TOS

CAUSAS

Cualquier causa que active su reflejo estimula la tos. Los receptores nerviosos son tocados por diversos estímulos, y la tos sirve para reaccionar a esto; el objeto de este reflejo es expulsar instantáneamente alguna cosa que pueda obstruir el paso del aire. Este reflejo funciona a partir de los receptores nerviosos situados entre el tracto respiratorio y hasta el tracto bronquial de la parte posterior de la garganta, y a partir de los conductos nerviosos que conducen al cerebro y otra vez hacia la glotis y los músculos respiratorios.

También responde a otras causas, como la irritación local causada por:

- Los líquidos, la comida o la saliva inhalada al comer. Puede ser serio si un trozo de comida llega a interferir el paso de aire.
- Inhalación de sustancias irritantes, gases nocivos, humo, productos químicos, incluso agua.
- Las secreciones de la pared del árbol bronquial que resultan de una infección; esto provoca episodios de tos o bien tos crónica, de acuerdo cual haya sido la infección.
- Una hemorragia en el tracto res-

piratorio, que pudo deberse a infección, aunque a veces es una advertencia de la posible presencia de un tumor.

- La tos es sintoma habitual del asma.

Fitoterapia

Puede usar los siguientes preparados:

1) La infusión de tomillo ayuda a expulsar mucosidades.

2) Beba tres veces al día un preparado de 30 gotas de tintura de gordolobo en un vaso de agua previamente hervida.

3) Mezcle dos cucharadas de hisopo seco en una taza de agua hirviendo, deje reposar diez minutos, cuele y beba.

4) Si la tos es de tipo rasposo, beba jugo de aloe vera mezclado en partes iguales con miel.

Reflexoterapia

* Los reflejos de garganta y tiroides se encuentran en la parte plana de la base del dedo gordo del pie. Al primer síntoma de tos, pase su pulgar como caminando por esa zona en distintas direcciones.

* Levante los dedos del pie para acceder a la zona justo debajo de su nacimiento, que representa el reflejo del pecho. Cuando la tos sea profunda, masajee esa zona con el pulgar para aliviar la congestión del pecho.

Dieta y nutricion

La vitamina A y la E son útiles para las afecciones que provocan tos, lo mismo que las cápsulas de cinc (a veces vienen combinadas con vitamina C).

Aromaterapia

Existen distintas mezclas para realizar inhalaciones, todas ellas muy efectivas. Son:

1) Este es un remedio muy antiguo: vierta tres gotas de tintura de benzoína en una olla con agua hirviendo e inhale el vapor.

2) Mezcle tres gotas de ciprés, tres de enebro y una de jengibre, eche en agua hirviendo e inhale.

3) Vierta tres gotas de aceite de eucalipto y tres de aceite de hisopo en un recipiente con agua hirviendo e inhale el vapor mientras dure, controlándolo con una toalla colocada sobre la cabeza.

Hidroterapia

Las compresas calientes aplicadas sobre garganta y pecho resultan calmantes, lo mismo que un baño bajo una ducha caliente que genere mucho vapor. Se puede usar también un humidificador (simplemente una olla con agua hirviendo) colocado en su habitación.

Tratamientos complementarios

Medicina Tradicional china, Medicina herbal china, Medicina naturopática, Colorterapia, Acupuntura, Qui Gong, Shiatzu, Flores de Bach, Reflexología.

TOS CON CATARRO ESPESO Y VERDE

Causas

Polen, infección en el pecho, resfrío o gripe.

Sintomas

Sed escasa, poco apetito, lengua blanca y eliminación de mucosidad espesa, verde y amarga.

Los síntomas mejoran con el aire fresco, y empeoran generalmente durante el atardecer y en habitaciones calientes y mal ventiladas.

Remedio homeopatico

Pulsatilla 30, cada 4 horas hasta un máximo de 10 dosis.

TOS SECA E IRRITANTE QUE COMIENZA REPENTINAMENTE

Causas

Susto, resfrío o gripe, polen, y exposición al clima excesivamente caluroso.

Sintomas

Tos seca, mucha sed, sensibilidad al humo, ansiedad.

Los síntomas mejoran con el aire fresco, y empeoran en habitaciones calientes y con el humo del tabaco.

Remedio homeopatico

Aconite 30, cada 4 horas hasta un máximo de 10 dosis.

TRASTORNOS DEL SUEÑO

Causas

Se trata de una función fundamental para el ciclo vital, que recupera a la persona en todos los niveles: físico, mental, emocional y espiritual. Cualquier trastorno en este ciclo fundamental puede traer muchas consecuencias indeseables. Sus causas y síntomas son variados:

Sintomas

Insomnio: Puede dividirse en tres categorías, que son: inicial, intermedio y terminal. El insomnio inicial es aquel por el que no se puede conciliar el sueño por un tiempo largo en la noche, y está casi invariablemente asociado a preocupaciones del día. El insomnio intermedio se produce cuando la persona despierta en medio de la noche y no puede volver a conciliar el sueño. Hay quienes se levantan y toman alguna infusión antes de volver a la cama. El insomnio terminal es cuando la persona se despierta excesivamente temprano, todavía con mucho cansancio pero imposibilitada de volverse a dormir. En muchos casos este puede ser un síntoma de depresión.

Ronquido: La mayoría se produce por la vibración del paladar blando, y en los niños puede estar asociado con un exceso de tejido adenoidal en la garganta, que provoca el hábito de respirar por la boca.

Apnea del sueño: No es muy común, y parece estar muy relacionada con el exceso de peso. La nariz y la garganta se cierran e impiden la respiración por unos segundos. Es muy incómoda para quien la sufre y muy angustiante para quien duerma junto a esa persona. En algunos casos muy esporádicos, el agravamiento de este síntoma puede poner en peligro la vida.

Dieta y nutricion

Una sustancia llamada melatonina, producida por la glándula pineal, parece ser beneficiosa para el sueño y no tiene efectos secundarios notables. La dosis adecuada es 3 a 4 miligramos una hora antes de acostarse.

Es muy importante el control del sobrepeso, para evitar muchos trastornos del sueño.

Terapia fisica

El sueño regular es favorecido por una vida sana y activa, la cual:

- mantiene las articulaciones ágiles y los músculos en forma
- proporciona sensación general de bienestar
- ayuda a equilibrar la ingesta de alimentos y normaliza el sobrepeso
- promueve la oxigenación de los tejidos

Meditacion

Superar los problemas de sueño está estrechamente relacionado con la capacidad de hallar serenidad interior. Cualquier método de meditación, practicado antes de que surjan los problemas, seguramente los impedirán.

Hidroterapia

Una hora antes de irse a la cama, tomar un baño caliente. Esto relaja e impulsa el sueño. Puede hacerse en el momento del baño una visualización: ver salir las preocupaciones del día por los poros y depositarse en el agua, limpiando interior y exteriormente. Puede combinarse con Aromaterapia:

Aromaterapia

Añada al baño:

- *aceite de espliego*
- *rosas*
- *mejorana*

Los mismos aceites pueden usarse para hacer un masaje facial, en cuello y en hombros.

Terapia de masajes

Para inducir el sueño puede practicarse el llamado "masaje del gato":

- La persona se coloca boca abajo. El masaje comienza apoyando ambas manos juntas y calentando bien la zona del sacro. Se desliza suavemente una mano subiendo por la espalda, dejando seguir la otra por el otro lado.

- Levantar suavemente la mano que llegó primero a los hombros mientras la otra sigue acariciando con lentitud la espalda.

- Soltar las muñecas para que ambas manos caigan y se levanten suavemente sobre el cuerpo relajado.

Fitoterapia

Antes de acostarse, preparar y beber una infusión hecha con manzanilla, flor de tilo y pasionaria (una, dos o las tres combinadas).

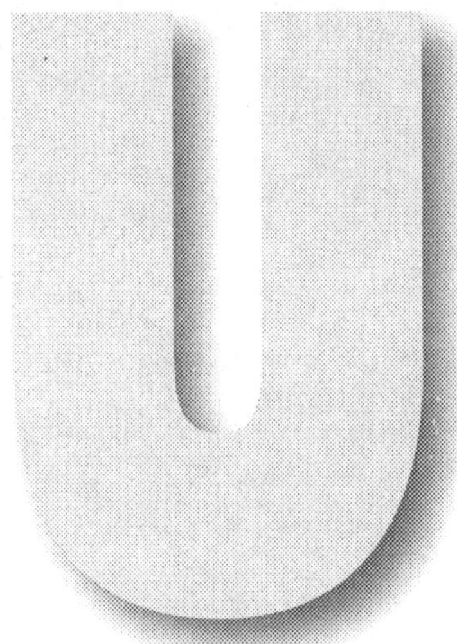

ULCERAS BUCALES QUE ARDEN

CAUSAS

Estrés, preocupación y agotamiento.

SINTOMAS

Dolor punzante, boca seca, inquietud.

Los síntomas mejoran con un enjuague bucal tibio y al aplicar compresas tibias en la cara. El tiempo frío, seco y húmedo, las bebidas y los alimentos fríos provocan que los síntomas empeoren.

REMEDIO HOMEOPATICO

Arsen Alb. 6, cuatro veces por día hasta un máximo de 5 días.

URTICARIA CON HINCHAZON

CAUSAS

Alergias.

SINTOMAS

Hinchazón especialmente en labios y párpados, piel roja y que arde, depresión, irritabilidad, inflamación de garganta.

Los síntomas mejoran con el aire fresco, con el baño frío, al desvestirse. Empeoran con el calor, el tacto, al dormir, a última hora de la tarde.

REMEDIO HOMEOPATICO

Apis 30, cada hora hasta un máximo de 10 dosis.

URTICARIA CON PUSTULAS

CAUSAS

Alergia alimentaria, roce con ortigas u otras plantas irritantes.

SINTOMAS

Picazón, ardor, pústulas que pican mucho, rojas o bien pálidas.

Los síntomas mejoran al acostarse. Empeoran con el tacto, el aire frío y húmedo, con agua, nieve y al rascarse.

REMEDIO HOMEOPATICO

Urtica 6, cada hora hasta un máximo de 10 dosis.

VENAS VARICOSAS

Causas

Las venas están equipadas con válvulas internas que impiden que la sangre que está siendo bombeada hacia el corazón se deslice en dirección contraria. Las válvulas de las piernas, juntamente con la acción de los músculos, evita que la sangre vuelva hacia los pies. Cuando aumenta la presión en una vena, esta válvula puede verse desbordada, y producir mayor riesgo de presión. Si esto persiste en el tiempo, la vena se dilata y se vuelve varicosa. Las causas principales de este aumento de presión son el embarazo, el exceso de peso y cualquier otra situación que pueda congestionar las estructuras de la pelvis y por lo tanto impedir el flujo de las venas hacia arriba.

Sintomas

Venas muy doloridas, sensibles, hinchazón, ardor, sensación de magulladura, a veces hemorragia, inflamación.

Los síntomas mejoran con el reposo, al acostarse y descansar. Empeoran con el tiempo cálido y húmedo, con el movimiento y la presión.

Terapia fisica

Cuando se lo practica en forma regular, el ejercicio promueve el desarrollo de canales colaterales alrededor de los bloques arteriales. Los mejores ejercicios para un problema relacionado con la circulación son andar sobre un terreno llano y nadar, los cuales además mantienen en forma la musculatura y bajo control el peso.

El ejercicio debe ser habitual y no practicarse al punto de provocar dolor.

Estar mucho tiempo de pie aumenta los problemas de várices, por lo cual, si esto no puede evitarse porque responde por ejemplo a necesidades de trabajo, se debe evitar permanecer inmóvil, y tratar de ejercitar los músculos de las pantorrillas moviendo los pies arriba y abajo durante unos minutos, a intervalos regulares.

Dieta y nutricion

El control del peso es de suma importancia en cualquier problema relacionado con las venas.

Un desayuno para promover una buena circulación desde el primer momento del día debe contener fibras, vitaminas y muy pocas grasas, y reemplazar el café por alguna infusión de hierbas.

Masajes

Para tonificar la circulación se puede practicar un masaje sobre el centro energético del cuerpo, haciendo suave presión circular unos dos dedos por encima del ombligo.

Remedio homeopatico

Hamamelis 30, cada 12 horas hasta un máximo de 7 días.

VERRUGAS

Causas

Infección viral, inmunizaciones.

Sintomas

Verrugas blandas, carnosas, con forma de coliflor, que supuran y sangran fácilmente.

Los síntomas mejoran o empeoran por factores diversos no especificados.

Remedio homeopatico

Thuja 6, cada 12 horas hasta un máximo de tres semanas.

VOMITOS Y NAUSEAS

Causas

Ambos síntomas están íntimamente relacionados, y constituyen una primera señal de que internamente hay algo que anda mal. El vómito es el resultado de la estimulación de uno o más centros del cerebro que controlan las estructuras involucradas en el reflejo de vomitar.

Sintomas

Las náuseas suelen manifestarse junto con palidez de la piel, aumento de la salivación, sudor, a veces reducción de la presión sanguínea y del ritmo cardiaco. El cuanto al vómito, existen diversas situaciones:

- Enfermedades agudas del abdomen, como cálculos biliares, apendicitis, úlceras y piedras.
- Insuficiencia cardíaca congestiva debida a la congestión de los órganos abdominales.
- Trastornos del sistema nervioso como migraña, meningitis o laberintitis.
- Infecciones agudas, como gastroenteritis, gripe u otitis.
- Drogas varias.
- Problemas emocionales como anorexia y bulimia o conmociones nerviosas.

Fitoterapia

- *Matricaria*
- *Jengibre*

Reflexologia

Para tratar las náuseas, sostenga el pie por debajo de los pulgares y camine con los otros dedos fuera de la zona central de la parte superior del pie, rabajando desde los dedos hasta el tobillo. Luego realice el mismo movimiento linealmente entre cada dedo del pie y después pellizque suavemente esa zona.

Remedio homeopatico

La siguiente combinación es eficaz:
- *30 mg de Aceite mineral D8*
- *30 mg de Conuma D3*
- *210 mg de Cocculus D4*
- *30 mg de Ambra D6*

Tratamientos complementarios

Medicina Tradicional china, Medicina ortomolecular, Terapia del sonido, Tai Chi Chuan, Acupuntura, Shiatzu, Flores de Bach, Terapia del colon.

VOMITOS CON MUCHA SED

Causas

Tensión nerviosa, problemas hepáticos.

Sintomas

Intensa sed de bebidas frías que se vomitan apenas se entibian en el estó-

mago, ansiedad y temor, dolor ardiente en la boca del estómago.

Los síntomas mejoran con masaje y relajación, al dormir. Empeoran con el esfuerzo físico y mental, al sumergir las manos en agua fría, con comidas y bebidas calientes.

REMEDIO HOMEOPATICO

Phos. 6, cada 15 minutos hasta un máximo de 10 dosis. Si los síntomas son leves: Phos. 6, cada hora hasta un máximo de 10 dosis

VOMITOS Y DIARREA A UN MISMO TIEMPO

CAUSAS

Infección viral por alimentos o agua contaminados, exceso de fruta madura o alimentos helados, exceso de alcohol.

SINTOMAS

Dolor ardiente en el abdomen, diarrea que produce heridas o dolor punzante en ano y recto, sensibilidad al frío, ansiedad, inquietud.

Los síntomas mejoran con el aire templado y las bebidas calientes. Empeoran al ver u oler alimentos, con las bebidas frías, entre la medianoche y las 2 de la mañana.

REMEDIO HOMEOPATICO

Arsen. Alb. 6, cada hora hasta un máximo de 10 dosis.

VOMITOS Y/O NAUSEAS CON LLANTO

CAUSAS

Alteraciones emocionales, cambios hormonales relacionados con menstruación o embarazo, trastornos vesiculares, migraña.

SINTOMAS

Mucosidad que gotea por detrás de la garganta, depresión, deseo de comprensión afectiva, llanto.

Los síntomas mejoran con ejercicio suave, aire fresco, bebidas frías, levantando las manos por encima de la cabeza, al llorar y recibir comprensión. Empeoran con comidas grasas, al sol, al atardecer y por la noche, en habitaciones mal ventiladas.

REMEDIO HOMEOPATICO

Pulsatilla 6, cada 15 minutos hasta un máximo de 10 dosis. Si los síntomas son leves: Pulsatilla 6, cada hora hasta un máximo de 10 dosis.

AGRADECIMIENTO

Los editores de este libro elevan un agradecimiento infinito a todos aquellos quienes han hecho posible el lanzamiento de una obra de esta dimensión.

Especialmente agradecemos la invalorable participación a los asesores (especialistas en distintas terapias alternativas, profesores e instructores de entrenamientos energéticos y psico-físicos, maestros y guías espirituales de la revista ***Salud Alternativa****), quienes dieron muestra de una inagotable generosidad basada en su profunda vocación de servicio. Sin su conocimiento no hubiéramos podido materializar tamaño emprendimiento.*

También agradecemos a todas aquellas personas que, de manera anónima y con un corazón puro, contribuyeron a establecer el consenso y la masa crítica para que este proyecto pudiera ser viable. Junto a ellos y a su fidelidad podremos seguir difundiendo conocimientos como las terapias alternativas:

UN INNEGABLE PATRIMONIO DE LA HUMANIDAD.

Blotta & Blotta